# 民法典
# 实施精要

（中）

2022年

合同编

杜万华　主编

法律出版社
LAW PRESS·CHINA
北京

**图书在版编目(CIP)数据**

民法典实施精要. 中 / 杜万华主编. -- 北京 : 法律出版社, 2022

ISBN 978-7-5197-6858-4

Ⅰ. ①民… Ⅱ. ①杜… Ⅲ. ①民法-法典-法律解释-中国 Ⅳ. ①D923.05

中国版本图书馆CIP数据核字(2022)第119964号

**民法典实施精要(中)**
**MINFADIAN SHISHI JINGYAO (ZHONG)**

杜万华 主编

策划编辑 沈小英
责任编辑 刘晓萌
装帧设计 李 瞻

**出版发行** 法律出版社
**编辑统筹** 法治与经济出版分社
**责任校对** 裴 黎 王语童
**责任印制** 吕亚莉
**经 销** 新华书店

**开本** 787毫米×1092毫米 1/16
**印张** 36.25 **字数** 673千
**版本** 2022年7月第1版
**印次** 2022年7月第1次印刷
**印刷** 固安华明印业有限公司

地址:北京市丰台区莲花池西里7号(100073)
网址:www.lawpress.com.cn
投稿邮箱:info@lawpress.com.cn
举报盗版邮箱:jbwq@lawpress.com.cn

销售电话:010-83938349
客服电话:010-83938350
咨询电话:010-63939796



**书号**:ISBN 978-7-5197-6858-4
**定价**:199.00元

凡购买本社图书,如有印装错误,我社负责退换。电话:010-83938349

# 编写委员会


## 主　编

杜万华　最高人民法院咨询委员会副主任兼秘书长，二级大法官，博士研究生导师、博士后合作导师。曾任最高人民法院审判委员会副部级专职委员、最高人民法院民法典编纂工作研究小组副组长兼办公室主任

## 副主编

吴兆祥　最高人民法院研究室副主任，法学博士

曹守晔　最高人民法院研究室原巡视员，武汉大学特聘教授，博士研究生导师

刘　楠　四川省高级人民法院副院长，法学博士

徐建新　浙江省高级人民法院副院长，法学博士

## 委　员

单国均　北京市第一中级人民法院副院长，法学博士

夏正芳　江苏省人大常委会法制工作委员会副主任，江苏省高级人民法院原民二庭庭长，法律硕士

王　灯　全国人大常委会法制工作委员会民法典编纂工作专班成员，最高人民法院民一庭法官，法学硕士

邹　治　北京市第二中级人民法院民二庭庭长，法学博士

李予霞　最高人民法院研究室案例处副处长，法学硕士

谢　勇　最高人民法院第四巡回法庭主审法官，法学博士、经济学博士

# 主要撰稿人

杜万华　最高人民法院咨询委员会副主任兼秘书长，二级大法官，博士研究生导师、博士后合作导师。曾任最高人民法院审判委员会副部级专职委员、最高人民法院民法典编纂工作研究小组副组长兼办公室主任。全书统稿，撰写第一章。

吴兆祥　最高人民法院研究室副主任，法学博士。全书统稿，撰写第二章至第七章。

陈东强　山东省高级人民法院民一庭副庭长，法律硕士。撰写第八章至第十二章。

王　灯　全国人大常委会法制工作委员会民法典编纂工作专班成员，最高人民法院民一庭法官，法学硕士。撰写第十四章、第十五章。

谢　勇　最高人民法院第四巡回法庭主审法官，法学博士、经济学博士。撰写第十七章。

陈宏宇　最高人民法院民四庭主审法官，法学博士。撰写第十八章。

张　楠　最高人民法院知识产权庭干部，法学博士。撰写第十九章、第二十六章。

仲伟珩　最高人民法院第二巡回法庭主审法官，法学博士。撰写第二十一章、第二十二章、第二十四章。

张　燕　对外经贸大学教授，法学博士。撰写第二十七章。

杨兵、何建、凌巍、赵迪等分别撰写第十三章、第十六章、第二十章、第二十三章、第二十五章。

# 总　序

经过几代人的共同努力,2020 年 5 月 28 日,《中华人民共和国民法典》(以下简称《民法典》)终于在全国人民代表大会上通过了。这次《民法典》的通过,是中国法制史上的重大事件,是中国特色社会主义制度建设的重大事件。随着中国社会的发展,这次《民法典》的通过在中国特色社会主义发展史上的重大意义,将越来越突出,越来越明显。

我国这次通过的《民法典》,以马克思列宁主义、毛泽东思想、邓小平理论和习近平法治思想为指导,既吸收了数千年来中国传统的优秀法律文化,又吸收了现代西方法治文明的成果;既吸收了 20 世纪初以来我国仁人志士融合中西法律文化的探索,又总结了新中国成立 70 年来,特别是改革开放 40 年来建立和完善中国特色社会主义的经验。可以毫不夸张地说,我国的《民法典》是中国特色社会主义制度化的重大成果,它将为我国社会主义现代化强国目标的实现,即第二个百年梦想的实现,为中华民族的伟大复兴奠定坚实的法治基础。

正因为《民法典》如此重要,习近平总书记在其通过的第二天就召开政治局会议,专题学习民法典,并发表了极其重要的讲话。他强调:“民法典在中国特色社会主义法律体系中具有重要地位,是一部固根本、稳预期、利长远的基础性法律,对推进全面依法治国、加快建设社会主义法治国家,对发展社会主义市场经济、巩固社会主义基本经济制度,对坚持以人民为中心的发展思想、依法维护人民权益、推动我国人权事业发展,对推进国家治理体系和治理能力现代化,都具有重大意义。全党要切实推动民法典实施,以更好推进全面依法治国、建设社会主义法治国家,更好保障人民权益。”

这次《民法典》的制定,为我国法治国家、法治政府、法治社会的全面推进奠定了基础。但是,法律的生命在实施,法律的权威靠实施。《民法典》生效后,如果没有有效的实施,其生命和权威就难以维持和显现。要让《民法典》得到很好的实施,除应当向人民群众广泛宣传民法典的精神和内容外,各级党政机关是关键。为此,习近平总书记一针见血地指出:“民法典实施水平和效果,是衡量各级党政机关履行为人民服务宗旨的重要尺度。国家机关履行职责、行使职权必须清楚自身行为和活动的范围和界限。各级党和国家机关开展工作要考虑民法典规定,不能侵犯人民群众享有的合法民事权利,包括人身权利和财产权利。有关政府机关、监察机关、司法机关要依法履行职能、行使职权,保护民事权利不受侵犯、促进民事关系和谐有序。”

在《民法典》实施的过程中,司法机关和法律工作者是重要的生力军。为保证《民法典》实施的水平和效率,习近平总书记专门针对司法机关和法律工作者提出了要求:“严格规范公正文明执法,提高司法公信力,是维护民法典权威的有效手段。”“各级司法机关要秉持公正司法,提高民事案件审判水平和效率。要加强民事司法工作,提高办案质量和司法公信力。要及时完善相关民事司法解释,使之同民法典及有关法律规定和精神保持一致,统一民事法律适用标准。要加强对涉及财产权保护、人格权保护、知识产权保护、生态环境保护等重点领域的民事审判工作和监督指导工作,及时回应社会关切。要加强民事检察工作,加强对司法活动的监督,畅通司法救济渠道,保护公民、法人和其他组织合法权益,坚决防止以刑事案件名义插手民事纠纷、经济纠纷。要充分发挥律师事务所和律师等法律专业机构、专业人员的作用,帮助群众实现和维护自身合法权益,同时要发挥人民调解、商事仲裁等多元化纠纷解决机制的作用,加强法律援助、司法救助等工作,通过社会力量和基层组织务实解决民事纠纷,多方面推进民法典实施工作。”

《民法典》的关键在实施。在《民法典》的实施中有几个现象值得关注:

一是注意《民法典》1260 条的规定,忽视单行民法法律和相关司法解释。从改革开放以来,我国根据“成熟一个制定一个”的原则,制定了大量的单行民事法律。在这次《民法典》编纂时,最终被废除的单行民事法律只有 9 个,其他大量的单行民事法律依然有效。围绕单行民事法律的实施,最高人民法院曾先后制定了大量的司法解释。这些单行民事法律和司法解释过去曾经为建立社会主义法治秩序发挥了重要作用。即使在《民法典》生效后,这些单行民事法律和司法解释,只要与民法典不相矛盾和冲突,在新的单行民事法律和司法解释出台之前,都应当继续发挥其作用。之所以会出现注意《民法典》1260 条的规定,忽视现行有效的单行民事法律和司法解释作用的认识,是因为还有些同志,包括一些专业法律工作者没有认识到,这次民法典的编纂是将众多单行民事法律体系化。编纂后的《民法典》形成了民法典体系或者民法体系。我们的民法典体系由三部分构成:总则、分则和单行民事法律。至于司法解释,因其是司法过程中对法律适用的解释,其效力等级依附于被解释的法律,故在民法典体系中不作为一个独立的部分存在。为此,在 2021 年 1 月《民法典》生效时,不应当忽视单行民事法律和相关司法解释的作用。

二是注意民法分则、单行民事法律和司法解释的适用,忽视总则中的基本规则(基本原则)和一般规则的适用。在审判实践中,一些法官、检察官和律师将民法分则、单行民事法律或者司法解释的具体规定视为裁判性规则,比较欢迎;将基本规则包括基本原则、一般规则视为"宣誓性条款"或者"抽象性条款",自觉不自觉地予以忽视。产生这种观点的原因,是因为没有将民法总则、分则和单行民事法律看成一个整体。在《民法典》编纂将各种民事法律体系化后,总则中的基本规定(基本原则)、一般规则与分则、单行民事法律、司法解释中的具体规则之间,基本规则是核心和灵魂,一般规则是上位法,是不能违背的。长期以来,之所以出现重具体规则而轻基本原则和一般规定,主要是因为改革开放以来,我国的民事法律是"成熟一个制定一个",不同的单行民事法律是在不同的时间或者不同的背景下制定的,不可避免民事法律规范碎片化的情形。在《民法典》生效后,民事法律体系化的任务已经完成,应当将基本规则、一般规则和具体规则一体化的实施放在重要的位置来抓。

三是注意特别法的优先适用,忽视特别法优先适用的前提。关于民事法律适用的原则有很多,如新法优于旧法、上位法优于下位法、特别法优于一般法等。这些原则都是审判实践总结出来的经验,当然应当信守。但是,在适用这些原则时,应当了解适用这些原则的前提。尤其是特别法优于一般法的适用值得关注。在实践中,有些同志只要是特别法就无条件适用,至于该特别法是否与一般法相矛盾、相冲突,在所不问。从理论上看,特别法优于一般法是有前提的,即特别法的规定与一般法不相矛盾和不相冲突。具体来说,一般法的规定往往比较抽象,如果特别法作出与一般法不相矛盾和冲突的具体规定,或者一般法没有规定,特别法作出与一般法的基本原则不相违背的规定,那就应当适用特别法优于一般法的适用原则。如果特别法作出的规定与一般法相矛盾和相冲突,甚至是违背一般法基本原则的,就应当适用上位法优于下位法的原则,不能适用特别法优先的原则。因为一般法往往同时又是上位法。如果不这样认识问题,无条件地适用特别法优于一般法的原则,那民法典的体系化就会被打破,各个下位法各行其是,国家法治的统一就将不复存在,《民法典》编纂的目的就不能实现了。

民法典的体系化,是这次《民法典》编纂的主要目的。要实施好《民法典》,完整准确地把握好民法典体系至关重要。为帮助党政机关工作人员,特别是人民法院法官、检察官、律师更好地学习和理解民法典体系化的精神和内容,为实施民法典工作做好准备,我们这些曾经参与民法典编纂工作的同志和一些有经验的法律工作者,编写了《中华人民共和国民法典实施精要》。

在编写本书时,我们没有采用通常的释义方式,对《民法典》条文逐条进行解释,也没有对民法典涉及的专门民法理论进行阐述,而是将曾经在司法审判实践中出现的、以后审判实践中可能出现的重点、难点和热点问题抽出来,结合《民法典》的相关条文,结合与《民法典》不相矛盾和冲突的相关单行民事法律的规定,结合相关司法解释和典型案例进行阐释,供党政机关工作人员,特别是法官、检察官、律师等法律工作者在《民法典》生效后,处理种类民事商事法律纠纷时参考。我们这样做的目的是要以问题为导向,以解决问题为目的,为贯彻实施《民法典》,树立《民法典》的权威,推动依法治国的进程而努力。

在以问题为导向,重点阐释司法审判实践中的重点、难点和热点之外,为保证对民法典学习理解的全面性,我们在每编之前设计了概述。概述全面介绍该编的主要内容,以及应当注意把握的重点等内容。我们试图以专题为点,以概述为面,点面结合,帮助大家学习和理解民法典的精神和内容。

由于时间仓促和水平原因,我们所抽出的问题可能还不够全面,许多值得探讨的问题还没有列入。即使已经列入的问题和概述部分,阐释和讨论也可能不够深入。加之参与作者众多,风格水平不一,不足和缺点在所难免。对此,敬请读者见谅。

是为序。

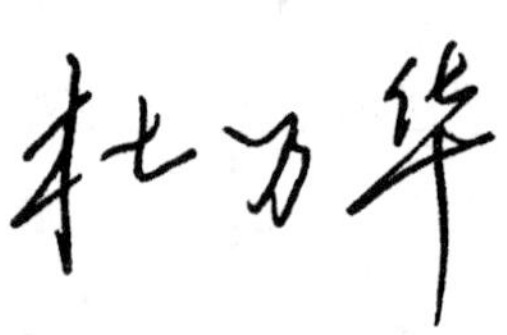

2020 年 11 月 30 日

# 序　言

在整个《中华人民共和国民法典》(以下简称《民法典》)中,合同编的条文几乎占据一半。可见合同编的实施在整个《民法典》的实施中,具有举足轻重的意义。在合同编实施过程中,除应当继续坚持体系化思维外,还应当注意些什么呢?

在合同编第一章概述中,我曾讲到:要完成保护交易安全、提高交易效率、降低交易成本的重要任务,正确适用合同编中的相关法律规定,维护社会主义市场经济交易秩序,应当始终注意从以下四个方面贯彻落实:

一是在合同案件纠纷的处理中必须贯彻落实《民法典》总则编的六大原则。即民事主体法律地位应当坚持平等原则;从事民事活动应当遵守自愿原则;从事民事活动应当遵循公平原则;从事民事活动应当信守诚信原则;从事民事活动应当坚守不得违法的守法原则;从事民事活动应当贯彻有利于节约资源保护生态环境的原则。这六大原则是合同法律制度的核心和灵魂,任何时候都不能丢掉。

二是始终坚持和关注契约自由原则。契约自由原则是社会主义市场经济条件下合同法律制度的本质。没有契约自由,就没有市场交易;没有法律对契约自由的保护,就没有社会主义市场交易的正常秩序。要保护当事人契约自由的原则,最重要的是要尊重当事人通过平等自愿协商订立的合同。合同书记载的权利义务,是当事人意思自治的结晶,是当事人必须遵守的法律,不能随意否定。但曾经在司法实践中,出现过一些人不看双方合同书载明的权利义务,凭自己的主观意志去“探索”所谓当事人在订立合同时的“真实意思表示”,并以自己论证的结论去否定或者代替合同书载明的权利义务内容。这显然违背契约自由原则,在实践中也往往难以得到当事人的理解和支持。

三是始终坚持和关注保护契约正义原则。我国合同法律制度规定的契约自由,并不是古典自然法时代所提倡的绝对契约自由,而是以保护社会公平正义为条件的相对契约自由。不坚持契约正义,必然导致合同履行中当事人利益严重失衡,也不利于社会主义市场经济的健康发展。我国的合同制度实行严格合同主义。当事人应当严格遵守在平等自愿基础上订立的合同,未经协商一致不得随意修改。

在坚持严格合同主义,维护契约自由原则的条件下,如何维护契约正义,保证两者之间的平衡呢?要在合同实施中维护契约正义,应当坚持契约正义分配的依法原则,即契约正义的分配应当通过法律或者司法解释来实现,不能通过法官或者执法者在没有法律和司法解释规定的情况下,直接以维护契约正义的名义改变合同的规定。具体来说,就是在依法成立的合同实施过程中,一方当事人主张合同无效、可撤销,或者行使合同义务履行抗辩权、情势变更原则等改变合同约定,应当有法律和司法解释依据,不能在无法律和司法解释依据的情况下,以维护契约正义之名废除、变更或者拒绝履行合同。如果这个问题处理不好,在维护契约自由和契约正义问题上忽左忽右,势必造成合同法律制度实施的混乱。对此,应当引起高度重视。

四是始终坚持和关注合同法律制度中的民事权利、义务、责任有机统一原则。当事人民事权利的实现,要以民事义务人如约履行民事义务为前提;当事人不履行合同义务或者在侵害对方民事权利后不承担民事责任,合同法律制度就失去它应有的法律权威,交易秩序将陷入混乱。因此,必须强调合同法律制度中的民事权利、义务、责任的有机统一,决不能只强调某一方面,而忽视其他方面。在过去几十年的法治实践中,之所以出现许多案件纠纷,出现许多案件上访,与我们未很好地宣传民事权利、义务、责任的有机统一有关,与实践中重权利、轻义务、轻责任有关。只有重视三者的有机统一,彰显法治的权威,形成全社会自觉的法律意识,社会主义市场经济秩序和其他社会秩序才能得到真正有效的保护。

除以上四方面的重要问题外,民法典规定的合同法律制度实施过程中,还有以下几点值得注意:

首先,要注意《民法典》总则编在合同法律制度实施中的指导作用。除总则第一章的基本规定外,在处理各种民商事合同纠纷时,关注总则编的相关规定是非常重要的。一是要关注对民事主体制度的规定。总则编规定的自然人制度、法人制度和非法人组织制度,是指导我们正确理解合同关系中民事主体合法性的基础。脱离总则编对民事主体的基本要求,在认识具体合同关系中的民事主体时,就可能出现纰漏。二是要关注总则编民事法律行为的规定。总则编规定的民事法律行为制度中,绝大多数是针对合同关系所作的一般性规定,在认识引起具体合同关系成立、生效、变更和消灭的民事法律行为时,一定要与总则编的相关规定结合起来。否则,会出现对民事法律行为理解的偏差。三是要关注总则编关于代理的相关规定。同民事法律行为一样,总则编对代理的相关规定,绝大多数是针对合同关系作出的一般性规定。既有代理民事主体产生、变更和消灭合同关系的民事法律行为,也有代理民事主体行使合同权利和履行合同义务的行为。在处理与具体合同相关的代理关系时,应当结合总则编的规定正确实施法律。四是要关注总则编关于民事责任的规定。总则编对民事责任的规定,包含合同责任的一般性规定。在处理具体民商事合同纠纷、确定当事人的合同责任时,不仅要看合同编的相关具体规定,也要看总则编关于民事责任的一般规定。特别是在处理违约责任与侵权责任的竞合,以及同一行为既涉及民事责任,也涉及行政责任和刑事责任时,更应当严格按照《民法典》第 186 条和第 187 条的规定妥善处理。具体来说,就是在涉及违约责任与侵权责任竞合,要尊重当事人行使请求权时,是选择合同之诉追究对方违约责任,还是选择侵权之诉追究对方侵权责任的决定;在涉及民事、行政和刑事责任的承担时,应当依法贯彻民事责任优先的原则。特别是《民法典》第 187 条的贯彻实施,在司法审判中还是一个亟待解决的问题,应当认真对待。五是要关注总则编对诉讼时效的相关规定。总则编对诉讼时效的规定,与合同关系联系十分密切。对具体合同关系中当事人请求权的保护,应当严格遵守总则关于诉讼时效和除斥期间的一系列新规定,不能脱离总则编的规定自行其是。

其次,要注意合同编所规定的合同概念的广泛性。具体来说,《民法典》合同编所规定的合同包括五大类:一是合同编中直接规定的 19 类典型合同。二是《民法典》其他编涉及的合同,如物权、人格权、婚姻家庭、继承和侵权责任等编涉及的合同。对这些合同形式,我在合同编概述中已有初步列举,这里不再重复。三是其他单行民事法律规定的合同,如保险合同、期货合同等。四是其他综合性法律规定的合同。五是法律没有规定的合同,即无名合同。这类合同是在经济社会生活中当事人创造的合同,数量不少,并且随着社会生活的不断发展会不断出现。按照《民法典》的规定,只要不违反法律规定,不损害国家、集体和他人合法权益,此类合同亦应受到法律保护。因此,在合同编的实施过程中,我们应当严格按照法律的规定,以开放的心态,保护各类合同的正确实施。

再次,要高度关注合同编通则分编在合同法律制度实施中的重要地位。合同编第一分编通则部分,是各种具体类型合同都应当遵守的一般性规则。这些规定在国外民法典中属于债权总则的内容。我国民法典没有采用国外民法典的立法模式,而是根据我国法治建设实践经验,在编纂《民法典》时采用了将债权总则的主要内容写进合同编,并以通则的方式放在第一分编中;对债权总则的不当得利和无因管理的制度,以准合同的方式写进合同编的第三分编中。合同编通则规定的内容主要有:合同的订立、合同的效力、合同的履行、合同的保全、合同的变更和转让、合同的权利和义务终止、违约责任等内容。上述内容在实施中应当注意几点:一是合同编规定的 19 类典型合同在具体实施中,都要遵循通则的规定。二是民法典其他编规定的合同原则上也应当按照合同编通则分编的要求实施。但是,其他编有特殊规定的,应当按照特殊规定实施。例如,婚姻、收养、监护等有关身份关系的协议,应当按照婚姻家庭编等相关规定实施;涉物权、人格权等类合同,也应当按照合同编通则分编的要求实施,它们各自对合同有特殊规定的按照特殊规定实施。三是民法典之外的其他单行民事法律和其他法律规定的合同,原则上应当按照合同编通则分编的规定处理。但是,这些法律对该合同有特殊规定的,只要与合同编通则分编的原则规定不发生矛盾冲突的,应当按照特殊规定实施。例如,储蓄合同、证券交易合同、保险合同、期货交易合同、旅游合同、医疗服务合同、家政服务合同、劳务合同等都应当按此要求处理。四是民法典和其他法律都没有规定的合同,应当按照合同编通则分编的要求并参照适用合同编和其他法律规定的相类似合同的规定。总之,合同编通则分编的内容,是合同法律制度实施的一般规则,是合同法律制度的骨架,掌握了它,就能够较好地把握合同法律制度体系,就能在合同法律制度的实施中做到运用自如。

最后,要防止作为民事合同主体的行政机关与掌握行政管理权的公权机关在权利与权力行使中出现混淆。我国民法典的实施,特别是合同法律制度的实施,不可避免地要涉及国家机关,尤其是国家行政机关。应当看到,国家机关不仅是公权力行使的国家机构,还是行使民事权利的合同当事人。只有认识这一点,作为民事合同当事人的国家机关率先垂范,严格守法,认真履行自己的合同义务,我国合同法律制度才能顺利实施。

我国国家机关在哪些方面会与相对方建立平等的合同关系呢?改革开放以来,我国通过长期探索,建立了适应社会主义市场经济需要的所有权与使用权相分离的物权制度。按照《民法典》的这一规定,相关行政机关通过"招拍挂"等平等协商方式,在国有土地和包括国家矿产资源在内的自然资源的利用上,依法与相对方订立的出让合同,就是平等主体之间的合同关系。之所以如此认为,是因为在这一大类合同中,国家行政机关以平等主体的出让人身份,与法人等相对方订立出让合同的行为,是典型的平等民事主体之间的民事法律行为,而不是以国家行政管理人身份实施的行政管理行为。在这一大类合同中,国家行政机关作为合同当事人,要严格按照合同的约定,享有接受相对方支付出让金的权利,承担交付国有土地或者包括国有矿产资源在内的自然资源的义务;它与相对方发生争议,有请求国家司法机关给予司法保护的民事诉讼权利;它违反合同约定,也要按照法律规定和合同约定承担相应的违约责任。

除上述国家行政机关在国有土地和其他自然资源方面应当依法与相对方建立合同关系外，国家机关与相对方建立平等合同关系的情形还有以下几种：一是国家行政机关利用合同形式在国有资产上设立的其他用益物权合同；二是国家行政机关以发行国库券、国家债券等方式与自然人、法人、非法人组织形成的合同关系；三是国家机关建设办公用房、开展政府采购活动等与相对方建立的合同关系。

在这几大类合同中，国家机关特别是行政机关作为后三类合同的民事主体地位，一般不会发生歧义。但在国有土地出让和包括矿产资源在内的其他自然资源出让合同中，相关国家行政机关作为民事合同主体的地位与行使行政管理权的公权力机关的地位，则常常出现混淆。这在《民法典》出台前不仅造成行政执法与出让合同履行的混乱，而且引起了民事审判与行政审判的混乱。

应当看到，《民法典》的出台为解决这一问题提供了可靠的法律依据。这次《民法典》的出台，明确了国家土地所有权和其他自然资源所有权作为民事权利的性质，明确了用益物权作为民事权利的性质，同时也明确了国家所有权的代表人，有权通过民事合同方式，依法与相对方订立出让合同，在国有土地和其他自然资源上设立用益物权这一民事权利的制度。正因如此，最高人民法院在《民法典》通过后，在关于民事案由的规定中，将国有土地出让合同纠纷明确确定为民事案件。《民法典》的相关规定和最高人民法院司法解释的要求，不仅厘清了行政权力与民事权利行使的边界，而且为合同法律制度的正确实施提供了保障。应当看到，行政机关公权力的行使与它作为民事主体民事法律行为的行使、民事主体合同权利履行的混淆，还是今后合同法律实施中的难题。但是，随着社会主义法治建设的推进，这些问题都应当会得到妥善解决。关于这一点，我们应当有信心。

《民法典》合同法律制度的实施，是《民法典》实施的重要任务。在今后漫长的法治建设道路上，在习近平社会主义法治思想的指导下，通过不断法治实践，我国合同法律制度的实施一定能够为社会主义市场经济的发展提供可靠的法治保障，并在此基础上为实现我国法治国家、法治政府、法治社会建设的目标作出应有的贡献。

是为序。

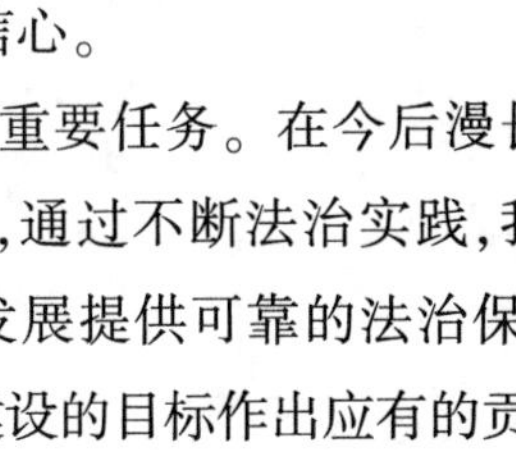

2022 年 6 月 20 日

# 绪　论

2020年5月28日,历史将记住这个日子。这一天下午,第十三届全国人民代表大会第三次会议在庄严的人民大会堂,正式通过了《民法典》。《民法典》的诞生,在中华民族历史上,在中国法制史的历史长河里,在中国特色社会主义制度建设中,都具有划时代的里程碑意义。

在几千年法制发展史中,中国以自己民族的传统文化为基础,逐渐形成独特的中华法系。

从1840年的鸦片战争开始,中国逐渐沦为半殖民地半封建社会。帝国主义用大炮轰开了中国封闭的大门,逐渐把西方的商品经济引入中国。同时,帝国主义国家在中国建立租界,搞"治外法权"。所谓"治外法权",就是在租界内不适用中国的法律,而适用承租国的法律。例如,在英租界适用英国法律,德租界适用德国法律。随着帝国主义入侵的加剧,尤其是签订《辛丑条约》后,中国的统治者深陷政治危机,统治者内部及社会各界对租界中的"治外法权"反对声日益高涨。在这种形势下,清朝统治者为了维护自己的统治,开始思考如何解决"治外法权问题"。1905年,清末的统治者慈禧太后决定向西方国家学习,宣布准备在中国实行"预备立宪"。"预备立宪"的一个重要方面,就是按照西方的法律制度模式制定中国新的法律。清朝统治者希望通过中国法律与世界法律的接轨,解决中国法律与西方法律的冲突,以达到收回"治外法权"的目的。为实现这一目的,清政府从1905年起就学习西方法律,起草六法草案,由沈家本、伍廷芳主持的修律馆负责起草工作。该六法草案中,即包括《大清民律草案》。当时,聘请日本人松岗正义参与大清民律的编纂,作为修律大臣的沈家本还积极研究中国历代法律中的民事法律规范,汇编成《九朝律考》。该民律草案以《日本民法典》和《德国民法典》为参照起草。《德国民法典》生效于1900年,《日本民法典》参照《德国民法典》起草。中国最早的民法草案是从日本那里借鉴了德国民法传统。

1911年10月,孙中山领导的辛亥革命爆发,清王朝被推翻,已经起草的大清民律草案被搁置。新成立的中华民国临时政府除通过《中华民国临时约法》从形式上建立了民主共和国外,经济制度和其他社会制度依旧还保留着半封建半殖民地的特征。民法典这只以前试图装旧酒的新瓶,能否真正换上资本主义经济制度和其他各项社会制度的新酒呢?当孙中山领导的国民党人因“二次革命”的失败而流亡海外,北洋政府因争权夺利忙于应对各省军阀割据混战之时,谁也无暇顾及对旧制度的革命,民国政府对民法典的起草工作被束之高阁。但是因清政府的大清律已经失去法律效力,新政府开始参照大清民律草案审理民事案件。1928 年新的国民政府成立,中国取得形式上的统一,民法典的起草工作被提到议事日程。1929 年,国民政府立法院正式通过了《中华民国民法总则》,1931 年,立法院又通过了《中华民国民法分则》。至此,《中华民国民法》获得全部通过。

《中华民国民法》是中国通过的第一部现代意义的民法典。但这部民法典从通过的那一天开始,就注定不是真正意义上的社会革命的产物,是不可能在中国统一实施的。首先,该法通过之时和以后 20 余年里,国民政府并没有对封建土地制度和传统的旧制度开展社会革命。因此,这部民法典不是资产阶级革命或者民主革命成果的体现,而是吸收一些西方资产阶级革命的词汇、口号和法律术语构成的一部法律,它丝毫没有实际触动现实的封建土地制度和其他旧的社会制度,是一部典型的“纸上的法律”。其次,该法通过之后 20 余年里,国家一直处于动乱时期,没有统一实施的可能,从未真正有效地全面实施过。最后,随着国民党政权的崩溃,该民法典被废止,失去了在中国大陆实施的可能。1949 年 2 月以后,随着人民解放军渡江南下,中共中央发布了《关于废除国民党六法全书和确定解放区司法原则的指示》。随着国民党退到台湾地区,这部民法典正式结束了它在中国大陆的实施。

1954 年,中华人民共和国召开了第一次全国人民代表大会,通过了《宪法》,建立了人民民主专政的国家制度。“五四宪法”的成功制定,开启了“民法典”在内的一系列法律的起草热潮。从 1954 年以后到这次民法典的编纂工作的启动,我国先后开展过 4 次民法典编纂工作。这 4 次民法典编纂工作的风风雨雨,与我国经济政治文化等各方面发展的跌宕起伏密切相关。

第一次民法典编纂始于 1954 年。“五四宪法”通过后,中央抓法治的决心很大。当时,毛泽东同志有一个重要指示,提出我们不仅要制定宪法,还要制定民法、刑法、民事诉讼法、刑事诉讼法等法律,以推进中国的社会主义法制建设。根据毛泽东主席这个指示,中央专门组织了民法典编纂工作。这一时期,我国开展了社会主义的“一化三改造”,即社会主义工业化,民族资本主义工商业和手工业、农业的社会主义改造,完成了公有制的社会主义经济制度的建立。1958 年,鉴于国内如何建立社会主义制度、如何开展社会主义建设的问题没有完全解决,加之苏联与中国之间在如何建设社会主义的问题上发生争论,这一次民法典的起草工作停止。这一次民法典的起草工作,因我党缺乏民法典起草经验,主要参照的民法典版本是《苏俄民法典》。

1962 年中央对 1958 年以来的经济等各方面工作进行总结,确定了“调整、整顿、提高”的方针。国民经济开始得到恢复。在此背景下,我国又开始第二次民法典编纂工作。在这次民法典起草过程中,我国的社会主义经济建设该如何进行,特别是人民公社制度应当如何确立、“四清运动”如何进行等问题上,党内存在争论。在此背景下,民法典的起草工作不可能进展顺利。1966 年,由于“文化大革命”,第二次民法典起草工作再次中止。

1978 年,中央召开了十一届三中全会。这次会议正式结束了“以阶级斗争为纲”的党的基本路线,将党和国家的工作重心转移到经济建设上来,确定了以经济建设为中心,坚持改革开放的党的基本路线。为保证党的基本路线的落实,这次会议提出了社会主义法制建设的“十六字方针”,即“有法可依、有法必依、执法必严、违法必究”。在这“十六字方针”的指引下,我国又掀起了新一轮立法热潮。在这次立法高潮中,第三次民法典的起草工作再次启动。随着民法典起草工作的推进,出现了一个新的情况:虽然当时中央已经确定了以经济建设为中心,但是我国的社会主义经济是计划经济,还是以计划经济为主,商品经济为辅,或者是计划经济和商品经济并重的问题没有解决。若这一问题不明确,民法典的起草工作便很难推进。由于当时对我国社会主义经济性质的认识争议很大,民法典的起草工作面临很大困难。在我国经济社会建设急需法律保障,而认识问题又一时难以统一的情况下,邓小平同志作出了一个重大的战略性决策。这个决策对我国以后几十年的民事立法工作产生了重大影响。他说,我们现在立法经验不足,在立法上要搞成套设备不太现实,搞不了成套设备,我们就搞单行立法,等经验积累到一定程度以后再回过头来搞成套设备。

根据邓小平同志这一指导思想,第三次民法典起草工作中止,各个单行民事法律开始起草。经过若干年的努力,我国陆续制定了《经济合同法》,修改了 1950 年《婚姻法》,通过了《技术合同法》《涉外经济合同法》《继承法》《民事诉讼法(试行)》等民事法律。1984 年 10 月,中央作出《中共中央关于经济体制改革的决定》,该决定提出我国社会主义经济不是单一的计划经济,而是以公有制为主体的有计划的商品经济。这一决定出台后,很多人开始呼吁,既然要建设商品经济,就要制定适应商品经济发展的法律。适应商品经济建设的法律是什么呢?这个法律应该是民法。正是在这一背景下,全国人大在1986年制定了《民法通则》。严格意义上讲,《民法通则》是一个微缩版的民法典。正是这一微缩版的民法典,对推动当时我国社会主义商品经济的发展,发挥了极其重要的作用。但是同时应当看到,在当时的背景下,我国社会主义经济的性质问题依然存在很大争论。这一争论一直持续到邓小平同志南方谈话的发表。

1992年年初,邓小平同志在视察深圳时的谈话中指出:"计划多一点还是市场多一点,不是社会主义与资本主义的本质区别。计划经济不等于社会主义,资本主义也有计划;市场经济不等于资本主义,社会主义也有市场。计划和市场都是经济手段。"所以,对这一问题不要再争论,要实干。邓小平同志提出的计划和市场都是经济手段的重要论断,打破了过去那种主张市场经济只存在于资本主义的观点,并提出了要建设社会主义市场经济的目标和要求。党的十四大召开以后,在1993年党的十四届三中全会上,通过了《中共中央关于建立社会主义市场经济体制若干问题的决定》,提出要用15年左右的时间在中国基本建成社会主义市场经济。正是中央这一决定,为我国民事立法工作指明了方向。正是在这个基础上,我国于1999年,将《经济合同法》《技术合同法》《涉外经济合同法》等法律整合到一起,制定了适应社会主义市场经济要求的重要法律——《合同法》。这部高质量的《合同法》,很好地反映了市场交易的特点,对维护我国社会主义市场经济的发展,发挥了重要作用。同时,它作为整个民法债编中最重要的组成部分,也为当前我国编纂民法典打下了坚实的基础。

《合同法》通过以后,李鹏委员长提出了要编纂民法典的要求,第四次民法典编纂工作再次启动。这次编纂工作在全国人大组织下提出了民法草案,并在全国人大上进行了第一次审议。在这次审议民法草案时发现,我们虽然有了《民法通则》,修改了《婚姻法》,并完成了民法典中最重要的法律——《合同法》的制定,但有些重要的单行民事法律还没有完成,如物权法、侵权责任法等。于是第四次民法典起草和编纂工作又再次中止。在以后近10年中,立法机关秉持邓小平同志关于先开展单行民事法律立法的指导思想,又制定了几部重要的民事单行法律——《物权法》《侵权责任法》《涉外民事法律关系适用法》。这3部法律制定完成后,民法典重要的单行民事法律基本起草完毕。2010年全国人大会上,吴邦国委员长宣布,我国基本建成了社会主义市场经济法律体系。

2012年,党的十八大胜利召开,我国的经济社会发展进入新常态,实现"两个一百年梦想”,完成中华民族的伟大复兴,成为全党、全军和全国人民的伟大任务。为保证这一伟大历史任务的完成,党的十八届四中全会提出:编纂民法典。为什么党中央会再次提出编纂民法典呢?

首先,我国要实现全面建成小康社会的目标,建立完整的社会主义法律体系,需要编纂民法典。按照党和国家设计的我国社会主义建设发展目标,中国共产党成立 100 周年时,我国应当全面建成小康社会,实现第一个“百年梦想”的目标。全面建成小康社会、实现中华民族的伟大复兴的第一个目标,不仅要完成确定的经济指标,还应当完成社会主义法治体系的建设目标。要建立完善的社会主义法治体系,必须以建立完整的社会主义法律体系为前提。目前,我国已制定了完整的宪法、刑法、刑事诉讼法、民事诉讼法和行政诉讼法,但还没有一部完整的民法典。而民法典是仅次于宪法的最大的基本法律,是涉及社会主义社会生产和生活方方面面的法律“百科全书”。没有完整的民法典,我国社会主义法律体系无论如何不能认为是完整的体系。因此,编纂民法典,就成为我国社会是否全面建成小康社会的一个重要标志之一。

其次,我国的社会主义经济制度和其他社会制度已经建立,并经过几十年的运行,需要用民法典的形式正式予以固定。1957 年我国完成了“三大改造”,实现了建立社会主义公有制的目标;通过农村和城市的一系列改革,建立了以公有制经济为主体,多种所有制共同发展的社会主义基本经济制度,建立了社会主义市场经济体制,建立了以家庭联产承包责任制为主的农村集体土地承包责任制,国有土地有偿使用,矿产资源等自然资源有偿使用等公有财产的使用制度;通过改革开放的探索,适应社会主义市场经济交易秩序需要的合同制度已经逐渐完善;新中国成立以后,特别是改革开放以来,我国的人权事业取得了长足进步,人身自由、人格尊严维护的呼声不断提高,人格权权益保护的制度从无到有,逐渐发展,迫切需要完整的人格权法律体系的规定;通过新中国成立以来的妇女解放运动,我国不仅废除封建婚姻制度,确立了婚姻自由、男女平等、一夫一妻等新型婚姻家庭制度,而且通过 70 年来的不断丰富和完善,婚姻家庭制度和未成年人、妇女、老年人和残疾人等弱势群体的保护制度更加成熟。这一系列的经济、政治和文化的发展,都需要通过民法典的方式,从法律上予以固定化。

最后,为了给第二个“百年梦想”的实现提供法治基础和保障,需要将新中国成立 70 年以来制定的单行民事法律,用编纂民法典的方式重新进行整合。按照党和国家设计的我国社会主义建设发展目标,在第一个“百年梦想”实现以后,还要用 30

年左右的时间,即在新中国成立100周年时,将我国建设成社会主义的现代化强国,实现中华民族的伟大复兴。新中国成立以来的70多年里,特别是改革开放40多年来,我国先后制定了一系列单行民事法律,如《婚姻法》《经济合同法》《继承法》《技术合同法》《涉外经济合同法》《民法通则》《合同法》《物权法》《侵权责任法》《商标法》《专利法》《著作权法》《涉外民事关系法律适用法》等法律。这些民事法律对于推动我国的改革开放,推动我国社会主义建设事业发挥了重要作用。但是,由于这些法律都是以单行民事法律的形式出现的,其碎片化的现象难以克服,法律与法律之间的矛盾和冲突给执法和司法工作带来了困难。尽管有些法律根据改革开放和社会发展的需要,已经修改和整合过多次,但是要从根子上解决碎片化的弊病还是困难的。如果说在新中国成立70年来,我国对包括社会主义法治建设在内的中国特色的社会主义制度建设进行了艰苦的探索,那这次民法典的编纂,就是要用体系化的民法典方式,解决单行民事法律碎片化的弊端,将这些探索所取得的成果用法律的形式予以固定化,进一步推动中国特色社会主义建设的进程,为第二个"百年梦想"的实现,为中华民族的伟大复兴,提供坚实的法治基础和保障。

正是基于上述原因,为落实党中央关于民法典编纂的指示,按照党中央的决定,由全国人大常委会法工委牵头,最高人民法院、最高人民检察院、国务院法制办、中国社会科学院、中国法学会参与,共同承担民法典编纂的具体工作。由于民法典的编纂对今后人民法院的民事审判工作极为重要,最高人民法院党组对民法典的编纂工作高度重视。根据民法典编纂工作需要,院党组专门成立了最高人民法院民法典编纂工作研究小组,由最高人民法院相关院领导作为小组领导,负责领导工作笔者作为分管民事审判工作的院领导任副组长兼办公室主任,主抓此项工作,并负责组织协调和具体研究工作。参与具体研究工作的有最高人民法院各相关审判部门、综合审判部门、国家法官学院,以及司法应用研究所的法官、教师和研究人员。全国各级法院的法官和相关人员积极参与配合研究工作。

我国民法典编纂分两步走:第一步是从2015年年初开始起草《民法总则》,到2017年3月完成。第二步是开始编纂民法分则。这项工作从2016年下半年开始启动,直到2020年《民法典》正式通过。2017年3月15日,《民法总则》在人民大会堂高票通过,得票率达到了98.3%,在全国人大立法史上排第二位(排在第一位的是《反分裂国家法》)。《民法总则》通过后,最高人民法院研究小组为配合全国人大常委会法工委起草好民法分则,又展开了工作量极大的研究工作。在编纂整个民法典过程中,最高人民法院民法典编纂研究小组及其办公室主要从以下几个方面开展工作：

一是按照分工，将研究任务分配到最高人民法院的各相关单位，由各相关单位独立开展研究工作，并提出自己的意见和建议报民法典编纂研究小组办公室。承担任务的单位不仅有4个民事审判庭、立案庭等相关审判部门，还包括最高人民法院派往全国各地的6个巡回法庭。二是最高人民法院领导小组办公室召开由各部门承办人和负责人参加的例会，专题研究各部门按照分工提出的意见和建议。在整个民法典编纂的6年中，这种例会召开达数十次之多，各种意见均可在会议发表，各种观点均可在会议上交锋。三是由最高人民法院民法典编纂研究小组办公室在全国各地举办专题研讨会，就民法典编纂中的重要问题听取全国各级法院法官、全国人大代表、政协委员和专家学者的意见和建议。四是陪同全国人大常委会法工委民法典编纂专题工作班子，在各地开展调研活动和举办研讨会，听取各种意见和建议。五是在全国各级人民法院的支持下，围绕物权、合同、民事侵权、人格权、婚姻家庭和继承等专题，研究小组办公室收集了大量民事审判工作中出现的案例，提供给全国人大常委会法工委，并作为我们开展研究的素材。

在此基础上，最高人民法院民法典编纂研究小组办公室概括归纳各方面的建议和建议，提出我们关于民法典编纂的意见和建议上报院党组。最高人民法院院长周强同志和院党组对民法典编纂研究工作非常重视，多次听取研究小组和办公室的工作汇报，并多次召开院党组会研究民法典编纂研究问题。在此基础之上，我们通过参加法工委主持召开的各种民法典编纂会议，以及他们提出的民法典编纂各分编的工作稿，提出我们的意见和建议。这些意见和建议包括正式的最高人民法院《关于〈中华人民共和国民法总则(草案征求意见稿)〉意见的复函》(法函〔2016〕27号)、最高人民法院《关于〈中华人民共和国民法典各分编(草案稿)〉意见的复函》(法函〔2018〕62号)、最高人民法院《关于〈中华人民共和国民法典各分编(草案稿)〉意见的复函》(法函〔2018〕117号)，以及许多非正式的工作稿和交换意见稿等，字数高达近百万字。除此之外，从2015年起，随着民法典编纂研究的进程，研究小组办公室不定期地出简报近70期，对最高人民法院民法典研究小组及其办公室的工作和研究进展情况，包括研究时的各种观点都进行了忠实的记录。笔者在这里列举这些情况是要说明，对民法典编纂，最高人民法院党组是何等重视！最高人民法院民法典编纂研究小组及其办公室是何等刻苦和努力！

中国对民法典的编纂，是21世纪世界立法史上最重要的立法活动。在这次立法活动中，这部民法典应当怎样编纂呢？为此，研究小组及其办公室通过认真研究在各种会议上提出了自己的观点和看法。

一是应正确处理立足中国国情与借鉴国外经验的关系。我国历史上因缺乏成体系的私法传统,近代民法效法欧陆较甚。从民法典的内容看,1911 年《大清民律草案》和 1930 年《中华民国民法典》主要借鉴了《德国民法典》。中华人民共和国成立后,我国民法转而借鉴苏联,而《苏俄民法典》也主要借鉴了《德国民法典》的内容。改革开放以来,我国民法主要受德国和日本的影响,而日本民法源自《德国民法典》。社会主义市场经济与其他市场经济具有一定的内在逻辑联系,这就决定了各国民法的基本价值、理念、原则和规则具有相互借鉴的经济基础和社会基础。但同时应当看到,民法典的制定不仅是立法技术和法学理论的体现,更重要的是本国经济、政治、文化等方面的反映和社会发展的需要。这就决定了我国民法典编纂既要借鉴国外市场经济条件下立法的先进经验,更应立足本国国情,对以公有制为主体、多种所有制共同发展的社会主义基本经济制度,"两个毫不动摇"的国家经济发展战略,社会主义市场经济条件下对一切市场主体给予平等保护的社会需要给予充分体现;既要批判地借鉴西方国家的自由、平等、公正、法治的价值理念,也要根据中国国情的实际需要建立社会主义核心价值观。

同时还应当看到,任何法律都不是从天上掉下来的,都是时代的产物。正如当年"法国民法典"是以当时农业社会为主的法国社会的产物,"德国民法典"是以当时工业社会为主的德国社会的产物一样,目前处于 21 世纪的中国民法典,也应当是以现代中国社会现状和将来的发展方向来构建我们的民法典。因此,我们的民法典编纂,既要照顾过去的传统,又要面向未来,适应社会发展的方向,实现中华民族的伟大复兴。

二是应正确处理继承与创新的关系。新中国成立以来,我国虽一直未制定出完整的民法典,但 70 年来特别是改革开放 40 年以来,单行民事法律的制定还是相对完备的。早在 1931 年,国民政府立法院就已经制定了国民党民法典,虽然该法当时并没有真正在全国实施过,但毕竟是中国制定的第一部现代意义上的民法典。而且,在几千年的中国法制史中,我国虽是"诸法合体,民刑不分",但民事法律规范还是大量存在的。这些事实的存在,决定了我们在编纂民法典时,除了应当借鉴西方国家的民法典和民事法律规范制定的经验,对中国过去民法典与民事法律制定经验的继承,也是不可回避的。我们是炎黄子孙,是中华文明的继承者,不能割断历史,不能抛弃中国优秀的传统法律文化。但同时我们也必须认识到,当前对民法典的编纂,不应仅仅局限于对过往法律的总结,因时制宜,顺应时代的发展,适应当前经济社会需要和发展趋势，并在民法典中反映这种需要和趋势的创新，是需要我们更加重视的重要任务。

对于我们所说的创新，首先，要把新中国成立70年来建立的新制度通过民法典肯定下来。例如，对于社会主义基本经济制度、公有制经济与非公经济的共同发展的制度、社会主义市场经济制度，我们应通过所有权、用益物权、担保物权、合同、民事侵权等法律制度予以规范和保护。这是我国民法典对世界民法制度的最大贡献。其次，我们不能仅仅将民法典视为财产法，还应当将人格权和知识产权写入民法典。我们建立的中国特色社会主义制度，不仅要让民事主体的财产权利受到完整的法律保护，还应当让我们人民的人身自由、人格尊严受到保护和尊重，人格权益受到法律的严格保护，让我们的人民生活得更有尊严、更有价值。我们的民法典不仅要保护民事主体的有形财产，还应该让他们的知识产权受到民事法律的充分保护，激发各类民事主体和科技人员科技创新的热情，促使社会财富的创造更有生机。最后，我们现在所面临的不仅是农业社会和工业化社会，还是后工业化和信息化时代。在这个综合性的社会形态中，因新型民事关系不断出现，充分保护新型民事关系中的民事权益成为我们的重要任务。我们应当根据当今时代的要求，对知识产权等无形财产权、个人电子信息等新类型个人权益的保护、所有权所附之社会义务、合同的社会功能、债权的优越性、人身权的新发展、信息社会中交易规则的变化、民事主体从经济人假设到社会人假设的转变等新问题予以充分研究。我们所编纂的民法典要反映时代精神和社会发展趋势，具有前瞻性和创新性，从而顺应世界民法的新发展。当然，我们在编纂民法典中的创新，不是为创新而创新，而是建立在继承基础上的创新，是适应时代发展的创新，是推动社会不断进步的创新。只有这样，我们的民法典才是一部与时俱进的先进民法典。

三是应正确处理私法与公法的关系。民法是私法，以保护私权为宗旨。但如果处理不好民法与公法的关系，民法对私权的保护就会受到影响。尤其是现在很多民事权利的保护都与登记制度密切相关，如果不能处理好民法与行政登记制度的关系，相关民事权利的保护就会受到影响。如我国《物权法》颁布以后，有些观点认为，民事主体享有物权是因为登记机关的登记行为赋予了其物权，这种认识显然是错误的。物权主要是通过民事行为获得，不是行政登记机关通过登记行为赋予的。其他会影响私权的行政法制度还包括知识产权登记制度、特殊合同的审批制度、市场主体准入制度、工伤认定制度等。在编纂民法典时，不仅需要将行政法律法规中的民事规范剥离出来放到民法中，还需要将一些必要的原则性管理规范放到民法之中,指引国家行政管理机关另行制定管理性规定。之所以需要这样做,是因为民事关系不仅需要民事法律调整,如果涉及行政管理关系,还需要行政法律调整。如果对民事关系的危害很大,还会适用刑事法律进行调整。

现代民法的一大特征是私法公法化,现今已很难找到一部不掺入一点公权力的民法典。在维护社会公平、保护交易安全、提高交易效率时,公权力的介入有时是不可避免的。尤其是20世纪以来,民事法律由个人本位向社会本位转变,绝对所有权、意思自治和过错责任三大原则受到修正。这虽然不足以改变民法的私法属性,但在制定民法典时,我们要审慎把握私法公法化的度,既要承认民法典中公法因素的必要性,又要防止公权力对经济活动,特别是私人生活的不当干预。

四是应正确处理民法典与单行民事法律的关系。民法涉及面广、内容庞杂。部分国家在制定民法典时,曾希望将民法的所有内容纳入民法典,但事实证明这一做法并不可行。一方面,私人生活关系具有复杂性和广泛性,一部法典难以涵盖全部;另一方面,社会生活处于不断发展变化之中,无论多完备的法典,都会随着社会的发展而呈现滞后性,需要修改。如果民法典无所不包,则需要经常修改,不利于维护民法典的稳定性。改革开放以来,我国民事立法采取了"成熟一个、制定一个"的急需先立原则,目前单行民事法律较为完备。在这种情况下编纂民法典,需要正确处理民法典与单行民事法律的关系。民法典应规定民法的基本内容,以维护民法典内在的逻辑性和内容的稳定性,民事特别法律则需要通过单行民事法律加以规定。要注意民法典对单行民事法律的统领作用,以做到民事法律内在的协调一致,同时避免不必要的重复。

民事生活的复杂性和变化性,决定了编纂民法典的同时不可避免地要制定一些单行民事法律的事例,随着经济社会的发展会不断出现。例如,环境生态权就不宜放在民法分则中作具体规定,但是可以在民法典之外通过单行民事法律来规定。信息资源权现在研究还不深入,也不宜在民法分则中作具体规定,但可以在未来通过单行民事法律进行规定。在编纂民法典时就要处理好民法典与单行民事法律的关系。一方面,民法典尤其是民法总则要为将来要制定的单行民事法律预留"接口",让这些单行民事法律能在民法总则中找到根据;另一方面,民法典与其他单行民事法律要做好衔接,形成一个有机统一、逻辑清晰、外延开放的民事法律体系。

五是应正确处理民法与商法的关系。关于民法与商法的关系,有民商合一和民商分立之争。争论的焦点是民法典的内容是否应包含商事法律的原则和规则,在民法典之外是否要另行制定商法典。从国外立法例看,两种立法模式都有,但新近编纂的民法典多采用了民商合一的体例。从国内学术研究看,两种观点都存在。笔者认为,无须在民法典之外再制定商法典。从总体来看,民法和商法虽然在理念、规则上存在差异,但并不能截然分开,二者的共性大于个性,商法属于民法的特别法,二者是种属关系,而非并列关系。当民法已经作出规定,商法不能与之相冲突,但如果民法未作规定,商法可以用单行民事法律的方式另行规定。从历史上看,商品经济发展到特定时期,即商事行为主要发生在特定群体内部,而且商业的发展受到封建残余因素的妨碍时,商人群体的利益需要特别保护,商事行为需要特别规范。这是商法产生的原因。但随着商品经济的深化发展,特别是市场经济和其他社会生活的不断发展,在商事主体与民事主体、商事行为与民事行为已经难以划分的今天,单独制定商法典已失去社会的必要性。相反,民法调整市场经济关系的功能日益强化,民法商事化趋势愈加明显,两者相互交融,已经成为难以改变的趋势。

新中国成立以来,特别是改革开放以来,我国《民法通则》和其他单行民事法律,均采取民商合一的立法模式。在民法典外单独再编纂商法典,既不符合历史潮流,也不符合我国经济社会发展需要、法治实践的经验和现实需求。但是也应当看到,商事法律确有其相对特殊的价值取向和制度安排,将所有的商事规则完全统一到民法典中并不现实。因此,在编纂民法典时,对典型的商法如公司法、票据法、保险法、海商法、破产法等法律,在不与民法典相冲突的条件下,仍采用单行民事法律的方式是比较可行的。

六是应正确处理民法总则和民法分则各编的关系。民法典应有严密的逻辑体系,其中最重要的是要处理好总则与分则的关系。民法典内容广博,编纂任务繁重。因此,编纂工作分两步走,先制定民法总则,再制定分则各编,是一种积极稳妥的立法方法。民法典编纂工作可分步进行,但民法典编纂研究工作应作通盘考虑。在分别制定民法总则和分则的情况下,正确处理二者的关系显得特别重要。总则要反映民法普遍的规则,主要涉及民法中具有共性的内容,分则各编则是民法主要领域的具体规定。制定民法总则时应当注意与民法分则各编内容的协调和衔接,兼顾对其他部分的研究论证。民法典的编章结构,以及分则各编的结构和内容,都与总则有直接关联,需要在制定总则时一并研究和处理。

在编纂民法典过程中,我们通过各种协调会议提出了上述应正确处理六个方面关系的意见。但是,要编纂一部好的民法典,笔者认为,不仅应当处理好上述六个方面的关系,还应当思考一个问题:应当怎样通过民法典的编纂来构建我国的民法体系?

首先,我国的民法体系特别是民法总则,应该以法律关系理论为核心,以法律规范的理论为补充进行建构。民事法律关系的理论主要包括民事主体、客体、权利义务和民事行为等内容。用这个理论指导民法典编纂,特别是民法总则起草,就有了搭建的基本蓝图。民法总则自身应当具备完整严密的逻辑体系,以法律关系理论为核心来构建民法总则,重点规定民事主体、民事权利客体、民事权利和义务,以及引起民事法律关系产生、变更、消灭的民事法律事实等内容,就能实现这一立法目的。我们为什么要提出要以法律规范理论为补充呢?这是因为民事法律关系理论重点强调的是民事主体、客体、民事权利和义务,以及包括民事行为在内的法律事实,其中特别重要的是民事权利义务。至于民事责任问题,虽可以从理论上推导出来,但显得并不直接。法律规范理论,在强调适用的前提条件、权利义务的同时,更强调法律责任。以法律关系理论为核心,法律规范理论为补充,刚好弥补了法律关系理论在强调民事责任、诉讼时效等国家强制力方面的不足。采用这种理论编纂民法典,特别是起草民法总则,可以为建立科学的、逻辑严密的民法典奠定基础。正是在这一思想的指导下,在民法总则起草过程中,我们向全国人大常委会法工委提出要增加民事责任一章的建议,以形成民事权利义务责任"三位一体"的完整体系,更便于民事法律在现实生活中的实施。虽然当时对增加这一章有争议,但经过认真讨论和研究,民事责任作为一章,写进了民法总则。

其次,我国的民法体系应当是以总则为纲、分则为要,民法典为体,民事单行法律为用的完整民法典体系。民法典编纂不同于现有民法条文的简单汇编。整部民法典必须有严密的逻辑结构和深厚的理论支撑,应当是法律逻辑与经验总结的统一,是逻辑严密与价值合理的统一,是形式完美与内容至善的统一。因此,我国制定的民法典应以总分结构主,构建一个开放性的完整民法典体系。民法总则规定民法的基本原则和一般规则,分则规定具体规则。民法分则不能涵盖的问题可以通过单行民事法律来规定。民法分则和单行民事法律应当是民法总则中基本原则和一般规则要求的具体体现,有些单行民事法律还应当是分则规定的具体体现。只有这样,我国的民法体系才能真正成为具有内在逻辑联系、相互协调、功能互补的完整民事法律体系。

民法总则是民法典的纲领和灵魂,是未来制定民法分则以及各民事单行法的依据,应当具备能够统领民法分则及民事单行法的完整科学的逻辑体系。一方面,民法分则及单行民事法律应当能够在民法总则中找到相应的依据;另一方面,在制定民法总则的过程中，应当将物权法、合同法、侵权责任法等法律的一些基本规则进行科学的抽象、概括和提炼，将其融入民法总则之中，使民法总则具有更强的概括性和指导性。

最后，在民法总则基本规定和一般规则的基础上，民法分则应当根据民事关系的不同属性，对现有的单行民事法律的规定进行编纂。就民法的体系而言，民事法规规范包括基本原则、一般规则、具体规则。它们共同构成民法体系之树。民法总则主要是关于民事基本原则和一般规则的法律规范，民事法律具体规则应由民法分则和民事单行法律作出规定，且民法分则和民事单行法律原则上不能与民法总则的规定相冲突。正是在这一认识的基础上，我们向全国人大常委会法工委提出，应当根据民事关系的不同属性，围绕人格权、物权、债权、知识产权、亲属、继承、民事侵权、涉外民事关系法律适用8个方面进行民法分则的编纂。在这8个分编中，物权、债权、亲属（或者婚姻家庭）、继承和民事侵权争议不大，而人格权、知识产权、涉外民事关系法律适用则存在争议。为此，我们的建议重点对人格权、知识产权、涉外民事关系法律适用进行了阐述。

一是要重视人格权在民法典编纂体系中的重要性。人格权是民事主体最基本的民事权利，具有独立地位，与物权、知识产权、亲属权、债权等共同构成完整的民事权利体系。人格权是人权在民事法律中的具体化，民法中规定人格权是保障和发展人权的内在要求，可以使宪法保障人权的规定在私法中得以落实，并向国际社会彰显党和国家对保护人权的高度重视。从全球来看，近一个多世纪以来，人格权得到了快速发展，各国高度重视。中华人民共和国成立以来，特别是改革开放以来，我国的人权事业取得了很大进步。人权，特别是人格权的司法保护也逐渐发展完善。党的十八大以来，基于全面建成小康社会的需要，人格权的保护如何在立法上取得相应的地位，已成为社会关注的热点之一。因此，在民法典编纂中，应当满足这一社会需求。具体来说，自然人人格权所包含的生命权、健康权、姓名权、人身自由权、身体权、隐私权、个人信息权等具体人格权及一般人格权应当在民法中有所体现；同时，法人和其他组织形成的名称权、荣誉权等具体人格权及死者人格利益等也应当予以保护。

二是要将知识产权纳入民法典体系。我国实施国家知识产权战略，以创新型国家建设为根本目标，高度重视知识产权在经济发展战略中的核心地位和作用，以知识产权优势理论为指导，为我国实现经济转型和科学发展提供强有力的科技、经济、文化、智力和人才支持。知识产权作为现代社会民事主体最重要的权利之一，民法典应当将其作为主要民事法律制度予以规定。特别是知识产权作为民事权利的绝对权、对世权和排他权,如果在民法典予以规定,那么,对知识产权的保护力度将会大大加大。与此同时,如果在职务创作中,将科技人员在知识产权中的财产权也在民法典中予以规定,那么,对激发广大科技人员创新的积极性将会发生极大的作用,对我国科技创新推进的力度将是空前的。因此,将知识产权纳入民法典体系,既是民法典自身体系完整性的需要,也是民法典贯彻创新发展理念,为国家经济、科技、文化发展提供制度支持的最好体现。

三是要将涉外民事关系法律适用纳入民法典体系。目前,我国的经济总量已经位居世界第二。中国经济已经与世界经济融为一体,成为推动全球经济发展的重要引擎。随着"一带一路"倡议的实施,我国全方位对外开放新格局正在形成。在此背景下,我国民法典的编纂,应当适应经济全球化、对外开放和"一带一路"建设的需要,为众多的中外市场主体提供可靠的法律需求,以及时解决他们之间的各种民事和商事纠纷。为实现这一目标,在民法典编纂中将涉外民事关系法律适用作为独立一编写进去,为我国法院依法准确适用国际条约和惯例,准确查明和适用外国法律,依法行使司法管辖权、裁判权,为中外市场主体提供及时有效的司法救济提供法律依据,就显得十分必要。同时,将涉外民事关系法律适用纳入民法典体系,还可以向那些怀疑中国是否会继续对外开放、走社会主义市场经济道路的人,表明我国的对外开放基本国策没有改变,所有与我国的经济和社会交往,都能得到我国法律保护的基本态度。

从 2015 年年初开始到现在,5 年多过去了。经过全国人大常委会法工委、最高人民法院等 6 家单位的通力合作,《民法典》在第十三届全国人民代表大会第三次代表大会上正式通过。这部将在全国 960 万平方公里国土上正式实施的《民法典》,承载着 100 多年来中华民族法治梦想的大法终于出生了。这部新诞生的《民法典》共 7 编、1260 条,即第一编总则,第二编物权,第三编合同,第四编人格权,第五编婚姻家庭,第六编继承,第七编侵权责任。

这部法律,是一部在党的领导下,各相关部门努力工作,集中全国人民共同意志的法律。在编纂民法典的过程中,全国人大的各级领导,全国人大常委会法工委承担编纂工作专班的领导和同志们,深入全国各地、各个部门,召开有各界人士参加的调研会,进行深入的调查研究。他们除认真听取和吸收我们的意见外,其他国家机关、各种社会组织、社会团体和各界人士的许多意见,也被吸收在这部民法典中。可见,我国民法典的编纂过程,就是一个集中民意、体现民智的民主立法过程。

通过这一过程,全国人民的共同意志被体现在民法典中。笔者和同事们在5年多的时间里,共同经历和见证了这一过程。这是我们莫大的荣幸。在整个民法典编纂过程中,我们代表最高人民法院提出的意见,都是在深入基层,广泛听取全国各级法院的法官、各级人大代表、政协委员、专家学者和各界群众基础上形成的意见,这些意见已经被大量吸收入这部法典中。特别值得一提的是,这次民法典的编纂,我们提出的人格权独立成编的建议被采纳,人格权作为分则中的独立一编被写进了民法典,成为我国这次民法典编纂的最大亮点;知识产权作为民事权利被写进民法总则中的民事权利一章中,为下一步知识产权法作为单行民事法律的制定奠定了基础。

这部法律,是一部体现新中国成立70年来,特别是体现改革开放40年来社会主义制度伟大成果的重要法律。1949年新中国成立以来,我国先后建立了全民所有和集体所有的社会主义财产公有制度;农村土地承包责任制,农村土地承包经营权流转制度;国有土地有偿出让、转让制度,矿产等自然资源有偿出让、转让制度以及其他公有财产有偿使用制度;公私财产保护制度;包括市场交易制度在内社会主义市场经济制度;知识产权保护和转让制度;人格权保护制度;婚姻家庭制度;继承制度;民事侵权责任制度;生态环境保护制度;涉外民事法律关系适用制度等。经过几十年的磨炼,上述制度在中国的社会主义实践中日臻完善、成熟。这次民法典编纂,不是一两个法学理论或者法学家意志的体现,更不是西方法律制度的简单移植,它是在中国共产党领导下,全国人民通过70年来对中国特色社会主义的探索,特别是改革开放40年来改革开放的经验总结。从这个意义上讲,我国新编纂的民法典,不是立法者起草出来的,它是中国人民干出来的,中间经历了多少曲折、辛酸、徘徊、思索和奋进!可以说,这部民法典是中国特色社会主义制度的完整总结,是中国特色社会主义制度法制化的重大成果,我国的法学家和立法者,只是在党的领导下,几代中国人民70年来探索和奋进的忠实记录者和整理者。成绩属于伟大的中国人民!

这部法律,是实现中华民族伟大复兴,为未来中国特色社会主义法治建设奠定基础的重要法律。1840年以后,为实现中华民族的伟大复兴,有多少仁人志士为之艰苦奋斗,流血牺牲。新中国成立后,中华民族走上了伟大复兴的新征程。经过70年的奋斗,我们离民族伟大复兴的实现已经越来越近。但是,中华民族的伟大复兴不仅仅是一个经济指标,还有政治、文化、社会管理、人与自然的和谐发展的指标。社会主义法治,就是这五大指标能否实现的综合性标志。经过70年,特别是改革开放40年的努力奋斗,我国的社会主义法治水平已经取得长足进展,但离中华民族伟大复兴的要求还有差距。在第一个“百年梦想”,即在建党100周年,在我国实现全面建成小康社会的目标即将达到之时,完成民法典的编纂工作,就是要为实现第二个“百年梦想”奠定坚实的立法基础。民法典编纂结束后,我国完整的社会主义法律体系基本建成,在我们向第二个“百年梦想”迈进之时,我国的社会主义法治建设将随着“五大建设”的步伐,向中华民族伟大复兴的目标前进!这就是完成民法典编纂工作所具有的重大历史意义。

民法典编纂工作完成了,但它并不是中国特色社会主义法治建设的完成,而是一个新的开端,一个新的社会主义法治建设的开端。这个开端应当如何进行呢?

一是要借民法典贯彻落实的东风,在全国掀起学习民法典的热潮,树立尊重他人民事权利,提高全民族平等、自由、公平、诚信等法治意识。民法不仅仅是权利法,而且是权利、义务与责任有机统一的法律。要通过宣传让广大人民群众认识到,在依法享受自己的民事权利时,要认真履行自己的民事义务,如果不履行自己的民事义务,别人的民事权利就不能得到实现,反之亦然;在不履行自己的民事义务,或者履行民事义务不符合法律规定或合同约定时,应当依法承担民事责任。要反对侵害别人权利而不愿意承担民事责任,或者只愿意享受权利而不愿意履行民事义务或者不愿意承担民事责任的观念和意识,树立尊重他人民事权利,及时履行自己的民事义务,勇于承担民事责任的法治理念和法治意识。

二是要通过行政机关的严格依法行政,为各类民事主体提供完整的平等服务,保证实现他们的各类民事权利。我国众多的民事主体开展各类民事活动,都离不开行政机关对各类民事主体的管理。民法典的许多条文规定,也涉及行政管理机关对民事主体和民事主体活动的管理职能。例如,行政机关的各种登记管理职能、许多行政机关对民事主体开展民事活动的监督和管理职能等都是其中的表现。因此,民法典的实施离不开行政机关严格依法进行的行政管理职能的履行。在保证民法典实施的过程中,第一,要忠实履行法律规定的行政管理职责,为各类民事主体提供高效率的服务。第二,要严格按照法律的规定履行管理职责,不能超越法律规定的职权范围行使行政管理权。特别是通过“放管服”改革已经不作为行政管理范围的事项,不能再通过具体的行政权力将其收回;尤其是相关行政机关不能利用行政职权,随意介入当事人之间的民事纠纷。第三,应当按照法律规定的程序严格执法,不能违反法律的程序性规定进行执法活动。第四,对民事主体依法订立的合同应当予以尊重,不能在行政执法活动中随意改变当事人的约定。总之,行政机关的依法行政,是民法典实施的重要保障。应当始终坚持:法无授权不能行权,法无规定不能处罚,法有要求不能渎职。只要始终坚持严格依法行政,我国民法典的正确实施就能得到充分的保障。

三是要通过民事审判工作严格司法,让立法意图在法律实施中得到实现。列宁曾经说过,法律制定出来后如果得不到执行,那它就是毫无意义的空气震动而已。民法典的编纂成功,已经解决了民事纠纷有法可依的问题,下一步要解决的问题,是要让民法典在实际社会生活中得到严格实施。要实现这一目标,首先需要法官、检察官和律师认真学习理解民法典,深刻理解法律的本意,并在司法活动中围绕严格公正司法,维护法律权威,履行好各自的职责。只有法官、检察官、律师严格履行法律赋予的职责,民事司法活动中的严格公正司法才能得到保证,人民群众的守法意识才能在实践中逐渐提高,整个社会主义法治秩序的良好维护才有可能实现,民法典调整民事关系的社会功能才能真正发挥。

四是要在中国特色社会主义建设的进程中,进一步做好完善和丰富民法典和民法体系的工作。这次民法典的编纂工作是结束了,但这一结束只是阶段性工作的结束,并不是民法典和民法体系研究的终结。我国已经建立的中国特色社会主义还要不断发展和完善。为适应这一发展和完善,我国的民法典和民法体系,也需要在实践中不断得到丰富和完善。正如马克思所说的,权利永远不脱离社会的经济结构,以及由这个经济结构所制约的社会文化的发展。如果我们在民法典编纂结束后就裹足不前,那么,我们的民法典和民法体系就会在不断进步的社会发展面前逐渐失去活力而变得苍老,也难以在今后为促进中国特色社会主义的“五大建设”发挥好自己的功能和作用。要保证我国的民法典永远保持青春,我们只有紧随中国特色社会主义发展的步伐,一刻也不能停留。

“潮平两岸阔,风正一帆悬。”中国的民法典,一部真正能够在中国960多万平方公里土地上实施的民法典通过了。几代法律人的梦想终于实现了。但正如中国特色社会主义的道路是漫长的一样,中国法治建设的道路同样漫长。站在风满悬帆的航船上,我们看到的不仅仅是秀丽的风光,还会有拍打航船的惊涛骇浪。但无论前程有多么曲折,我们一定能够到达理想的彼岸。

# 简称表

| 全称 | 简称 |
| --- | --- |
| 《中华人民共和国民法典》 | 《民法典》 |
| 《中华人民共和国民法总则》 | 《民法总则》 |
| 《中华人民共和国民法通则》 | 《民法通则》 |
| 《中华人民共和国物权法》 | 《物权法》 |
| 《中华人民共和国合同法》 | 《合同法》 |
| 《中华人民共和国宪法》 | 《宪法》 |
| 《中华人民共和国经济合同法》 | 《经济合同法》 |
| 《中华人民共和国技术合同法》 | 《技术合同法》 |
| 《中华人民共和国涉外经济合同法》 | 《涉外经济合同法》 |
| 《中华人民共和国侵权责任法》 | 《侵权责任法》 |
| 《中华人民共和国涉外民事关系法律适用法》 | 《涉外民事关系法律适用法》 |
| 《中华人民共和国消费者权益保护法》 | 《消费者权益保护法》 |
| 《中华人民共和国担保法》 | 《担保法》 |
| 《中华人民共和国矿产资源法》 | 《矿产资源法》 |
| 《中华人民共和国城市房地产管理法》 | 《城市房地产管理法》 |
| 《中华人民共和国婚姻法》 | 《婚姻法》 |
| 《中华人民共和国继承法》 | 《继承法》 |
| 《中华人民共和国固体废物污染环境防治法》 | 《固体废物污染环境防治法》 |
| 《中华人民共和国行政许可法》 | 《行政许可法》 |

续表

| 全称 | 简称 |
| --- | --- |
| 《中华人民共和国中外合资经营企业法》 | 《中外合资经营企业法》 |
| 《中华人民共和国招标投标法》 | 《招标投标法》 |
| 《中华人民共和国城镇国有土地使用权出让和转让暂行条例》 | 《城镇国有土地使用权出让和转让暂行条例》 |
| 《中华人民共和国土地管理法实施条例》 | 《土地管理法实施条例》 |
| 《中华人民共和国海商法》 | 《海商法》 |
| 《中华人民共和国企业破产法》 | 《企业破产法》 |
| 《中华人民共和国商标法》 | 《商标法》 |
| 《中华人民共和国专利法》 | 《专利法》 |
| 《中华人民共和国著作权法》 | 《著作权法》 |
| 《中华人民共和国商业银行法》 | 《商业银行法》 |
| 《中华人民共和国民事诉讼法》 | 《民事诉讼法》 |
| 《中华人民共和国拍卖法》 | 《拍卖法》 |
| 《中华人民共和国船舶登记条例》 | 《船舶登记条例》 |
| 《中华人民共和国城乡规划法》 | 《城乡规划法》 |
| 《中华人民共和国信托法》 | 《信托法》 |
| 《中华人民共和国合伙企业法》 | 《合伙企业法》 |
| 《中华人民共和国证券投资基金法》 | 《证券投资基金法》 |
| 《中华人民共和国清洁生产促进法》 | 《清洁生产促进法》 |
| 《中华人民共和国电力法》 | 《电力法》 |
| 《中华人民共和国银行业监督管理法》 | 《银行业监督管理法》 |
| 《中华人民共和国刑法修正案(九)》 | 《刑法修正案(九)》 |
| 《中华人民共和国铁路法》 | 《铁路法》 |

续表

| 全称 | 简称 |
| --- | --- |
| 《中华人民共和国票据法》 | 《票据法》 |
| 《中华人民共和国对外贸易法》 | 《对外贸易法》 |
| 《中华人民共和国技术进出口管理条例》 | 《技术进出口管理条例》 |
| 《中华人民共和国专利法实施细则》 | 《专利法实施细则》 |
| 《中华人民共和国刑法》 | 《刑法》 |
| 《中华人民共和国建筑法》 | 《建筑法》 |
| 《中华人民共和国保险法》 | 《保险法》 |
| 最高人民法院《关于审理建筑物区分所有权纠纷案件适用法律若干问题的解释》 | 《建筑物区分所有权解释》 |
| 最高人民法院《关于贯彻执行〈中华人民共和国民法通则〉若干问题的意见(试行)》 | 《贯彻民法通则意见》 |
| 最高人民法院《关于适用〈中华人民共和国担保法〉若干问题的解释》 | 《担保法司法解释》 |
| 最高人民法院《关于适用〈中华人民共和国民法典〉有关担保制度的解释》 | 《担保制度解释》 |
| 最高人民法院《关于人民法院民事执行中查封、扣押、冻结财产的规定》 | 《关于查封、扣押、冻结的司法解释》 |
| 最高人民法院《关于适用〈中华人民共和国民事诉讼法〉的解释》 | 《民诉法司法解释》 |
| 最高人民法院《关于适用〈中华人民共和国合同法〉若干问题的解释(一)》 | 1999年《合同法司法解释(一)》 |
| 最高人民法院《关于适用〈中华人民共和国合同法〉若干问题的解释(二)》 | 2009年《合同法司法解释(二)》 |
| 《全国法院民商事审判工作会议纪要》 | 《九民会议纪要》 |

续表

| 全称 | 简称 |
|---|---|
| 最高人民法院《关于审理城镇房屋租赁合同纠纷案件具体应用法律若干问题的解释》 | 《房屋租赁合同司法解释》 |
| 最高人民法院《关于审理买卖合同纠纷案件适用法律问题的解释》 | 《买卖合同司法解释》 |
| 最高人民法院《关于人民法院办理执行异议和复议案件若干问题的规定》 | 《异议复议规定》 |
| 最高人民法院《关于审理融资租赁合同纠纷案件适用法律问题的解释》 | 《融资租赁合同司法解释》 |
| 最高人民法院《关于审理建设工程施工合同纠纷案件适用法律问题的解释》 | 2004 年《建设工程施工合同司法解释》 |
| 最高人民法院《关于审理建设工程施工合同纠纷案件适用法律问题的解释(二)》 | 2018 年《建设工程施工合同司法解释(二)》 |
| 最高人民法院《关于审理建设工程施工合同纠纷案件适用法律问题的解释(一)》 | 2020 年《建设工程施工合同司法解释(一)》 |
| 最高人民法院《关于审理商品房买卖合同纠纷案件适用法律若干问题的解释》 | 《商品房买卖合同解释》 |
| 最高人民法院《关于审理民事案件适用诉讼时效制度若干问题的规定》 | 《诉讼时效规定》 |
| 最高人民法院《关于审理民间借贷案件适用法律若干问题的规定》 | 《民间借贷解释》 |
| 最高人民法院《关于审理涉及国有土地使用权合同纠纷案件适用法律问题的解释》 | 《土地使用权解释》 |
| 最高人民法院《关于审理技术合同纠纷案件适用法律若干问题的解释》 | 《技术合同司法解释》 |
| 最高人民法院《关于审理物业服务纠纷案件适用法律若干问题的解释》 | 《物业服务司法解释》 |

续表

| 全称 | 简称 |
| --- | --- |
| 最高人民法院《关于审理外商投资企业纠纷案件若干问题的规定(一)》 | 《外商投资企业解释(一)》 |
| 最高人民法院《关于审理道路交通事故损害赔偿案件适用法律若干问题的解释》 | 《道路交通事故解释》 |
| 最高人民法院《关于审理与企业改制相关的民事纠纷案件若干问题的规定》 | 《企业改制解释》 |
| 最高人民法院《关于审理利用信息网络侵害人身权益民事纠纷案件适用法律若干问题的规定》 | 《网络侵权司法解释》 |
| 最高人民法院《关于确定民事侵权精神损害赔偿责任若干问题的解释》 | 《精神损害司法解释》 |
| 最高人民法院《关于民事诉讼证据的若干规定》 | 《民事证据规定》 |
| 最高人民法院《关于审理人身损害赔偿案件适用法律若干问题的解释》 | 《人身损害赔偿司法解释》 |

# 目　录

## 合　同　编

# 合 同 编

# 第一章 概 述

我国的合同法律制度,开始于20世纪80年代初。党的十一届三中全会以后,随着党和国家的工作重心转移到经济建设上,如何适应经济建设的需要,建立包括合同法在内的民事基本法律制度,就成为当时的一项重要任务。1979年,我国《刑法》和《刑事诉讼法》通过后,全国掀起了社会主义法制建设的热潮。在此背景下,第三次民法典起草工作启动。随着经济建设大幕的拉开,产生了一系列问题,如我国社会主义经济性质是计划经济,还是商品经济?是以计划经济为主,商品经济为辅,还是计划经济与商品经济并存?对这些问题的争论,直接影响了当时民法典起草工作的进行。为适应经济建设的需要,法律的制定工作不可能等待争论的结束。为此,邓小平同志对当时的立法工作提出了折中的解决办法:在搞成套设备条件不具备的情况下,先制定单行法律,待条件成熟后再搞成套设备。在此思想的指导下,第三次民法典起草工作中止,制定单行法律的计划付诸实施。1981年12月,第五届全国人大第四次会议通过了《经济合同法》;1985年3月,通过了《涉外经济合同法》;1987年6月,通过了《技术合同法》。为贯彻1984年通过的《中共中央关于经济体制改革的决定》的需要,我国于1986年4月通过了《民法通则》。这几部法律的出台,初步建立起了我国的合同法律制度。应当看到,由于当时对我国社会主义经济的认识还存在很大争议,合同法律制度像一幅杂乱的碎片化式拼图,缺乏统一指导思想和灵魂。

1992年春天,邓小平同志南方谈话以后,我国社会主义市场经济的性质被确定下来。1993年11月,在党的十四届三中全会上正式通过了《中共中央关于建立社会主义市场经济体制若干问题的决定》。为完成中央提出的建立适应社会主义市场经济体制的法律体系的任务,全国人大决定起草统一合同法。经过几年的努力,1999年3月,在第九届全国人大第二次大会上,《合同法》正式通过。《合同法》是在总结改革开放20年来的经验,吸收国内司法审判实践成果和国外合同法经验基础上制定的,共23章,428条。《合同法》通过后,最高人民法院结合审判实践,又制定一批实施《合同法》的司法解释。回首20年来,《合同法》及其相关司法解释的出台,对维护社会主义市场经济的交易秩序,保证交易安全,解决交易纠纷,提高交易效率,降低交易成本,促进市场发展,发挥了巨大作用。

这次《民法典》编纂,又在总结20年来经验的基础上,以《合同法》为基础,对《民法典》合同编进行了全面打造。合同编是这次《民法典》编纂的重点。整个《民法典》共1260条,合同编从第463条至第988条,共有526条,几乎占整个《民法典》条文的一半;与原来的《合同法》相比,增加了100多个条文。《民法典》合同编共分为三个分编——通则、典型合同和准合同,这三个分编构成了合同编完整的法律体系。

合同编在整个《民法典》中居于非常重要的地位。如果说物权编所规定的完整物权制度,特别是所有权与用益物权制度,在民法典中奠定了我国社会主义市场经济的基石,那合同编则通过规范各类市场主体的交易行为,构建了社会主义市场经济的交易秩序。在社会主义市场经济条件下,市场交易秩序十分重要。它是资本、土地、科学技术、管理、劳动力等各类市场资源能否进行最佳配置的前提条件,是国民财富增长能否在市场中顺利实现的保障,是我国国民经济能否健康、持续、稳定发展的关键。因此,如何贯彻保护交易安全,提高交易效率,降低交易成本三大原则,成为合同制度维护社会主义市场经济交易秩序的重要任务。

要完成保护交易安全,提高交易效率,降低交易成本的重要任务,正确适用合同编中的相关法律规定,维护社会主义市场经济交易秩序,应当始终注意贯彻落实以下基本原则:

一是在合同案件纠纷的处理中必须贯彻落实《民法典》总则编中的六大原则。这六大原则为:民事主体法律地位应当坚持平等原则;从事民事活动应当遵守的自愿原则;从事民事活动应当遵循的公平原则;从事民事活动应当信守的诚信原则;从事民事活动不得违法的守法原则;从事民事活动应当坚守的有利于节约资源保护生态环境的原则。这六大原则是合同法律制度的核心和灵魂,在法律实施时特别在司法审判中,必须将其放在非常重要的位置上来考虑。丢掉了这六大原则就丢掉了合同法律制度最本质内容。由于这六大原则在前面已经作了介绍,这里就不再重复。

二是贯彻落实契约自由原则。契约自由原则是社会主义市场经济条件下合同法律制度的本质。没有契约自由,就没有市场交易;没有法律对契约自由的保护,就没有社会主义市场经济交易秩序。首先,保护契约自由,需要保护各类市场主体的缔约自由。只要不违反法律的禁止性规定,市场主体就可以自由缔约,不得随意限制。其次,保护契约自由,要充分尊重当事人依法自愿订立的合同。对当事人依法自愿订立的合同,其他任何人都不能依自己的意志改变其合同的内容。对审判实践中仍存在的一些不尊重当事人契约自由,凭主观意志随意去“探索”当事人真实意思表示的做法,应当克服。最后,保护契约自由,应当在发生合同纠纷时,严格按照合同约定去判断相关当事人是否违约,并确定违约者的违约责任。我国的合同法律制度,实行严格的合同主义,当事人依法平等自愿订立的合同,就是当事人之间的法律,必须严格遵守。任何违反合同的行为,都应当承担相应的法律责任。

三是贯彻落实保护契约正义的原则。应当看到,我国的合同法律制度所规定的契约自由,并不是古典自然法时代所提倡的绝对契约自由,而是相对的契约自由。当事人订立合同必须坚持公平公正原则,不能损害国家利益、社会公共利益和他人的合法权益。如果当事人利用合同的方式,即利用契约自由的方式损害了国家利益、社会公共利益和他人的合法权益,违反了公平公正的原则,该契约自由行为应当受到限制。限制契约自由,维护契约正义,应当通过什么方式来进行?是由法官来直接限制当事人契约自由,分配契约正义,还是通过法律的方式进行?按照民法典的规定,应当通过法律的方式限制契约自由。这就是《民法典》总则编和合同编中为什么要规定何种条件下合同无效,何种条件下合同可撤销或者合同可解除的原因。除法律规定外,对契约自由的限制,契约正义的分配,还可以通过最高人民法院对法律进行司法解释的方式进行。因此,人民法院在审判工作中限制当事人契约自由行为,维护契约正义时,一般情况下,应当依据法律和司法解释进行,不能利用自己的价值判断来直接进行契约正义的分配。如果在特殊情况下,需要采用司法方式进行契约正义的分配,应当通过正当程序,由最高人民法院审判委员会决定。

四是贯彻落实合同中民事权利、义务、责任有机统一原则。在合同中,当事人民事权利的实现,要以民事义务人如约履行民事义务为前提。民事义务人不履行民事义务,民事权利人的权利就无法得到实现。但在实践中,不少当事人对自己的民事权利很重视,但对自己应当承担的民事义务则不愿意认真履行。与此同时,在违约以后,对自己应当承担的违约责任也不愿意承担。例如,在人民法院实行失信被执行人名单制度以后,大量的失信被执行人的名单被公布。很明显,这些失信被执行人侵害了他人权利,或者没有履行自己的义务,本应依法承担相应的民事责任,但是他们不愿意承担。导致这一问题出现的原因,主要是全社会对于民事权利、民事义务和民事责任的统一性认识不够。在《民法典》编纂过程中,民事权利、义务、责任的有机统一,实质上已经充分地得到了反映。在今后的民事审判工作中,特别是合同案件纠纷的处理中,要将这一原则贯彻落实到位,让各类民事主体充分认识到:享受民事权利的同时,一定要承担民事义务;侵害他人民事权利和不履自身民事义务时,一定要承担民事责任。只有在实践中始终坚持民事权利、义务和责任的有机统一的原则,保护交易安全、提高交易效率、降低交易成本的任务才能完成,社会主义市场经济的交易秩序才能得到有序的维护。

这次《民法典》编纂时,合同编分为通则分编、典型合同分编和准合同分编三个部分。合同编的通则分编,相当于许多国家民法典合同编(或者债编)的总则部分。通则分编的内容除一般规则外,还有合同的订立、合同的效力、合同的履行、合同的保全、合同的变更和转让、合同的权利义务终止、违约责任等内容。这些内容与通常所说的债权总则的内容是基本一致的,都是关于合同法的一般性规则的规定。

关于合同的订立,是通则分编第二章的内容。这部分内容主要涉及订立合同的民事法律行为的形式、合同的内容,订立合同时要约与承诺民事法律行为的要件,以及预约合同、格式合同、缔约过失责任等方面的规定。在这章之中,预约合同是缔约过程中的新合同形式,应当予以关注;格式条款的规定也进行了新的修改,应注意认真把握。在贯彻实施该章内容时,应当与总则编第六章民事法律行为结合起来认真理解,特别是与其第一节一般规定的内容和第二节意思表示的相关规定结合起来,准确把握订立合同的民事法律行为,判断合同是否成立。

关于合同的效力,是通则分编第三章的内容。该章主要规定依法成立的合同在什么条件下能够生效,即产生对合同当事人的法律约束力,以及在什么条件下合同或者合同条款无效的规定。具体来说,它涉及如何处理批准生效的合同,无权代理和越权代理的合同,超越经营范围订立的合同的效力,无效合同应当如何处理等问题。其中值得注意的是,《合同法》第 51 条规定的无权处分的内容被删除,解决了长期以来存在的无权处分与合同效力没有明确区分的问题,解决了审判实践中长期存在的合同效力难以确认的问题。合同效力这一章的内容在民事审判实践中,是使用最为广泛的规定。要把准确把握该章的内容,在审判实践中准确认定合同的效力,一定要与总则编第六章第三节民事法律行为的效力结合起来,以其内容为指导。

《民法典》总则编第六章第三节系统地规定了民事法律行为效力的内容:一是明确规定了民事法律行为有效的条件。这些条件为:(1)行为人具有相应的民事行为能力;(2)意思表示真实;(3)不违反法律、行政法规的强制性规定,不违背公序良俗。二是明确规定了何种情况下民事法律行为无效。例如,无民事行为能力人的民事法律行为,限制民事行为能力人超出法律规定许可范围实施的民事法律行为,以及行为人与相对人以虚假的意思表示实施的民事法律行为均无效;违反法律、行政法规的强制性规定的民事法律行为无效,但是该强制性规定不导致民事法律行为无效的除外;违背公序良俗的民事法律行为无效;行为人与相对人恶意串通,损害他人合法权益的民事法律行为无效。三是明确规定了何种条件下实施的民事法律行为可撤销。例如,基于重大误解实施的民事法律行为,行为人有权申请撤销;行为人在对方实施欺诈行为而错误实施的民事法律行为,受害人有权申请撤销;行为人在第三人实施欺诈行为时,违背真实意思表示实施的民事法律行为,如果对方当事人知道第三人欺诈的,受害人有权申请撤销;行为人在对方当事人或者第三人实施胁迫行为时,违背真实意思表示实施的民事法律行为,有权申请撤销;一方当事人利用对方处于危困状态、缺乏判断能力等情形时,迫使其实施的民事法律行为显失公平,受害人有权申请撤销该民事法律行为。四是明确规定了民事法律行为无效、被撤销和确定不发生法律效力后,行为取得的财产应当如何处理。

除此之外,要准确认定合同的效力,还应当结合《民法典》总则编第七章代理的相关规定。如果脱离总则编第七章的规定,在认定无权代理和越权代理时,就难以做到准确、合法,合同效力的认定就可能出现偏差。

关于合同的履行,是通则分编第四章的内容。在这次《民法典》合同编编纂中,合同履行增加了一些新内容,值得引起注意。

一是通过互联网等信息网络订立的电子合同履行的规定。具体来说,就是第512条的规定。电子合同的履行,与一般买卖合同的履行不同,存在各种不同的方式。这次《民法典》合同编编纂时就根据这些不同,提出了解决问题的方法。例如,如果电子合同的商品交付是通过快递物流的,收货人的签收时间为交付时间;电子合同的标的是提供服务的,生成的电子凭证或者实物凭证中载明的时间,为交付时间等。

二是明确规定了债务选择权。所谓债务选择权,是指债务标的有多项而债务人只需要履行其中一项的情况下,债务人可以有权选择其中一项履行。《民法典》第515条和第516条具体规定了债务选择权的内容。

三是明确规定了按份之债。所谓按份之债,是指债权人或者债务人都在两人以上,在债权债务标的可分的情况下,债权人或者债务人应当按照各自确定份额享有债权或者承担债务。《民法典》第517条规定了按份之债的内容。

四是明确规定了连带之债。连带之债分为连带债权和连带债务。债权人为两人以上,部分债权人或者全部债权人均有权向债务人请求履行债务的,为连带债权;债务人为两人以上,债权人有权向部分债务人或者全体债务人请求履行全部债务的,为连带债务。连带债权或者连带债务,均应当由法律规定或者当事人约定,除此之外,不能随意认定连带债权或者连带债务。

五是明确规定了合同履行时的情势变更原则。情势变更原则在1999年《合同法》制定时,曾经想将其写进合同法,但因争议很大,在合同法上全国人大会议表决前删去了。后最高人民法院制定2009年《合同法司法解释(二)》时,经征得全国人大法工委同意,将其写进了该司法解释,但在程序上作了严格限制。具体来说,就是在适用情势变更原则时,只能作为个案原则适用,并需要报高级人民法院批准。在适用这一原则时应当注意几点:(1)合同成立以后,合同的基础条件一定要发生了订立合同时当事人无法预见的重大变化;(2)该重大变化不属于商业风险,如果是商业风险不在此列;(3)继续履行合同对一方当事人明显不公,也就是说,如果履行该合同,一方当事人利益损失巨大,另一方得利明显巨大;(4)受不利影响的当事人与对方重新协商,协商成功,按照协议履行;(5)在合理时间内协商不成,可向人民法院或者仲裁机构请求变更或者解除合同;(6)人民法院或者仲裁机构根据案件的实际情况,按照公平原则处理。在实施情势变更原则条款时,人民法院或者仲裁机构如何结合案件的实际情况,如何根据公平原则变更或者解除合同,还需要在实践中继续探索。情势变更原则如果运用得好,可以维护实质公正;但如果运用不好,出现滥用情况,可能会对多年来坚守的严格合同主义原则是一种危害。

六是明确规定了相关行政管理机构的监管职责。具体来说,就是当事人利用合同实施危害国家利益、社会公共利益的行为的,市场监督管理和其他有关行政主管部门应当依照法律、行政法规的规定监督处理。赋予相关行政管理机构对合同的监管职责,是完善其市场管理职能的必要措施,对于社会主义市场经济秩序的健康发展非常必要。

关于合同的保全,是通则分编第五章的内容。这章的内容在《合同法》中是第73条至第75条的规定,包括代位权和撤销权。这次《民法典》合同编编纂,将合同的保全,又叫债的保全,从3条扩充到8条,并从合同的履行中独立出来,用专章进行规定。该章内容在实施时所涉及的以下几个问题应当引起注意:(1)债权人到期债权的确定。这是债权人是否有代位权的前提。债权的确定包括债权是否真实存在和债权是否到期。如果债权不真实,债权人不可能有代位权。如果债权人的债权没有到期,且没有第536条规定的债务人的债权诉讼时效期间届满,或者债务人破产债权未及时申报等情形,债权人不能行使代位权。(2)债务人是否存在到期债权。如果债务人没有债权或者债务人的债权尚未到期,则债权人行使代位权就没有基础。(3)债务人是否存在怠于行使到期债权的行为,是否存在怠于行使与该到期债权相关的从权利——担保性权利的行为。如果债务人正在积极行使催促次债务人履行到期债务,或者正在积极行使担保性权利,则债权人只能在该债权或者担保性权利实现后再向债务人主张自己的权利,不能行使代位权。(4)债权人行使撤销权的前提是否确定。债权人撤销权行使的前提除自己的到期债权真实确定外,还应当具备债务人放弃自己的到期债权、债权担保,无偿转让财产等无偿处分自己财产的行为,或者以明显不合理的低价转让财产,以明显不合理的高价受让他人财产等。否则,债权人不具备行使撤销权的条件。至于合同保全的其他内容,这里不再重复。

关于合同的变更和转让,是通则分编第六章的内容。对于第六章的内容,这次《民法典》合同编进行编纂时,对合同法的相关内容进行了修改。

一是在规定债权人可以将债权的全部或者部分转让给第三人时,增加了不得对抗善意第三人或者第三人的内容。按照《民法典》第545条的规定,下列三种情形债权人不能转让债权:(1)根据债权性质不得转让;(2)按照当事人约定不得转让;(3)依照法律规定不得转让。除法律规定的债权不得转让的这三种法定情形外,其他情形下债权人可以全部或者部分转让债权。但是,在当事人约定债权不得转让时,还应当注意两种情况:(1)当事人在合同中约定非金钱债权不得转让时,不得对抗善意第三人。这就是说,非金钱债权转让合同是否有效,要看第三人是不是善意,如果是善意的,则该债权转让合同是有效的;如果第三人不是善意的,是知道或者应当知道债权人与债务人已经在原合同中约定非金钱债权不得转让,但依然与债权人订立债权转让合同,则债权转让属于无权处分,债务人可以主张对其不生效力。(2)当事人在合同中约定金钱债权不得转让时,不得对抗第三人。这就是说,债权转让合同的效力不因该约定的存在而受影响。无论第三人在与债权人订立债权转让合同时是不是善意的,原合同的约定都不能约束第三人。之所以这样规定,是由金钱债权中的物——货币的属性决定的。货币是种类物,债权人将金钱债权转让第三人后,由第三人要求债务人向第三人给付金钱,并不影响和危害债务人的权利和利益。

二是增加了债务人转让债务时向债权人催告的内容。按照《合同法》第84条的规定,债务人转让全部或者部分债务给第三人,应当经债权人同意。这次《民法典》编纂时,仍然保留这一规定。但为了提高缔约效率,这次在第 551 条中增加了第 2 款:“债务人或者第三人可以催告债权人在合理期限内予以同意,债权人未作表示的,视为不同意。”这一规定事实上将债权人的同意作为债务转让合同生效的要件,即只要债权人没有表示同意,该债务转让合同就不能产生法律效力。这样规定既维护了债权人的合法权益,又保证了债务人与第三人之间的债务转让合同能够尽快有结果。

三是增加了第三人债务加入的内容。《民法典》第 552 条规定:“第三人与债务人约定加入债务并通知债权人,或者第三人向债权人表示愿意加入债务,债权人未在合理期限内明确拒绝的,债权人可以请求第三人在其愿意承担的债务范围内和债务人承担连带债务。”第三人的债务加入与债务人转让债务性质相近。债务转让后,原债务人将不再向债权人履行债务,这直接涉及债权人的依赖利益,故债务转让应当经债权人同意。而第三人的债务加入,原债务人不退出法律关系,债权人对债务人的依赖利益并不受到损害,反而会增加债权人利益实现的可能性,所以该条就规定,只要债权人在合理期限内不明确表示拒绝,第三人就可以在其愿意承担债务的范围内向债权人承担债务。

关于合同的权利义务终止,是通则分编第七章的内容。合同的权利义务终止,是合同约定建立的法律关系将终结的表现。在解决合同纠纷中,明确合同的权利义务在何种情况下应当终止是非常重要的。按照《民法典》第 557 条的规定,以下情况合同的权利义务应当终止:债务已经履行;债务相互抵销;债务人依法将标的物提存;债权人免除债务;债权债务归于一人;合同解除;法律规定或者当事人约定终止的其他情形。上述情形的规定,基本沿用合同法的规定,只是将合同的解除单独抽出来作为第 2 款,其原因在于合同的解除,是在合同目的未达到的情况下,基于当事人协商或者法律规定的条件具备时,合同的权利义务的终止。其他情形基本上是合同目的已经实现的情况下,合同的权利义务权利的自然终结。

在这次《民法典》编纂时,合同法规定的合同的权利义务终止的内容大部分保留,还增加了一些新内容。

一是规定了因债务履行终止时,多个债务种类的履行终止情形。《民法典》第 560 条第 1 款规定:“债务人对同一债权人负担的数项债务种类相同,债务人的给付不足以清偿全部债务的,除当事人另有约定外,由债务人在清偿时指定其履行的债务。”这就是指定履行,即债务履行行为是针对哪个债务种类,债务人应当向债权人指定清楚。债务人对所指定的债务清偿完毕，该债务上的权利义务关系终止。除此之外，如果债务人在履行债务清偿行为时，未向债权人明确指定是针对哪笔债务的清偿，那多项债务的清偿如何确定呢？第 560 条第 2 款规定："债务人未作指定的，应当优先履行已经到期的债务；数项债务均到期的，优先履行对债权人缺乏担保或者担保最少的债务；均无担保或者担保相等的，优先履行债务人负担较重的债务；负担相同的，按照债务到期的先后顺序履行；到期时间相同的，按照债务比例履行。"第 560 条的规定，解决了民事审判中经常遇到的多项债务清偿如何认定的问题，如果债务人有指定履行行为，按照其指定的债务种类认定，没有指定的，则按照第 2 款规定的顺序进行。

二是明确规定了债务人在履行主债务、利息以及其他相关费用的债务清偿义务时，如果其给付不足以清偿全部债务，应当如何认定所履行的清偿义务是针对何种债务的。这是多年来审判实践中经常遇到的常见问题，法律一直没有作出规定，最高人民法院的司法解释根据审判实践的需要曾经作出过相关规定。在这次《民法典》编纂过程中，立法者吸收了最高人民法院司法解释的意见，作出了明确规定。《民法典》第 561 条规定："债务人在履行主债务外还应当支付利息和实现债权的有关费用，其给付不足以清偿全部债务的，除当事人另有约定外，应当按照下列顺序履行：(一)实现债权的有关费用；(二)利息；(三)主债务。"按照该条规定，如果清偿顺序当事人另有约定，则可以不按该条规定的顺序，而按照合同约定的顺序进行清偿。

三是对合同解除的内容作了补充和修改。合同的解除在合同法规定中分为协商解除、约定解除和法定解除三种类型。这次编纂《民法典》合同编时，对解除的三种方式依然保留，但结合审判实际作了补充和修改。

第一，在《合同法》第 94 条法定解除条文的基础上增加了第 2 款，作为《民法典》第 563 条。该条第 2 款规定："以持续履行的债务为内容的不定期合同，当事人可以随时解除合同，但是应当在合理期限之前通知对方。"以持续履行的债务为内容的不定期合同，在社会生活中十分常见，审判实践中如何解除合同的纠纷也很多。这次将不定期合同的解除作为法定解除的内容列入，为处理此类纠纷提供了法律依据。今后当事人的任何一方，只要在合理期限之前通知对方，该合同就可以解除，而不必双方协商一致。

第二，对当事人行使合同解除权的期限进行了修改。按照合同法的规定，只要当事人约定一方解除合同的事由发生，或者法律规定的法定解除的条件成就，相关当事人就可以单方行使合同解除权。这种单方合同解除权行使的期限,如果当事人有约定或者法律有规定的,在约定的期限或者法律规定的期限内不行使合同解除权的,该权利归于消灭。如果当事人没有约定解除权行使期限,或者法律也没有规定解除行使期限的,按照合同法规定,经过对方催告后在合理期限内不行使的,该权利消灭。这次《民法典》合同编编纂时,上述规定的内容依然保留,但在第 564 条第 2 款中作出了重要补充:"法律没有规定或者当事人没有约定解除权行使期限,自解除权人知道或者应当知道解除事由之日起一年内不行使,或者经对方催告后在合理期限内不行使的,该权利消灭。"这一补充十分重要,因为在法律没有规定或者当事人没有约定解除权行使期限的情况下,要对方当事人催告解除权人行使解除权,加重了对方当事人的法律责任,不利于双方纠纷的及时解决。因为如果对方当事人不催告,则解除权人的合同解除权就一直存在,纠纷也就一直存在。为保证纠纷及时解决,增加解除权人自知道或者应当知道解除事由之日起一年内不行使解除权,则该权利消灭的内容,有利于解除权人及时收集证据材料,及时行使权利。

第三,明确了在约定解除和法定解除中合同解除的时间。在民事审判中,约定解除和法定解除合同解除的时间是一个长期争论不休的问题。按照《合同法》的规定,合同一方当事人行使合同解除权的,自合同解除的通知到达对方当事人时解除。但如果当事人对合同解除有异议,需要提起诉讼或者仲裁时,合同解除的时间就没有明确的法律规定。这次《民法典》合同编编纂中,经过认真研究,特别是吸收民事审判工作中的经验,终于形成完整的解决方案。按照《民法典》第 565 条的规定,合同一方当事人按照约定解除或者法定解除的要求提出合同解除的。首先,一方当事人应当通知对方,合同以自解除通知到达对方时解除。其次,解除合同的通知载明债务人在一定时间内不履行债务则合同自动解除,债务人在该期限内未履行债务的,合同自通知载明的期限届满时解除。再次,通知送达后,对方对解除合同有异议的,双方均可请求人民法院或者仲裁机构确认解除行为的效力。如果人民法院或者仲裁机构确认其解除行为的,合同的解除时间应当是解除通知到达时,或者是通知载明期限届满时。最后,如果当事人一方未通知对方,直接以提起诉讼或者申请仲裁依法主张解除合同的,如果人民法院或者仲裁机构确认其主张的,合同自起诉书副本或者申请书副本送达对方时解除。

合同的权利义务的终止这一章除上面所述的主要修改内容外,还有一些小的修改,以及大量未修改的内容,这里就不再叙述。

关于合同的违约责任,是通则分编第八章的内容。这一章基本上沿用了合同法的制度设计,未作大的修改,这里也不再介绍。

《民法典》合同编第二分编,是典型合同编。该分编主要是在通则编所述一般规则的框架内,筛选出经济发展和社会生活中经常使用的合同类型加以规制,以规范和引导社会交易秩序的健康发展。典型合同分编共列出 19 类合同:买卖合同;供用电、水、气、热力合同;赠与合同;借款合同;保证合同;租赁合同;融资租赁合同;保理合同;承揽合同;建设工程合同;运输合同;技术合同;保管合同;仓储合同;委托合同;物业服务合同;行纪合同;中介合同;合伙合同。在这 19 类合同中,有 4 类是这次《民法典》编纂时新列入的合同,即保证合同;保理合同;物业服务合同;合伙合同。其他 15 类合同是《合同法》规定的合同类型,这次《民法典》编纂时照旧收入。在 19 类典型合同中,每一类还可以划分出不少更小类型的合同,形成一个树形合同体系。

在典型合同分编中,因不同的合同类型有不同的特点,实施时应当认真把握住这些特点。下面就部分典型合同应当把握的问题作一简单的提示。

1. 买卖合同

买卖合同是社会经济生活中使用最为广泛的合同。这次《民法典》编纂时,由于买卖合同部分在《合同法》制定时比较成熟,修改和补充的内容不多。适用买卖合同这一章时有几点应当注意把握:

一是要注意把握买卖合同法律关系。在买卖合同法律关系中,当事人的权利义务共同指向的对象是标的物,如百货、粮食、各种产品等;出卖人的基本权利是因交付货物而有权收取货款,其基本义务是按照约定交付货物;买货人的基本权利是按照约定收取货物,基本义务是按照约定支付货款。买卖合同法律关系虽然简单,但十分重要,是正确处理买卖合同纠纷应当掌握的基本点。

二是出卖人出卖未取得处分权的标的物的合同效力问题。出卖人出卖自己未取得处分权的标的物时,只要当事人之间订立合同时是平等自愿,没有违反国家法律和行政法规的效力性强制规定,该合同应当有效。如果出卖人不能按照合同的约定交付或者转移标的物的所有权,出卖人就应当按照合同约定或者法律规定承担违约责任;如果买受人因不能取得标的物所有权,提出解除合同,应当予以支持;如果买受人不提出解除合同,要求出卖人继续履行合同的,出卖人应当继续履行合同;如果出卖人已经不可能取得标的物的所有权,买受人的合同目的已经落空,当事人应当按照《民法典》第 563 条第 2 款的规定解除合同。

三是要注意合同标的物毁损、灭失风险的责任承担问题。合同标的物的毁损、灭失在买卖合同纠纷中十分常见,从法律上划清风险责任的界限对于纠纷处理十分重要。按照“买卖合同”这一章的规定,一般情况下,标的物在交付前,毁损、灭失的风险由出卖人承担,标的物交付后,该风险由买受人承担。除此之外,法律还规定了以下几种情况:(1)出卖人按照约定将标的物运送至买受人指定的地点交付给承运人的,在交付给承运人之前,毁损、灭失的风险由出卖人承担;交付之后则由买受人承担。但当事人另有约定的从约定。(2)因买受人的原因,致使合同标的物未能按照约定的期限交付,买受人自违反约定时起承担标的物毁损、灭失风险;违反约定之前的风险则由出卖人承担。(3)出卖交由承运人运输在途的标的物的,毁损、灭失的风险自合同成立时起,由买受人承担。但当事人有约定的从其约定。(4)当事人没有约定交付地点或者约定交付地点不明确,且该标的物又需要运输的,毁损、灭失的风险在出卖人将标的物交付第一承运人后,由买受人承担。(5)出卖人按照约定或者依据《民法典》第603条的规定将标的物置于交付地点,但买受人违反约定没有收取的,则标的物的毁损、灭失的风险自违反约定时起由买受人承担。(6)因标的物不符合质量要求,致使合同目的不能实现时,买受人可以拒绝接受标的物或者解除合同。由此而产生标的物毁损、灭失时,该风险由出卖人承担。如果注意了上述法律规定所划分的标的物毁损、灭失的风险责任的承担,买卖合同的交易安全和交易风险将会大大降低。

四是要注意合同标的物的瑕疵担保责任问题。合同标的物的瑕疵担保责任,又可以分为标的物的权利瑕疵担保责任和物的瑕疵担保责任。所谓权利瑕疵担保责任,是指出卖人在交付标的物时,要保证第三人对该标的物不享有任何权利,以保证买受人对标的物享有绝对权利。如果出卖人交付的标的物上存在第三人的权利,除买受人在订立合同时就知道或者应当知道第三人对该标的物享有权利以外,出卖人应当按照《民法典》第582条至第584条的规定承担违约责任。所谓物的瑕疵担保责任,是指出卖人在交付标的物时,应当按照合同约定或者《民法典》第510条和第511条规定的质量标准或者要求交付标的物,如果出卖人未按此要求交付标的物,则买受人可以依据《民法典》第582条至第584条的规定追究出卖人的违约责任。除这四个问题外,买卖合同中还有许多规定,就不再提示。

2. 借款合同

在我国经济社会生活中,借款合同是使用较多的合同类型。金融是我国国民经济的重要组成部分,金融如何为实体经济服务,涉及我国社会主义经济能否健康发展的大问题。各类民事主体通过借贷方式开展间接融资活动,获得经营资金,促进市场主体经营活动的开展。因此,《民法典》对借款合同所作的相关法律规定,对于规范市场主体的间接融资活动,保护间接融资市场是非常重要的。这次《民法典》编纂时,主要吸收了《合同法》借款合同一章的内容,并作了个别修改,变动不大。在适用借款合同的法律规定的内容时,还是有必要注意以下几个问题。

一是注意把握借款合同的法律关系。在借款合同法律关系中,当事人的权利义务指向的对象是资金,即出借方借出资金、借款方借用资金。出借方因出借资金本金而有权利收取本金利息,并要求借款方按期归还本金;借款方有权足额收取本金,也有义务到期归还本金并支付本金利息。同时,双方在订立并履行借款合同时,必须遵守国家关于借款融资活动的相关法律规定,不得违背。这是审理借款合同纠纷案件必须注意的基本点。

二是要注意金融借款合同与民间借贷的区分。所谓金融借款,通常是指银行业机构与客户之间的借贷活动。金融借款活动因有国家金融业监管机构的严格监管,借贷活动比较规范,产生纠纷相应较少。即使存在纠纷,因有较严格的规范,处理难度相应较小。所谓民间借贷,是指除银行业机构之外的市场主体之间开展的借贷活动,包括自然人之间的借款纠纷,法人组织之间、法人组织与非法人组织之间、非法人组织之间、法人组织和非法人组织与自然人之间的借款活动。民间借贷活动是我国长期以来在经济生活和社会生活中形成的民间融资活动,是我国正规金融活动的补充。在正规金融不能对我国经济生活和社会生活实现全覆盖的条件下,民间借贷的融资形式将会长期存在。但是应当看到,由于长期以来我国缺乏严格有效的管理,民间借贷纠纷案件一直居高不下。特别是我国经济进入新常态以来,由于金融借贷不能满足中小微企业的需要,民间借贷空前活跃,民间借贷纠纷案件更是出现"井喷式"增长。正是因为民间借贷存在与金融借贷不同的特殊性,人民法院在审理民间借贷纠纷案件时,一定要结合审判实践中总结的经验,正确地开展审判活动。

三是要注意民间借贷合同纠纷与其他民事合同纠纷的区别。目前,我国每年审理的民间借贷合同纠纷案件,高达 200 万～300 万件,数量十分庞大。但在审理中,发现不少其他类型的案件混入民间借贷案件进行审理的现象。例如,民间借贷从法律关系上看,出借方与借款方的权利义务关系,是围绕资金这一合同标的物设立的。而货物买卖关系,则是当事人围绕货物这一合同标的物设立的。如果买货方收货后没有支付货款,向卖货方出具欠条,当卖货方持欠条向人民法院起诉要求收款时,其案件是民间借贷案件纠纷,还是货物买卖纠纷呢?很显然,这是货物买卖纠纷,买货人欠货款违约,应当承担违约责任,但如果仅看借条或者欠条,不看借条或者欠条产生的基础民事法律关系,一概按照民间借贷纠纷案件审理,要求买货方支付欠条记载的金额并计算利息,张冠李戴,错误适用法律,就可能办“错案”。因此,在审理民间借贷纠纷案件时,一定要审理基础民事法律关系。其基础法律关系是民间借贷关系的,按照民间借贷纠纷处理;其基础法律关系是买卖、工程款欠款、劳务等民事法律关系的,应当按照各自的基础民事法律关系的性质确定案由,不能都简单地归入民间借贷纠纷进行处理。

四是要注意民间借贷利率的合法性。银行业机构开展的金融借贷活动,通常都是按照国家许可的利率开展业务,合法性不成问题。但民间借贷活动,利率通常由当事人议定,中国人民银行没有规定专门的民间借贷利率。为解决人民法院审理民间借贷纠纷案件,最高人民法院曾经商相关国家机关,用司法解释的形式划定了利率的“两线三区”,以解决利率的合法性问题。所谓利率的“两线三区”,即以24%和36%划出两条线,分出三个区域:当事人约定的利率如果在24%以内的,为受民事法律保护的区域;如果约定的利率在24%~36%的,为自然债务区域,民事法律不保护,但债务人愿意主动履行的除外;如果约定的利率在36%以上的,为利率的无效区域,完全不受法律保护。由于民间借贷的利率没有国家基本法律的规定,实践中出现了不少问题,如“套路贷”“校园贷”等形式的高利贷不断出现,危害甚大。这次《民法典》编纂时,在第680条专门规定:“禁止高利放贷,借款的利率不得违反国家有关规定。”以后在审理民间借贷纠纷案件时,如何认定高利贷,还应当按照国家相关法律和最高人民法院的相关司法解释规定进行。最近,最高人民法院对民间借贷的司法解释进行了修正,重新规定了利率的保护标准,即以中国人民银行授权全国银行间同业拆借中心每月20日发布的一年期贷款市场报价利率(Loan Prime Rate,LPR)的4倍为标准确定民间借贷利率的司法保护上限,取代原规定中以24%和36%为基准的“两线三区”的规定。今后民间借贷的利率标准,应当按此标准执行。

五是注意民间借贷合同的效力。民间借贷合同的有效和无效、生效和未生效、成立和未成立,是审理民间借贷合同纠纷案件很重要的问题。审理时,应当按照合同编和相关法律处理,特别要注意按照最高人民法院关于民间借贷的司法解释的规定处理,这里就不一一细述。关于民间借贷案件的审理,还存在许多具体问题,解决这些问题的措施和方法,最高人民法院关于民间借贷司法解释有详细规定,应当注意在实践中认真把握。

3. 保证合同

保证合同最初是规定在《担保法》中的内容,这次《民法典》编纂时将其从《担保法》中移置过来,作为合同编新增加的合同类型。在实施保证合同时应当注意以下几点:

一是注意正确把握保证合同的法律关系的基本构成。这是审理保证合同纠纷的基本要点。保证合同作为保证主债权债务关系中债务人向债权人履行债务的从合同,其权利义务指向的对象是债务人向债权人应当履行的债务;保证人的义务是在债务人不履行应当履行的债务时,保证用自己的财产向债权人履行;债权人的权利是在债务人不履行债务时,有权要求保证人向自己履行。

二是注意保证合同与抵押、质押等担保物权一样,都是对主债权债务关系的担保。在《担保法》中,保证、抵押、质押、留置、定金等都是作为主债权债务关系的担保方式出现。编纂《民法典》时,抵押、质押、留置作为担保物权,归入物权编,而保证是以信誉作为担保,不具有物的担保的属性,故将其归入合同编。虽然两者分别属于不同的分则,但它们作为担保的属性没有改变,作为主债权债务合同的从合同的性质没有改变。

三是在审理担保合同纠纷案件时,应当注意抵押、质押和保证的关系。在经济生活和社会生活中,民事主体设定担保时,可能既设定了抵押、质押等物的担保,又以保证的方式设定了人的担保。出现这一情况应当如何适用法律呢?《民法典》第392条规定:"被担保的债权既有物的担保又有人的担保的,债务人不履行到期债务或者发生当事人约定的实现担保物权的情形,债权人应当按照约定实现债权;没有约定或者约定不明确,债务人自己提供物的担保的,债权人应当先就该物的担保实现债权;第三人提供物的担保的,债权人可以就物的担保实现债权,也可以请求保证人承担保证责任。提供担保的第三人承担担保责任后,有权向债务人追偿。"该条规定就是人保与物保发生冲突时解决问题的基本方法。当然,实践中出现的问题可能更为复杂,要以这种方法为基础和原则,即以"有约定按约定,无约定或约定不明时,自己担保先于他人担保;第三人担保时由债权人选择"为基础和原则处理纠纷。

四是注意保证合同中一般保证与连带责任保证的区别。所谓一般保证,是指当事人在保证合同中约定,债务人不能履行债务时,由保证人承担保证责任,即由保证人替代债务人向债权人履行。这里的债务人不能履行到期债务,一般情况下是指债务人的财产依法强制执行仍不能履行债务时。在此情况下,债权人有权请求保证人承担保证责任。在特殊情形下,债务人不能履行到期债务还包括:债务人下落不明且无财产可供执行;人民法院受理债务人破产案件;债权人有证据证明债务人的财产不足以履行全部债务或者丧失履行债务能力等情形。在特殊情形下,债权人也有权请求保证人承担保证责任。所谓连带责任保证,是指当事人在保证合同中约定,在债务人不能履行到期债务的情形出现时,债权人有权请求保证人在其保证的范围内承担保证责任。在这里必须强调一点,由于连带责任保证对保证人责任压力较大,而保证人在保证合同中又主要是承担责任,没有合同权利,因此认定连带责任保证法律关系必须从严掌握。具体来说,认定连带责任保证必须要有当事人明确的合同约定,当事人在保证合同中对保证方式没有约定或者约定不明时,只能按照一般保证认定保证责任,不能认定为连带保证责任。在保证合同一章中还有其他审判实践中经常遇到的问题,这里不再细述。

4.保理合同

保理合同是这次《民法典》编纂时新增加的合同类型。应收账款的保理活动,在世界各国已经开展多年。近年来,我国对应收账款的保理业务逐渐在经济发达地区发展起来。目前,我国的保理不仅有银行业开展的银行保理业务,还有大量保理公司开展的商业保理。据不完全统计,我国涉及的保理业务资金量已经高达数万亿元人民币,覆盖面越来越宽。这对各类市场主体的融资、债务催收和不良资产运作都有很大的好处。随着社会主义市场经济的发展,保理业务的发展趋势会越来越广泛,需要从法律层面进行规范,保证保理活动的健康发展。由于保理合同后面还会有详细的解读,这里只是概略谈几点。

一是要注意正确理解保理合同的含义。保理合同,实质上是基于对债权人应收账款债权的转让所订立的服务性质的合同。保理合同的当事人应当是应收账款的债权人和保理人。保理合同的标的物是双方权利义务所指向的对象——应收账款,这里的应收账款既包括现有的应收账款,也包括将有应收账款。双方的权利义务应当围绕应收账款协商设定,具体来说包括:(1)应收账款债权人将应收账款转让给保理人;(2)保理人为应收账款债权人提供资金融通、应收账款管理或者催收,为应收账款债务人付款提供担保等服务;(3)保理人基于为应收账款债权人提供服务而收取相应的佣金。

二是要注意保理合同的生效时间。保理合同是应收账款债权人与保理人通过平等自愿协商后达成的协议。当协议达成后,该保理合同是否就正式发生法律效力呢?本书认为,保理合同应当是实践性合同,应当以应收账款转让为前提条件,即只有当应收账款交付给保理人后,保理合同才可能有履行的基础和条件。如果应收账款不能转让到保理人名下,保理人的保理服务就无法开展。因此,双方当事人签订保理合同,只能是合同的成立,不能是合同生效。保理合同的生效时间,应当以应收账款转到保理人名下时为生效时间。按照《民法典》第 546 条第 1 款的规定:“债权人转让债权,未通知债务人的,该转让对债务人不发生效力。”这里规定的债权转让通知到达债务人的时间,不是保理合同生效的时间,而是保理合同中的应收账款转让效力及于应收账款债务人的时间。除债权人通知外,按照《民法典》第 764 条的规定,保理人的通知也应当能够产生保理合同中的应收账款转让效力及于债务人的法律效力。因为按照该条规定:“保理人向应收账款债务人发出应收账款转让通知的,应当表明保理人身份并附有必要凭证。”这就表明法律将应收账款转让的通知权利,也赋予了保理人。

三是要注意保护保理人在原基础合同中债权人的地位。应收账款转让给保理人后,保理人取代了应收账款债权人在原基础合同中债权人的地位。有了债权人的地位,保理人才能提供资金融通工作,开展应收账款的管理或者催收工作,保理服务的合同义务才可能履行。因此,未经保理人同意,应收账款债权人与债务人不能随意变更或者终止交易合同。要保护保理人在原基础合同中的债权人地位,有两个方面的问题需要注意:一方面,原基础合同的债权人与债务人所订立的基础合同是虚假合同,债权以此合同为据与保理订立保理合同,以骗取保理人的融资。如果出现前述情况,保理人的合法权益如何维护？为此,《民法典》第 763 条规定:“应收账款债权人与债务人虚构应收账款作为转让标的,与保理人订立保理合同的,应收账款债务人不得以应收账款不存在为由对抗保理人,但是保理人明知虚构的除外。”该条规定的目的就是,通过不减轻基础合同债务人的民事责任的方式,遏制虚假合同的生存空间,保护保理活动的正常运行。另一方面,保理合同订立,应收账款债务人收到应收账款转让通知后,原基础合同的债权人与债务人变更或者终止基础交易合同,造成保理人处于不利地位,利益受到影响。如果出现上述情况,应当如何处理呢？《民法典》第 765 条规定:“应收账款债务人接到应收账款转让通知后,应收账款债权人与债务人无正当理由协商变更或者终止基础交易合同,对保理人产生不利影响的,对保理人不发生效力。”也就是说,其变更或者终止交易合同的民事法律行为,只能在他们双方有效,对保埋人尢效。保理合同继续履行,保理人在原基础合同中的债权人地位依然存在,相对人依然应当履行其应当履行的法律义务。当然,如果原基础合同的债权人与债务人遇到突发事件,原基础合同无法履行,债权人与债务人想变更或者终止合同,应当征求保理人的意见。因为这时的保理人已经取得相应债权人的地位,不征求其意见而作出相应变更基础合同,其效力也同样不能及于保理人。如果基础合同的变更或者终止导致保理合同的履行也出现问题,保理人有权要求应收账款债权人返还相应的融资,并承担相应的民事责任。

四是要注意保理合同中有追索权保理合同与无追索权保理合同的区别。所谓有追索权的保理合同,是指保理人履行保理合同义务以后,可以依约向应收账款债权人主张返还保理融资款本金和利息,也可以依约要求应收账款债权人回购应收账款债权,还可以依约向应收账款债务人主张应收账款债权。这里的追索权,就是指保理人对应收账款债权人的追索权。在实践中,应收账款债权人与保理人在转让应收账款债权时,保理人通常会按照约定向债权人支付保理融资款。除上面所说的形式外,当事人还可以约定在保理人履行完保理义务后,如果债权人不能返还该融资款本金和利息,保理人可以要求债权人回购应收账款债权;如果既不能返还融资款本金和利息,又不能回购应收账款债权,保理人还可以直接向应收账款债务人主张应收账款债权。但保理人在向应收账款债务人主张应收账款债权时,只能折抵保理融资款本金和利息以及相关费用,剩余部分应当返还应收账款债权人。有追索权的保理的特点是,只要保理人按照保理合同履行了义务,将催收到的应收账款交付给应收账款债权人后,无论应收账款债务人实际履行了多少债务,保理人都要追索回已经支付的保理融资款本金和利息以及相关费用。所谓无追索权保理合同,是指保理人在支付保理融资本金后,保理人取得向应收账款债务人主张应收账款债权后,保理人收回的应收账款无论多少,都与应收账款债权人无关,无须向应收账款债权人返还;保理人也无权向应收账款债权人主张融资本金和利息等费用,但双方因发生商务合同纠纷,导致应收账款不能收回的除外。保理合同是新的合同类型,目前这类合同纠纷案件的审理在经济发达的东部地区虽已经有了一些案例,积累了一些经验,但在全国的其他地区还不算太多。随着经济的发展,保理业务也必然会随之发展,相应的保理纠纷会逐渐增多。今后人民法院还应当注意这方面案件的审理,以促进保理合同在经济生活中发挥更大的作用。

5. 建设工程合同

建设工程合同是《民法典》合同编中重要的典型合同,对于我国基本建设中建设工程质量的规范和保护是至关重要的。这次《民法典》编纂编入的建设工程合同的内容,主要源于《合同法》第十六章。《民法典》编纂时,增加了审判实践中需要的条款,如第 793 条规定的建设工程施工合同无效时工程款应当如何支付;第 806 条规定的建设工程承包合同的解除等。由于《合同法》已经适用了 20 年,建设工程合同如何适用已经有许多成熟的经验,这里不作细述,只强调以下几点:

一是要明确建设工程合同的法律关系。建设工程合同的主体,主要是工程建设的发包方和承包方,以及因工程建设监理事务相关的发包方与监理方。建设工程合同的客体,是工程建设主体双方权利义务所指向的对象——建设工程。由于建设工程的建设是一个过程,围绕工程建设的不同阶段,在建设工程合同之下就形成一系列的具体合同类型:在工程的勘察阶段,需要工程勘察合同;勘察完成后,在工程设计阶段,需要工程设计合同;勘察、设计完成后,在工程的施工阶段,需要工程施工合同;在建设工程施工阶段,为保证建设工程的质量,需要发包方委托专业人士对建设工程的质量进行监理,这就需要订立委托监理合同。围绕建设工程而产生的发包方与承包方、发包方与监理方的权利义务,第十八章作了明确规定,不再细述。

二是要明确因建设工程质量等涉及社会公共利益事宜,当事人契约自由的行为应当受到限制。发包方与承包方订立建设工程合同时,其建设工程无论是住宅、商场、厂房,还是公路、桥梁、水坝等,其工程质量等都涉及社会公众的切身利益,而不仅仅是合同双方当事人的利益。这一点,是建设工程合同与其他合同不同之处。例如,张三向李四买一花瓶,李四称花瓶是古董,索要高价。张三出高价买了此花瓶。这里张三和李四的行为是纯粹个人行为,不涉及社会公共利益,两人你情我愿,与他人无涉,完全可以契约自由。但建设工程则不同。发包方和承包方开发承建住宅楼盘,可能双方均不住此楼,住楼人是小业主。如果任由发包方与承包方拥有不受限制的契约自由权利,让楼盘成为"豆腐渣工程",受损害的是小业主。因此,建设工程合同当事人不能拥有不受限制的绝对契约自由的权利,他们的合同行为不能侵害社会公众的利益。

三是要明确工程建设的过程必须遵守建筑技术性法律规范。在长期的社会历史发展中,工程营造从简到繁,积累了丰富的经验,形成了大量专业性的工程建筑技术性规范。这些技术性规范是工程建造科学规律的反映,任何从事工程建设的活动都应当遵循。工程建设的这一特点,决定了建设工程合同的当事人订立合同时,不得违背工程建筑技术性规范。如果违背,双方订立的合同或者相关合同条款,就有可能无效或者被撤销。因此,当事人契约自由的行为在工程建筑技术性规范面前一定要受到严格限制。基于这一原则,如果建设工程合同在工程款的计算、工期期限的要求、建筑材料的使用等方面,与工程建筑技术性规范发生冲突,造成财产损失,就应当根据合同当事人的过错,确定各自的合同责任。合同是否可以解除,由当事人根据实际情况具体依法处理。合同当事人的契约自由行为不能违背工程建筑技术性规范的原则,是人民法院审理建设工程合同纠纷时,必须坚守的底线。这是防止目前不断出现的"豆腐渣工程"所必需的。

四是要明确建设工程合同无效处理。按照合同法的一般规则,合同如果被认定无效,已经占有对方财产的应当返还对方;造成财产损失的,由过错方承担赔偿损失的责任;双方都有过错的,根据各自过错的大小,分别承担相应的责任。但是,建设工程合同往往有自己的特殊性。当合同被认定无效后,工程建设可能已经完成,返还财产已经没有可能。为解决这一实际情况,最高人民法院运用司法解释的方式规定,如果合同无效,但建设工程经验收合格,且不违反国家其他相关法律规定的,可以参照合同关于工程价款的约定折价补偿承包人;如果建设工程经验收不合格的,可以由承包人进行修复,修复后合格的,参照合同约定的工程价款的约定补偿承包人;不合格的建设工程经修复后仍然不合格,承包人不能请求参照合同关于工程价款的约定补偿。经过多年实践证明,这一规定有效地解决了实践中的不少难题。这次《民法典》编纂,就在第 793 条中将其正式写进了合同编。建设工程合同还有不少规定,因下面还要作专门介绍,就不再细述。

除上述合同编规定的 19 类合同外,还有许多合同类型没有列入典型合同分编。(1)物权编规定的民事合同。例如,国有土地使用权出让合同、国有土地使用权转让合同、探矿权出让合同、探矿权转让合同、采矿权出让合同、采矿权转让合同、农村集体土地承包经营权合同、农村土地承包经营权转让合同、农村土地经营权转让合同、海域使用权合同、自然资源使用权交易合同、悬赏合同、宅基地使用权合同、居住权合同、地役权合同、抵押合同、质押合同,等等。除上述合同外,在物权编中还有一些具体的合同,这里就不再列举。(2)人格权编规定的民事合同。例如,法人和非法人组织的名称权转让合同、自然人的肖像权使用许可合同和姓名权使用许可合同、法人和非法人组织的名称权使用许可合同、个人信息使用许可合同等属于人格权保护中的特殊类型合同。(3)婚姻家庭编、继承编规定的民事合同。例如,当事人的离婚协议、夫妻共同财产分割协议、夫妻财产协议、夫妻共同债务协议、子女抚养协议、赡养协议、收养协议、遗赠扶养协议、遗产分割协议,等等。因婚姻家庭关系涉及当事人的身份关系,相关协议订立和履行不得与婚姻家庭编和其他相关法律的规定相违背。(4)侵权责任编中的民事合同。因民事侵权而必然产生侵权之债,民事侵权编中也涉及不少合同。其中主要的有:人身伤害赔偿协议、人身死亡赔偿协议、精神损害赔偿协议、财产损害赔偿协议,等等。在此之下,还可以产生出更多更细的合同,这里不再列举。(5)没有列入合同编典型合同范围的其他民事合同。中外合资经营企业合同、中外合作经营企业合同、中外合作勘探开发自然资源合同、保险合同、旅游合同、医疗服务合同、劳务合同、证券交易合同、股权转让合同、期货交易合同、知识产权交易合同、网络服务合同等,因其已经或者将要体现在单行民事法律中,典型合同中也不再体现。上述 5 类合同都属于民事合同,那么,这些民事合同的适用规则还有什么特殊性呢?《民法典》第 467 条第 1 款规定:"本法或者其他法律没有明文规定的合同,适用本编通则的规定,并可以参照适用本编或者其他法律最相类似合同的规定。"第 468 条规定:"非因合同产生的债权债务关系,适用有关该债权债务关系的法律规定;没有规定的,适用本编通则的有关规定,但是根据其性质不能适用的除外。"具体来说,《民法典》包括合同编之外的其他各编,对合同有规定的按照其规定办理;其他法律有规定的,按照其他法律的规定办理;民法典和其他法律都没有规定的其他合同,按照合同编通则的规定办理,并参照适用典型合同或者其他法律最相类似的规定办理。有了这一系列规定,我国合同法律制度体系就基本完善了。

《民法典》合同编第三分编是准合同。该分编共分为两章,即第二十八章无因管理和第二十九章不当得利。在其他国家的民法典中,因为设立了债权总则,"无因管理"和"不当得利"就放在债权总则中。而我国《民法典》没有按照债权总则和债权分则的体例,合同通则中放不进去,就采用了"准合同"的方式,将"无因管理"和"不当得利"放入其中。至于它们的具体规定,在实践中已经为大家所熟悉,这里不再介绍。

这次对合同编的编纂,结合我国40 年来社会主义市场经济发展的实践经验,在合同法的基础上,为维护社会主义市场经济秩序,推动市场交易活动的健康开展,建立起了完整的合同制度体系。如前所述,我国的民法典是一个开放的体系,随着社会主义市场经济的不断发展和完善,我国的合同制度也将不断发展完善。随着合同制度的完善,严格司法也更为重要。只有严格司法,我们的合同制度才能拥有生命力,社会主义法治秩序才能真正建立,法治中国的形象才能真正在世界树立起来。这是我们法律工作者的使命。

# 第二章　合同的订立

## 专题一　预约合同问题

为解决实践中是否承认预约、预约构成要件、预约的法律效力和违反预约的法律后果等问题,最高人民法院通过总结审判经验,制定了《买卖合同司法解释》等规定,对解决预约纠纷案件发挥了规范作用。《民法典》编纂时,对上述司法解释规则予以确认,上升为立法,增加规定了一般预约合同,弥补了合同法的不足。《民法典》第495条规定:"当事人约定在将来一定期限内订立合同的认购书、订购书、预订书等,构成预约合同。当事人一方不履行预约合同约定的订立合同义务的,对方可以请求其承担预约合同的违约责任。"对于这一规定,在实践中应当如何理解呢?

### 一、预约与本约

#### (一)预约的定义与特征

预约是相对于本约的合同。所谓预约,是指当事人约定将来订立一定合同(本约)的合同。[①] 将来应订立的合同是本约,约定订立本约的合同,称为预约。[②] 本约是具有民事权利义务给付内容的一般合同,通过本约定的履行,能够满足当事人的生活、生产经营需要。预约合同的目的只是约定将来订立本约合同。预约可以称为预备合同,本约可以称为正式合同。民法典规定的全部有名合同,都是本约合同。合同编关于合同的条文,除第495条之外,基本也是针对本约合同作出的规定。预约合同在形式上一般都能区别于本约合同,如多称为认购书、订购书、预订书、意向书等,多数构成预约合同。从经济性原则出发,当事人通常是可以直接订立本约

---

① 参见史尚宽:《债法总论》,中国政法大学出版社2000年版,第12页;郑玉波:《民法债篇总论》,中国政法大学出版社2004年版,第31页。

② 参见王利明:《合同法新问题研究》,中国社会科学出版社2011年版,第135页。

合同,无须先签订预约合同。当事人之所以订立预约合同,是因为当事人遇到某些事实和法律上的障碍暂时不能订立本约合同,或者是为了防止一方当事人将来不订立本约合同,从而采取订立预约合同的办法,使一方当事人预先受到订立本约合同义务的拘束。[①] 民法典增加预约合同是水到渠成:一是从比较法上看,各国对预约合同多有规定,法国民法、日本民法、俄罗斯民法、瑞士债务法、意大利民法典、德国民法等亦有关于预约的规定。二是我国实践中预约合同已经广泛存在,因其不同于本约之性质和内容,需要不同于本约合同的制度规则。三是最高人民法院司法解释确定的预约规则已经司法实践证明,并为法官和其他法律共同体普遍接受。

预约合同是一种独立的合同,合同标的是在一定期限内签订本约。根据预约,当事人负缔结某个合同的义务,如果一方当事人违反预约,属于不履行合同的行为,应按违约责任处理。[②] 因此,预约合同通常应具备合意性、约束性、确定性和期限性四个基本特征。

1. 预约的合意性。预约合同是合同,既非要约,也非要约邀请,必须是双方当事人意思表示的合意。预约合同必须经双方当事人完成要约承诺的过程,并达成合意。预约合同的主要条款应当达成一致意见,即对将来订立本约形成合意。对于实践中常见的预约形式,如意向书、允诺书、认购书、原则协议、谅解备忘录、定金收据、谈判纪要等,要通过是否达成了双方将来订立合同的合意进行判断,如果有合意,可以初步作为预约,如果是一方的意思表示,可能是要约,也可能是要约邀请,但不是预约合同。如果不能确定有订立本约的意思,则不能认定成立预约合同。例如,当事人在函件、意向书、备忘录中表明要“考虑”将来订立合同,则双方将来订立本约欠缺明确的意思表示,不能成立预约合同。

2. 预约的约束性。由于预约合同往往是当事人谈判进程中达成的合意,表现形式一般不称为合同,预约合同效力既然源于当事人的意思表示一致,就应有当事人受合同约束的意思表示。当事人接受预约合同约束的意思表示,可以是明示的,也可以是默示的。如果仅仅是记录谈判过程及结果的进程性文件,没有明确的接受记录内容的约束的意思表示的,不能构成预约。如订立意向书中仅包括了双方继续磋商订立合同的订约意向,而没有明确表示双方负有订立本约合同的义务,则不构成预约合同,只是订约意向。

3. 预约的确定性。预约合同是将来订立本约合同的合同,其应当具有订立本

---

① 参见郑玉波:《民法债编总论》,陈荣隆修订,中国政法大学出版社 2004 年版,第 30 页。

② 参见王利明:《合同法新问题研究》,中国社会科学出版社 2011 年版,第 135 页。

约合同的确定内容,包括本约合同的类型和性质,以免陷入本约谈判的僵局,否则预约丧失了存在的价值。预约合同的成立遵循要约和承诺的要求,合同内容应具备具体明确的合同成立条件。预约合同成立条件,应遵循本约合同的标准,根据2009年《合同法司法解释(二)》第1条的规定,人民法院能够确定合同当事人名称或者姓名、标的和数量的,一般应当认定合同成立。《联合国国际货物销售合同公约》(the United Nations Convention on Contracts for the International Sale of Goods, CISG)第14条规定,买卖合同成立只需具备3个条款:(1)货物的名称;(2)明示或默示规定货物的数量或者规定如何确定数量的方法;(3)明示或默示规定货物的价格或者规定如何确定价格的方法。上述规定是合同成立的必备条款的判断标准,也是最低要求。当然,不同的合同对于成立条款的要求不同。尽管实践中,许多预约合同中已经就本约合同的主要内容作了约定,但预约合同的成立并不要求必须具备本约合同的主要内容,"意思表示应当仅是对于未来订立某种类型而作出的表示,而不应当包含此类合同的主要内容"。[①] 但在判断预约合同的内容是否确定时,应以达成该类合同应当具备的最低要求为限,欠缺本约合同的条款既可以通过协商确定,也可以在协商不成时通过解释方法予以填补,一般还要具有订立合同的时间或者方式。预约合同的确定性,还会受到本约合同订约可能性的限制。如最高人民法院认为,商品房买卖预约合同的签订时间应在开发商办妥立项、规划、报批手续后至销售许可证取得前;在立项审批前签订预约,无异于非法融资,应当认定无效。立项规划后,房屋开发位置、总层次、总建筑面积等已基本确定,当事人完全有条件作出较明确的约定。[②]

4. 预约的期限性。《民法典》规定,"当事人约定在将来一定期限内订立合同"为预约合同,突出强调了其期限性,即将来一定期限内订立合同,既非已经订立了合同,为本约,也非无限期的等待订立合同,失去预约之意义。王利明教授认为,如果当事人订立了应当订立本约合同,但是对于在什么期限内订立并没有作出约定,则很难认定预约合同成立。[③] 预约合同中的期限是指订立本约合同的期限,这不同于附期限的合同。附期限的合同是已经成立的合同,只是约定了其将来经一定期限合同才生效,属于本约合同于成立一定期限后生效的情况。在预约合同下,本约

---

① 王利明:《预约合同若干问题研究——我国司法解释相关规定评述》,载《法商研究》2014年第1期。

② 参见最高人民法院民事审判第一庭编:《最高人民法院关于审理商品房买卖合同纠纷案件司法解释的理解与适用》,人民法院出版社2003年版,第61页。

③ 参见王利明:《预约合同若干问题研究——我国司法解释相关规定评述》,载《法商研究》2014年第1期。

合同还未成立，当事人只是对将来订立本约合同达成了合意。附期限的合同在生效之前，因其已经成立，所以对当事人具有形式约束力，预约合同下本约合同未订立，当事人只受预约合同约束，不会受本约合同的约束。

（二）预约合同的效力

预约合同的法律效力，理论上有争论，[①]我国民法典将预约合同定位为独立的合同，并明确其标的为"在将来一定期限内订立合同"，则预约合同具备合同的法律效力，主要在于应当依约订立本约合同。

1. 预约合同双方当事人均可以请求对方履行订立本约合同义务，不能请求履行预约合同中所预定的本约合同的给付义务。只有履行了预约中的订立本约合同的义务，本约合同才为成立，产生法律效力。

2. 预约合同约定的双方当事人将来订立本约合同的权利义务，在性质上属于合同债权债务，受合同相对性原则约束，一般不得对抗第三人。预约合同之债权，仍然是请求权，而不是形成权，故本约合同之订立，仍然遵循要约承诺的方式，而不能依一方意思表示成立。

3. 预约合同义务违反后当事人应当承担违约责任，可以适用违约金、定金、损害赔偿等责任形式，能否适用《民法典》第 580 条的强制履行的责任方式，争议较大。

4. 预约合同有向本约合同转化的法律效力。在预约合同约定了本约合同的主要条款，虽未订立本约合同，但当事人已经实际履行了本约合同的，则根据《合同法》第 36 条[②]和 2009 年《合同法司法解释（二）》第 2 条[③]的规定，可以认定本约合同成立。《商品房买卖合同解释》第 5 条关于"商品房的认购、订购、预订等协议具备《商品房销售管理办法》第十六条规定的商品房买卖合同的主要内容，并且出卖人已经按照约定收受购房款的，该协议应当认定为商品房买卖合同"之规定，承认了预约与本约之间的可转化性。此时，预约合同中关于本约合同的内容因为当事人的实际履行行为，推定当事人之间形成了本约合同的合意，本约合同即独立生

---

① 《买卖合同司法解释》在理论上被认为采纳了应当缔约说，本书从之。预约合同的效力是订立本约的义务，而不仅仅是磋商义务；预约合同的效力不能因预约合同的内容不同而不同，内容确定说会造成实务混乱；预约本身不是本约，否则就否定了预约的独立性。

② 《合同法》第 36 条规定：法律、行政法规规定或者当事人约定采用书面形式订立合同，当事人未采用书面形式但一方已经履行主要义务，对方接受的，合同成立。

③ 2009 年《合同法司法解释（二）》第 2 条规定：当事人未以书面形式或者口头形式订立合同，但从双方从事的民事行为能够推定双方有订立合同意愿的，人民法院可以认定是《合同法》第 10 条第 1 款中的"其他形式"订立的合同。但法律另有规定的除外。

效。在马某某与北京荧佳房地产信息咨询有限公司商品房预售合同纠纷案中,①最高人民法院认为:双方另又签订《补充协议》对《商品房买卖合同》的未尽事宜进行了约定,系双方真实意思表示。马某某按约定交付了50%的购房款作为首付款,已实际履行了合同。因此,该合同应属于商品房买卖合同。

(三)预约与本约的关系

理论和实践中,对预约合同与本约的关系认识有不小的争议,这影响了对预约合同纠纷的处理。为此,应当正确认识预约的法律性质,把握预约合同与本约合同的区分标准。

关于预约合同的法律性质,有不同观点。一是前契约说,主张预约处于本约成立前的前契约阶段,是本约成立的其中一个过程,是一项没有法律拘束力的协议。实质上否认预约是合同。二是从合同说,主张预约是本约的铺垫,是本约成立的保证,本约的成立不以预约存在为条件,预约是本约的从合同。三是附停止条件本约说,主张预约实质为附停止条件的本约,合同约定的订立本约的条件成就时,本约合同成立并生效。四是独立契约说,主张预约为独立的合同,预约合同有自身的合同标的,双方负有订立本约合同的权利义务;又有预设的本约合同中的民事权利义务关系。预约合同符合《合同法》的规范并受其调整,故预约合同和本约合同均为各具效力之独立契约。独立契约说是我国学界通说,②《买卖合同司法解释》采独立契约说,民法典亦采独立契约说。

由上观之,预约合同与本约合同的区别比较清楚,预约合同就是为了订立本约合同的合同,其与本约合同的区别在于:

一是预约合同的意思表示是订立本约合同,不设定具体的民事权利和义务;本约合同意思表示必然指向具体的民事权利义务。双方均可履行各自义务,实现缔约目的而无须另外订立合同,即使名为预约,亦应认定为本约。反之,必须另行订立合同,才能实现各自的缔约目的,则应属于预约。③

二是预约合同的内容,需要具备合同标的并包含将来订立合同的意思,无须包括完备的本约合同条款。但本约合同应当具备主要条款,能够确定当事人之间的民事法律关系的性质。

三是预约合同的效力只是约束当事人按照约定订立本约合同,而没有当事人

---

① 参见最高人民法院民事判决书,(2012)民抗字第54号。

② 参见王利明:《预约合同若干问题研究——我国司法解释相关规定评述》,载《法商研究》2014年第1期。

③ 参见梁慧星:《对买卖合同司法解释(法释〔2012〕8号)的解读和评论》,载法学中国网:http://www.io/aw.org.cn/showarticle.aspx? xcl=3660,最后访问日期:2020年10月25日。

之间民事给付义务方面的拘束力;本约合同的效力就是产生当事人之间的给付义务。例如,预约买卖合同双方当事人的权利,是请求对方履行订立买卖合同(本约)的义务,而非请求对方履行买卖合同本约之交货或者付款义务。如果合同中直接约定了当事人的给付义务的,则为本约。

四是预约合同违反的责任虽为违约责任,但限于订立本约合同义务的违反之责任,可以请求预约合同违反之责任,但不能请求承担本约合同的违约责任;本约合同违约责任是违反给付义务的法律后果,可以直接请求履行给付义务或者解除合同请求损害赔偿等违约责任。

(四)预约合同的违约救济

预约合同是独立的合同,违反预约合同义务的,应当承担违约责任,具备解除条件的,可以解除预约合同。预约合同的违约责任与本约合同的违约责任是否有区别,民法典并未作规定,原则上应认为预约合同的违约责任依其内容可以适用《民法典》合同编违约责任一章的规定。

1. 强制履行责任

《民法典》第 577 条和第 580 条规定了违反合同之强制履行责任形式。预约合同作为以订立本约合同为标的合同,是否适用强制履行责任形式,即能否强制履行订立本约的义务?《民法典》未作明确规定,最高人民法院《买卖合同司法解释》最终也未能作出选择。[①] 此后,理论界继续研究,实务界不断探索,目前否定说和肯定说仍各执一词,难以达成共识。

肯定说在理论上和比较法上有较多支持:

一是在比较法上,大陆法德国、日本、俄罗斯立法和实务中均承认强制缔约说。德国联邦最高法院曾经在一个案件中明确了"实际履行"预约合同即"强制缔(本)约"的规则。按照该规则,原告先向法院告知本约合同的内容,如果被告对此没有异议,则由法院确定本约合同的内容,法院并依诚信原则要求被告履行本约合同的内容。因此,依据预约合同债务人也具有一定的履行义务,即建立了强制缔约义务。[②] 在日本,则承认预约当事人的预约完结权,在一方当事人基于预约发出订立本约之要约时,不以对方的承诺为必要,即可成立本约。[③]《俄罗斯民法典》第 429 条、第 445 条规定,当签订预约合同的一方当事人拒绝订立本合同时,另一方当事人

① 参见最高人民法院民二庭编著:《最高人民法院关于买卖合同司法解释的理解与适用》,人民法院出版社 2012 年版,第 58 页。

② 参见王利明:《预约合同若干问题研究——我国司法解释相关规定评述》,载《法商研究》2014 年第 1 期。

③ 参见韩世远:《合同法总论》(第 2 版),法律出版社 2008 年版,第 58 页。

有权向法院提出强制对方签订合同的请求。在非违约方请求对方实际履行时,本约合同并不当然成立,应当由法院决定是否成立本约合同。

二是在理论上,我国主流观点承认强制缔约义务。史尚宽先生持肯定说。[①] 王泽鉴先生也认为,“预约债务人负有订立本约的义务,权利人得诉请履行,法院命债务人为订立本约的意思表示,债务人不为意思表示者,视同自判决确定时已为意思表示”。[②] 王利明、崔建远先生也认为,“预约虽然仅使当事人负有订约义务,但也是一种合同。如果预约的一方当事人不履行其订立本约的义务,则另一方有权请求法院强制其履行义务及承担责任”。[③]

三是肯定说的理由。首先,预约是独立的合同,应当赋予其与其他合同相同的效力,在违约的情况下,违约责任的形态包括了实际履行。对于违反预约合同的责任,显然也可以适用实际履行的方式。[④] 其次,预约合同的强制履行效力,是诚信原则和合同严守原则的要求。它可以督促当事人履行其承诺,签订本约合同,保护当事人的信赖,不使合同目的落空。再次,审判实务中出现的债务人不积极作出意思表示以及本约合同的内容成立问题,可以通过合同解释、合同漏洞填补等途径解决。最后,人身强制并不是在任何时候都被禁止。如在买卖合同中,当一方当事人不愿履行交货义务并经法院判决强制履行时,就属于人身强制的适用。因此,在宏观制度构建观之,人身强制不存在应不应该的问题,而是存在强制程度的问题。当一种制度在强制履行之余仍能保证履行的效果,就没有理由不予采纳。

否定说也有比较法和实务、理论上的支持:

一是在比较法上,有些国家的法院拒绝作出实际履行的判决,认为这种责任承担方式有违公平原则。[⑤] 除日本法和俄罗斯民法对强制缔约义务有规定外,多数国家民法典并未明确。

二是预约合同的标的是签订本约合同的行为,而不是金钱或财物的给付行为。债务人拒不签订本约合同的违约行为,属于《民法典》第 580 条规定的不适用继续履行之情形。

三是强制缔约有违合同意思自治原则。依据合同法关于合同自由原则的规定,当事人对于是否订立合同有完全的自由,不受他人和组织的强制。如法院强制

---

① 参见史尚宽:《债法总论》,中国政法大学出版社 2000 年版,第 13 页。

② 王泽鉴:《债法原理(一)》,中国政法大学出版社 2001 年版,第 150 页。

③ 王利明、崔建远:《合同法新论·总则》,中国政法大学出版社 1996 年版,第 48 页。

④ 参见王利明:《预约合同若干问题研究——我国司法解释相关规定评述》,载《法商研究》2014 年第 1 期。

⑤ 参见钱玉林:《预约合同初论》,载《甘肃政法学院学报》2003 年第 4 期。

当事人订立买卖合同,将剥夺当事人的意思自由,而与合同自由原则相悖。因此,强制订立本约,属于《合同法》第 110 条第 1 项所谓"法律上不能履行"。[①] 如由人民法院补足本约的缺失条款,不符合预约当事人的真实意思表示。在张某某、北京王忠诚医疗科技有限公司与佛山市顺德区银景房产有限公司、佛山市顺德区德利企业管理顾问有限公司等股权转让纠纷案[②]中,最高人民法院以强制缔结本约违反合同意思自治原则予以否定,"预约合同作为一个独立的合同,其违约责任形式可以包括继续履行,但可由人民法院强制缔结本约的法律依据并不充分,否则有违合同意思自治原则,亦不符合强制执行限于物或行为的给付而不包括意志给付的基本原理"。

四是缔结合同属于意志的给付,法律规定的强制执行方式均无法适用,如直接强制、间接强制、代替执行、行为及不行为之强制执行均须有给付内容(包括物和行为),对预约合同当事人无适用之余地。[③]

本书认为,预约合同是否产生强制缔约的义务,要充分考虑预约合同的具体情形,既不能一概要求预约合同当事人必须订立本约合同,也不能一概否定预约合同的实际履行义务。从民法典规定、维护诚信和合同严守原则、促进交易等价值判断出发,应当以肯定说为原则,以否定说为例外。具体言之:

一是本约合同性质上具有人身属性的,应当依《民法典》第 580 条予以排除强制缔约义务。这就是否定说提出的人身性的合同不宜强制缔约。实践中的承揽合同、劳务合同、委托合同等以提供劳务为内容的合同,宜排除强制缔约义务。

二是本约合同标的在法律上和事实上不能的,强制缔约也不能实际履行,无须强制缔约。反之,则考虑适用强制缔约义务。如枣庄市海天房地产开发有限公司与冯某某合同纠纷案[④]中,法院认为:被告负有在合同约定的期限内订立买卖合同的义务,被告未按照约定履行订立买卖合同的义务,构成违约。根据《合同法》第 107 条的规定,原告请求被告继续履行的义务的诉讼主张,符合法律规定,且本案中并不存在《合同法》第 110 条规定的不能履行和不适于强制履行的情形,故原审判决被告继续履行合同义务,并无不当。

---

① 梁慧星:《对买卖合同司法解释(法释〔2012〕8 号)的解读和评论》,载法学中国网:http://www.io/aw.org.cn/showarticle.aspx?xcl=3660,最后访问日期:2020 年 10 月 25 日。

② 参见最高人民法院民事裁定书,(2016)最高法民申 200 号。

③ 参见最高人民法院民二庭编著:《最高人民法院关于买卖合同司法解释的理解与适用》,人民法院出版社 2012 年版,第 58 页。

④ 参见枣庄市中级人民法院民事裁定书,(2014)枣民申字第 66 号。

三是法律对缔约一方当事人给予特别保护的,如果该受特别保护之一方当事人不愿意订立本约合同的,不得强制缔约。如消费者订立消费预约合同,后不愿意订立正式消费合同的。反之,则应当承认强制缔约义务。

四是对于双务预约合同,在判断强制缔约义务时,应当根据当事人在预约中对本约合同内容约定的程度分别处理。如果已经构成了本约合同的基本内容,只要使本约合同成立,可以顺利履行的,承认强制缔约义务是合适的。如果相反,则不宜强制缔约。[①] 如张某某诉上海振龙房地产开发有限公司商品房预约合同纠纷案中,[②]法院以欠缺本约的主要条款而否定了强制缔约的请求,"上诉人主张双方应继续履行预约,以签订正式的房屋买卖合同,但双方目前仅成就预约合同关系,即便已届预约合同确立的订立本约之时间节点,在双方并未就买卖合同本约之基本条款达成一致的情况下,上诉人要求被上诉人履行强制缔结买卖合同本约之义务,缺乏合同约定及法律依据,预约合同双方仅能就本约不能订立之后果依法承担相应之责任"。最高人民法院在福建省莆田市广源饲料有限公司与陈某建设用地使用权转让合同纠纷案[③]中则以具备履行条件而支持了强制履行请求,认为"基于诚实信用的原则,依法生效的预约合同应当履行。当是否继续履行预约合同产生争议时,若根据合同目的、合同履行方式和预约合同实际履行情况能够继续履行的,依法应当继续履行"。显然,法院直接支持对本约履行的请求,而未按先强制缔约,然后再履行本约合同的顺序处理,与日本、德国的实践做法相似。

对于单务预约合同,双方约定权利人能够以单方意思表示即可使本约合同成立,权利人享有形成权的,则形成权一行使,本约合同成立。反之,订约义务一方无法单独意思表示使本约合同成立,对方当事人可以放弃其形成权利,亦应准许。

五是应当尊重当事人的约定,如果当事人明确约定一方违约时,另一方可以请求法院强制缔约的,应当允许。反之,也应当尊重当事人的约定。

2. 损害赔偿责任

预约合同是独立的合同,根据民法典规定,违反预约合同造成损害的,应当承担违约损害赔偿责任。但该赔偿损失的范围如何确定,实为审判实务之难题。当然,违反预约的违约损害赔偿责任,不同于违反本约的损害赔偿责任,在性质上可

---

① 内容决定说的主张,根据预约中本约合同条款的具备程度,作为区别预约产生应当缔约还是必须磋商效力的标准,我们不予认同,但在预约合同违约之强制缔约效力上有其可借鉴之处。参见韩强:《论预约的效力与形态》,载《华东政法学院学报》2003 年第 1 期。

② 参见上海市第一中级人民法院民事判决书,(2014)沪一中民二(民)终字第 2917 号

③ 参见最高人民法院民事裁定书,(2014)民申字第 935 号。

归入本约合同的缔约过失责任。其中,需要进一步厘清违约损失的总体范围、机会损失是否赔偿等问题。

第一,预约合同违约损失的范围。预约合同的内容是订立本约合同,违反了订立本约合同的义务,本约合同没有成立,因此违约损失不能按照违反本约合同的违约损失计算。预约合同相对于本约合同,属于缔结本约合同过程中的一个环节。有观点认为,相对于本约,预约其实处于订立本约的先契约阶段。违反预约的行为既是预约违约行为,也可以视为本约之缔约过失行为。[①] 鉴于预约合同违约损害的特殊性,将预约违约的损失在总体上限于本约的缔约过失责任范围还是适当的。当然,缔约过失责任的损失范围,在理论界由于对于信赖利益的范围存有较大的争议,本身也是具有复杂和不确定性,审判实务颇感困惑。应当承认,理论界主要存在的消极利益说、损害说、处境变更说、既存利益说及利益说 5 种学说,各所确定的信赖利益范围均有所不同。[②] 信赖利益通常包括所受损失与所失利益。所谓"所受损失",亦称积极损害,是指因损害事故的发生,致使信赖人现有财产所减少之利益。所谓"所失利益",亦称消极损害,是指因损害的发生,致信赖人之财产应增加而未增加之利益。[③]

第二,机会损失是否赔偿。一般缔约过失责任的所受损失包括:缔约费用、准备履行所需费用、已给付金钱的利息等;所失利益主要是另失订约机会之损害。[④] 预约合同的损害赔偿范围主要是指"所受损失",至少应当包括 4 项内容:(1)订立预约合同支付的各项费用,如交通费、通信费等;(2)准备为签订买卖合同所支付的费用,如考察费、餐饮住宿费等;(3)已付款项的法定孳息;(4)提供担保造成的损失。

缔约过失责任的"所失利益",就是订约机会的损失。认定缔约机会的损失,必须证明预约合同违反与机会损失之间具有因果关系,权利人应当负举证责任。预约合同越接近于订立本约合同,机会损失的可能性越高,对当事人订约机会约束越小,机会损失的可能性越小。机会损失的判断,仍然取决于当事人对预约合同的信赖程度的高低,依然属于信赖利益损失的范畴。最高人民法院裁判认为,"对于因

---

① 参见最高人民法院民二庭编著:《最高人民法院关于买卖合同司法解释的理解与适用》,人民法院出版社 2012 年版,第 58 页以下。

② 参见邹挺骞:《论信赖利益及其损害赔偿》,载最高人民法院民事审判第一庭编:《民事审判指导与参考》(总第 17 辑),法律出版社 2004 年版,第 218 页。

③ 参见曾世雄:《损害赔偿法原理》,中国政法大学出版社 2001 年版,第 136 页。

④ 参见王泽鉴:《民法学说与判例研究》(第 5 册),中国政法大学出版社 1998 年版,第 227 页。

不能实现签订本约合同的机会损失如何赔偿的问题,主要应当衡量预约合同内容及履行状态、签订本约意愿、客观障碍、市场风险、政策因素(如鼓励投资还是遏制炒房)等未签订本约合同的原因要件”。[①] 作为预约合同履行的可得利益,在计算上尚未有明确的标准。对此问题,解决方案在于:一是赋予当事人强制缔约的义务,一旦缔约成功,可得利益损失自以本约履行利益而为替代。二是在不能强制缔约,也无法单独计算出可得利益时,即限于订立本约合同机会丧失的损失。在“张某与徐州市同力创展房地产有限公司商品房预售合同纠纷案”中,法院采用了以约定的订立本约时标的价格与预约合同约定的价格之差价为基础,并考量其他相关因素酌定的方法确定订约机会丧失的损失额,“原告与被告签订预订单后,有理由相信被告会按约定履行订立本约合同的义务,从而丧失了按照预订单约定的房屋价格与他人另订购房合同的机会,因此被告因违约给原告造成的损失应根据订立预订单时商品房的市场行情和现行商品房价格予以确定,但因被告所开发建设的房屋无论是结构还是建筑成本都与双方签订预订单时发生了重大的变化,因此原告以被告开发建设房屋的现行销售价格作为赔偿标准亦显失公平,法院不予采纳。综合考量商品房市场的价格变动过程以及原告向被告交纳房款的数额,对于被告因违约给原告造成的损失确定为150000元”。[②] 在陈某某诉江阴兰星公司房屋买卖合同纠纷案[③]中,无锡市中级人民法院则以违约方因违约所获得的利益作为违约损失额,“参考了违约方将诉争房产出卖给第三方的实际交易价格,以违约方在交易中违背诚实信用原则而获得的实际经济利益作为对另一方的损失赔偿,即违约方的违约行为给其带来的直接经济利益,也就是原告的机会利益的损失”。这两种订约机会丧失损失的计算方法,基本上等同于本约违约之损害赔偿责任。依我国理论上基本共识,《合同法》上的对信赖利益的赔偿以不超过本约合同的履行利益为限,受《民法典》第584条可预见性规则的限制,应当根据个案按照可预见性规则进行判断,法律上很难确定统一的标准。[④]

3. 违约金责任

预约合同中约定有违约金条款的,可以依照《民法典》合同编关于违约金的规则处理。违约金为违约之预订赔偿金,在预约合同中原则上与损害赔偿不能并用。违约金过低或者过高的,可以依照《民法典》第585条第2款“约定的违约金低于造

① 参见最高人民法院民事裁定书,(2019)民申字第2826号。

② 参见徐州市泉山区人民法院民事判决书,(2010)泉民初字第2427号。

③ 参见无锡市中级人民法院民事判决书,(2012)锡民终字第0024号。

④ 参见王利明:《预约合同若干问题研究——我国司法解释相关规定评述》,载《法商研究》2014年第1期。

成的损失的,人民法院或者仲裁机构可以根据当事人的请求予以增加;约定的违约金过分高于造成的损失的,人民法院或者仲裁机构可以根据当事人的请求予以适当减少”之规定,请求法院合理增加或者减少违约金。在违约金过低时,也可以通过增加损害赔偿的方式予以救济。违约金过高调整时,违约方应当对违约金过高负举证责任,另一方有抗辩的,也应提供相应证据。预约合同的损失主要指“所受损失”,通常包括4项内容:其一,订立预约合同所支付的各项费用;其二,准备为签订本约合同所支付的费用;其三,已付款项的法定孳息;其四,提供担保造成的损失。预约合同的损失也应当包括订约机会丧失的损失在内,但应当有证据予以证明。为平衡当事人利益,特别是考虑取得证据的便利性,倾向于将举证责任分配给主张违约金的一方当事人。

4. 定金罚则

《民法典》第587条规定了定金责任,即“债务人履行债务的,定金应当抵作价款或者收回。给付定金的一方不履行债务或者履行债务不符合约定,致使不能实现合同目的的,无权请求返还定金;收受定金的一方不履行债务或者履行债务不符合约定,致使不能实现合同目的的,应当双倍返还定金”。通说认为,合同上的定金是违约定金,兼具证约定金的功能。《商品房买卖合同解释》第4条对预约中的定金罚则作出明确规定:“出卖人通过认购、订购、预订等方式向买受人收受定金作为订立商品房买卖合同担保的,如果因当事人一方原因未能订立商品房买卖合同,应当按照法律关于定金的规定处理;因不可归责于当事人双方的事由,导致商品房买卖合同未能订立的,出卖人应当将定金返还买受人。”预约合同可以适用定金罚则,定金亦应属违约定金,作为违约损害赔偿之预定,原则上不能与损害赔偿并用。依《民法典》第588条第2款规定,定金不足以弥补一方违约造成的损失的,对方可以请求赔偿超过定金数额的损失。

关于定金数额问题,《民法典》第586条规定,定金数额不得超过主合同标的额的20%。预约定金的标的是将来订立本约合同,因此通常不能确定预约合同中的标的额,故无法地直接适用上述限制。如果约定的定金明显过高的,能否比照上述规定,按照公平原则予以调整,还需要实践中进一步提炼和明确规则。比如,考虑参照违约金过高调整的规则,兼顾定金的补偿性和惩罚性,适当予以调减。

5. 预约合同的解除

2012年《买卖合同司法解释》第2条规定,“……一方不履行订立买卖合同的义务,对方请求其承担预约合同违约责任或者要求解除预约合同并主张损害赔偿的,人民法院应予支持”,明确预约合同在违约情形下也可以解除,并要求违约方承担损害赔偿责任。《民法典》第495条虽没规定预约合同可以解除,但预约合同本身为独立的合同,自可适用合同解除规则。预约合同的解除适用《民法典》第563～568条的规定。因不可归责于双方的原因解除合同的,预约合同终止,双方承担恢复原状义务,已经交付的定金应当予以返还,但不适用双倍返还罚则。如最高人民法院公报案例戴某某诉华新公司商品房订购协议定金纠纷案①中,法院认为,“如果双方在公平、诚信原则下继续进行了磋商,只是基于各自利益考虑,无法就其他条款达成一致的意思表示,致使本约不能订立,则属于不可归责于双方的原因,不在预约合同所指的违约情形内。这种情况下,预约合同应当解除,已付定金应当返还”。因一方根本违约而解除的,守约方可以请求违约方承担违约责任,有定金的,可以适用定金罚则。

## 二、实务中的问题

实践中,应当注意区分预约与缔约过失责任。相对于本约而言,预约在担保本约合同有效订立方面与缔约过失责任制度有相同的功能。如前文在确定预约合同违约损害赔偿责任时,也主要信赖于对本约合同缔约过失责任的赔偿范围确定。但预约与缔约过失责任是完全不同的两种制度,在实务中应当避免将两者等同处理。一是预约合同是独立的合同,当事人之间具有合同债权债务。缔约过失只是对法律规定的在缔约阶段当事人之间相互保护和协作义务违反的后果。“对于当事人而言,开始合同磋商即已经设立增强的注意义务,即已经设定特别结合关系,在因过失而违反这种义务时,当事人负损害赔偿责任。”②根据缔约过失理论之通说,缔约当事人负有在其领域内保护相对方人身安全、财产安全的义务,对接触的对方信息的保密义务,依诚信进行磋商的义务等。二是预约合同是以订立本约为标的的合同,具备合同的全部要素,通常包含违约责任条款,预先确定当事人的违约责任,如通常支付定金,有时也明确约定违约金条款。缔约过失则是对当事人在签约谈判过程中过失的一种事后评价,缔约过失适用于本约签订的整个过程,但其范围因缔约阶段、当事人相互信赖程度等而有不同。三是违反预约合同应当承担违约责任,预约不产生缔约过失责任。③ 预约合同违约后,可以直接适用定金罚则,

① 参见苏州市中级人民法院民事判决书,(2005)苏中民一终字第0068号。

② [德]迪特尔·梅迪库斯:《德国债法总论》,杜景林、卢谌译,法律出版社2004年版,第95页、第342～347页。

③ 参见王利明:《合同法研究》第1卷,中国人民大学出版社2002年版,第331页。

也可以直接按照约定的违约金条款请求支付违约金,没有定金和违约金条款的,可以请求损害赔偿。此种损害赔偿属于违约责任,但由于预约合同内容的特殊性,其履行利益的计算,通常可以参考本约的缔约过失责任的范围。缔约过失责任只是一种法定赔偿责任,是信赖利益的赔偿。四是缔约过失责任以缔约人违反法定义务有过失时产生,是过错责任的一种。预约合同的违约责任是严格责任还是过错责任,在理论上如果与一般违约责任适用相同规则,也应当解释为严格责任。但从实务来看,对预约责任倾向于采过错责任,即只要未订立本约合同不可归责于双方当事人,则不产生违约责任。我们倾向于过错责任说,更符合预约合同违约的特点,符合当事人的合理期待,在双方之间实现利益平衡。五是预约合同具有在一定条件下向本约合同转化的效力,违反预约合同时,可以请求强制缔约,或者请求履行本约合同义务。一旦缔约成功或者转化为本约合同,预约合同终止。缔约过失责任是在合同成立之前的责任形态,在合同成立后,一般不会消灭,如人身、财产安全保障义务违反产生的责任,不会因合同成立而消灭,有些缔约过失则转为合同的附随义务而继续存在,如保密义务。

# 专题二　格式条款问题

## 一、格式条款及民法典修改内容

格式条款,又称为格式合同、定型化合同、标准合同、一般条款等,是指当事人一方为了重复使用目的而预先拟定不与对方协商的合同条款。格式条款是20世纪合同法发展的重要标志,[①]主要适用于一些经营性企业与不特定消费者订立大量合同的领域。用格式条款订立合同最早产生于保险业与铁路运输业,之后广泛适用于公用事业,尤其是在20世纪40年代后盛行于几乎所有的商业领域,如电信、铁路、银行、航空、运输、邮政、城市用电、城市用水、医院等各个行业。

1999年《合同法》规定了格式条款制度,第39条明确了格式条款的定义和使用者的提示说明义务,第40条规定了格式条款无效的情形,第41条规定了格式条款

① 参见王利明:《合同法新问题研究》,中国社会科学出版社2011年版,第210页。

的解释规则。此外,在《消费者权益保护法》第26条、《保险法》第17条、《民用航空法》第130条、《海商法》第126条等单行法律中也规定了格式条款。最高人民法院先后出台2009年《合同法司法解释(二)》和《关于适用〈中华人民共和国保险法〉若干问题的解释(二)》进一步完善细化了格式条款的相关规则,构成了我国民事审判的主要裁判依据。

格式条款具有重要的作用:一是可以有效降低效果成本、提高交易效率。在面向大量消费者的商业交易中,需要不断地签订内容基本相同的合同,采用传统的一对一单个进行缔约的方式费时费力,不仅增加了经营者成本,对于没有缔约经验的消费者而言也是费力的事情,因此双方均有简化缔约程度提高交易效率的需求,这是格式条款产生的经济原因。通过一方事先就合同的主要内容进行拟定格式条款,在缔约时提交给另一方认可后缔约,减少了与每个缔约人协商的过程,节约了协商合同条款的时间,从而加快了交易过程,节约了个别交易的成本,提高了市场交易的效率。二是有利于增加交易安全,防范交易风险。使用格式条款可以使当事人事先对交易的风险进行判断并进行防范,限制交易风险的范围,合理分配交易风险负担,并对影响合同实现的外在风险提前在合同中作出安排。如在保险合同中,保险人往往要事先对保险风险的概率进行统计和核算从而确定合理的保险费率,这也使保险合同责任条款日益复杂但更精细化。

但格式条款同样也存在明显的弊端:一是对契约自由冲击较大。契约自由是合同法的基本原则。契约自由包括当事人订约的自由、选择交易对方的自由、决定合同内容的自由和合同形式的自由。格式条款的使用,在表面上仍然存在契约自由,但实质上合同的内容已经事先由另一方定好,谈判的过程就是接受的过程。特别是经营者处于明显市场优势甚至垄断地位时,这种交易的自由,包括选择交易对方、谈判能力受到明显的限制,在"take it or leave it"下,契约自由的空间被压缩到极低的状态。二是对契约正义的妨害。契约自由是契约正义的基础,法谚"契约即正义",其理论基础是个人应当拥有最大限度的选择余地,因为他们是自身利益的最佳判断者。① 契约正义主要是契约当事人之间的权利义务平衡,包括享有的权益以及承担的风险。格式条款的使用,拟订条款一方利用其市场优势地位预定一些对其有利而对对方不利的条款,有时会使双方利益明显失衡,违背公平原原则。最为典型的是一些免责条款、限制责任条款和排除对方权利的条款,成为最为诟病的滥权行为。如何在契约自由体制下规制不合理的交易条款,维护契约正义,使经济

① 参见杜军:《格式合同研究》,群众出版社2002年版,第117页。

上的强者,不能假契约之名,压倒弱者,是现代法律所应担负的任务。

各国民法对格式条款规制的重点在于保障契约自由和契约正义:一是通过赋予条款提供方以特别提示和说明义务来保护相对人,尽可能保障相对方的契约自由。二是通过限制某些免责条款、限责条款或者加重对方责任的条款之效力来保护相对人,保障契约正义。三是通过对格式条款设定特别解释方法来限制格式条款对相对人造成不公平结果。《合同法》第41条采用了客观解释方法和不利于提供格式条款一方的解释规则。

《民法典》编纂对《合同法》格式条款部分的修改主要有:

一是在第496条增加一款明确了提供格式条款一方未尽提示说明义务的法律后果,即"提供格式条款的一方未履行提示或者说明义务,致使对方没有注意或者理解与其有重大利害关系的条款的,对方可以主张该条款不成为合同的内容"。

二是在第497条完善了格式条款无效的情形:"(一)具有本法第一编第六章第三节和本法第五百零六条规定的无效情形;(二)提供格式条款一方不合理地免除或者减轻其责任、加重对方责任、限制对方主要权利;(三)提供格式条款一方排除对方主要权利。"

关于未尽提示说明义务的法律后果,合同法对格式条款使用者未尽提示说明义务之法律后果未有明确,理论有两种不同观点。一种观点是未订入合同说,主张格式条款提供方未尽到《合同法》第39条第1款规定的义务的,该格式条款应当视为未订入合同,不是合同条款。理由是:一是依体系解释方法和逻辑解释的方法,从该条在合同法中所处的位置("合同的订立"一章)即可得知,第39条第1款属于格式条款订入合同的规则,违反该条款规定者,格式条款即没有订入合同。① 二是从合同缔结的程序上来说,格式条款亦须符合要约承诺的合同订立规则。格式条款提供方未按照《合同法》第39条第1款的规定"采取合理的方式提请对方注意免除或者限制其责任的条款,按照对方的要求,对该条款予以说明"的,则表明格式条款未经相对人同意,受要约人未做出承诺,合同双方未就格式条款达成合意,故应当认为格式条款未订入合同,不构成合同内容。② 另一种观点是无效说,主张格式

① 参见王利明:《合同法研究》第1卷,中国人民大学出版社2002年版,第394页。

② 参见郑辉:《格式条款订入合同之规则解析》,载《西北大学学报(哲学社会科学版)》2007年第4期;刘璐、高圣平:《格式条款之订入合同规则研究》,载《广西社会科学》2005年第2期;韩世远:《免责条款研究》,载梁慧星主编:《民商法论丛》第2卷,法律出版社1994年版,第486~489页。

条款已经订入合同,但无效。① 主要理由是:格式条款提供方未尽到《合同法》第 39 条规定的义务的,该格式条款虽然已经成为合同的条款,但该条款由于违反了法律规定而对另一方当事人不具备法律约束力,所以应当是无效条款。从现行法律规定来看,我国《保险法》第 17 条规定:保险合同中规定有关于保险人责任免除条款的,保险人在订立保险合同时应当向投保人明确说明,未明确说明的,该条款不产生效力。此规定确立了未尽说明义务则该格式条款无效的立法例。

2009 年《合同法司法解释(二)》第 9 条既没有采未订入说,也未采无效说,而是创新为可撤销说,即"提供格式条款的一方当事人违反合同法第三十九条第一款关于提示和说明义务的规定,导致对方没有注意免除或者限制其责任的条款,对方当事人申请撤销该格式条款的,人民法院应当支持"。解释立足于充分保护格式条款接受一方的利益,赋予其决定该格式条款效力的选择权,既非一概认为不构成合同内容,也非一概认定为无效。这一解释具有开创性的贡献,特别是在处理《合同法》第 39 条和第 40 条的关系上,提供了有意义的视角。如果采无效说,则与第 40 条格式条款无效规定难以清楚区分,而且《保险法》第 17 条规定是不产生效力而非无效。

《民法典》编纂中对此先后有不同的认识,最终采可主张未订入合同的模式,既借鉴了 2009 年《合同法司法解释(二)》赋予接受格式条款一方选择权的创新,又回归到合同订立的阶段,在后果上与司法解释规定没有明显差异。

关于格式条款无效的事由,《民法典》第 497 条在《合同法》第 40 条规定的基础上有所完善:第一项根据民法典总则法律行为无效的规定确定格式条款的效力,与合同法规定无异。第二项"提供格式条款一方不合理地免除或者减轻其责任、加重对方责任、限制对方主要权利",一是增加了"减轻其责任""限制对方主要权利"两项事由,二是增加了"不合理地"限定条件。在增加无效事由的同时,又以"合理性"判断作为标准限缩了无效的范围。第三项"排除对方主要权利"事由未作修改。

合理性标准将是今后判断格式条款效力的重要内容。当事人在合同中约定免责条款是常见的,这些免责条款是当事人对合同履行风险的一种预先控制,是必要的。在经过双方协商而确定的情况下,免责条款原则上对双方当事人具有约束力,《民法典》第 506 条对无效的免责条款的规定②除外。在格式条款下,由于双方无法

---

① 参见杨立新:《中华人民共和国〈合同法〉释解与适用》(上),吉林人民出版社 1999 年版,第 136 页;尹华广:《论我国格式条款立法规制的不足与完善》,载《黑龙江政法管理干部学院学报》2005 年第 6 期。

② 《民法典》第 506 条规定:"合同中的下列免责条款无效:(一)造成对方人身损害的;(二)因故意或者重大过失造成对方财产损失的。"

充分平等的磋商,故对免责条款的效力采用更为严格的约束,《民法典》第497条的规定是,如果符合《民法典》第506条规定事由,格式条款当然无效;如果不符合《民法典》第506条的事由,但在违背公平原则达到了不合理的程度的,亦应当认定为无效,以纠正不公正的结果,加强对相对方的保护。如果未达到《民法典》第497条规定的程度,且提供格式条款的一方尽到了《民法典》第496条规定的提示说明义务,则应当认定免责条款有效;如果未尽到《民法典》第496条规定的提示说明义务,则赋予接受格式条款的一方否认其效力的权利。于此,可以将格式条款的免责条款(指第二项)的效力区分为三档:绝对无效、未订入和有效。

## 二、实务中的问题

1. 提示说明义务的标准。2009年《合同法司法解释(二)》第6条规定,"提供格式条款的一方对格式条款中免除或者限制其责任的内容,在合同订立时采用足以引起对方注意的文字、符号、字体等特别标识,并按照对方的要求对该格式条款予以说明的,人民法院应当认定符合合同法第三十九条所称'采取合理的方式'。提供格式条款一方对已尽合理提示及说明义务承担举证责任"。为如何判断提供格式条款一方的提示说明义务提供了指引,仍可资借鉴。第一,格式条款中需要以合理的方式作出特别提示或说明的,是指格式条款的免责条款和限责条款;第二,关于免责条款和限责条款的特别提示或说明必须是在合同订立时作出;第三,这种特别提示或说明的具体方式包括文字、符号、字体等特别标识,以及在合同相对方要求的情况下所进行的特别说明;第四,所采取的特别标识必须足以引起对方注意;第五,格式条款提供方应当就自己已尽合理提示及说明义务承担举证责任。一般认为,如果相对方在合同中对负责条款予以签字确认的,通常可以作为提供格式条款一方尽到了提示说明义务的证明,但允许以反证推翻。

2. 对2009年《合同法司法解释(二)》第10条的理解与适用。2009年《合同法司法解释(二)》第10条规定,"提供格式条款的一方当事人违反合同法第三十九条第一款的规定,并具有合同法第四十条规定的情形之一的,人民法院应当认定该格式条款无效"。本书认为,在《民法典》第497条第2项规定"不合理"限定标准后,与第496条提示说明义务之间的关系可以协调,无须再借鉴2009年《合同法司法解释(二)》第10条规定进行处理。《民法典》第496条是订立合同的当事人的义务条款,凡格式条款具有免责或者限制对方权利的条款,均应当适用该条款,这一合同成立前的义务,目的在于保障相对方订约的自由。《民法典》第497条规定的是格式条款当然无效的事由,不依第 496 条规定提示说明义务的违反为前提,只要符合条件即为无效。在第 497 条第 2 项和第 3 项规定之外的免除部分责任、限制部分权利、减轻责任等,符合"合理性标准"的,且尽到了第 496 条提示说明义务,则应为有效;如果没有尽到提示说明义务,虽未达到无效的程度,但可以主张未订入合同。

3. 不合理标准的理解。《民法典》第 497 条第 2 项规定的不合理标准,如何掌握和适用,将会是一个难点。王利明先生一直主张,"条款的制定人在格式条款中不合理地、不正当地免除其现在应当承担的责任,则该条款是无效的"。[①] 此处所指的不合理,首先是指已经达到了显失公平的程度,且利用了其优势地位,即达到了《民法典》第 151 条规定的法律行为显失公平可撤销的程度。在广东直通电讯有限公司诉洪某某电话费纠纷案[②]中,广州市中级人民法院认为:电讯公司在《广州市数字移动电话(gsm)安装申请卡》用户须知第 10 条规定,"停机三个月后,本营业处有权将该用户号码转给别人使用,一律不予退还所有入网费用",是以格式条款的形式出现,只强调了自己的权利,忽视了用户的利益,损害了洪某某的财产权益,违背了公平原则,该格式条款应属无效。本书认为,首先,对于直接剥夺一方主要权利的显失公平的条款,之所以规定为无效而不是可撤销,在于它是格式条款,相对方没有协商的能力,只能接受或者不订合同。对于一般轻微责任的免除、非主要权利的限制、适度的降低责任程度等没有造成显失公平,尚在合理限度内的,均不宜认定为无效。其次,是指条款制订人主观上有过错。如果其提出了正当的理由,或者按照通常的理解其理由是正当的,则不谓不合理。如出卖人明知有瑕疵,故意不告知对方,特别约定要免除其物的瑕疵担保责任的,则难谓合理;如以较低的价格出卖二手物品,约定免除出卖人的物的瑕疵担保责任,只要予以提示说明,难谓不合理。

# 专题三　悬赏广告问题

## 一、悬赏广告的内涵及要件

悬赏广告,是指以广告声明对完成一定行为之人给予报酬。[③] 大陆法系国家民

---

① 王利明:《合同法新问题研究》,中国社会科学出版社 2011 年版,第 224 页。

② 参见《最高人民法院公报》2001 年第 6 期。

③ 参见王泽鉴:《债法原理》(第 1 册),中国政法大学出版社 2001 年版,第 153 页。

法对悬赏广告多有规定,我国合同法对悬赏广告未作规定。最高人民法院 2009 年《合同法司法解释(二)》第 3 条对此作了原则规定,“悬赏人以公开方式声明对完成一定行为的人支付报酬,完成特定行为的人请求悬赏人支付报酬的,人民法院依法予以支持。但悬赏有合同法第五十二条规定情形的除外”。该条为实践中悬赏广告案件的裁判提供了依据。《民法典》吸收了司法解释规定,于第 499 条规定了悬赏广告,即“悬赏人以公开方式声明对完成特定行为的人支付报酬的,完成该行为的人可以请求其支付”。

悬赏广告大致可以划分为两类:一是对人性悬赏广告;二是对世性悬赏广告。对人性悬赏广告是指悬赏人对某个特定主体所作出的悬赏广告,尽管该特定主体在悬赏广告时并不为悬赏人所知悉,但悬赏广告相对人却是确定的。《民法典》第 314 条规定,“拾得遗失物,应当返还权利人。拾得人应当及时通知权利人领取,或者送交公安等有关部门”。可见,遗失物的拾得人是确定的并且依法负有返还遗失物的义务。但其依法仍然享有获得相应报酬的权利。对世性悬赏广告是指悬赏人对不特定人作出的悬赏广告。如有奖征文、创意大赛、微信点赞送门票等就是典型的对世性悬赏广告。

悬赏广告就是以公开广告的方式,对于实施某一行为的特别是对于引起某一结果而悬赏的人,有义务向实施了该行为的人支付报酬。[①] 悬赏广告大致可以分为三个阶段:一是悬赏人做出悬赏广告;二是相对人完成悬赏广告确定的特定行为;三是完成特定行为人的请求支付悬赏广告声明的报酬。因此,悬赏广告不是一个单独的行为,而是一个动态的行为链,由 3 个相互递进的行为构成的体系。

关于悬赏广告的法律性质,学理上主要有“单独行为说”和“契约说”两种观点。究竟是采用契约说还是单独行为说,实属理论上之争议,而观各国悬赏广告之制度设计,处理结果大致相同。“契约说”通过对无行为能力人和不知道悬赏广告存在之人完成悬赏行为之报酬请求权作特别规定后,仍然得到充分之支持,此与采单独行为说无异。同样,采用“单独行为说”的,也对悬赏广告之撤回或者撤销制度予以规定,肯定悬赏广告人之悬赏自由。正如王泽鉴先生所指出的,“悬赏广告法律性质的争论,严格言之,是一个法律学方法论上的问题”。“对具体问题之解决,并不因为采用何说而异,仅是说明方法不同而已”,“在法学方法论上,应采实质标准”。[②]

2009 年《合同法司法解释(二)》将悬赏广告规定在合同订立部分,在悬赏广告

---

① 参见《德国民法典》第 657 条。

② 王泽鉴:《民法学说与判例研究》(第 2 册),中国政法大学出版社 1997 年版,第 61 页。

的性质上应解释为采“契约说”。《民法典》亦将悬赏广告规定在合同订立部分,与2009年《合同法司法解释(二)》在立场上应属契合。

## 二、悬赏广告的构成及效力

悬赏广告之成立,按“契约说”,即须有要约和承诺,即成立悬赏广告合同。悬赏广告是不要式合同、不要物合同、有偿合同和双务合同。[①] 具体而言:

### (一)悬赏广告之要约

悬赏广告的要约,就是悬赏人以公开声明的方式对完成特定行为的人支付报酬的意思表示。第一,悬赏人。从悬赏广告实践来看,悬赏人的范围很广,悬赏人可以是自然人也可以法人,也可以是其他组织,并无特别限制。法人中即有民事主体的公司、企业,也有事业法人,现在越来越多的国家机关法人也成为悬赏广告的主体。近几年广泛引发社会关注的悬赏广告案件,多数与国家机关行使职权有关,如犯罪线索悬赏、执行悬赏、交通违法悬赏等,都曾引发社会热议。悬赏人必须是具有民事行为能力的人,无民事行为能力人和限制行为能力人发布悬赏广告的,可以按照民法典有关法律行行为效力的规定处理。第二,以公开方式发布悬赏广告。悬赏应当以公开形式予以声明,即以“广告形式”做出悬赏的意思表示。以“广告形式”其意在要求悬赏应当以针对不物定人而声明,但不限于广告法规定的广告方式。既可以在报刊上登载,也可以在广播电视上播放,在公开场合进行张贴,或者当街喊叫;既可以是文字方式,也可以是语言方式。不特定人,以属于多数为已足,一定范围之人,亦无不可。[②] 第三,须有一定行为的完成。完成一定行为是悬赏广告要约的实体内容之一,它是悬赏人和相对人之间权利义务产生的基础。一定行为,既可以是积极的作为,也可以是不作为;既可以是对悬赏人有利益的行为,也可以是对悬赏人不利益的行为;既可以涉及公利的行为,也可以涉及私利的行为;既可以是只有特定人能够完成的行为,也可以是多数人都能完成的行为。完成一定行为,悬赏广告中应当有一定期限的限制,行为之完成应当在期限内,超出期限的,不能产生悬赏广告中完成一定行为的效果。该行为应以合法行为为限,凡是违反法律、行政法规强制性规定,侵害国家、社会公共利益或者他人利益的行为,均不能成为悬赏广告之“行为”,即使完成了该行为,也不能产生悬赏广告之效力。

对于在悬赏声明之前已经完成一定“行为”的,是否可以按照悬赏广告而取得

---

① 参见王泽鉴:《债法原理》(第1册),中国政法大学出版社2001年版,第258页。

② 同上。

报酬请求权,应当细究悬赏之本意,即看悬赏人意在促使完成一定行为还是重点在于一定行为,如果属于前者,在悬赏前已经完成的行为不符合悬赏要求,如果属于后者,在悬赏前已经完成的行为符合悬赏的要求。比如,刑事犯罪的亲属为及早破案而发布对提供破案线索的人给予报酬,在发布悬赏广告之前有人已经向公安机关提供了破案的线索,而正由于该线索,使公安机关顺利破案,悬赏人其意在能有线索帮助破案,而不在于是否在悬赏后提供破案线索,因此应当认定提供线索的行为符合悬赏广告要求。

(二)悬赏广告的承诺

悬赏广告的承诺与一般合同的承诺不同。一般的承诺是一种意思表示,并须向要约人作出,以承诺到达要约人时生效。悬赏广告的承诺,是以完成一定行为为意思表示的方式,完成一定行为时承诺生效。此即悬赏人声明“对完成一定行为的人支付报酬,完成悬赏特定行为的人请求悬赏人支付报酬的,人民法院应当依法予以支持”之本意。通常情况下,悬赏广告的承诺应当以行为人知道有悬赏广告存在为前提,即完成行为以对悬赏广告要约之承诺为目的。但对于特殊的两种情况,应当特别对待:一是对不知道有悬赏广告的人完成一定行为的,不能以行为人行为时不知悬赏广告存在为由使其不享有报酬请求权。对此有两种解释:扩大承诺范围,悬赏广告的承诺以完成行为即为成立,不以知道悬赏广告为必要;将不知悬赏广告存在之情形设为特例,准用悬赏广告承诺的法律效果,即享有报酬请求权。两种解释方法其结果相同,均无不可。对此,各国法律均设特别规定。二是无行为能力人完成一定行为的,是否享有报酬请求权。悬赏广告是契约行为,承诺人应当是适格的合同主体,以有行为能力为必要。因此,无民事行为能力人完成一定行为的,原则上不能当然作为承诺,在处理上,可以根据民法典关于无民事行为能力人订立合同的有关规则,由法定代理人追认而确定其生效,当然也可以享有报酬请求权。尽管如此,可能使无民事行为能力人在理论上权利保护不足,但实践中无民事行为能力人完成悬赏广告行为的情形很少见,加之法定代理人追认制度,可以解决好这一问题。

(三)悬赏广告的效力

悬赏广告成立后的法律效力效果有两方面:一是行为人的报酬请求权;二是行为结果的归属。

第一,报酬请求权。报酬请求权是悬赏广告的最主要的法律效果。悬赏广告中一般都会明确约定支付一定的报酬,这是完成行为人享有报酬请求权的基础。一般情况下,悬赏广告会对支付报酬的数额有明确约定,如“如有提供破案重要线索者,支付酬金 50 万元”,或者“被评为一等奖之作品,获得奖金 1 万元”,“请拾到者归还,失主愿以 5000 元重谢”等。悬赏广告有明确约定的,支付报酬时则以约定为准。也有一些悬赏广告对支付报酬的数额没有具体约定,只是说“请予归还遗失物,失主愿重金酬谢”。重金酬谢,只是说明要给予酬谢,但酬谢的数额并不明确。加之我国物权法关于遗失物归还的报酬也没有明确规定,具体标准还需要法官自由裁量。但一般应当符合:下不低于完成行为人为此付出的费用等成本,上不高于悬赏广告人因此而获得的最高利益。如归还遗失物的,不能低于拾得人的保管费用、返还费用,不宜高于遗失物本身的价值。总之,应以生活之常识、常理,按照公平原则合理确定报酬的数额。

第二,完成悬赏广告行为所产生的成果的归属。一般的完成悬赏广告行为都会产生成果,有的成果不能独立存在,如提供线索破案,结果是破案,但不能作为独立价值而确定其归属,有的成果则可能成为法律上承认的独立价值的财产,如文稿、商标、专利等。那么,这些完成行为的人取得报酬请求权后,这些完成行为之成果该如何确定其归属?参考各国立法例,原则上这些成果的归属应按照悬赏广告的约定处理。悬赏广告没有约定的,原则上归行为人所有。

### 三、悬赏广告实务中的问题

#### (一)对于行为负有特定义务的人不享有报酬请求权

一是负有合同义务的人。根据悬赏广告人与相对人的合同约定,该合同相对人对完成悬赏广告中的行为负有合同义务的,则该相对人完成悬赏广告的行为,同时也是其履行与悬赏广告人合同义务的行为,这就产生同一行为满足两个法律关系的情形。此种情形,应当采用特别约定优先的原则,该合同相对人只能按照其与悬赏广告人之间单独的合同约定承担相应的权利义务,而不适用悬赏广告取得报酬请求权。

二是对行为负有法定义务的人。第一,行为人负有完成该行为的法定义务的,行为人完成悬赏广告的行为,不能依据悬赏广告取得报酬请求权。如国家公职人员依据法律规定履行其职务的行为,我国《人民警察法》第 19 条规定:“人民警察在非工作期间,遇有其职责范围内的紧急情况,应当履行职责。”第 21 条规定:“人民警察遇到公民人身、财产安全受到侵犯或处于其他危难情形,应当立即救助……”制止犯罪、追捕逃犯、捉拿盗贼、寻找价值重大的遗失物、解救人质等都属于警察职责范围内的紧急情况,警察完成以上工作即使是在非公职期间,仍然属于其法定职责,不能按照悬赏广告请求支付报酬。第二,依据法律规定负有完成某行为的义务的人,即使与悬赏广告所指定的行为一致,也不能依据悬赏广告取得报酬请求权。犯罪受害人对提供破案线索的悬赏广告,如果犯罪人提供了犯罪线索的,不能按照悬赏广告取得报酬请求权。再如,窃贼偷了人家的东西,失主寻物悬赏广告,窃贼归还该物的,也不能按照悬赏广告取得报酬请求权。

当然,上述例外情形仅为一般通例,在是否享报酬请求权约定不明发生争议时,当以上述规则判断。现实中也经常见到如犯罪受害人家属奖赏破案的警察的情况,奖赏负有法定或者合同义务的人的情形。此种奖赏原则上属于道德层面,应由当事人自愿履行。

(二)数人完成悬赏广告行为的报酬请求权

数人完成悬赏广告行为的,如何确定报酬请求权问题,是实务中经常遇到的问题。一般可分以下情形分别处理:

第一,数人先后分别完成该行为的,除非悬赏广告中有特别约定,一般应由先完成该行为的人取得报酬请求权,后完成行为人不能取得报酬请求权。①

第二,数人共同完成该行为或者同时分别完成该行为的,由该数个行为人共同取得报酬请求权,每人有权获得报酬的相等部分。

(三)悬赏广告的撤回

承诺成立前,要约可以撤回,我国《合同法》对此有规定。所以,悬赏广告原则上应以行为完成前为时间上的限制。如果行为已经完成,则悬赏广告已经完成生效,即不能再撤回要约,只能是撤销悬赏广告,其后果也是合同违反而非违反要约。

悬赏广告撤回,在形式上应当以不低于悬赏广告方式。撤回悬赏广告应当采用与悬赏广告相同或者优于悬赏广告方式的形式,才能产生撤回的效力。如果不能符合此项要件,则悬赏广告的撤回不产生法律效力,悬赏广告仍然有效。但对于明知已经撤回的行为人,该撤回有效。

悬赏广告撤回,在法律效果上,按照撤回的情况而有不同。如果是在行为实施前撤回的,由于行为并未发生,悬赏广告失效后,不会产生其他法律后果。如果撤回于行为完成前进行,悬赏广告失效后,因依悬赏广告实施一定行为的人,因悬赏广告被撤回而遭受的损失,可以请求悬赏广告人给予赔偿,赔偿额以悬赏广告约定的报酬额为限。如果悬赏广告人能够证明,该行为根本不可能完成的,则不承担赔偿责任。

---

① 《德国民法典》第659条规定:“所悬赏的行为被多次实施的,报酬属于最先实施该行为的人。”

# 第三章　合同的效力

## 专题一　经批准生效的合同问题

### 一、经批准生效合同裁判问题及《民法典》修改影响

#### （一）《民法典》修改的内容

《民法典》第 502 条保留了《合同法》第 44 条第 1 款规定的合同成立生效的一般规定，对第 2 款法律、行政法规规定批准生效的合同规定作了重大修改：一是从引致规范修改为直接规范，明确了条件和效果。二是明确了在经依法批准前合同效力是“不生效”，即“未办理批准等手续影响合同生效的”。三是增加了“报批义务条款及相关条款”的独立生效规定及相应的违约责任，“不影响合同中履行报批等义务条款以及相关条款的效力。应当办理申请批准等手续的当事人未履行义务的，对方可以请求其承担违反该义务的责任”。四是删除了登记生效类合同内容，只保留了批准生效类合同。这次修改充分吸收了司法解释规定，借鉴了司法裁判经验，解决了经批准生效合同理论和实践上的主要争议问题，对审判工作具有重要意义。

#### （二）经批准生效合同的性质

《合同法》第 44 条第 2 款曾规定“法律、行政法规规定应当办理批准等手续生效的，依照其规定”。此类合同的生效依法要有特殊的批准要件，不同于一般合同成立即生效的情况，学理上称之为经批准生效的合同。合同从成立到生效、履行、终止是一个动态生命周期。《合同法》明确区分了合同的成立和生效，合同成立即指当事人的合意达到了合同必备条款的最低标准，2009 年《合同法司法解释（二）》第 1 条专门对合同成立的必备条款即最低标准作了解释，包括主体、标的和数量三个方面，这是合同成立的强制性标准，也是最低标准。合同生效是法律对已经成立的合同的合法性评价，即合同符合发生法律效力的合法性要件。《民法典》第 143

条和第153条取代了合同法相关条文,确定了法律行为生效的一般要件和违反法律强制性规定无效的原则,充分体现了国家公权力对私法自治的进入,出于公共利益和公序良俗的维护需要对经济生活进行必要的管理。《合同法》第44条第2款属于引致规范,其作为强制性规范对合同效力进行控制,与转介条款一样,此种引致规范也提供了一条公法规范进入私法领域的"管道"。[①] 通过引致公法规范,使此类合同的效力处于行政机关控制之下,通过审批程序决定其是否产生效力,有权机关的批准是决定合同效力的强制性条件。因此,只有法律、法规有明文规定时,该条才得以适用,其范围受到严格的限制。

理论界和实务界,曾对《合同法》第44条第2款的批准要件对合同效力的影响进行了长期的争论。第一种意见为无效说,主张法律行政法规规定合同经批准生效,是为保护国家利益和社会公共利益目的,凡是未经批准的合同,是无效的合同。第二种意见为未生效说,主张法律、行政法规规定的审批条件是合同特别生效要件或合同特别形式要件,[②]"若民法或者特别法对于特别行为,要求当事人、第三人或国家有一定行为,或发生一定事实,始承认其效力,这样的规定就是特别生效要件"。"仅仅成立而未具备特别生效要件的行为,不发生法的效力。"[③]只要当事人能够通过妥当方式申请审批,则合同因完全符合法律的规定而生效。因此,依法需要审批而未经审批的合同的效力状态是未生效。[④] 此种观点实际是构建了我国合同效力形态的新类型,即未生效。第三种意见为未成立说,主张批准是合同成立的特殊形式,属于要式合同的范畴,因此未经审批的合同属于未成立。

虽然司法实务中对未经审批的合同效力有不同认识,但从最高人民法院的司法解释来看,自《合同法》实施起一直采用未生效说。1999年《合同法司法解释(一)》第9条曾规定,"依照合同法第四十四条第二款的规定,法律、行政法规规定合同应当办理批准手续,或者办理批准、登记等手续才生效,在一审法庭辩论终结前当事人仍未办理批准手续的,或者仍未办理批准、登记等手续的,人民法院应当认定该合同未生效……"。最高人民法院《企业改制解释》第17条规定,"以协议转让形式出售企业,企业出售合同未经有审批权的地方人民政府或其授权的职能部门审批的,人民法院在审理相关的民事纠纷案件时,应当确认该企业出售合同不生

---

① 参见苏永钦:《从动态法规范体系的角度看公私法的调和》,载苏永钦:《民事立法与公私法的接轨》,北京大学出版社2005年版,第83~87页。

② 参见王利明:《合同法新论》,中国社会科学出版社2011年版,第130页以下。

③ 苏永钦:《走入新世纪的私法自治》,中国政法大学出版社2002年版,第25页。

④ 参见王利明:《合同法新论》,中国社会科学出版社2011年版,第130页以下。

效”。第30条规定:“企业兼并协议自当事人签字盖章之日起生效。需经政府主管部门批准的,兼并协议自批准之日起生效;未经批准的,企业兼并协议不生效。但当事人在一审法庭辩论终结前补办报批手续的,人民法院应当确认该兼并协议有效。”及至2009年《合同法司法解释(二)》第8条、2010年《外商投资企业解释(一)》第1条等均采未生效立场。未生效说虽为我国新创建的一种学说,但它比较准确地把握了经批准生效的合同在未经审批时的效力状态,因为不具备特别生效要件的合同,有转换为生效合同的可能,即依法办理审批手续,获得主管机关的批准后生效;当然在未获得主管机关批准时,即不能转换为生效的合同。因此,未经审批生效的合同不同于无效合同,[①]无效合同是确定不能生效的合同,也是无法通过补正而生效的。未经批准生效的合同,也不是未成立的合同,合同成立是当事人之合意达到法律规定的最低标准,审批生效是当事人意思之外的效力评价条件,与合同成立无关。也有观点认为,未生效可以归入效力待定状态,[②]这种观点符合我国传统对合同效力形态的通说,包括合同不成立、无效、可撤销、效力待定、有效五种,与效力待定最为接近,但与合同法规定的无权代理、限制行为能力人、无权处分三类需要追认的效力待定合同相比,经批准生效的合同的不同点在于未经追认的效力待定合同归于无效,而未经审批生效的合同只是确定不发生效力,在法律上仍然不是全面的否定评价。民法典草案明确采纳了未生效说,直接规定“未办理批准等手续的,该合同不生效”,最终规定为“未办理批准等手续影响合同生效的”,实质上亦为未生效。

(三)第502条适用的范围

《合同法》第44条第2款规定适用中的另一个争议问题是:法律行政法规规定的经登记生效的合同,是否包括经登记产生物权变动效力的合同?在合同法之前,司法实践中确实存在未对合同登记生效和物权变动登记效力相区分的问题,导致本属于物权变动登记,被认定为合同登记,因而有不少因物权变动未办理登记而认

---

① 阜新市中级人民法院民事判决书(2016)辽09民终985号中认为:“《资产置换协议》第十条表明,向明大矿业移交油土地函〔2011〕9号文件所列资产,是中国石油阜新分公司所负主要合同义务,由其向审批机关提交申请并完成报批义务亦属当然,如仅因其怠于履行报批义务而认定资产移交行为无效,势必导致由此产生的损失与守约方明大矿业共同承担的不利后果。鉴于《资产置换协议》至起诉前已实际履行完毕,为保证交易安全,避免可能造成的损失及市场风险,故暂不宜认定《资产置换协议》的效力,待当事人按照相关法律法规的规定,履行完毕相关审批手续后再确认该协议的效力。另因中国石油阜新分公司怠于履行包括提请审批在内的合同义务,是导致案涉土地及地上资产至今尚未办理审批手续的直接原因,应由其承担主要责任,继续履行报请审批的义务。”

② 参见杨永清:《批准生效合同若干问题探讨》,载《中国法学》2013年第6期。

定合同无效的裁判。其主要原因有二：一是当时物权法还未出台，物权变动登记规则尚未完全独立，操作上主要是提交合同交作登记，以至于立法上未能区分两种登记的效力。二是担保法上还存在抵押合同登记生效和质押合同登记生效的规定，没有将合同登记与物权变动登记相区分。《合同法》第 44 条规定的经登记生效的合同，当然就包括了担保法规定的抵押合同登记生效情形。但最高人民法院很早认识到这一问题，1999 年《合同法司法解释（一）》第 9 条专门区分了《合同法》第 44 条中的审批和登记，特别是合同登记生效和物权变动登记效力，明确规定"法律、行政法规规定合同应当办理登记手续，但未规定登记后生效的，当事人未办理登记手续不影响合同的效力，合同标的物所有权及其他物权不能转移"。这一规则在后来的《物权法》第 15 条规定的区分原则中得到了进一步加强。正是物权法将抵押合同与抵押权成立作了区分，改抵押合同登记生效为抵押权登记生效，正式宣告经登记生效的合同消亡。《民法典》第 502 条顺理成章地删除了"经登记生效合同"，但规定了"经审批等手续生效的合同"，该"等"字，据全国人大法工委关于民法典草案的说明，是为将来法律可能规定的批准之外的合同特别生效要件预留空间，并非指原登记生效情形。

（四）报批义务的独立性

实践中第三个争议问题是未经审批的合同，是应认定整个合同不生效，还是可以认定报批义务条款单独有效？对此问题，1999 年《合同法司法解释（一）》《企业改制解释》均未涉及。2009 年《合同法司法解释（二）》第 8 条直接指向这一问题，提出的解决方案是"依照法律、行政法规的规定经批准或者登记才能生效的合同成立后，有义务办理申请批准或者申请登记等手续的一方当事人未按照法律规定或者合同约定办理申请批准或者未申请登记的，属于合同法第四十二条第（三）项规定的'其他违背诚实信用原则的行为'，人民法院可以根据案件的具体情况和相对人的请求，判决相对人自己办理有关手续；对方当事人对由此产生的费用和给相对人造成的实际损失，应当承担损害赔偿责任"。一是对于有义务办理审批手续的当事人课以损害赔偿责任，性质仍为缔约过失责任，范围包括支出的费用和造成的实际损失。这表明解释建立在报批义务作为整体合同的一部分而整体确定合同效力的认识上，"在合同成立以后，负有办理批准或者登记手续的一方当事人故意不去或者拖延办理批准或者登记手续，致使合同不能生效，往往给另一方合同当事人造成损失，但由于合同未生效，不能按照合同要求承担违约责任，只能按照缔约过失的规定,列为'其他违背诚实信用的行为',要求其承担缔约过失责任"。[①] 二是根据案件的具体情况和相对人的请求可以判决相对人自己办理相关手续,以尽力促成合同生效,这是解释的首创。2009年《合同法司法解释(二)》在传统理论的基础上,努力向前迈进了一步,承认报批义务在促成合同生效方面的独特作用,赋予其作为有效条款予以实际履行的地位,这是因为解释起草者充分认识到,"从实践来看,在应办理批准或者登记手续而未办理手续合同不生效的状况来看,对另一方当事人损害至大。根据促进合同交易原则,有的法院尝试在判决中判令负有办理批准或者登记手续的当事人去办理批准或者登记手续,以促使合同生效"。[②] 解释之所以只迈出一小步而未全面肯定报批义务一方的实际履行责任,是因为"起草本司法解释时,曾总结了这些法院的做法,规定了如果当事人向法院请求判令办理批准或者登记手续的,人民法院可以做出这样的判决",[③]但这种做法,存在理论上和实践中的难题。理论上的难题为:一是一方请求另一方办理批准或者登记的手续的权利基础不当,即合同还未生效,不能承担违约责任。二是从各国关于缔约过失责任的规定看,其责任形式没有采用强制履行缔结合同义务的责任方式。实践中的问题:一是人民法院判令一方当事人承担办理批准或者登记手续,而义务人不去办理批准或者登记手续时,基本上没有强制执行的可能,当事人只能重新请求追究其缔约过失责任。二是人民法院依判决形式而强制进行批准或者登记,等同于变相地代行了行政权力,有违司法权和行政权分工作的基本宪治要求。[④]

2010年《外商投资企业解释(一)》第1条第2款迈出了重要的一步,其明确规定"前款所述合同因未经批准而被认定未生效的,不影响合同中当事人履行报批义务条款及因该报批义务而设定的相关条款的效力"。正式承认报批义务条款及因该报批义务而设定的相关条款具有独立的效力。正是由于普遍认识到,若将推动合同生效的当事人报批义务之生效也系于整个合同要批准生效,"于是报批义务与批准互为前提,当事人双方陷入无谓的逻辑困境,这在私法自治之下是荒谬

---

① 最高人民法院研究室编著:《最高人民法院关于合同法司法解释(二)理解与适用》,人民法院出版社2009年版,第75页。

② 同上。

③ 最高人民法院在广州市仙源房地产股份有限公司与广东中大中鑫投资策划有限公司、广州远兴房产有限公司、中国投资集团国际理财有限公司股权转让纠纷案判决中认为,"即使转让合同未经批准,仍应认定'报批'义务在合同成立时即已产生,否则当事人可通过肆意不办理或不协助办理'报批'手续而恶意阻止合同生效,有悖于诚实信用原则"。参见最高人民法院民事裁定书,(2009)民申字第1068号。

④ 参见最高人民法院研究室编著:《最高人民法院关于合同法司法解释(二)理解与适用》,人民法院出版社2009年版,第75页。

的”。[①] 尤其在外商投资领域不断放宽审批限制，特别是影响我国国际投资环境情况下，解决这一问题任务紧迫，《外商投资企业解释（一）》规定报批义务条款及相关条款的独立效力，理由有三：其一，《合同法》第 57 条、第 43 条规定的清算、保密义务可以在合同终止之后单独发挥效力，报批义务与之相类，只是时间上处于整体合同生效之前单独发挥效力而已。其二，若当事人在合同中明确约定了报批义务，自应有效。其三，即使合同未明确约定报批义务的承担，参考《合同法》第 45 条第 2 款规定的条件拟制成就规则，批准是合同生效的法定条件，义务人拒绝履行报批义务就是不当地阻碍条件成就，应拟制为条件成就。我们认为，报批义务条款或者法定义务从性质上属于独立于要批准的合同的单独条款，报批义务条款预先独立生效，是基于诚信原则，[②]如德国法上认为“须经公法上批准生效的合同在合同效力未定期间（schwebezustand），可以出现某种预先效力（vorwirkung），当事人应当彼此诚信行事，为促成批准而相互协作”。[③] “法定未生效合同既会产生合同当事人的消极不作为义务，也会派生当事人完成合同报批手续等积极作为义务。”[④]办理审批手续义务虽可约定或者法律规定由一方负担，但通常需要双方合作，如准备相关资料，甚至共同提出申请，有的负有审批义务人还是合同当事人之外的其他主体，如外资企业是股权转让合同的报批义务人，因此报批义务是先合同义务，是合同生效之前就已经存在并发生法律效力的义务，当事人应当履行。这与合同终止以后独立存在的清算条款以及纠纷解决条款具有后合同义务的地位相对应，只是两类条款发挥的作用不同而已。但鉴于《外商投资企业解释（一）》适用范围限定的外商企业有限的合同类型，人民法院“在审理其他纠纷案件时，对于这类合同中的报批义务的效力，在没有批准的情况下，大多数法官的做法是认定未生效，比照合同无效处理”。[⑤] 但在 2009 年《合同法司法解释（二）》指引下，实践中越来越多的案件根据受让方要求转让方办理报批义务的请求，法院判令转让方办理报批手续。2019 年《九民会议纪要》第 38 条将报批义务条款及相关条款的独立生效规则扩展到全部案件，“须经行政机关批准生效的合同，对报批义务及未履行报批义务的违约责任等相关内容作出专门约定的，该约定独立生效。一方因另一方不履行报批义务，请

---

① 汤文平：《批准生效合同报批义务之违反、请求权方法与评价法学》，载《法学研究》2014 年第 1 期。

② 2009 年《合同法司法解释（二）》第 8 条即明确，拒不办理批准手续是违背诚实信用的行为。

③ 王雷：《批准、登记手续与法定未生效合同——合同法第 44 条第 2 款评注》，载《判解研究》2015 年第 2 期。

④ 赵旭东：《论合同的法律约束力与效力及合同的成立与生效》，载《中国法学》2000 年第 1 期。

⑤ 杨永清：《批准生效合同若干问题探讨》，载《中国法学》2013 年第 6 期。

求解除合同并请求其承担合同约定的相应违约责任的,人民法院依法予以支持”。民法典总结司法经验,明确规定未经审批的合同未生效“不影响合同中履行报批等义务条款以及相关条款的效力”,正式承认了报批义务的独立性,具有重要意义,为人民法院判决报批义务人承担强制履行报批义务,以及处理相关条款的履行问题提供了直接的法律依据。

(五)违反报批义务的责任

第四个争议的问题是,如果当事人违反报批义务,应当承担何种责任?一种观点是缔约过失责任。王利明先生认为,在一方没有履行或者拒绝履行报批义务时,另一方应当享有两项请求权:一是诉请求人民法院强制要求负有报批义务一方履行报批义务;二是请求缔约过失的损害赔偿,因为在报批之前,毕竟合同没有生效,一方不能依据合同主张违约损害赔偿请求权,只能依据诚实原则主张缔约过失责任。[①] 2009 年《合同法司法解释(二)》第 8 条和《外商投资企业解释(一)》第 5 条[②]即采该种观点:一是规定请求方自己可以办理审批手续;二是适用《合同法》第 42 条规定,违反报批义务的一方对另一方产生的费用和给相对人造成的实际损失,应当承担缔约过失责任。有学者注意到 2009 年《合同法司法解释(二)》在规定缔约过失责任的同时,“又规定了判由权利人代为申请的‘间接强制履行’,与通说中的缔约过失救济方式明显不符”,[③]“合同法司法解释二第 8 条所规定的‘判决相对人自己办理有关手续’和‘损害赔偿责任’两种责任方式已经使得其在缔约过失责任和违约责任之间弹性跳动”。[④] 该司法解释隐含地对报批义务的预先效力在一定程度上的承认是无可置疑的。缔约过失责任范围是信赖利益的损失,通说认为信赖利益的损失包括两部分,即所受损失和所失利益。所谓“所受损失”,亦称积极损害,是指因损害事故的发生,致使信赖人现有财产所减少之利益。所谓“所失利益”,亦称消极损害,是指因损害的发生,致信赖人之财产应增加而未增加之利益。[⑤]一般缔约过失责任的所受损失包括:缔约费用、准备履行所需费用、已给付金钱的

---

① 参见王利明:《合同法新论》,中国社会科学出版社 2011 年版,第 134 页。

② 《外商投资企业解释(一)》第 5 条规定:“外商投资企业股权转让合同成立后,转让方和外商投资企业不履行报批义务,经受让方催告后在合理的期限内仍未履行,受让方请求解除合同并由转让方返还其已支付的转让款、赔偿因未履行报批义务而造成的实际损失的,人民法院应予支持。”

③ 汤文平:《批准生效合同报批义务之违反、请求权方法与评价法学》,载《法学研究》2014 年第 1 期。

④ 王雷:《批准、登记手续与法定未生效合同——合同法第 44 条第 2 款评注》,载《判解研究》2015 年第 2 期。

⑤ 参见曾世雄:《损害赔偿法原理》,中国政法大学出版社 2001 年版,第 136 页。

利息等；所失利益主要是丧失订约机会之损害。[①] 信赖利益的损失以不超过合同履行利益为限，“根据个案中当事人的过错程度不同，其具体的赔偿责任范围则‘游走’于最小范围信赖损害和最大范围履行损害之间”。最高人民法院有判决认为，除“直接损失外，缔约过失人对善意相对人的交易机会损失等间接损失，应予赔偿。间接损失数额应考虑缔约过失人过错程度及获得利益情况、善意相对人成本支出及预期利益等，综合衡量确定”。[②]

另一种观点是违约损害赔偿责任，认为未经行政审批的合同既非无效合同，也非未生效合同，而是已生效合同，不仅对当事人具有形式拘束力，而且对当事人具有实质拘束力，即负有报批义务的一方如果不履行报批义务，就应承担相应的违约责任。也就是说，未经行政审批的合同虽然不具有履行的效力，即一方当事人不得请求另一方当事人履行合同所约定的义务，但具有约束当事人并使其承担报批义务的效力。[③]《外商投资企业解释（一）》第6条即采此说，规定“外商投资企业股权转让合同成立后，转让方和外商投资企业不履行报批义务，受让方以转让方为被告、以外商投资企业为第三人提起诉讼，请求转让方与外商投资企业在一定期限内共同履行报批义务的，人民法院应予支持……转让方和外商投资企业拒不根据人民法院生效判决确定的期限履行报批义务，受让方另行起诉，请求解除合同并赔偿损失的，人民法院应予支持。赔偿损失的范围可以包括股权的差价损失、股权收益及其他合理损失”。[④] 此处的赔偿范围为股权的差价损失、股权收益和其他合理损失，是一种违约责任。有法院曾在判决中明确认定，“办理股权转让的审批手续在此并非合同的生效要件，而是缔约一方应当履行的合同义务”。[⑤] 但正如有学者指

---

① 参见王泽鉴：《民法学说与判例研究》（第5册），中国政法大学出版社1998年版，第227页。

② 参见深圳市标榜投资发展有限公司与鞍山市财政局股权转让纠纷案，最高人民法院民事判决书（2016）最高法民终802号。

③ 参见刘贵祥：《论行政审批与合同效力——以外商投资企业股权转让为线索》，载《中国法学》2011年第2期；吴光荣：《行政审批对合同效力的影响：理论与实践》，载《法学家》2013年第1期。

④ 解释起草者说明：在法院已经判令转让方及外商投资企业履行报批义务而义务人拒不履行的情况下，应准用《合同法》第45条“当事人为自己的利益不正当地阻止条件成就的，视为条件已成就”的规定，认为双方的股权转让合同所附的法定条件已经因为转让人不正当阻止条件成就而拟制成就，从而科予受让人违约损害赔偿请求权。应予指出的是，此处之所以准用《合同法》第45条的规定，是因为法院的判决对审批机关、当事人均具有拘束力。但审批作为合同的法定生效条件，其成就与否涉及审批机关的管制，批准与否则取决于审批机关，并不依赖于当事人的意思表示，因此，在一般情况下，不能准用《合同法》第45条的规定。

⑤ 参见广州市仙源房地产股份有限公司与广东中大中鑫投资策划有限公司、广州远兴房产有限公司、中国投资集团国际理财有限公司股权转让纠纷案，广东省广州市中级人民法院民事判决书（2008）穗中法民四初字第80号。

出的,这一方案在解释论上难以成立,[①]它在立法论上的功用也是有限的。[②] 从解释论上看,即使报批义务条款(包括法定义务形态)对当事人具有法律效力,但未经批准合同其他内容仍未生效,不具有实质拘束力,没有产生违约责任的基础;主管机关批准作为合同的特别生效要件,是公法介入私法领域的强制性管制机制,未经审批而认定合同有效有违立法目的;司法机关对合同效力的评价应遵从既定的法秩序要求,无法代行行政机关的权力。因而,在欠缺立法进一步规定的情况下,认定合同有效并判令违反报批义务一方承担违约责任给法官释法带来的巨大压力,是该规则在外资企业领域之外无法全面适用于其他合同的根本原因,实务中形成2009年《合同法司法解释(二)》第8条和《外商投资企业解释(一)》第6条作用于不同合同领域纠纷的双轨制局面,实属必然。

为进一步解决这一问题,《九民会议纪要》第40条规定,"人民法院判决一方履行报批义务后,该当事人拒绝履行,经人民法院强制执行仍未履行,对方请求其承担合同违约责任的,人民法院依法予以支持"。为了明确表达拒不履行法院判决的报批义务一方承担的是合同的违约责任而非报批义务条款的违约责任,特意使用了"合同违约责任"一词。《九民会议纪要》采违约责任说的理由是,"此时可以参照适用《合同法》第45条'当事人为自己的利益不正当地阻止条件成就的,视为条件已成就'的规定,认为合同所附的法定条件因报批义务人不正当地阻止条件成就而拟制成就,从而使另一方享有违约损害赔偿请求权"。[③] 但此观点有进一步检讨的必要。在德国法上,为私人法律行为设置的机关批准是私法形成性行政行为,违反此种公法上批准规定的构成要件与法律效果都取决于相关公法规范的规定,[④]因而与当事人意定的附条件合同在性质上全然不同。正如前文所述,不可以当事人意思而取代行政机关的职权。另外,既然已经承认报批义务条款及相关条款的独立性,相关条款按《九民会议纪要》的释义,"本条所谓的'相关内容',主要是指有关违约责任的规定,即合同中专门约定的报批义务人怠于履行报批义务时将承担违约责任的约定,此种约定有别于主合同约定的违约责任条款"。[⑤] 当事人约定的

---

① 参见蔡立东:《行政审批与权利转让合同的效力》,载《中国法学》2013年第1期。

② 参见汤文平:《批准生效合同报批义务之违反、请求权方法与评价法学》,载《法学研究》2014年第1期。

③ 最高人民法院民二庭:《〈全国法院民商事审判工作会议纪要〉理解与适用》,人民法院出版社2019年版,第288页以下。

④ 参见汤文平:《德国法上的批准生效合同研究》,载《清华法学》2010年第6期。

⑤ 最高人民法院民二庭:《〈全国法院民商事审判工作会议纪要〉理解与适用》,人民法院出版社2019年版,第280页。

违反报批义务的违约责任，与承担“合同违约责任”之间如何取舍？为何不直接遵从当事人意思承认违反报批义务的违约责任？显然纪要并没有把报批义务条款的独立性立场贯彻到底。正是由于分合不定的立场，这一疑问在《民法典》编纂中成为争论的重点。

《民法典》第502条最终对违反报批义务的责任没有规定“合同违约责任”，而是规定“办理申请批准等手续的当事人未履行义务的，对方可以请求其承担违反该义务的责任”。这一规定明确将责任限定于“承担违反该义务的责任”，基于报批条款的独立性，应解释仅为违反报批义务的责任，而非违反合同履行义务的责任。违反报批义务的责任有两种形式：一是当事人在报批义务条款中单独约定了违反该义务的违约责任的，应当按照当事人意思自治原则，支持当事人主张该违约责任的请求，即单独的违反报批义务的违约责任。二是当事人仅约定了报批义务条款，而未约定违反该义务的单独违约责任的，一方主张违反报批义务方承担损害赔偿责任的，可以缔约过失责任处理，具体赔偿损失的范围根据违反义务方的过错程度和实际损失确定，以合同是否具备批准的条件即被批准的可能性为尺度，在不超过履行利益的限度内支持当事人的赔偿请求。

## 二、实务中的有关问题

### （一）报批条款及相关条款与报批义务

《民法典》规定了报批义务条款及相关条款的独立性，相关条款包括违反报批义务的违约责任内容，还包括与报批义务形成直接关联的条款。在实践中，后一种条款主要是与报批义务的履行直接相关的条款，最常见的是另一方要先行支付一定的价款，再履行报批义务；还包括履行报批义务中双方的配合、协作等内容以及其他担保性内容。

《民法典》第502条第2款规定的报批义务是一种法定义务，有的当事人作为合同内容进行约定，有的当事人未在合同中约定，但不影响当事人的报批义务，只是形式上不属于合同中的条款，属于法定义务，在解释上，可以视为合同的默示条款，适用报批条款的规则。如果法律规定报批义务由合同之外的第三人承担，如外资企业股权转让合同的报批义务人是外资企业，该第三人的义务应当以合同当事人正式通知第三人时始生效力。合同当事人负有推动第三人办理审批手续的义务。在第三人拒不履行报批手续时，可以请求人民法院判决其承担履行义务，如果拒不执行人民法院判决的，以妨碍执行予以制裁。必要时，人民法院可以通过提请审批机关协助的方式启动审批程序,由当事人提供相关材料报请审批。但不宜判决第三人承担违约责任或者缔约过失责任。

如果当事人约定以受让方支付一定合同价款作为转让方办理报批手续的条件,而受让人未依约支付价款时,转让人能否直接请求受让人履行付款义务?《九民会议纪要》的起草者认为,虽然该约定作为与报批义务相关的约定应当独立生效,但对方支付价款也是合同的对价,整个合同毕竟尚未生效,在报批义务方尚未转让权利的情况下,让受让方先行付款会使当事人之间的权利义务失去平衡,因而不能请求实际履行,报批义务方可以基于该约定享有针对请求其履行报批义务的抗辩权。[①] 这一观点有继续检讨的必要。

(二)法定报批生效与约定报批生效合同裁判规则

《民法典》规定的是法律、行政法规规定的批准生效的合同,实践中还存在当事人在合同中约定履行一定批准程序后合同生效,前者称为法定批准生效合同,后者称为约定批准生效合同。区分当事人约定的报批义务的是内部审批还是法定审批主要看法律依据,如果属于法律、行政法规规定的审批生效,当事人在合同中约定为报批义务条款的,仍然是法定批准生效合同;如果依据的是法律、行政法规之外的其他规范性文件,则属于约定批准生效的合同。

在实践中要注意,约定批准生效合同与法定批准生效合同的裁判规则有明显的不同。根据最高人民法院相关裁判,两者裁判规则主要有以下不同:

一是前者适用的裁判规则是《民法典》第 502 条及 1999 年《合同法司法解释(一)》、《企业改制解释》、2009 年《合同法司法解释(二)》、《外商投资企业解释(一)》的规定。后者适用的裁判规则是《民法典》第 158 条、第 159 条规定,为附生效条件的合同。最高人民法院在李某某与海南省海洋渔业总公司、海南省南海现代渔业集团有限公司等一案中,直接依照《合同法》第 45 条规定认定,“李某某与海渔公司签订的《房产转让合同》属于附约定生效条件的合同,该合同生效与否取决于合同所约定的生效条件是否成就。李某某未提供证据证明其与海渔公司签订的《房产转让合同》业经海南省国资委批准。在《房产转让合同》未经海南省国资委审批,且亦不可能再予以审批的情况下,应认定《房产转让合同》所附约定条件不成就”。[②]

---

① 参见最高人民法院民二庭:《〈全国法院民商事审判工作会议纪要〉理解与适用》,人民法院出版社 2019 年版,第 286 页。

② 参见最高人民法院民事判决书,(2015)民一终字第 317 号。

二是前者在未履行审批程序之前，合同不生效；后者在履行报批义务之前，有可能直接认定合同有效。如最高人民法院判决认为，“合同约定以一方内部因素为生效条件的，负有促使协议生效义务的一方未履行约定义务，在合同约定内容不违反法律禁止性规定和损害他人利益并经双方签字盖章成立，且已部分履行的前提下，则应当认定合同已经生效”。[①] 在符合《民法典》第159条规定的“当事人为自己的利益不正当地阻止条件成就的，视为条件已经成就”情形下，则可以直接认定合同生效。如最高人民法院在黑龙江博瑞商业发展有限公司与哈尔滨秋林大厦有限公司、哈尔滨秋林集团股份有限公司房屋买卖合同纠纷案中认为，“秋林股份公司负有召开股东大会对案涉房地产转让进行审批的义务。秋林股份公司在签订《房地产买卖协议》后未提交股东大会就《房地产买卖协议》事宜进行审批，系‘为自己的利益不正当地阻止条件成就’，根据《合同法》第四十五条规定，可以视为条件已成就”。[②] 最高人民法院还承认了约定的批准机构不存在时视为条件成就的情形，在西藏国能矿业发展有限公司与薛某懿、薛某蛟等股权转让纠纷案中认为，“协议中双方当事人在第十四条14.1款约定：‘本协议经各方签署后协议成立，并经各方有权机构批准后生效。’由于协议各方当事人并不存在其他有权机构，当事人自身对协议成立均无异议，即视为批准。因此，根据上述法律规定及当事人约定，本案合作协议依法成立并生效”。[③]

三是在当事人违反报批义务后，前者当事人可以请求报批义务违反之违约责任或者合同的缔约过失责任；后者在推定合同生效的，可以直接请求履行合同或者合同违约责任，其他情形可以主张约定的违约责任或者合同的缔约过失责任。

（三）报批义务的判决与执行

对报批义务的判决，既可以依请求判决约定的或者法定的报批义务方履行报批义务，也可依请求判决请求方自行办理报批手续，法律有规定的情况下，请求方也可以诉请第三人承担报批义务。

对法院判决报批义务人实际履行报批义务的判决，如何进行执行？最高人民法院2019年发布的指导案例[④]提供了裁判要点：“生效判决认定采矿权转让合同依法成立但尚未生效，判令转让方按照合同约定办理采矿权转让手续，并非对采矿权

① 参见最高人民法院(2006)民二终字第159号中国信达资产管理公司兰州办事处与甘肃亚盛盐化工业(集团)有限责任公司上诉案。

② 参见最高人民法院民事判决书，(2014)民一终字第314号。

③ 参见最高人民法院民事判决书，(2014)民二终字第205号。

④ 参见最高人民法院指导案例123号于某某与锡林郭勒盟隆兴矿业有限责任公司执行监督案。

归属的确定,执行法院依此向相关主管机关发出协助办理采矿权转让手续通知书,只具有启动主管机关审批采矿权转让手续的作用,采矿权能否转让应由相关主管机关依法决定。申请执行人请求变更采矿权受让人的,也应由相关主管机关依法判断。”此类判决首先应当由义务方自行履行,如果拒不履行的,人民法院可以向审批机关发送协助执行通知,但该通知只有启动审批程序的作用,而非强制审批机关办理批准手续。当然,人民法院也不是代当事人办理审批手续。审批权力是行政机关的职权,批准抑或不批准由行政机关自行依法决定,法院执行无权干预。同样,是否进入审批程序,以及如何审批,均应由行政机关依法办理,人民法院也不宜干预。当然,对报批义务方拒不执行生效判决的,人民法院可以根据民事诉讼法规定给予相应的制裁。

(四)报批义务履行与不履行责任的诉之合并

为避免因报批义务人拒不履行报批义务再行起诉麻烦,可以考虑在一案中合并审理损害赔偿责任,如拒不执行报批义务,直接进入赔偿责任的执行,减少二次诉讼,提高解决纠纷的效率。本书认为,因判决相对人自己申请可能难获批准,而仍须求助损害赔偿,为免另行起诉的麻烦,可以在判决中直接确定未受批准时损害赔偿的数额,[①]这种单纯的诉讼合并,无疑是解决问题的有效路径。同样,在《外资企业法》第 5 条规定下,原告亦可以选择诉的合并方式一次性解决纠纷。

(五)报批义务的释明

《九民会议纪要》第 39 条规定了对报批义务的释明,即“须经行政机关批准生效的合同,一方请求另一方履行合同主要权利义务的,人民法院应当向其释明,将诉讼请求变更为请求履行报批义务。一方变更诉讼请求的,人民法院依法予以支持;经释明后当事人拒绝变更的,应当驳回其诉讼请求,但不影响其另行提起诉讼”。一是经释明后当事人拒不变更诉讼请求的,在人民法院应当判令驳回起诉还是驳回诉讼请求问题上,存在不同观点,该纪要倾向于驳回诉讼请求,但允许当事人另行起诉。二是在一方当事人直接请求确认合同无效的情况下,人民法院是直接驳回其诉讼请求,还是应当向其释明,告知其解除合同,该纪要未作明确规定,但学理上认为应当向其释明。[②]

---

① 参见最高人民法院研究室编著:《最高人民法院关于合同法司法解释(二)理解与适用》,人民法院出版社 2009 年版,第 75 页以下。

② 参见最高人民法院民二庭:《〈全国法院民商事审判工作会议纪要〉理解与适用》,人民法院出版社 2019 年版,第 285 页。

（六）未批准合同的解除

法律、行政法规规定批准生效的合同，未办理批准等手续的，该合同不生效。对于不生效的合同，是否可以解除，司法解释已经给出答案。《外商投资企业解释（一）》第5条规定，"外商投资企业股权转让合同成立后，转让方和外商投资企业不履行报批义务，经受让方催告后在合理的期限内仍未履行，受让方请求解除合同并由转让方返还其已支付的转让款、赔偿因未履行报批义务而造成的实际损失的，人民法院应予支持"。《九民会议纪要》第38条进一步将这一解释规定扩展到其他合同类型，即"一方因另一方不履行报批义务，请求解除合同并请求其承担合同约定的相应违约责任的，人民法院依法予以支持"。进而进一步将解除规则延伸到行政机关不批准的情形，《九民会议纪要》第40条规定，"一方依据判决履行报批义务，行政机关予以批准，合同发生完全的法律效力，其请求对方履行合同的，人民法院依法予以支持；行政机关没有批准，合同不具有法律上的可履行性，一方请求解除合同的，人民法院依法予以支持"。经报主管机关审批，主管机关依法确定不予批准的，合同效力已经从不生效的状态转为确定不生效状态，因为此时合同已经失去了转变为有效合同的可能，是一种效力确定状态。对于确定不生效的合同的法律后果，《民法典》第157条已经有明确的规定："民事法律行为无效、被撤销或者确定不发生效力后，行为人因该行为取得的财产，应当予以返还；不能返还或者没有必要返还的，应当折价补偿。有过错的一方应当赔偿对方由此所受到的损失；各方都有过错的，应当各自承担相应的责任。法律另有规定的，依照其规定。"此时，无须再对确定不生效的合同进行解除，当事人可以直接依上述规定请求返还财产、赔偿损失。

（七）法定批准生效合同的类型

一是外商投资企业领域中的批准生效合同。《中外合资经营企业法》第3条规定："合营各方签订的合营协议、合同、章程，应报国家对外经济贸易主管部门（以下称审查批准机关）审查批准。审查批准机关应在三个月内决定批准或不批准。合营企业经批准后，向国家工商行政管理主管部门登记，领取营业执照，开始营业。"《中外合资经营企业法实施条例》第14条规定："合营企业协议、合同和章程经审批机构批准后生效，其修改时间。"第20条规定："合营一方向第三者转让其全部或者部分股权的，须经合营他方同意，并报审批机构批准，向登记管理机构办理变更登记手续……违反上述规定的，其转让无效。"

二是须经许可的技术进、出口合同。《技术进出口管理条例》第16条规定："技术进口经许可的,由国务院外经贸主管部门颁发技术进口许可证。技术进口合同自技术进口许可证颁发之日起生效。”第36条规定:“技术出口经许可的,由国务院外经贸主管部门颁发技术出口许可证。技术出口合同自技术出口许可证颁发之日起生效。”

三是对外合作开采海洋石油资源合同。《对外合作开采海洋石油资源条例》第7条规定:“中国海洋石油总公司就对外合作开采石油的海区、面积、区块,通过组织招标,采取签订石油合同方式,同外国企业合作开采石油资源。前款石油合同,经中华人民共和国商务部批准,即为有效。”“中国海洋石油总公司采取其他方式运用外国企业的技术和资金合作开采石油资源所签订的文件,也应当经中华人民共和国商务部批准。”

四是国有资产法对国有企业改制、兼并、分立、股权转让、产权交易等,需要经过相应行政机关审核批准的规定。如《企业国有资产法》第34条、第40条、第53条,《全民所有制工业企业法》第18条,《企业国有资产监督管理暂行条例》第21条、第23条,《企业国有产权转让管理暂行办法》(国务院国资委、财政部3号令),国务院办公厅《关于加强国有企业产权交易管理的通知》第1条、第2条和国务院《减持国有股筹集社会保障资金管理暂行办法》第15条等。

《企业改制解释》第17条规定:“以协议转让形式出售企业,企业出售合同未经有审批权的地方人民政府或其授权的职能部门审批的,人民法院在审理相关的民事纠纷案件时,应当确认该企业出售合同不生效。”第30条规定:“企业兼并协议自当事人签字盖章之日起生效。需经政府主管部门批准的,兼并协议自批准之日起生效;未经批准的,企业兼并协议不生效。但当事人在一审法庭辩论终结前补办报批手续的,人民法院应当确认该兼并协议有效。”

五是金融机构股权转让批准规定。《商业银行法》第24条规定,“商业银行有下列变更事项之一的,应当经国务院银行业监督管理机构批准:……(五)变更持有资本总额或者股份总额百分之五以上的股东……”;第28条规定,“任何单位和个人购买商业银行股份总额百分之五以上的,应当事先经国务院银行业监督管理机构批准”。

六是采矿权、探矿权转让的批准规定。《矿产资源法》第6条规定:“除按下列规定可以转让外,探矿权、采矿权不得转让:(一)探矿权人有权在划定的勘查作业区内进行规定的勘查作业,有权优先取得勘查作业区内矿产资源的采矿权。探矿权人在完成规定的最低勘查投入后,经依法批准,可以将探矿权转让他人。(二)已取得采矿权的矿山企业,因企业合并、分立,与他人合资、合作经营,或者因企业资产出售以及有其他变更企业资产产权的情形而需要变更采矿权主体的,经依法批准可以将采矿权转让他人采矿。前款规定的具体办法和实施步骤由国务院规定。禁止将探矿权、采矿权倒卖牟利。"《探矿权采矿权转让管理办法》第 10 条规定:"申请转让探矿权、采矿权的,审批管理机关应当自收到转让申请之日起 40 日内,作出准予转让或者不准转让的决定,并通知转让人和受让人。准予转让的,转让人和受让人应当自收到批准转让通知之日起 60 日内,到原发证机关办理变更登记手续;受让人按照国家规定缴纳有关费用后,领取勘查许可证或者采矿许可证,成为探矿权人或者采矿权人。批准转让的,转让合同自批准之日起生效。不准转让的,审批管理机关应当说明理由。"

## 专题二　无权处分的删除与适用问题

### 一、《合同法》第 51 条之删除——无权处分争议与立法选择

《合同法》第 51 条规定,"无处分权的人处分他人财产,经权利人追认或者无处分权的人订立合同后取得处分权的,该合同有效",此谓无权处分的一般规定,加之《合同法》第 132 条对出卖物处分权的规定和第 150 条买卖物的权利瑕疵担保责任的规定,形成了合同法上的无权处分规则体系。但《合同法》第 51 条自出台以来,各种观点众说纷纭,民法学中的无权处分问题,"可谓是法学上之精灵",[①]直到民法典编纂,争论仍未平息。特别是民法典草案删除无权处分合同规定后,又掀起一波热议。至于为什么要删除这一规定,官方并未给出一个明确的意见,仅仅提了一句"根据合同理论和实践的发展,修改了合同效力、合同履行、债权转让、合同解除和违约责任等一般规则(第二章至第八章)"。[②] 民法典删除无权处分合同,在立法上问题已为结束,但理论上的争议不会停止,法律适用上问题必将长存。

所谓无权处分,是指无所有权或者处分权的人对他人之物进行的处分。民法

---

① 王泽鉴:《民法学说与判例研究》(第 4 册),台湾 1991 年版,第 150 页。

② 沈春耀:《关于〈民法典各分编(草案)〉的说明》,载中国人大网:http://www.npc.gov.cn/zgrdw/npc/cwhhy/13jcwh/2018-08/27/antent_2059319.htm,最后访问日期:2020 年 10 月 25 日。

上的“处分”,包括事实上和法律上的处分。对财产的消费(包括生产和生活的消费)属于事实上的处分。法律上的处分,既包括各种处分财产所有权的行为,如买卖、赠与等,也包括处分债权和其他财产权的行为,如出租或转租、转让债权、免除债务等行为,还包括对财产权作出限制或设定负担的行为,如在某些财产上设立抵押、质押等。法律上的处分分为负担行为和处分行为,负担行为就是债权行为或者债务行为;处分行为就是转移物权的行为,又称为物权行为。负担行为是产生债权请求权的法律行为,处分行为是产生物权变动后果的法律行为,如所有权的转移、抵押权的设定、所有权的抛弃和准物权行为(如债权转让和债务免除等)。[①] 处分行为是最狭义的处分。德国等国家民法承认物权行为的独立性和无因性,物权行为与债权行为相互独立,产生债权请求权的合同本身无处分行为意思在内,为物权变动时,当事人之间另有物权行为。法国、意大利和日本等国家的民法不采物权行为理论,一个买卖合同中既有债权行为的效果意思也有处分行为的效果意思,负担行为和处分行为采合一模式。我国《合同法》第 51 条规定的“处分”,仅指法律上的处分,[②]系采负担行为与处分行为合一模式。“当事人之间订立的买卖合同,不仅包含发生债权债务关系的效果意思,而且包含引起物权发生变动的效果意思。也就是说,物权变动的合意已经包含在当事人所订立的买卖合同,因此交付或者登记仅仅是履行买卖合同的事实行为,而非包含物权合意的法律行为。”[③]因此,无权处分必须在法律上存在两个层面的效力评价:第一个层面,是无权处分的合同的效力如何;第二个层面,是无权处分下物权变动的效力,即相对人能否取得的所有权或者其他物权。

在《合同法》之前,我国民事法律未对无权处分问题作规定,人民法院处理相关案件主要依靠司法解释和司法政策。所见最早的司法解释是 1951 年 4 月 16 日发布的《最高人民法院华东分院关于解答房屋纠纷及诉讼程序等问题的批复》(已废止)之一,即“房屋代管人,未得原业主同意,私擅将房屋盗卖,此种买卖行为原属无效,惟该项被盗卖得房屋,已辗转买卖,更易数主,且均系出于善意,并无过失,为保障房屋所有权人正当权益并兼顾善意承买人既得权利起见,应准许业主向现在房屋占有人进行追诉,并于审理时,票传原盗卖人一并到庭应讯,以确定其应负的刑民事责任。如果原盗卖人业已死亡,则只可就其被继承之财产取偿,如果盗卖人贫

---

① 参见王泽鉴:《民法学说与判例研究》(第 4 册),中国政法大学出版社 1998 年版,第 136 ~ 137 页。

② 参见王利明:《论无权处分》,载《中国法学》2001 年第 3 期。

③ 王轶:《论无权处分行为的效力——以物权变动模式的立法选择为背景》,载《中外法学》2001 年第 3 期。

无所有,无力赔偿,既系实际情形。为谋社会经济秩序安定,城市房屋交易活泼起见,对于房屋原所有权人的正当权益,固应予以保护,而房屋善意买受人,既确系出于善意,并且无过失等情,亦应予以适当之照顾或补偿”。该批复确立了无权处分的重大规则:一是“买卖行为原属无效”,未区分买卖行为是处分行为还是负担行为,一律无效;二是权利人可以取回房屋,“为保障房屋所有权人正当权益并兼顾善意承买人既得权利起见,应准许业主向现在房屋占有人进行追诉”;三是对善意买受人利益予以保护,“房屋善意买受人,既确系出于善意,并且无过失等情,亦应予以适当之照顾或补偿,”但未承认善意取得制度;四是无权处分应当承担不当得利返还责任,“并于审理时,票传原盗卖人一并到庭应讯,以确定其应负的刑民事责任。如果原盗卖人业已死亡,则只可就其被继承之财产取偿,如果盗卖人贫无所有,无力赔偿,既系实际情形”。这一规则从计划经济时代直至社会主义市场经济初期,是最为重要的无权处分规则。1988 年 4 月 2 日发布的最高人民法院《贯彻民法通则意见》第 89 条增加了善意取得规则,即“第三人善意、有偿取得该项财产的,应当维护第三人的合法权益;对其他共有人的损失,由擅自处分共有财产的人赔偿”。

1999 年《合同法》第 51 条第一次明确规定无权处分的一般规则,即“无处分权的人处分他人财产,经权利人追认或者无处分权的人订立合同后取得处分权的,该合同有效”。这在当时得到理论界和实务界普遍认同,在解释论上却引发了长期的争议,但效力待定说是有力说。该说认为,无权处分行为的效力处于待定状态,如果经权利人追认或者事后取得处分权,则合同有效,否则,合同无效。[①] 立法者并不完全赞同这一观点,“第 51 条只讲了半句话,即经追认或者取得处分权后的合同效力,未经追认或者未取得处分权的怎么办,不少学者反推认为合同无效,这是学者个人理解,法律没有规定”。“我们当时认为,未经追认或者未取得处分权的怎么办?有的是无效,更多的是合同有效,但不能履行需要承担违约责任。”[②]效力待定说具有明显的历史承继性,与此前司法解释的观点一脉相承,因而为广泛接受,在司法界具有深厚的影响力。2007 年《物权法》出台,横跨合同法和物权法的无权处分制度终于完备起来,《合同法》第 51 条和《物权法》第 106 条分别为权利人利益保护和相对人利益保护提供了规范基础,构建了财产保护和交易安全维护完整的法

---

① 参见王利明:《论无权处分》,载《中国法学》2001 年第 3 期;杨立新:《合同法总则》,法律出版社 1999 年版,第 147 页。

② 王胜明:《如何理解合同法第 51 条?》,载微信公众号“民法茶座”2019 年 12 月 29 日,https://mp.weixin.qq.com/s/poVHB5zsI61ZLgiBI8KsJA。

律框架。

此后,最高人民法院2012年《买卖合同司法解释》第3条(现已删除)规定"当事人一方以出卖人在缔约时对标的物没有所有权或者处分权为由主张合同无效的,人民法院不予支持。出卖人因未取得所有权或者处分权致使标的物所有权不能转移,买受人要求出卖人承担违约责任或者要求解除合同并主张损害赔偿的,人民法院应予支持"。这一司法解释集中体现了理论界和实务界对无权处分规则特别是《合同法》第51条反思的结果。依该司法解释,一是买卖合同不因出卖人缔约时没有所有权或者处分权而无效,已经从效力待定说改为有效说;二是买卖合同有效,但出卖人人未取得所有权或者处分权致使标的物所有权不能转移,买受人可以请求出卖人承担违约责任,暗含了负担行为与处分行为区分意思在内。这一司法解释很好地解决了无权处分善意相对人利益保护不足问题,同时也解决了处分人恶意主张合同无效的背信问题,确实加强了交易安全的保护,弥补了《合同法》第51条规定之不足。

2012年《买卖合同司法解释》第3条采有效说的主要理由,是根据《物权法》第15条区分了负担行为和处分行为,这是该解释的立论基础。[①] 该解释规定出卖人不具有所有权或者处分权的不影响买卖合同的效力,应仅限于负担行为有效,即作为合同的债权效力不受影响,处分行为被剥离了出去,实质上将《合同法》第51条、第132条均定性为纯债权行为,而不包括处分行为。因此,2012年《买卖合同司法解释》第3条规定不会与《物权法》第106条发生冲突,也不会影响《合同法》第151条规定的权利瑕疵担保责任。立法者根据"合同理论与实践的发展",于《民法典》第597条吸收了2012年《买卖合同司法解释》第3条内容,规定"因出卖人未取得处分权致使标的物所有权不能转移的,买受人可以解除合同并请求出卖人承担违约责任。法律、行政法规禁止或者限制转让的标的物,依照其规定",同时删除《合同法》第51条无权处分的一般规则。《民法典》虽未采纳2012年《买卖合同司法解释》第3条第1款"当事人一方以出卖人在缔约时对标的物没有所有权或者处分权为由主张合同无效的,人民法院不予支持"的规定,但从被采纳的第2款规定仍然可以反

① 2014年12月12日最高人民法院对"《关于审理买卖合同纠纷案件适用法律问题的解释》第三条中的'当事人'是否为合同缔约方问题的答复"认为,《买卖合同司法解释》第3条"是关于出卖人对出卖的标的物无所有权或处分权时,买卖合同是否无效的规定。基于物权变动的原因行为与物权变动的结果相分离的原则,本条规定出卖人在订立买卖合同时,对出卖的标的物没有所有权或处分权,并不影响作为原因行为的买卖合同的效力,但出卖物是否能够因买卖合同而发生所有权转移的物权变动效果,则要依出卖人此后能否取得标的物的所有权或处分权等予以确定"。

推出第1款的意思，即合同不因无处分权而无效，始得“请求出卖人承担违约责任”；合同虽然有效，出卖人无处分权的，会影响请求实际履行的义务，即影响到物权的变动，这也为承认处分行为巧妙地提供了空间。

## 二、民法典时代无权处分规则的模式选择

《民法典》删除无权处分合同的一般规定后，无权处分相关合同效力、善意取得、权利瑕疵担保、表见代理等多种制度如何整合成科学的规则体系，还需要统一的理论范式和解说体系。我国和法国、意大利、日本同样采合一模式，均不承认物权行为理论，债权的意思表示与物权变动的意思表示之间并没有本质的区别，物权的变动只需要当事人的意思表示即可生效，物的交付通常表现为债权行为的履行，物权变动也只是债权效力的结果。《合同法》第51条采合一模式，但其规定无权处合同为效力待定，既非法国的无效说，也非意大利、日本的有效说，走了一个中间路线。《民法典》第597条则转采有效说，抛弃了法国的立法模式。意大利和日本的无权处分规则体系与我国《民法典》的规定最为接近，理论上同为合一理论。我国《民法典》第597条规定的违约责任，是基于有效的债权合同而生，并非承认处分行为同时有效；因没有处分权而不能转移标的物所有权，即为处分行为意义的无权处分，直接影响物权能否变动。

本书以为，《民法典》删除《合同法》第51条的同时，在买卖合同中通过准用规则提供无权处分合同的效力一般规则是妥当的。实务中，对无权处分规则通过解释的方法予以增补和细化，至为必要。从上述比较分析可以看到，我国无权处分规则最接近意大利和日本模式，在规则解释和分析框架上可以予以借鉴。分析理论上可以不采物权行为理论，在《物权法》第15条规定的区分原则的基础上，将合同效力区分为负担行为与处分行为效力两个层次，以此作为构建无权处分规则的基础。物权法的区分原则强调的是物权变动与合同效力的区分，即合同效力不受物权变动的影响；但若合同无效，则物权变动亦无效。① 将合同评价留在合同规则下，将物权变动放在物权规则之处，这是区分原则的核心要义，也是无权处分规则的基础。正是理论分析基础的这种分野，不仅更加明确地排除德国法上的物权行为理论之独立性和无因性，而且不宜作为无权处分规则解释补充的依据，有利于法的安定性和明晰性，避免造成法律适用者无所适从。

---

① 参见房绍坤：《论民法典物权编与合同编的立法协调》，载《现代法学》2018年第6期。

## 三、无权处分的规范体系

《合同法》第 51 条删除后,无权处分的民法规范包括《民法典》第 597 条无处分权买卖合同的效力规则、第 612 条至第 614 条出卖物的权利瑕疵担保责任规则和第 311 条善意取得规则。合同编规定解决交易行为的效力,保障交易安全;物权编解决权利人的物权保护和交易安全。

无权处分大致分为三种:一是无所有权而签订买卖合同、设定抵押、质押、赠与合同、租赁合同[①]等。最高人民法院(2007)民二终字第 222 号,《最高人民法院公报》2009 年第 12 期(总第 158 期)判决认为:"虽然当事人仅抵押其自有的土地使用权,但根据'地随房走,房随地走'的原则,应视为土地使用权与地面建筑物所有权一并抵押。如在抵押时地上建筑物已属他人所有,抵押人抵押土地使用权的行为构成无权处分。"[②]二是部分共有人单独处分共有物的情形。理论上对此种情形是否构成无权处分有争议。但主流观点认为,共有人虽为财产所有人之一,但财产属于"共有"而非"区分所有";对于共有财产的处分,其权利必须由全体共有人共同行使,而任何单个共有人均没有单独处分共有物的权利。因此,共有人之一擅自处分共有物,仍属于无权处分。[③] 司法实务历来承认共有物处分可以构成无权处分。在王某诉孙某某、姜某某房屋买卖合同纠纷案中,法院认为,"当事人未经他人同意,擅自处分共有财产,侵犯了他人的共有权利的,构成无权处分"。[④] 依《民法典》第 301 条规定,在共同共有,部分共有人未经其他共有人同意处分共同共有财产的,构成无权处分;在按份共有,未达到 2/3 以上份额的部分共有人未经其他共有人同意处分按份共有财产的,构成无权处分。三是法律、行政法规限制交易物的出让也可能构成无权处分。

## 四、《民法典》第 597 条的准用

《民法典》第 597 条规定:"因出卖人未取得处分权致使标的物所有权不能转移的,买受人可以解除合同并请求出卖人承担违约责任。法律、行政法规禁止或者限

---

① 《合同法》第 228 条规定:"因第三人主张权利,致使承租人不能对租赁物使用、收益的,承租人可以要求减少租金或者不支付租金。第三人主张权利的,承租人应当及时通知出租人。"

② 在该案中法院以"抵押该土地使用权的行为构成无权处分。抵押权人的抵押权在未经权利人追认且不符合善意取得的情况下不能设立。故最高法院根据《合同法》第五十一条的规定"为由,判定抵押合同无效。

③ 参见韩世远:《无权处分与合同效力》,载《人民法院报》1999 年 11 月 23 日,第 3 版。

④ 参见北京市第二中级人民法院民事判决书,(2013)二中民终字第 10214 号。

制转让的标的物,依照其规定。”该条第1款规定没有从正面表述无权处分合同的效力,而是从所有权不能转移的后果请求“解除合同并请求出卖人承担违约责任”规定,以反推合同有效。现在《合同法》第51条已经删除,作为一般条款,该条就应当解决上述问题。作为《民法典》第597条第1款的前提,无权处分权人出让他人之物的,出卖人负取得该权利并移转于买受人的义务。无权处分合同具有债权行为效力,当事人之间产生债权债务关系,但不涉及合同处分行为的效力,实现无权处分合同的负担行为效力和处分行为效力的区分,解决合一模式下合同效力的合一确定问题。在因无处分权不能转移所有权发生违约时,可以请求违约责任,但不得请求物权变动,即排除了转移标的物所有权的实际履行义务。如此,固定起负担行为与处分行为的二分结构后,第597条规定才能承担起无权处分合同效力一般规则的功能。

作为无权处分一般规则,第597条规定于买卖合同部分,直接适用于买卖合同。买卖合同内容以转移物的所有权为目的,以物权法上的物包括不动产和动产为合同的标的,但不包括权利。对于买卖合同之外的无权处分合同,因欠缺特别规定时,可以《民法典》第646条的“法律对其他有偿合同有规定的,依照其规定;没有规定的,参照适用买卖合同的有关规定”为依据,准用买卖合同的规定,即准用第597条对合同的效力进行裁判。具备准用《民法典》第597条无权处分规则的合同限于:一是双务有偿合同,对于无偿的合同不得准用;二是属于无权处分的合同,处分人欠缺对合同标的物的处分权。除所有权无权处分外,还包括担保物权、用益物权等物权的无权处分,①以及股权、②知识产权等财产性绝对权利的无权处分。实践中,也承认物的所有权权能的无权处分,如租赁使用权。③

---

① 最高人民法院(2007)民二终字第222号(《最高人民法院公报》2009年第12期)认为,无处分权设定抵押权的,属于无权处分,适用《合同法》第51条处理,“信达西安办虽然在名义上享有对案涉44.466亩的土地享有抵押权,但实际上中转冷库在为债权人陕西中行设定抵押权时,该土地上存在着第三人职工所有的建筑物。根据《房地产管理法》第三十二条的规定,建筑物的所有权人已经取得了其占用土地的法定土地使用权。中转冷库已非该建筑物占用土地的土地使用权人。故抵押该土地使用权的行为构成无权处分。抵押权人的抵押权在未经权利人追认且不符合善意取得的情况下不能设立。故最高法院根据《合同法》第五十一条的规定,判定抵押合同无效,信达西安办因此败诉”。

② 最高人民法院(2006)民二终字第1号崔某某、俞某某与无锡市荣耀置业有限公司、燕某等股权转让纠纷上诉案认为,“当事人通过伪造股东签名、制作虚假股东会决议、签订虚假股权转让协议等方式将股东所持有的公司股权转让至其名下并办理工商变更登记,后将前述股权另行转让给受让人,属于无权处分。《物权法》所规定的善意取得制度也适用于股权转让。若受让人已支付合理价款,并尽到了谨慎审查义务,应当认定其已经善意取得该股权”。

③ 最高人民法院民事判决书(2017)最高法民终314号认为,《合同法》第51条规定,无处分权的人处分他人财产,经权利人追认或者无处分权的人订立合同后取得处分权的,该合同有效。王某未提供证据证明达尔曼公司将涉案房产出租给王某的行为得到权利人的追认,或者达尔曼公司取得了处分权,王某请求确认涉案《房屋租赁协议》有效,缺乏事实与法律依据,本院不予支持。

《民法典》第 597 条第 2 款“法律、行政法规禁止或者限制转让的标的物,依照其规定”的规定,作为第 1 款的例外,是否可以理解为不适用第 1 款的规定?《民法典》对《合同法》第 132 条作了修改,第 2 款作为“因出卖人未取得处分权致使标的物所有权不能转移的,买受人可以解除合同并请求出卖人承担违约责任”的例外规定,指向的是合同的特别生效要件,法律和行政法规对交易行为规定有特别的效力规则的,应当依照该规定认定合同的效力。对于法律行政法规禁止转让的标的物,如违禁出版物、野生动物、国有土地所有权等,相关的合同应当依据《民法典》第 153 条认定无效。对于限制交易的物,相关情况可以区分为三种:一是国有资产交易的行政审批生效规则,如《物权法》第 53 条和第 54 条的国有资产转让,行政法规规定的采矿权转让的审批等,审批是合同生效的要件,未经审批合同未生效。二是法律规定了物的交易需要相关权利人的同意,如《物权法》第 191 条规定抵押财产的转让应当经抵押权人同意,租赁物转租需要出租人同意,因仅涉及权利人的权利保护问题,交易行为原则上应当适用第 1 款的规定认定为有效。三是法律行政法规限制了交易的主体范围,如枪支买卖,一般无效,在法律允许的情况下,合同有效。第 597 条第 1 款规定,也同样可以准用于其他无权处分合同,如以法律禁止转让的物设定抵押的合同、租赁违禁出版物的合同等。

## 五、无权处分的取回权与占有返还请求权

在权利人行使取回权时,受让人以合法占有出卖物进行抗辩,法院是否支持的问题,是无权处分下的一个重要法律问题。

在“郭某海诉赵某某物权保护纠纷”案[①]中,郭某金、郭某海、郭某玉、郭某义、郭某来、郭某林、郭某利、郭某银系兄弟姐妹关系,系郭某某、应某某之子女,应某某于 2006 年 10 月 10 日死亡,郭某某于 2007 年 8 月 26 日死亡。10 排 2 号系公房,原承租人系郭某某,郭某某死亡后,上述公房未重新签订租赁合同。后 10 排 2 号房屋列入危旧房改造范围,郭某金于 2010 年 4 月 3 日与北京昊泰房地产开发有限公司签订回迁安置协议,郭某金获得安置房两套,其中包括 604 号房屋。2010 年 5 月 17 日,郭某海、郭某玉、郭某义、郭某来、郭某林、郭某利、郭某金、郭某银签订协议,其中约定 604 号房屋归郭某海所有。2015 年 6 月 12 日,北京市门头沟区人民法院作出(2014)门民初字第 305 号民事判决书,确认 604 号房屋归郭某海所有。判决生

① 参见北京市第一中级人民法院民事判决书,(2017)京 01 民终 8935 号。

效后，经北京市门头沟区人民法院强制执行，604 号房屋产权人由郭某金变更为郭某海。郭某海于 2016 年 1 月取得不动产权证书，编号为：京(2016)门头沟区不动产权 0010367 号，权利人为郭某海。2012 年 12 月 16 日，郭某金与赵某某、易家公司签订《房屋买卖居间合同》，约定郭某金将 604 号房屋卖与赵某某，赵某某依照合同约定支付了购房款 66 万元，郭某金于 2013 年 2 月 8 日将 604 号房屋交付赵某某，赵某某支付郭某金涉案房屋公共维修基金、装修管理费、物业费、装修押金、供暖费共计 4900 元，后赵某某对涉案房屋进行装修并居住至今。郭某海起诉要求赵某某腾房，以其合法购买并实际占有抗辩。

法院经审理认为，郭某海是真正权利人，郭某金擅自出卖房屋构成无权处分。赵某某购房时尽到注意义务，房屋买卖合同合法有效。虽然该合同判决认定为有效，但无权处分行为效力待定，即郭某金尚不具备转移占有的处分权，其转移占有于赵某某的行为效力待定。出卖人不享有处分权，该移转占有系无权处分，未经权利人追认或事后未取得处分权的，买受人移转而来的占有系无权占有。根据《物权法》第 34 条"无权占有不动产或者动产的，权利人可以请求返还原物"规定，法院支持了郭某海退房之请求，并指出赵某某可在另案中向郭某金主张相应违约责任。

本案中，被告赵某某依据合法的买卖合同取得房屋的占有，并装修用，但未办理过户手续，所有权并未转移，不能适用善意取得规定取得房屋所有权。其对房屋占有基于合法有效的买卖合同而来，具有正当依据。判断其占有为有权占有还是无权占有，不能仅仅从合同依据上看，还要看其取得的占有是否有权利来源，即转让人是否有权处分占有。本案在房屋未分割时，属于全体继承人共有，其中一个共有人的处分构成无权处分。因出卖人属于无权处分，处分行为效力待定，占有作为处分内容，其效力也属待定状态。后因权利人主张腾房，未予以追认，故赵某某之占有没有效力，仍属于无权占有。

从法院裁判依据来看，本案援引的是《物权法》第 34 条占有返还请求权，并无不当。从《物权法》第 311 条与第 34 条之间的关系看，法院将第 34 条作为请求权规范，将第 311 条作为第 34 条的辅助性规范，依第 311 条规定的占有的无权处分情形，作为第 34 条无权占有的一项补充性规范。从法律适用上看，本案确定请求权规范的方法正确，可供参考。当然，直接援引《物权法》第 311 条，把无权处分情形权利人享有的取回权作为完整的请求权规范，即第 34 条的特殊规则，也无不可。

# 第四章　合同的履行

## 专题一　选择之债问题

### 一、选择之债的内涵与条件

选择之债，谓以得于数宗给付中，依选择而定之一个给付为标的之债。[①] 债务标的有多项，当事人只须从中选择一项标的来履行，债务的标的因当事人行使选择权而予以确定，始得进行履行。选择之债通常因当事人的约定而成立，生活中较为常见。相较在合同中仅约定一项债务标的单纯之债或者简单之债，选择之债的履行更为复杂。《民法通则》和《合同法》均未规定选择之债，《民法典》编纂新增加该项制度。《民法典》第515条第1款规定："标的有多项而债务人只需履行其中一项的，债务人享有选择权；但是，法律另有规定、当事人另有约定或者另有交易习惯的除外。"

选择之债的当事人须从数项债务标的中选择一项履行，因此选择之债须具备以下两个条件：

第一，在债务标的上有可选择性。债务标的具有可选择性，即指于债的成立时就有两项以上债务标的可供选择。两项以上的债务标的，既可以是两种以上的债务标的，也可以是同种类但不同形式的债务标的，前者如金钱债务和劳务债务为不同种类之债务标的，后者如金钱债务或以人民币给付或者以美元支付，也可以是履行时间、履行地点、履行方式等可供选择的债务标的。如约定既可以一次性履行，也可以分期履行；既可以在码头交货，也可以在仓库交货等。

第二，在履行前应当先行选择债务标的。选择之债的债务标的虽有数项，当事人应当从中确定一项履行，也只有在债务标的确定后当事人才能履行债务。如果

① 参见史尚宽：《债法总论》，中国政法大学出版社2000年版，第264页。

无须选择确定即可以履行的债务,则不属于选择之债。如以种类物为标的合同,在履行时才能够确定化,但无须进行选择。

关于选择之债的性质,有单数债还是复数债之争,有复数债权说、单数债权说与折中说不同的观点。[①] 上述学说以特殊债权说为当,此也为通说。[②] 该说主张,选择之债的标的虽有数个,只是一个债权而不是有数个债权,当事人仅得从中选择一项履行。选择之债只有在债务标的确定后才能履行,并且当事人也只负有一项给付的义务,而不是就债成立之时确定的各项给付都负有义务。

## 二、债务标的选择权

债务标的经选择而确定,是选择之债得以履行的前提条件。通过选择债务标的使之特定化,民法典规定为选择权。此种选择权由一方当事人行使,通过一方意思表示而选定应为履行之给付,故为形成权。[③] 选择之债的选择权既可归债务人,亦可归债权人,也可以归第三人。依《民法典》第 515 条规定,如果当事人没有特别约定或者法律规定,选择权归债务人;享有选择权的一方当事人如未在约定期限内或者履行期限届满未作选择,经催告后在合理期限内仍未选择的,选择权转移至对方。选择权之转移,有促进债务标的尽快确定,使债得以及时履行之目的。在债权人有选择权而怠于行使时,经债务人催告仍不行使,选择权归于债务人,债务人自可作出选择而为履行,使债之目的实现,纵债权人迟延,债务人仍得以提存等方式完成履行,使债之关系消灭。在选择权归于债务人时,债务人怠于行使选择权,依该款规定,经催告后选择权归债权人,然债权人作出选择后,债务人也未必履行,仍不免发生诉讼。虽选择权无须也不宜通过诉讼行使,但债权人于债务人迟延时,得提起选择之债的给付之诉,在强制执行开始前,债务人仍未作出选择的,则由债权人选择债务标的予以强制执行。允许债权人于债务人迟延时提起选择之债的给付之诉,并不影响债权人选择权之行使,且债务人本有故意不作选择而推迟债务履行的行为,允许债权人提起给付之诉已有必要,当然应以债务履行期限届满为前提。

关于选择权的行使,《民法典》第 516 条规定,“当事人行使选择权应当及时通知对方,通知到达对方时,标的确定。标的确定后不得变更,但是经对方同意的除外。可选择的标的发生不能履行情形的,享有选择权的当事人不得选择不能履行

---

① 参见史尚宽:《债法总论》,中国政法大学出版社 2000 年版,第 265 页、第 266 页。

② 参见王利明、郭明瑞、方流芳:《民法新论》(下),中国政法大学出版社 1988 年版,第 269 页;王家福主编:《中国民法学·民法债权》,法律出版社 1991 年版,第 57 页。

③ 参见史尚宽:《债法总论》,中国政法大学出版社 2000 年版,第 268 页。

的标的,但是该不能履行的情形是由对方造成的除外"。通知对方,即以单方的意思表示行使。通知之形式既可以是书面的,也可以是口头的。通知到达对方即发生法律效力,债务标的即为确定,无须对方同意。选择权行使一经生效,则不得撤回,但经对方同意,可以变更债务标的。可以选择的债务标的有的发生履行不能的,原则上选择权人不能选择不能履行的债务标的,只能选择可履行之债务标的。若只有两项债务标的,一项履行不能,则变为简单之债。若有两项以上债务标的,一项履行不能的,仍然需要在其余债务标的中作出选择。不能履行,有自始不能与嗣后不能、客观不能和主观不能之分。此处规定的不能履行包括自始不能和嗣后不能,但均属客观不能。客观不能,属于我国《民法典》第 580 条第 1 款第 1 项规定的法律上的不能和事实上的不能,以及第 590 条第 1 款规定的因不可抗力导致的履行不能。履行不能可归责于选择权一方的,其应在其余可履行的债务标的中进行选择,不得选择不能履行的债务标的;可归责于另一方当事人的,选择权一方可以选择不能履行的债务标的。于此情形,除法律另有规定或当事人另有约定外,有选择权的一方可依自己的意愿,或选择可履行的标的而使债得以履行,或选择不能履行的标的为特定标的使债不能履行而请求损害赔偿。①

# 专题二　按份之债问题

## 一、按份之债修改的内容及影响

按份之债是多数人之债的一种,是指债的一方当事人为多数,且多数人一方的当事人各自按照份额分享权利或者分担义务的债。按照份额各自享有债权的,为按份债权;按照份额各自负担债务的,为按份债务。我国《民法通则》最早规定了按份之债与连带之债作为多数人之债的基本类型。按份之债与连带之债这一类型划分是以债之主体关系为标准,是债之实现的最终方式,也是各国普遍的立法例。此后,我国侵权责任法规定了侵权的按份责任和连带责任,民法总则规定了民事按份责任和连带责任。这次《民法典》编纂延续了《民法通则》立法例,在多数人之债中

① 参见王利明、郭明瑞、方流芳:《民法新论》(下),中国政法大学出版社 1988 年版,第 271 页。

仅规定了按份之债和连带之债，没有在类型上作新的发展。既没有借鉴德国、法国、意大利等国家民法采用的可分之债（按份之债）、连带之债和不可分之债传统类型化模式，[①]也没有采纳《欧洲合同法原则》（2003年）、《欧洲示范民法典草案》（2009年）以及《国际商事合同通则》（2010年）等采用的按份之债、连带之债、协同之债（共同之债）[②]新模式。我国学者根据合同法、侵权法及司法解释规定，也提出了多数人之债的新的类型：[③]不真正连带之债和补充之债。[④] 我国民事之债实现规则，必然要在按份之债和连带之债这一基本分类的基础上，加以法律和当事人的特别约定予以进一步细化分类规制。不真正连带之债和补充之债，可以以合同编、侵权责任编以及各单行立法规定而予以规范。对于不可分之债中的协同之债（共同之债），可放在连带之债的规则下予以调适规范。

《民法通则》第86条规定的是按份之债，即“债权人为二人以上的，按照确定的份额分享权利。债务人为二人以上的，按照确定的份额分担义务”。《民法典》第517条规定：“债权人为二人以上，标的可分，按照份额各自享有债权的，为按份债权；债务人为二人以上，标的可分，按照份额各自负担债务的，为按份债务。按份债权人或者按份债务人的份额难以确定的，视为份额相同。”相比《民法通则》第86条规定，有两处明显修改：一是增加“标的可分”，作为按份之债的条件；二是增加第2款“按份债权人或者按份债务人的份额难以确定的，视为份额相同”。

### （一）增加“标的可分”的意义

依债的标的或者给付之标准，各国民法将债类型划分为可分之债和不可分之债。在理论上，可分之债系指债的标的在事实上可分或者在观念上可分，前者如金钱之债，后者如给付一幅画或一匹马。不可分之债系指债的标的在事实上和观念上均不可分。[⑤] 事实上的可分是指标的物的物理性质上可分，观念上的可分是权利上的可分。对于给付乃至债的可分性与不可分性的区分标准包含了三个方面的考量因素：给付的事实性质（或物理性质或自然性质）、给付的观念性质（或权属性质

---

① 参见齐云：《论我国多数人之债的完善——以不可分之债与连带之债的区别为中心》，载《河北法学》2012年第3期。

② “协同之债”又译为共同之债，是多数人不可分之债的实现方式，根本特征是多数债务人或者多数债权人在债的实现上存在协同（共同）关系，但不同于连带关系。

③ 参见王洪亮：《债法总论》，北京大学出版社2016年版，第485～486页；李永军：《论连带责任的性质》，载《中国政法大学学报》2011年第2期。

④ “补充之债”主要是指补充债务，由数人承担同一债务，债权人应当首先请求主要债务人清偿，只有在该债务人的财产不足以清偿时，方可请求其他债务人对不足部分依法予以补充的债务形式。一般保证人与主债务人是合同法领域常见的补充债务；侵权法规定了多种类型的补充责任。

⑤ 参见李中原：《多数人之债的类型建构》，载《法学研究》2019年第2期。

或权利份额)、债的目的(包括当事人的约定和法律的规定)。[①] 法国学者朴蒂埃将不可分性分为3类:“性质不可分”(individuum natura)、“债不可分”(individuum obligatione)、“清偿不可分”(individuum solutione)。性质不可分是绝对不可分,如一项通行地役权的负担,在事实和观念两个方面在任何情况下都不可分。债不可分,如一项建筑房屋的债务,其特点则是,建房这样的工作可以通过分别缔约来完成房屋的各个部分,但当其作为债的标的时,从缔约当事人的看法来考虑是不可分的。“清偿不可分”,在性质上仍然属于可分之债的范畴,只是在清偿或履行上不可分割,必须全体当事人共同履行或共同接受履行,否则将导致不公平。[②]

可分之债和不可分之债,主要着眼于债的标的(给付)的客观标准,其法律意义在于根据标的是否可分而于债的实现方式上有所不同。可分之债和不可分之债均可以适用于单一之债和数人之债的情形。在单一之债下,此种分类的意义不明显,按照通常的债的实现规则即可解决。在法律上的意义,可分与不可分在能否部分履行、部分解除、部分无效、部分撤销上会有差异。如果不可分,债之标的只能整体给付,合同的效力也只能整体上确定,不可以部分履行,也不可以部分确认无效、解除、撤销;如果是可分的,则依据法律的规定和当事人的约定,可以部分给付、解除、确认无效、撤销。

在多数人之债的情况下,此种划分则有显著的意义。多数人之可分之债,在实现方式上可以为按份之债,也可以为连带之债;多数人不可分之债的实现方式为连带之债和协同之债(共同之债),无法适用按份之债。相应建立的按份之债、连带之债和协同之债规则,具有明显的差异。正是由于可分之债和不可分之债在实务中,仅具有确定实现方式和立法规则的中间性和辅助性功能,各国立法通常不作为单独层级的类型化的规定,而是放在多数人之债下以债之实现的终局性为目的而作相应的规定。德国民法典是最早在多数人之债下统一规定可分之债(按份之债)、连带之债和不可分之债的立法。2016年法国民法亦借鉴德国之模式,仅在多数人之债下规定可分之债、连带之债和不可分之债。有趣味的是,传统大陆法国家民法并没有单独规定按份之债,多是于可分之债同一规定。

我国《民法通则》仅规定按份之债与连带之债,并没有可分之债和不可分之债的规则,从实务上考察,也是考虑到可分之债和不可分之债最终价值体现在多数人之债的类型下,且多数人之债下可分之债等同于按份之债,因而规定按份之债不规

① 参见李中原:《多数人之债的类型建构》,载《法学研究》2019年第2期。

② 同上。

定可分之债是合理的。民法典专门在按份之债增加“标的可分”的条件，从表面上看似有承认可分之债和不可分之债传统类型划分的蕴含，但其法律上的意义何在？从《民法典》第517条规定来看，其使用“按照份额”负担债务或者享有债权，这一用语的增加，从民法体系解释论上，则有法律上的价值——在民法典专门规定“连带之债”“连带责任”必须由法律规定或者当事人约定严格限制下，于多数人之债法律没有规定、当事人也未约定为连带之债（连带责任）时，则为债的类型归属提供解释的标准。

（二）第517条第2款的意义

这一规则最早规定于《侵权责任法》第12条，即“二人以上分别实施侵权行为造成同一损害，能够确定责任大小的，各自承担相应的责任；难以确定责任大小的，平均承担赔偿责任”。该规则是针对无意思联络的数人侵权承担按份责任时，如何确定责任份额的规则。《民法典》继承了这一规则，于第177条规定，“二人以上依法承担按份责任，能够确定责任大小的，各自承担相应的责任；难以确定责任大小的，平均承担责任”。这一规则对于因侵权行为而产生的按份之债的份额的确定提供了规则，以解决实践中确定份额的困难。此次民法典在按份之债中增加此款规定，以将上述规则扩及于全部按份之债领域，包括了合同、不当得利、无因管理之债的领域。通常在合同之债中，按份之债会有份额之约定，但也不排除未约定份额之情形，于此可以适用。特别是，按前文对于多数人可分之债解释为按份之债予以实现时，确定各债务人或者债权人之份额必将是一项重要任务。

## 二、按份之债的要件和效力

（一）按份之债的构成要件

按份之债既可因法律行为产生，也可因侵权行为、不当得利等原因产生。按份之债的成立应具备3个条件：

一是债权人或者债务人为数人。按份之债或者在债务人之间分担债务份额，或者在债权人之间分享债权份额，必须债权人或者债务人一方为两人以上。在单一之债中，不可能发生一方当事人之间的权利或义务的份额问题，不会成立按份之债。

二是债的标的是可分的。按份之债首先是可分之债。按份之债的标的（给付）或者在物理性质上可分，或者在权利观念可分，否则无法构成按份之债，不可分之债无法推定为按份之债。

三是债权或债务由多数债权人分享或由多数债务人分担。按份之债的最本质特征在于债务人与债权人之间按照份额负担债务或者享有债权。债的标的(给付)虽为可分,但法律另有规定或者当事人另有约定时不能成立按份之债。

(二)按份之债的效力

按份之债的效力,可以分为3个层次:债权人和债务人整体之间的行为效力(对外效力)、单个债权人和债务人之间的行为效力(就当事人一人所生事项的效力)、债务人之间的行为效力(对内效力)。

一是对外效力。按份债务的债权人仅能向各个债务人按份额要求履行债务,各债务人对其他债务人承担的债务份额不负履行义务。某一债务人履行义务超过自己分担的份额的,除可认定为第三人履行外,只能向接受其履行的债权人请求返还不当得利,其他债务人的债务并不消灭。按份债权的债权人各自只能请求债务人履行自己份额的债务,债务人只能向各债权人履行各份额之债务。某一债权人接受债务人的履行超过自己分享的权利份额的,除可认定为第三人接受履行的外,构成不当得利,其他债权人的权利并不消灭。

二是就当事人一人所生事项的效力。各债权人的债权或各债务人的债务各自独立,对某一债权人或某一债务人发生效力的事项,对其他债权人或债务人原则上不发生影响。例如,不履行债务、免除债务、抵销、提存、诉讼时效等,对其他债权人或债务人不发生影响。

三是对内效力。如有法律规定或债务人有约定的,则各债务人或者各债权人按照法定或约定份额承担债务或者享有债权。如无法律规定或债务人特别约定时,数个债务人平均分担债务,各个债权人平均享有债权。债务人超过其债务份额而对债权人进行清偿的,因为各个债务人间清偿并不存在利害关系,超额清偿不构成代位清偿,应认定为第三人清偿。但如果内部另有约定的,超额清偿的债务人可以取得代位求偿权。①

## 三、按份之债在实务中的问题

一是诉讼方式问题。在诉讼中,各按份债权人或债务人可作为共同诉讼人起诉或应诉,按份债权人一人也能够单独提起诉讼,按份债务人也可以个别被提起诉讼。按份债权人或者债务人作为共同诉讼当事人的,为类似的必要共同诉讼。但

---

① 参见郑玉波:《民法债编总论》(修订2版),中国政法大学出版社2004年版,第387页。

在特殊情况下,为"一揽子"解决纠纷或者公平处理纠纷,按份债务人或者按份债权人应当作为必须共同诉讼人参加诉讼。如数人无意思联络侵权纠纷,各侵权行为人承担按份责任的,首先要确定各侵权行为人的责任份额,需要全体侵权人共同参加诉讼以查明事实,各按份侵权责任人即为必须共同诉讼当事人。再如《民事诉讼法解释》第 72 条规定,"共有财产权受到他人侵害,部分共有权人起诉的,其他共有权人为共同诉讼人"。即使按份共有的情况下,按份共有人对侵害人虽为按份债权人,依该解释规定,各共有人也为必需的共同诉讼当事人。

二是按份之债的合同无效与撤销问题。成立按份之债的合同,符合无效或者可撤销条件的,当事人可以依法申请确认无效或者撤销。如果整体无效或者撤销的,因涉及全体按份之债当事人利益,原则上按份债务人或者债权人一方共同主张。但对于合同无效之确认,依据民法典规定,合同无效是绝对无效,任何人均可主张无效,法院亦可依职权确认无效,故按份债务人或者债权人一人主张的,自无不予允许之理。同样,对于合同无效,我国历来承认部分无效制度,《民法通则》第 60 条规定,"民事行为部分无效,不影响其他部分的效力的,其他部分仍然有效"。《合同法》第 56 条规定,"无效的合同或者被撤销的合同自始没有法律约束力。合同部分无效,不影响其他部分效力的,其他部分仍然有效"。《民法典》第 156 条规定,"民事法律行为部分无效,不影响其他部分效力的,其他部分仍然有效"。故在按份之债合同部分无效的,可以单独就该部分予以确认无效,不影响其他部分的效力,该部分仅涉及部分按份债务人或者债权人的,该部分债务人或者债权人可以单独主张。但应当注意,合同部分无效,不等于按份之债的某份额无效,多数情况下,债务或者债权份额未必与合同部分相对应,故允许一人或者部分按份债务人或者债权人主张合同部分无效时,应当予以仔细斟酌。合同部分撤销时,可按合同部分无效原则处理。

三是按份之债的同时履行抗辩权问题。对按份之债的同时履行抗辩权行使方式问题,有不同的观点。有观点认为,只要债务人中一人未为对待给付的提出,债权人可以就全部给付主张同时履行抗辩权,但当事人之间另有约定的除外。[①] 另有观点认为,对于按份之债,如能进行分割的,应尽可能就债权人和各个债务人之间的关系分割开来,[②]除他方所负担的对待给付为不可分者外,于一方当事人未为全部履行前,各债权人仅得就自己应享受的部分独自拒绝履行自己的相应义务,而不能就他

① 参见王洪亮:《债法总论》,北京大学出版社 2016 年版,第 493 页。

② 参见史尚宽:《债法总论》,中国政法大学出版社 2000 年版,第 638 页。

方当事人未为全部履行而行使同时履行的抗辩。[①] 我国民法典虽规定了同时履行抗辩权,但就此问题并没有具体规定。故按份之债的各债权人或各债务人各自按确定的份额享受权利或负担义务,除非对待给付不可分,似应以第二种观点为妥当。

四是按份之债合同解除权行使问题。各个债务人毕竟来自同一法律关系,故解除权一般只能由所有债务人共同行使。从学理上看,这是解除权行使不可分原则的体现,契约当事人一方有数人时,解除意思表示应由全体共同行使,但当事人之间另有约定的除外。[②] 但实践中,此种观点未免绝对。我国《合同法》承认合同的部分解除制度,其第 164 条规定,“因标的物的主物不符合约定而解除合同的,解除合同的效力及于从物。因标的物的从物不符合约定被解除的,解除的效力不及于主物”。第 166 条第 1 款规定,“出卖人分批交付标的物的,出卖人对其中一批标的物不交付或者交付不符合约定,致使该批标的物不能实现合同目的的,买受人可以就该批标的物解除”。《民法典》第 631 条、第 633 条规定相同。对于可分的合同给付,民法典采分部解除优先规则,只有在一部分给付致使合同整体目的不能实现时,才得解除整个合同。《民法典》第 632 条规定:“标的物为数物,其中一物不符合约定的,买受人可以就该物解除。但是,该物与他物分离使标的物的价值显受损害的,买受人可以就数物解除合同。”第 633 条第 2 款、第 3 款规定:“出卖人不交付其中一批标的物或者交付不符合约定,致使之后其他各批标的物的交付不能实现合同目的的,买受人可以就该批以及之后其他各批标的物解除。买受人如果就其中一批标的物解除,该批标的物与其他各批标的物相互依存的,可以就已经交付和未交付的各批标的物解除。”故解除部分与按份债务人的份额对应时,例外地允许该按份债务人单独行使解除权,或者债权人单独行使解除权,难谓不合理。

# 专题三　连带之债问题

## 一、连带之债的内涵及构成

连带之债,是指“以同一给付为标的,债务人或债权人间具有连带关系之复数

---

① 参见王利明、郭明瑞、方流芳:《民法新论》(下),中国政法大学出版社 1988 年版,第 262 页。

② 参见史尚宽:《债法总论》,中国政法大学出版社 2000 年版,第 551 ~ 552 页。

主体之债”。[1]“各债权人虽得请求给付之全部,然债务人对于债权人中之一人为履行,则对各债权人免其债务,或各债务人虽负为全部给付之义务,然一债务人为全部给付,则他债务人亦免其债务。”[2]连带之债是多数人之债最为常见的类型,其特征在于连带关系,多个债权人或者债务人之间均须对同一债务的请求全部履行,或者在对一个连带债权人全部履行或者一个连带债务人全部履行后,其他债权人之债权或者债务人之债务均告消灭。《民法典》第518条规定:“债权人为二人以上,部分或者全部债权人均可以请求债务人履行债务的,为连带债权;债务人为二人以上,债权人可以请求部分或者全部债务人履行全部债务的,为连带债务。连带债权或者连带债务,由法律规定或者当事人约定。”

连带之债的构成要符合以下要件:

第一,有多数债权人或多数债务人。至少有一方当事人为多数,是连带之债成立的先决条件。连带之债,有多数债权人或者债务人,因此形成了数个债,属于复数之债。

第二,连带之债有同一标的。一般情况下,连带之债的标的应当相同,即有同一标的,否则不能成立连带之债。在实践中,非同一标的之连带之债实属少见,当事人若有此种特约也未尝不可。以同一标的为要件,在确定当事人之约定是连带之债还是担保责任,是有意义的。如连带责任保证中,主债务人负有交货义务,被保证人在先行给付货款的情况下,为保证在对方不交货时能够收回货款,约定第三人承担连带责任保证。此项连带保证之约定,并非形成保证人交货的义务,而是违约责任的保证,故虽有连带之债之名,实为单纯的责任保证。连带之债的标的是否须为可分的,通说认为,无论可分之债还是不可分之债均可成立连带之债。郑玉波先生即认为,“连带之债其标的须为同一给付,至于其给付是否可分,在所不问”。[3]从各国立法来看,不可分之债,即使当事人没有明确约定或者法律规定为连带之债,在数个债务人时多数规定准用连带债务规则。如果有数个债权人时,多数国家规定不适用连带债权之规定,而是适用协同之债(共同为之债)规则。我国《民法典》没有规定协同之债(共同为之债),在不可分之债当事人没有约定为连带之债或者法律没有规定为连带之债的,有数个债务人时,应当作为连带债务处理。对于在有数个人债权时,能否作为连带债权处理,后面再予论说。

---

① 郑玉波:《民法债编总论》,中国政法大学出版社2004年版,第387页。

② 史尚宽:《债法总则》,中国政法大学出版社2000年版,第635页。

③ 郑玉波:《民法债编总论》,中国政法大学出版社2004年版,第387页。

第三,当事人之间的债权、债务有同一的目的。连带之债的目的须是同一的。债的目的同一,是指各债权人享受的债权或者各债务人负担的债务的目的是一个。各债权人中只要一人受偿全部债权或各债务人中一人清偿了全部债务,债即消灭。

第四,须多数当事人一方之间有连带关系。连带关系是连带之债的根本特征,是由连带之债的同一目的性质决定的。连带关系是指"其债务或债权各具有共同之目的而在债之效力上及消灭上互有牵涉之谓"。[①] 虽有数个债权人或者债务人,形成了数个债,但债的目的同一,一个债目的实现,其他债相应消灭,债与债之间的目的共同性和效力及消灭上的牵连性,即为连带关系。例如,某一连带债权人接受了债务人的全部债务的履行时,其他债权人的债权同样归于消灭;某一债务人履行了全部债务时,其他债务人对债权人所负的债务也归于消灭。

## 二、连带之债的效力

连带之债分为连带债权和连带债务。从实践来看,连带债务更为常见,由于连带债务有利于债权的实现,更为当事人所使用,更有意义。而连带债权因一债权人得单独请求债务人履行全部债务,其后能否对其他债权人进行分享取决于该债权人的资力和信用,对其他债权人显有不利。连带债权之效力规则可参照连带债务之效力规则,故各国立法以及国际示范法通常只规定连带债务效力规则,连带债权予以修正的参照。民法典亦采此立法例。为讨论简便,本处重点针对连带债务的效力予以述明。

连带债务,是债务人为数人之连带之债,数个债务人对同一内容的给付,各自独立负全部给付债务,且其中一人给付时,其他债务人同样被免除债务的多数人的债务。[②] 连带债务的效力分为对外效力、债务人一人所生事项的效力和对内效力三个方面。

1. 对外效力。连带债务中的债权人,在请求债务人履行债务方面,可以向一债务人或数个债务人或全部债务人请求履行;可以同时或先后向债务人请求履行;也可以向债务人请求全部或部分债务。

2. 就债务人一人所生事项的效力。连带债务中,就一债务人所生效力的事项,有的其他债务人发生效力,有的则不发生效力。就一债务人所生效力的事项,对其他人也发生效力的,称为发生绝对效力的事项,有的称为有涉他效力的事项;就一

---

① 郑玉波:《民法债编总论》,中国政法大学出版社 2004 年版,第 388 页。

② 参见[日]我妻荣:《新订债权总论》,王燚译,中国法制出版社 2008 年版,第 363 页以下。

债务人所生效力的事项,对其他债务人不发生效力的,称为发生相对效力的事项,有的称为无涉他效力的事项。[①] 按照学理,债务人一人所生事项,以生相对效力为原则,以生绝对效力为例外。从各个国家规定来看,并不完全一致。我国《民法典》第 520 条对产生绝对效力的事项此作了专门的规定。

一是部分连带债务人履行、抵销债务或者提存标的物的,其他债务人对债权人的债务在相应范围内消灭。《民法典》第 520 条第 1 款规定,"部分连带债务人履行、抵销债务或者提存标的物的,其他债务人对债权人的债务在相应范围内消灭;该债务人可以依据前条规定向其他债务人追偿"。二是部分连带债务人的债务被债权人免除的,在该连带债务人应当承担的份额范围内,其他债务人对债权人的债务消灭。部分债务人的债务被免除,基于债的同一性,其他债务人在被免除的债务人债务份额内也相应免责,而非对于免除的全部债务免责,有一定的限制。三是部分连带债务人的债务与债权人的债权同归于一人的,在扣除该债务人应当承担的份额后,债权人对其他债务人的债权继续存在。债务人与债权人发生混同,依《民法典》第 557 条第 1 款第 5 项规定,债权债务终止。部分连带债务人与债权人混同,他们相互之间的债权债务终止,对其他债务人而言,在该债务人承担的份额内,债务消灭,其他债务继续存在。四是债权人对部分连带债务人的给付受领迟延的,对其他连带债务人发生效力。《民法典》第 589 条规定了债权人迟延制度,其效力及于全体债务人。五是我国司法解释规定诉讼时效中断事由可以产生绝对效力,最高人民法院《诉讼时效规定》第 17 条第 2 款规定,"对于连带债务人中的一人发生诉讼时效中断效力的事由,应当认定对其他连带债务人也发生诉讼时效中断的效力"。

除了上述事项产生绝对效力外,其他事项都只能产生相对效力,如判决的效力、时效利益的放弃、债务不履行、履行迟延、不适当履行等。[②] 法院对一债务人的判决虽对其他债务人没有既判力,但判决有利于其他债务人的,也会发生一定的涉他效力:一债务人得到法院的有利判决,而该判决又非基于该债务人与债权人之间的个人关系的,其他债务人得援用该判决拒绝履行。[③] 如《国际商事合同通则》第 11.1.8 条规定,"法院就一个连带债务人对债权人之责任所做出的判决,不影响:(a)其他连带债务人对该债权人所承担的债务;或者(b)依据第 11.1.10 条规定的

① 参见王家福主编:《中国民法学·民法债权》,法律出版社 1991 年版,第 48 页。

② 参见郑玉波:《民法债编总论》(修订 2 版),中国政法大学出版社 2004 年版,第 398 ~401 页。

③ 参见王家福主编:《中国民法学·民法债权》,法律出版社 1991 年版,第 49 页。

连带债务人之间的追索权。但是,除非该判决是基于相关债务人自身之原因做出,否则其他连带债务人可以依赖该判决”。从诉讼程序上讲,依《民诉法司法解释》第94条规定已经生效判决确认的事实属于免证事实,具有预决效力。连带之债基于同一原因产生,该债之涉诉内容具有同一性,在先判决对债之事实已经确认,在后诉中自应适用《民诉法司法解释》第94条规定。

3. 对内效力。连带债务的内部效力是指连带债务人相互之间的关系。连带债务的各个债务人都有清偿全部债务的义务。因此,一债务人清偿全部债务后,债即消灭。但在各债务人之间,各债务人是按照一定份额分担债务的,所以清偿债务超过自己应分担的份额的债务人有权向其他债务人追偿。《民法典》第519条第1款、第2款规定,“连带债务人之间的份额难以确定的,视为份额相同。实际承担债务超过自己份额的连带债务人,有权就超出部分在其他连带债务人未履行的份额范围内向其追偿,并相应地享有债权人的权利,但是不得损害债权人的利益。其他连带债务人对债权人的抗辩,可以向该债务人主张”。履行了义务的债务人享有的请求其他债务人偿还其应承担份额的权利,即债务人的追偿权。

债务人追偿权的成立须具备以下条件:

一是债务人履行了债务。所谓债务人履行了债务,是指债务人实施了有使债消灭的行为,而不限于债务人的实际履行的清偿行为。凡能因债务人财产利益的减少而又达到债的履行效果的行为,都应包括在内:清偿、提存、抵销、代物清偿、混同等方式而清偿债务的,均可发生追偿权。二是其他债务人因该债务人的清偿而共同免责。这里的共同免责包括其他债务人因此而免除全部清偿责任或者免除部分清偿责任。三是债务人履行的义务超过其应承担的份额。债务人的追偿权的成立,在于其对外履行了债务,其履行对内超过了其份额,故为其他债务人进行了清偿,就超过部分享有追偿权。某债务人履行了全部义务的,有权要求其他债务人偿付其应当承担的份额;某债务人虽没有履行全部义务,但其履行超过自己应承担的份额的,其超过部分也属于为他债务人履行债务,因而也有权要求其他债务人偿付,不过其他债务人每个人应偿付的部分应按其各自应承担的义务份额的比例确定之。①

债务人只能对超出其份额的部分进行追偿。债务人追偿权的范围,除其超额履行的债务部分外,也包括履行债务时所支出的必要费用应予分担的部分。

债务人行使追偿权,应当向各债务人分别追偿,其他各债务人按其应承担的比

---

① 参见王利明、郭明瑞、方流芳:《民法新论》(下),中国政法大学出版社1988年版,第267页。

例偿付。如果其他债务人也有清偿的,仅就其清偿债务与其应担份额之间的差额部分受追偿。对此也有例外,按照《民法典》第 519 条第 3 款的规定,当被追偿之一债务人失去偿付能力时,对该债务人不能偿还的部分,由追偿权人和其他债务人按照各自应承担的份额的比例分担。

代位权,是指因代位清偿产生在有利害关系的各个债务人之间的债权债务关系,《民法典》第 519 条明确规定了追偿权人的代位权利,“并相应地享有债权人的权利”。代位权的产生基础是法定债权转移。追偿权人代债权人行使的权利,民法典规定了两方面的限制:一是行使债权人权利,不得损害债权人的利益。这主要是指在追偿权人行使追偿权时,债权人的债权尚未全部消灭,还需要向其他债务人行使债权,债权人对其他债务人的权利要优先于追偿权人行使的债权人的权利。《国际商事合同通则》第 11.1.11 条规定,“未获得全部清偿的债权人,以共同债务人未清偿部分为限,对共同债务人保有优于共同债务人行使分担请求权的各项权利”。二是其他连带债务人对债权人的抗辩,可以向该债务人主张。即追偿权要受债权人债权行使抗辩权的同样限制,不因其先行履行债务而取得优先于债权人的权利,否则对其他债务人不公平。

### 三、连带之债实务中的问题

#### (一)不真正连带之债

连带之债最为相关的是不真正连带之债,主要是不真正连带债务。不真正连带债务,谓数债务人基于不同之发生原因,对于债权人负以同一之给付为标的之数个债务,依一债务人完全履行,他债务因目的之达到而消灭之法律关系。[①] 不真正连带债务主要为法律规定的请求权并存的情形,其共同特点在于多数债务人中存在某个债务人须承担终局责任或主要责任,其他债务人承担责任后可以向前者追偿。比如,保险人与加害人的共同责任、保证人与主债务人的共同责任、借用人与盗贼对被盗物品所有人的共同责任,以及雇主与侵害人对被侵害雇员的共同责任,等等。[②] 我国在侵权责任法实施后,不真正连带责任规则蔚为大观,成为理论和实务中讨论的热点问题,不真正连带之债逐步形成较为统一的理论架构和裁判规则。不真正连带责任,是指多数行为人违反法定义务,对一个受害人实施加害行为,或者不同的行为人基于不同的行为而致使受害人受到损害,各个行为人产生的同一

---

① 参见史尚宽:《债法总则》,中国政法大学出版社 2000 年版,第 672 页。

② 参见李中原:《不真正连带债务理论的反思与更新》,载《法学研究》2011 年第 5 期。

内容的侵权责任,各负全部赔偿责任,并因行为人之一的履行而使全体责任人的责任归于消灭的侵权共同责任形态。[①] 如《民法典》第 1203 条规定的产品责任、第 1223 条规定的医疗产品损害责任、第 1233 条规定的因第三人原因导致的环境污染责任、第 1250 条规定的因第三人的过错导致的动物损害责任等。但对于不真正连带责任即不真正连带债务与连带债务之间的关系,在观点上仍有较大的争议。从理论上看,素来有肯定说和否定说。肯定说认为,不真正连带债务也是连带债务,属于单纯连带的一种。否定说认为,不真正连带债务不是连带债务,是与连带债务全然无关之观念,不可以连带文字表示之。[②]

从侵权责任法规定与司法实践中的做法分析,不真正连带债务与连带债务具有如下不同点:一是不真正连带债务的各个债务发生于不同的原因,在合同法上基于不同的合同,在侵权法上基于各自义务的违反。在发生原因上与连带债务往往发生于同一原因不同。二是债务人内部关系上不同于连带债务人之间的追偿权,其终局责任人没有追偿权,其他债务人有追偿权。三是在对债权人关系上不同,除与债务履行有关的事项,清偿、代位清偿、抵销、提存等积极的给付事实有绝对效力外,其他的混同、免除、诉讼时间中断等不具有绝对效力。四是在债务形态上通常没有连带之限制,表述为“既可以,也可以”。因有终局责任人,其他责任人不具有终局责任地位,通常有法定“替代履行的”的特征。在法院判决上最为经常的是各债务人分别对债权人承担全部清偿义务,但不表述为连带清偿义务。相同点有:一是每个债务人承担全部债务履行义务;二是债权人对各债务人有选择行使全部债权的权利;三是每一个债务人全部履行后发生债全部消灭的效力。

不真正连带债务在对债权人关系上与连带债务具有形式上的相同性,在债的清偿效力上与连带债务也相同,因此不真正连带债务在对外效力上与连带债务基本相同,只有在诉讼时效等与履行有关的事项上效力不同;不真正连带债务与连带债务最大的不同是债务人之间关系上完全不同,基本的追偿权不同。不真正连带债务不是连带债务,应当作为一种独立的多数人之债的类型为宜。此种分类法具有如下好处:一是不真正连带债务通常是法定之债,并有明确的责任规则,通常无须借助于连带债务的规则进行裁判。不真正连带债务虽不作连带债务之论,也不影响债权人权利的实现,立法目的不会落空。二是不真正连带债务在效力规则上与连带债务的差异性,包括诉讼时效和免除等事项不产生绝对效力、债务人之内部

---

① 参见杨立新:《论不真正连带责任类型体系及规则》,载《当代法学》2012 年第 3 期。

② 参见史尚宽:《债法总则》,中国政法大学出版社 2000 年版,第 672 页。

追偿权等,要求在裁判上有不同的规则,如果归为连带债务则会受连带债务规则的影响,不利于案件的法律适用。

尤其是要注意的是,法律和司法解释规定的一些连带责任的情形,有的没有区分真正连带与不真正连带,主要着眼于债的对外效力,如最高人民法院《人身损害赔偿司法解释》第 9 条规定,雇员故意或重大过失对外致人损害的,雇主和雇员承担连带责任,雇主在承担了责任之后,有向雇员求偿的权利,但是,反过来则是不可以追偿的,也就意味着雇员应承担最终责任。有的规定的连带责任实质上是补充责任和补充责任的连带债务,如《合伙企业法》第 2 条规定的"普通合伙企业由普通合伙人组成,合伙人对合伙企业债务承担无限连带责任"。此处的连带责任实质上仅指合伙人在合伙企业财产不足以清偿的债务承担连带责任,首先是补充责任,其次是普通合伙人之间的连带债务。

(二)不可分之债与连带之债的关系

对于不可分之债,有的国家民法专门规定作为一种多数人之债的类型,有的称为协同之债,有的称为共同之债。不可分之债在实现方式上不同于连带之债的本质特征是"履行的不可分性",要求给付必须由全体债务人或者为了全体债权人而共同实施,此即"共同实施性""协同性"。协同之债在多数债务人时,必须由全体债务人共同履行给付,任一债务人不得单独履行该给付,称为"协同债务";在多数人债权时,必须为了全体债权人的利益而主张和履行给付,任一债权人不得单独受领该给付,称为"协同债权"。

不可分之债,在实现上对应协同之债,因履行具有协同关系,其具体的规则,有 4 种模式:第一种模式是法国模式,即协同之债在规则上完全适用连带之债的规定,完全抛弃协同模式。无论是不可分之债务还是不可分之债权,均按连带之债实现。不可分之债权人可以单独行使债权,但应当告知其他债权人,且不得单独处分债权、受领代位标的物之赔偿金。这种模式,对于连带债权人利益保护不足。第二种模式是德国模式,即不可分之债中的协同债务适用连带债务规则,协同债权适用协同方式。对于不可分债权,当事人没有约定为连带债权时,只能协同行使债权,一个债权人只能为全体债权人利益请求履行给付,但不得受领给付。日本民法典亦采此模式。第三种模式是意大利模式,即不可分债务准用连带债务规则,不可分债权允许一债权人请求履行,在提供担保时可以受领。第四种模式是《国际商事合同通则》的规定。该通则第 11.2.1 条(c)规定,"所有债权人必须共同请求清偿"。此种模式采全体债权人共同主张说,则一旦部分债权人懈怠,其他债权人的给付请求即无法产生法律效力,这对后者的利益保护极为不利。[①]

从以上四种模式来看,法国模式有保护债权人之不足;德国模式有其合理之处,对债权人利益保护充分;意大利模式也有其可取之处。在当事人对协同之债的实现方式有明确约定时,按照当事人的约定处理。当事人对协同之债的实现方式没有约定时,对于协同债务,比照适用连带债务的规则;对于协同债权,债权人可以单独提出请求履行请求,但只能为全体债权人利益请求,且不能单独受领。对于协同债务,从司法实践为看,人民法院也是适用连带债务规则处理。如在罗某某等诉高某某等退还建房集资款案中,人民法院认为"建房集资协议虽具有多数人共同行为性质,但就协议内容而言,应当具有资金责任条款和责任人条款。其所涉债属不可分之债,而债务人所负之义务又具有牵连性,司法中应当认定本债务为连带之债"。[②] 对于协同债权,在当事人自行履行的情况下,如果债务人直接向其中一债权人给付,对其他债权人不产生效力,仍应负给付义务。但如此,债务人承担的风险明显很高,此种规则应当由法律明确规定,赋予债务人的给付拒绝权。在诉讼架构上,协同债权的实现,应当以全体债权人作为必需的共同诉讼当事人要求全体参加诉讼。人民法院可以依据《民事诉讼法》第 132 条规定,依职权通知未参加诉讼的债权人作为共同原告参加诉讼,其他当事人也可以申请法院通知未参加诉讼的债权人作为共同原告参加诉讼。《民诉法司法解释》第 72 条规定,"共有财产权受到他人侵害,部分共有权人起诉的,其他共有权人为共同诉讼人"。即作为不可分债权,明确共有人为必需的共同原告如果其他债权人拒不参加诉讼,明确放弃债权的,不列为共同原告;如果不明确放弃债权的,则列为共同原告。实践中,也有案例对协同债权按照协同规则处理。如在刘某某等诉王某某股权转让及债权转让合同纠纷案中,[③]法院认为,数人各自拥有的股权和债权被打包出售后,该数人共同享有的价款债权构成不可分债权。由于债权人之间无分配约定,出售财产的总价虽约定明确但各项股权和债权的价值很难进行评估,法院据此裁定驳回部分债权人主张全部价款的请求。

此外,不可分债务还可以向可分债转化。不可分债务在当事人没有约定时,适用连带债务规则,在于给付的不可分性,债务人应当协作履行,如一公司约请两人共同表演相声,两债务人应当共同演出,否则债务无法履行,这种客观上的不可分,

---

① 参见李中原:《多数人之债的类型建构》,载《法学研究》2019 年第 2 期。

② 参见四川省成都市中级人民法院民事判决书,(1993)成民终字第 467 号。

③ 参见北京市第一中级人民法院民事裁定书,(2013)一中民初字第 12179 号。

是适用连带债务规则的合理基础。但一般转化为损害赔偿之债后，如果仍有两债务人承担连带责任，则过于苛责，既然已经成为可分之债，按按份债务处理公平合理。

（三）多数人债务情形下，债务份额和连带之债未约定时的追偿权处理

实践中，对于有多个债务人的合同纠纷，既未约定各自的债务份额，也未约定连带之债，如果一个债务人向债权人履行了全部债务，后向人民法院起诉向其他债务人进行追偿的，有 3 种不同的情形和处理方法：

第一种情形认为，多数人债务不属于连带之债，不应支持各债务人之间的追偿权。主要理由为：《民法典》第 178 条第 3 款规定，“连带责任，由法律规定或者当事人约定”。在法律没有规定为连带之债，在当事人也未约定为连带之债情形下，不应认定为连带债务，故债务人之间不应享有追偿权。在上诉人彭某某与被上诉人万某某追偿权纠纷一案①中，法院认为行使追偿权应基于法律规定或者当事人约定，而目前法律并没有明确规定共同借款人中履行了义务的借款人可以向其他共同借款人追偿，且彭某某也未举证证明其与万某某之间有可以行使追偿权的约定，也未举证证明该款项实际是否由万某某使用，在该款项的实际使用者处于不确定状态下，若要求万某某作为该债务的终局承担者，由其承担全部借款本息不符合公平原则。

第二种情形认为，多数人债务在一人履行债务后，虽内部对如何承担债务没有约定，但推定为连带之债，每个债务人负有清偿全部债务的义务，履行了义务的债务人可以向其他债务人追偿。奉化市人民法院裁判认为，借款人之外的数人作为共同还款人承诺对全部借款及利息承担还款义务的，对外是连带债务的债务人，根据《民法通则》第 87 条的规定，履行了义务的人，有权要求其他负有连带义务的人偿付他应当承担的份额，故有求偿权。②

第三种情形认为，若无法查明共同借款的资金使用或者获利情况，则按照公平原则由所有债务人平均分担。民事主体从事民事活动，应当遵循公平原则，合理确定各方的权利和义务。在案件审理过程中，能够查明共同借款的最终使用人或者获利人的，由该借款的最终使用人或者获利人承担责任，其他清偿了共同借款的共同债务人有权要求最终责任人承担责任。若无法查明共同借款的资金使用或者获

---

① 参见山东省青岛市中级人民法院民事判决书，(2019)鲁 02 民终 899 号。

② 参见浙江奉化人民法院：《共同还款人还款后可向其他共同还款人求偿》，载《人民司法·案例》2015 年第 4 期。

利情况，则按照公平原则由所有债务人平均分担。在上诉人梁某某与被上诉人余某某、原审被告罗某某追偿权纠纷一案[①]中，法院根据《民法典》第4条、第5条、第6条、第7条的规定认为，民事主体从事民事活动，应当遵循自愿平等、公平合理、诚实信用的原则，在双方没有约定清偿份额的情况下，共同借款的借款人有权依据公平原则，就已经清偿部分向其他借款人进行追偿。该案中，无证据显示上诉人梁某某与被上诉人余某某对共同借款的分担进行过约定，故双方对涉案借款已清偿部分的承担，应在公平原则的基础上，按获利比例或者使用比例确定，无法确定的，应平均承担责任。

从上述案例处理争议可知民法典规定细化完善按份之债和连带之债制度的重要性。如前文所述，依据"标的可分"一词，可以解释出可分之债，在当事人没有约定为连带之债，法律也未规定为连带之债时，认定为按份之债，适用按份之债的规则处理。前述第一个和第三个案例，其共同性均在既未约定份额，也未约定为连带之债，依法又不属于连带之债，标的又为可分的，则直接按照按份之债处理，无连带之债适用。一债务人履行了全部债务的，其仍然有追偿权，能够确定份额的，可以按照其他债务人应当承担的份额进行追偿，难以确定份额的，则按照等额比例处理。就其追偿权之基础，为不当得利返还请求权，而不必借助于公平原则和诚信原则。第二个案例，共同还款人虽未明确约定为连带债务，但明确约定各债务人承担全部还款义务，符合连带债务条件，应当认定为连带债务。一债务人履行债务后，依连带债务之规则可以行使追偿权。

# 专题四　第三人利益合同问题

## 一、第三人利益合同的内涵、特征和法律关系

### （一）第三人利益合同的内涵

《民法典》第522条和第523条分别规定了"向第三人履行的合同""由第三人履行的合同"，这两种合同在理论上被称为"涉他合同"。《合同法》第64条和第65

① 参见深圳市中级人民法院民事判决书，(2019)粤03民终1306号。

条规定,仅为第三人为当事人履行辅助人的情形,不属于真正的第三人利益合同,第三人在合同中不享有债权或负担债务,既不能依合同提出给付请求,也不承担给付义务。学界在解释论上有不同观点,最高人民法院 2009 年《合同法司法解释(二)》第 16 条予以明确,"人民法院根据具体案情可以将合同法第六十四条、第六十五条规定的第三人列为无独立请求权的第三人,但不得依职权将其列为该合同诉讼案件的被告或者有独立请求权的第三人"。尽管该规定不够周延,但从文义上看,第三人仅得为无独立请求权的第三人,对合同不享有独立的请求权,也不能作为案件的被告即不承担债务或违约责任。但实践中对第三人利益合同,法院也予以承认。如有法院判决认为,公司股东之间达成的股东向目标公司增资的协议,属于典型的第三人利益合同。第三人利益合同中,当事人双方约定债务人向第三人履行义务,第三人享有独立的请求权。第三人利益合同的产生,使合同不仅在当事人之间产生了拘束力,而且对第三人也发生了效力。①

本次《民法典》编纂,专门在第 522 条增加第 2 款,即"法律规定或者当事人约定第三人可以直接请求债务人向其履行债务,第三人未在合理期限内明确拒绝,债务人未向第三人履行债务或者履行债务不符合约定的,第三人可以请求债务人承担违约责任;债务人对债权人的抗辩,可以向第三人主张"。这是真正意义上的第三人利益合同。

《民法典》第 522 条规定的第三人利益合同,从学理上分为真正的第三人利益合同和不真正第三人利益合同。第 1 款规定的即为不真正第三人利益合同,又称为"向第三人履行合同",第三人仅为受债权人指示而代为受领债务人给付的地位,不享有合同的请求权。在合同实务中通常的指定收货人即为此种情形,只是债权人指定的接收给付的人。真正的第三人利益合同,是指当事人一方,约定他方向第三人给付,第三人因之取得直接请求给付权利之契约。② 真正第三人利益合同又称为利他契约,即通常意义上的"第三人利益合同"。第 522 条将第 1 款称之为向第三人履行合同,第 2 款称之为第三人利益合同。向第三人履行合同与第三人利益合同,在形式上有两处相同点:一是第三人是合同中约定的受领给付的主体;二是合同是双方当事人订立,第三人并不是合同的缔约当事人,既无参与谈判,也未在合同上签字或者盖章。两者根本区别在于:第三人利益合同中第三人取得直接请

---

① 参见李元宏:《公司纠纷中目标公司基于第三人利益合同享有独立请求权》,载《人民司法·案例》2014 年第 22 期。

② 参见郑玉波:《民法债编总论》(第 2 版),陈荣隆修订,中国政法大学出版社 2004 年版,第 358 页。

求权,即享有债权,被称为受益第三人;向第三人履行合同中第三人没有合同请求权,只是履行辅助人,不享有合同债权。正是由第三人利益合同与向第三人履行合同在形式上的相似性,在实务中区分一个约定向第三人履行的合同是否是第三人利益合同是非常有争议的事情,也是一大难题。

此前,我国单行法中有一些承认第三人直接请求权的规定,这主要涉及保险、货运、海商等方面,属于第522条第2款规定的“法律规定”的第三人利益合同。我国《保险法》第26条规定,“人寿保险以外的其他保险的被保险人或者受益人,向保险人请求赔偿或者给付保险金的诉讼时效期间为二年,自其知道或者应当知道保险事故发生之日起计算。人寿保险的被保险人或者受益人向保险人请求给付保险金的诉讼时效期间为五年,自其知道或者应当知道保险事故发生之日起计算”。全面承认了保险受益人的法律地位,赋予其受益权,有独立的请求权。《保险法》还授予了投保人和被保险人变更受益人的权利,这与普通赠与赠与人的撤销权的授予,基于相同的基础。《保险法》第65条规定:“保险人对责任保险的被保险人给第三者造成的损害,可以依照法律的规定或者合同的约定,直接向该第三者赔偿保险金。责任保险的被保险人给第三者造成损害,被保险人对第三者应负的赔偿责任确定的,根据被保险人的请求,保险人应当直接向该第三者赔偿保险金。被保险人怠于请求的,第三者有权就其应获赔偿部分直接向保险人请求赔偿保险金。”责任保险合同依据当事人的约定或者法律的规定,直接发生对第三人的效力,属于典型的第三人利益合同。《道路交通事故解释》第25条规定:“人民法院审理道路交通事故损害赔偿案件,应当将承保交强险的保险公司列为共同被告。但该保险公司已经在交强险责任限额范围内予以赔偿且当事人无异议的除外。人民法院审理道路交通事故损害赔偿案件,当事人请求将承保商业三者险的保险公司列为共同被告的,人民法院应予准许。”《民用航空法》第168条赋予了受害人一定条件下对保险人或担保人的直接诉权,使保险合同发生产生第三人合同权利的效果。

另一种第三人利益合同即当事人通过合同约定赋予第三人请求权的合同,称为约定的第三人利益合同,以下重点讨论这一问题。

### (二)第三人取得请求权的基础与模式

第三人利益合同显然是对合同相对性的突破,第三人基于何种理论取得他人合同的请求权是最为重要的问题。从罗马法上的“不得为他人缔约”原则,及至自然法下实现了以自由意志理论统一合同效力的解释规则后,合同相对性原则一直是合同法的基石。同时,对第三人利益合同在现实考量,理论上和实务中不断通过法律解释逐步在自由意志论下取得突破,法国民法典开始正式例外地承认有限的第三人利益合同。《德国民法典》从第328条至第335条用8个条文,对第三人利益合同的成立、债权人请求权成立标准、债务人对第三人的抗辩权、第三人的拒绝权等内容作了规定,使第三人利益合同制度成为债法总则的重要制度。《美国合同法重述(一)》即规定了第三人利益合同。科宾甚至认为,第三人利益合同不是例外,而是合同的普遍规则,[①]《美国合同法重述(二)》进一步强化了这一观念。第三人利益合同是各国普遍承认的合同制度,其共同的特征有3个方面:一是均承认第三人基于他人之间的合同而取得直接请求权,只享有权利,不负有义务,第三人利益合同是单纯的利益合同。但第三人利益合同可以附期限或者附条件,典型者如死因第三人利益合同。二是均承认第三人不需要参加合同缔约,不是合同的缔约人,不需要在合同上签名或者盖章。如果需要第三人同意始生效力,则与一般的合同无区别。三是均认为第三人利益合同并非典型合同,是相对于只约束缔约当事人的束己合同的涉第三人合同,是债法总则或者合同法总则的规则,可以适于各类有名合同和无名合同。

(三)第三人利益合同的法律关系

第三人利益合同产了三方法律关系:一是债权人与第三人之间的关系为对价关系,二是债权人与债务人之间的关系为补偿关系,三是债务人与和第三人之间的关系。[②]

债权人与第三人之间的对价关系,即债权人与债务人约定向第三人给付的原因。实践中的情况:一是赠与,甲和乙签订的遗赠扶养协议,约定丙为受遗赠人的情形。二是债务转清偿,甲和乙签订借款协议,约定乙在合同期限届满后将本金和利息返还给丙,以清偿甲所欠丙的借款,即为双务合同之债务的转清偿关系。三是为法定义务,典型的法定义务包括赡养义务、抚养义务、扶养义务,也包括因侵权责任产生的赔偿义务,等等。儿子对父母承担赡养的义务,儿子可以与其债务人约定由债务人向父母履行给付。产品生产者与保险人签订责任保险合同约定,发生保险事故时,产品责任的受害人直接向保险人请求支付赔偿金。

债权人与债务人之间的补偿关系,即第三人利益合同使债务人向第三人给付的原因,本质上也是一种对价关系,只是从合同约定来看,因债务人向第三人履行给付,债权人与债务人之间不构成对价关系,故称为补偿关系。补偿关系既可以是

---

① 参见[美]科宾:《科宾论合同》(下册),王卫国等译,中国大百科全书出版社1998年版,第177页。

② 参见丁晓春:《第三人利益合同研究》,载《政法学刊》2006年第5期。

有偿的,也可以是无偿的;既可以是在合同中明确约定的给付关系,也可以是合同之外的补偿关系。比如,甲和乙签订契约,乙允诺向某慈善基金会捐赠一批防疫物资,甲并不需要向乙支付物资款项的,即是无偿的。如果甲出钱购买原防疫物资,由乙出面捐给基金会,则为有偿的。常见的补偿关系是有偿的,在合同之外的补偿关系也大量存在,包括因侵权、不当得利、无因管理等产生的债权。补偿关系对第三人利益合同关系会有不同影响,间接影响第三人的请求权。

债务人与第三人之间的关系,即直接的债务债权关系,他们之间既没有合同关系,也不存在赠与关系,也没有法定义务,债务人与第三人只是因为第三人利益合同而联系在一起,只是一种给付与受领给付的关系。

## 二、第三人利益合同的权利义务

### (一)第三人的请求权

第三人利益合同的本质在于第三人直接取得合同债权请求权。第三人从合同取得请求权,在理论上有多种解释:一是代理说,即债权人在与债务人签订第三人利益合同时,债权人是第三人的代理人,且为无权代理,代理行为经第三人事后追认即同意或者接受后,产生本人追认的效果,合同权利归属于第三人。二是直接取得说。此说主张第三人利益合同直接使第三人取得权利,具体又分为契约说、单方行为说和共同行为说。三是契约说,即缔约当事人通过缔结第三人利益的合同,第三人基于该合同而取得请求权,是一个合同行为产生的三方的法律关系。单方行为说认为,对第三人而言是基于债权人的单方行为而取得,无须其意思表示参与。共同行为说即以契约双方的共同行为之契约作为单方行为,而使第三人取得请求权。三种解释路径只是方法上的差异,从本质上看,第三人取得请求权是直接基于第三人利益合同,这是直接说的基础;请求权的取得因为不以第三人接受或者同意形成合意为必要,第三人利益合同直接产生对第三人之效力,显然更符合单方行为的效力模式。直接取得说在承认直接突破合同相对性的同时,为避免对第三人私人自治领域的不当干预而赋予第三人以拒绝权,即依第三人拒绝而溯及地使第三人合同的利他效果归于消灭。《民法典》第522条规定,显然采直接取得说,而且将向第三人履行合同与第三人利益合同合并规定在一起。

第三人请求权首先是依据合同请求债务人向其给付的权利。第三人有独立债权请求权,债务人应当向其履行给付义务。第三人有无行为能力,在第三人利益合同下,不受影响。即使第三人为限制行为能力人或者无行为能力人也无不可。第三人请求权的行使,不以债权人或者债务人对其告知或者通知为前提,也不以有明确的同意或者接受的意思表示为前提,可以直接提出给付请求,也可以起诉请求权给付。

第三人的拒绝权,在性质上属于形成权,一经其对债权人或者债务人表示意思,即产生法律效力。在其法律效果上,拒绝权与撤销权行使之后果相同。第三人的拒绝权不同于权利的抛弃或者放弃,权利的放弃和抛弃是债权的处分行为,与拒绝权的效果不同,对于第三人最大的法律差异是在处分行为下会产生债权撤销权和代位权行使的可能,不利于第三人利益的保护。

第三人未按照约定接收履行的,构成受领迟延。对债务人而言,构成债权人迟延。但债务人不得请求第三人承担违约责任。第三人拒绝受领给付时,第三人请求权消灭。

债务人未按照合同约定向第三人履行给付的,除因不可抗力予以免责外,应当对第三人承担违约责任。第三人可以请求违约损害赔偿。债务人享有依照合同对债权人的抗辩权,如同时履行抗辩权、不安抗辩权等,得对抗第三人履行请求权。债务人亦可以直接对第三人享有的抗辩权,如诉讼时效抗辩权,对抗辩第三人的履行请求权。

(二)债权人的请求权

在合同中约定债务人向第三人履行给付时,债权人是否还享有对债务人的请求权,通说以不与第三人请求权冲突为限。除非合同中另有特别约定,第三人和债权人不能同时享有请求给付的权利,第三人请求权原则上排斥债权人请求权。第三人利益合同中,债权人只能要求债务人向第三人给付,而不能要求其向自己或是自己与第三人共同为给付。债权人请求权与第三人请求权内容相同,但两者之间既不是连带债权也非不可以分之共同债权,债权人的请求权是辅助性或者从属性的,是为更好实现第三人和债权人的利益的一种手段。之所以授予债权人该请求权,是为了辅助第三人更好地实现自己的利益:在发生债务纠纷时,涉及合同内容效力、合同履行、合同解除、诉讼时效等一系列抗辩事由,鉴于债权人是合同缔约当事人,更有利于对防御债务人的抗辩,督促债务人及时向第三人履行。同时,授予债权人请求权也能更好地保护债权人的利益:债权人在第三人利益合同中约定债务人向第三人履行义务,其中必有其原因,或为清偿债务,或为赠与,或为其他对价。因此,债务人向第三人履行义务,债权人也将从中享受利益。赋予债权人以自己的名义请求债务人向第三人履行给付的权利,正是出于保护债权人利益的必要。

但债权人的请求权不得与第三人的请求权冲突,否则应以保护第三人权利为优先。

(三)债务人的给付义务

债务人依合同负有对第三人给付的义务。债务人不履行给付义务或者履行不符合约定的,应当对第三人承担违约责任。债务人享有合同上的抗辩权利,并以之对抗第三人。

(四)第三人利益合同的变更和撤销

第三人利益合同缔约当事人是否可以变更或者撤销合同,一般区分为两种不同情况不同对待。一是当事人在合同中保留了变更或者撤销合同的权利,允许在债务人向第三人履行前进行变更或者撤销合同。但在第三人提起诉讼要求履行给付之后,当事人不得再行使变速或者撤销权。二是当事人未在合同中保留变更或者撤销合同权利的,只要第三人表示接受合同利益,当事人即不得再行变更或者撤销合同,除非第三人同意。第三人接受合同利益的表示,既可以是明示的,也可以是默示的,均无不可。第三人接受合同利益的情形:第三人利益合同一经订立,第三人就明确表示接受;第三人虽未明确表示接受合同权利,但基于对合同的合理信赖而作出一定行为的,为了保护第三人的信赖利益,合同当事人也不得变更或撤销合同;第三人知道第三人利益合同的存在而未作出拒绝利益的意思表示的。

(五)第三人利益合同的解除

第三人利益合同是否可以解除?在何种情况下可以解除?谁有解除权?解除后果如何处理?合同的解除既有协议解除也有法定解除,还有约定解除。解除合同是当事人为解决合同履行障碍而摆脱合同约束并寻求救济的重要方法。第三人利益合同虽有其涉及第三人利益的特殊性,但不能因此而消解合同解除制度的适用。从司法实践来看,原则上第三人利益合同当事人仍可以解除合同,尤其是债务人的解除权不因第三人取得请求权而受不利益,但解除时应充分考虑第三人利益的保护。由于第三人不是合同的当事人,其不得主张解除合同,因为解除合同是合同当事人的权利,第三人虽然可以直接向债务人请求给付,但并不因此成为合同当事人,所以第三人不享有解除合同的权利。[①] 这一点无争议。

对于约定解除权情形,因为合同中已经对解除事由作了明确约定,视为当事人对解除合同权利的保留,原则上应当推定第三人接受了此项约定,只要其接受合同利益,但在第三人不知有此约定时,在解释上应当侧重对第三人利益的保护。债务

① 参见王泽鉴:《民法学说与判例研究》(第7册),台北,三民书局股份有限公司1996年版,第169页。

人在合同未履行之前解除合同的,第三人之请求权消灭。第三人已经提出履行请求的,债务人仍可以主张解除,以之对抗第三人。在已经向第三人履行后,债务人解除合同的,应为有效,但不能请求第三人返还给付,仅得请求债权人承担解除后的法律责任。债权人主张解除合同的,应当顾及第三人利益。判断债权人解除合同是否允许,应当斟酌各案具体情况,对解除的事由、解除的时间、解除的后果、履行情况、第三人信赖程度等因素综合考量。当然,如果取得第三人同意后,债权人得解除合同。

合同法定解除是当事人享有的法定权利。法定解除的事由主要包括《民法典》第533条、第564条以及各单行法之规定。债务人主张因法定事由而解除合同的,不应进行限制,包括因第三人原因取得解除权情形。若第三人迟延受领致使给允诺人带来损害的,允诺人也可解除合同。[①] 债权人在因客观原因导致合同不能履行时,解除合同应当允许之。债权人因债务人违约而享有解除权的,解除合同恢复原状还是请求实际履行,权利在第三人请求权,应当由第三人决定之。

## 三、第三人利益合同与相关制度比较

### (一)第三人利益合同与向第三人履行合同

《民法典》第522条同时规定了向第三人履行的合同和第三人利益合同,但没有进一步明确判断两类合同的明确标准。两类合同从表面看均是向第三人履行,从实际后果上多数情况下也无太大的差别,但作为两类不同的合同,在根本上两者具有重大差异,即是否有直接的请求权。实务中如何掌握两类合同区别的标准,需要在利益架构相同的类案中不断抽象出明确的标准以为指引。

两者区别的标准:第一,看当事人的意思表示,即从合同条款中判断是否赋予第三人请求权。如果不仅约定向第三人履行,而且可以推知第三人因而取得给付之利益,则认定第三人有请求权。第二,在从合同条款难以判断时,综合合同情况,重点考量合同的目的予以确定。第三,承担履行情形的解释规则。"在一个合同中,一方当事人有义务向另外一方当事人的一个债权人进行清偿而不承担债务的,在发生疑义时,不应当认为该债权人直接取得向其请求清偿的权利。"其旨在针对履行承担,设置特别解释规则。据此,在发生疑义时,既不认定为债务承担,也不认定为债务加入,而是成立面向原债务人之单纯的、内部的履行承担。[②] 当事人发生

---

① 参见王泽鉴:《民法学说与判例研究》(第7册),台北,三民书局股份有限公司1996年版,第167页。

② 参见杜景林、卢谌:《德国民法典——全条文注释》(上册),中国政法大学出版社2015年版,第242页。

争议,无法判断是第三人利益合同还是向第三人履行合同时,可以解释为向第三人履行的合同。第四,在无偿赠与、死因给付等情形发生争议时,可以解释为第三人利益合同。在法律规定比较原则的情况下,应给予法官较大的自由裁量空间,在解释上更侧重于法官的理论逻辑、政策判断和价值判断。

(二)第三人代为清偿与第三人利益合同

《民法典》第524条新增加第三人代为清偿规则:“债务人不履行债务,第三人对履行该债务具有合法利益的,第三人有权向债权人代为履行;但是,根据债务性质、按照当事人约定或者依照法律规定只能由债务人履行的除外。债权人接受第三人履行后,其对债务人的债权转让给第三人,但是债务人和第三人另有约定的除外。”这是我国立法首次正式规定第三人代为清偿一般规则。此前,在各民事法律中已经有代为清偿的规定,如《民法通则》第35条第2款规定的合伙人的代为清偿,《担保法》第12条和第31条规定的保证人的代为清偿,《物权法》第191条规定的抵押财产受让人的代为清偿等。司法解释如2009年《房屋租赁合同司法解释》第17条规定:“因承租人拖欠租金,出租人请求解除合同时,次承租人请求代承租人支付欠付的租金和违约金以抗辩出租人合同解除权的,人民法院应予支持……”

《民法典》第524条规定的第三人代为清偿,应当具备如下前提条件:一是债务人不履行债务;二是第三人对履行该债务有利害关系;三是债务非专属于债务人。从性质上看,该条规定的第三人代为清偿是法定代为清偿,不包括当事人约定的代为清偿。

债务人不履行债务,包括债务人未履行债务的情形,也包括依法对债务人财产进行强制执行的情形,但债务人依法享有免除违约责任的情形除外。此处的债务人,既可以是合同主债务人,也可以是担保债务人,还可以是不当得利、侵权行为、无因管理之债务人。

第三人对履行债务具有合法利益,是指第三人与债务履行有法律上的利害关系,不包括事实上的利害关系。从各国法律规定来看,利害关系人包括保证人、连带债务人、物上保证人、担保不动产的受让人、同一不动产的后顺位抵押权人、清偿遗产债务的继承人、合伙人、强制执行标物上的权利人等。由此可见,具有合法利益通常是指对于履行债务具有重大的利益,有的属于对执行标的物具有权利或者占有利益,有的属于与债务的履行有法定的利害关系如合伙、保证、连带关系、后顺位权利人等。实践中,身份上的特定关系也可以认定有法律上的利害关系,如父母对子女等。

第524条规定的是法定的代为清偿,债务人不得异议,债权人不得拒绝,因此应作严格的限定,适用范围不宜过宽。代为清偿的债务范围,基于债的不可转让性有三方面的限制:

第一,依债的性质,债的标的是具有人身专属性的给付,即以债务人的劳务、技能等为给付内容的,如劳务提供者、受托人、保管人、合伙执行人、特约医生等可以认定应当由债务人亲自给付,此种债务具有不可替代性。但如果债权人允许的,也可以代位清偿。

第二,依合同的约定,当事人可以事先约定债务不得由第三人清偿。但当事人的约定不能损害国家利益和他人的合法权益。例如,如果约定以侵害他人为主要目的,即属滥用权利,应认定为约定无效;当事人之间约定不得对抗就债务履行"有利害关系的第三人"。第三人代为清偿既然以保护第三人对履行债务上之法律利害关系为目的,债务人与债权人排除利害关系之第三人的代为清偿权应以有正当理由为限,仅以事先约定而排除在理由上尚有不足。

第三,依法律规定,不得代为清偿的从其规定。

关于第三人代为清偿的方式,依据《民法典》第557条的规定,既可以直接给付,也可以通过提存或者抵销的方式予以清偿。如有争议,应当允许第三人提起诉讼确认其代为清偿的效力。

第三人代为清偿后,债权人对债务人的请求权在清偿范围内消灭,第三人在其清偿范围内取得债权人对债务人的债权,"债权人接受第三人履行后,其对债务人的债权转让给第三人",这是代为清偿的直接法律效果。此种转让,是代偿行为的直接法律后果,无须再行债权转让的意思表示,实谓债权法定移转。第三人受让债权后,可以向债务人请求清偿。第三人代为清偿并未改变债权债务关系的当事人,债权债务关系当事人仍为原债权人与债务人,因此即使第三人未实际代债务人清偿全部债务,债权人就剩余部分也只能向债务人主张权利。最高人民法院有判决认为:"第三人代为履行债务的情形,没有给原债权人设定义务,其与债务转让最本质的区别在于有无变更原合同债权债务关系的主体,当第三人代为履行债务没有实际发生或者没全面履行时,债权人只能向原债务人主张,而不能向第三人主张。"[①]在第三人与债务人之间另有约定的情况下,可以排除第三人的代位权。第三人的代位权,包括债权人对债务人的履行请求权、违约损害赔偿请求权及对债权的从权利包括保证债权、担保物权、代位权、撤销权等权利。债务人得以对债权人的

---

① 参见最高人民法院民事判决书,(2005)民二终字第35号。

全部抗辩而对抗第三人。

关于法定代为清偿与第三人利益合同,两者在形式上均为对合同相对性的突破,以第三人介入他人债之关系为特征。两者的区别:第三人利益合同之第三人处于债权人地位,法定代为清偿的第三人首先处于债务人地位;第三人利益合同是债权人与债务人之间的约定产生对第三人的效力,法定代为清偿是一种法定的权利,基于第三人对债务履行上的利害关系而产生;第三人利益合同只享有债权,并非合同关系的当事人,代为清偿的第三人因为清偿债务而取得债权人的代位地位,成为新的债权人。

(三)债务加入与第三人利益合同

《民法典》第552条新增加了债务加入规则。即“第三人与债务人约定加入债务并通知债权人,或者第三人向债权人表示愿意加入债务,债权人未在合理期限内明确拒绝的,债权人可以请求第三人在其愿意承担的债务范围内和债务人承担连带债务”。此前,司法实务中已经承认债务加入制度。最高人民法院在新余高新技术产业开发区管理委员会与江西新王龙实业有限公司合同纠纷再审案民事裁定书中认为,案件的争议焦点在于案涉《补充合同书》的性质属于债务转移还是债务加入。债务转移产生原债务人脱离债的关系的法律后果,将实质性影响债权人的利益,需要债权人明示同意。本案中,《补充合同书》仅约定兴邦公司从银行获得贷款后10个工作日内将1000万元支付给新王龙公司,并没有高新管委会因此而脱离案涉债务关系的表述,故二审判决认定,《补充合同书》性质上属于债务加入而非债务移转,有相应的事实和法律依据,高新管委会据此仍应向新王龙公司履行案涉付款义务。[①]《九民会议纪要》第23条规定,“法定代表人以公司名义与债务人约定加入债务并通知债权人或者向债权人表示愿意加入债务,该约定的效力问题,参照本纪要关于公司为他人提供担保的有关规则处理”。这是最高人民法院首次发文对债务加入的裁判规则提出指引。

债务加入,亦称并存的债务承担,系指第三人加入既存的债务关系中,与债务人就其债务对债权人负连带之责。因相当于在债务人之外为债权人增加了一个新债务人,债务加入和保证一样具有担保债权实现的功能。[②] 第三人与债务人缔约加入债务,从本质上看,属于利他合同,与第三人利益合同无本质区别。从《民法典》第552条的法律构造上看,一方面采用单方行为的效果模式,同时赋予了债权人拒

---

① 参见最高人民法院民事裁定书,(2018)最高法民申1720号。

② 参见史尚宽:《债法总论》,中国政法大学出版社2000年版,第751页。

绝权,也与《民法典》第522条第2款规定相同。但第552条规定增加了“通知债权人,或者第三人向债权人表示愿意加入债务”的程序,一是修改了第三人利益合同下债权人拒绝权的前提,即有通知行为;二是增加了第三人单独意思加入债务的方式,不以其与债务人达成协议为前提。债务加入后,债权人可以请求加入人与债务人在加入范围内承担连带责任。但该条有3处留白:一是债务加入是否有限制;二是债务加入后加入人与债务人之间的关系;三是第三人与债务人达成债务加入协议时对债权人的通知的效力。

债务加入并没有改变债务内容,债务加入人与债务人一样应当依合同约定履行债务,因而对债权人一般不会有影响,如果有影响,通过债权人拒绝权可以很好地消解这一问题,留待当事人自由决定更为稳妥,无须加以专门规定。但如果债务加入是通过第三人自己的单方意思加入债务的,债务人是否可以拒绝?这可以参照债权转让之规则处理,除非债务人有特别的理由,不应承认其排除权,但债务性质应由债务人亲自履行的不应允许第三人加入。

债务加入后,债权人即取得请求债务加入人与债务人承担连带债务清偿义务的权利,加入人清偿债务后是否可以向债务人行使追偿权,则是另一重要问题。根据《民法典》第519条第1款和第2款规定:“连带债务人之间的份额难以确定的,视为份额相同。实际承担债务超过自己份额的连带债务人,有权就超出部分在其他连带债务人未履行的份额范围内向其追偿,并相应地享有债权人的权利,但是不得损害债权人的利益。其他连带债务人对债权人的抗辩,可以向该债务人主张。”连带债务人之间在清偿超出自己应担份额时,有向其他连带债务人追偿的权利。对于债务加入人的追偿权,如果双方已经达成债务加入协议的,按照协议约定处理;如果协议没有约定的,应当以允许债务加入人对债务人进行追偿为原则。按照连带责任的追偿规则,应当认定连带责任人之间的份额是确定的,即以加入人实际清偿的债务份额可以全额进行追偿。如果债务加入以加入人单方意思表示进行的,加入人能否向债务人追偿,考虑到对债务人私法自治的因素,可以根据相关法律规定或者具体情况对追偿权予以限制。对此,可以参照《民法典》第524条第三人代为清偿的限制:合同约定、债务性质、法律规定不得代为清偿的,排除债务加入人的追偿权为宜。其他情形,如果债务人对第三人加入债务提出异议,债权人未拒绝其给付的,债务加入人在清偿债务后对债务人无代位追偿权,但可以依无因管理规则,以其清偿带给债务人之利益为限对债务人进行追偿,对于因其清偿而导致债务人受有的损害,如履行准备费用、不能履行产生的费用和损失等应当扣除。

债务加入人与债务人达成加入协议后,通知债权人行为之法律效力,从第三人利益合同统一解释,应作提示义务解,是一种不真正义务,并非债务加入对债权人发生效力的条件。即使未作通知,债权人知道债务加入协议后,亦享有请求债务加入人清偿债务的权利。债务加入人和债务人对加入协议的变更、撤销及解除,可以比照第三人利益合同相关规则。

债务加入与第三人代为清偿有较大相似性:第三人成为清偿债务的主体,第三人清偿后产生债之关系消灭的后果,第三人在清偿范围内有向债务人追偿或者代位求偿的权利。两者的区别在于:债务加入以债务人与第三人有约定或者第三人单独为意思表示为条件,第三人代为清偿以债务人不履行债务且第三人对债务履行有法律上的利害关系为前提;债务加入的效果是债权人取得请求权,债务人与债务加入第三人对债权人承担连带责任,第三人代为清偿是一项法定权利,债权人不得拒绝,与债务人是替代关系不是连带债务关系;清偿后,债务加入人有追偿权,代为清偿人取得债权人代位地位。有法院判决认为,"通常认为债务加入是指第三人与债权人、债务人达成三方协议或第三人与债权人达成双方协议或第三人向债权人单方承诺由第三人履行债务人的债务,但同时不免除债务人履行义务的债务承担方式。第三人代为履行与债务加入的一个重要区别是第三人有无向债权人作出履行债务的意思表示,如作出则为债务加入,反之则为第三人代为履行"。[①] 该判决所指的第三人代为履行是指《合同法》第65条规定的作为辅助履行人的第三人履行,不同于《民法典》新增加的第三人代为清偿。法院认为"第三人有无向债权人作出履行债务的意思表示,如作出则为债务加入,反之则为第三人代为履行",以第三人与债权人或者债务人之间是否成立债务加入的协议作为与第三人履行承担的区分标准,有其合理之处。但应当注意的是,《合同法》第65条规定的第三人履行是在合同中已经有明确的规定,无须另行有意思表示,而债务加入人是原合同约定的履行给付义务人之外的第三人,其加入需要另有明确的承担债务的意思表示。

第三人单方意思表示的债务加入与无利害关系第三人的代为清偿更为相似,两者最主要的区别是:第三人代为清偿应以债务人不履行债务为前提条件,如果不存在这种前提条件,特别是债务人明确拒绝其清偿的,有疑义时,解释为债务加入为当。

(四)债务转移与第三人利益合同

《民法典》第551条对债务承担作了规定:"债务人将债务的全部或者部分转移

① 参见江苏省高级人民法院民事裁定书,(2015)苏审三民申字第01088号。

给第三人的,应当经债权人同意。债务人或者第三人可以催告债权人在合理期限内予以同意,债权人未作表示的,视为不同意。”该条规定的是免责的债务承担,又称为债务转移,是指债务人经债权人同意,将其债务部分或全部移转给第三人负担,不包括并存的债务承担(债务加入)。免责的债务承担的效力表现在:原债务人脱离债的关系,不再对所移转的债务承担责任(免责);第三人则成为新的债务人,对所承受的债务负责;与主债务有关的从债务,除专属于原债务人自身的以外,也随主债务移转给新债务人承担;同时,原债务人对债权人享有的抗辩权,新债务人亦可以之对抗债权人。并存的债务承担是指债务人不脱离债的关系,第三人加入债的关系,与债务人共同承担债务,《民法典》第552条规定的债务加入即是。如无特指,债务承担仅限债务转移。债务承担的构成要件有:(1)须存在有效的债务;(2)被移转的债务应具有可移转性;(3)第三人须与债权人或者债务人就债务的移转达成合意;(4)债务承担须经债权人同意。

债务承担产生如下效力:第一,第三人取代原债务人,成为新债务人,原债务人脱离债的关系,由第三人直接向债权人承担债务。第二,抗辩权随之移转。根据《民法典》第553条的规定,债务人转移义务的,新债务人可以主张原债务人对债权人的抗辩。债务存在无效原因的,第三人作为新债务人,可以向债权人主张无效;履行期尚未届满的,新债务人对债权人的履行请求也可以抗辩。在双务合同中,也可以主张同时履行抗辩权。第三,从债务一并随之移转。依《民法典》第554条规定,债务人转移义务的,新债务人应当承担与债务有关的从债务。例如,附随于主债务的利息债务,随着主债务的移转而移转于第三人。但从债务专属于原债务人自身的除外,如保证债务不当然随主债务移转于第三人,除非保证人同意。

在债务转移中,债务也系由第三人履行,债务转移应由债务人与第三人达成协议,最后经债权人同意。而第三人利益合同成立于债务人与债权人之间,第三人直接取得请求权。

债务转移不同于第三人代为清偿,最高人民法院有的判例认为,两者之的区别在于:“债务转移和第三人代为履行的主要区别在于债务人是否退出原债权债务关系。在债务转移的情况下,第三人完全代替债务人的地位,债务人退出合同关系,原合同关系消灭。在第三人代为履行的情况下,第三人只是履行主体而不是合同的债务人。对于债权人只能将第三人作为债务履行的辅助人而不能将其作为合同当事人。”[①]这一裁判观点前两句完全正确,第二句依据的是《合同法》第65条履行

---

① 参见最高人民法院民事裁定书,(2017)最高法民申724号。

承担的规定,并非《民法典》第 524 条规定的第三人代为清偿。《民法典》新增加的利害关系人的代为清偿,第三人处于债务人的地位而非履行辅助人地位,债权人可以之为债务人而有请求权。

# 专题五　情势变更问题

## 一、情势变更原则的含义

情势变更原则,是指合同有效成立后,因不可归责于双方当事人的事由发生情势变更,导致合同的基础动摇或者丧失,若继续维持合同会显失公平,因此允许变更合同内容或解除合同的原则。[①] 情势变更原则的目的是排除合同成立后因情势变更所生之不公平结果,基本手段是变更合同内容或者解除合同,是对合同严守原则的突破,是在出现合同履行客观障碍时给予受明显损害的一方当事人免于按原合同约定履行义务的救济规则。

2009 年最高人民法院出台《合同法司法解释(二)》正式确立了情势变更制度,其第 26 条规定:"合同成立以后客观情况发生了当事人在订立合同时无法预见的、非不可抗力造成的不属于商业风险的重大变化,继续履行合同对于一方当事人明显不公平或者不能实现合同目的,当事人请求人民法院变更或者解除合同的,人民法院应当根据公平原则,并结合案件的实际情况确定是否变更或者解除。"这一规定,为处理合同情势变更案件提供了明确的一般裁判规范。当然,最高人民法院在解释时即明确情势变更只能是一种例外的个案规则,必须严格适用。为此,最高人民法院随司法解释同时下发通知,[②]要求情势变更案件适用备案程序,确保正确适用,防止被滥用。2009 年《合同法司法解释(二)》出台 10 年后,民法典增加情势变更原则已经是水到渠成了。《民法典》第 533 条保留了司法解释规定的大模样,但作了 3 处明显的修改:一是删除了该司法解释中"非不可抗力"的限制,立法上似乎

① 参见王家福主编:《中国民法学·民法债权》,法律出版社 1991 年版,第 393 页。

② 最高人民法院《关于正确适用〈中华人民共和国合同法〉若干问题的解释(二)服务党和国家的工作大局的通知》第 2 条规定:"……对于上述解释条文,各级人民法院务必正确理解、慎重适用。如果根据案件的特殊情况,确需在个案中适用的,应当由高级人民法院审核。必要时应报请最高人民法院审核。"

有将不可抗力与情势变更之间的区分淡化的意图；二是增加了受不利影响当事人一方可以请求重新协商规定，增加当事人之间通过协商调整利益不均衡的机会，更加尊重当事人之间的意思自治，再交涉的义务成为法定义务；三是删除了“合同目的不能实现”之情势变更情形，只规定“继续履行合同对于当事人一方明显不公平”一种情形。下文将专门对这三处内容作解释。

## 二、情势变更原则适用的条件

情势变更原则的适用条件，应当包括并应同时具备以下五个方面。

### （一）合同的基础条件发生重大变化——事实条件

合同的基础条件发生重大变化，是情势变更制度的原因事实，即事实意义上的“情势变更”。2009 年《合同法司法解释（二）》以“客观情况”指代“情势”，《民法典》改用“合同的基础条件”以指代“情势”。情势，是指当事人订立合同时所共同考虑的关涉合同内容和目的的客观情况，与合同无关或者对合同影响甚微的情况，自不应属于“情势”之范围。从我国《民法典》的规定看，订立合同之主观观念错误，可以撤销制度予以调整，不必纳入情势变更。[①] 对于因第三人原因导致情势发生变更的，因可归责于第三人，受不利益一方可得依法律或者契约而寻求救济，故亦不适用情势变更原则。我国《民法典》第 593 条规定，“当事人一方因第三人的原因造成违约的，应当依法向对方承担违约责任。当事人一方和第三人之间的纠纷，依照法律规定或者按照约定处理”。因此，《民法典》规定之情势，宜限于合同客观基础为妥。

“情势”作为成立合同的客观基础条件，合同分共同目的型合同和对价型合同、单务合同和双务合同、有名合同和无名合同等，合同的基础具有明显的个性化，不同类型合同，甚至于不同时期、不同地域影响合同基础的情况均有差异，对具体案件中的情势认定，必须是个性化的，要充分考虑个案的情形。

“情势变更”，即“情势”发生了重大变化，此“情势变更”即为适用情势变更制度的原因事实。情势变更，此时即指“合同赖以成立的环境或基础发生异常之变动”。[②]《国际商事合同通则》称之为“事件”，突出了其影响面之广泛性，重大性，非常准确。“重大变化”，是对情势变化的程度要求，一般、轻微的变化，往往对合同当事人带来的风险较小，通常不会超出交易风险的正常限度，不可能达到情势变更制

---

① 参见韩世远：《情事变更若干问题研究》，载《中外法学》2014 年第 3 期。

② 史尚宽：《债法总论》，中国政法大学出版社 2000 年版，第 450 页。

度所要解决的履行利益显失公平(根本性失衡)结果的程度。正如《民法典》专门规定情势变更“不属于商业风险”,首先即指情势变更之风险是超出交易固有之危险——商业风险。

《民法典》所使用的“商业风险”一词,此前并不是一个法律用语,但进入立法后,必然要作为法律概念进行界定,明确其内涵与外延,确定其评价标准。商业风险,是指一个理性的交易当事人在交易时应当注意并自愿承担的从事交易固有之风险,其最典型的表现是由于价格的涨落和市场供求关系的变化导致的财产上的损失。① 这种理解与2009年《合同法司法解释(二)》第26条中使用的商业风险之内涵一致,“商业风险是指在商业活动中,由于各种不确定因素引起的,给商业主体带来获利或损失的机会或可能性的一种客观经济现象”。②《民法典》和该司法解释中将商业风险排除在情势变更之外,其目的即以商业风险作为情势变更的反对解释,以限制情势变更的范畴。在比较法上,亦为通例。在法国法上,作为一条通用规则,引发重大事由的事实须处于对方当事人的“风险领域”(sphere of risk)。③《国际商事合同通则》第6.2.2条规定,事件不能为处于不利地位的当事人所控制且事件风险不由处于不利地位的当事人承担。欧洲《合同法原则》第6111条规定,“依据合同,情事变更之风险并非受影响之当事人所应承担的”。

情势变更和商业风险都是商业交易的风险,甚至可能基于同样原因而发生。④商业风险是商业活动固有、市场正常变化之风险,情势变更是非市场固有的风险,是市场供求关系、价格涨跌、税收政策等异常变化之危险,在事实层面主要是程度上的区别。《民法典》将商业风险作为当事人自行承担的风险,不适用情势变更原则,此为主观意义上的商业风险,即经过评价而归属于某一主体承担的商业风险。⑤在事实上的区分,正是区别情势变更和商业风险的基础。这种事实上的风险的分

① 参见王利明:《情事变更制度若干问题探讨——兼评〈民法典合同编(草案)〉(二审稿)第323条》,载《法商研究》2019年第3期。

② 最高人民法院研究室编著:《最高人民法院关于合同法司法解释(二)理解与适用》,人民法院出版社2009年版,第199页。

③ 参见秦立威等译注:《〈法国民法典:合同法、债法总则和债之证据〉法律条文及评注》,载《北航法律评论》2016年第1辑。

④ 参见最高人民法院研究室编著:《最高人民法院关于合同法司法解释(二)理解与适用》,人民法院出版社2009年版,第199页。

⑤ 正如韩世远教授指出的,“第26条中的‘商业风险’只宜理解为‘主观意义上的商业风险’,是一种经过评价的并被归结于某特定主体的不利益;所谓‘不属于商业风险’,意指相应的不利益不应归结于某特定合同主体,不应由该合同主体负担”。

配取决于合同条款、其目的以及相关立法规则。[①] 在当事人对合同风险有约定时，依约定进行分担；无约定时，依合同目的按照不同类型合同的风险分配规则确定。对于典型合同，依其法律规定对通常之交易风险会有分配规则，可以作为合同约定的补充分担标准。不同类型的合同，商业风险程度和分配规则各不相同。对于价格长期以来波动较大的国际钢、铁、磁石、石油等大宗商品贸易，以及证券、期货等风险投资合同，多数价格变动等风险通常可以认定为该交易固有之商业风险，应当由当事人自行承担，要极其谨慎和严格地认定构成情势变更。以此为区别标准的第一层级，第二层级在主观上再适用可预见性和可归责性标准，在结果上适用显失公平标准和合同目的不能实现标准。

在司法实践中，对概括性条款"情势变更"进行类型化梳理，提炼出一般化的标准，是准确理解和适用情势变更原则的关键。德国法上的情势变更原则是通过多年的司法实践不断类型化后，才上升为立法规定，故对情势变更类型化的总结较完整。在德国法上"情势变更"主要被总结为以下几类：[②]

(1)货币贬值。在以货币作为履行标的的长期双务合同中，货币贬值是一种影响平衡关系的常见类型。(2)法律变动与行政行为。法律变动通常为当事人所不能预见，往往会构成履行不能或情势变更。主要有以下几种情况：其一，征收(Enteignung)；其二，税法的变动；其三，法律变动；其四，经济管理法律的变动。(3)灾难。在德国，基于灾难而适用情势变更原则的情况不多。就中国而言，在出现灾难的情况下，可以直接通过适用不可抗力条款加以解决。(4)其他经济因素的变化。这里的经济环境，包括影响民事主体生产和经营的各种客观因素。其一，成本增加。但只是在特别的情况下，外界因素导致成本异乎寻常地增高，才有适用情势变更的余地。其二，技术发展。技术的发展也可以导致合同标的贬值。[③]

另有学者研究后，对德国法行为基础丧失的类型作了梳理，提出了 7 种

---

① 参见秦立威等译注：《〈法国民法典：合同法、债法总则和债之证据〉法律条文及评注》，载《北航法律评论》2016 年第 1 辑。

② 参见卡斯腾·海尔斯特尔(Carsten Herresthal)、许德风：《情势变更原则研究》，载《中外法学》2004 年第 4 期。

③ 比如，双方签订了一个长期的电报发送(Langfristiger Telexvertrag)合同，而随着通信技术的发展，这样的合同对原告已不再有价值。法院认定构成情势变更，原告可解除合同。参见卡斯腾·海尔斯特尔(Carsten Herresthal)、许德风：《情势变更原则研究》，载《中外法学》2004 年第 4 期。

类型,[①]与前述归纳完全可以整合。其实,上述四种类型,除第三种类型外,与各国包括我国司法实践中认定的情势变更基本相符。有学者研究了 2013～2016 年 543 件情势变更案例后,总结出法院认定的情势变更主要分为三类:一是法律法规或者政策改变;二是行政行为;三是当事人意外死亡等其他事由。[②] 但应当注意,情势变更概念本身内涵和外延不易确定且有相当弹性,上述类型化列举有助于司法认定和适用,除非有兜底式留余,否则为不完全列举。德国学者对情势变更的类型归纳,给人很大启发,但应注意在使用法律概念上一定要准确,不可大而化之。比如,有人说经济危机、金融危机等是情势变更,这些概念过于宏大而不够具体,难以成为法律概念。再如,新冠肺炎疫情,多数论者直接将其作为一个概念以归入情势变更还是不可抗力,缺乏在事实层面对新冠肺炎疫情进行精细的界分,以至于对疾病、疫情、疫情防控措施等不作区分,一概而论,难谓科学。

(二)情势变更发生于合同订立之后——时间要件

《民法典》规定,情势变更应当发生在合同成立之后,履行完毕之前。如情势变更发生在订立合同之前,当事人知道应当知道而订立合同的,属于当事人自担风险或者疏忽大意的过失,自不属于情势变更;当事人不知道而订立合同的,可依重大误解撤销合同,亦不属于情势变更。

在合同履行后发生情势变更时,不能适用情势变更。《民法典》第 533 条规定“继续履行合同对于当事人一方明显不公平”的文义上看,情势变更适用于未履行之债务,已经履行完毕的不予适用。如果因情势变更而请求重新协商不产生停止或者中止履行的效力,则从提出主张到谈判成功或者法院裁判作出之间尚存在继续履行,法院在认定成立情势变更,予以变更或者解除合同并对当事人利益进行平衡时,可以对于已经履行部分与未履行部分统筹考量以求公平结果。当然,如果主张情势变更之时,全部债务已经履行的,除非当事人可以协商,对于法院裁判来说,

---

① 参见杜景林、卢谌编著:《德国民法总则、债权、物权评注》,法律出版社 2011 年版,第 153 页。一是等价关系障碍,是指双务合同中,给付与对待给付之间的同等价值性,构成合同之行为基础;二是货币贬值,通常之购买力贬值风险由债权人承担,但在例外情况下,如给付与对待给付之间的均衡关系在很大程度上受到妨碍,以至于已经超出所承担的风险界限,并且已经不再能够维持受不利益之一方当事人的利益,则可以请求调整;三是物之给付的贬值,此种风险属于债权人的风险范围,但在例外情形中,如已经显著超出典型合同风险,则可以作出调整;四是给付加重,按照合同上的风险分配,此项风险原则上由债务人承担,例外情形可以作调整;五是给付减轻,即金钱给付和物之给付出现增值,与上述情况构成镜像对称,仅于例外情形予以调整;六是法之变更和公权力干涉,此种事由同样可以妨碍给付与对待给付之间的等价关系;七是使用目的障碍,只要给付不存在瑕疵,则使用风险缘由即由债权人承担,但在例外情形中,债权人的意图的使用目的,也可以构成行为基础,从而可以按照本规范作出调整。

② 参见万方:《我国情势变更制度要件及定位模式之反思》,载《法学评论》2018 年第 6 期。

可以不支持情势变更。受不利影响一方因其履行迟延期间发生情势变更的,其能否主张情势变更?根据《民法典》第180条的规定,不可抗力发生在迟延履行后的,不得免责。其原理在于,不可抗力本不会影响合同履行,义务人履行迟延有过错,对不能履行具有可归责性,故不能免责。情势变更原则上亦可类推适用,于因债务人迟延后发生情势变更的,不得请求变更或者解除合同。但对于持续性履行合同,对于未履行的未处于迟延的债务,对债务人不具有可归责性,情势变更应有适用必要。

(三)受不利益一方在订立合同时对情势变更不可预见——可预见性要件

情势变更应当属于当事人在订立合同时未预见到且不可预见的。如果已经预见到,则订立合同时已经考虑过此种风险,自不应作为情势变更处理,应自担风险。如果当事人虽然没有预见到,但其应当预见到的,对未预见有过失的,亦应自担风险。

订约当事人对情势变更的预见性,既有主观标准,又有客观标准。对于订约当事人的预见能力,因人而异,此为主观标准,在实践中往往难以审查认定。故应当采客观预见标准,"法官进行判断时,主要应当考虑客观标准而非当事人的主观因素",可预见性标准"逐步客观化,它并不以特定的订约人而是以一个抽象的一般理性交易人作为考察的对象"。[①] 即使是客观标准,也并非所有合同类型均适用同一标准,在不同交易领域,不同的交易主体,不同的交易类型,应适用该领域(民事合同与商事合同)、该类主体(消费者与经营者)、该类型(日常性合同与投机性合同)的客观标准,因此,客观标准也是具体化的,可以区分为老百姓式的标准,从一般理性人标准到专家式的标准,甚至到投机性标准。最高人民法院有案例认为,"从事房地产营销的经营者应当对国家房地产调控政策可能带来的履约风险进行充分的预估,其以政策调控原因主张情势变更的,法院不予支持",[②]即充分考量经营者的专业性,要求其对行业风险的预见能力要高于一般人。合同的风险性越高,可预见性标准要求也越高,适用情势变更的可能性越小。在德国法上,"危险性买卖之投机行为,根本不适用情势变更原则"。[③] 最高人民法院相关指导意见强调,"对于涉及石油、焦炭、有色金属等市场属性活泼、长期以来价格波动较大的大宗商品标的

---

① 王利明:《情事变更制度若干问题探讨——兼评〈民法典合同编(草案)〉(二审稿)第323条》,载《法商研究》2019年第3期。

② 参见最高人民法院民事裁定书,(2014)民申字第232号。

③ 史尚宽:《债法总论》,中国政法大学出版社2000年版,第453页。

物以及股票、期货等风险投资型金融产品标的物的合同,更要慎重适用情势变更原则”。[①] 高风险交易,长期合同的当事人往往会自行设定复杂的公式,分配潜在风险,如与通货膨胀或者生产成本挂钩的价格自动调整条款等,[②]通过市场化方式化解,无须情势变更适用。

可预见性,除从合同类型、主体两方面考量外,第三个考虑的因素是风险的类型,不同的风险本身的预见可能性差别很大。最高人民法院相关案例认为,“国家行政法规明确禁止在风景区采矿,即便地方政策执行宽松,作为矿业公司对政策的走向应当有预见,之后当地政策逐步收紧导致探矿权不能延续,对于龙煤公司而言不属于意外风险,而是商业风险”。[③] 在法律已经有明确规定时,即使地方政策发生变化,该类风险也是应当预见的。

在合同成立时,当事人订有情势变更条款,即约定情事将来有变更时、双方对之应如何调整给付的,在该条款范围内,应当认定当事人已经预见,自无情势变更原则之适用。

(四)情势变更不可归责于当事人——不可归责要件

情势变更必须不可归责于双方当事人,即由不可抗力以外的其他意外事故所引起。如果可归责于当事人,则应由其承担风险或违约责任,而不适用情势变更原则。[④] 情势变更的不可归责要件,是仅对受不利影响一方不可归责,还是要求对各方均不可归责,必须予以明确。国际商事合同通则提出,情势变更要符合“发生的事件不能被受不利地位的当事人控制”,[⑤]仅指明为受不利影响一方控制,即不可归责于受不利影响一方。但应当注意,即使情势变更不可归责于受不利影响一方,如果可归责于受利益一方,则应由其承担风险或违约责任,也不适用情势变更原则。[⑥] 如赠与合同,因受赠人有对赠与人之忘恩行为,赠与人有撤销权,该撤销权之产生,是因为受赠人之忘恩行为之可归责于受赠人的事由,自不属于情势变更。

因可归责于第三人之事由致情势变化,能否适用情势变更?通常因第三人之原因导致合同履行之障碍时,因受不利影响之一方可以依侵权责任法等法律请求权而主张损害赔偿,其利益能够得到填补,无须适用情势变更原则予以救济。《民

---

① 参见最高人民法院《关于当前形势下审理民商事合同纠纷案件若干问题的指导意见》。

② 参见[美]罗伯特·A.希尔曼:《合同法的丰富性:当代合同法理论的分析与批判》,郑云端译,北京大学出版社2005年版,第218页。

③ 参见最高人民法院民事判决书,(2019)最高法民终827号。

④ 参见崔建远主编:《合同法》(第3版),法律出版社2003年版,第93页。

⑤ 参见《国际商事合同通则》第622条(c)。

⑥ 参见崔建远主编:《合同法》(第3版),法律出版社2003年版,第93页。

法典》第593条明确规定,因第三人造成违约的,违约方应当承担违约责任,第三人原因不是合同责任的免责事由,因而也无法归入情势变更之内。

(五)情势变更导致履行利益显失公平或者不能实现合同目的——后果事实和因果关系要件

情势变更原则适用,以救济合同履行利益根本性失衡为目的,即以解决因客观情势变更导致的合同双方利益显失公平问题。《民法典》第533条规定情势变更导致"继续履行合同对于当事人一方明显不公平"作为结果事实,2009年《合同法司法解释(二)》第26条还规定了情势变更导致"合同目的不能实现"后果。是否意味着《民法典》不承认"合同目的不能实现"类型情势变更?

本书认为,《民法典》规定的"显失公平"包含了"合同目的不能实现"的后果。从显失公平的理解着手。情势变更导致的显失公平结果,通常分为两类:一是一方履行成本显著增加。一方履行其义务的费用大幅增加,对于非金钱义务来说,包括生产成本的增加,表现为货物生产的原材料价格或者提供服务的价格剧增,按照法律的新要求,生产工序投资大幅增加,还包括义务履行的费用剧增,既可以是金钱义务也可以是非金钱义务的履行,如运费的剧增,税费的剧增,货币的剧烈贬值等。二是一方因履行成本增加,可得利益显著减少。因履行所获利益的大幅降低,既可能是金钱履行,也可能是物或者其他权利的履行。如因为通货膨胀导致的合同约定价格的显失公平,或者因为法律、政策的改变等原因,导致合同目的落空。《国际商事合同通则》明确规定,合同目的不能实现为合同履行利益降低的一种类型,"债务履行的价值大幅下降或者全部丧失,可能是由于市场条件的巨大变化,或者因为要求履行的合同目的落空"。①

从中外情势变更立法和司法实践来看,多承认"合同目的不能实现"适用于情势变更原则。《德国民法典》第313条规定,如果当事人预见到情势变更,"就不会订立合同或会以不同的内容订立合同",既包括了合同目的不能实现,也包括履行利益显失公平。在"杜某某与黄某某转让合同纠纷上诉案"中,法院认为,"因合同成立以后发生了所转让的店面面临拆迁的这一双方无法预见的重大变化,致使转让合同目的不能实现,根据2009年《合同法司法解释(二)》第26条规定,依据公平原则,并结合本案的实际情况,原告诉请解除《转让协议》,予以支持",②也是典型的因情势变更合同目的无法实现的案例。比如,政府调整城市规划,将某合同项下

① 参见《国际商事合同通则》第622条注解。

② 参见福建省高级人民法院民事判决书,(2010)闽民终字第261号。

拟开发之土地调整为公共绿地,则原有合同目的落实。再如,房屋限购政策的出台,原本房屋买卖合同因为限购政策而无法过户,合同目的无法履行。[①]

显失公平从实质上包括继续履行合同显失公平和合同目的不能实现两种类型,理论和实务支撑坚实。梁慧星先生认为,"具体判断是否构成情势变更,应以是否导致合同基础丧失,是否致使目的落空,是否造成对价关系障碍,作为判断标准"。[②] 有学者认为,显失公平应按照理性人的看法加以判断,包括履行特别困难、债权人受领严重不足、履行对债权人无利益。[③] 本书认为,即使《民法典》没有规定合同目的不能实现之情势变更类型,在解释论上,也可以将合同目的不能实现这种受履行利益完全丧失情形的最严重的显失公平,作为显失公平的下位概念。如此,仍然可以将情势变更分为显失公平和合同目的不能实现两类,这便于理解和适用。显失公平型情势变更,限于德国民法上"等价障碍"情形,归于履行困难之列,通常可以通过变更合同而解决。合同目的无法型情势变更,鉴于合同目的已经无法实现,变更无法解决问题,只能通过解除解决。

情势变更导致合同目的不能实现,通常是指合同的全部目的不能实现,不应包括部分目的不能实现情形。[④] 合同目的可以分为一般目的和特殊目的。一般目的是通过签订和履行某一类合同所要达到的基本的、共通性的目标和结果。合同的一般目的是特定类型的合同所固有并意欲实现的一般交易目标,任何一个正常的交易人依据交易惯例均可事先得以预判,因此合同的一般交易目的无须特别声明即视为当事人双方在订立合同时均已知晓。合同的特殊目的是在一般交易目的之外当事人所欲实现的特殊交易目标。在买卖合同中,买方的一般合同目的在于获得符合约定的标的物,卖方的一般合同目的在于获取对价;在租赁合同中,出租方的一般合同目的在于获取租金,承租方的一般合同目的在于取得承租物的使用权。合同的主要目的不能实现的,视为合同目的不能实现。合同的特殊交易目的是当事人根据合同类型和交易惯例无法直接预判而得知的,故当事人在订立或履行合同时应将其特殊交易目的向对方明示才能产生相应的约束力。否则,当事人不得以特殊交易目的落空为由主张解除合同。判断合同目的,考察的是当事人的缔约

---

① 参见宁波市镇海区人民法院民事判决书,(2011)甬镇民初字第713号。

② 梁慧星:《中国民法经济法诸问题》,法律出版社1991年版,第226页。

③ 参见崔建远主编:《合同法》(第3版),法律出版社2003年版,第93页。

④ 最高人民法院民事判决书(2015)民二终字第284号认为,"如果合同目的可以得到部分实现且未实现的合同目的并未导致一方获益而另一方受到损害或者产生其他不公平的情形的,不符合合同法司法解释二关于情势变更的规定。当事人据此主张变更或者解除合同的,法院不予支持"。

目的,主观性较强,有时比较困难,各国都是根据合同的主要标的来确定合同的目的。[①] 如特定物买卖的标的物毁损或者灭失的,即可认定合同目的不能实现。合同通常都有明确的合同标的,以合同的性质则可判断缔约方的合同目的,如以房屋为标的物的合同,可以是租赁、买卖、借用等各类合同,如果合同约定转移房屋的所有权,则买方的合同目的是受让取得房屋所有权。在合同标的之外,于必要条件下,亦得认定合同的目的。

还要特别强调,情势变更与履行利益显失公平之间要具有因果关系,这是情势变更产生法律后果的核心因素。情势变更应当是导致履行利益显失公平的最近、唯一和关键的原因,并且不能有阻断因果关系的事由。情势变更是履行利益显失公平最近的原因,即情势变更是造成履行利益显失公平的最直接的原因,而不是间接原因或者远因,若没有情势变更,就不会出现履行利益显失公平。情势变更还必须是唯一的原因,始得请求变更或者解除合同。如果有其他原因存在,通常具有可归责性,则履行利益显失公平的后果依法可以归属一方或者其他主体,不应再适用情势变更原则予以平衡。情势变更还应当是履行利益显失公平的关键原因,即情势变更单独存在即能够达到导致显失公平后果的程度,尤其在致合同目的不能实现时,情势变更直接等于合同目的无法实现。因果关系既是一个事实问题,也是一个法律问题,在现实生活中具有复杂多样性,在判断是否存在因果关系以及原因力大小时,需要借助情势变更与后果之间的事实上的关联、影响的程度、有无阻断事由的介入、结果是否必然产生、有无避免结果出现的可能等各方面因素。

## 三、情势变更的效力

### (一)重新协商的效力

《民法典》规定,情势变更,受不利影响一方可以请求重新协商,即情势变更之再交涉义务。

一是再交涉义务的性质和效力。再交涉义务是诚实信用原则下附随义务的法定化,是一种法定义务。[②] 再交涉义务是法律规定的于有情势变更时,受不利影响一方可以提出协商请求。对方接受请求进行协商,对于双方均为一种义务,是以启动和实现重新协商为目的的义务。因此,情势变更的再交涉义务,是一种法定的重

---

① 参见叶林:《论不可抗力制度》,载《北方法学》2007 年第 5 期。

② 参见王利明:《情事变更制度若干问题探讨——兼评〈民法典合同编(草案)〉(二审稿)第 323 条》,载《法商研究》2019 年第 3 期。

新确定合同内容的义务,[1]在实体法上应为不真正义务,[2]该义务不应在原合同债务之外再加重受不利影响一方的责任,即违反及时交涉义务,不产生损害赔偿责任,其法律后果应为减损其变更或解除合同请求权。

二是再交涉义务的履行。首先,受不利影响一方应当于情势变更后,毫不迟延地提出协商请求,这是提出协商的时间要求。毫不迟延,即指没有过失的迟延。如果没有及时提出协商请求,原则上不应排除其适用情势变更原则的权利,但因为其迟延提出请求,在提出之前不能停止其履行义务,否则可能产生相应的违约责任。如果因为迟延提出,即使情势变更成立,在利益平衡时也应当考虑因迟延主张而致对方扩大的损失,由受不利影响一方承担。其次,双方在交涉过程中当事人应当遵守诚实信用原则。双方当事人必须诚实交涉,主要体现在双方积极协作配合义务方面,要提供充分真实的信息,诚实回应对方提案、提出自身提案等。受不利影响一方应当在其请求中说明情势变更事由,情势变更对合同履行的影响以及变更或者解除合同的明确主张。另一方应当按照诚信原则予以回应、协作和配合。但诚实交涉义务不应当包括无正当理由不得拒绝对方当事人合理提案的义务,否则将过分干预当事人之间的意思自治。实质交涉义务是程序性义务,而不是结果义务,对于受不利影响一方提出的调整方案,另一方没有必须接受的强制缔约义务。即使另一方直接拒绝重要协商,受不利影响一方亦得通过请求法院或者仲裁机构变更或者解除合同。最后,重要协商要在合理期间进行,协商不成的,可以向法院或者仲裁机构提出请求。期间的限制,是为提升解决纠纷的效率,避免过分拖延,给双方造成更多不利后果。

三是再交涉义务的法律后果。当事人违背再交涉义务是否发生法律效果,即无正当理由拒绝协商或者违背诚信而不接受对方方案的当事人是否承担相应的损害赔偿责任?[3] 这显然是不妥当的。首先,再交涉义务是实体法上的不真正义务,不指向具体实体权利义务,自不应有实体法上的责任。其次,再交涉义务的违反,并不影响其请求法院变更或者解除合同的权利。最后,再交涉义务制度,仍属于当事人自治范畴,不能破坏契约自由,更不得违背契约正义。法律应当鼓励当事人继续谈判,但并不以惩罚为制度设立的目的。再交涉义务的行使,以后续法院或者仲

---

① 德国法上有争议,通说认为是确定权,既非形成权,也不是请求权。参见朱岩:《德国新债法条文及官方解释》,法律出版社2003年版,第141页。

② 参见王利明:《情事变更制度若干问题探讨——兼评〈民法典合同编(草案)〉(二审稿)第323条》,载《法商研究》2019年第3期。

③ 参见韩世远:《情事变更若干问题研究》,载《中外法学》2014年第3期。

裁机构对请求变更或解除合同进行审查裁判为保障，为避免更大的不利影响，当事人仍有协商的动机和积极性，无须课以赔偿责任。[①]

再交涉义务是否具有停止履行的效力？从规定有再交涉义务的各国民法来看，基本上都不认可再交涉义务具有停止履行的义务。如《法国民法典》第1195条规定，受情势变更不利影响一方，在协商期间应继续履行义务。《国际商事合同通则》第623条规定，重新谈判的要求本身并不能使处于不利地位的当事人有权停止履约，理由是："其原因在于艰难的例外特性和可能滥用救济手段的风险。"本书赞同再交涉义务不产生停止履行的效力，但在例外情况下，当事人可以停止履行：第一，合同履行的标的如不变更会导致合同履行无利益。如原来的交货标准在法律上已经强制改变，如果继续交货则无意义。第二，一方提出重新谈判请求后，另一方当事人有中止履行的正当理由。

四是当事人滥用再交涉义务的，应当承担违约责任。当事人一方若在未发生情势变更或者未受影响之时，恶意提请再交涉，并因对方拒绝再交涉而中止履行合同义务的，应当承担违约责任。

(二)变更、解除合同的效力

情势变更，受不利影响一方当事人可以请求变更和解除合同，这是情势变更的主要效力。情势变更之效力体现为对所导致合同履行利益显失公平结果的调整，通过变更合同内容或者解除合同的方式对危险进行分担。

一是情势变更所生变更和解除合同的权利的性质。对于情势变更所产生之请求变更或者解除合同的权利，应解释为形成诉权，而非形成权。形成诉权，从当事人方面讲是一种请求权，而不是形成权。一方面，其可以请求对方重新协商对合同进行变更或者解除；另一方面，可以请求法院裁判变更或者解除合同，请求权人无法以自己单方的意思变更和解除合同。在这一点上，情势变更与不可抗力有根本区别，不可抗力和情势变更都是对抗合同义务履行的抗辩权利，具有相似的法律功能和权利属性，但不可抗力是对所生之危险的直接分配，对因不可抗力不履行合同义务一方予以免责，故不可抗力直接以一方通知而产生解除合同效力，为形成权，同样产生免责效力，当事人不服起诉到法院的，法院只是予以确认；情势变更产生之变更或解除合同权利，当事人一方不享有变更、解除权，只能由法院裁判变更或者解除。事实上，情势变更被确认后，适用变更或者解除合同，重新分配当事人的

---

① 参见王利明：《情事变更制度若干问题探讨——兼评〈民法典合同编(草案)〉(二审稿)第323条》，载《法商研究》2019年第3期。

风险负担,包括受情势变更不利影响一方,请求法院减免其按照原合同履行的义务或者不履行的责任。法院裁判确定情势变更风险的重新分担的,无论是减免一方的责任,还是加重另一方的责任,事实上对受不利影响一方都具有部分免责的法律效力。

二是变更和解除的适用规则。因情势变更,变更合同和解除合同效力关系如何,是一个重大问题。维护原有合同效力,是诚信原则的最大体现,最符合当事人意愿,最大可能地促进交易,实现当事人利益最大化的方式。法院在裁判案件时,应当遵从上述原则要求,根据情势变更是显失公平还是合同目的不能实现不同类型,决定变更还是解除合同。对显失公平型情势变更案件,法院应尽可能促成合同变更,只有无法变更,或者变更不足以达成目的时,才可以解除合同。最高人民法院 1992 年法函〔1992〕27 号在合同价格增加近 3 倍的情况下,仍然没有支持解除合同,“鉴于武汉市煤气公司与重庆检测仪表厂签订的技术转让合同已基本履行,煤气表生产线已投入生产并产生了经济效益,一审法院判决解除该合同并由仪表厂拆除煤气表装配生产线,是不利于社会生产力发展的”。强调了能够变更合同解决问题的,不得直接解除合同的原则。对于合同目的不能实现型情势变更案件,变更无法解决问题,可以直接判决解除合同,不必先经变更程序。

情势变更原赋予受不利影响一方请求变更或者解除合同的权利,是受不利影响一方请求救济的抗辩性权利,应当由当事人主张,法院不能依职权直接适用。如最高人民法院相关判决认为,[①]如果当事人未予主张情势变更的,人民法院在审理合同纠纷中不得依职权主动适用,判决变更、解除合同。

三是变更和解除的时间点。变更合同,通常会对当事人的合同权利义务整体进行调整。既涉及已经履行部分,也涉及将来要履行的部分,在法院作出裁判时产生法律效力,不会存在理解上和执行中的困难。但如果是判决合同解除,则解除的时间点是合同终了后清算关系的基准点,直接影响恢复原状、采取其他补救措施及赔偿损失等后果的承担,对于当事人有重要利害关系,影响巨大。《民法典》第 565 条规定,行使解除权的合同一方,直接起诉请求解除合同的,法院生效裁判确定解除合同的,合同自起诉书送达对方当事人之时解除。显然按照解除权行使通知到达生效规则处理,虽有其缺陷,但符合法理。在实践中,法院裁判通常以“自本判决生效时”作为合同解除的时间点,在多数情况下是合适的,但对于持续性

① 参见最高人民法院民事判决书,(2016)最高法民终 342 号。

合同,则未必合适。[①] 从比较法上看,《国际商事合同通则》第 6.2.3 条第 4 款规定,“如果法院认定存在艰难情形,只要合理,法院可以:(a)依其确定的日期和条件(atadateandontermstobefixed)解除合同”,由法院确定合同解除的日期和条件。从我国司法实践来看,亦有依判决确定解除合同日期的。[②] 鉴于目前《民法典》已经颁布,为促使当事人及时协商,及时行使诉讼权利,及时解决矛盾纠纷,因情势变更由人民法院判决解除合同的时间点,以《民法典》第 565 条第 2 款规定的“合同自起诉书副本或者仲裁申请书副本送达对方时解除”为宜。

① 参见韩世远:《情事变更若干问题研究》,载《中外法学》2014 年第 3 期。

② 参见广东省东莞市中级人民法院民事判决书,(2013)东中法民一终字第 325 号。

# 第五章　合同的保全

## 专题一　代位权制度的修改与适用

1999年《合同法》第73条首次规定代位权制度,作为债权的一般担保规则,发挥了重要作用。为实施这一新制度,最高人民法院通过司法解释作了大量的细化和完善,即1999年《合同法司法解释(一)》的12个条文(第11～22条)及2009年《合同法司法解释(二)》第17条,形成了完整的规则体系。民法典总结审判实践经验做法,对代位权制度作了较大的修改完善,将《合同法》第73条修改为《民法典》第535条、第536条和第537条3个条文。修改内容主要有:

一是将《合同法》第73条修改后规定为第535条,将代位权行使的对象从"债务人怠于行使其到期债权"扩大到"债务人怠于行使其债权或者与该债权有关的从权利"。该条作为实行型代位权的一般规定,扩张了代位权行使的对象的范围,同时为保存型代位权预留了空间。

二是增加了第536条债务保存之代位权,即"债权人的债权到期前,债务人的债权或者与该债权有关的从权利存在诉讼时效期间即将届满或者未及时申报破产债权等情形,影响债权人的债权实现的,债权人可以代位向债务人的相对人请求其向债务人履行、向破产管理人申报或者作出其他必要的行为"。明确增补了司法实践中未予明确承认的以保存债权为目的的代位权制度,并规定了不同于实行债权为目的的代位权的要件,即不以债权到期为必要。

三是增加了代位权行使的法律效果,《民法典》第537条规定,"人民法院认定代位权成立的,由债务人的相对人向债权人履行义务,债权人接受履行后,债权人与债务人、债务人与相对人之间相应的权利义务终止。债务人对相对人的债权或者与该债权有关的从权利被采取保全、执行措施,或者债务人破产的,依照相关法律的规定处理”。这一条文借鉴了 1999 年《合同法司法解释(一)》第 20 条[①]的规定并作了相应完善。

## 一、代位权的功能及行使要件

债务人应当以其全部责任财产对债权予以担保,为法定的一般担保。未设定特别担保的一般债权的实现,取决于债务人的财产状况。为避免因为债务人随意处分自己的财产导致债权不能实现,法律赋予债权人以对债务人财产进行保全的权利。对于债务人消极的不行使权利的行为,债权人以自己的名义而代为保全债务人权利,这就是代位权。对于债务人积极的不当减少责任财产的行为,债权人通过行使撤销权予以保全。代位权和撤销权是对合同相对性或者债的相对性的突破,使债权的效力直接及于第三人,从而保障债权得以实现。代位权是债权的对外效力,通说认为代位权是从属于债权的特别权利,是一种固有的实体权利,不是法定的债权转让,只是行使债务人债权的权利。[②] 代位权是以债权人自己的名义行使之权利,与债务人不是代理关系,是债权人自己的权利,属于广义的管理权。[③]

代位权的行使,应当符合法定的要件,1999 年《合同法司法解释(一)》第 11 条依照《合同法》第 73 条规定明确为四个方面:(1)债权人对债务人的债权合法;(2)债务人怠于行使其到期债权,对债权人造成损害;(3)债务人的债权已到期;(4)债务人的债权不是专属于债务人自身的债权。

一是债权人对债务人有合法的债权。债权人的代位权以保全债权为目的的权利,其发生当然应当以债权合法有效为前提。如果债权本身不合法、无效,则不能行使代位权。合法的债权,就其范围而言,包括合同债权,也包括非合同之债权,侵权行为之债权、无因管理之债权、不当得利之债权均包含在内。同样,法律对债权的种类也未作明确限制,无论是金钱债权,还是非金钱债权,都可以行使代位权。但应当注意,1999 年《合同法司法解释(一)》第 13 条规定,代位权行使的对象限于“享有的具有金钱给付内容的到期债权”,受此限制,债权人行使代位权应以其享有债权为金钱债权始得准许,故在非金钱债权转化为损害赔偿之债的情况下,才可以行使代位权。能够行使代位权的债权人应当包括追偿权之债权人,如保证人承担

---

① 1999 年《合同法司法解释(一)》第 20 条规定:“债权人向次债务人提起的代位权诉讼经人民法院审理后认定代位权成立的,由次债务人向债权人履行清偿义务,债权人与债务人、债务人与次债务人之间相应的债权债务关系即予消灭。”

② 参见韩世远:《合同法总论》(第 4 版),法律出版社 2018 年版,第 436 页。

③ 同上。

保证责任后对债务人享有追偿权,对债务人的到期债权,保证人也有权追偿。最高人民法院司法案例研究院公布的浙江江山法院判决胡某某诉汪某某债权人代位权纠纷案认为,“当债务人不行使担保追偿权这种特殊的到期债权时,债权人也可以就此提起代位权诉讼”。[①]

二是债务人怠于行使其债权。对此,1999 年《合同法司法解释(一)》第 13 条解释为,“合同法第七十三条规定的‘债务人怠于行使其到期债权,对债权人造成损害的’,是指债务人不履行其对债权人的到期债务,又不以诉讼方式或者仲裁方式向其债务人主张其享有的具有金钱给付内容的到期债权,致使债权人的到期债权未能实现”。司法解释采客观标准,即以债务人对于其到期债权,未以诉讼方式或者仲裁方式向相对人主张权利即构成“怠于行使债权”,且其对债权人已经构成履行迟延。法院一般以此标准作出债务人“怠于行使权利”。最高人民法院在(2011)民提字第 210 号某国土局诉某开发公司等债权人代位权纠纷案[②]中认为,“债务人与次债务人之间存在以代物清偿方式清偿债务的约定,若次债务人未实际履行,债权人仍有权行使代位权”。虽然当事人之间就债务履行约定了有代物清偿,在代物清偿约定未履行时,仍然可以认定债务人怠于行使权利,其采客观标准甚为明显。当然,1999 年《合同法司法解释(一)》的这一认定标准针对的是实行型代位权,不适用于《民法典》第 536 条规定的保存型代位权。王利明先生认为,“此种方式具有一种客观的明确的标准,能够用来判断是否构成怠于行使。而债务人是否通过诉讼或者仲裁以外的方式向其债务人主张了权利,对此债权人很难举证”。[③] 当然,这一标准并非绝对,亦允许相对人可以通过举证证明债务人未怠于行使权利进行抗辩,1999 年《合同法司法解释(一)》第 13 条第 2 款规定,“次债务人(即债务人的债务人)不认为债务人有怠于行使其到期债权情况的,应当承担举证责任”。相对人抗辩成功的,代位权将得不到法院支持。同理,债务人参加诉讼的,也可以举证证明其没有怠于行使权利而为抗辩。债务人通过诉讼或者仲裁方式主张过其债权,即使败诉,债权人也不得再主张代位权。但债务人起诉后或者申请仲裁后又撤回起诉或者仲裁申请的,不影响代位权的行使。

债务人怠于行使其债权及相关权利,应以次债务合法成立为条件,但不以次债

---

① 参见(2017)浙 0881 民初第 3251 号,(2017)浙 08 民终 1061 号民事判决书。

② 参见成都市国土资源局武侯分局与招商(蛇口)成都房地产开发有限责任公司、成都港招实业开发有限责任公司、海南民丰科技实业开发总公司债权人代位权纠纷案,载《最高人民法院公报·裁判文书选登》(2012 年第 298 期)。

③ 王利明:《论代位权的行使要件》,载《法学论坛》2000 年第 1 期。

务在代位权行使时确定为条件。代位权行使时,次债务尚不确定的,可以在诉讼中通过审理予以认定。经过审理,人民法院认定次债务人的债务不成立的,可以驳回代位权人的诉讼请求权。

三是影响债权人的债权实现。此即代位权行使的必要性要件,《合同法》第 73 条规定的是"对债权人造成损害",《民法典》修改为"影响债权人的到期债权实现",其义相同。1999 年《合同法司法解释(一)》第 13 条解释为"致使债权人的到期债权未能实现"。代位权行使突破了合同相对性,对债务的权利予以干涉,应当具有正当的理由。债权人行使代位权必须有保全其债权的必要性,在保全金钱债权的场合,以债务人无资力为要件;而在保全特定债权的场合,则并不以债务人无资力为要件。[①] 债务人无资力即指债务人的财产无法清偿债权。这一要件适用于实行型代位权,债务人对债权的清偿已经陷于迟延,且其财产不足以清偿债权。这主要看两个方面:第一,债权人的债权已经到期,债务应当清偿。债权人的债权此时应当是确定的,即已经有确定的数额并届履行期。对于尚未确定或者未届期的债权,不能行使代位权。最高人民法院判决认为,"债权人提起代位权诉讼,应以主债权和次债权的成立为条件。而'债权成立'不仅指债权的内容不违反法律、法规的规定,而且要求债权的数额亦应当确定。这种确定既可以表现为债务人、次债务人对债权的认可,也可经人民法院判决或仲裁机构的裁决加以确认"。[②] 第二,债权人的债权无其他可以满足清偿的足够财产。如果债权已经设定了担保,特别是担保物权、连带责任保证,此时,应当优先行使担保权利,不宜认定有行使代位权的必要性。对于一般责任保证,由于保证人享有先诉抗辩权,应当先以债务人的责任财产清偿,因此,债权人在不能获得清偿时,可以主张代位权。

四是债务人的债权不是专属于债务人自身的债权。依 1999 年《合同法司法解释(一)》第 12 条规定,专属于债务人自身的债权"是指基于扶养关系、抚养关系、赡养关系、继承关系产生的给付请求权和劳动报酬、退休金、养老金、抚恤金、安置费、人寿保险、人身伤害赔偿请求权等权利"。代位权应当以保全债务人财产而间接受债之清偿为目的。值得注意的是,并非所有的债权,均可主张代位权。民法典排除专属于债务人自身的债权,是指应当由债务人自行行使的债权,他人不得代为行使。"基于扶养关系、抚养关系、赡养关系、继承关系产生的给付请求权",属于应当

① 参见史尚宽:《债法总论》,中国政法大学出版社 2000 年版,第 464 页。

② 参见中国银行股份有限公司汕头分行与广东发展银行股份有限公司韶关分行、第三人珠海经济特区安然实业(集团)公司代位权纠纷案,最高人民法院民事判决书(2011)民提字第 7 号。

由债务人自行决定是否行使的权利,不得代行。“劳动报酬、退休金、养老金、抚恤金、安置费、人寿保险、人身伤害赔偿请求权等权利”,一般被认为是不得强制执行的债权。但应当注意,民事诉讼法规定,对于被执行人的工资是可以强制执行的,只是应当保留被执行人的基本生活费用,似有可以代位行使的空间。除司法解释规定的上述债权外,以行为为内容的债权,原则上也不得行使代位权。

## 二、《民法典》第535条的影响

《民法典》第535条规定:“因债务人怠于行使其债权或者与该债权有关的从权利,影响债权人的到期债权实现的,债权人可以向人民法院请求以自己的名义代位行使债务人对相对人的权利,但是该权利专属于债务人自身的除外。代位权的行使范围以债权人的到期债权为限。债权人行使代位权的必要费用,由债务人负担。相对人对债务人的抗辩,可以向债权人主张。”这条规定对代位权的行使有较大影响。

一是对代位权行使对象范围的影响。《民法典》第535条规定将代位权行使对象从“债务人怠于行使其到期债权”扩大到“债务人怠于行使其债权或者与该债权有关的从权利”,从债权扩大到债权的从权利。代位权人向次债务人主张债权的,可以一并主张债权的从权利。债权的从权利包括:债权的担保(包括保证、抵押权、质权、留置权)、优先权(建设工程价款优先受偿权、船舶优先权、航空器优先权)、债权利息等。当然,与债务人的债权一样,债权的从权利专属于债务人自身的除外。

需要讨论的问题是代位权行使对象是否仅限于债权及其从权利?《合同法》第73条规定为债权,最高人民法院一直坚持以债权为代位权行使的对象。在王某某与北海市卫生局、一审第三人北海海景房地产开发公司债权人代位权纠纷案中,最高人民法院认为:“在债权人代位权法律关系中,债权人代位权的客体是指债务人怠于向次债务人主张其到期债权,债务人怠于主张其他权利如物上请求权,债权人向次债务人行使代位权的,人民法院不予支持。”[①]同时,1999年《合同法司法解释(一)》规定为金钱债权,进一步限缩了债权的范围。主要理由在于考虑到对非金钱给付内容的权利行使代位权对于债权的保障意义不大而且程序复杂,并有过多干预债务人权利之嫌,故合同法解释将代位权的标的限定在具有金钱给付内容的债权,债务人的其他权利不得作为代位权的标的。[②]《民法典》第535条仍将代位权行

① 参见最高人民法院民事裁定书,(2012)民申字第604号。
② 参见曹守晔:《对合同法中代位权的理解与适用》(上),载《人民法院报》2000年3月3日,第3版。

使的对象限定在债权范围,如果按传统动产返还请求权为物权请求权的观点,动产返还请求权将无法适用代位权。本书认为,应从保护债权人债权的现实需要考量,将适用诉讼时效的未登记的动产返还请求权解释为债权或者准用债权,以适用代位权制度。

二是对债权到期与否的影响。合同法规定代位行使的债权是"到期债权",民法典此次删除"到期",是否意味着代位权普遍扩大到未到期债权？本书认为,代位权行使的债务人的债权依然要到期,否则构不成"债务人怠于行使债权"的条件。如果债务人的债权尚未到期,则债务人不能行使该债权,自然债权人也不得代位行使该债权。民法典之所删除"到期"主要是与第 536 条保存的代位权规定相协调。根据该条规定,保存的代位权在某些情况下在债务人债权到期前即可行使,如相对人破产的情况下,虽然债权尚未到期,但此时依照破产法的规定应当申报破产债权,以获得清偿,否则将丧失此项权利,应允许债权人行使代位权。

三是"对债权人造成损害"修改为"影响债权人的到期债权实现",并不会影响司法实务。1999 年《合同法司法解释(一)》即将"对债权人造成损害"解释为"致使债权人的到期债权未能实现"。这一修改,在文字表述上更为清晰明确。

四是民法典将合同法中"次债务人"的概念变更为"相对人",扩大了代位行使的债权范围的要求。相对人不仅包括次债务人,还包括抵押人、质押人、保证人等担保人。

五是增加第 3 款"相对人对债务人的抗辩,可以向债权人主张"的规定,弥补了合同法规定的漏洞。1999 年《合同法司法解释一》第 18 条规定,"在代位权诉讼中,次债务人对债务人的抗辩,可以向债权人主张"。债权人以自己的名义行使代位权,其享有债务人的法律地位,不应减损相对人包括次债务人和担保人享有的对债务人的抗辩权。凡第三人得对抗债务人的一切抗辩,如诉讼时效届满之抗辩、抵销之抗辩、同时履行之抗辩、次债务不存在、已履行完毕、未到期、债务人未怠于行使债权等,均得用以对抗债权人。但从时间看,相对人的抗辩权,应当以发生于代位权行使之前为必要。对于代位权行使之后产生的抗辩权,应当给予相应限制,但第三人因对债务人为清偿而取得的债务消灭抗辩权,可以之对抗债权人。

### 三、保存债权代位权

《民法典》第 536 条增加了保存债权为目的的代位权。该条规定:"债权人的债权到期前,债务人的债权或者与该债权有关的从权利存在诉讼时效期间即将届满或者未及时申报破产债权等情形,影响债权人的债权实现的,债权人可以代位向债务人的相对人请求其向债务人履行、向破产管理人申报或者作出其他必要的行为。”此前合同法解释中未承认以保存债权为目的的代位权,理由是《合同法》及1999年《合同法司法解释(一)》并未对债权人的保存行为作出例外规定。从其他国家和地区立法来看,通常认可保存债权为目的的代位权。《日本民法典》第423条规定,虽然债务未届履行期,但债权人专为保存债务人权利的行为,亦可行使代位权,如中断时效、保证期间利益、声请登记、申报破产债权、申请参与分配等。此类代位权主要目的是防止债务人债权面临消灭或者发生变更如产生抗辩权的,等到债务履行迟延时,已经无法行使代位权。当然,此类代位权行使的最终目的还是实现自己的债权。

保存债权的代位权行使,不以债权人债权已经到期为条件,即使未到期,也可以代位主张。第536条同时规定,保存债务人权利的代位权也要具备“影响债权人的债权实现的”要件,对代位权行使也有较为严格的限制。考虑到保存债权对债务人的利益性特点,可适当放宽标准。

## 四、代位权行使的法律效果

《民法典》第537条新增加了代位权行使法律效果的规定,即“人民法院认定代位权成立的,由债务人的相对人向债权人履行义务,债权人接受履行后,债权人与债务人、债务人与相对人之间相应的权利义务终止。债务人对相对人的债权或者与该债权有关的从权利被采取保全、执行措施,或者债务人破产的,依照相关法律的规定处理”。合同法未规定代位权行使的法律效果,是为法律漏洞。1999年《合同法司法解释(一)》第20条对此予以填补,规定“债权人向次债务人提起的代位权诉讼经人民法院审理后认定代位权成立的,由次债务人向债权人履行清偿义务,债权人与债务人、债务人与次债务人之间相应的债权债务关系即予消灭”。对此,可以归纳为两方面效果:一是代位权成立的,由次债务人向债权人履行清偿义务;二是债权人与债务人、债务人与次债务人之间相应的债权债务关系消灭。这一规定引发了代位权是适用“出库规则”还是“入库规则”的长期争论。

代位权行使的“出库规则”被称为“代位权人优先受偿说”,主张谁行使代位权所获得的财产,就应当归属于谁。因此,代位权将产生一种优先受偿的效力。[①] 在

① 参见王利明:《合同法新问题研究》,中国社会科学出版社2011年版,第480页。

日本法上，债权人对于债务人责任财产的全部，存有一种“包括的担保物权”，该担保物权在实体法上虽未规定，但债权人代位权可视为此等不经公示的物权实行方法的规定，其效力类似于一般优先债权。一经行使，享有优先受偿权。最高人民法院法官认为，司法解释的这种观点全面修正了传统代位权理论中以法定债权权能说为基础的“入库规则”，是当前解决代位权行使效果归属问题方面颇为现实妥当的解决途径，堪称债权人代位权制度的理论和实践创新。[①] 但在传统上，通说为“入库规则”，代位权行使的效果直接归属于债务人而不能直接作为对债权人自己债权的清偿，行使代位权取得的财产先加入债务人责任财产的做法，即为入库规则。[②] 史尚宽先生认为，债权人代位权的效用，为强制执行之准备。[③] 入库规则是基于债权的平等性，各债权一律平等，不产生优先受偿效力。此种观点认为，司法解释规定“次债务人向债权人履行清偿责任”是债权人代为受领，“债权人与债务人、债务人与次债务人之间的债权债务关系消灭”实质上是在金钱债务场合，借助于抵销制度，使代位权制度发挥了简易的债权回收手段的功能。[④] 从实践来看，优先受偿说占有一定的优势：一是代位权人行使代位权往往投入较大成本，也自担一定风险，按照权利义务一致原则，完全平等受偿有违公平；二是代位权人有优先受偿权具有激励作用，避免“搭便车”行为；三是从操作来看，既符合代位权行使目的即获得清偿，也更为简便可行，无须再行起诉债务人求偿；四是如果承认抵销适用，在理论上也未违背债权平等原则。但应当承认，如果承认代位权的绝对优先受偿效力，也会有对其他债权人有失公平的地方，如因为其他债权到期晚，无法同时提起代位权诉讼的情况。在民事执行程序中，债权人对被执行人的到期债权进行代位执行时，根据《民诉法司法解释》第 508 条规定参与分配的规则可以适用，即“被执行人为公民或者其他组织，在执行程序开始后，被执行人的其他已经取得执行依据的债权人发现被执行人的财产不能清偿所有债权的，可以向人民法院申请参与分配。对人民法院查封、扣押、冻结的财产有优先权、担保物权的债权人，可以直接申请参与分配，主张优先受偿权”。在代位权诉讼生效判决执行程序中，其他债权人能否申请参与分配，值得深入讨论。

《民法典》第 537 条与 1999 年《合同法司法解释(一)》第 20 条规定相比，有一

---

① 参见王闯：《关于合同法债权人代位权制度若干重要问题》，载最高人民法院民事审判第二庭编：《民商事审判指导》(2004 年第 2 辑 · 总第 6 辑)，人民法院出版社 2005 年版，第 26 ~ 28 页。

② 参见崔建远、韩世远：《合同法中的债权人代位权制度》，载《中国法学》1999 年第 3 期。

③ 参见史尚宽：《债法总论》，中国政法大学出版社 2000 年版，第 463 页。

④ 参见韩世远：《合同法总论》(第 4 版)，法律出版社 2018 年版，第 449 页。

处重要的修改是增加了“债权人接受履行后”,使“债权人与债务人、债务人与次债务人之间的债权债务关系消灭”,不再以法院认定代位权成立时发生,而是在履行到位时发生。同时,增加了第二句“债务人对相对人的债权或者与该债权有关的从权利被采取保全、执行措施,或者债务人破产的,依照相关法律的规定处理”。这是否有修正司法解释采用的出库规则的意图?本书认为,《民法典》该条规定虽没有直接明确是采入库规则还是出库规则,但从两处修改来看,相比1999年《合同法司法解释(一)》第20条规定更接近于入库规则:一是债务的清偿作为终止权利义务关系的方式,是债权债务关系消灭的普遍方式,并没有特殊之处。这改变了1999年《合同法司法解释(一)》第20条代位权生效判决确认代位权成立债权债务关系消灭的规则。① 二是以“债权人接受履行后”即代位权人实际取得财产获得清偿作为债权债务关系终止的条件,即为在从法院判决到实际执行到位之间留下了执行程序适用的空间,也为第2款规定的各种程序的适用提供了管道;实质上改变了1999年《合同法司法解释(一)》第20条设立的“代位权成立的判决生效之时起,不论是否履行,债权人与债务人、债务人与第三人之间的两个债之法律关系归于消灭”的规则,在解释论上推定代位权人享有优先受偿权的基础不再坚实。三是债务人对相对人的权利被采取保全、执行措施,或者债务人破产的,依照相关法律规定处理,并未明确给予代位权之特殊地位,无法直接作为优先受偿权解释,而是对第一句向“出库规则”游走的一种牵引,以在代位权人与其他债权人之间取得平衡。并不能完全解释为入库规则,应当是对代位权人作一定倾斜,保证代位权人行使代位权的费用等成本作为共益权得到优先保障,还要适当给予代位权人相应激励,代位权人在合理限度内可以优先受偿。

《民法典》第537条关于“债务人对相对人的债权或者与该债权有关的从权利被采取保全、执行措施,或者债务人破产的,依照相关法律的规定处理”的规定,是为解决代位权的实现与其他权利人之间的关系而设。保全是指《民事诉讼法》第100条和第101条规定的保全措施,人民法院依权利人的申请,对相对人的权利可以采取查封、扣押、冻结措施,以限制权利人对权利的处分。相对人的债权属于到期债权的,《民诉法司法解释》第159条规定可以采取保全措施,即“债务人的财产

---

① 从对1999年《合同法司法解释(一)》第20条“出库规则”的解读来看,其理论基础在于通过法院生效判决,即在代位权人与次债务人之间形成独立的债的关系,债务人与次债务人之间的债关系已经消灭,从而代位权人从次债务人取得的财产是其财产,而非债务人的责任财产,因而实现其优先受偿的目的,这是出库规则的正面价值。很少有人注意到这一规则的负面价值:如果代位权因取得次债务人的债权而消灭了与债务人之间的债权,一旦次债务人清偿不能,则代位权人无法再要求债务人清偿,代位权人就要承担不利后果。

不能满足保全请求,但对他人有到期债权的,人民法院可以依债权人的申请裁定该他人不得对本案债务人清偿。该他人要求偿付的,由人民法院提存财物或者价款"。对于相对人的其他权利,如担保物权等,在债权到期后也可以采取保全措施。《民诉法司法解释》第501条规定了代位执行,即"人民法院执行被执行人对他人的到期债权,可以作出冻结债权的裁定,并通知该他人向申请执行人履行。该他人对到期债权有异议,申请执行人请求对异议部分强制执行的,人民法院不予支持。利害关系人对到期债权有异议的,人民法院应当按照民事诉讼法第二百二十七条规定处理。对生效法律文书确定的到期债权,该他人予以否认的,人民法院不予支持"。对相对人的与债权有关的权利,依据权利的性质,执行法院可以依法直接采取查封、扣压、冻结措施。如果其他权利人对债务人债权以及与债权有关的从权利采取了保全措施或者执行措施,代位权人未采取保全或执行措施,或者采取的保全或者执行措施顺位在后,即轮候查封,或者代位权人先申请采取了保全措施或者执行措施,其他债权人也可以依法参与到执行程序中。如果被执行人是自然人或者其他组织,可以适用《民诉法司法解释》第508条的规定,代位权人在执行程序开始后,被执行人的其他已经取得执行依据的债权人发现被执行人的财产不能清偿所有债权的,可以向人民法院申请参与分配。对人民法院查封、扣押、冻结的财产有优先权、担保物权的债权人,可以直接申请参与分配,主张优先受偿权。依《民诉法司法解释》第510条规定,参与分配执行中,执行所得价款扣除执行费用,并清偿应当优先受偿的债权后,对于普通债权,原则上按照其占全部申请参与分配债权数额的比例受偿。清偿后的剩余债务,被执行人应当继续清偿。债权人发现被执行人有其他财产的,可以随时请求人民法院执行。在被执行人是法人时,适用《民诉法司法解释》第513条规定,在执行中,作为被执行人的企业法人符合《企业破产法》第2条第1款规定情形的,即不足以清偿全部债权的,代位权人可以向执行法院申请裁定中止对该被执行人的执行,将执行案件相关材料移送被执行人住所地人民法院,适用破产程序进行清算清偿债务。如果不能转入破产程序,根据《民诉法司法解释》第516条的规定,执行法院就执行变价所得财产,在扣除执行费用及清偿优先受偿的债权后,对于普通债权,按照财产保全和执行中查封、扣押、冻结财产的先后顺序清偿,采取保全或者执行措施在后的债权人包括代位权人,其受偿顺序将劣后于采取保全或者执行措施在先的债权人。当然,代位权人对相对人的担保物权行使权利的,因其享有优先受偿权,可以优先于普通债权包括采取保全措施或者执行措施的普通债权人获得清偿。

在债务人为法人且已经裁定进入破产程序的,债权人行使代位权的所得,应遵循"入库规则",作为破产财产由全体债权人按债权比例平均分配。债务人对第三人的债权为当然的破产财产,债权人的债权也为当然的普通破产债权与其他债权一并纳入破产清算范围,债权人没有什么特权。按照"入库规则"处理,与《企业破产法》相一致。但依"优先受偿权"制度,代位权之债权人可凭空将本应纳入破产财产范围的该部分财产抽出,脱离了破产清算程序之外获得清偿,无疑是对其他破产债权人合法权益的剥夺和侵犯。

# 专题二　债权人撤销权的修改与适用

## 一、民法典对撤销权制度的主要修改

民法典对债权人撤销权作了较大的改动:一是将撤销权事由区分为无偿处分行为和有偿处分行为,分别规定为第 538 条和第 539 条;二是对无偿分处分行为列举由"放弃其债权""无偿转让财产"增加了"放弃债权担保""恶意延长其到期债权的履行期限"两种情形,吸收了 2009 年《合同法司法解释(二)》第 18 条规定;三是对有偿处分行为列举在"以明显不合理的低价转让财产"之外增加 2009 年《合同法司法解释(二)》规定的"以明显不合理的高价受让他人财产""为他人的债务提供担保"两类;四是对有偿行为的撤销权构成件的"相对人知道"修改为"相对人知道或者应当知道";五是增加撤销权行使的法律效果,吸收 1999 年《合同法司法解释(一)》第 25 条第 1 款于第 542 条规定"债务人影响债权人的债权实现的行为被撤销的,自始没有法律约束力"。

从总体上看,这次修改主要在于吸收司法解释的成果,对审判工作影响不大。

## 二、撤销权的基本类型和构成要件

债权人的撤销权制度,是债权保全制度的一项重要内容,针对债务人实施的无偿转让财产或者放弃其到期债权等积极损害债权的行为,[①]赋予债权人通过向人民法院提起诉讼的途径撤销这类法律行为的权利,以达到保全债务人责任财产的目的。从撤销权的性质来看,有三种不同的观点:形成权说、请求权说和折中说即撤销并返还请求权说。从性质上看,债权人的撤销权应当兼具形成权和请求权内容,"撤销权的主要目的是为了撤销已实施的民事行为,而返还财产只是因民事行为被撤销所产生的后果"。[②] 撤销权首先是一种形成权,因只能通过诉讼方式行使,应当是一种形成诉权,但"因其影响相对人利益甚巨,或为创设明确的法律状态,有由法院审究认定形成权的要件是否具备的必要"。[③] 与一般的形成权相比,形成诉权不能依撤销权人的单方意思表示而产生变更法律关系的效力,充分体现了法律对撤销权行使的谨慎和限制态度。由此,可以找到民法典没有承认通过仲裁方式行使撤销权的原因。债权人撤销权作为形成诉权,可以实现否认债务人积极处分其权利的行为之效力的目的,这在债务人还未交付财产之前保全责任财产的意图已经达成,但在债务人已经交付财产甚至已经完成财产权转移的,仅有形成诉权尚不足以达成撤销权的目的,因而有赋予撤销权人请求返还财产的权利,此为撤销权具有请求权属性的基础。

民法典延续合同法对撤销权分为撤销无偿行为和有偿行为两类的立法例,并分别规定其构成要件和法律效果。

(一)对无偿行为的撤销权构成要件

对无偿行为行使撤销权的构成要件包括:

一是撤销权人对债务人有合法债权。与代位权不同,撤销权作为债权人的一项权利,其行使不以债权到期为条件,这是因为撤销权的行使通常具有紧急性,如果限制行使时间,会有丧失保全责任财产的机会之风险。债权人撤销权,在于防止债权人所预期的债务人作为一般担保的责任财产被削减,故不存在行为后发生的债权因此受害的问题。但此原则也有例外,如连带保证人中之一人,因清偿全部债

---

① 一种观点认为,放弃到期债权和怠于行使到期债权均属传统民法中的消极处分行为,由代位权制度调整,而处分现有财产的,则属积极处分行为,由撤销权制度调整。我国合同法对此作了部分修正。参见王闯:《解读〈关于适用《中华人民共和国合同法》若干问题的解释(一)〉》,载《解读最高人民法院司法解释·民事卷》(1997~2002),人民法院出版社2003年版,第211页。本文立论,则以放弃到期债权为单方法律行为,无偿转让财产为契约行为,均属积极侵害债权;怠于行使到期债权,则系应行使、能行使而不行使之谓,系不作为行为,故为消极侵害债权。证以《日本民法典》第424条、《法国民法典》第1167条第1项,概以"行为"或"法律行为"为撤销权之对象,则与我国立法尚无不合。

② 王利明:《合同法新问题研究》,中国社会科学出版社2011年版,第487页。

③ 王泽鉴:《民法总则》,北京大学出版社2009年版,第79页。

务对其他连带保证人享有求偿权。在尚未清偿期间,其对于其他连带保证人以有损于求偿权的目的所为的行为,亦得行使撤销权。[①] 根据近年来立法、判例与学说的发展趋势,金钱债权以外以给付特定物为标的的特定债权,亦不适用撤销权。与代位权不同,债权人撤销权行使的范围,并不以撤销权人债权额为限,应以对债务人全体一般债权人为限,最高人民法院裁判认为:“债权人行使撤销权恢复债务人责任财产,是保全全体债权人的利益,行使撤销权的范围,故应以保全全部一般债权人的总债权额度为限。”[②]

二是债务人有无偿处分其财产的行为。无偿,是指受让财产方无须支付对价。无偿处分财产,包括消极处分,如债务免除,也包括积极处分,如赠与等。

三是撤销权的对象应当仅限于财产权行为,非以财产为内容的处分行为,不属于撤销权适用范围。非以财产为内容的行为,一种是身份法上的行为,如结婚、离婚、收养、非婚生子女之认领、继承的抛弃与承认等;另一种是以行为为内容的行为,如劳务合同等。处分财产的行为,主要是指减少现有财产或者增加财产债务的行为,而财产上利得之拒绝行为,如赠与要约之拒绝、第三人债务承担之拒绝、继承或遗赠之抛弃等行为虽然是以财产为标的之行为,但因其纯粹为增加债务人之偿债资力,拒绝与否,可以听凭债务人的自由意思,而不得为撤销权之对象。因为债权人撤销权之目的,仅在保持债权人原有之资力,而非增加其资力。[③]

四是无偿行为的撤销不受相对人是否属于善意的影响。根据《民法典》第 311 条的规定,无偿处分行为不适用善意取得制度,即使相对人受让财产时是善意的,也不能妨碍撤销权行使。

五是债务人处分财产的行为损害了债权。债务人处分财产的行为明显损害债权时,债权人才可以行使撤销权。对于判断明显损害债权的标准,有债务超过说和支付不能说。债务超过说认为,以资产为清偿的基础,如果债务人的负债超过资产,则认为构成债务超过。如果债务人债务超过其现实财产(不包括信用、劳力),该行为即为有害于债权,而不以支付停止或者支付不能的事实为必要。支付不能说认为,对损害债权的判断应以债务人支付不能为标准。因为债务人的债务超过资产并不意味着债务人没有资产清偿债务,必须将债务人的信用、劳力等计算入债务人的资产范围内,未来可以获得的财产也应计算在内。债务超过说更为客观,易

---

① 参见史尚宽:《债法总论》,中国政法大学出版社 2000 年版,第 480 页。

② 参见最高人民法院民事裁定书,(2017)最高法民申 910 号。

③ 参见郑玉波著,陈荣隆修订:《民法债编总论》,中国政法大学出版社 2004 年版,第 300 页。

为判断,便于操作。支付不能说存在确定上的复杂性,不便于操作但对债务人保护更为周全。本书倾向于以债务超过说为判断标准,同时由债务人提供证据证明其在债务到期时有无可信之财产进行清偿,综合考量作出判断。但对于有偿行为行使撤销权应当采用更为严格的标准,应当直接采支付不能说标准,撤销权人应当证明债务人因其处分财产行为,造成其债权届时无法得到清偿。

判断是否侵害债权在时间上受双重标准的限制:第一,在债务人处分财产时,即行为时标准。行为时标准要求,必须在债务人实施积极减少其财产的行为时即已陷于"无资力",方得成立损害债权的行为;如果债务人于行为时有足以清偿债务的财产,未对债权造成损害,即使其后因经济的变动致其财产贬值不足以清偿,仍不成立损害行为。第二,撤销权行使时标准,即债权人行使撤销权时损害债权的状态仍在持续中,才能撤销。如果在债务人处分财产时具有损害债权性,但行使撤销权时因债务人的经营或者经济状况好转导致其责任财产增加或者升值,足以清偿债权时,债权人不得行使撤销权。这是因为,债权人撤销权为保护债权人的手段,而非以追究债务人责任为其目的。[①] 撤销权的行使,应当同时受上述两个时间点限制,同时符合,才能够成立。

《民法典》增加的放弃未到期债权,在本质上与放弃到期债权无异,在认定上无特别之处。民法典增加的放弃债权担保和恶意延长到期债权的履行期,相对复杂。

关于放弃债权担保,判断债务人放弃债权担保是否构成损害债权的行为,主要看是否因此导致债务人处于债务超过状态。债务人放弃其债权担保并不必然导致债务人积极财产减少,关键取决于次债务人及其他担保是否具有足以清偿债务的财产。放弃债权担保构成对债权的损害,在于次债务人和其他担保人无力清偿债务,而放弃的债权担保与债权受有损害即可能得不到清偿或者无法得到清偿之间具有因果关系。此时,构成损害债权行为,可以撤销。通常在债务人放弃债权担保时,如果债务人已经陷于无力清偿债务的状态,如已经陷入破产或者被强制执行不能状态时,即属于损害债权的证明,债权人得行使撤销权。故判断债务人放弃债权担保是否构成诈害行为,必须同时具备两个条件:(1)次债务人的责任财产不足以清偿其债务,即已发生"债务超过";(2)债务人因"债务超过"陷于支付不能。于此情形,债务人放弃债权担保构成诈害行为,债权人可得行使撤销权。[②]

① 参见韩世远:《合同法总论》(第4版),法律出版社2018年版,第311页。

② 参见最高人民法院研究室编著:《最高人民法院关于合同法司法解释(二)理解与适用》,人民法院出版社2015年版,第135页。

债务人恶意延长其到期债权的履行期,并未减少其积极财产,只是取得对方履行时间被延后,即由于债权展期,不能按预期"归仓"。如果因此而导致债权得不到清偿,债权人得行使撤销权而撤销。一般情况下,债务人债权尚未到期时,债务人对其到期债权的履行期进行延展时,不构成对主债权的损害,不应行使撤销权。但在债务人不能履行债务时,债务人的债权已经到期且同意次债务人延长履行期,通常可以认定构成对主债权的损害,应当允许主债权人对次债务人延长的履行期限行使撤销权。2009年《合同法司法解释(二)》和《民法典》都规定债务人延长其到期债权履行期,债权人行使撤销权时,必须以债务人恶意为要件。判断债务人是否恶意,主要看债务人延长其到期债权履行期的目的是否正当。如果没有正当理由而延长,且明知债权人债权已届履行期且未履行的,可以认定为恶意。债务人的正当理由包括,次债务人履行有客观障碍、破产重整方案所必需的延期等,以及其他基于道义上或者符合公序良俗方面的理由。

(二)对有偿行为的撤销权构成要件

对有偿行为行使撤销权的构成要件与无偿行为相比,主要差异在行为时,债务人和相对人均非善意,难点在于判断交易价值的标准是否合理。

对于债务人有偿处分财产行为的撤销,必须以债务人及其相对人在实施交易行为时都具有加害债权人的恶意为要件。仅一方有恶意,而另一方为善意,不能发生撤销的效果。① 对于债务人的恶意,《民法典》第539条并没有规定撤销权应当举证证明债务人行为时"明知有害于债权人之权利者",只是要求债权人证明债务人在行为时明知转让的价格明显不合理。一般来讲,认定债务人是否恶意,应以行为时为准。如果在实施行为时并无恶意,而在以后才具有恶意,该行为也不应予以撤销。②

对于相对人的恶意,《合同法》规定为"受让人知道"价格明显不合理,2009年《合同法司法解释(二)》规定为"受让人知道或者应当知道"价格不合理,民法典采纳了司法解释的观点。知道就是明知,应当知道就是因其过失而未知。如最高人民法院在"国家开发银行与沈阳高压开关有限责任公司、新东北电气(沈阳)高压开关有限公司、新东北电气(沈阳)高压隔离开关有限公司、沈阳北富机械制造有限公司等借款合同、撤销权纠纷"③中认为,沈阳高开将其13,000万元的资产与东北电

---

① 参见王利明:《合同法新问题研究》,中国社会科学出版社2011年版,第503页。

② 参见王家福主编:《民法债权》,法律出版社1991年版,第185页。

③ 参见最高人民法院民事判决书,(2008)民二终字第23号。

气价值约2787.88万元的资产相置换,且据东北电气公开的《东北电气发展股份有限公司2004年年度会计报表及审计报告》,东北电气明知自己与沈阳高开交易支付的10台汽轮发电机组价值仅为2787.88万元,还仍然与沈阳高开进行股权置换,从而认定债务人与相对人有恶意。准确地说,此时相对人是非善意,与通常意义的恶意在程度上有所降低。对于相对人之恶意,撤销权人应当举证证明。

关于"明显不合理的低价"转让财产的判断标准,民法典继续采用《合同法》第74条规定的"明显不合理的低价"这一"不确定性概念"作为对有偿处分财产行为进行评价的标准。2009年《合同法司法解释(二)》第19条对此提供了时间、地域和一般的判断标准。

第一,时间标准。2009年《合同法司法解释(二)》第19条规定,对"以明显不合理的低价转让财产"进行判断的时间基准为"交易当时",即实施交易行为时。有偿转让财产的行为,受让方需要支付受益人对价,一般不会构成债务人责任财产的积极减损。如果对方支付的对价明显不合理,则会对债务人责任财产造成相应的减损,影响债权的清偿,债权人可以行使撤销权。交易行为时是当事人对交易价格进行合意的时间节点,也是判断交易价格是否合理以及是否达到明显不合理低的合理时间。市场是随时变化的,价格的变动是常态,不变动是非常态,如果交易是合理的,则随着后来市场价格变动已经变得不合理的,也不能行使撤销权。反之,如果交易时价格明显过低,而后来市场价格发生明显变动,于撤销时如果价格是合理的,此时撤销已经没有实益,同样撤销权也不成立。在判断交易价格合理性时,首要标准是交易时标准,同时也受撤销权行使时的标准限制。交易时标准还有另一重要意义,即在判断债务人和相对人是否有恶意上,也应当遵循这一时间标准。如果债务人和相对人在交易时知道价格是明显不合理的,则应当认定有恶意,交易时债务人或者相对人不知道交易价格明显不合理,则不应认定为有恶意。对有偿行为行使撤销权须具备主观要件,即债务人与受让人主观上具有恶意,而恶意来自行为人对其行为的认知,即知有害于债权人而为转让,故只有以实施交易行为时作为判断基准才能彰显其恶意。

第二,空间标准。2009年《合同法司法解释(二)》规定对"以明显不合理的低价转让财产"进行判断的空间基准为"交易当地",即交易行为地。交易行为地,也是一个虽然能够明确,但不够确定的概念。本书认为,首先,交易行为地是一个具体的交易地点,这是最小范围的交易行为地的概念。这一点可以将交易行为地在最小点和不同区域的范围进行界定。如在北京朝阳区交易,朝阳区就构成一个交易地域的最小行政区划单位。其次,交易行为地需要区别交易标的的种类和性质确定可以比较的价格形成地域单元。如房地产,各省市之地域价格差异明显。即使在北京,不同区域的房屋、不同性质的房屋交易价格也有明显的差异。北京定期会公布各区房地产交易的平均价格和变动幅度等,各区差异也很明显。实务中,应当根据转让财产的性质、种类,结合市场流通、交易惯例、关税区域等综合因素予以判定。①

第三,主体标准。2009 年《合同法司法解释(二)》规定,对是否以"明显不合理的低价转让财产"按照"交易当地一般经营者的判断"为标准,采用了客观标准,即不以交易双方当事人的判断为准,而是以一般经营者的判断为准。"一般经营者"标准,是一种通常标准,而非个人标准。一般经营者判断,通常可以由市场交易价格、物价指导价格等客观反映;如果没有明确的市场交易价、物价指导价格的,可以通过评估确定其价格。采取客观标准的意义,就在于排除个别化、偶然性等违反常识、市场行情和公众认知的不合理判断。

第四,一般判断标准。2009 年《合同法司法解释(二)》第 19 条第 2 款对"明显不合理的低价"提出了一个一般的参考标准,"转让价格达不到交易时交易地的指导价或者市场交易价百分之七十的,一般可以视为明显不合理的低价"。低于交易时交易地的指导价或者市场交易价 70% 只是一般的标准,而非强制性标准,这是判断明显不合理的基础标准,同时考虑交易标的性质、交易时市场状况、交易当事人的认知能力、交易情势等其他相关因素,进行综合判断确定是否是"明显不合理"。季节性产品和不动产的交易不同、交易标的额大与小也不同、市场变化剧烈时和正常状态不同、供不应求和产品积压严重时不同、专业人士和一般群众判断能力不同等,这都是影响判断"是否明显不合理"应当区别的重要考量因素。作为一般标准,对于当事人而言,允许其通过提供证据予以反证;对于法官而言,通过综合案例的具体情况进行自由裁量。

对于"以明显不合理的高价受让财产"的判断标准,也适用前述四个标准进行判断。

《民法典》新增加了"为他人的债务提供担保"作为可以撤销的有偿行为类型。此前合同法和司法解释均未明确规定。判断"为他人的债务提供担保"是否符合撤销权行使的对象,相对复杂。通常情况下,为他人提供担保,并不直接减损债务人

---

① 参见最高人民法院研究室编著:《最高人民法院关于合同法司法解释(二)理解与适用》,人民法院出版社 2015 年版,第 135 页。

的责任财产,只有在债务人承担了担保责任后,才能判断是否影响了债权的实现。王利明先生认为,“债权人也不得随意干涉他人提供担保的行为,除非债权人有证据证明债务人提供担保时具有转移财产、逃避债务的恶意,债权人才可以请求撤销”。[①] 判断债务人为他人的债务提供担保能否行使撤销权,首先,要看债务人与相对人对提供担保是否具有恶意,即是否明知会影响债权的实现。如果债务人出于转移财产、逃避债务的目的而为他人提供担保,相对人知道或者应当知道的,才能够认定担保当事人具有恶意,符合行使撤销权的主观要件。如果债务人与他人本为联保关系或者具有其他正当理由的,主观上不具有恶意,则不得行使撤销权。其次,看债务人为他人提供担保是否造成债权人债权得不到清偿或者具有得不到清偿的现实风险。如债务人将其仅有的不动产为他人债务设定抵押权,相对人取得抵押权后,债权将无法得到清偿的,可以认定已经影响了债权的实现,得行使撤销权。如果债务人只是提供保证,将保证期间晚于债权到期时间的,原则上不得认为造成债务人责任财产的减少,不得行使撤销权。

### 三、撤销权行使的效果

对于撤销权行使的法律效果,《合同法》第 74 条没有规定,1999 年《合同法司法解释(一)》第 25 条规定,“债权人依照合同法第七十四条的规定提起撤销权诉讼,请求人民法院撤销债务人放弃债权或转让财产的行为,人民法院应当就债权人主张的部分进行审理,依法撤销的,该行为自始无效”。《民法典》第 542 条增加规定,“债务人影响债权人的债权实现的行为被撤销的,自始没有法律约束力”。民法典没有采司法解释“自始无效”立场,改采“自始没有法律约束力”。

在理论上,对债权人行使撤销权之法律后果,有绝对无效说和相对无效说两种。1999 年《合同法司法解释(一)》规定为合同“自始无效”,比照可撤销合同之撤销后果,该无效为绝对无效。民法典规定的“自始没有法律约束力”,其意似在回避“无效”之语,避免使人以被撤销之行为属于“无效”行为的理解。从撤销权行使的后果来看:对于债务人无偿减少财产的行为,包括单方行为,也包括双方行为,符合撤销权要件时,债权人得通过行使撤销权而撤销该行为,以恢复债务人的责任财产,撤销的效力既要及于债务人,也应当及于相对人。在单方行为时,通常为处分行为,处分行为被撤销的,权利变动之效果应当自始消灭,权利视为未处分。在双

① 王利明:《合同法新问题研究》,中国社会科学出版社 2011 年版,第 500 页。

方无偿行为时,通常有债务合同和物权变动两个层面,在债务合同层面,因不要求相对人为恶意,因此,不能认为债务合同绝对无效,被撤销后债务合同失去效力,未履行的丧失履行请求权,但因此对相对人造成损失的,债务人应当对善意相对人承担赔偿责任;已经履行的,则撤销对处分行为产生效力,物权变动自始消灭,具有绝对效力,相对人负有返还标的物或者赔偿责任,同样债务人应当对善意相对人的损失承担责任。对于因有偿减少财产的行为,撤销权行使的要件要求主观上债务人和相对人均为恶意,可以比照恶意串通损害他人利益的法律行为之无效后果处理。此时,相对人亦不能适用善意取得转让财产的权利,依民法典规定,相对人负有返还财产的责任。具体根据返还财产的性质确定为原物返还,抑或不当得利返还。

如果涉及相对人之后续财产之取得人的,因相对人取得的权利自始消灭,相对人与后续财产取得人之间的行为,可以比照无权处分处理,原则上债权债务合同的效力不受影响,但处分行为因欠缺处分权而处于效力待定状态,取得人有适用善意取得的抗辩权。

在撤销权行使后果上,特别是在有偿处分财产行为撤销时,应当允许相对人通过补足差价而对抗撤销权行使,弥补处分行为效力上的瑕疵,使之既满足保护债权人债权目的,又有能够促进交易减少损害之功能。

撤销权行使之后果对于债权人而言,是否具有优先受偿权,直接影响其他债权人的利益。从立法例上看,德国法采优先受偿说,撤销权行使之债权人就取回之债务人财产享有优先于其他债权人受偿的权利。日本民法则采共同担保说,撤销为全部债权人之利益发生效力。郑玉波先生指出,"撤销权行使之目的既在保全一般之担保,则其效力自应为全体债权人之利益而发生,故债权人不得就该给付物优先受偿"。[①] 我国民法典和司法解释虽未明确规定,但同为债的保全规则,本书认为应当与《民法典》第 537 条的适用规定相同。最高人民法院(2017)最高法民申 910 号裁定书认为,"债权人行使撤销权恢复债务人责任财产,是保全全体债权人的利益,行使撤销权的范围,故应以保全全部一般债权人的总债权额度为限"。

① 郑玉波:《民法债编总论》(第 2 版),陈荣隆修订,中国政法大学出版社 2004 年版,第 305 页。

# 第六章　合同权利义务终止

## 专题一　合同解除问题

### 一、合同解除的内涵、功能和权利规范

合同解除，是指合同有效成立以后，当具备合同解除条件时，因当事人一方或双方的意思表示而使合同关系自始消灭或向将来消灭的一种行为。[①] 合同解除是合同履行发生障碍时的救济方法，是“当事人在出现给付障碍的情况下如何从已经发生拘束效力的合同中解脱出来，如何重新获得‘当事人自由’和‘处分自由’”的制度。[②] 合同解除是终止合同权利义务关系的事由，它不会消灭因合同所生一切债务关系，只是使合同约定的给付义务终止，因合同履行产生的违约责任不受影响。《民法典》第 557 条明确将合同解除从债之关系消灭事由中区别出来，对应于第 566 条新增加的解除合同不影响违约责任之规定，立法意旨即在于此。

合同一经有效成立，就具有法律效力，当事人双方都要严格遵守，认真履行，不得擅自变更或解除。如果发生了使合同履行变成不可能，[③]或者不具有期待性[④]事由时，例外地让当事人摆脱合同约束，避免更大损害，稳定社会关系。合同解除，首先功能是“合同义务的解放”，派生功能还包括“交易自由的恢复”及违约方“合同利益的剥夺”。[⑤] 解除合同是在特定情形下突破合同约束力的制度，是合同严守原则的例外和补充性制度。

《民法典》为合同解除提供的规范基础包括：一是《民法典》第 562 条第 1 款规

---

① 参见王利明：《合同编解除制度的完善》，载《法学杂志》2018 年第 3 期。

② 参见卢谌、杜景林：《论合同解除的学理及现代规制——以国际统一法和民族国家为视角》，载《法学》2006 年第 4 期。

③ 履行不可能包括事实上的不同、法律上的不能和实际履行不能 3 种。

④ 履行不具有可期待性包括根本违约、合同目的不能实现、履行利益严重失衡等。

⑤ 韩世远：《合同法总论》，法律出版社 2018 年版，第 649 页。

定的协议解除,即以一种新协议终止原合同关系,属于当事人自治解除合同的方式。二是《民法典》第 562 条第 2 款规定的约定解除权的合同解除。三是《民法典》第 563 条[①]第 1 款规定的 5 种法定解除权的合同解除。第 563 条规定法定解除事由,可以分为两类:一类是不可抗力导致履行不能,另一类是因对方根本违约而解除。[②] 四是《民法典》第 563 条第 2 款规定的继续性合同的任意解除。五是《民法典》第 533 条规定的情势变更合同解除,当事人因客观情况变化而请求解除合同,未赋予当事人以解除权,当事人取得请求法院变更解除合同的形成诉权。六是《民法典》第 580 条规定排除给付请求权情形的合同解除,新增加的第 2 款对此明确。七是《民法典》合同分编在买卖合同、租赁合同、委托合同等又规定了合同解除的特殊规则。

《民法典》针对合同解除机制、解除后果也提供了配套的规范基础。关于解除权行使机制的规范基础包括:一是《民法典》第 564 条规定了解除权行使的期间,二是《民法典》第 565 条规定了解除权行使方的通知和异议、起诉机制。关于合同解除法律后果的直接的规范基础是:《民法典》第 566 条规定了解除后终止履行,请求恢复原状、采取补救措施和赔偿损失,违约责任及担保责任(新增加的第 2 款和第 3 款)。合同解除的 3 种法律后果:终止合同履行、恢复原状和赔偿损失,后两种法律效果需要援引民法典相关请求权规范始得适用。恢复原状请求权规范,可以分为两类:一是不当得利返还请求权,适用《民法典》合同编第三分编不当得利一节的规定;二是物权返还请求权,适用《民法典》物权编物权请求权的相应规定。

合同解除后损害赔偿的请求权规范包括:

一是《民法典》第 566 条规定的赔偿损失的请求权规范。[③] 此处赔偿损失是对不能返还之折价赔偿和构成侵权的赔偿责任两类。前者直接适用《民法典》不当得

---

① 《合同法》第 94 条规定:“有下列情形之一的,当事人可以解除合同:(一)因不可抗力致使不能实现合同目的;(二)在履行期限届满之前,当事人一方明确表示或者以自己的行为表明不履行主要债务;(三)当事人一方迟延履行主要债务,经催告后在合理期限内仍未履行;(四)当事人一方迟延履行债务或者有其他违约行为致使不能实现合同目的;(五)法律规定的其他情形。”

② 《合同法》第 94 条第 5 项法律规定的其他情形,需要通过法律解释明确其解除事由类型。如委托合同中的任意解除制度,既非不可抗力,也非根本违约。第 167 条分期买卖合同的解除,仍属于根本违约解除。

③ 该款照搬《合同法》第 97 条的规定,并新增加了第 2 款违约责任的内容。这将原来以第 1 款的赔偿损失作为合同解除后的损害赔偿的全部基础,既包括违约损害赔偿,也包括恢复原状不能之损害赔偿。对于有溯及力解除之违约损害赔偿,有违约赔偿说和信赖赔偿说之争议。《民法典》增加第 2 款后,第 1 款无须提供违约赔偿之请求权基础,该“赔偿损失”在解释上限缩为因返还不能而承担的赔偿损失是合理的。另一种解释亦可成立,即该“赔偿损失”包括了第 2 款违约责任中的损害赔偿,第 2 款是对违约责任单独规定,不限于损害赔偿。从立法论上,我们倾向于前一种解释。

利返还的规定,后者可以比照适用合同无效、撤销后之物之返还规定,构成侵权的适用侵权损害赔偿责任。

二是该条第2款的违约损害赔偿请求权基础规范,直接适用《民法典》第566条第1款"有权请求赔偿损失"的规定,"合同因违约解除的,解除权人可以请求违约方承担违约责任,但是当事人另有约定的除外"。违约损害赔偿,当事人有特别约定的优先适用,没有约定的,适用合同法一般规则。对于合同约定违约金的,非违约方可以根据《民法典》第585条的规定请求支付违约金;对于合同约定定金的,非违约方可以根据《民法典》第586条、第587条的规定请求适用定金罚则;对于合同既约定违约金,又约定定金的,非违约方依据《民法典》第588条可以选择适用;对于合同无违约金或定金特别约定的,非违约方可以根据《民法典》第584条的规定请求赔偿损失。

## 二、合同解除的理论基础及后果

在合同法制定时,我国立法者在比较各种观点的基础上,"借鉴国外经验,遵循经济活动高效的原则,对合同解除的效力作了比较灵活的规定"。[①] 放弃了德国旧民法合同解除与损害赔偿竞合规则,我国《合同法》第97条明确规定合同解除后果包括"赔偿损失"。虽在学理上被认为采纳了德国直接效果说,但很好地借鉴了国际私法和示范法合理内容,从规则反推理论,至少是修正版的直接效果说。合同法之后的司法实践,审判共识承认了合同解除与不履行合同的违约损害赔偿的并用关系,认可清理、结算、违约金和附随义务条款继续有效。最高人民法院进一步在司法解释[②]和判决[③]中明确支持清算关系说,以更好地解决认识分歧,对接各国债法现代化和国际合同私法、示范法的理论发展及规则共识,适应中国经济全球化进程中对统一合同法规则的新需求和巨大愿望。本书认为,对《民法典》第566条规定的合同解除效力,以清算关系说当为正说。唯于返还请求权,可作与德国法上差异

---

① 胡康生:《〈中华人民共和国合同法〉释义》,法律出版社1999年版,第162页。

② 最高人民法院2012年《买卖合同司法解释》第26条;最高人民法院《关于当前形势下审理民商事合同纠纷案件若干问题的指导意见》(法发〔2009〕40号)规定,"合同解除后,当事人主张违约金条款继续有效的,人民法院可以根据合同法第九十八条的规定进行处理"。

③ 最高人民法院(2015)民二终字第1号"中信国安集团有限公司与江苏省工商行政管理局、创维集团有限公司合同纠纷案",法院认为,案涉合同于2004年7月26日被解除后,江苏省工商局与中信国安公司、创维集团应对截至2004年7月26日前合作期间内各自损益进行清算;再审申请人舟山华昌房地产开发有限公司因与被申请人嵊泗裕华房地产有限责任公司合资、合作开发房地产合同纠纷申请再审民事裁定书[最高人民法院(2013)民申字第1317号],将违约金条款解释为清算条款,而得以适用;最高人民法院(2011)民二终字第76号判决书。

化的解释,基于我国物权变动有因说,因合同给付义务已经消灭,依合同交付的原物存在时,得依法适用物权请求权予以返还,以此为债权人提供更有效的救济,尤其在债务人破产时意义更为明显;其他返还,为不当利返还。

依据《民法典》第566条的规定,合同解除后,法律后果有三:一是合同终止履行;二是恢复原状或者采取其他补救措施;三是损害赔偿。《民法典》第567条规定了合同解除的第四种后果,结算和清理条款继续有效。

(一)合同终止履行

合同终止履行,通说认为是指合同的给付义务消灭,包括主给付义务和从给付义务。合同的给付义务,包括双方负有的主给付义务和从给付义务,均应予以消灭,无须再予以履行和接受履行。对于合同的附随义务,通常亦应随之消灭,但于合同中有关争议解决的条款和后合同的附随义务应当作为例外,于合同解除后仍应有效。《民法典》第567条规定,"合同的权利义务关系终止,不影响合同中结算和清理条款的效力"。不因合同解除而消灭的合同义务,包括清算条款和后合同义务两大类。后合同义务,是指合同终止以后当事人仍然承担的义务,典型的如保密义务、竞业禁止义务等。

对于已经履行的给付义务,解除后是否消灭,应否消灭?如果解除只是终止合同,则与已履行的给付义务无涉。但在有溯及力的解除时,理论上应当回答这一问题。在直接效果理论下,合同溯及力的消灭,当然消灭了已经履行的给付义务,逻辑关系清楚。在清算关系说下,返还已经履行的给付的理论依据来源哪里?我国民法不承认物权行为理论,《民法典》第557条第2款规定,"合同解除的,该合同的权利义务关系终止",并未规定合同解除只对未履行义务予以终止,其意包括已经履行的给付义务,"我国合同法承认合同的解除可以产生溯及既往的效力效果",①这符合通常有溯及力解除之观念,亦符合我国民法基本秩序,具有法政策上的妥当性。对于诉讼中,当事人主张解除合同后返还已经履行给付得到法院支持时,宜明确返还请求权源于给付义务之消灭,区分请求权类型给予相应法律保护,否则目前在司法实践中对返还之性质不作明确规定的普遍做法仍将延续,进入执行程序,特别是在执行异议之诉中,将引发重大争议。《民法典》实施中,有必要澄清模糊认识,确定以溯及解除作为恢复原状的逻辑起点,在此基础上寻找《民法典》相应的返还请求权的基础规范,而不是通过对《民法典》第566条第1款规定的立法,续造创

① 王利明:《合同法新问题研究》(修订版),中国社会科学出版社2011年版,第568页。

设新类型返还请求权的基础,避免造成法体系混乱和法律适用上的分歧。

(二)恢复原状

《民法典》第566条第1款规定,合同解除后,对于已经履行的给付,可以请求恢复原状,即恢复到合同履行前的状态。[①] 如前所述,对于无溯及力的解除,一般不会产生恢复原状请求权;[②]有溯及力解除始产生恢复原状请求权。一般认为,恢复原状包括:一是原物返还。原物存在的,应当返还原物,原物不存在的,如果原物是种类物,可以用同一种类物返还。二是返还财产所产生的孳息。三是支付一方在财产占有期间为维护该财产所花费的必要费用。四是因返还财产所支出的必要费用。[③] 有学者认为,这主要是实物形态的恢复原状,不包括交付的劳务、支付的金钱、原物消灭时恢复原状等广义的恢复原状。[④] 从比较法上看,恢复原状不限实体之返还,金钱和收益亦包括在内。

恢复原状的请求权基础。依不同的理论,恢复原状的请求权基础不同。本书认为,在解除合同后适用恢复原状以对当事人进行救济,应当坚持两个原则:一是保护守约方利益原则。尤其是在因根本违约而解除合同时,对守约方的救济是恢复原状的主要目的。二是确保现有法律规则体系的协调。在结果上各种观点并无实质差异,正如前所述,从比较法上看,合同解除的后果并无实质差异,基础理论应优先考虑现有理论和规则供给,以减少对现有规范体系的破坏。对于已经履行的给付义务,因合同解除而溯及消灭,原给付履行的原因消灭,因而构成返还请求权基础。依我国关于恢复原状的通说,既所有物返还也有不当得利之返还。合同解除后返还财产的请求权规范,即《民法典》第157条的规定,"民事法律行为无效、被撤销或者确定不发生效力后,行为人因该行为取得的财产,应当予以返还;不能返还或者没有必要返还的,应当折价补偿。有过错的一方应当赔偿对方由此所受到的损失;各方都有过错的,应当各自承担相应的责任。法律另有规定的,依照其规定",属于其中"确定不发生效力"类型。我国《民法典》针对返还财产责任的两种不同类型的标的:物和其他财产,分别提供了不同请求权(辅助性)的规范:一是针对物规定的所有物返还请求权,[⑤]是一种物权请求权;二是《民法典》规定的不当得

---

① 需要注意的是,恢复原状在直接效果说下解释为"恢复到订给之前的状态",在清算关系说下应为"合同履行前的状态",因为清算说认为合同并没有完全消灭,依然是解除后处理双方权利义务的有效框架。

② 合同终止的,使用租赁合同、融资租赁合同等也会产生租赁物返还,但在性质上不是恢复原状,而是一般占有返还。

③ 参见胡康生:《〈中华人民共和国合同法〉释义》,法律出版社1999年版,第163页。

④ 参见韩世远:《合同法总论》,法律出版社2018年版,第675页。

⑤ 《民法典》第235条规定,"无权占有不动产或者动产的,权利人可以请求返还原物"。

利返还请求权,[①]是一种债权请求权。前者适用于特定物的返还,后者适用于种类物返还、金钱返还以及其他非实体物的返还。对于不当得利返还,《民法典》第985条至第988条提供了请求权基础。

原物不能返还时的价值补偿。《民法典》第157条关于合同无效、被撤销后物之返还规则,合同解除后之返还请求权可以参照适用,“不能返还或者没有必要返还的,应当折价补偿。有过错的一方应当赔偿对方由此所受到的损失;各方都有过错的,应当各自承担相应的责任。法律另有规定的,依照其规定”。折价补偿,值得探讨的是折价标准如何确定,包括确定的时间标准和价格计算标准,这涉及对双方当事人是否公平,以及实际操作是否方便两个层面。折价的时间,一般依返还之日为准。《国际商事合同通则》第736条评注中也支持以返还时的价值为准。德国民法虽然未有明确规定折价时间标准,但从其清算关系说,返还为新债务,可以推定以合同解除请求权产生时为准。笔者认为,在解除合同后物之返还多数都是双务合同,通常会有约定对价,在折价补偿时,应当首先按照当事人约定的对价补偿;没有约定对价的,按照返还之日的价值计算,可以用替代交付之价格或者评估价确定;因不可归责于返还人的事由造成返还物毁损灭失的,[②]仅需要返还现存利益;因可归责于返还人之事由造成返还物毁损灭失的,可以侵权责任计算赔偿损失。

(三)采取其他补救措施

《民法典》第566条将《合同法》第97条规定的“可以请求恢复原状、采取其他补救措施”修改为“可以请求恢复原状或采取其他补救措施”,恢复原状与采取其他补救措施从并列关系调整为选择关系。如此修改,解决了《合同法》第97条对恢复原状与其他补救措施以及赔偿损失并列规定造成解释论上的困惑。恢复原状和采取其他措施不能同时适用:前者适用于溯及解除合同的情形,后者适用终止型解除合同。恢复原状和采取其他补救措施均与赔偿损失可以并用。

对于“补救措施”,《民法典》第577条规定为违约责任形态之一,与继续履行、赔偿损失并列。除“修改、更换、重作、减少价款或者报酬”补救措施外,不同类型合同终止后可能还存在其他补救措施,最典型的是解除前未履行的给付应当继续履行。比如,租赁合同解除(终止)后,继续给付终止前欠付的租金和利息也是“采取其他补救措施”的应有之义。

---

① 《民法典》第122条规定:“因他人没有法律根据,取得不当利益,受损失的人有权请求其返还不当利益。”第985条规定:“得利人没有法律根据取得不当利益的,受损失的人可以请求得利人返还获得的利益……”

② 原物因不可归责于返还人的事由毁损灭失,主要是考虑现存利益。

（四）赔偿损失

《民法典》第566条第1款和第2款，提供了合同解除后损害赔偿请求权的基础，包括违约损害赔偿和原物返还不能的损害赔偿请求权两类，但并不排除缔约过失之信赖利益赔偿请求权。[①] 如前所述，该条第2款专门增加违约损害赔偿请求权基础后，对第1款在合同法中提供合同解除后各类损害赔偿请求权基础的“赔偿损失”可以限缩解释以排除违约损害赔偿，亦可作为赔偿损失的一般条款，这对于法条适用的影响不大。对于返还不能的损害赔偿，在恢复原状部分已经就折价补偿内容作了讲述，对于因可归责于返还人原因造成返还物的毁损灭失之损害赔偿，可以适用《民法典》第157条的规定，即“有过错的一方应当赔偿对方由此所受到的损失；各方都有过错的，应当各自承担相应的责任”，亦可以按照侵权法的规定确定。

因合同解除，有学者认为，当事人可以在违约损害赔偿和信赖利益损害赔偿之间进行选择。[②] 本书认为，赋予债权人以选择权，或出于证明方便，或出于维持继续关系等，能更好地维护债权人利益。合同解除的违约损害赔偿，可以直接适用《民法典》第566条第2款的规定，“合同因违约解除的，解除权人可以请求违约方承担违约责任，但是当事人另有约定的除外”。《合同法》第97条规定的赔偿损失由于规则过于模糊，导致理解上产生了信赖利益损失说和违约损失说两种不同的观点，进而影响违约金条款在合同解除后之命运的认识。我国法院审判共识承认违约解除合同违约金条款的适用。[③] 对此，《民法典》专门增加第2款，上述争议已经彻底解决。违约责任，除损害赔偿外，包括实际履行（《民法典》第580条）、其他补救措施（《民法典》第582条），还包括定金和违约金等。违约金和定金在填补违约损失时，在性质上与损害赔偿相同。

（五）违约金条款的适用

违约金是违约赔偿金的事先确定，具有填补损害、减轻证明责任、高效便捷的优点，通说认为应优先于损害赔偿适用。违约金条款，仅在因违约解除合同时有意义；因不可抗力解除合同时，无违约责任即无违约金适用的前提。此前虽有最高人

---

① 《瑞士债务法》第107条规定，合同解除的损害赔偿，在学理上也被解释仅为信赖利益赔偿，与旧法国民法典和德国民法典观点一致，由此看来其现代化任务也比较紧迫。

② 参见韩世远：《合同法总论》，法律出版社2018年版，第588页、第589页。

③ 《买卖合同司法解释》第26条规定，“买卖合同因违约而解除后，守约方主张继续适用违约金条款的，人民法院应予支持；但约定的违约金过分高于造成的损失的，人民法院可以参照合同法第一百一十四条第二款的规定处理”。《九民会议纪要》第49条规定，“合同解除时，一方依据合同中有关违约金、约定损害赔偿的计算方法、定金责任等违约责任条款的约定，请求另一方承担违约责任的，人民法院依法予以支持”。

民法院公报案例,裁判要旨认为合同解除应当排除违约金条款适用,但非主流观点,《民法典》第566条第2款为此专门规定,合同因违约解除的,不排除违约责任,违约金是违约责任一种形式,自应适用,甚至更为明确。

合同解除后,违约金条款的适用,可分为以下3种情况:

一是法定解除时,除非当事人另有约定,在违约人不具备免责事由时,违约金条款应当适用。此时,无论是一方违约,还是双方违约,均得适用违约金条款。

二是协议解除时,违约金条款的适用。协议解除时,当事人在解除协议中明确约定了适用违约金条款的,当然适用。有争议的是,如果解除协议没有对违约金条款作出规定,是否适用?如果只是约定解除合同,未约定违约责任的,原则上视为排除违约责任,[①]或者推定当事人放弃了违约金条款,违约金条款自不能适用。因协议解除是以新协议代替原协议,故其与法定解除在解除原因、解除方式和解除后果上不同,协议解除后果信赖双方当事人的协商一致,在没有约定时,不能直接适用法定解除的后果,即直接适用《民法典》第566条的规定。在协议解除的事由是不可抗力时,不存在违约责任,违约金不可能适用。在协议解除的事由是违约行为时,当事人未对违约责任作出约定的,视为无违约责任,违约金条款不得适用;当事人约定承担违约责任,而没有涉及违约金条款的,除非当事人协议能够排除违约金条款适用,否则可以适用违约金条款。当事人在协议解除诉讼中主张适用违约金条款的,应由其对违约责任构成、协议保留了违约金条款负举证责任。

三是迟延违约金的计算。迟延履行违约金是违约金中的特殊类型,其仅在填补迟延履行的损失,不影响合同给付义务的履行。迟延违约金既适用于终止型解除合同,也适用于溯及解除合同。于不同情形,迟延违约金起算的开始时间均应为迟延发生之时,并无不同;计算的终止时间应予以区别对待:溯及解除时,自解除生效之日,原给付义务终止,迟延履行状态即为结束,故其迟延履行责任终止,迟延违约金计算也应截止。终止型解除,解除时并不终止之前的给付义务,迟延违约金按照审判实务的通行做法,应当计算到实际履行之日止。

(六)担保责任

《民法典》第566条新增第3款,即"主合同解除后,担保人对债务人应当承担的民事责任仍应当承担担保责任,但是担保合同另有约定的除外"。明确了主合同被解除后,对债务人应当承担的民事责任的担保责任不受影响,但担保合同另有约

---

① 参见王利明:《合同法新问题研究》(修订版),中国社会科学出版社2011年版,第546页以下。

定的除外。该款规定主要采纳了《担保法司法解释》第10条的规定。[①] 该款规定对担保人对合同解除后的担保责任有两层限定：一是解除后债务人承担的民事责任范围，担保责任以此为限。二是对民事责任承担担保责任的范围以担保合同约定的担保范围[②]为限，超出的不承担担保责任，排除了担保合同约定担保范围之外的民事责任。

对“担保合同另有约定”，最高人民法院相关案例认为，“是指在主合同解除的情形下，担保合同中关于担保人免责或担保人仍承担担保责任范围的约定，并非指此时担保人仍按原主合同约定的履行期限来承担担保责任。因此，倍合德公司关于张德玉在原约定的履行期限前要求其承担担保责任，加重其担保负担的主张，本院不予支持”。[③] 此见解合理。

（七）结算、清理条款

《民法典》第567条规定，“合同的权利义务关系终止，不影响合同中结算和清理条款的效力”。确认了结算和清理条款合同权利义务的终止的影响，因解除而终止合同权利义务的，结算和清理条款仍为有效。

结算是经济活动中的货币给付行为，结算的方式有银行汇票结算、商业汇票结算、银行本票结算、支票结算、汇兑、委托收款等。

清理条款包括两类：一是涉及纠纷解决机制的程序条款，比如，仲裁条款、调解条款、清算条款、法院管辖条款、法律适用条款等；二是实体处理条款，比如，违约金条款、定金条款，以及当事人约定的在合同解除后处理双方民事权利义务、责任的条款，合同中担保条款等。

## 三、合同解除权的行使

《民法典》第565条规定，“当事人一方依法主张解除合同的，应当通知对方。合同自通知到达对方时解除；通知载明债务人在一定期限内不履行债务则合同自动解除，债务人在该期限内未履行债务的，合同自通知载明的期限届满时解除。对方对解除合同有异议的，任何一方当事人均可以请求人民法院或者仲裁机构确认

---

① 《担保法司法解释》第10条规定：“主合同解除后，担保人对债务人应当承担的民事责任仍应承担担保责任。但是，担保合同另有约定的除外。”

② 《民法典》第691条规定，“保证的范围包括主债权及其利息、违约金、损害赔偿金和实现债权的费用。当事人另有约定的，按照其约定”。第389条规定，“担保物权的担保范围包括主债权及其利息、违约金、损害赔偿金、保管担保财产和实现担保物权的费用。当事人另有约定的，按照其约定”。

③ 参见美国倍合德国际有限公司与张某某、高邮市振阳绝缘材料有限公司民间借贷纠纷案，最高人民法院民事判决书(2011)民提字第219号。

解除行为的效力。当事人一方未通知对方,直接以提起诉讼或者申请仲裁的方式依法主张解除合同,人民法院或者仲裁机构确认该主张的,合同自起诉状副本或者仲裁申请书副本送达对方时解除”。这规定了合同解除权行使的方式。

我国《民法典》规定协议解除、行使解除权的通知解除和司法解除 3 种方式。协议解除,以当事人订立解除协议为行使方式,其同于合同订立方式,适用民事法律行为要约和承诺规则,适用合同成立和效力的相关评价。合同协议解除的,解除协议为新合同,应适用合同订立规则,于双方要约承诺完成时成立,即“协商一致时”,除当事人另有约定或者法律另有规定外,产生合同解除效力。

《民法典》对协议解除条文未作修改。在约定解除权或者法定解除权情形,《民法典》第 565 条规定了两种方式:一是解除权人以单方受领的意思表示行使,即以解除通知送达相对方当事人。解除权是形成权,通知到达相对方时产生解除效力;二是直接向法院起诉或者申请仲裁主张解除合同,人民法院或者仲裁机构确认解除的,解除自起诉状副本或者仲裁机构申请书副本送达对方时解除。相比《合同法》第 96 条,有 3 处重要修改:增加催告定时解除制度,完善解除权行使异议制度,增加解除权人直接起诉或者申请仲裁解除合同规定。

(一)通知解除

《合同法》第 96 条规定,解除通知达到对方时合同解除。合同解除权是形成权,解除权之行使,只需向他方当事人以意思表示为之,不必请求法院为宣告解除之形成判决。[①] 解除合同的意思表示,是一种受领的单方行为,[②]主要以通知解除方式进行。解除通知达到对方之时,产生合同解除之效力。通知解除既有合适的公示方式,让双方当事人及时知晓合同状态,便于适应经济生活,又有方便快捷、成本低廉优势,集安全、效率于一身,节约司法资源,为各国立法所采用。

解除通知的内容,是否需要说明解除的理由和解除的意思?按照《民法典》第 565 条的规定,当事人依法解除合同的,应当通知对方。即第 565 条的适用,应当以当事人“依法解除”为前提条件。所谓“依法”,就是应当依照法律规定或者合同约定赋予的单方解除权。因此,当事人在行使单方解除权时,应当说明合同解除的理由。至于理由是否合理合法,由对方当事人判断,并决定是否提出抗辩意见或者向人民法院或者仲裁机构提请确认是否解除。如果不这样理解,就与《民法典》第 562 条第 1 款规定的协商解除不能区分了。在不符合单方解除的条件下,不能适用第

① 参见黄立:《民法债编总论》,中国政法大学出版社 2002 年版,第 526 页。

② 《德国民法典》第 349 条规定,“解除合同,应以意思表示向另一方当事人为之”。

565 条规定的单方通知解除。具体来说,一方当事人通知对方解除,对方如无承诺,合同不能解除。

解除通知的效力。解除通知到达对方后,合同解除,此效力及于双方而非仅对另一方有约束力。通知解除后,对于通知方:一是免除自己的给付义务,二是请求损害赔偿之请求权和返还请求权。对于另一方:一是在合同因通知解除时,合同约定的给付请求权消灭,自己的对待给付义务被免除;二是在通知之解除权不成立时,取得不安履行抗辩权,可以按照预期违约行使解除权或者要求对方履行全部义务;三是在对方接到解除通知后,可以提出异议,可以请求法院或者仲裁机构确认解除效力;四是取得违约损害赔偿请求权,已为给付之返还请求权等,返还对方给付。

解除通知能否撤回或者撤销?一般认为,解除通知可以撤回,但应当参照要约撤回的条件,即撤回应当先于通知到达,或者同时到达。解除权行使一般不允许撤销,以避免造成法律关系过于随意的变动而无确定性,损害对方当事人之利益。只有在特殊情况下,即经得对方同意时,才可以撤销。

(二)催告定期解除

《民法典》第 563 条第 1 款第 3 项规定"当事人一方迟延履行主要债务,经催告后在合理期限内仍未履行",另一方可以解除合同,此为解除催告制度,即在解除合同前,守约方应当通知违约方在指定的合理期间内履行合同义务,未经催告,无权解除合同。对于《合同法》第 167 条规定的分期付款买卖合同解除,《民法典》第 634 条修改时也增加了催告条件。通常一方有迟延履行等违约行为,另一方并不当然取得解除权,必须先行催告违约方在合理期间内履行合同,在合理期间内仍未履行债务时,守约方才取得解除权。催告是合同严守和诚信原则的要求,目的在于保护违约方利益:一方面,给违约方提供了第二次履行给付义务的机会,以对违约进行补救;另一方面,给违约方以警告,使其知道如果再不履行将产生的解除的严重后果。催告既有激励履行的作用,也有解除警告作用,有利于促进交易完成。

对于催告的内容和形式,我国《民法典》未作规定。《民法典》规定,对于约定解除权解除合同的催告,必须明确提及解除条款,否则不产生效力;对于法定解除权解除合同,催告应当指定债务人在合理期限内履行合同义务,明确提出,除非债务人履行其应尽义务,否则债权人将行使解除合同的权利。催告的内容重点在督促违约方在指定期间内履行合同义务,必须要有明确的履行期间,而且是合理期间,以及要求履行的合同义务。对于不履行将行使解除权的意思,在法律未作强制规定时,未表明解除权行使意思或者指明解除条款的,以作不影响催告效力为合理解释。

应予注意,催告定期解除,不同于附条件或者附期间的解除通知。解除形成权赋予了权利人以自己单独的意思表示干预双方法律关系的法律权力,他方必须接受权利人行使形成权的事实,因此必须保护其免受不公平结果的损害。因此,法律对形成权规定了各种不同的限制,撤销法律行为的信赖赔偿义务、法院审查义务、终止合同要求陈述理由等特别规定,还有一般性的两个限制:一是不得附条件、附期限;二是不得撤回。① 催告定期解除是催告和解除通知一并行使两个行为,催告期满合同通知到达,合同解除。附期限的法律行为,是指一个法律行为以所附期限的到期而生效或者失效。两者的区别是明显的。

(三)解除异议

《合同法》第 96 条规定了解除权行使相对方的异议制度,"对方有异议的,可以请求人民法院或者仲裁机构确认解除合同的效力"。合同解除权属于形成权,自通知到达非解约人处即生解除效力,此种设计是为了迅速了结当事人间的合同关系,让受害人一方迅速摆脱合同的束缚。② 但市场交易中影响合同履行的因素千差万别,合同当事人对是否满足解除权的要件难说有十足把握,如果缺少督促当事人间磋商、博弈的实体法上的异议制度,不利于合同关系的及时稳定。

合同法实施后不久,有研究认为,非解约方异议权可能会滥用,不利于法律关系的稳定,提出应当限制异议权行使的期间。③ 随着研究不断深入,对异议权的期限、性质、逾期后果等问题进行了广泛探讨。④ 合同法"没有规定异议期限,无法达到快速解除合同的目的,学界和实务界几乎一致认为应该增加异议期限的规定,《合同法解释二》第二十四条应运而生"。⑤ 2009 年《合同法司法解释(二)》第 24 条出台正式回应这种呼吁,"当事人对合同法第九十六条、第九十九条规定的合同

---

① 参见[德]迪特尔·梅迪斯库:《德国民法总论》,邵建东译,法律出版社 2000 年版,第 79 页。

② 参见朱京安、杨丽珍:《论国际货物买卖合同的解除》,载《西北大学学报(哲学社会科学版)》2004 年第 1 期。

③ 参见张传军:《对合同解除异议权的行使应有期限规定》,载《人民司法》2000 年第 6 期;崔建远:《解除权问题的疑问与释答(上篇)》,载《政治与法律》2005 年第 3 期;等等。

④ 参见崔建远:《解除权问题的疑问与释答》(上篇),载《政治与法律》2005 年第 3 期;徐纯先:《论合同解除权的行使》,载《求索》2006 年第 8 期;汪张林、杜凯:《论合同解除权的行使》,载《西南政法大学学报》2005 年第 1 期;胡智勇:《合同解除权的行使方式——对〈合同法〉第 96 条第 1 款的理解与适用》,载《法律适用》2006 年第 1 期;张立锋、邵艳梅:《合同法定解除权的行使方式研究》,载《河北学刊》2007 年第 4 期;李晓艳:《合同解除权行使的若干争议问题》,载《山西省政法干部管理学院学报》2009 年第 2 期。

⑤ 汪东丽、袁洋:《合同解除异议制度废除论》,载《河南财经政法大学学报》2015 年第 6 期。

解除或者债务抵销虽有异议，但在约定的异议期限届满后才提出异议并向人民法院起诉的，人民法院不予支持；当事人没有约定异议期间，在解除合同或者债务抵销通知到达之日起三个月以后才向人民法院起诉的，人民法院不予支持”。该司法解释，一方面正式承认解除相对方的异议权利性质，赋予相对方更有力地对抗解除权滥用的防御手段，克服解除权单方决定合同效力的权力过大问题；另一方面通过规定异议权行使期限以利于从速确定合同解除效力，尽早稳定法律关系，有利于避免解除权行使不确定性的弊端。[①] 有研究指出，“长期以往，通知解除方式只是一种试探，诉讼解除才是主流，这与我国《合同法》采用的通知解除为原则，诉讼解除是例外的解除权行使方式不符，也有可能颠覆解除权的形成权属性，造成我国民法上权利体系的不安定”。[②] 实际上，上述担忧不是我国特有现象，正是解除权作为形成权必然存在的共通问题。

2009 年《合同法司法解释（二）》第 24 条在适用中引起较大争议，研究者主要指出四个问题：一是诱发机会解约。解释规定异议方未在约定或者法定 3 个月内行使异议权，法院将不再支持其异议。这为缺乏解除权的一方利用异议期间制度达到解除合同的投机目的提供了机会。不但侵蚀了市场的诚信之本，也无谓耗费了法院的司法成本和当事人的诉讼成本。[③] 二是限缩了自治空间。该司法解释规定异议方在 3 个月法定异议期间必须提起诉讼或者申请仲裁，而和市场交易各方通过协商处理解除合同事项的经常时间多数明显超过 3 个月。[④] 三是破坏交易预期。除斥期间规则有溯及适用于解释生效之前的案件，超出了当事人的交易预期。四是司法救济降级。由于对合同解除后能否赔偿违约损害包括违约金条款适用有争议，[⑤]如果违约方只需赔偿信赖利益而不是履行利益，非解约方的合同救济将从继续履行请求权直接降为信赖利益赔偿请求权，对守约之异议人救济明显不足。

针对以上问题，主要形成两种解决思路。第一种是实质理解说的解决方案。主张以解除权行使必须以具备解除权条件为前提，超过异议期提起诉讼的，人民法院也应当审查是否具备解除权条件，审查认定不符合解除条件的，确认合同解除行

---

① 参见最高人民法院研究室编著：《最高人民法院关于合同法司法解释（二）理解与适用》，人民法院出版社 2009 年版，第 175 页以下。

② 沈红、李益松：《合同解除异议权性质的厘清与定位——兼论〈合同法〉司法解释（二）第 24 条的理解与完善》，载《法律适用》2015 年第 3 期。

③ 参见姜旭阳：《股权转让协议解除的效力认定》，载《人民法院报》2012 年 4 月 25 日，第 7 版。

④ 参见贺剑：《合同解除异议制度研究》，载《中外法学》2013 年第 3 期。

⑤ 参见姚宝华：《再议合同解除异议期条款的适用——兼与张卓郁、孙闫同志商榷》，载《人民法院报》2011 年 12 月 22 日，第 7 版。

为不生效。《合同法》第 96 条规定的“异议”应为注意性规定,仅具有提示异议方提起诉讼确认解除效力的作用。此种方案否定了异议制度存在的必要性,等于回到了司法解释之前的原点。最高人民法院研究室法研〔2013〕79 号 2009 年《合同法司法解释(二)》第 24 条理解与适用的请示的答复即采此种方案,“当事人根据合同法第九十六条的规定通知对方要求解除合同的,必须具备《合同法》第九十三条或者第九十四条规定的条件,才能发生解除合同的法律效力”。这一方案并未平息相关争议。[①] 第二种是形式修正说的解决方案。提出在保持司法解释规定框架不变的基础上进行修改:第一点修改是在起诉和申请仲裁之外增加异议通知方式,降低异议压力,保障当事人自治的空间;第二点修改是适当延长 3 个月;第三点是增加解除方起诉确认合同解除效力的对等机制。

对于降低司法救济程度的问题,最高人民法院司法解释和规范性文件均已明确因违约解除合同的受害一方可以请求违约损害赔偿及违约金,实务共识已经达成。异议期间溯及适用影响当事人交易预期问题,研究室上述答复已经解决,“当事人没有约定异议期间,一方当事人在《合同法解释(二)》施行前已依法通知对方当事人解除合同,对方当事人在《合同法解释(二)》施行之日起三个月以后才起诉的,人民法院不予支持”。随着时间推移自然不是问题。从实质来说,直接后果就是会促使当事人更多地选择诉讼或者仲裁行使解除权,解约成本和诉讼成本加重。综合看来,上述第二种修正方案有其合理性。

民法典编纂中,立法者没有采纳实质说解决方案,基本采纳了形式修改说的完善方案。“解除人承担合同错误解除的法律风险是意思自治的必然要求,不宜转嫁,因此我国合同法建立异议制度本身就是一个错误,应该予以取消”[②]的观点在立法论上可以画上句号。《民法典》第 565 条第 1 款保留了解除权行使的异议权制度,同时作了重要修改。将“对方有异议的,可以请求人民法院或者仲裁机构确认解除合同的效力”修改为“对方对解除合同有异议的,任何一方当事人均可以请求人民法院或者仲裁机构确认解除行为的效力”。一是放宽了异议的形式要求,不再以起诉或者申请仲裁为必要;二是赋予了解除方在对方提出异议后有同等地起诉确认解除效力的权利。上述修改解决了 2009 年《合同法司法解释(二)》第 24 条最主要的问题,承认诉外异议方式后:一是能有效对抗滥用解除权,控制解除投机行

---

① 《九民会议纪要》第 46 条就“通知解除的条件”规定,只有享有法定或者约定解除权的当事人才能以通知方式解除合同。不享有解除权的一方向另一方发出解除通知,另一方即便未在异议期限内提起诉讼,也不发生合同解除的效果。

② 汪东丽、袁洋:《合同解除异议制度废除论》,载《河南财经政法大学学报》2015 年第 6 期。

为；二是异议期间过短问题亦为解决；三是赋予解除方提起确认诉讼的权力，可以控制解除权行使效力不确定的风险；四是打开了当事人之间自治的空间，有利于双方积极沟通协商解决纠纷，促进了合同自治。《民法典》肯定了异议权在合同解除权行使中尽快确定合同解除效力的效率价值和稳定法律关系的安全价值。这次修改，无疑很好地解决了解除异议权行使制度不足的问题，有助于正确理解异议权的内涵、构成、行使与效果，在裁判中合理兼顾公正与效率，为合同解除当事人提供平等合理的司法救济。

（四）起诉解除

《民法典》第565条第2款规定，"当事人一方未通知对方，直接以提起诉讼或者申请仲裁的方式依法主张解除合同，人民法院或者仲裁机构确认该主张的，合同自起诉状副本或者仲裁申请书副本送达对方时解除"。该款规定作为新增款项，其内容包括：一是解除方可以选择通知解除或者直接起诉解除合同。在约定解除权或者法定解除权情形下，解除方可以依该条第1款通知解除合同，也可以不通知解除而直接起诉解除合同，法院应当受理。解决了理论和实务对有解除权的情形下，通知解除是否是起诉的前置程序问题。二是解除合同纠纷诉讼是确认之诉。解除权人没有事先通知解除合同，直接起诉解除合同，在性质上仍然是行使解除权，法院只是确认有无解除权及解除是否生效，而非法院依职权直接裁判解除合同。法院的裁判是确认判决，而非形成判决。三是法院裁判支持解除合同的，解除生效时间溯及至载有解除合同诉讼请求的起诉状副本送达对方当事人之时。法院裁判支持解除合同，是确认解除行为生效与否的判决，因此解除生效的时间应以解除行为生效时间为准。可见相似的立法例是《法国民法典》第1227条，"在任何情况下，合同解除请求都可以通过诉讼的方式提出"。此前，最高人民法院《融资租赁合同司法解释》第11条规定，"出租人或者承租人请求解除融资租赁合同的，法院应予支持"。2012年《买卖合同司法解释》第3条规定，"出卖人因未取得所有权或者处分权致使标的物所有权不能转移，买受人要求出卖人承担违约责任或者要求解除合同并主张损害赔偿的，法院应予支持"。本次立法修改，是确认了审判实践做法。

《民法典》实际上承认了解除方有选择通知解除合同或者直接起诉解除合同的权利。合同解除权虽作为形成权，只需要一方的意思表示即可生效，但解除权行使能否产生效力有很大的不确定性，为避免这种不确定性带来过大风险，解除权人选择直接诉讼解除合同，自应允许。但如此规定，可能带来的不利影响应予关注：一是有可能违背私法自治的要求。在未发生争议时即允许当事人起诉，有将自治范畴事项推向司法公权力提早干预之嫌。会挤压私法自治的空间,通知解除合同的过程,也是当事人协商处理合同履行事务的机会,如果一方通知解除合同,另一方提出异议后经协商一致继续履行合同或者变更合同后继续履行,或者对方不作异议甚至接受解除,甚至可以协商完成解除后合同清理工作,最符合当事人意愿。二是有可能损害形成权行使的效率原则。各国民法及国际私法上多以解除通知方式行使解除权为常态,形成权即以单方意思而生效之权利,只在确有必要时,方得进入司法程序。三是有可能加重诉讼负担,过多占用司法资源,增加当事人诉讼成本。从适用上看,应当尽量完善相关规则,鼓励私法自治,由当事人自行管控双方的风险,提高解决问题的效率,同时对该条第 2 款规定作适当限制,避免过多地将合同解除权行使推向司法程序,节省司法资源。但本书认为,采用通知解除与诉讼或者仲裁并用的方式,可以利用诉讼等方式为后盾,促进异议方及时与解除方协商,快速解决双方的纠纷。否则,合同解除纠纷不能及时解决的长期困扰难以消除。

合同解除的时间问题。在实践中有观点认为,有解除权的当事人直接起诉解除合同的,合同自起诉状送达对方当事人合同解除,即以含有解除合同意思表示的起诉状副本送达对方,解除权人解除合同的通知即到达对方,即产生合同解除的效力。如此理解,会带来两个困惑:一是在诉讼中原告能否变更诉讼请求,如放弃解除合同的请求,改为请求实际履行?二是起诉以后,当事人是否还需要继续履行合同义务,是否中止履行?对第一个问题,民事诉讼法明确规定,在一审诉讼庭审终结之前,当事人可以变更、增加诉讼请求。原告解除合同的诉讼请求依民事诉讼法可以变更,但按照民法形成权的行使规则,一旦生效,不得撤销,当然也不能变更。《民法典》对此设置的应对方案是,“于判决确认解除主张时”,合同解除时间确定,有溯及确定的意思,在法院审查确定有解除权之前,合同解除与否处于不确定状态。似乎可以解释为,既然解除与否要等最终裁判结果,此时未发生解除效力,可以变更诉讼请求。但这一方案仍然未解决解除合同的诉讼请求能否变更的问题。笔者认为,形成权一旦行使,一般不得撤销,但并不是绝对不能撤回,在相对人提出异议以后,形成权人可以撤回其行为。一经撤回,相对人期待的法律关系即告形成,不会造成法律关系的不确定性。[①] 一方提起诉讼请求解除合同,另一方提出异议即否认或者抗辩解除时,原告取得撤销解除行为的权利,即可以变更诉讼请求,法院应当允许。在另一方对解除合同没有提出异议的情况下,原告无法取得撤销

① 参见[德]迪特尔·梅迪库斯:《德国民法总论》,邵建东译,法律出版社 2000 年版,第 79 页以下。

解除行为的权利,自不应允许其变更诉讼请求,当然在对方当事人同意的情况下,法院可以允许其变更诉讼请求。对第二个问题,一旦起诉解除合同,对于另一方来说,其即取得了信赖解除而停止履行自己义务的中止履行权,即使最终法院审查确定合同解除,解除之后果,也即给付义务终止,亦无须再履行,诉讼期间中止履行对其不会有不利影响。但如果其认为原告不具有解除权,其仍应履行其已到期义务的,也可以通过提存的方式来履行自己的义务,如果最终法院没有确认解除,其义务也已经履行,不会承担违约责任。对于起诉方来说,其提起解除诉讼,对于解除不当行使的后果,就要由其承担,其并不会因起诉而取得中止履行的权利,如果法院最终没有确认解除合同,其在诉讼期间未履行自己的合同义务的,要承担违约责任。

撤诉后的法律效果。撤诉使诉讼归于终结,当事人得另行起诉。解除合同的意思能够撤回?按照形成权说,解除的意思表示到达对方时合同解除,不得撤回。若对方有异议的,可以撤回。若对方没有异议,撤诉不影响合同解除效力。虽已经撤诉,但合同已经解除,对方取得合同解除的抗辩权。但此种结论与人们的通常观念有较大差距,实不可取。[①] 我们认为,除非在诉讼中双方就解除合同达成一致,否则原告撤诉的,由于不符合《民法典》规定的法院确认其解除主张的条件,故不产生解除效力。

(五)违约方的能否解除合同

最高人民法院公报案例(2006 年第 6 期)新宇公司诉冯某某商铺买卖合同纠纷案,在其裁判要点和裁判理由是:"当违约方继续履约所需的财力、物力超过合同双方基于合同履行所能获得的利益时,应该允许违约方解除合同,用赔偿损失来代替继续履行。"此案例被认为是创造性地依据《合同法》第 110 条[②]和第 94 条规定,赋予了合同继续履行不能时,违约方以支付充分赔偿为代价请求解除合同的权利。这个"违约方享有解除权"的判决一经作出,因突破了我国传统上守约方才能解除合同的通说,受到广泛关注,成为争议的热点和研究的重点。一方面,最高人民法院沿此一路前行,通过司法解释、案例、规范文件不断完善和发展违约方在解除合同中的依据、地位、适用范围等基本规则。例如,最高人民法院 2003 年《商品房买

① 参见杨永清:《合同法第九十六条中的"通知"包括通过法院通知》,载《人民司法·应用》2008 年第 19 期。

② 《合同法》第 110 条规定:"当事人一方不履行非金钱债务或者履行非金钱债务不符合约定的,对方可以要求履行,但有下列情形之一的除外:(一)法律上或者事实上不能履行;(二)债务的标的不适于强制履行或者履行费用过高;(三)债权人在合理期限内未要求履行。"

卖合同解释》第23条(2020年修改后为第19条)、[①]《融资租赁合同司法解释》第11条、[②](2016)最高法民终203号"重庆长虹塑料厂与重庆天龙房地产开发有限公司房屋拆迁安置补偿合同纠纷案"判决书[③](以下简称重庆案)、《九民会议纪要》第48条[④]以及地方法院的规范文件。[⑤] 另一方面,理论界也从固有的守约方才有解除权的前提下,不断跟进研究,对违约方亦得享有合同解除权或者应当承认违约方解除权提出了许多论证、支撑、反思、批评、重构。[⑥]《民法典》起草过程中回应司法需求,欲正式将司法规则上升为立法,承认违约方可以请求解除合同,曾在《民法典各分编(草案)》(二次审议稿)第563条即《合同法》第94条增加第2款,"合同不能履行致使不能实现合同目的,解除权人不解除合同对对方明显不公平的,对方可以向人民法院或者仲裁机构请求解除合同,但是不影响其承担违约责任"。后因"有的专家学者提出,这一规定的出发点在于解决实践中存在的由于合同不能履行而导

---

① 2003年《商品房买卖合同解释》第23条规定:"商品房买卖合同约定,买受人以担保贷款方式付款,因当事人一方原因未能订立商品房担保贷款合同并导致商品房买卖合同不能继续履行的,对方当事人可以请求解除合同和赔偿损失。因不可归责于当事人双方的事由未能订立商品房担保贷款合同并导致商品房买卖合同不能继续履行的,当事人可以请求解除合同,出卖人应当将收受的购房款本金及其利息或者定金返还买受人。"

② 《融资租赁合同司法解释》第11条规定:"有下列情形之一,出租人或者承租人请求解除融资租赁合同的,人民法院应予支持:(一)出租人与出卖人订立的买卖合同解除、被确认无效或者被撤销,且双方未能重新订立买卖合同的;(二)租赁物因不可归责于双方的原因意外毁损、灭失,且不能修复或者确定替代物的;(三)因出卖人的原因致使融资租赁合同的目的不能实现的。"

③ 案情:天龙公司于2004年6月5日获得南坪正街地块(包括长虹塑料厂在内)的开发使用权后,因未按照约定期限支付土地出让金,也未与重庆市国土资源和房屋管理局签订国有土地使用权出让合同,从而导致其未能取得涉案土地使用权。这也是《房屋联建合同》及补充协议不能履行的根本原因。天龙公司无法取得该地块的土地使用权,案涉《房屋联建合同》及补充协议的合同目的已无法实现。根据《合同法》第94条和第96条的规定,天龙公司解除合同的行为有效。虽然天龙公司解除合同的行为有效,但其行为已构成违约。一方违约,土地使用权未取得,联合开发成为不可能,合同目的不能实现,违约方解除通知,法院认可解除有效,但承担违约责任。

④ 《九民会议纪要》第48条规定:"违约方不享有单方解除合同的权利。但是,在一些长期性合同如房屋租赁合同履行过程中,双方形成合同僵局,一概不允许违约方通过起诉的方式解除合同,有时对双方都不利。在此前提下,符合下列条件,违约方起诉请求解除合同的,人民法院依法予以支持:(1)违约方不存在恶意违约的情形;(2)违约方继续履行合同,对其显失公平;(3)守约方拒绝解除合同,违反诚实信用原则。人民法院判决解除合同的,违约方本应当承担的违约责任不能因解除合同而减少或者免除。"

⑤ 重庆市高级人民法院《关于审理合同纠纷案件若干问题的指导意见(一)(试行)》第2条规定:"第一审人民法院对于当事人基于合同有效提起的诉讼,可以根据案件事实作出的认定进行释明:……(2)人民法院认定合同有效但实际履行不能的,告知当事人可以按合同解除提起诉讼请求……"《北京市高级人民法院审理民商事案件若干问题的解答之五(试行)》第17条规定:"当事人无法协议解除合同,继续履行又有现实困难的,法院应认定合同一方当事人或双方当事人的合同目的已经不能实现,判令合同解除。对于合同解除的后果,法院应根据《合同法》第九十七条规定的内容,及当事人对合同解除后的处理约定行使释明权,以决定是否一并处理合同解除后当事人之间债权债务的实体问题。"

⑥ 参见蔡睿:《吸收还是摒弃:违约方合同解除权之反思——基于相关裁判案证的实证研究》,载《现代法学》2019年第3期。

致的僵局问题,但规定违约方可以申请解除合同,与严守合同的要求不符,建议删去。对个别合同僵局问题,可以考虑通过适用情势变更规则或者其他途径解决。宪法和法律委员会经研究,建议采纳这一意见,删去该款规定"。故三审稿未予规定。《民法典》在通过前于第 580 条增加了第 2 款,"有前款规定的除外情形之一,致使不能实现合同目的的,人民法院或者仲裁机构可以根据当事人的请求终止合同权利义务关系,但是不影响违约责任的承担"。真是柳暗花明又一村。

《民法典》对第 580 条第 1 款规定的 3 种免除履行义务情形的合同效力,提供了协商、约定解除权、法定解除权、情势变更 4 种规则。按照理论通说,对于非不可抗力、情势变更的原因导致不能履行情形,于法定解除权人不行使解除权造成合同僵局,又无法终止合同效力时,应当承认存在法律漏洞。《德国民法典》现代化时,于第 326 条针对该法第 275 条排除履行义务后合同效力后果,规定在履行不能直接免除履行义务,或者其他情形排除履行义务后,对待履行请求权消灭;债权人在债务人不再实际履行义务时,有合同解除权。由此观之,这次《民法典》第 580 条增加第 2 款,即借鉴了《德国民法典》第 326 条的规定,以弥补立法漏洞。

## 专题二　抵销问题

### 一、抵销的内涵与构成

抵销,是指两人之间互负债务的同时消灭。[①] 我国合同法规定抵销是合同权利义务关系终止的一种原因,民法典规定抵销是债权债务关系消灭的一种原因。合同法和民法典都规定了两类抵销:法定抵销和合意抵销。《民法典》第 568 条规定的法定抵销,是指双方当事人互负同种类、同品质的债务,任何一方均可将自己的债务与对方到期债务予以抵销,使双方债务在抵销数额范围内消灭。《民法典》第 569 条规定了合意抵销,合意抵销又称为约定抵销,是指双方当事人互负不同种类、不同品质的债务,经协商一致,也可以使双方债务以抵销方式消灭。抵销人的债权,又称主动债权、抵销债权。被抵销的债权称为被动债权。法定抵销的构成要件

---

① 参见《法国民法典》第 1347 条之规定。

依法律的规定,不符合法定条件者不得抵销,法定抵销依一方的意思表示(通知)即可以产生使双方债务消灭的效力。合意抵销则以当事人的意思表示一致为必要条件,不受法律规定条件的约束,在本质上属于一种抵销合同。[①] 两者在使债消灭的功能上相同,但在构成要件和法律效力显有不同,法定抵销的效力依法律规定,合意抵销发生合同之债的效力,在实务中应当注意予以区分。下文如未特别注明,仅指涉法定抵销。

(一)《民法典》关于抵销的修改和完善

《民法典》对合同法关于法定抵销的规定作了如下修改完善:

一是《民法典》第568条将《合同法》第99条规定的"当事人互负到期债务"修改为"对方的到期债务",即只要求抵销债权到期,对于被动债权是否到期不作要求。因为被动债权未到期,抵销人享有期间利益,其主张抵销的,即视为其放弃了该利益,自无不可。这一修改,扩大了可以抵销的债务的范围,更符合抵销的功能。

二是《民法典》第568条在不得抵销的情形中增加了"按照当事人约定"不得抵销的情形,作为根据债务的性质、法律规定不得抵销之外的第三种不得抵销的事由,系采纳了2009年《合同法司法解释(二)》第23条的规定,"对于依照合同法第九十九条的规定可以抵销的到期债权,当事人约定不得抵销的,人民法院可以认定该约定有效"。

三是《民法典》第549条对债权转让后债务人对让与人享有的债权向受让人主张抵销的情形,增加"债务人的债权与转让的债权是基于同一合同产生"这一新情形,比《合同法》第83条要求"债务人接到债权转让通知时,债务人对让与人享有债权,并且债务人的债权先于转让的债权到期或者同时到期"的条件更宽松,基于同一交易关系的债务抵销不再受到期条件的限制。该条构成《民法典》第568条规定的特别规定,对债权转让中的债务人明显有利。

四是《民法典》第553条在原《合同法》第85条规定基础上,对债务人转移债务后新债务人可以主张原债务人对债权人的抗辩事由,作了"原债务人对债权人享有债权的,新债务人不得向债权人主张抵销"的限制规定,新债务人不得主张原债务人的抵销权,明显对债权人、原债务人有利,也不损害新债务人利益。

五是《担保法》第20条规定"一般保证和连带责任保证的保证人享有债务人的抗辩权",又规定"抗辩权是指债权人行使债权时,债务人根据法定事由,对抗债权

---

① 参见王利明:《合同法新问题研究》,中国社会科学出版社2011年版,第604页。

人行使请求权的权利”。引发了对保证人能否行使债务人的抵销权的争议。为此，《民法典》第 702 条明确规定：“债务人对债权人享有抵销权或者撤销权的，保证人可以在相应范围内拒绝承担保证责任。”

（二）法定抵销的构成要件

法定抵销的构成要件，包括以下几个方面：

第一，双方互负合法债务。双方互相负有债务，即指双方相互享有债权，又负有债务，存在两个相对债权。可以抵销的债务，应当都是合法有效的债务，对于非法之债，不得进行抵销。抵销中的主动债权应当是抵销人自己对被抵销人享有的债权。被动债权应当属于被抵销人的债权，不允许用第三人的债权进行抵销。如《民法典》第 553 条规定，“债务人转移债务的，新债务人可以主张原债务人对债权人的抗辩；原债务人对债权人享有债权的，新债务人不得向债权人主张抵销”。但在法律规定的例外情况下，允许抵销人以他人之债权用以抵销。如《民法典》第 549 条规定，在债权转让后，债务人得以其对原债权人的债权向新债权人予以抵销，“有下列情形之一的，债务人可以向受让人主张抵销：（一）债务人接到债权转让通知时，债务人对让与人享有债权，且债务人的债权先于转让的债权到期或者同时到期；（二）债务人的债权与转让的债权是基于同一合同产生”。在允许第三人进行清偿的情形，能否允许以第三人之债权与债权之抵销虽有争议，但法律规定第三人负有履行义务时，符合法定抵销的条件的，以其债权予以抵销自不应禁止。再如，《民法典》第 524 条规定的第三人代为履行制度，“债务人不履行债务，第三人对履行该债务具有合法利益的，第三人有权向债权人代为履行；但是，根据债务性质、按照当事人约定或者依照法律规定只能由债务人履行的除外。债权人接受第三人履行后，其对债务人的债权转让给第三人，但是债务人和第三人另有约定的除外”。第三人履行时，应当允许其主张抵销。如《担保法》第 20 条规定保证人享有债务人对债权人的抗辩权，在解释上，我国学者通常认为该条规定的抗辩权应当作广义解释，允许保证人以债务人的抵销权进行抗辩，应当允许保证人代债务人行使抵销权，也是其行使抗辩权的具体表现。[①]《民法典》修改了《担保法》第 20 条规定于第 701 条、第 702 条，“保证人可以主张债务人对债权人的抗辩。债务人放弃抗辩的，保证人仍有权向债权人主张抗辩”；“债务人对债权人享有抵销权或者撤销权的，保证人可以在相应范围内拒绝承担保证责任”。明确规定债务人对债权人的抵销权

---

① 参见王利明：《合同法新问题研究》，中国社会科学出版社 2011 年版，第 595 页。

纳入保证人对债权人的抗辩权范围,赋予保证人在债务人的抵销权范围内免于承担保证责任的抗辩权。这一修改弥补了《担保法》第20条规定的漏洞,有利于保护保证人的利益。但应当注意,保证人以债务人的抵销权进行抗辩,是可抵销性抗辩,本身不同于作为形成权的抵销权,性质上属于一项履行拒绝权,是对于保证债务的延缓的抗辩权。[①] 既可以避免保证人无终局给付义务而仍须先为给付的不利后果,也可以避免"越俎代庖",对主债务人的权利自由构成侵害。[②]

另外需要讨论的一种情况是,在连带债务中,如果连带债务人之间存在分担协议,某一债务人被追诉时,可以其他连带债务人的债权向债权人抵销[③]的观点是否可以在民法典规范下合理解释予以接受。我国《民法典》第520条规定的连带债务人之间的事项的效力,仅承认一债务人主张抵销的效力及于其他连带债务人,没有规定连带债务人可以主张其他连带债务人的抵销权。本书认为,连带债务人一人对债权人享有债权,符合抵销条件的,可以通过抵销消灭债权债务,该效力可以及于其他债务人,能够以此对抗辩债权人,但不宜允许连带债务人主张其他债务人对债权人的抵销权,否则会过度干涉他人权利自由,但是否可以比照适用《民法典》第701条之规定,连带保证人可以主债务人的抵销权对债权人进行抗辩拒绝相应部分履行规则,赋予连带债务人相应抗辩权,值得研究。在立法上,2016年新《法国民法典》第1347-6条第2款规定,"连带债务人,得以债权人与任一共同债务人之间存在抵销(债务)为由,要求从全部债务中扣除他(有抵销权的连带共同债务人)的份额"。抛弃了法国旧民法第1294条[④]禁止连带债务人主张其他连带债务人的抵销权的立法例,而改采拒绝履行抗辩权规则,可资借鉴。

双方互负债务,既包括两个独立的债务,也包括同一合同中产生的两个债务。两个独立债务的抵销,称为独立抵销;同一交易中的两个债务的抵销,称为"同一交易中的抵销",英美法上称为衡平抵销。我国《民法典》对此未作明确规定,在第592条第1款规定,"当事人都违反合同的,应当各自承担相应的责任"。在第549条第2项规定"债务人的债权与转让的债权是基于同一合同产生",明显即为同一交易中债务的抵销。《海商法》第215条的规定也与此相类似,"享受……责任限制的人,就同一事故向请求人提出反请求的,双方的请求金额应当相互抵销,本章规

---

① 参见韩世远:《合同法总论》,法律出版社2018年版,第700页。

② 参见尹腊梅:《民事抗辩权研究》,知识产权出版2013年版,第255页以下。

③ 参见周枏:《罗马法原论》(下册),商务印书馆1996年版,第845页。

④ 旧《法国民法典》第1294条规定,"连带债务人中的一人对于债权人有债权者,其他连带债务人不得主张抵销"。

定的赔偿限额仅适用于两个请求金额之间的差额”。在司法实务中,对独立抵销与同一交易抵销一般不作区分,均为认可。

第二,债务种类品质相同。法定抵销债务的种类和品质应当相同,如果不同,则不允许使用法定抵销。债务种类相同,是指给付的标物权种类相同。因此,能够适用法定抵销的债务应当限于种类之债,[①]主要适用动产之债[②]特别是金钱之债,对于特定物之债,特别是不动产不适用法定抵销,因为不动产都具有其独特性,不可能存在种类、品质相同的问题。之所以在法律上要求种类相同才能抵销,是因为不同种类的给付之间价值难以确定,很难进行抵销,而且不同种类的给付,表明了当事人的合同目的是不同的,如果允许抵销,就无法实现合同目的。[③]

品质相同,是指标的物的质量等级相同。标的物的品质,有的有法定的标准,有的有行业的标准,如果没有法定标准、行业标准,则按照交易习惯确定。如大米有不同的产地,有不同的等级,都决定了品质相差很大,价格也差别很大。因此品质不同,通常有不同的合同目的,难以进行抵销。有观点认为,如果主动债权的品质优于被动债权的,则应当允许抵销。[④] 我们认为,如果不因此违背被动债权的合同目的,可以允许抵销,否则不应允许。

第三,抵销债权已经到期。《合同法》第 99 条规定,双方债务到期是抵销的条件。此次《民法典》修改为抵销债权须到期。到期,即指届清偿期。双方债权均已到期进行抵销自为正当,在抵销债权到期,被抵销债权尚未到期时,通说认为抵销权人抛弃了其履行期限利益,亦应当允许抵销。但如果主动债权未到期,因债务人享有履行期限利益,如果允许抵销则会使债务人受到损害,因此抵销债权应以到期为条件。对于未定履行期的债权,依《民法典》第 511 条的规定,可以通知债务人于必要的准备期满后到期,再进行抵销。依法律特殊规定,未到期的债权加速到期的,也可以进行抵销。如《企业破产法》第 46 条第 1 款规定,“未到期的债权,在破产申请受理时视为到期”。

第四,双方债务不属于不能抵销情形。《民法典》第 568 条第 1 款规定,“当事人互负债务,该债务的标的物种类、品质相同的,任何一方可以将自己的债务与对方的到期债务抵销;但是,根据债务性质、按照当事人约定或者依照法律规定不得抵销的除外”。该条列举了 3 种债务不得抵销的情形:一是根据债务性质不得抵

---

① 参见韩世远:《合同法总论》,法律出版社 2018 年版,第 701 页。

② 参见王利明:《合同法新问题研究》,中国社会科学出版社 2011 年版,第 597 页。

③ 同上。

④ 参见刘春堂:《判解民法债篇通则》,台北,三民书局股份有限公司 1991 年版,第 233 页。

销;二是依照法律规定不得抵销;三是根据当事人约定不得抵销。

其一,依债务性质不得抵销情形。根据债务性质,只有清偿才能实现合同目的的,则不应适用抵销。一般认为,具有人身专属性的债务、不作为债务、提供劳务的债务等,因其债务性质不适于抵销。对于因侵权行为发生的损害赔偿债权,多数国家立法限制进行抵销,无论是故意侵权还是过失侵权在所不问,皆予以禁止。禁止或者限制侵权损害赔偿之债的抵销有两方面理由:一是侵权人应当现实且迅速地填补受害人的损害;二是防止诱发侵权行为。[①] 从防止诱发侵权行为而言,限制在故意侵权范围不适用抵销为妥,但如果为使受害人得到及时的损害赔偿目的,则全部侵权损害赔偿之债皆不宜允许抵销。我国《民法典》对此未作规定。对于侵害财产之损害赔偿,以防止诱发侵权行为已足,限制在故意侵权为妥。对于侵害物质性人格权的损害赔偿之债,受害人能够得到及时损害赔偿以为治疗恢复健康等是必要的,因此抵销应当全面限制。如在"王某申请执行终结案"中,法院认为,金钱债务和侵犯人身权之债在执行阶段不能抵销,理由是"在执行程序中,如果没有当事人双方的合意,法院对于两种不同性质的债的抵销无法可依,同时也违反了法律设置抵销制度的初衷。另外,从道德的角度看,如果允许不同性质的债在执行程序中抵销的话,将造成道德领域的混乱,不利于体现对人身权的保护"。[②] 具体适用,可以类推适用《民法典》第 506 条的规定,"合同中的下列免责条款无效:(一)造成对方人身损害的;(二)因故意或者重大过失造成对方财产损失的"。造成对方人身损害的责任,既然不能事先约定免除,自亦不能抵销,[③]侵权债务人不得主动以之抵销。当然,为妥当平衡双方的利益,可以赋予受害人放弃抗辩利益的权利,如果其同意抵销,无论是故意侵权还是无害的侵权之债,均可合意抵销。

对于有抗辩权相对抗的债权,不得用作抵销。[④] 因债权上附有债务人的抗辩权,如《民法典》第 525 条、第 526 条规定的同时履行抗辩权、先履行抗辩权等,不能因为抵销的行使而剥夺抗辩权人的抗辩权,故不得抵销。但抗辩权人主张抵销的,视为其放弃抗辩权,自可以抵销。抵销人经过抗辩权人同意,也可以抵销。

---

① 参见韩世远:《合同法总论》,法律出版社 2018 年版,第 705 页。

② 夏春海、叶利成:《金钱债务和侵犯人身权之债在执行阶段能否抵销》,载《人民法院报》2006 年 1 月 10 日,第 11 版。

③ 参见王利明:《合同法新问题研究》,中国社会科学出版社 2011 年版,第 600 页。

④ 参见《德国民法典》第 390 条。

对于被扣押的债权，原则上不限制进行抵销，[1]但在法律另有规定，或者损害第三人利益的情形下应当予以禁止。对被扣押的债权抵销，可以比照适用《企业破产法》第40条的规定，在债权被扣押之后取得对债务人的债权的，或者其债权在被扣押之后到期且晚于被扣押债权到期时间的，不得进行抵销，否则损害扣押债权的权利人的利益。如在哈尔滨银行股份有限公司重庆分行、重庆神龙峡旅游开发有限公司债权人代位权纠纷案[2]中，最高人民法院支持了符合抵销条件在被保全之前的债务对被扣押债权抵销，“虽然根据481－2号执行裁定书，神龙峡公司对铭嘉公司负有的6157.2352万元借款债务中的4500万元被保全，但是一方面该情形不属于不得抵销的债务，另一方面这属于程序上的措施，不影响债务的真实存在。故，神龙峡公司对铭嘉公司的债务适于抵销”。对于设立应收账款质押的债权，能否抵销的问题，我们认为于应收账款登记公示之日起，视为对债权采取了相应扣押措施之效力，主张抵销时，亦应比照《企业破产法》第40条的规定，对登记之日后取得的债权或者负有的债务，不得以抵销权对抗应收账款质权。

对于第三人利益合同中第三人享有合同债权，合同双方不得以之相互抵销。第三人请求债务人履行合同义务时，债务人不得以其对合同相对方享有的债权进行抵销；反之，债务人向合同相对方请求履行合同义务的，合同相对方也不得以第三人享有的债权与债务人进行抵销。我国《民法典》未作规定。《瑞士债法典》第122条规定，“一方当事人为第三人利益订立合同的，该当事人不能将其债务与其对合同另一方当事人的债权相抵销”。可资借鉴。还应当注意，《民法典》第522条规定，“当事人约定由债务人向第三人履行债务，债务人未向第三人履行债务或者履行债务不符合约定的，应当向债权人承担违约责任。法律规定或者当事人约定第三人可以直接请求债务人向其履行债务，第三人未在合理期限内明确拒绝，债务人未向第三人履行债务或者履行债务不符合约定的，第三人可以请求债务人承担违约责任；债务人对债权人的抗辩，可以向第三人主张”。该条第1款规定的是约定向第三人履行债务，第2款规定的是第三人利益合同。约定向第三人履行，第三人

---

① 参见《德国民法典》第392条的规定，“债务人对债权人享有的一项债权被扣押之后取得自己的债权时，或者在自己的债权系于扣押之后并且是后于被扣押的债权始届清偿期时，才因该项债权的扣押而被排除用作抵销”。

② 参见最高人民法院民事裁定书，(2017)最高法民申1392号。

仅是履行辅助人,不是债权人,故不影响债权的抵销。[①] 该条第 2 款规定的是第三人利益合同,第三人享有合同债权,抵销权的行使应当受有限制。

其二,法律规定不得抵销的情形。法律规定不得抵销的债务,不得依法定抵销消灭。具体情形包括如下六类:

一是《民事诉讼法》第 243 条和第 244 条规定,被执行人未按执行通知履行法律文书确定的义务,人民法院有权扣留、提取被执行人应当履行义务部分的收入,但应当保留被执行人及其所扶养家属的生活必需费用。人民法院查封、扣押、冻结、拍卖、变卖被执行人应当履行义务部分的财产,应当保留被执行人及其所扶养家属的生活必需品。上述法律规定的不得扣押执行的被执行人的收入和财产,如果属于被动债权,则不允许抵销,应当予以清偿,否则会严重影响债务人的生活。

二是《信托法》第 18 条规定,"受托人管理运用、处分信托财产所产生的债权,不得与其固有财产产生的债务相抵销。受托人管理运用、处分不同委托人的信托财产所产生的债权债务,不得相互抵销"。

三是《合伙企业法》第 41 条规定,"合伙人发生与合伙企业无关的债务,相关债权人不得以其债权抵销其对合伙企业的债务;也不得代位行使合伙人在合伙企业中的权利"。

四是《企业破产法》第 40 条规定,"债权人在破产申请受理前对债务人负有债务的,可以向管理人主张抵销。但是,有下列情形之一的,不得抵销:(一)债务人的债务人在破产申请受理后取得他人对债务人的债权的;(二)债权人已知债务人有不能清偿到期债务或者破产申请的事实,对债务人负担债务的;但是,债权人因为法律规定或者有破产申请一年前所发生的原因而负担债务的除外;(三)债务人的债务人已知债务人有不能清偿到期债务或者破产申请的事实,对债务人取得债权的;但是,债务人的债务人因为法律规定或者有破产申请一年前所发生的原因而取得债权的除外"。

五是《证券投资基金法》第 6 条规定,"基金财产的债权,不得与基金管理人、基金托管人固有财产的债务相抵销;不同基金财产的债权债务,不得相互抵销"。

六是最高人民法院《关于破产债权能否与未到位的注册资金抵销问题的复函》(法函〔1995〕32 号)中规定,"破产企业的股东享有的破产债权,不得与其未到位的

---

① 《民法典》之前有学者对《合同法》第 64 条规定的约定向第三人履行合同性质有不同认识,主张为第三人利益合同的,相应地则主张此类债权的抵销应当作为限制。2009 年《合同法司法解释(二)》明确规定《合同法》第 64 条的第三人是履行辅助人,《民法典》第 522 条采司法解释观点后增加第 2 款后,第 1 款规定的"约定向第三人履行"中的第三人只能是履行辅助人,第 2 款规定的才是第三人利益合同。

注册资本金相抵销”。

其三,当事人约定不得抵销的情形。合同法未规定约定不得抵销,2009 年《合同法司法解释(二)》第 23 条对此作了规定,“对于依照合同法第九十九条的规定可以抵销的到期债权,当事人约定不得抵销的,人民法院可以认定该约定有效”。《民法典》吸收该司法解释的规定,增加了“根据当事人约定”不得抵销规定。当事人约定不得抵销,按合同自由原则,应予认可。此种约定在当事人间产生约束力,自无疑义。但禁止抵销约定对第三人是否产生法律效力,《民法典》未作规定,2009 年《合同法司法解释(二)》也未明确,应作进一步解释。从比较法上看,《日本民法典》第 505 条第 2 款规定,抵销“不适用于当事人表示了反对意思情形,但不得以其意思表示对抗善意第三人”禁止抵销的约定,不得对抗善意第三人,主要目的是保护债权受让人之抵销权。《瑞士债法典》第 126 条规定,当事人可以事先放弃抵销权,但未规定不得对抗善意第三人。我国《民法典》第 568 条禁止抵销约定对第三人效力问题,可比照《民法典》第 545 条第 2 款“当事人约定非金钱债权不得转让的,不得对抗善意第三人”之规定,亦解释为禁止抵销之约定不得对抗善意第三人。

## 二、法定抵销的行使及效力

### (一)法定抵销的行使

对法定抵销的行使,《民法典》第 568 条第 2 款规定,“当事人主张抵销的,应当通知对方。通知自到达对方时生效。抵销不得附条件或者附期限”。《九民会议纪要》第 43 条也规定,抵销权既可以通知的方式行使,也可以提出抗辩或者提起反诉的方式行使。

第一,抵销依抵销人的单方意思表示进行。具备法定抵销条件时,双方之债务并不当然抵销,需要抵销人通知对方进行抵销。抵销的通知,即抵销人进行抵销的意思表示,是一种单方行为。抵销的通知自到达对方时生效,可见抵销通知是需对方受领的单方意思表示。抵销通知的方式,法律没有明确限制,以书面、口头均无不可,也可以在诉讼中提出。最高人民法院在判决书认为,关于债务抵销的程序,在诉讼中提出的,也是通知的一种方式。[①] 对于票据债权人以对于票据债务人所负担之债务与票据债权为抵销时,应当交付票据。[②] 抵销人以单方意思即可产生抵销的效果,即双方互负债权债务的消灭,抵销人享有的是抵销权。抵销权是形成权,

---

① 参见最高人民法院民事判决书,(2018)最高法民再 51 号。

② 参见史尚宽:《债法总论》,中国政法大学出版社 2000 年版,第 861 页。

与解除权在性质上相同,是以变动当事人之间的法律关系为目的的权利。抵销权一旦行使,即发生效力,不得撤销。

第二,抵销不得附条件或者附期限。抵销不得附条件或者附期限,是司法实务中的通例。抵销不得附条件或者附期限,主要原因在于,抵销权在性质上是形成权,基于抵销人的单方意思表示即可发生效力,如果允许附条件或者期限,将使抵销行为不能产生确定的效力,有违形成权的性质,且会使对方当事人因受其约束而遭受不公平结果。

第三,抵销之异议。抵销人通知抵销,对方对抵销不予认可的,如何处理,《民法典》未作规定。2009 年《合同法司法解释(二)》第 24 条规定,"当事人对合同法第九十六条、第九十九条规定的合同解除或者债务抵销虽有异议,但在约定的异议期限届满后才提出异议并向人民法院起诉的,人民法院不予支持;当事人没有约定异议期间,在解除合同或者债务抵销通知到达之日起三个月以后才向人民法院起诉的,人民法院不予支持"。首先,该司法解释明确规定,当事人对抵销有异议的,可以向人民法院提起抵销异议之诉。因对抵销权的行使有异议而提起的诉讼,同于对解除权行使有异议提起之诉讼的性质,为确认之诉,即对抵销权行使是否发生法律效力的确认诉讼,作出的判决是确认判决,而非形成判决。其次,该司法解释规定当事人对抵销有约定的异议期间,应当在该约定期间内提出异议;当事人没有约定异议期间的,应自抵销通知到达之日起 3 个月内提出异议,超过异议期间后向人民法院提起异议之诉的,人民法院不予支持。该司法解释规定在适用中有争议,本书在合同解除部分已经就异议期间问题作过论说,形成权异议为形成抗辩权行使方式,不属于债权请求权,其行使虽不受诉讼时效限制,但应当有期间限制。鉴于抵销是债权债务消灭事由,解除是合同履行效力消灭事由,两者法律效果不同,在异议期间经过之效力上应有不同,对抵销异议期间制度应当作进一步研究。

(二)法定抵销的效力

法定抵销因抵销适状,符合法律规定的抵销条件,则以抵销人单方意思表示而产生效力:一是使债权债务消灭的效力;二是具有溯及于抵销适状之时的效力;三是依最高人民法院《诉讼时效规定》第 13 条第 8 项规定,抵销可以产生中断诉讼时效实体法效力。

第一,使债权债务消灭的效力。抵销通知生效时,使抵销人与相对方之间互负的等额债务同时消灭。双方的债权额不等时,抵销债权多于被抵销债权的,则在被抵销债权范围内消灭,剩余部分,对方仍有履行义务;抵销债权少于被抵销债权时,则在抵销债权范围内消灭,剩余部分抵销人仍应履行。抵销人有数个适于抵销的被动债权时,如果不足以抵销全部被动债权,则适用债务充抵规则,按照《民法典》第560条规定的顺序处理。抵销债权不足以清偿一个被动债权的全部的,按照《民法典》第561条规定的顺序充抵。最高人民法院《九民会议纪要》第43条第3款规定,"行使抵销权一方享有的债权不足以抵销全部债务数额,当事人对抵销顺序又没有特别约定的,应当根据实现债权的费用、利息、主债务的顺序进行抵销"。

第二,抵销的溯及力。我国合同法、民法典对抵销的溯及力问题未作规定,但理论上多数持肯定说。[①] 从比较法上看,主要国家和地区的民法承认抵销的溯及力,[②]债务之关系溯及至得为抵销时消灭,而不是从抵销通知生效之时发生效力。从我国司法实务来看,尽管长期以来有不同观点,但近来趋于一致,抵销有溯及力说被明确采纳。《九民会议纪要》承认抵销的溯及力,其第43条规定:"抵销权既可以通知的方式行使,也可以提出抗辩或者提起反诉的方式行使。抵销的意思表示自到达对方时生效,抵销一经生效,其效力溯及自抵销条件成就之时,双方互负的债务在同等数额内消灭。双方互负的债务数额,是截至抵销条件成就之时各自负有的包括主债务、利息、违约金、赔偿金等在内的全部债务数额……"

抵销的溯及效力包括如下方面:

其一,自抵销适状之时起,双方债权、债权担保及其他从权利均在抵销范围内消灭。已为抵销者,就同一债务更为履行的,发生不当得利。[③] 其二,自抵销适状之时起,不再发生利息债务;如果债务人已支付利息,可依不当得利请求返还。其三,自抵销适状之时起,不再发生债务人迟延责任;如果债务人已给付迟延利息,可依不当得利请求返还;违约金、损害赔偿金债务也归于消灭。[④] 其四,自抵销适状之时起,债权债务发生的变动,比如,后来的债权转让、主动债权罹于诉讼时效、后来被动债权被扣押、后来债务人进入破产等,均不妨碍抵销权人主张抵销。[⑤]

法院对于超过执行期限的主动债权,溯及于符合抵销条件时未超过执行期限

---

① 参见王利明:《合同法新问题研究》,中国社会科学出版社2011年版,第607页。

② 《德国民法典》第389条规定,"抵消发生如下效力:在双方的债权彼此一致的范围内,在适合于抵消而相互对待之时,双方的债权视为已消灭"。2016年《法国民法典》第1347条规定,"抵销依当事人请求,在条件成就之日,在对等额内消灭债务"。《瑞士债务法》第124条第2款规定,"在抵销范围之内,双方债务视为于抵销一旦可能时即为解除"。《荷兰民法典》第6编第1章第129条第1款规定,"抵销之效力溯及抵销权产生之时"。《日本民法典》第506条规定,抵销"溯及于双方债务适于相互抵销之始发生效力"。

③ 参见史尚宽:《债法总论》,中国政法大学出版社2000年版,第865页以下。

④ 参见崔建远主编:《合同法》,法律出版社2016年版,第217页。

⑤ 参见韩世远:《合同法总论》,法律出版社2018年版,第711页。

的,也允许抵销。如在赵某某与红寺堡开发区盛达建材有限公司、邱某某合伙协议纠纷执行案中,[①]执行法院驳回了被执行人以超过申请强制执行期间的债权抵销执行债权的执行异议,中级人民法院、高级人民法院和最高人民法院则支持了该执行异议,最高人民法院认为,“红寺堡开发区法院(2005)红民初字第109号民事判决生效后,邱某某未在法定期限内申请执行,但其债权是客观存在且经生效判决确认的。邱某某虽不能申请法院强制执行,但不影响其主张债务抵销的权利”。但应当注意,抵销的溯及力只能回溯到抵销适状之时,即以主动债权与被动债权符合抵销的法定条件之时,主动债权没有超过诉讼时效为限,仍得为有效抵销。如果在主动债权诉讼时效届满时还不符合与被动债权的抵销条件,如被动债权产生在主动债权诉讼时效届满之后的,则不得抵销。如在单某某与沂南农商银行借款合同纠纷案[②]中,借款人未按期清偿所欠银行贷款,但在银行对其享有的该笔债权已过诉讼时效情况下,借款人又在该银行存入一笔存款,银行以抵销为由将该笔存款予以扣划的,没有得到法院支持。

(三)诉讼抵销

《民法典》第568条规定抵销权可以通知方式行使。《九民会议纪要》进一步规定抵销权既可以通知的方式行使,也可以提出抗辩或者提起反诉的方式行使。通知,是指在诉讼之外行使抵销权的方式,抗辩或者提起反诉是在诉讼中行使抵销权的方式。由于民事诉讼法没有对抵销设计明确的程序,目前在诉讼中主张抵销,只能借助于现行民事诉讼的抗辩或者反诉制度予以实现。

抵销以抗辩或者反诉方式行使,因其程序设计不同,因而各有利弊,[③]主要差异体现在四个方面:一是抗辩得在一审、二审提出,不受限制;[④]反诉只能在一审提出,如果在二审提出,对方不同意调解或者直接审理的,则应另诉。[⑤] 二是抗辩通常在于以事实或者抗辩权对抗对方的请求,一般不会作为判项内容,有否既判力不确定;反诉有独立诉讼请求,处理结果会作为判项内容,其既判力至为确定。三是抗

---

① 参见(2016)最高法执监83号执行裁定书。

② 参见(2019)鲁民申字233号民事裁定书。

③ 参见刘哲玮:《论诉讼抵销在中国法上的实现路径》,载《现代法学》2019年第1期。

④ 最高人民法院在哈尔滨银行股份有限公司重庆分行、重庆神龙峡旅游开发有限公司债权人代位权纠纷案[(2017)最高法民申1392号]中认为,“神龙峡公司已于2016年10月10日(二审庭审时)将《债务抵销通知书》当庭送达给铭嘉公司,根据《合同法》第九十九条的规定,此时产生抵销后果,双方债务在6157.2352万元范围内等额消灭”。

⑤ 最高人民法院在福建省青州造纸有限责任公司与福建省青山纸业股份有限公司股东占用公司资金纠纷案[(2008)民二终字第49号民事判决书]中认为,“在一审期间没有提出反诉,在二审期间提出此新的诉讼请求,本院不予审理”。

辩不涉及管辖问题,反诉会涉及本诉法院有无管辖权问题。四是抗辩无须缴纳诉讼费用,反诉应当缴纳诉讼费用。无论诉讼中认定抵销抗辩成立还是抵销反诉成立并产生抵销效力,要在裁判结果中确认抵销的效力,而不只是在说理部分述明。但从目前最高人民法院的判决来看,对于以抗辩方式主张抵销的,多在说理部分论证抵销是否成立,在判项中只写明债务抵销之计算结果。① 地方法院受理当事人反诉抵销,亦是在判决理由中认定抵销成立,在判决主文中相应减少了对原告诉讼请求的支持。② 因而,为解决重复诉讼问题,有必要承认裁判说理中关于抵销成立的认定应当例外的具有既判力。③

在诉讼中,抵销权应是以抗辩还是反诉方式提出,两种方式有何不同,划分标准如何,均值得研究。有司法观点认为,诉讼中抵销既可以抗辩也可以反诉方式行使,具体根据案件情况进行确认。如在安徽盛仁投资有限公司、伟基建设集团有限公司建设工程施工合同纠纷二审案④中,最高人民法院认为:“对于抵销权的行使,既可以在诉讼中也可以在诉讼之外而为抵销的意思表示,但在诉讼中的抵销,是为抵销抗辩或者反诉抵销,并无法律明确规定,需要人民法院根据具体情况进行确认。”因同一合同而双方互负债务时,被告一方主张抵销的,可以依抗辩方式进行,法院不得以未反诉而不予以支持。上述案涉抵销属于同一交易中债务的抵销,其法律关系同一,在诉讼中允许以抗辩方式主张,当事人亦可选择提起反诉主张。依2009年《合同法司法解释(二)》第27条的规定,对因同一个不同产生的违约金酌减请求权,既可以以反诉也可以以抗辩方式提出,并不强调抗辩与反诉的区分。

对于两个独立的债务之间的抵销,即基于两个不同的法律关系产生的债务的独立抵销,在一个债权进入诉讼后,另一方以另一债权主张抵销的,应以反诉还是以抗辩方式行使?因两个债务产生的基本法律关系不同,抵销成立与否的判断,既要对主动债权事实进行判断,也要对被动债权事实进行判断,有两个诉讼标的,此时,抵销以反诉方式提出且作为两个诉合并审理相对合理。

(四)执行抵销

2015年最高人民法院出台《异议复议规定》,正式承认执行程序中的抵销,在第19条规定,“当事人互负到期债务,被执行人请求抵销,请求抵销的债务符合下列情形的,除依照法律规定或者按照债务性质不得抵销的以外,人民法院应予支持:

---

① 参见最高人民法院民事判决书,(2017)最高法民终518号。

② 参见天津市高级人民法院民事判决书,(2012)津高民二终字第0013号。

③ 参见张卫平:《民事诉讼法》,法律出版社2016年版,第322页。

④ 参见最高人民法院民事判决书,(2017)最高法民终518号。

(一)已经生效法律文书确定或者经申请执行人认可;(二)与被执行人所负债务的标的物种类、品质相同”。该司法解释正式承认了执行抵销制度,并规定了执行抵销的条件和程序。

从《异议复议规定》第19条的规定看,采纳了限制说,即通过附加一定程序条件而限制被执行人行使抵销权,其中包括了“主张抵销的债权经过生效法律文书确认”或者“经申请执行人认可”,这比《民法典》第568条规定的法定抵销要件显然更严格,提高了抵销的门槛。这是从申请执行人和被执行人形式平等角度出发,主张抵销的债权应与执行债权从效力上做到平等,同样需要生效法律文书确认。① 这实质上是将确定债权与未确定债权进行区分,避免在执行程序中对抵销债权实体审理引发“以执代审”的质疑,②有其合理性。当事人互负债务,抵销得于抵销适状时主张之,既可以在诉讼之前主张,也可以在诉讼中主张,一方已经提起诉讼,另一方却一直未予抵销主张,有怠于行使权利之嫌,反而将抵销之实体审理置于执行程序之中,难谓妥当。但也应当注意,在特殊情况下,一方之债权或届期晚于对方诉讼,或者取得晚于对方之诉讼,抵销适状产生于执行之际,如仍不纳入执行抵销之审查范围,似乎对其抵销权有保护不周之嫌,对此应予以注意。

---

① 参见刘亮灵、林洋:《论执行程序中的抵销权行使——兼评〈执行异议和复议规定〉第十九条》,载《政法学刊》2017年第5期。

② 参见《最高人民法院关于人民法院办理执行异议和复议案件若干问题规定理解与适用》,人民法院出版社2015年版,第241页。

# 第七章　违约责任

## 专题一　债权人迟延问题

### 一、债权人迟延内涵、性质及要件

债权人迟延，又称受领迟延，是指债权人对于已提出之给付，未为受领或未为其他给付完成所必要协力之事实。[①] 债务的履行，在多数情况下需要债权人受领或者协作，如果债权人未按照约定受领债务提出的给付或者未提供必要的履行协助义务，会实质影响债的实现。我国《合同法》没有对债权人迟延作出规定，一般依《合同法》第60条“当事人应当按照约定全面履行自己的义务。当事人应当遵循诚实信用原则，根据合同的性质、目的和交易习惯履行通知、协助、保密等义务”的规定作为处理的依据。本次《民法典》第589条专门增加债权人迟延制度非常必要，意义重大。

我国《民法典》以诚信原则为基础，构成了诚信义务违反的责任规则，在法律适用上更加简洁明了，也符合国际立法之趋势。但这一模式在适用上也带来较大困难，由于债权人诚信义务与债务人给付义务在性质上迥异，在责任原则、责任构成及法律效果上如何在以债务人违约为基准的违约责任体系中确定合理的救济方式，是一项重大而又困难的适法任务。我国《民法典》增加债权人迟延的规定，其目的即要解决这一困难。《民法典》在立法模式上，继续秉持合同法义务违约的立场，将新增加的债权人迟延制度规定在“违约责任”一章下。

从《民法典》第589条的规定来看，债权人迟延与债务人违约责任构成有显著不同：该条第1款规定债权人违反义务采过错归责原则，即“债权人无正当理由拒绝受领”，始产生债务人就增加费用的请求权。该条第2款规定在债权人受领迟延

---

① 参见史尚宽：《债法总论》，中国政法大学出版社2000年版，第422页。

期间,债务人免除支付利息的义务。该项仅以债权人受领迟延为要件。由此观之,《民法典》规定的债权人迟延制度,具有鲜明的特点:一是采用二元归责体系,在债权人迟延可归责于债权人时,得请求费用赔偿;在债权人迟延下,利息支付义务免除。二是虽为一般规定,但不够完整,仅涉及增加费用的赔偿和迟延期间利息支付的免除两个方面,而对于迟延后债务人其他可以救济的手段未作规定。三是该规定并未明确债权人迟延的一般构成,仅列举了两种迟延情形之后果。该条第1款规定虽有责任构成的要件内容,但仍然属于特定情形,尚不能作为债权人迟延的一般构成。

《民法典》第589条虽未提供债权人迟延的一般责任构成,但为构建债权人迟延规则提供了基本依据:一是将债务人受领及协助义务从《民法典》第509条第2款诚信义务一般规定中独立出来,单独作出规定,建立了明确的规制路径。二是继续采义务违反说,同时又区别于债务给付义务,为形成独立的债权迟延规则提供了明确指引。[①] 三是规定了二元归责制,奠定了债权人迟延规则的基本构架。四是以《民法典》第589条作为一般规则,并辅以合同通则分编和典型合同的其他特别规定,构成债权人迟延规则体系。

债权人迟延的构成要件,包括以下四个方面:

第一,债务之履行需要债权人协助。债务之履行无须债权人之协力者,无成立受领迟延之余地。[②] 在实践中存在大量只要债务人一方行为即可完成给付的债务,包括不作为债务、意思表示债务、事务处理型债务、劳务给付债务、广告、旅行等,在合同中主要包括劳务合同、代理合同等类型,在买卖动产之合同的标的物已经由债权人占有的情形等。在双务合同中,有标的物实际交给的合同,债权人负有提供协助的合同等,债务的履行通常需要债权人的受领、协力等始能完成。如不动产产权的变动需要双方共同进行申请,演出合同需要提供场地,技术开发合同委托方提供相应资源,承揽合同定作人提供图纸等,如果不提供协助,债务无法履行。

第二,债务人应为履行且能够履行。债务合法成立且已经届履行期,这是债务履行的前提。依《民法典》的规定,债务人也可以提前履行债务,但应当给予对方相应的履行准备期间。债务人提出履行时,该债务是能够履行的。如果债务人本身无法履行债务,其履行提出不产生债权人迟延的效果。如果因为债权人原因导致债务不能履行的,一般不应认定债务不能履行,债权人未及时接受履行的,构成受

---

① 《民法典》第592条规定,当事人双方都违反合同的,应当各自承担相应的责任。

② 参见史尚宽:《债法总论》,中国政法大学出版社2000年版,第425页。

领迟延。债权人不能接收履行,如果不可归责于债权人,不能认定债权人违反受领义务。

第三,债务人依约提出履行。债务人提出债务履行,应当符合合同的约定或者法律的规定。债务履行提出应当有明确的给付意思,表明给付的内容及请求债权人予以受领和提供协助。债务的履行在我国不认为是法律行为,在行为主体上也不必以法律行为条件要求之,限制行为能力人的给付提出或者向限制行为能力人提出给付,均可以产生提出履行的效力。在给付依法律规定应当由完全行为能力人实施的,则欠缺行为能力人的提出履行,不产生效力。如办理不动产物权变更登记。对于提出的履行内容,原则上应当符合约定或者法律规定的内容,不符合质量要求的,依《民法典》第610条的规定,"因标的物不符合质量要求,致使不能实现合同目的的,买受人可以拒绝接受标的物或者解除合同。买受人拒绝接受标的物或者解除合同的,标的物毁损、灭失的风险由出卖人承担"。给付的内容如果不足即部分履行的,债权人也有权拒绝,《民法典》第531条第1款规定,"债权人可以拒绝债务人部分履行债务,但是部分履行不损害债权人利益的除外"。给付的时间在原则上不限制债务提出,但《民法典》第530条第1款规定,"债权人可以拒绝债务人提前履行债务,但是提前履行不损害债权人利益的除外"。履行提出还应当符合约定的履行地点,没有约定履行地或者约定不明的,按照《民法典》第511条之规定履行。债务之提出履行应当由债务人进行,合同约定第三人履行的,第三人可以提出履行,法律规定第三人可以履行的,该第三人提出的履行,也产生债权人受领义务。[①] 连带债务的一个债务人提出履行的,是合格的履行提出。[②] 债务履行提出,应当向债权人提出,向其中部分连带债权人提出的,对全部债权人有效力,《民法典》第520条第4款规定,"债权人对部分连带债务人的给付受领迟延的,对其他连带债务人发生效力"。合同约定或者法律规定向第三人履行的,应当向第三人提出履行。[③] 在债权转让情形,应当向债权受让人提出履行,未接到债权转让通知的,可以向原债权人提出履行。

债务履行的提出包括两种方式:一是现实提出,即事实提出,债务人已经完全按照合同约定或者法律规定作好了履行准备,只要债权受领即完成履行。如《民法

① 参见《民法典》第522条(《合同法》第64条)。

② 参见《民法典》第520条。

③ 《民法典》第522条第2款规定,"法律规定或者当事人约定第三人可以直接请求债务人向其履行债务,第三人未在合理期限内明确拒绝,债务人未向第三人履行债务或者履行债务不符合约定的,第三人可以请求债务人承担违约责任;债务人对债权人的抗辩,可以向第三人主张"。

典》第607条第1款规定,“出卖人按照约定将标的物运送至买受人指定地点”的,在劳务合同中,劳务提供人已经到达劳务接受方指定的工作地点,即为现实提出。二是言词提出,是指债务人将给付已经准备好通知债权人以催告债权人受领或者提供必要协助,或者债权人实施某种行为,而不必现实提出履行。言词提出适用于债权人已经有拒绝受领之意思或者给付必须债权人为协助行为的情形,[①]特别是债权人应当自行前往交付地点提取给付标的物的。[②] 如选择之债,在履行之前应由债权人选择债之标的,债务人要求债权人作出选择的,也是债务言词提出,债权人拒绝选择的,构成受领迟延。以行为为标的的债务,债务人只需要言词提出履行即可,也须提供其准备履行的事实说明。对于债权人预先表示拒绝受领的意思情形,通常是指债权人无正当理由拒绝在履行期间内的履行,一般认为提出解除合同、撤销合同、确认合同无效等排斥合同履行的主张,以及拒绝自己先行履行之义务或者无理由要求推迟履行的时间等,均属于有预先拒绝履行的意思。此时,不可再要求债务人以现实方式提出履行,只需要言词提出即产生提出履行的效力。

第四,债权人不受领履行。债权人不受领履行,包括拒绝受领和不能受领两种形式,包括拒绝履行和不能履行协助义务在内。《民法典》第589条第1款仅规定“债权人无正当理由拒绝受领”一种情形,有将不可归责于债权人的不能受领情形排除在外的目的,但不能因此认为我国民法只承认拒绝履行一种债权人迟延,《民法典》第589条第2款的债权人迟延并未限定在“债权人无正当理由拒绝”一种情形,应当将《民法典》第1款解释为请求“赔偿增加的费用”的限定情形,第2款为债权人迟延的一般情形。如《民法典》第570条规定的提存的理由中,将债权人无正当理由拒绝与第2项、第3项规定的客观不能情形并列,债权人迟延的情形并不以债权人可归责为限定条件。债权人迟延是否可归责于债权人,将影响债务人获得救济的方式和可能。

在双务合同同时履行情形,债务人提出履行,债权人亦应同时履行自己的对待给付,如果债权人仅接受履行而未提出自己的履行,则视为债权人拒绝受领。《民法典》第525条规定了同时履行抗辩权,一方在对方未提出履行时,可以拒绝自己的履行。

---

① 参见史尚宽:《债法总论》,中国政法大学出版社2000年版,第431页。

② 《德国民法典》第295条规定,“债权人已经向债务人表示,自己将不受领给付的,或者为履行给付而需要债权人实施行为的,特别是债权人应当前往提取所负担之物的,以债务人言词提出给付为已足。催告债权人实施必要的行为,视同提出给付”。

## 二、债权人迟延的效力

债权人迟延发生何种效力，须依前述《民法典》各条文规定确定之。经类型化梳理，大致有以下几个方面内容。

1. 提存的效力。在债权人受领迟延时，债务人依《民法典》第 570 条至第 574 条规定可以将标的物提存而替代给付，“提存成立的，视为债务人在其提存范围内已经交付标的物”。并且“标的物提存后，毁损、灭失的风险由债权人承担。提存期间，标的物的孳息归债权人所有。提存费用由债权人负担”。[①] 标的物不适宜直接提存的，可以依将标的物拍卖或者变卖所得价款予以提存。通常不动产不适用提存方式。《德国民法典》第 303 条[②]规定了抛弃占有救济方式。我国民法未作规定，不得认为债务人可以抛弃方式代替履行。《民法典》第 799 条第 2 款规定，“建设工程竣工经验收合格后，方可交付使用；未经验收或者验收不合格的，不得交付使用”。

2. 增加费用请求权。《民法典》第 589 条第 1 款规定，“债务人按照约定履行债务，债权人无正当理由拒绝受领的，债务人可以请求债权人赔偿增加的费用”。此处的“增加的费用”，包括提出履行后因为债权人未受领而增加再次履行及保管标的物所的费用，属于客观的必要费用。该条限制此项赔偿请求权以“债权人无正当理由拒绝受领”为要件，如果债权人有正当理由拒绝受领的，不产生此项请求权。是否有正当理由，应当由债权人负举证责任。一般来说，债务人提出的履行不符合合同约定的数量、质量以及其他履行条件的，可以认为拒绝有正当理由。如果债务人提前履行的，应当给予债权人相应的受领准备时间，未提前通知债权人或者为债权人留下的准备时间明显不足的，债权人拒绝也为有正当理由。

除就增加的费用，可以请求债权人赔偿外，《民法典》还规定了债务人的损害赔偿请求权，如第 776 条规定，“承揽人发现定作人提供的图纸或者技术要求不合理的，应当及时通知定作人。因定作人怠于答复等原因造成承揽人损失的，应当赔偿损失”。第 777 条规定，“定作人中途变更承揽工作的要求，造成承揽人损失的，应当赔偿损失”。第 803 条规定，“发包人未按照约定的时间和要求提供原材料、设备、场地、资金、技术资料的，承包人可以顺延工程日期，并有权请求赔偿停工、窝工

---

① 参见《民法典》第 573 条(《合同法》第 103 条)。

② 《德国民法典》第 303 条规定：“债务人对土地、登记船舶或者在建船舶负有交付义务的，其可以在债权人迟延发生之后，抛弃占有。此项抛弃必须向债权人预先警告无法警告的，不在此限。”

等损失”。第 804 条规定,“因发包人的原因致使工程中途停建、缓建的,发包人应当采取措施弥补或者减少损失,赔偿承包人因此造成的停工、窝工、倒运、机械设备调迁、材料和构件积压等损失和实际费用”。第 805 条规定,“因发包人变更计划,提供的资料不准确,或者未按照期限提供必需的勘察、设计工作条件而造成勘察、设计的返工、停工或者修改设计,发包人应当按照勘察人、设计人实际消耗的工作量增付费用”。第 798 条规定,“隐蔽工程在隐蔽以前,承包人应当通知发包人检查。发包人没有及时检查的,承包人可以顺延工程日期,并有权请求赔偿停工、窝工等损失”。

3. 利息不再支付。《民法典》第 589 条第 2 款规定,“在债权人受领迟延期间,债务人无须支付利息”。此即债权人迟延免除债务人利息债务的效力。债务人已经依约提出履行,因债权人受领迟延而无法履行,因此产生的后果应当由债权人承担,债务人利息义务自应免除。此处的利息,既包括合同中约定支付的利息,也包括法定利息。最高人民法院有判决①认为,“在被执行人积极履行债务而债权人怠于受领给付或者拒绝受领给付,债权人对债务未履行负有一定责任的情况下,如果对此具体情况完全不予考量,一律无条件要求被执行人加倍支付迟延履行期间的债务利息,则将对积极诚信履行债务的人施以制裁,此与设置迟延履行利息以达到促使债务人普遍积极履行义务的立法目的不符”。应“根据双方在履行债务过程中的表现及过错等相关因素酌情减轻或免除加倍支付迟延利息”。债权人迟延期间,不能够苛求准备给付之债务人,在债权人迟延期间还去操心用益之收取。债务人的交付义务限于事实上所收取的用益,而且即使债务人系因重大过失甚或故意而没有收取进一步的用益,亦为如此。②

4. 风险负担转移效力。依《民法典》的规定,债务人依约提出履行,债权人无正当理由拒绝受领的,标的物毁损、灭失的风险转移到债权人处。《民法典》第 604 条规定,“标的物毁损、灭失的风险,在标的物交付之前由出卖人承担,交付之后由买受人承担,但是法律另有规定或者当事人另有约定的除外。出卖人按照约定将标的物运送至买受人指定地点并交付给承运人后,标的物毁损、灭失的风险由买受人承担,但是当事人另有约定的除外”。第 605 条规定,“因买受人的原因致使标的物未按照约定的期限交付的,买受人应当自违反约定时起承担标的物毁损、灭失的风险”。第 608 规定,“出卖人按照约定或者依据本法第六百零三条第二款第二项的

① 参见时利和公司与武汉市国土局、武汉市政府执行案裁定书。

② 参见杜景林、卢谌:《德国民法典——全条文注释》,中国政法大学出版社 2015 年版,第 196 页。

规定将标的物置于交付地点,买受人违反约定没有收取的,标的物毁损、灭失的风险自违反约定时起由买受人承担”。

5. 合同解除权。在债权人迟延后,债务人是否取得解除合同的权利,一般认为债权人迟延不产生债务人解除合同的权利。在双务合同情形,债务人如欲解除合同,应先请求对方为债务之履行,于其不履行时始得解除合同。[①] 因为在双务合同情形,债权人受领迟延,不影响债务人请求债权人履行债务,故不符合《民法典》规定的解除合同的事由,尤其在债权人已经履行了自己债务的情形下,债务人因债权人受领迟延而解除合同也无必要,一般应当按《民法典》规定通过提存方式处理。当然,在合同当事人另有约定或者法律有明确规定的情形下,债务人可以解除合同。从《民法典》规定的债务人在债权人迟延时可以解除合同的情形,主要是债权人对债务履行应当提供必要协助行为,而协助行为的实施直接决定了合同能否履行,如果债权人拒绝实施协助行为的,合同因无法履行而得解除。如《民法典》第778 条规定,“承揽工作需要定作人协助的,定作人有协助的义务。定作人不履行协助义务致使承揽工作不能完成的,承揽人可以催告定作人在合理期限内履行义务,并可以顺延履行期限;定作人逾期不履行的,承揽人可以解除合同”。第 806 条第 2款规定:“发包人提供的主要建筑材料、建筑构配件和设备不符合强制性标准或者不履行协助义务,致使承包人无法施工,且在催告的合理期限内仍未履行相应义务的,承包人可以解除合同。”第 816 条规定,“旅客因自己的原因不能按照客票记载的时间乘坐的,应当在约定的时间内办理退票或者变更手续。逾期办理的,承运人可以不退票款,并不再承担运输义务”。

6. 债务免除。依各国立法例,债权人迟延并不消灭债务,债务人仍得为债务履行。《民法典》第 570 条规定债务人可以通过提存而替代履行,产生消灭债务的效力。对于不动产,因还涉及物权变动的义务,即使提存,仍不消灭该义务。但依各国立法和判例,对于提供劳务类的合同,提供劳务方提出履行,债权人无正当理由拒绝受领的,可以消灭债务,且债务人享有报酬支付请求权。

---

① 参见史尚宽:《债法总论》,中国政法大学出版社 2000 年版,第 442 页。

# 第八章　买卖合同

## 专题一　试用买卖问题

### 一、试用买卖的含义和特点

试用买卖是一种附条件的买卖，是指当事人双方约定由买受人试用或者检验标的物，以买受人认可标的物为条件的买卖合同。对于试用买卖，除法律另有规定外，应当适用一般买卖的有关规定。试用买卖的特点主要在于以下几点。

第一，买受人可试用标的物。在一般的买卖中，双方只要达成协议，合同就成立并生效。但在试用买卖中，双方仅就标的物达成一致意见还不够，还必须就标的物的试用作出特别规定。《民法典》第 637 条规定："试用买卖的当事人可以约定标的物的试用期间。对试用期间没有约定或者约定不明确，依照本法第五百一十条的规定仍不能确定的，由出卖人确定。"该条明确了此类合同当事人必须就试用达成协议。

第二，以买受人试用后同意购买为合同的生效条件。在一般买卖中，当事人意思表示一致，合同就成立并生效。在试用买卖中，只有当事人经过试用，认可标的物的质量、功能等，并明确表示购买，才能导致买卖合同正式生效。如果双方在合同中约定，以买受人决定购买标的物作为合同的生效条件，则此种买卖仅属于一般买卖。

第三，买受人享有决定是否购买的权利。在试用买卖中，买受人试用之后，即便认可标的物，也可以选择不购买。在试用阶段，买受人可以随时退还标的物。

第四，标的物所有权在交付试用时并没有发生转移。在一般买卖中，标的物一旦交付，所有权就发生转移。在试用买卖中，标的物的交付只是使买受人享有占有和使用的权利，而不享有所有权。在试用期间，标的物所有权仍属于出卖人。一旦试用期届满，买受人同意购买，从同意时发生所有权的转移。因此，如果当事人没有特别约定,买受人也不需要向出卖人支出试用期间使用标的物的费用。

## 二、试用期间的确定

标的物的试用期间是试用买卖合同中的重要条款,而试用买卖合同同样适用一般合同的自愿原则,合同当事人当然可以对标的物的试用期间进行约定。根据《民法典》第637条的规定,试用期间的确定有以下三种方法:

1. 当事人约定。对试用期间,法律未作强行规定,双方当事人可以根据自愿原则在合同中约定试用期间。

2. 依照《民法典》第510条确定,若当事人对试用期间没有约定或约定不明确的,应首先由当事人协议补充,不能达成补充协议的,按照合同有关条款、合同性质、目的或者交易习惯确定。

3. 出卖人确定。如果当事人在买卖合同中未约定试用期间,而按照《民法典》第510条仍然未确定试用期间的,则由出卖人确定试用期间。因为在试用买卖中,买受人试用标的物属于无偿使用,根据权利义务相一致的规则,应由出卖人确定试用期间。如果允许买受人确定试用期间显然不利于维护出卖人的利益,有失公平,也将使双方之间的法律关系处于悬而未决的状态。因此,应允许出卖人确定试用期间。尽管法律并未对出卖人确定试用期间的长短进行限制,但是适用该规则由出卖人确定试用期的前提是,双方协商及根据交易习惯无法确定的情形,因此应给与买受人通常所需的试用时间,尤其是买受人作出承认及拒绝购买决定的必要时间。

## 三、同意购买的推定

试用买卖合同是以买受人对试用标的物的承认为生效条件的附条件合同。买受人承认标的物,合同所附条件成就,合同生效;买受人不承认标的物,则为合同所附条件不成就,合同不生效。因此,同意购买是试用买卖合同生效的条件。作为同意购买意思表示的方式之一,同意购买推定也是试用买卖合同生效的条件。

同意购买一般是以明示的方式作出。但在当事人没有特别约定的情况下,买受人可以自由选择口头形式或者书面形式向出卖人表示同意购买标的物。在一些特殊情况下,买受人虽未采用任何明示方式表示同意购买,但从其事实的一些行为,可推知其具有购买使用标的物的意愿,此时应认为其已经表示同意购买。《民法典》第638条规定:“试用买卖的买受人在试用期内可以购买标的物,也可以拒绝购买。试用期限届满,买受人对是否购买标的物未作表示的,视为购买。试用买卖的买受人在试用期内已经支付部分价款或者对标的物实施出卖、出租、设立担保物权等行为的,视为同意购买。”买受人在试用期间对标的物有试用的权利,是为了解标的物的品质和性能,其对标的物没有处分权。如果买受人进行出卖、出租或设定担保等非试用行为,属于将标的物视为己物进行的权利处分,超出了标的物试用的范围,故可推定其已同意购买标的物。

需要注意的是,试用买卖的同意购买的意思表示,必须买受人向出卖人作出,并经出卖人受领方能生效。买受人以非对话方式作出的表示同意购买的,在该意思表示到达出卖人时生效。如果买受人在试用期内已经支付一部分价款的,或者就标的物为出卖、出租、设定担保物权等非试用行为的,只有在出卖人知道或者应当知道的情况下,才对出卖人产生效力。

## 四、买卖合同中试用排除

在审判实践中,如何判断一个买卖合同是否属于试用买卖,可以根据 2020 年《买卖合同司法解释》第 30 条的规定来界定,即“买卖合同存在下列约定内容之一的,不属于试用买卖。买受人主张属于试用买卖的,人民法院不予支持:(一)约定标的物经过试用或者检验符合一定要求时,买受人应当购买标的物;(二)约定第三人经试验对标的物认可时,买受人应当购买标的物;(三)约定买受人在一定期间内可以调换标的物;(四)约定买受人在一定期间内可以退还标的物”。

第一,试用买卖不是试用标准买卖。试用买卖是以买受人认可标的物为生效条件的买卖。买受人是否认可,完全取决于自己的意愿。而试用标准买卖是双方约定标的物经过试用或检验符合一定要求时,买受人必须购买标的物的买卖,即当标的物符合一定标准时,买受人只能同意购买,不能拒绝。

第二,试用买卖不是第三人试验后买卖。第三人试验后买卖,是指当事人约定如果第三人经试验对商品满意,则买受人购买该商品的买卖,即买卖合同的效力完全取决于第三人的认可。而试用买卖中,是否生效完全取决于买受人,即使试验标的物的品质符合合同规定的标准,买受人也有权拒绝。

第三,试用买卖不是保留换货买卖。保留换货买卖,是指双方在订立合同时约定,在一定期限内买受人可以任意调换标的物的合同。这里的调换,不仅限于同种类物的调换,也包括不同种类物的调换。例如,以鞋换衣服或其他商品。但这种调换并非没有限制,一般仅能调换与标的物等价或贴钱换高于标的物价款的商品。

对于试用买卖，表现为合同效力的不确定，买受人是否认可标的物决定合同的生效与否；在保留换货买卖中，是标的物不确定，但是合同效力是确定的，买受人仅能要求换货，不能要求解除合同。

第四，试用买卖不是保留退货买卖。保留退货买卖，是指双方在订立合同时约定，在一定期限内买受人可以退还标的物，并要求出卖人返还价款的合同，即使标的物没有任何瑕疵，买受人仍然可以退货。但是，试用买卖的无效，是因条件不成就而不发生效力；保留退货买卖是已经生效，因买受人退货解除合同而归于无效。前者是附停止条件的买卖，买受人未作出表示前效力不确定；后者属于附解除条件的买卖，在买受人退货之前买卖合同已经生效，合同因买受人退货而解除。

## 五、相关案例评析

张某个人购买案涉车辆并挂靠在某货运代理公司名下。2018 年 5 月 10 日张某（甲方）与李某（乙方）签订租赁协议，约定："现甲方有自卸车一辆，现由乙方租代售来使用。试用期为 5 天，试用期乙方每天支付甲方 400 元租金作为补偿（注：试用期间乙方使用自己的轮胎），在试用期间一切违章和交通事故有乙方负责，车辆损坏照价赔偿（车价为人民币 8 万元）。试用期过后乙方一次性支付甲方全部车款人民币 8 万元。在乙方把车拉走之前预付甲方定金 5000 元。"当日，李某向张某支付 5000 元作为定金。

2018 年 5 月 11 日张某将案涉车辆交给李某。2018 年 5 月 16 日张某联系李某催收车款，李某称还不能确定是否需要买车。2018 年 5 月 26 日张某继续联系李某要求支付车款和 16 天的租金。李某于 2018 年 5 月 28 日支付 3000 元租金，并表示没确定是否购买前会继续支付租金。2018 年 6 月 20 日李某再支付 5000 元给张某。2018 年 8 月 9 日李某称将车还给张某，但一直未归还。

张某即向一审法院起诉请求：（1）判令李某归还张某所有的案涉车辆或车款 8 万元；（2）判令李某按照每日租金 400 元向张某支付从 2018 年 6 月 20 日至李某归还车款之日所拖欠的租金，租金计算至起诉之日，租金合计 12 万元。李某辩称，张某要求李某归还挂车，但该挂车是违规的，李某不敢使用。张某主张的每日 400 元的租金过高，市场价是每天 100 元。张某提供不符合规型的车辆给李某，李某将该车辆停在停车场，没有使用过该车辆。

一审法院认为，案涉车辆的实际所有人为张某，李某有意向张某购买该挂车并与张某签订了《租赁协议》。合同中明确约定了李某"租代售来使用"挂车，以及试用期5天,试用期过后李某支付全部车款等内容,因此,双方系试用买卖合同关系,该合同合法有效,双方应当按照合同约定享有权利及履行义务。在该案中,张某将挂车交付给李某,李某在约定的试用期届满后未明确作出拒绝购买挂车的意思表示,也没有向张某退回挂车,应视为其同意购买该挂车。李某未依约向张某支付全部购车款,构成违约,应当承担违约责任,李某应向张某支付购车款8万元及试用期间的租金2000元(每天400元,合计5天)。李某已支付了13,000元,抵扣全部租金及部分购车款后,李某仍需支付69,000元。张某要求李某支付试用期届满后车辆租金的诉讼请求,一审法院不予支持。故判决:(1)李某于判决生效之日起10日内向张某支付购车款69,000元;(2)驳回张某的其他诉讼请求。二审法院最终维持了一审判决结果。

该案是试用买卖合同纠纷。《民法典》第638条规定:"试用买卖的买受人在试用期内可以购买标的物,也可以拒绝购买。试用期间届满,买受人对是否购买标的物未作表示的,视为购买。试用买卖的买受人在试用期内已经支付一部分价款或者对标的物实施出卖、出租、设定担保物权等行为的,视为同意购买。"李某虽认为车辆存在非法改装无法使用,但直至本案二审阶段,其均未返还车辆。故一审法院认定,李某未拒绝购买亦未返还车辆应视为同意购买,并无不妥。现一审判决认定双方均应按《租赁协议》履行,即在试用期5天届满后由李某支付购车款购买车辆,已付款项在扣减试用期租金后应予以抵扣应付购车款。综上所述,一审判决认定事实清楚,适用法律正确,应予以维持。

## 专题二　买卖标的物回收问题

特定标的物到期后出卖人的回收义务,是《民法典》规定的有别于现行合同法的内容之一。《民法典》第625条规定出卖人依法承担旧物回收义务,即"依照法律、行政法规的规定或者当事人约定,标的物在有效使用年限届满后应予回收的,出卖人负有自行或者委托他人对旧物予以回收的义务"。该条的设定体现了《民法典》第9条确定的"绿色原则"。

目前,对于标的物回收制度,现行的法律法规体现在污染物以及可回收利用资源方面的规制,如《废弃电器电子产品回收处理管理条例》《再生资源回收管理办法》《清洁生产促进法》《固体废物污染环境防治法》等,[①]系以实质废弃而非使用年限届满作为回收标准,而非该条中所称的"使用年限届满"。而针对该条中"当事人约定",原则上可以包括当事人合意的任何标的物,其在范围上远大于可重复利用的资源和污染物。

至于"回收",则尽管目前回收义务条款的标的物范围尚不明确,但只要存在法定或者约定使用年限的标的物,完全可以进行集中处理或投入再利用,并且可投入再利用的资源,应当投入再利用,否则出卖人基于自身便利将其回收之后再度弃置,则违背该法律初衷。出卖人在自行或通过代理人回收之后,有能力处理的自行处理,负有自行处理义务;无能力处理的,负有送往有能力处理的机构的义务。

## 专题三　所有权保留问题

### 一、所有权保留的适用范围

所谓"所有权保留",是指动产买卖合同生效后,买受人先享有对标的物的占有和用益,在其支付全部价款或者履行约定义务前,出卖人保留标的物所有权。买卖合同中的所有权保留条款,是标的物所有权转移问题中的重要内容。各国法律都允许当事人通过约定这样的条款来明确标的物所有权转移的时间,而且在合同实务中,尤其是在国际贸易中,这种条款也是很多见的。所有权保留条款是有利于出卖人的条款,其主要功能是可以使出卖人有效避免不能取得标的物价款的风险。在买受人未履行支付价款或者其他出卖人认为重要的义务以前,出卖人仍然享有标的物的所有权。这样就可以免去在出卖人已交付标的物而买受人不履行其主要义务时,因所有权已转移可能给自己造成的损害。

此前,我国《合同法》第 134 条原则性地明确了所有权保留制度,《民法典》第 641 条进一步规定:"当事人可以在买卖合同中约定买受人未履行支付价款或者其他义务的,标的物的所有权属于出卖人。出卖人对标的物保留的所有权,未经登

---

① 参见罗娟、余嘉勉:《生态文明体制改革视角下我国生产者责任延伸制度研究》,载《光华法学》2019 年第 1 期。

记,不得对抗善意第三人。”由于目前法律法规未对所有权保留买卖的适用对象作出限制,导致消费市场上也存在一些以所有权保留方式买卖房屋的行为。

本书认为,所有权保留制度不应适用于不动产。首先,由于不动产买卖完成转移登记后所有权即发生变动,此时双方再通过约定进行所有权保留,明显违背法律规定。其次,在转移登记的情况下双方还采用所有权保留,出卖人的目的是担保债权实现,买受人的目的在于防止出卖人一物数卖。《民法典》第221条规定的预告登记制度足以满足买卖双方所需,因此没有必要再采取所有权保留的方式。特别是转移登记是不动产所有权变动的要件,在转移登记完成前不动产所有权不会发生变动,买受人即使占有、使用标的物,只要双方不转移登记,出卖人仍然享有所有权,当然也可以保障债权,所以更无必要进行所有权保留。最后,综观境外立法及司法实践,大多认为该制度仅适用于动产交易。因此,2020年《买卖合同司法解释》第25条规定:“买卖合同当事人主张民法典第六百四十一条关于标的物所有权保留的规定适用于不动产的,人民法院不予支持。”

应当注意的是,并不是所有的动产都适合进行所有权保留。比如,对于一经使用就消灭实体形态的一次性消费物,其实体形态不存在所有权就随之消灭。又如,类似牲畜之类的活物买卖,因为此类标的物容易患病或者丢失,管理费用也很高,其既不适合出质,也不适宜保留所有权。另外,虽然该司法解释未明确,但因为货币的特殊性,亦不应当作为保留所有权的对象。

## 二、出卖人取回权

所有权保留条款的设定系为了保护出卖人的利益,防止出现因买受人未支付全部价款即擅自处分标的物,导致出卖人债权难以实现的情况。而赋予出卖人取回权,则是保障出卖人利益的实现路径。所谓“取回权”,是指在买受人违约的情况下,出卖人享有的取回标的物的权利。具体来说,在所有权保留买卖中,标的物在实际交付、所有权转移于买受人之前,因买受人不按约定履行义务、不当使用标的物或者擅自将标的物进行处分,损害出卖人权益的情况下,出卖人有权取回标的物。[①]

《民法典》第642条规定:“当事人约定出卖人保留合同标的物的所有权,在标的物所有权转移前,买受人有下列情形之一,对出卖人造成损害的,除法律另有规

① 参见柴振国、史新章:《所有权保留若干问题研究》,载《中国法学》2003年第4期。

定或者当事人另有约定外,出卖人有权取回标的物:(一)未按约定支付价款,经催告后在合理期限内仍未支付;(二)未按约定完成特定条件的;(三)将标的物出卖、出质或者作出其他不当处分。出卖人可以与买受人协商实现取回权;协商不成的,参照适用担保物权的实现程序。”取回的标的物价值明显减少,出卖人有权要求买受人赔偿损失。由此可见,取回的事由主要有以下3类情形:

第一类是“未按约定支付价款”,这是最常见的事由。对于未按约定支付价款的比例问题,2020年《买卖合同司法解释》第26条规定,买受人已经支付标的物总价款的百分之七十五以上,出卖人就丧失了取回权。而《民法典》则删除了关于付款比例的规定,并参照合同解除催告制度,增加了“经催告后在合理期限内仍未支付”的支付时间上的限制。但应注意,当所有权保留买卖与分期付款买卖竞合时,出卖人可能丧失买受人迟延金额达“五分之一”时的法定、单方解除权。

第二类是“未按约定完成特定条件”。例如,甲因工作原因需出国几年,故将饲养多年的两条狗卖给乙,为了防止乙不妥善饲养,双方约定,甲在交付后3个月内,乙需办理好饲养手续,并提供适于两只狗生活的环境,此时乙方取得狗的所有权。如果乙方未能提供适于狗生存的环境,甲有权将该爱狗收回。

第三类是买受人对占有的标的物作不当法律处分。这种不当处分主要是指出卖、出质等。该条规定所参照的美国原《同意附条件买卖法》也规定买受人届期未偿付价款,或不履行其取得物品财产权应履行之条件,或违反其经明示如有违反即得由出卖人取回标的物之承诺时,出卖人可以取回附条件之物品。例如,甲将一辆汽车出卖给乙,约定了所有权保留,交付后,乙冒充自己的汽车出卖给丙,甲有权取回,丙若构成善意取得,甲就丧失了取回权。2020年《买卖合同司法解释》第26条规定,“……第三人依据民法典第三百一十一条的规定已经善意取得标的物所有权或者其他物权,出卖人主张取回标的物的,人民法院不予支持”。

如果出卖人行使了取回权,买受人在双方约定或者出卖人执行的合理期间内是有回赎权的。回赎权是意定的(约定或单方指定),不是法定的。约定回赎而未回赎的,合同解除。出卖人可以另行出卖(就物求偿)。另行出卖的方式没有限制。如果买受人在回赎期间内没有回赎标的物,出卖人可以合理价格出卖标的物,出卖所得价款扣除原买受人未支付的交款及必要费用后仍有剩余的,应当返还原买受人;不足部分由原买受人清偿。

## 三、相关案例评析

第二被告李某与第三被告彭某系个人合伙,共同出资以分期付款保留所有权形式向第一被告A公司购买了涉案车辆。同时,为担保债权实现,将车辆登记于A公司名下。2016年按照原告B公司的要求,第二被告李某将货物运输到了指定工厂,但在将货车安全绳松解后未告知装卸工,致使其在攀爬过程中因安全绳失效跌落,头部受伤,成为植物人。2018年B公司与伤者家属达成调解协议,共赔偿医疗费、护理费、伤残赔偿金等费用94万元。B公司特向法院提起诉讼,请求判令3被告——A公司、李某以及李某的合伙人彭某,连带承担伤者各项损失的40%。

一审法院认为,李某、彭某与A公司之间属于运输经营挂靠关系,判决:(1)A公司、李某、彭某于判决书生效之日起10日内给付B公司赔偿款20万元;(2)驳回B公司的其他诉讼请求。宣判后,A公司认为其与李某、彭某并非运输经营挂靠法律关系,提起上诉。二审法院判决:(1)撤销一审判决;(2)李某、彭某于判决书生效之日起10日内给付B公司赔偿款20万元;(3)驳回B公司在一审中的其他诉讼请求。

所谓挂靠经营,是指道路客运车辆的机动车登记证书及行驶证的所有(权)人不具备道路客运经营资质,但以其他具备资质的企业名义从事道路运输经营活动的行为。具体到该案中,涉案车辆采取了分期付款购买所有权保留形式后,车辆的机动车登记证书以及行驶证的所有权人都是A公司,而非李某、彭某。同时,该车也是登记于A公司名下,因此,不能直接判定A公司与李某、彭某构成挂靠经营法律关系。A公司要求出售的车辆登记于本公司名下并以部分运营收入折抵车款,是车辆分期付款买卖中所有权保留形式的一种体现,在兼营道路运输及车辆销售的企业中,是为担保债权实现所采用的一种较常见的固有售车模式,并非为控制车辆的运行并获取利益,且该案中李某、彭某亦是以自己名义对外经营。故最终认定双方不构成挂靠关系,判决由李某、彭某自行承担本次事故的赔偿责任。

## 专题四　买卖标的物的风险负担问题

在买卖合同中,风险由谁负担就意味着谁将承担不利后果,故风险负担制度作为在当事人之间就标的物毁损、灭失的损失进行合理分配的制度,必然成为各方关注的焦点。《民法典》第604条较详细地规定了风险负担规则,主要新增加了两方面规定：一是设计买卖运输时的风险负担，即第 607 条第 1 款规定："出卖人按照约定将标的物运送至买受人指定地点并交付给承运人后，标的物损毁、灭失的风险由买受人承担。"该规定与 2020 年《买卖合同司法解释》第 9 条的规定一致。二是试用买卖的风险负担，即《民法典》第 640 条规定："标的物在试用期间毁损、灭失的风险由出卖人承担。"

## 一、风险负担的具体适用

由于标的物的风险既有可能在当事人未违约时发生，也有可能在当事人已违约时发生，而风险发生的外部条件不同，风险负担的规则也相应存在差异。从类型化角度，可以从区分未违约与已违约两种不同情形来把握买卖合同的风险负担规则。

### （一）未违约时的风险负担

1. 标的物毁损、灭失的风险，在标的物交付之前由出卖人承担，交付之后由买受人承担。这是法律对转移风险的原则性规定，但法律另有规定或者当事人另有约定的除外。

2. 当事人没有约定交付地点或者约定不明确的，依照有关法律规定标的物需要运输的，出卖人将标的物交付给第一承运人后，标的物毁损、灭失的风险由买受人承担。

如果不需要运输的，出卖人和买受人订立合同时知道标的物在某一地点的，出卖人应当在该地点交付标的物；不知道标的物在某一地点的，应当在出卖人订立合同时的营业地点交付标的物。

3. 出卖人出卖交由承运人运输的在途标的物，除当事人另有约定外，毁损、灭失的风险自合同成立时起由买受人承担。

### （二）违约时的风险负担

1. 因买受人的原因致使标的物不能按照约定的期限交付的，买受人应自违反约定之日起承担标的物毁损、灭失的风险。

2. 出卖人按照约定或有关法律规定将标的物置于交付地点，买受人违反约定没有收取的，标的物毁损、灭失的风险自违反约定之时由买受人承担。

3. 因标的物质量不符合要求，致使不能实现合同目的的，买受人可以拒绝接受标的物或者解除合同。买受人拒绝接受标的物或者解除合同的，标的物的毁损、灭失的风险由出卖人承担。

4. 出卖人未按照约定交付有关标的物的单证和资料的,不影响标的物毁损、灭失风险的转移。

5. 标的物的毁损、灭失的风险由买受人承担的,不影响因出卖人履行债务不符合约定,买受人要求其承担相应违约责任的权利。

此外,对于不动产买卖的风险负担,2020 年《商品房买卖合同解释》第 8 条规定,在商品房买卖合同中,房屋标的物毁损、灭失的风险,在交付使用前由出卖人承担,交付使用后由买受人承担;买受人接到出卖人的书面交房通知,无正当理由拒绝接收的,房屋毁损、灭失的风险自书面交房通知确定的交付使用之日起由买受人承担。

(三)法律另有规定或当事人另有约定的除外

风险负担问题上应充分尊重当事人的意思自治,关于风险负担的法律规定只能起到弥补当事人意思表示不完备的作用。《民法典》第 604 条规定,“法律另有规定或者当事人另有约定的除外”,故如果当事人在合同中对风险负担的移转有特别约定,即作出与交付主义的风险负担规则相悖的约定,应当认定有效。如动产的出卖人与买受人约定,“在买受人支付完价款前,一直由出卖人承担风险”,或者约定,“买卖合同一订立,买受人就承担风险”等与法律规定的风险转移时点不符的约定,也应当根据《民法典》第 604 条关于风险负担的规则属于任意性规定解释,认定当事人在买卖合同中关于风险负担的特别约定有效。但需注意的是,此处所言“另有约定”专指买卖合同的双方当事人就“风险负担的移转”另有约定,而非就“标的物所有权的移转”另有约定。如果当事人仅就买卖标的物所有权的移转作出特别约定的,并不影响标的物的风险依据该条所定“交付”标准而移转,如动产的出卖人与买受人在合同中仅约定,“自买卖合同订立时起,买受人取得标的物的所有权”,则该标的物的风险仍然在出卖人交付时移转。

## 二、相关案例评析

2017 年 11 月 10 日原告、被告双方签订整车销售协议及涉案购销合同,约定运输方式为:被告(甲方)本着快捷、安全、节约的原则,受托为原告(乙方)安排车辆运输,运费由乙方承担,乙方也可安排车辆自提。在购销合同中,明确了涉案车辆订单的数量、规格型号、价款为 11.2 万元。原告于合同签订之日支付定金 1 万元,于 2017 年 11 月 25 日支付车款 10.2 万元。2017 年 11 月 28 日被告经武城某公司联系,将涉案车辆交由实际承运人陈某承运,武城某公司与陈某的司机签订了货物运输合同。在运输过程中,车辆在河南境内发生交通事故,所运涉案车辆损坏。2018年10月9日经法院主持调解,承运人陈某赔偿武城某公司货物损失21万元。原告之后向法院起诉请求:(1)判令被告返还原告双倍定金及购车款12.2万元及相应利息;(2)诉讼费用由被告负担。

一审法院认为,该案争执焦点主要为涉案车辆是否已经交付及在运输过程中发生毁损、灭失的风险承担。在该案中,由于原告所订购车辆较少,不够整车运输条件,在被告和另外两个厂家同时给原告供货的情况下,3个厂家联合找一个承运人的汽车运输,符合原、被告所约定的甲方(被告)本着快捷、安全、节约的原则,受托为乙方(原告)安排车辆运输,运费由乙方承担之目标。双方销售合同及购销合同中没有约定交付地点,而涉案车辆已经由被告实际交付给了承运人陈某承运,涉案车辆确已发货且在运输途中因交通事故受损,应当认定被告作为出卖人已经履行了货物交付义务,其不应当承担涉案车辆在运输途中毁损、灭失的风险。故一审法院判决驳回了原告的诉讼请求,二审法院维持了一审判决。

在该案中,涉案车辆被告已经安排车辆运输,并且运输车辆在运输途中毁损,原告对此也表示认可。关键是运输途中运输车辆发生事故,导致涉案车辆毁损,该风险责任应由谁承担的问题。《民法典》第607条第2款规定:"当事人没有约定交付地点或者约定不明确,依照本法第六百零三条第二款第一项的规定标的物需要运输的,出卖人将标的物交付给第一承运人后,标的物毁损、灭失的风险由买受人承担。"在该案中,双方未约定交付地点,但约定被告受托安排车辆运输,由原告承担运费,且协议中并没有约定怎样的运输方式。因此,根据上述法律规定,应当认定涉案车辆的毁损、灭失的风险由原告承担。

## 专题五　出卖人的瑕疵担保责任问题

### 一、瑕疵担保的含义及类型

买卖合同中出卖人对标的物的瑕疵担保责任包括权利瑕疵担保和物的瑕疵担保责任。权利瑕疵担保,是指出卖人应当保证对标的物享有合法的权利,没有侵犯任何第三人的权利,并且任何第三人都不会就该标的物向买受人主张任何权利。

在第三人基于所有权、用益物权或者担保物权等向买受人追夺标的物时,出卖人应当承担瑕疵担保责任。买卖合同的主要内容就是标的物所有权的转让,因此,权利瑕疵担保义务是出卖人的一项基本义务。权利瑕疵担保义务是出卖人的法定义务,即使合同中未作约定,出卖人也必须履行。目前,相关法律主要集中在《民法典》第 612 条至第 624 条。

物的瑕疵可以分为数量瑕疵和质量瑕疵,其中质量瑕疵根据检验的难易程度,分为外观瑕疵和隐蔽瑕疵。外观瑕疵包括标的物的表面性能和种类瑕疵,即产品的规格、型号、花色、品种等,一般可通过感官检验就可以发现。如果标的物的外形结构、外观瑕点、色泽、声音、气味、滋味、弹性、硬度、光滑度、包装和装潢等各方面存在瑕疵,会直接影响标的物的性能和效用。隐蔽瑕疵,是指通过通常的感官检验方法无法发现的瑕疵,需要借助理化检验、生物检验或对标的物进行使用才能发现的瑕疵,又被称为“内在质量”。正是因为其认定需要较强的专业性,故在实践中大量采用委托司法鉴定的方法来确定是否存在。但随着科学技术的发展,专业鉴定机构有时亦无法对标的物的瑕疵出具鉴定意见。在此种情况下,多数法官倾向以买受人举证不能而驳回当事人关于质量瑕疵的主张。

## 二、买受人的检验义务

在买卖合同的履行过程中,在出卖交付标的物后,买受人应当对交付的标的物进行检验,查明出卖人交付的标的物是否与合同的约定相符。对此,《民法典》第 620 条规定:“买受人收到标的物时应当在约定的检验期间内检验。没有约定检验期间的,应当及时检验。”

关于检验期间的问题,《民法典》第 621 条规定了两种情况:

一是当事人对检验期间有约定的情况。在此情况下,买受人应当在检验期间内将标的物数量或者质量不符合约定的情形通知出卖人。买受人怠于通知的,视为标的物的数量或质量符合约定。如果当事人约定的检验期间过短,导致买受人不可能在该期限内完成检验或者发现瑕疵的,《民法典》第 622 条则规定,根据标的物的性质和交易习惯,买受人在检验期间内难以完成全面检验的,该期间仅视为买受人对外观瑕疵提出异议的期间。约定的检验期间或者质量保证期间短于法律、法规规定期间的,应当以法律、法规规定的期间为准。

二是当事人没有约定检验期间的情况。在此情况下,买受人应当在发现或者应当发现标的物的数量或者质量不符合约定的合理期间内通知出卖人。如果买受人在合理期间内未通知或者自标的物收到之日起两年内未通知出卖人的,则视为标的物的数量或者质量符合约定。如果对标的物有质量保证期的,适用质量保证期,不适用前述两年的规定。此时有四个问题需要注意。

第一,如何理解"及时检验"的问题。《民法典》第623条规定:"当事人对检验期限未作约定,买受人签收的送货单、确认单等载明标的物数量、型号、规格的,推定买受人已经对数量和外观瑕疵进行检验,但是有相关证据足以推翻的除外。"第二,如何理解"合理期间"以及"两年期间"的关系。本书认为,两年期限应当认定为法律限定的最长合理期间,仍是检验期间的一种,性质上属于除斥期间。合理期间应当从买受人发现或者应当发现标的物瑕疵之日起算,但如果以买受人无法发现瑕疵而使合理期间迟迟不能起算,买受人的异议权始终不能消灭,显然不利于交易关系的稳定。于是法律在规定合理期间的同时,也对其最长实现限制,即买受人对标的物瑕疵的异议最长应在收到标的物之日起两年内发出,即使标的物的隐蔽缺陷是在买受人收到货物两年后才被发现,也即使这两年后才满足了"合理期间"的起算,买受人亦丧失了主张标的物与合同不符的权利。第三,检验期间的例外情况。如果出卖人知道或者应当知道其提供的标的物不符合约定,买受人不受前述通知时间的限制。第四,当事人对检验期间未作约定,买受人签收的送货单、确认单等载明标的物数量、型号、规格的,推定买受人已经对数量和外观瑕疵进行检验,但有相关证据足以推翻的除外。

### 三、法律效果

买受人应当在检验期间内向出卖人就合同标的物的数量或质量不符合合同约定提出异议。如果瑕疵存在,则买受人可要求出卖人承担修理、更换、减少价款或者赔偿损失等违约责任,或在瑕疵导致无法实现合同目的时主张解除合同。

1. 买受人没有在检验期间内提出标的物瑕疵异议。买受人未在检验期间内提出异议,所导致的结果就是在法律上视为标的物没有瑕疵。买受人既然无法主张标的物有瑕疵,也就无权要求出卖人承担标的物瑕疵的违约责任。在这种情况下,买受人的瑕疵担保责任救济权,如解除合同、减少价款、修理、更换或赔偿损失等权利行使期间,均无起算的必要。

2. 买受人在检验期间内提出瑕疵异议。此时,无论标的物的瑕疵是否真的存在,都能产生阻却视为标的物符合约定的后果,买受人也就有权向出卖人进一步主张瑕疵担保责任救济权。此时,出卖人再以买受人已经支付价款、确认欠款数额、使用标的物等为由,主张买受人放弃异议的,人民法院不予支持,但当事人另有约定的除外。

3. 如果当事人约定减轻或者免除出卖人对标的物瑕疵承担的责任,因出卖人故意或者重大过失不告知买受人标的物瑕疵的,出卖人物权主张减轻或者免除责任。

**四、相关案例评析**

王某在梁某处购买轿车一辆,双方签订《旧机动车交易市场车辆成交协议书》,协议书载明了车牌号、车架号、发动机号、车辆价款等内容,并约定"因双方交易车辆为旧机动车车辆,故双方签订协议时均对车身及发动机工作状态表示认同"。同日,王某支付购车款,梁某将涉案车辆及车辆行驶证交于王某。之后,王某办理了车辆过户手续,同时将车辆档案提出。但王某在车辆转入地进行上户查验时,该车被转入地车管所纳入嫌疑车辆扣车进行调查处理,车管所出具《机动车登记业务告知书》载明,案涉车辆存在车架号整块挖补、发动机号粘贴情况,不予上户。王某即找到梁某商议退车事宜。后经双方协商,梁某向王某退还部分购车款,并由王某向梁某出具收条予以确认。对尚欠余款,梁某向王某出具欠条。后因涉案车辆无法恢复登记至梁某名下,梁某拒不退还剩余车款,车辆现在为空挂状态,由王某保管。王某向法院起诉请求:(1)确认双方签订的车辆成交协议已经解除;(2)梁某立即退还剩余购车款并支付违约金。

一审法院认为,双方签订的《旧机动车交易市场车辆成交协议书》合法有效。由于涉案车辆存在车架号整块挖补、发动机号粘贴等瑕疵,无法办理上户登记,致合同目的无法实现,经双方口头协商,该协议书已经合议解除。同时,对于涉案车辆能否恢复登记,根据车管所出具的复函,需由车主提供真实有效的交通事故或技术鉴定证明,证明该车曾发生过交通事故且碰撞部位涉及车辆识别代码和发动机位置,符合相关要求后才能办理。从该案查明的事实,能够确认涉案车辆的发动机号、车架号与注册登记机动车信息是一致的,该机动车与原车为同一辆车。因王某持有时间较短,不可能发生致车架及发动机受损的交通事故,梁某作为出卖人应当对此承担瑕疵担保责任,故车管所复函中载明的"车主"应理解为原车主即梁某。机动车登记属于车辆管理机关行政许可的范围,涉案车辆最终能否恢复登记取决于梁某能否按照规定提供相关证明资料,而非王某所能实现。由于双方基于协商解除合同而退车退款,其责任不能归责于梁某,故对王某要求梁某支付违约金的诉讼请求不予支持。二审法院维持了一审判决结果。

**【简要评析】**

《民法典》第610条规定:"因标的物质量不符合质量要求,致使不能实现合同目的的,买受人可以拒绝接受标的物或者解除合同。买受人拒绝接受标的物或者解除合同的,标的物毁损、灭失的风险由出卖人承担。"法律规定了买卖合同中出卖人应尽的瑕疵担保责任,同时赋予了买受人享有的合同解除权。在该案中,王某在购买梁某的车辆后,因无法办理上户登记导致其购车的合同目的不能实现,王某本就享有解除合同的权利。而事实上,从梁某向王某退还部分购车款,并向王某出具剩余购车款欠条等事实来看,梁某在王某提出了解除合同的要求后亦作出了同意解除合同的意思表示,在双方意思表示一致的情况下,双方签订的《旧机动车交易市场车辆成交协议书》实际上已协商解除。合同解除后,尚未履行的,终止履行;已经履行的,根据履行情况和合同性质,当事人可以要求恢复原状、采取其他补救措施,并有权要求赔偿损失。在该案中,在王某与梁某协商一致解除购车合同后,王某有权要求梁某退还其已支付的全部购车款。

# 第九章　供用电、水、气、热力合同

## 专题一　供用合同的特征

《民法典》第 648 条规定："供用电合同是供电人向用电人供电，用电人支付电费的合同。向社会公众供电的供电人，不得拒绝用电人合理的订立合同要求。"第 656 条规定："供用水、供用气、供用热力合同，参照适用供用电合同的有关规定。"根据上述规定，对于供用电、供用水、供用气、供用热力合同，由于交易标的物的特殊性，采取不同于一般合同订立的自愿和意思表示一致原则，对于使用人合理的订立合同要求，向社会公众提供电、水、气、热力的合同主体不得拒绝。

电、水、气、热力，既是国民经济中的重要能源，也是一种特殊的商品。该类供用合同是指供应人向使用人供应电、水、气或者热力，使用人支付价款的合同。双方当事人的关系属于特殊类型的买卖合同。除具有买卖合同的一般特征外，主要具有以下特征：

第一，合同的标的物是特殊的物品。供用电、水、气、热力合同的标的物为电、水、气、热力，具有不同于一般交易标的物的特点。虽然这些客体客观存在，但无法以通常的方法固定或保存，或者这难以通过外观显现。但其与有体物又具有共同性，可以被感知、被支配，并作为物来对待。从这个意义上来讲，它们常常被视为有体物。[①] 例如，供用电合同的标的物是电力，电力属于无体物，具有一经产生使用就被消耗掉的特点。因此，供用电合同不存在买卖合同中的退货问题。该类合同解除的效力不具有溯及力，只能对未来发生效力。合同解除之后，当事人不得要求恢复原状。同时，这类商品是生产、生活中的必需品，为保障人们生产和生活的需要，法律一般对其予以特别规制。[②]

① 参见史尚宽：《民法总论》，中国政法大学出版社 2000 年版，第 251 页。

② 参见黄丽：《民法债编各论》（上册），中国政法大学出版社 2003 年版，第 144 页。

第二,供应方是特殊主体。只能是依法取得特定营业资格的供应企业,其他任何单位和个人都不得作为供应方。如供应水合同的供应商只能是自来水公司。[①]在我国,通常是由专门的社会公共机构负责供电、供水等,供用电、水、气、热力合同的一方当事人不是一般的民事主体,而是社会公共机构。

第三,一般采用格式合同。为了适应大量交易的需要,合同条款一般是由供应方拟定的,使用方只能决定是否同意订立合同,而一般不能决定合同的相关内容。尽管使用方在标的物的用量、用时上可以提出自己的要求,但供应方具有决定权。双方当事人按照格式条款订立合同,有利于降低交易成本,使供应方集中精力提高供应质量,但容易产生垄断地位带来的不公平问题。对于供应方式有特殊要求的使用方,也可以采用非格式条款订立合同。

第四,合同的履行具有连续性。由于电、水、气、热力的供应和使用具有连续性,因而合同的履行处于一种连续状态。在合同规定的期间内,在正常情况下,供应方须连续地供电、水、气、热力,使用方享有连续使用的权利,并按期支付相应的价款。

第五,原则上实行统一定价。如我国《电力法》第 35 条第 2 款规定:"电价实行统一政策,统一定价原则,分级管理。"电价的确定,一般是由电网经营企业提出方案,国务院有关物价行政主管部门核准。供电企业应当按照国家核准的电价和用电计量装置记录,向用电人收取电费。供电企业不得擅自变更电价。[②]

## 专题二　供用合同的主要内容

《民法典》对供用电合同作了明确规定,并在第 656 条规定:"供用水、供用气、供用热力合同,参照适用供用电合同的有关规定。"由于供用水、供用气、供用热力合同与供用电合同具有许多共同特点,因此有些合同权利义务可以参照适用。但各类合同还具有本身的特点,不完全相同,这里以供用电合同双方的权利义务来进行分析,以供参照。

---

① 参见胡康生主编:《〈中华人民共和国合同法〉释义》,法律出版社 1999 年版,第 275 页。

② 参见王利明、房绍坤、王轶:《合同法》,中国人民大学出版社 2013 年版,第 272 页。

第一,供电人的主要义务。(1)及时、安全、合格供电的义务。按照国家规定的供电质量标准和合同约定向用电人安全供电,是供电人的主要义务。供电人的供电质量包括电压频率、电压、供电可靠性须符合国家规定和约定的标准,供电的方式、时间、地址和点量等须符合合同的约定。供用电合同的履行地点,按照当事人约定;当事人没有约定或者约定不明确的,供电设施的产权分界处为履行地。在用电人为单位时,供电设施的产权分界点为变电设备的一个瓷瓶或开关。在用电人为散用户时,供电设施的产权分界处通常为进户墙的第一个接收点。[①] 供电人未按照国家规定的供电质量标准和约定安全供电,造成用电人损失的,应当承担损害赔偿责任。(2)因故中断供电的通知义务。供电人因供电设计计划检修、临时检修、依法限电或者用电人违法用电等原因,需要中断供电时,应当按照国家有关规定事先通知用电人。供电人未事先通知用电人而中断供电,造成用电人损失的,应承担损害赔偿责任。(3)因不可抗力断电的抢修义务。因自然灾害等原因断电时,供电人应当按照国家有关规定及时抢修,以尽早恢复供电。供电人未及时抢修,造成用电人损失的,应当承担损害赔偿责任。

第二,用电人的主要义务。(1)安全用电的义务。由于电力系统具有网络性,任何一个用电人的安全合理用电都关系整个供电系统的安全,关系社会的公共安全,所以用电人应当严格按照规定能够安全合理用电,不得违章用电、违约用电,以免造成重大损害。用电人未按照国家有关规定和约定安全用电,造成供电人损失的,应当承担损害赔偿责任。(2)正常检修停电限电的配合义务。供电属于高度危险作业。为保持供电的安全性、防止意外事故的发生,需要对用电设施进行检修,用电人应当进行协助。因检修或者供电总量受限等原因导致停电限电,用电人应当忍受配合。(3)交付电费的义务。用电人应当按照国家有关规定和当事人的约定及时交付电费。用电人逾期不交付电费的,应当按照约定支付违约金。经催告用电人在合理期限内仍不交付电费和违约金的,供电人有权按照国家规定的程序中止供电。

---

① 参见王利明、房绍坤、王轶:《合同法》,中国人民大学出版社 2013 年版,第 273 页。

## 专题三　强制缔约义务的设立

根据以上对供用电、水、气、热力合同特点及当事人权利义务的分析，对该类合同的供应方设立强制缔约义务主要有以下几个方面因素：

第一，合同主体的公共性。供用电、水、气、热力合同的当事人具有特定性，一方为具备相应资质的供应企业，而消费对象为社会不特定的一般社会公众，并非特定群体。使用人可能是企事业单位，也可能是普通的社会公众，具有广泛性、分散性和普遍性的特点。在一般情况下，用户对于供应人不具有选择的客观可能性，在停止供应的情况下，将严重影响用户的生产经营和生活，使其陷入困境。甚至使其不能获得必要的公共服务而影响其基本生存。因此，对于使用人提出的合理订立合同请求，供应人应当负有强制缔约的义务，不得拒绝正常的缔约请求。

第二，合同目的的公益性。该类合同的目的不单纯由供应人获取经济利益，更主要是满足人民群众日常生活需要，提高人民群众生活水平。用电、水、气、热力的供应，直接涉及不特定多数人的权益，涉及千家万户，关系基本民生。供用电、水、气、热力合同不仅关系当事人的利益，而且关系社会公共利益。[①] 基于合同双方当事人在经济实力、缔约能力上存在较大差距，如果仍然采取传统的绝对合同自由原则，可能使使用人处于被动接受的不利地位，导致利益关系失衡，违背公平正义原则。[②] 设立强制缔约义务，有利于防止企业利用市场垄断地位在缔约过程中侵害相对弱势的用户的合法权利。故只要供应方具有供应能力，就不得拒绝签订合理要求的签订请求，也不能随意解除合同。

第三，合同内容的确定性。由于供用电、水、气、热力合同大多以格式条款的形式订立，合同价格由相关部门根据国家规定的程序确定，对于不同的使用人，也公平地采取相同的供应价格及条件，当事人的权利义务相对比较清晰和固定。因此，对于使用人请求合理的，强制缔约并不损害供应人的合法权利。当然，对于使用人提出不合理的订立合同请求的，供应人有权拒绝。

---

① 参见崔建远主编：《合同法》，法律出版社2003年版，第395页。

② 参见王利明：《合同法研究》，中国人民大学出版社2015年版，第185页。

第四,供应人的中止权利。订立合同后,使用人应当及时付费。经催告使用人在合理期限内不交付电费和违约金的,供应人有权按照国家规定的程序中止供应。供应人对于不履行交款义务的使用人,享有依法中止供应的权利,可以对强制缔约后供应人的权利进行适当救济。同时,为了保障民生,对供应人的同时履行抗辩权进行适当限制。中止供应前,供应人应当履行催告义务,并给使用人合理的准备期限。在使用人缴纳使用费和违约金后,供应人应当恢复供应,而不能解除合同。同时,按照《民法典》第 654 条第 2 款的规定,供电人因用电人不交纳电费需要依法中止供电时,应当事先通知用电人。从审判实践看,通知中止供电时间,应当给予用电人合理的准备时间,以免造成用电人不必要的损失,否则应当承担相应的赔偿责任。至于多少时间为合理时间,应当根据不同的企业、自然人的具体情况而定。

## 专题四　关于供用合同的中止履行和解除权利

在供电、供水、供热、供燃气等供用合同中,在物业服务人并非合同履行主体的情况下,中止供应的权利主体为供应人,而且在经催告使用人不缴纳使用费用和违约金的情况下才能行使。《民法典》第 944 条第 3 款规定:"物业服务人不得采取停止供电、供水、供热、供燃气等方式催缴物业费。"这既是维护广大人民群众正常基本生活的需要,更是因为物业服务人本身并非供电、供水、供热、供燃气的主体,业主不缴纳物业费,与供电、供水、供热、供燃气合同的履行并无直接关系,物业服务人并非该合同履行主体,不具有中止履行的法定及约定主体资格。业主不缴纳物业费,也不是物业服务人可以干涉供电、供水、供热、供燃气合同履行的合理事由。

使用人提出中止供电、供水、供热、供燃气合同的,供应人一般情形下不享有以此为由解除合同的权利,在供用合同中,是否解除合同应由使用人决定。在非集中供热地区,开发商向业主出售的商品房含有供热设施,且约定由开发商向业主供热,开发商负有强制缔约义务,是否解除供热合同应当由业主或者业主大会决定。例如,原告某房地产公司与张某供用热力合同纠纷案中,张某购买某房地产公司房产一套。双方约定业主同意供暖期按建筑面积每月每平方米 4.2 元收费,非供暖期按照每月每平方米 0.7 元收费。2011 年张某向原告某房产公司递交《关于申请停用暖气热水的报告》，原告某房地产公司起诉请求法院确认双方之间的热力代供关系已经解除。法院经审理认为，原告某房地产公司与被告张某签订的房屋买卖合同中，对供暖、供热水的时间和使用费进行了约定，由原告某房地产公司履行供暖、供热水的义务，张某按照标准支付使用费，故双方之间形成供用热力的合同关系。对于原告某房地产公司要求确认双方热力代供关系已经解除的请求，因张某提交的停用暖气、热水报告中仅要求停用热水及暖气，并未要求解除双方之间的供热合同，在案件审理中，张某也不同意解除双方之间的供热合同。而且原告某房地产公司提供的供热水、供暖服务的对象为该社区全体业主，属于相关设施及小区业主的公共设施，解除供热合同势必影响张某房屋的价值和其他业主的合法权益，是否解除供热应由业主大会决定。故对于原告某房地产公司的该项请求，人民法院不予支持。①

① 参见杜万华主编，最高人民法院民事审判第二庭编：《合同案件审判指导》，法律出版社 2018 年版，第 1067 页。

# 第十章　赠与合同

## 专题一　赠与合同的撤销制度

《民法典》第657条规定："赠与合同是赠与人将自己的财产无偿给予受赠人，受赠人表示接受赠与的合同。"赠与合同属于诺成、单务、无偿合同。在赠与合同中，转让财产的一方为赠与人，接受财产的一方为受赠人。赠与合同由于与买卖合同具有转移标的物所有权等权利的相同点，因而买卖合同的规定对于赠与合同具有参照适用的效力。[①] 同时，由于赠与合同又具有无偿合同的特点，对于赠与人履行义务的约束相对宽松，主要表现为赠与的撤销。

法律对于赠与撤销的规定，系基于赠与合同的如下特点：

1. 赠与合同属于诺成合同，合同成立的前提是双方当事人意思表示一致。比如，对于立遗嘱赠与财产的情况，仅依遗嘱人单方的意思表示即可成立法律行为，[②]属于单方法律行为。而赠与合同并非单方法律行为，需要依据双方合意成立。根据《民法典》关于赠与合同的规定，赠与合同并非实践性合同，不以交付赠与物为合同成立要件，依法成立的合同，自成立时生效。赠与合同生效后，可依法进行撤销，但不交付赠与物不能导致赠与合同不成立。[③]

2. 赠与合同必须存在给与行为。在减少赠与人财产的同时，使受赠人的财产因赠与而有所增加。主要包括向受赠人移转财产的所有权、土地使用权、股权、债权、免除受赠人负担的债务等。但下列行为不属于给与行为：无偿提供劳务、无偿

---

① 参见王利明、房绍坤、王轶：《合同法》，中国人民大学出版社2013年版，第276页。

② 参见韩世远：《合同法总论》，法律出版社2018年版，第7页。

③ 对于赠与合同的性质，历来存在争议。有学者如张新宝、巩赛红在《买卖合同、赠与合同》一书中认为，对赠与合同的性质，我国法律采取了两分法加以规定。对于一般的赠与，赠与人可以无条件撤销，受赠人不得请求交付赠与财产，应属于实践性合同。对于具有社会公益等特殊的赠与合同，应为诺成性合同，受赠人可以要求交付。

地将自己的财产借予他人使用、为他人利益而不愿为某项财产的取得、抛弃自己应继承份额或遗赠物的。[①] 对于不属于给予行为的法律行为,不适用赠与撤销的相关规定。

3. 赠与合同为单务、无偿合同。在赠与合同中,赠与人负有给付赠与财产的义务,而受赠人并无对等给付义务,因此赠与人不享有合同履行抗辩权。根据《民法典》第16条"涉及遗产继承、接受赠与等胎儿利益保护的,胎儿视为具有民事权利能力。但是,胎儿娩出时为死体的,其民事权利能力自始不存在"的规定,包括胎儿在内的无民事行为能力人均可以成为受赠人。但是,对于赠与合同的单务和无偿来说,并非双方约定不存在对价,即直接认定为赠与。还应审查双方是否存在买卖合同等其他法律关系,如果属于履行合同附随义务等情形,则不属于赠与合同,不能适用赠与撤销的规定。

## 专题二　赠与合同的任意撤销

赠与人任意撤销权,是指未经公证的赠与或非履行道德义务的赠与,赠与人在赠与财产的权利转移以前无须任何理由均可撤销赠与的权利。

行使任意撤销权的条件包括:(1)赠与合同尚未履行,赠与物的物权尚未发生转移。动产的物权转移以交付为要件,不动产和特殊动产(如机动车、船舶、飞机)的物权转移为登记要件。因为赠与合同具有实践合同的特点,物权转移后,赠与人即丧失任意撤销权。(2)赠与合同不具有社会公益和道德义务的性质。(3)赠与合同未经过公证。具备上述条件的,赠与人方可行使任意撤销权。

任意撤销权为形成权,自赠与人撤销的通知到达受赠人时即发生撤销效力。其法律后果如下:一是赠与合同自始或仅向将来消灭,赠与人不再承担赠与义务。但任意撤销之前已经部分交付的动产,不得请求返还。二是赠与人有过失的,应当承担缔约过失责任,赔偿受赠人信赖利益的损失。

对于不能任意撤销的赠与合同,赠与人不交付赠与财产的,受赠人可以要求交

---

① 参见梅仲协:《民法要义》,中国政法大学出版社1998年版,第362~363页。

付。因赠与人故意或者重大过失致使赠与财产毁损、灭失的,赠与人应当承担损害赔偿责任。

## 专题三　赠与合同的法定撤销

赠与合同的法定撤销,是指在具备法定撤销事由时,赠与人或者其继承人、法定代理人行使撤销权,使赠与合同自始无效的行为。

法定撤销权基于法定事由,由赠与人行使撤销赠与的权利。行使该项权利的要件是,无论赠与合同是否已经履行,受赠人只要符合下列情形即可行使撤销权:一是严重侵害赠与人或者赠与人的近亲属;二是对赠与人有抚养义务而不履行;三是不履行赠与合同约定的义务。只要具备前述3项事由之一,无论赠与合同是否经过公证证明,赠与的财产是否已经交付,也无论是否属于社会公益和道德义务性质,享有撤销权的人均可以撤销赠与。

法定撤销权亦为形成权,自撤销的通知到达受赠人时发生撤销的效力,赠与合同自始无效。撤销权人有权要求受赠人返还赠与的财产。

撤销权行使的除斥期间:一是赠与人行使法定撤销权。赠与人应当自知道或者应当知道撤销原因之日起1年内行使撤销权。二是赠与人的继承人、法定代理人行使撤销权。仅限于赠与人因受赠人的违法行为死亡或者丧失民事行为能力之情形,赠与人的继承人、法定代理人才享有撤销赠与合同的权利。

从这两种撤销权的条件可以看出,依法成立的法定撤销权的行使范围,可以包含任意撤销权适用的情形,而任意撤销权的行使范围则不包括法定撤销权。

## 专题四　赠与合同的法定解除

《民法典》第666条规定,赠与合同成立后,若赠与人的经济状况显著恶化,严重影响其生产经营或者家庭生活的，赠与人有权不再履行赠与义务。对于该条规定，有观点认为，属于赠与合同穷困撤销、穷困抗辩权，或称拒绝履行抗辩权，[①]本质上应属于情势变更情形下的合同解除。赠与合同不再履行与法定撤销的主要区别在于：(1)合同的撤销具有溯及效力。赠与合同被撤销后，对于已经交付给受赠人的赠与物，赠与人可以要求返还。而赠与合同的法定解除，不具有溯及效力。对于已经履行的部分，不能要求返还。(2)赠与合同的法定撤销，主要是对于受赠人的忘恩行为及不履行义务行为的一种惩罚。而合同解除的目的在于照顾确实已经处于困境中的赠与人，根据赠与合同为单务、无偿合同的特点，在赠与人的经济情况显著恶化的情况下，若继续要求赠与人履行赠与义务，与济危扶困的道德传统多有不和，因此赠与人可以行使不再履行赠与义务的抗辩权。

① 参见刘春堂：《民法债编各论》(上)，台北，三民书局股份有限公司2008年版，第204页。

# 第十一章　借款合同

## 专题一　民间借贷法律关系的认定

### 一、民间借贷的定位

民间借贷,是指除金融业务外,自然人、法人和非法人组织之间进行资金融通的行为。近年来,随着我国经济社会的持续发展,民间借贷活动在经历空前的繁荣发展后,进入逐渐规范成熟发展的历史阶段。

民间借贷作为一种经济现象,是一种历史悠久、在世界范围内广泛存在的民间金融活动。在中国至少已有上千年的发展历史,是社会经济生活中不可缺少的部分。传统意义上的民间借贷,因主要属于自然人之间的互助,历来是受到保护的。所谓欠债还钱天经地义。同时,基于中国特殊的伦理及文化传统,民间借贷受国家政策影响较大,也受到了一定程度的歧视甚至指责。如新中国成立后,我国长期实行企业之间借贷无效的司法政策,对于维护金融市场秩序、防范和化解金融风险产生过积极作用。在中国特色社会主义市场经济深入发展的历史背景下,民间借贷作为正规金融的合理补充,因手续简便、放款迅速日益活跃,信贷规模不断扩大。这在一定程度上解决了中小微企业融资矛盾,满足了企业发展过程中对资金的需求,拓宽了民间资本投资逐利的渠道和出路,增强了经济运行自我调整的适应能力。

前些年,由于我国金融和法律体系尚不完善,对民间借贷活动的规制未形成有效立法,缺乏对民间资本的有效监管和健康引导。民间借贷一直游离于国家金融监管体系的边缘,存在交易隐蔽、监管缺位、刑民交叉、风险难控等现象。有些甚至通过地下钱庄,行使诈骗洗钱等违法犯罪活动,造成民间借贷利率高企、投机盛行、救济乏力。个别地区民间借贷资金流向非法领域,虚假诉讼、“套路贷”等问题高发,并出现借助黑社会势力暴力追贷的现象。隐患突出、风险渐增,给经济发展带来较大负面影响。这些问题不仅扰乱了金融市场秩序，削弱了金融市场信心，也加剧了风险向银行体系蔓延的危险。[①] 2015 年《民间借贷解释》的实施，对明确民间借贷定位、规范民间借贷市场、促进民间资本融通等起到积极的推动作用。然而，由于资本的逐利性，民间借贷活动发展惯性带来的负面作用不断凸显，较多职业放贷行为违反金融管理秩序进行资金拆借，部分出借人为获取高额收益规避法定利息上限、虚假恶意诉讼问题突出，甚至出现虚增债务、伪造证据、转单平账、收取高额费用等"套路贷"新型诈骗犯罪，严重影响了企业经营和社会秩序。

2020 年 8 月 18 日最高人民法院对《民间借贷解释》进行了修改。将民间借贷的利率上限大幅度调低至合同成立时一年期贷款市场报价利率 4 倍。同时，严格限制职业放贷行为，对于"未依法取得放贷资格的出借人，以营利为目的向社会不特定对象提供借款"的情形，列为合同无效的范围，大大压缩了经营性职业放贷的合法活动空间。另外，对于利用信贷资金转贷等行为，放宽了认定无效的标准，不再把转贷中的高利设置为认定无效的条件，而是将套取金融机构贷款转贷行为一律规定为无效。通过采取以上种种措施，对于民间借贷活动，进行合理有力的民法规制。

### 二、基础法律关系的界定

民间借贷是借款合同的一种类型，根据《民法典》第 667 条的规定，"借款合同是借款人向贷款人借款，到期返还借款并支付利息的合同"。自然人、法人和非法人组织之间进行的资金融通，应当符合上述借款合同的规定。《民间借贷解释》第 14 条规定："原告以借据、收据、欠条等债权凭证为依据提起民间借贷诉讼，被告依据基础法律关系提出抗辩或者反诉，并提供证据证明债权纠纷非民间借贷行为引起的，人民法院应当依据查明的案件事实，按照基础法律关系审理。当事人通过调解、和解或者清算达成的债权债务协议，不适用前款规定。"

现实中，当事人因买卖、承揽、股权、合伙、损害赔偿、精神损失等法律关系形成债权债务，却以民间借贷的形式来确认的情况在审判实践中较常见。借条、欠条等内容直观明了，可大大减轻当事人的举证证明责任，经常被作为当事人起诉的主要证据。在此种情况下，需要解决的问题是：原告的请求权基础如何确定？依据的事实以及相应的法律关系如何认定？倾向性观点认为，虽然当事人可以通过意思自

---

① 参见杜万华主编，最高人民法院民事审判第一庭编著：《最高人民法院民间借贷司法解释理解与适用》，人民法院出版社 2015 年版，第 5 页。

治形成某种法律关系,但由于形成债权债务的基础法律关系不同,双方当事人的举证证明责任和抗辩权利也不同。《民事诉讼法》第 7 条规定,“人民法院审理民事案件,必须以事实为根据,以法律为准绳”。准确认定法律关系的性质,是案件审理的基本任务,也是作出裁判的前提。法律关系性质的判断,要以能够被证据证明的事实为前提,而非仅仅根据当事人请求的事实和理由。只有查清双方存在的基础法律关系,才能够对争议的债权债务关系进行准确认定和调处。同时,也不能一概否定当事人的意思表示,对于双方基于调解、和解或者清算等方式达成的债权债务协议,应当予以尊重。例如,双方之间基于买卖合同法律关系进行结算,形成欠款数额并约定了支付时间及利息,可以按照双方形成的结算协议进行认定。但在审判实践中,对于已经明确因其他法律关系形成的以借条形式确认的债权债务,债务人对双方基础法律关系的效力或履行实施提出抗辩,存在较大争议的,原则上应该按基础法律关系审理。例如,2011 年甲与乙公司签订股权转让协议,甲同意将其持有的丙公司 20% 的股权以 5000 万元价格转让给乙公司。后乙公司签订合同受让了丙公司其他股东的股权,持有丙公司 100% 的股份。2011 年 10 月甲乙双方签订补充协议载明:由乙公司首先支付 1000 万元现金给甲,余款 4000 万元作为乙公司借款分期支付,每月结息,年利率为 30%。后由于其他股东的股权转让协议未完全履行,乙公司一直未能实现合同目的。一审法院认为,甲与乙公司之间是民间借贷法律关系,应当按照民间借贷纠纷的法律规定进行审理。二审法院认为,借款合同是借款人向贷款人借款,到期返还借款并支付利息的合同。案涉 4000 万元款项,并非甲将资金出借给乙公司由乙公司偿还本金及利息的协议,而是基于双方之间股权转让形成的欠款,基础法律关系为股权转让,并非民间借贷,故案涉争议应定性为股权转让纠纷,按照股权转让纠纷的基础法律关系进行审理。需要在查清双方违约责任的基础上,对股权转让款项及违约金的争议进行审理认定,而不是排除双方履行股权转让合同的事实,按照民间借贷法律关系认定本金和利息。

### 三、民间借贷法律关系的厘清

在审判实践中,民间借贷与其他法律关系的交叉认定问题较普遍,主要存在以下几个方面:

1. 关于名为合作开发实为借款合同的问题。根据《土地使用权解释》第 26 条规定:“合作开发房地产合同约定提供资金的当事人不承担经营风险,只收取固定数额货币的,应当认定为借款合同。”即当事人以合作开发合同为名,实际从事资金融通行为，不承担合作开发经营风险的，本质上属于资金借用，应认定为借款合同。

2. 关于名为投资实为借款合同的问题。民间借贷法律关系是一种债的关系，意味着出借人将其资金转移给了借款人。而投资意味着将货币转化为资本，投资者仍然享有一定的支配权，在投资关系下投资主体之间共同出资、共担风险、共享收益。对于当事人之间是否建立真实的民间借贷关系，应根据双方合同约定和履行情况进行审查判断。例如，郭某和甲公司订立的《合作协议》第 3 条约定由于郭某是中途进入合伙，所以不承担项目的债权债务，郭某只安排人员监管账目，不从事经营管理，不承担其他任何法律责任。该协议第 4 条约定从郭某投资之日起第一年期满，甲公司支付本金和投资回报共计 5000 万元给郭某。第二年期满甲公司支付投资回报 3000 万元。根据该约定，郭某仅是将款项投入安华公司，到期收回固定投资回报，而不参与项目的经营，也不承担该项目亏损风险和其他法律责任，故双方实质是建立了民间借贷法律关系。

3. 关于以买卖合同为民间借贷进行担保的问题。根据《民间借贷解释》第 23 条的规定，对于当事人以签订买卖合同作为民间借贷合同的担保，借款到期后借款人不能还款，出借人请求履行买卖合同的，人民法院应当按照民间借贷法律关系审理。经向当事人释明变更诉讼请求，当事人拒绝变更的，应裁定驳回起诉。按照民间借贷法律关系审理作出的判决生效后，借款人不履行生效判决确定的金钱债务，出借人可以申请拍卖买卖合同标的物，以偿还债务。在实践中，对商品房买卖合同和民间借贷法律关系的性质界定，应根据当事人的真实意思和合同约定的内容来判断。对于双方之间是否成立房屋买卖法律关系，应当根据借款及还款时间、房屋买卖合同约定的权利义务是否对等、履行方式是否有违常理等方面综合认定。

4. 关于买卖合同中的垫资条款是否设立借款法律关系的问题。当事人在买卖合同中约定，出卖人在约定期限内垫资供应一定数量的货物，并收取垫资期间的加价款、资金占用费等款项的，由于约定垫资虽然实际起到了融资作用，但是出卖人与买受人之间并没有借款的意思表示，也没有借款款项的交付，不应认定合同中存在借款法律关系，基础法律关系应当认定为买卖合同。①

5. 关于民间借贷与委托理财的关系认定问题。在实践中，存在一定程度的交叉。委托理财，是指委托人将其资金、证券等资产委托给受托人，由受托人将该资产投资于期货、证券等交易市场，或通过其他金融形式进行管理，所得收益由双方

① 参见杜万华主编，最高人民法院民事审判第二庭编：《合同案件审判指导》，法律出版社 2018 年版，第 669 ~ 670 页。

按约定进行分配,或由受托人收取代理费的经济活动。由于当事人约定的权利义务关系不同,委托理财合同会有不同的法律关系予以界定。包括委托理财、委托监管、借款合同、合伙协议、信托合同等。部分委托理财合同约定了“保底条款”,即投资方不承担投资风险,只享受固定回报或利润。如果委托人的缔约目的和合同预期,是纯粹追求资金投入的固定回报,对受托人管理资产行为与收益后的分成并无预期,也不承担经营风险,可以认定名为理财实为借贷。但是,对于“保底条款”性质的认定不能一概而论,而应根据当事人的真实意思进行判断。如果约定委托人系参与收益分配,即使合同中约定了本息固定回报的保底条款,但因条款中约定了对收益按约定比例,则当事人的缔约目的与纯粹的借贷合同并不相同,①不宜否定委托理财合同的性质。

6. 关于民间借贷与不当得利的法律关系认定问题。不当得利,是指无法律依据,使他人受损而自己取得利益的行为。其构成要件有 4 个:一是取得不当利益;二是造成他人损失;三是取得利益与所受损失存在因果关系;四是取得利益没有合法根据。不当得利作为一种独立的法律制度,具有严格的构成要件及适用范围,不能作为当事人在其他民事法律关系中缺少证据时的请求权基础。因此,对当事人因借贷关系缺少证据证明或借贷纠纷案件诉讼请求被驳回后,又以不当得利为由主张权利的,不应予以支持。②

## 四、基础法律关系存在争议的程序处理

对于人民法院认定的基础法律关系与当事人主张的不一致的情形,应当按照最高人民法院《民事证据规定》第 53 条第 1 款的规定进行审理,即“诉讼过程中,当事人主张的法律关系性质或者民事行为效力与人民法院根据案件事实作出的认定不一致的,人民法院应当将法律关系性质或者民事行为效力作为焦点问题进行审理。但法律关系性质对裁判理由及结果没有影响,或者有关问题已经当事人充分辩论的除外”。上述规定,变更了之前对于法律关系性质认识不一致的情况下,由人民法院进行释明的做法。在案件终审前,能够充分保障当事人的诉讼选择权。但是,为维护当事人的合法权利,在案件审理中应当将法律关系的性质作为案件的焦点问题进行审理,保障当事人就不同法律关系及产生法律后果进行充分的辩论。

---

① 参见林晨、金赛波主编:《民间借贷实用案例解析》,法律出版社 2015 年版,第 57 页。

② 参见最高人民法院民事审判第一庭编:《民事审判指导与参考》[2010 年第 3 集(总第 43 集)],法律出版社 2011 年版,第 138 页。

# 专题二　自然人之间借款法律关系的成立

## 一、关于自然人之间借款合同的成立和生效

《民法典》第 679 条规定,"自然人之间的借款合同,自贷款人提供借款时成立",将自然人之间的借贷关系成立界定为借款提供时。对于合同的订立,当事人可以采取邀约、承诺方式或者其他方式。合同订立过程完成后,如当事人对合同的基本内容达成一致意见,要约承诺阶段宣告结束,当事人合意一致的成果即合同成立。在一般情形下,除法律另有规定或者当事人另有约定的外,合同成立于承诺生效时。《民法典》第 679 条将自然人之间的借贷合同界定为贷款提供时成立,而非意思表示达成一致,反映了国家立法对于自然人之间借款合同干预程度的降低,当事人在订立合同时享有更大的意思自治和实际履行空间。

合同的生效,是指依法成立的合同为使其具有法律所赋予的约束力而产生的效力,是国家通过法律评价合同的表现,是法律认可当事人的意思的结果。合同虽已成立,但却可能因各种原因而未能生效或自始无效。合同的成立与合同的生效是两个层次的问题,是不同的范畴和制度。① 第一,合同的成立属于事实认定,着眼点在于判断合同是否存在,而合同的生效则是法律价值的判断,着眼点在于判断合同是否符合法律的精神和规定,能否发生法律上的效力。第二,判断合同是否成立,结果只能是成立或不成立的事实,而判断合同是否有效,其结果则有生效、无效、未生效、可变更、可撤销等多种情形。第三,合同的成立主要是强调当事人合意,体现了合同自由原则,国家不会主动干预。合同的生效强调立法者对合同关系的评价,反映了立法者对合同的干预。

根据合同的成立是否以交付标的物为成立条件,可以将合同分为诺成合同和实践合同。诺成合同,是指当事人一方的意思表示一旦为对方同意既能产生法律效果的合同。当事人双方意思表示一致时,合同即告成立。实践合同,是指除当事人双方意思表示一致外,尚须交付标的物才能成立的合同。诺成合同和实践合同

① 参见崔建远主编:《合同法》(第 6 版),法律出版社 2016 年版,第 62 页。

的主要区别在于两者成立与生效的时间是不同的。诺成合同自双方当事人意思表示一致时成立。而实践合同则需当事人交付标的物和完成其他给付后,合同才能成立。[①] 从沿革的角度来看,诺成合同的范围是在逐渐增加的。在传统民法中,借贷、保管、运送、赠与等合同属于实践合同。随着现代经济生活的发展,尤其是银行业、运输业的发展。若坚持在双方当事人达成合意之外,还需以物之交付为合同成立要件,无利保障营业者一方的利益。因此,信贷合同中银行借款合同和运输合同中的铁路航空等客运货运合同,在我国《合同法》上均已脱离实践合同的范畴而成为诺成合同。[②] 目前,由于绝大多数合同都从双方形成合意时订立,因而都属于诺成合同。而实践合同则必须有法律特别规定。自然人之间的合同,则属于法律明确规定的实践性合同。

## 二、关于自然人之间借贷法律关系的成立要件

自然人之间借贷合同是借款合同的一种,属于民间借贷法律关系。根据《民间借贷解释》第 1 条的规定,经金融监管部门批准设立的从事贷款业务的金融机构及其分支机构,因发放贷款等相关金融业务引发的纠纷,不属于民间借贷司法解释的适用范围。由此,借款合同可以区分为民间借贷和金融借贷。而民间借贷根据当事人主体的不同,又可以区分为自然人之间的借贷和一方主体为非自然人的借贷。借款合同的成立及生效,适用合同订立的一般原则,除当事人另有约定或者法律、行政法规另有规定外,合同签订时成立并生效。

对于自然人之间的借贷,与保管合同被我国学者公认为实践合同。在《合同法》的规定中,对于保管合同,规定为交付保管物时成立。而对于自然人之间的借贷,规定为提供贷款时生效,两者存在一定程度的区别。《民法典》统一了两个法律关系的规定,明确了自然人之间的借贷合同自贷款提供时成立,即自然人之间的借贷合同仅有借贷双方当事人的合意不能成立,必须要有实际的交付行为才能成立。由此,对于自然人之间的借贷,证明合同成立还需要资金进行实际交付的证据。同时,对于一方主体为非自然人的借款合同订立后,出借人违反约定未及时提供资金时,借款人可以要求出借人承担违约责任。但是,对于自然之间的借贷,由于借款未实际交付,合同并未成立,出借人不具备承担违约责任的合同基础。由此,自然人之间的民间借贷法律关系的成立,需符合形式要件和实质要件。形式要件即达

---

① 参见王利明、房绍坤、王轶:《合同法》,中国人民大学出版社 2013 年版,第 8 页。

② 参见崔建远主编:《合同法》(第 6 版),法律出版社 2016 年版,第 18 ~ 19 页。

成合意的外在形式，如借条、借款合同、口头约定以及其他可以表明双方借款合意的形式；实质要件即款项的实际交付。

首先，当事人一方仅提供款项交付凭证，未提供借贷合意凭证，借款人对此提出合理抗辩的，出借人仍需就双方之间存在借贷合意承担举证证明责任。《民间借贷解释》第16条规定："原告仅依据金融机构的转账凭证提起民间借贷诉讼，被告抗辩转账系偿还双方之前借款或者其他债务的，被告应当对其主张提供证据证明。被告提供相应证据证明其主张后，原告仍应就借贷关系的成立承担举证责任。"例如，王某诉刘某民间借贷纠纷案中，王某提供其向刘某支付740万元的银行转账凭证。但经审理查明，王某与刘某在此期间，存在合作开发法律关系。双方之间账目往来频繁，并未汇总核对，该部分款项系用于支付合作开发的土地出让金。因此，认定该740万元的支付，双方之间不存在借款的合意，不成立民间借贷法律关系。

其次，债权人仅凭付款凭证起诉而未提供借据等证据证明，在债务人抗辩并举证证明双方不存在借款合意而存在其他法律关系的，债权人主张的民间借贷关系不能认定成立。《民诉法司法解释》第91条规定："人民法院应当依照下列原则确定举证证明责任的承担，但法律另有规定的除外：(一)主张法律关系存在的当事人，应当对产生该法律关系的基本事实承担举证证明责任；(二)主张法律关系变更、消灭或者权利受到妨害的当事人，应当对该法律关系变更、消灭或者权利受到妨害的基本事实承担举证证明责任。"由此，出借人主张双方存在民间借贷法律关系的，应承担相应的举证证明责任。否则，将承担对自己不利的法律后果。例如，借款人刘某为经营需要，与出借人王某达成借款50,000元、借款期限为30天的借款协议。王某将50,000元款项交付给中间人崔某，但崔某并未将该借款交付给刘某。在此种情形下，基于案涉纠纷属于自然人之间借贷，借款协议虽然已经订立，但由于款项未能实际交付，不能证明民间借贷法律关系成立。

**三、关于贷款提供的事实认定**

对于何种情况属于贷款已经提供的认定问题，根据《民间借贷解释》第9条的规定，自然人之间的借款合同具有下列情形之一的，可以视为合同成立：(1)以现金支付的，自借款人收到借款时；(2)以银行转账、网上电子汇款等形式支付的，自资金到达借款人账户时；(3)以票据交付的，自借款人依法取得票据权利时；(4)出借人将特定资金账户支配权授权给借款人的，自借款人取得对该账户实际支配权时；(5)出借人以与借款人约定的其他方式提供借款并实际履行完成时。对于上述情形,应当认定为出借的款项已经完成交付。

关于借款交付的争议在民间借贷案件中广泛存在,尤其是大额现金交付的认定问题,属于民间借贷案件审理中的一个难点、热点。《民间借贷解释》第15条第2款规定:“被告抗辩借贷行为尚未实际发生并能作出合理说明,人民法院应当结合借贷金额、款项交付、当事人的经济能力、当地或者当事人之间的交易方式、交易习惯、当事人财产变动情况以及证人证言等事实和因素,综合判断查证借贷事实是否发生。”第一,对于借款数额较少,当事人存在较亲密身份关系的案件。如果出借人具有相应支付能力,能够提供借据及合理解释的,一般应认定出借人完成了举证责任。第二,对于借贷数额较大,当事人主张现金交付没有其他相关证据予以佐证的,需要审查出借人的款项来源、支付能力、双方关系、交易习惯、业务联系等因素。综合判断是否存在款项的真实交付。第三,必要时应根据《民诉法司法解释》第110条的规定,要求当事人本人到庭陈述借款交付的原因、时间、地点、方式、用途,进行综合判断。负有举证证明责任的当事人拒绝到庭、拒绝接受询问或者拒绝签署保证书,待证事实又欠缺其他证据证明的,对其主张的事实不予认定。

在实践中,应注重对虚假诉讼、“套路贷”、高利贷、“砍头息”等进行全面审查,根据双方当事人的主体、关系、主张及诉讼目的,判断是否存在虚假诉讼情形。根据借款数额的形成及支付过程,判断是否属于以循环出具借据、隐瞒复利,甚至是以非法占有为目的的“套路贷”等违法行为,防止通过诉讼将非法利益合法化。[①]

# 专题三　民间借贷合同的效力

## 一、民间借贷合同效力的职权审查

近年来,民间借贷市场交易中违规转贷、虚假诉讼、职业放贷、民刑交叉等问题突出,高额利息现象未得到有效遏制。甚至出现以民间借贷形式,通过“虚增债务”“恶意制造违约”“收取高额费用”等方式非法侵占财物的“套路贷”诈骗等新型犯罪,严重侵害了人民群众的合法权益,影响社会和谐稳定。为防止少数当事人通过

① 参见杜万华主编,最高人民法院民事审判第二庭编:《合同案件审判指导》,法律出版社2018年版,第826页。

民事诉讼将违法犯罪行为合法化，利用审判程序实现其非法利益，在民间借贷纠纷审理中，对合同效力的审查尤为重要。对合同效力的审查属于人民法院的职权范围，民间借贷合同要依职权重点审查是否存在无效的情形，准确认定合同效力。

对于民事法律行为效力的认定，《民法典》第 143 条规定："具备下列条件的民事法律行为有效：（一）行为人具有相应的民事行为能力；（二）意思表示真实；（三）不违反法律、行政法规的强制性规定，不违背公序良俗。"第 153 条规定："违反法律、行政法规的强制性规定的民事法律行为无效，但是该强制性规定不导致该民事法律行为无效的除外。违背公序良俗的民事法律行为无效。"第 154 条规定："行为人与相对人恶意串通，损害他人合法权益的民事法律行为无效。"

在合同纠纷案件审理中，需依据《民法典》第 153 条第 1 款的规定，慎重判断"强制性规定"的性质，特别是要在考量强制性规定所保护的法益类型、违法行为的法律后果以及交易安全保护等因素的基础上认定其性质。下列强制性规定，应当认定为"效力性强制性规定"：强制性规定涉及金融安全、市场秩序、国家宏观政策等公序良俗的；违反金融行业特许经营规定的；关于经营范围、交易时间、交易数量等行政管理性质的强制性规定，一般应当认定为"管理性强制性规定"。值得关注的是，违反规章在一般情况下不影响合同效力，但该规章的内容涉及金融安全、市场秩序、国家宏观政策等公序良俗的，应当认定合同无效。人民法院在认定规章是否涉及公序良俗时，要在考察规范对象基础上，兼顾监管强度、交易安全保护以及社会影响等方面进行慎重考量。①

## 二、民间借贷合同无效的主要情形

《民间借贷解释》第 13 条规定："具有下列情形之一的，人民法院应当认定民间借贷合同无效：（一）套取金融机构贷款转贷的；（二）以向其他营利法人借贷、向本单位职工集资，或者以向公众非法吸收存款等方式取得的资金转贷的；（三）未依法取得放贷资格的出借人，以营利为目的向社会不特定对象提供借款的；（四）出借人事先知道或者应当知道借款人借款用于违法犯罪活动仍然提供借款的；（五）违反法律、行政法规强制性规定的；（六）违背公序良俗的。"

关于套取信贷资金转贷行为的认定。银行根据国家产业政策和宏观调控需要，向具有信贷资金使用条件的企业发放贷款，目的是支持产业发展，而借款人将

---

① 参见《九民会议纪要》（最高人民法院法〔2019〕254 号）。

之转贷,违背了与银行约定的贷款用途,使信用资金难以监管,资金安全难以保障。通过银行管制利率与市场利率的利差牟利,扰乱了国家对资金投向、利率宏观管控等政策的导向。出借人套取金融机构信贷资金又转贷给借款人的民间借贷行为,既增加了融资成本,又扰乱了信贷秩序,应当认定此类行为无效。当前,在认定套取信贷资金转贷行为时,应当注意把握以下两点:一是要审查出借人的资金来源。借款人能够举证证明在签订借款合同时出借人尚欠银行贷款未还的,一般可以推定为出借人套取信贷资金,但出借人能够举反证予以推翻的除外。[①] 二是根据最高人民法院《民间借贷解释》修改后对套取信贷资金转贷行为无效认定的规定,此种情形认定无效,不要求出借人通过转贷行为牟利,也不要求借款人对转贷行为的知悉。只要存在套取信贷资金进行转贷的行为,即符合认定合同无效的全部要件。

关于转贷牟利的认定。2018 年 10 月中国银行保险监督管理委员会、公安部、国家市场监督管理总局、中国人民银行下发《关于规范民间借贷行为 维护经济金融秩序有关事项的通知》(银保监发〔2018〕10 号)明确提出,严格执行我国《银行业监督管理法》《商业银行法》《非法金融机构和非法金融业务活动取缔办法》等法律规范,未经有权机关依法批准,任何单位和个人不得设立从事或者主要从事发放贷款业务的机构或以发放贷款为日常业务活动。民间借贷活动必须严格遵守国家法律法规的有关规定,遵循自愿互助、诚实信用的原则。在民间借贷中,出借人的资金必须是其合法收入的自有资金,禁止吸收或变相吸收他人资金用于借贷。对于向其他营利法人借贷、向本单位职工集资或者以向公众非法吸收存款等方式取得的资金,又转贷给借款人牟利,应严格根据《民间借贷解释》第 13 条第 2 项的规定,认定民间借贷合同无效。值得注意的是,合同无效的认定不以"借款人事先知道或者应当知道上述情形的"作为认定前提。

关于职业放贷行为的认定。《银行业监督管理法》第 19 条规定:"未经国务院银行业监督管理机构批准,任何单位或者个人不得设立银行业金融机构或者从事银行业金融机构的业务活动。"该规定直接关系国家金融管理秩序和社会资金安全,属于效力性强制性规定。国务院《非法金融机构和非法金融业务活动取缔办法》第 5 条亦明确规定:"未经中国人民银行依法批准,任何单位和个人不得擅自设立金融机构或者擅自从事金融业务活动。"根据《民间借贷解释》第 13 条的规定,未依法取得放贷资格的出借人,以营利为目的向社会不特定对象提供借款的行为无效。由此,未依法取得放贷资格的自然人、法人和非法人组织,不得向社会不特定

---

① 参见《九民会议纪要》(最高人民法院法〔2019〕254 号)。

对象进行营利性资金出借行为，否则应认定无效。同一出借人在一定期间内多次反复从事有偿民间借贷行为的，一般可以认定为是职业放贷行为。对于职业放贷行为，因违反法律、行政法规的效力性强制性规定，双方所订立的民间借贷合同无效。

例如，刘某与李某、甲公司等民间借贷合同纠纷案中，一审判决，认定李某返还刘某借款2000万元及利息，甲公司承担连带清偿责任。刘某不服提出上诉，主张借款本金应为2100万元。借款人李某、甲公司均未提起上诉，但二审中抗辩刘某为职业放贷人。经查询中国裁判文书网等公开资料显示，全国范围内以刘某为出借人的民间借贷诉讼多达上千起，有多地人民法院生效判决认定刘某为职业放贷人。二审法院认为，合同效力问题属于人民法院依职权进行审查的范围，虽然李某、甲公司均未对一审判决提起上诉，但在二审中主张案涉《借款协议》因刘某系职业放贷人而无效，案涉合同效力问题关系国家金融管理秩序，二审应对案涉合同效力问题进行审查。因刘某近年来多次向不特定人出借款项，金额巨大，引发多起民间借贷诉讼，多地人民法院生效判决均认定刘某为职业放贷人。刘某对外出借款项具有反复性、经常性，属于向社会不特定对象放贷，借款目的具有营业性，属于未经批准擅自从事经常性的贷款业务。根据《合同法》第52条关于“有下列情形之一的，合同无效：……（五）违反法律、行政法规的强制性规定”的规定及2009年《合同法司法解释（二）》第14条关于“合同法第五十二条第（五）项规定的‘强制性规定’，是指效力性强制性规定”的规定，案涉《借款协议》无效。遂依法改判借款人李某返还2000万元借款及资金占用费。资金占用费以借款本金2000万元为基数，自款项支付之日即2014年5月7日起至2019年8月19日按中国人民银行同期贷款基准利率标准计算，自2019年8月20日起至实际清偿之日止按同期全国银行间同业拆借中心公布的贷款市场报价利率标准计算。①

关于向违法犯罪活动提供借款的认定。非法债务不受法律保护，出借人明知借款人为了进行非法活动而出借款项的，借款合同应依法认定无效。非法借贷属于民间借贷中的非法债务，主要包括因非法行为转化产生的借贷和明知借款用于非法活动的借贷。因赌博而产生的债务是日常生活中较常见的一种非法债务，包括输家以欠条方式确认的赌博债务，其他出借人向参与赌博人员发放的借款。在司法实践中，即使借款人提出非法借贷的抗辩，也往往无法提供直接证据予以证明。特别是对出借人明知的心理状态，很难举证证明。因此在案件审理中，应加强

---

① 参见山东省高级人民法院民事判决书，（2020）鲁民终574号。

对借贷关系合法性的审查,注重甄别和防范非法借贷。[①] 从当事人的职业、双方关系、出借目的、背景、款项用途等方面进行全面审查核实,防止出现将非法债务合法化的情况。

## 三、关于对民间借贷与犯罪行为的区分

在审理民间借贷纠纷案件中,要严格区分民间借贷行为与诈骗、非法集资等犯罪行为。切实提高对"套路贷"诈骗等犯罪行为的警觉,加强对民间借贷行为与诈骗等犯罪行为的甄别,发现涉嫌违法犯罪线索、材料的,及时按照最高人民法院《关于在审理经济纠纷案件中涉及经济犯罪嫌疑若干问题的规定》和《民间借贷解释》依法处理。对于民间借贷行为本身涉及违法犯罪的,应当裁定驳回起诉,并将涉嫌犯罪的线索、材料移送公安机关或检察机关,切实防范犯罪分子将非法行为合法化,利用民事判决侵占被害人财产。刑事判决认定出借人构成"套路贷"诈骗等犯罪的,对已按普通民间借贷纠纷作出的生效民事判决,人民法院应当及时通过审判监督程序予以纠正。

根据最高人民法院、最高人民检察院、公安部《关于办理非法集资刑事案件适用法律若干问题的意见》和《关于办理非法放贷刑事案件若干问题的意见》的规定,涉嫌集资诈骗、非法吸收公众存款等涉众型经济犯罪,所涉人数众多、当事人分布地域广、标的额特别巨大、影响范围广,严重影响社会稳定,对于受害人就同一事实提起的以犯罪嫌疑人或者刑事被告人为被告的民事诉讼,人民法院应当裁定不予受理,并将有关材料移送侦查机关、检察机关或者正在审理该刑事案件的人民法院。受害人的民事权利保护应当通过刑事追赃、退赔的方式解决。正在审理的民间借贷案件发现有上述涉众型经济犯罪线索的,应当及时将犯罪线索和有关材料移送侦查机关。

对于部分当事人以涉嫌刑事犯罪为由,不履行合法民间借贷合同义务的,应注重审查其所主张的犯罪线索与民间借贷行为是否属同一法律行为,是否影响民间借贷案件的审理。对于公安机关未进行刑事案件立案追究刑事责任的,加强沟通协调,并对民间借贷与刑事案件的关系进行审查判断。如果民间借贷案件必须以相关刑事案件的审理结果为依据,而刑事案件尚未审结的,应当根据《民事诉讼法》第 150 条第 5 项的规定裁定中止诉讼。待刑事案件审结后,再恢复民间借贷案件的

---

① 参见林晨、金赛波主编:《民间借贷实用案例解析》,法律出版社 2015 年版,第 90 页。

审理。如果民间借贷案件不是必须以相关刑事案件的审理结果为依据，应当按照民间借贷法律关系继续进行审理。

## 四、虚假诉讼的甄别与防范

当前，民事审判领域存在的虚假诉讼现象，不仅严重侵害案外人合法权益，破坏社会诚信，也扰乱了正常的诉讼秩序，损害司法权威和司法公信力。民间借贷一直是虚假诉讼的高发区域，《民事诉讼法》第 112 条、第 113 条对虚假诉讼行为作出了相应规定，在实践中虚假民间借贷诉讼主要可分为两种类型：一种是双方当事人共谋通过虚构实际并不存在的实体纠纷，意图借助法院对该纠纷的判决达到损害第三人权益的诉讼，该类案件审判实务中较多。根据《刑法修正案（九）》与最高人民法院、最高人民检察院《关于办理虚假诉讼刑事案件适用法律若干问题的解释》的规定，除当事人双方恶意串通外，另一种是一方当事人以损害另一方当事人的合法权益为目的，通过伪造证据、虚构案件事实向法院提起诉讼，以达到非法占有对方财产等目的的，也可以构成虚假诉讼罪。

相较其他领域中的虚假诉讼行为，虚假民间借贷诉讼具有隐蔽性高、识别难度大等特点，比较常见的表现形式有两种：一是因对抗已生效判决的债务履行或为在离婚纠纷诉讼中分得更多财产，通过虚构债务，利用民间借贷合同进行虚假诉讼，逃避债务；二是当事人企图借助法院的裁判变非法财产为合法财产。这种行为在审判实践中最常见的是高利贷、赌债，以赠与、买卖或民间借贷的形式诉诸法院，意图将不受法律保护利益变为合法之债。

根据最高人民法院《关于防范和制裁虚假诉讼的指导意见》（法发〔2016〕13 号）的规定，虚假诉讼的判断一般主要包含以下要素：（1）以规避法律、法规或国家政策谋取非法利益为目的；（2）双方当事人存在恶意串通；（3）虚构事实；（4）借用合法的民事程序；（5）侵害国家利益、社会公共利益或者案外人的合法权益。在实践中，要特别注意以下情形：（1）当事人为夫妻、朋友等亲近关系或者关联企业等共同利益关系；（2）原告诉请司法保护的标的额与其自身经济状况严重不符；（3）原告起诉所依据的事实和理由明显不符合常理；（4）当事人双方无实质性民事权益争议；（5）案件证据不足，但双方仍然主动迅速达成调解协议，并请求人民法院出具调解书。

《民间借贷解释》总结吸收审判实践中的有益经验做法，采纳了合理怀疑加综合判断的规范模式，总结出可能是虚假民间借贷诉讼的以下 10 种行为方式。

1. 出借人明显不具备出借能力。对于民间借贷出借人是否实际出借款项,进而确定当事人之间的民间借贷纠纷诉讼是否系虚假诉讼,应考察出借人是否具有履约能力。如果出借人明显不具备出借能力,应对其是否出借款项持有合理怀疑。考虑到民间借贷的特殊性,可允许出借人进一步举证证明其具备出借能力。

2. 出借人起诉所依据的事实和理由明显不符合常理。司法实践中的案件事实并非客观事实的重现,而是法律人在已掌握证据的基础上,根据法律规定和生活常识等对案件事实的重构。在这个过程中,日常生活经验等常理起到重要作用。一个事实假设要想经得起检验,它首先必须遵循常理,符合大多数人的日常生活经验。

3. 出借人不能提交债权凭证或者提交的债权凭证存在伪造的可能。对于民间借贷纠纷来说,如果出借人不能提交债权凭证,往往会给审判人员带来虚假诉讼的合理怀疑。另外,如果审判人员通过对证据的审查,发现书证有伪造可能的,即便双方当事人对证据并无异议,也应产生该诉讼系虚假诉讼的合理怀疑。

4. 当事人双方在一定期间内多次参加民间借贷诉讼。虚假民间借贷诉讼案件程序的启动,多发生在以虚假诉讼一方当事人为被告的另案已经进入诉讼程序或者执行程序但是财产尚未处置完毕之前。

5. 当事人一方或者双方无正当理由不到庭参加诉讼,委托代理人对借贷事实陈述不清或者陈述前后矛盾。为了避免承担法律责任及出现陈述缺陷和矛盾,大多委托诉讼代理人单独参加诉讼,如代理人对借贷事实陈述不清,或者陈述矛盾,则应对借贷关系是否真实发生产生疑问。

6. 当事人双方对借贷事实的发生没有实质争议或者诉辩明显不符合常理。一般而言,虚假民间借贷诉讼过程具有合谋性和非对抗性,一般不具有实质性对抗。且双方一方面力图规避法官对案件事实的审查,另一方面希望尽快达到其诉讼目的,往往倾向调解结案,通过诉讼调解的合法形式掩盖其非法目的。

7. 借款人的配偶或者合伙人、案外人的其他债权人提出有事实依据的异议。在虚假民间借贷诉讼中,当事人往往通过串通的形式意图减少一方的责任财产,以达到损害案外人的其他债权人利益的目的。如果案外人的其他债权人对此诉讼提出异议,则应结合案件的其他事实加以综合判断。

8. 当事人在其他纠纷中存在低价转让财产的情形。如果当事人在纠纷中出现低价转让财产的情形,则往往不符合市场交易的规则,可以参考 2009 年《合同法司法解释(二)》第 19 条中对“明显不合理低价”的规定来加以认定,如果经审查发现当事人存在以地域市场价或者交易指导价 70% 以下进行交易的情形，则可以考虑当事人有虚假诉讼的嫌疑。

9. 当事人不正当放弃权利。对于不正当的判定，应以可能对他人的权利造成损害作为其实质的判断要素，不应将当事人是否认识到这种放弃会对他人的权利造成损害作为考虑的要件。

10. 其他可能存在虚假民间借贷诉讼的情形。

针对以上情形，为切实防范虚假诉讼，应当进一步加大公开审判力度，增加案件审理的透明度。对与案件处理结果可能存在法律上利害关系的，可依职权通知其参加诉讼，避免其民事权益受到损害，防范虚假诉讼行为。经查明属于虚假诉讼，原告申请撤诉的，不予准许，并应当根据《民事诉讼法》第 112 条的规定，驳回其请求。对虚假诉讼参与人，要适度加大罚款、拘留等妨碍民事诉讼强制措施的法律适用力度；虚假诉讼侵害他人民事权益的，虚假诉讼参与人应当承担赔偿责任；虚假诉讼违法行为涉嫌虚假诉讼罪、诈骗罪、合同诈骗罪等刑事犯罪的，应当依法将相关线索和有关案件材料移送侦查机关。

## 专题四　借款合同的利息

### 一、借款合同类型对利息的影响

利率，是指一定时期内利息的数额同借贷资金本金的比率。《民法典》第 667 条规定："借款合同是借款人向贷款人借款。到期返还借款并支付利息的合同。"《民间借贷解释》第 1 条第 2 款的规定，经金融监管部门批准设立的从事贷款业务的金融机构及其分支机构，因发放贷款等相关金融业务引发的纠纷，不属于民间借贷司法解释的适用范围。由此，借款合同可以区分为金融机构借款合同和民间借款合同。民间借款合同根据当事人主体的不同，又可以区分为自然人之间的借款和一方主体为非自然人的借款。

《民法典》关于借款合同的规定，是以金融机构借贷为基础形成的，以金融机构借贷为一般形态，将自然人借款为例外情形而设计的法律规则。从我国金融体系来看，银行和其他金融机构是贷款的主要主体。合法的融资主要是从银行和其他金融机构那里获得资金。因而我国《民法典》主要规定借款合同,而没有像大陆法系国家那样采纳更广泛的消费借贷的概念,这样规定有利于维护金融秩序。因为银行被纳入整个国家的监管体系之中,有必要对利率等内容加以规范。对于金融机构借贷的相关规定,都体现了国家对此类借款合同的干预。① 主要表现在禁止高利贷、借款的利息不得预扣、贷款人有权检查和监督借款的使用情况、借款利率不得违反国家有关规定等。

借款人应当按照约定的期限支付利息,这是借款人的主给付义务。金融借款合同和民间借款合同除主体不同外,主要存在如下区别:第一,金融借款合同属于诺成合同,而民间借款合同中,自然人之间的借款合同为实践合同,其他的为诺成合同。第二,金融借款合同是双务有偿合同,而自然人之间的借款合同具有单务性。第三,金融借款合同是要式合同,而民间借款合同为非要式合同。第四,金融借款合同受到商业银行法等法律规制,受到严格监管,政策性较强。民间借贷款合同交易隐蔽,具有较强的随意性。

基于金融借贷、民间借贷及自然人借贷的不同特点,法律对借款合同的利息采取了不同的规制方式。如在借款合同对利息的约定不明确时,就存在不同的处理原则。自然人之间的借款合同原则上是无偿的,支付利息需要当事人的特别约定。个人之间的借款合同,利息约定不明确的,视为无利息。非自然人之间的借款合同一般是有偿的。对于除自然人之间以外的其他民间借贷合同,双方对利息约定不明确的,按照当地或者当事人的交易方式、交易习惯、市场利率等因素确定利息。

## 二、关于对高利放贷的限制

目前,我国法律对高利贷没有一个明确的界定。从字面上理解,就是借贷利率明显高于正常利率的资金借贷。《民法典》第680条第1款规定:“禁止高利放贷,借款的利率不得违反国家有关规定。”由此对于借款利息的高利限制,有了法律的明文规定,为我国对高利放贷的司法规制翻开了新的一页。

对于高额利息的限制,新中国成立以来,我国一直持相对谨慎的立法态度。1952年最高人民法院在《关于城市借贷超过几分为高利贷的解答》中明确,“关于城市借贷利率以多少为宜的问题,根据目前国家银行放款利率以及市场物价情况私人借贷利率一般不应超过三分。但降低利率目前主要应该依靠国家银行广泛开

① 王利明:《合同法研究》,中国人民大学出版社2015年版,第244页。

展信贷业务,在群众中大力组织与开展信用合作业务,非法令规定所能解决问题。为此人民间自由借贷利率即使超过三分,只要是双方自愿,无其他非法情况,似亦不宜干涉”。1988 年《贯彻民法通则意见》第 122 条规定,“公民之间的生产经营性借贷的利率,可以适当高于生活性借贷利率。如因利率发生纠纷,应本着保护合法借贷关系,考虑当地实际情况,有利于生产和稳定经济秩序的原则处理”。在此之前,没有关于对借贷高利的限制。

1991 年最高人民法院《关于人民法院审理借贷案件的若干意见》第 6 条规定:“民间借贷的利率可以适当高于银行的利率,各地人民法院可根据本地区的实际情况具体掌握,但最高不得超过银行同类贷款利率的四倍(包含利率本数)。超出此限度的,超出部分的利息不予保护。”从此之后,贷款高利的界定,一般以超过银行同类贷款利率的 4 倍作为认定标准。但是,对超过部分,司法解释规定的处理原则为不予支持,并非无效返还。

值得关注的是,根据中国人民银行《关于调整金融机构存、贷款利率的通知》(银发〔2004〕251 号)规定:“(一)金融机构(城乡信用社除外)贷款利率不再设定上限。商业银行贷款和政策性银行按商业化管理的贷款,其利率不再实行上限管理,贷款利率下浮幅度不变。城市信用社和农村信用社贷款利率仍实行上限管理,最大上浮系数为贷款基准利率的 2 ~ 3 倍,贷款利率下浮幅度不变。”商业银行的贷款利率,已经不设上限。以银行同类贷款利率作为计息的标准,幅度更加难以掌握。

2015 年出台的《民间借贷解释》,将民间借贷的利息调整基数更改为固定利率,设置“两线三区”,即以年利率 24% ~ 36% 为两个上限,利息低于年利率 24% 的为合法范围,国家法律予以保护;24% ~ 36% 部分的利息视为自然债务,对于追索及返还的请求,国家法律均不予保护;超过年利率 36% 部分的利息无效,可以主张返还。在实践中,出借人合法取得的利息中年息 36% 以下部分,不再冲抵本金,间接导致了民间借贷司法保护利率的提升。

最高人民法院《关于进一步加强金融审判工作的若干意见》(法发〔2017〕22 号),规定了金融借款合同的借款人以贷款人同时主张的利息、复利、罚息、违约金和其他费用过高,显著背离实际损失为由,请求对总计超过年利率 24% 的部分予以调减的,应予支持,以有效降低实体经济的融资成本。这一规定意在规范和引导民间融资秩序,否定民间借贷纠纷案件中预扣本金或者利息、变相高息等规避民间借贷利率司法保护上限的合同效力,并对“砍头息”“贴水息”“利滚利”等隐性的高利贷行为给予否定。

2020年8月最高人民法院修改后的《民间借贷解释》,取消了“两线三区的规定”,将民间借贷利息的上限设定为合同成立时一年期贷款市场报价利率4倍。该“一年期贷款市场报价利率”,是指中国人民银行授权全国银行间同业拆借中心自2019年8月20日起每月发布的一年期贷款市场报价利率。在目前,上述规定大幅度降低了民间借贷利息的保护空间,将民间借贷利率从年24%、年36%的固定利率,变更为可浮动利率,使对高利放贷的限制与社会经济发展结合得更加紧密。但是,取消了年36%的利率高限设置后,对于高利支付是否认定无效并予以返还,如何确定高利贷行为的认定标准,进而直接认定借款合同无效,还需要进一步探索。

在实践中,对高利放贷的限制,应注意以下方面:

1. 预扣利息。利息从本金中预扣的行为被称为“砍头息”“抽头”“贴水贷款”。按照《民法典》第670条规定,“借款的利息不得预先在本金中扣除。利息预先在本金中扣除的,应当按照实际借款数额返还借款并计算利息”。对于预扣利息的性质存在两种认识:一种观点认为,预扣的利息可以视为双方对于利息支付的约定,按照实际交付的本金为基数,计算是否超过规定的利率上限。另一种(主流)观点认为,预扣利息违反了“借款的利息不得预先在本金中扣除”的规定,属于侵害借款人合同利益的行为,不符合借款人借款的真实意思,也违背出借人交付借款的主要合同义务,使偿还利息在时间上提前到借款交付之时,无论借款人是否同意,均应当认定无效。借款数额应认定实际借款数额,而非约定的借款数额。借款利息也应以实际借款数额计算利息,而非以约定的借款数额计算。

2. 约定利息、违约金及高额实现债权的费用。针对在实践中放贷人采取约定利息、违约金以及高额实现债权的费用的问题,《民间借贷解释》第29条规定:“出借人与借款人既约定了逾期利率,又约定了违约金或者其他费用,出借人可以选择主张逾期利息、违约金或者其他费用,也可以一并主张,但是总计超过合同成立时一年期贷款市场报价利率四倍的部分,人民法院不予支持。”出借人和借款人可能会在借款合同中约定借款人应向出借人支付服务费、咨询费、管理费等“其他费用”,这些费用虽名目不同,但其实质上仍属于借款人为获得借款支付的成本,借款人获得借款的成本应主要以利息的形式体现,约定的其他费用多数情况是双方为规避对利率上限的规定而设。故在此种情形下,若出借人一并主张逾期利息、违约金和其他费用,折算下来总计不能超过合同成立时一年期贷款市场报价利率4倍,对于超过部分,人民法院不予支持。对于实现债权的费用中律师费问题,因民间借贷案件中又不排除出借人通过律师费等形式来掩盖超额利率的问题，所以在民间借贷纠纷案件中，当事人双方为实现债权支出的律师费有明确约定的，可以按照约定处理，但对于超出合理部分律师费用的，当事人可以请求扣减。

3. 计算复利。对于复利的问题，曾经有两部司法解释明文进行过规定，《贯彻民法通则意见》第 125 条规定，公民之间的借贷，出借人将利息计入本金计算复利的，不予保护。最高人民法院《关于人民法院审理借贷案件的若干意见》第 7 条规定，出借人不得将利息计入本金谋取高利，审理中发现债权人将利息计入本金计算复利的，其利率水平超过银行同期贷款利率 4 倍的，超出部分的利息不予保护。由于《贯彻民法通则意见》是 1988 年制定的，而《关于人民法院审理借贷案件的若干意见》是 1991 年制定的专门规定借贷案件的司法解释，相当长时间以来，参照法律适用新优于旧、专门优于一般的原则，人民法院按照后者第 7 条的规定，对复利进行有条件的保护，即不超过同期银行贷款利率的 4 倍。

根据《民间借贷解释》第 27 条的规定，借贷双方对前期借款本息结算后将利息计入后期借款本金并重新出具债权凭证，如果前期利率没有超过合同成立时一年期贷款市场报价利率 4 倍，重新出具的债权凭证载明的金额可认定为后期借款本金。超过部分的利息，不应认定为后期借款本金。按前款计算，借款人在借款期间届满后应当支付的本息之和，超过以最初借款本金与以最初借款本金为基数、以合同成立时一年期贷款市场报价利率 4 倍计算的整个借款期间的利息之和的，人民法院不予支持。

根据上述规定，司法解释未禁止当事人之间以循环出具借款凭证的方式，允许将不超过法定利率的利息计算为本金，在一定程度上允许复利的存在。同时，为防止“利滚利”不良后果，对于借款人在借款期间届满后应当支付的本息之和，不能超过最初借款本金与以最初借款本金为基数，以法定支持的最高利率计算的整个借款期间的利息之和，将利率总体控制在正常利息高线的范围之内。

4. 已支付高利的处理。已支付高利部分的处理问题。当事人在订立借款合同后，在通常情况下会积极主动履行合同约定的义务，所以即使合同约定较高或畸高利息，借款人在其偿还能力范围内支付一定期间的高利的情况也不在少数。关于已支付的高额利率如何处理的问题，在实践中主要存在以下情形：

第一，对于借款人本息偿还义务已经履行完毕的处理。对于此种情形，1991 年出台的最高人民法院《关于人民法院审理借贷案件的若干意见》规定，对于超出银行贷款利率 4 倍的利息人民法院不予保护，但未规定合同无效，因此借款人主张返还的主张一般不予支持。2015 年出台的《民间借贷解释》规定,超过年 36% 利息的约定无效,借款人请求出借人返还已支付的超过年利率 36% 部分的利息的,人民法院应予支持。该司法解释修改后,上述意见被取消,对于支付高额利息的返还问题,需要在司法实践中进一步探索。

第二,对于合同履行中已支付高利部分的处理问题。对于未履行完毕的借款合同的高利抵扣问题,存在不同做法。有的认为,超额利息应直接裁判抵扣本金;有的认为,应依当事人的申请进行抵扣。由于出借人收取超额部分利息无合法依据,应当予以返还。对于依照法律及司法解释规定合同无效的情形,人民法院应当依职权认定。基于双方的民间借贷合同尚未履行完毕,在合同部分无效的情况下,应予返还的款项在归还法定合法利息后,应在本金中予以扣减。对于合同有效但超出法律规定利率上限的部分,根据目前司法解释的规定,对于超出合同成立时一年期贷款市场报价利率 4 倍以上部分的利息,不予支持。如果借款人已经支付的,为贯彻禁止高利放贷的规定,在双方借款合同尚未履行完毕前,原则上应抵扣本金,并合理认定举证责任。

5. 变相利息。金融借款合同纠纷中,借款人认为金融机构以服务费、咨询费、顾问费、管理费等为名变相收取利息,金融机构或者由其指定的人收取的相关费用不合理的,人民法院可以根据提供服务的实际情况确定借款人应否支付或者酌减相关费用。

6. 刑事规制。我国现行刑事法律体系中没有关于高利贷的专门规定,对高利贷行为一般套用非法经营罪这一罪名予以制裁。最高人民法院于 2012 年在《关于被告人何伟光、张勇泉等非法经营案的批复》(〔2012〕刑他字第 136 号)中指出,“何伟光、张勇泉等人高利放贷的行为具有一定的社会危害性”,但其行为是否属于“其他严重扰乱市场秩序的非法经营行为,相关立法解释和司法解释尚无明确规定,故对何伟光、张勇泉等人的行为不宜以非法经营罪定罪处罚”。①

随着高利放贷行为的泛滥,为打击高利贷涉及的犯罪行为,2019 年 10 月 21 日起施行的最高人民法院、最高人民检察院、公安部、司法部《关于办理非法放贷刑事案件若干问题的意见》中,规定以非法经营罪打击非法放贷。该意见第 1 条规定,违反国家规定,未经监管部门批准,或者超越经营范围,以营利为目的,经常性地向社会不特定对象发放贷款,扰乱金融市场秩序,情节严重的,依照《刑法》第 225 条第 4 项的规定,以非法经营罪定罪处罚。“经常性地向社会不特定对象发放贷款”,

---

① 陈晓枫、周鹏:《高利贷治理之史鉴》,载《法学评论》2019 年第 4 期。

是指 2 年内向不特定多人(包括单位和个人)以借款或其他名义出借资金 10 次以上。对于情节严重的界定,严格控制合法借款利率标准即 36% 年利率,凡是超过 36% 年利率借贷,符合相应数额、获利、人数及后果等标准的,认定为犯罪。同时,对于 2 年内因实施非法放贷行为受过行政处罚 2 次以上的或者以超过 72% 的实际年利率实施非法放贷行为 10 次以上的,一般掌握在相应数额、数量标准的 80% 以上,即可认定为犯罪。用刑罚来对社会上以放贷为生的人员和组织的高利放贷行为,进行约束和规制。

### 三、约定不明的利息支付

关于未约定利息的认定,对于借款合同双方没有约定利息的,视为没有借期内利息,出借人请求支付借期内利息的,不应予以支持。自然人之间对利息约定不明,应视为没有约定利息,对于出借人支付利息的请求,不应予以支持。除自然人之间的借贷外。借贷双方对借贷利息约定不明出借人主张利息的,应当结合民间借贷合同的内容,并根据当地或当事人的交易方式交易习惯、市场报价利率等因素确定利息。

关于利息与本金的偿还顺序认定,2009 年《合同法司法解释(二)》第 21 条规定:"债务人除主债务之外,还应当支付利息和费用。当其给付不足以清偿全部债务时,并且当事人没有约定的,人民法院应当按照下列顺序抵充:(一)实现债权的有关费用;(二)利息;(三)主债务。"

关于利息支付的期限,《民法典》第 674 条规定,对支付利息的期限没有约定或者约定不明确的,当事人可以协议补充。不能达成补充协议的,按照合同有关条款、合同性质、合同目的或者交易习惯确定。依据上述规定仍不能确定的,借款期限不满一年的,应当在返还借款时一并支付。借款期限一年以上的,应当在每届满一年时支付。剩余期间不满一年的,应当在返还借款时一并支付。

### 四、未依约还款的利息认定

关于提前还款的利息。提前偿还借款,是借款人在借款期限届满前向贷款人返还所借金钱的行为。在通常情况下,贷款人不能要求借款人提前偿还借款,而借款人可以提前偿还借款。《民法典》第 677 条规定:"借款人提前偿还借款的,除当事人另有约定的以外,应当按照实际借款的时间计算利息。"根据该条规定,借款人提前偿还借款,除另有约定外,无须贷款人同意,且贷款人不能拒收,按实际借款的期间计付利息。如此规定的理由是,借款合同中的借款期限原本是为借款人的利益而约定的,借款人放弃部分使用期限这一利益而提前还款应当准许,而这一行为不损害贷款人的利益。所要注意的是该条规定只适用于有约定期限的借款,对借款期限没有约定或者约定不明确的,除补充协议成立外,借款人可以随时返还。

关于金融借款逾期利息。中国人民银行《关于人民币贷款利率有关问题的通知》(银发〔2003〕251 号)第 3 条规定:“逾期贷款(借款人未按合同约定日期还款的借款)罚息利率由现行按日万分之二点一计收利息,改为在借款合同载明的贷款利率水平上加收 30% ~50%;借款人未按合同约定用途使用借款的罚息利率,由现行按日万分之五计收利息,改为在借款合同载明的贷款利率水平上加收 50% ~100%。”在当事人没有就逾期利息作出约定的情况下,金融借款合同应当按照上述规定计算逾期利息。

关于民间借贷逾期利息,对于民间借贷合同来说,借贷双方对逾期利率有约定的,从其约定。约定的逾期利率超出法定利率的,超出部分的利息,不应予以保护。根据《民间借贷解释》第 28 条的规定,未约定逾期利率或者约定不明的,人民法院可以区分不同情况处理:(1)既未约定借期内利率,也未约定逾期利率,出借人主张借款人自逾期还款之日起参照当时一年期贷款市场报价利率标准计算的利息承担逾期还款违约责任的,人民法院应予支持;(2)约定了借期内利率但是未约定逾期利率,出借人主张借款人自逾期还款之日起按照借期内利率支付资金占用期间利息的,人民法院应予支持。这一规定明确了逾期利息计算的 3 种情况:一是约定了逾期利率的,按照约定计算,但不得超过法定利率上限;二是约定了借期内利率,没有约定逾期利率的,可以支持按照借期内约定支付资金占用费的主张;三是均未约定的,按照逾期还款违约责任进行认定。

关于逾期利率与违约金,借贷双方对逾期还款的责任既约定了逾期利率,又约定了违约金的,出借人可以选择主张逾期利息或者违约金,但以不得超过法定利率为限。出借人同时主张逾期利息、违约金或者其他费用,折算后的实际利率没有超出法定利率的,可以予以支持。

# 第十二章　保证合同

## 专题一　一般保证的认定问题

保证,是指第三人和债权人约定,当债务人不履行其债务时,该第三人按照约定履行债务或者承担责任的担保方式。“按照约定履行债务或者承担责任”即保证责任。保证的方式分为一般保证和连带责任保证。一般保证,是指当事人在保证合同中约定,债务人不能履行债务时,由保证人承担责任的保证。连带责任保证和一般保证相区别的重要标志在于:一般保证的保证人享有先履行抗辩权,即债权人必须先行对主债务人主张权利,在经强制执行仍不能得到清偿的情况下,才能要求保证人承担保证责任;而连带责任保证的保证人不享有先诉抗辩权,债务人不履行到期债务时,债权人可以直接请求保证人承担保证责任。

先履行抗辩权,又称先索抗辩权,一般是指保证人在主债权人向其请求履行保证责任时,有权要求主债权人先就债务人财产诉请强制执行。在债务人的相关财产依法强制执行仍不能履行债务前,保证人可以对主债权人拒绝承担保证责任的特殊抗辩权。就其性质而言,它是一种延期的抗辩权。行使先诉抗辩权的结果,是暂时延续债权人请求权的行使。担保人的先诉抗辩权主要存在以下情形:(1)一般保证人具有先诉抗辩权。(2)混合担保中,债务人以自己的财产提供物保,债权人未就该财产行使担保物权,而直接就全部的债务要求提供担保的第三人承担担保责任时,提供担保的第三人享有先履行抗辩权。

另外,除保证人明确表示放弃先履行抗辩权的情形外。为保障债权的实现,出现下列情形的,视为债务人不能履行债务,保证人不得行使先履行抗辩权:(1)债务人下落不明,且无财产可供执行;(2)人民法院受理债务人破产案件,中止执行程序;(3)债权人有证据证明债务人的财产不足以履行全部债务或者明显缺乏履行债务能力。

除先履行抗辩权外,一般保证的保证人还享有部分免责抗辩权,如果一般保证的保证人在主债务履行期限届满后,向债权人提供债务人可供执行财产的真实情况。债权人放弃或者怠于行使权利,没有或没有及时向法院提起诉讼及申请财产保全措施,致使该财产不能被执行的,保证人在其提供可供执行财产的价值范围内免除保证责任。

## 一、与连带保证责任的区分

一般保证与连带责任保证的区分主要在于,保证合同中约定保证责任的承担是否以债务人不能履行债务为前提。根据双方的意思表示,如果能够判断保证责任的承担是以债务人不能履行为前提的,为一般保证。当事人在保证合同中约定保证人和债务人对债务承担连带责任的,为连带责任保证。连带责任保证的债务人不履行到期债务或者发生当事人约定的情形时,债权人可以要求债务人履行债务,也可以要求保证人在其保证范围内承担保证责任。连带责任保证具有以下特点:(1)作为保证方式的一种,当事人应当在保证合同中明确约定连带责任保证方式。连带责任保证可以由保证人与主债权人在保证合同中约定,也可以根据法律规定予以确定。(2)由保证人与主债务人对主合同债务承担连带责任。这意味着保证人与主债务人对主合同债务均负有全部清偿的责任。(3)主债务人在债务履行期届满没有履行债务时由保证人承担保证责任。在连带责任保证的情况下,一旦主债务人到期不履行主合同债务,债权人既可以要求主债务人清偿债务,也可以要求保证人承担保证责任。

《民法典》第686条第2款规定:"当事人在保证合同中对保证方式没有约定或者约定不明确的,按照一般保证承担保证责任。"这是立法对于保证方式认定规定的主要变化。按照上述规定的内容,对于当事人没有约定或者约定不明确的,推定为一般保证。

《民法典》的规定更加符合当事人的合同自由原则,对于担保人是一种基于合理意思表示认定基础上的权利上保护,在一般情形下也不会过分损害债权人的合法权益。这是因为:第一,根据担保人作为一般民事主体提供担保的正常意思表示,如果保证合同未约定连带担保责任的,其本意应为在债务人确实无力偿还债务时,方承担担保责任。第二,保证本身是对债务履行的担保,担保人并非主债务人,过分强调担保人直接履行债务的责任,容易导致当事人权利义务的失衡,也不利于债务人积极履行债务。第三,连带责任属于加重责任,尽管可以保障债权的履行,但相对一般保证的承担方式,连带保证责任承担后,仍存在保证人向债务人的追索问题,可能形成更多纠纷。第四,债权人对于债务履行享有主动权,在订立合同时,具有请求债务人提供连带责任保证的优势地位,可以在订立合同时进行明确,约定不明或者没有约定的情况下推定为一般保证,不会从根本上损害交易安全。

### 二、一般保证的认定

当事人在保证合同中可以对保证的方式即一般保证还是连带责任保证进行约定,合同约定明确的,对当事人具有法律上的约束力。按照《民法典》第 178 条第 3 款的规定,关于"连带责任,由法律规定或者当事人约定"的规定,如果没有法律的规定或者当事人的约定,当事人不能承担连带责任。对于当事人在合同中明确约定连带责任保证的,按照约定处理;没有约定保证方式为一般保证还是连带责任保证的,应当按照一般保证处理;如果当事人没有明确约定的,原则上按照一般保证处理,除非当事人的意思表示指向十分明显,可以按照连带保证责任处理。

1. 一般保证与主合同属于主从合同关系,不是并列关系。如果当事人之间的约定不属于从合同,不能认定为一般保证。[①] 例如,李某与甲公司约定,如完成《购买资产协议书》约定的业绩承诺,可根据《购买资产协议书》的约定从甲公司处获得 4 亿元奖励。同时,赵某出具《承诺函》,载明如果未能完成约定的业绩承诺,则可根据《承诺函》从赵某处获得等额补偿。对于《承诺函》的性质问题,赵某主张是一般保证,并以主合同债务并未实际发生为由提出抗辩。但经审查认为,《承诺函》本身是独立的单方意思表示,其与《购买资产协议书》项下甲公司对李某一方负有的义务属于并列的、选择行使的关系,而非主合同与担保合同的关系。所以,不能认定《承诺函》为一般保证合同。

2. 当事人之间就保证方式没有约定的,应认定为一般保证。如甲向乙借款 100 万元,由乙出具借据。丙提供担保,丙在担保人处签字,但未表明担保方式。此种情况下,在《担保法》实施前,应当认定为一般保证,《担保法》实施后,对于当事人对保证方式没有约定或者约定不明的情形,认定为连带责任保证。在《民法典》施行后,根据《民法典》的规定,对保证方式没有约定或者约定不明的,应当认定为一般保证。这里需要研讨的是,法律对于实施之前的行为一般不具有溯及力,即对于《民法典》施行前的担保行为及纠纷,一般应适用《担保法》的规定。对于《民法典》

---

① 参见最高人民法院民事判决书,(2018)民终 127 号。

施行后的担保行为及纠纷,适用《民法典》的规定。案件进入审判监督程序的,应当适用案件审理时的法律规定。

3. 当事人在保证合同中约定,债务人不能履行债务时,由保证人承担保证责任的,为一般保证。其中的债务人不能履行债务,是指债务人客观上丧失了债务的履行能力,即一般保证必须以债务人届期没有能力履行债务为前提。如甲公司在其提供的《抵押借款互保声明书》上载明:在债务人乙公司对债权人陈某的借款"到期无法偿还"的情况下,甲公司承担为乙公司偿还所有款项的责任。该内容表明了甲公司保证责任承担的顺序性,甲公司仅在借款到期且乙公司无法偿还,即客观不能偿还借款的情况下方才承担保证责任,而非债务到期、乙公司未偿还债务时,甲公司即无条件承担偿还借款的责任。因此,甲公司提供的系一般保证,而非连带责任保证。[①]

4. 保证合同约定在一定期限内债务人不履行债务,保证人承担保证责任的,不属于债务人不能履行债务的约定,不应认定为一般保证责任。例如,借款人李某与出借人郑某于2017年2月签订《借款协议》,约定李某向郑某借款200万元用于归还到期的贷款及支付员工工资。许某作为保证人对上述借款承担保证责任。《借款协议》第7条约定,"李某到期后没有归还郑某本金,3天后担保方负责归还郑某的全部借款本金及违约金等各项费用"。同日,许某出具《担保书》,约定,"如到2018年2月,李某不能偿还该笔借款,我及家人愿意承担该借款的全部责任,并用个人资产和有价证券、股票等无条件立刻偿还该笔借款本金及利息和费用(借款协议约定的其他费用)"。从上述约定看,许某作为保证人承诺担全部债务履行责任的条件是时限,而非债务人丧失了履行债务能力,故许某承担的保证责任不具有一般保证的要件。[②] 又如,甲公司提供的保证在借款合同中有两种表述,一种表述是,"全部贷款到期,贷款方发出逾期通知三个月后,仍未归还,贷款方可以直接从借款方或担保方的各项投资和存款中扣收"。另一种表述是,"贷款到期,借款方如不能按期偿还,由担保单位代为偿还,担保单位在接到还款通知三个月后仍未归还,贷款方有权从借款方或担保单位的投资或存款户中扣收,或委托其他金融机构扣收"。上述借款合同中的第一种表述,只要贷款达到约定期限仍未归还,即将担保方与借款方的责任一并对待,并未区分保证人应否在主债务人客观偿还不能,即先向主债务人主张权利不能后,方承担保证责任。因此,此处保证责任约定是清楚

① 参见最高人民法院民事裁定书,(2018)民申2968号。
② 参见最高人民法院民事裁定书,(2018)民申1505号。

的,为连带责任保证。上述借款合同中的第二种表述有“不能”字样,如单纯使用“不能”字样,则具有客观上债务人确无能力偿还借款的含义,此时保证人方承担保证责任可以认定为一般保证责任。但是,该“不能”字样是与“按期”结合在一起使用,则不能将其理解为确实无力偿还借款的客观能力的约定,仅是表明到期不能偿还即产生保证责任。因此,第二种表述亦应认定为连带保证责任。[①]

连带责任保证与一般保证的权利特征存在明显不同。在一般保证中,保证人享有先诉抗辩权,即债权人必须先行对主债务人主张权利并经强制执行仍不能得到清偿时,方能要求保证人承担责任。连带责任保证,则保证人没有先诉抗辩权,债权人可以直接要求保证人承担保证责任。目前,在《担保法》具有法律效力的情形下,当事人对保证方式没有约定或者约定不明确的,按照连带责任保证承担保证责任。

## 专题二　保证责任的承担问题

### 一、保证责任的范围

保证责任的承担,是指保证人根据保证合同的约定,在债务人不履行或者不能履行债务时,按照法律规定和合同约定履行债务或者承担责任。保证责任的内容包括代为履行和承担赔偿责任两种,具体应由当事人约定。在一般情形下,保证人应当在保证范围内承担保证责任。

保证人承担保证责任的范围是保证人所担保的债权范围。《民法典》第684条规定:“保证合同的内容一般包括被保证的主债权的种类、数额,债务人履行债务的期限,保证的方式、范围和期间等条款。”根据《民法典》第691条的规定,除当事人另有约定外,保证担保的范围包括主债权及其利息、违约金、损害赔偿金和实现债权的费用。

对于保证范围的限定主要有约定和法定两种途径。首先,由于保证债务相对比较独立,保证范围可以由债权人和保证人协商确定。当事人可以在不超过主债

① 参见最高人民法院民事判决书,(2008)民二终字第106号。

务范围的限度内,合意约定保证债务的范围。限制保证范围的约定主要有两种:一种情况是,保证人承担的保证责任仅针对主债务的一部分,而非全部。另一种情况是,虽然约定对整项债务承担保证,但对保证人的义务设置保证限额,保证人在一定的上限内对主债务承担保证责任。这种保证方式主要出现于对连续发生的债务所为的保证。其次,由于保证合同的从属性,保证人承担的担保责任范围不应大于主债务及其相关费用范围。《民法典》第 691 条规定,“保证的范围包括主债权及其利息、违约金、损害赔偿金和实现债权的费用。当事人另有约定的,按照其约定”。保证人承担保证责任,应当按照此规定处理。

法定的保证范围为保证合同当事人约定保证范围提供指导和范本,约定保证范围则是对当事人的协商意向的明确化、具体化。约定保证范围优先于法定保证范围,在保证合同合法有效而约定保证范围和法定保证范围不一致时,优先适用保证合同中当事人约定的保证范围,而排除法定保证范围的适用。如果当事人在保证合同中,对保证的范围没有约定或者作出的约定不明确的,就应当适用法定保证范围。因此也可以说,法定保证范围又是约定保证范围的有效补充。

在实践中,对于保证责任的范围,目前争议较大的是律师代理费是否属于实现债权的费用。有倾向性的裁判观点认为,对于在主债权、担保合同已明确约定实现债权的费用承担主体,实现债权的费用亦属于约定担保范围的情形下,律师费金额符合律师收费标准的相关规定并已实际支付的情况下,律师费属于债权人实现债权的合理支出项目,人民法院应予以支持。① 对此,笔者认为,既然法律已经规定实现债权的费用属于保证范围,那人民法院对债权人主张的律师费用,原则上应当予以支持。但鉴于目前存在律师风险代理等情况,当事人约定的风险代理等费用较高,如果全部予以支持,债务人或者保证人承担的责任过大,可能有违公平正义,故律师费用只能支持合理支出部分。

## 二、保证人的抗辩权

抗辩权,是指在债权人行使债权时,债务人根据法定事由对抗债权人行使请求权的权利。抗辩权以对方当事人请求权的存在和有效为前提,以法律规定的抗辩事由为依据。抗辩权的行使可以造成对方请求权的消灭或者延期。抗辩权按照不同的标准区分,可以分为独立抗辩权和从属抗辩权;永久抗辩权和一时抗辩权。永

---

① 参见最高人民法院民事判决书,(2019)民终 109 号。

久抗辩权，又称消灭抗辩权、毁灭抗辩权，是指抗辩权的行使可以永远拒绝相对人的请求权的效力。如时效完成抗辩权，权利人在法定时效期限内不向义务人积极主张债权，债务人即享有时效完成抗辩权，拒绝权利人的请求从而使权利人的债权无法通过行使请求权来实现。一时抗辩权，又称延缓抗辩权、延期抗辩权，是指抗辩权的行使可以暂时地拒绝相对人的请求权效力。如先诉抗辩权，一般保证人可以在主债权人未就主债务人的财产强制执行而无效果前，行使抗辩权拒绝主债权人的请求。一旦主债权人已就主债务人的财产强制执行而未实现债权，则先诉抗辩权消灭，请求权发生效力。

保证人的抗辩权主要可以分为两类：一类是专属于保证人的抗辩权；另一类是保证人享有的属于主债务人的抗辩权。保证人专属抗辩权，是指基于保证合同的相对独立性，不以主合同债务人的抗辩权为前提，而由保证人直接取得和专门享有的对抗债权人之请求权的一种抗辩权。保证人专属抗辩权与一般抗辩权均由保证人以自己的名义行使，目的在于延缓或免除其保证责任，保护保证人的正当权益，制约债权人的行为，维护合同交易的公平与安全。两者的主要区别为：(1)保证人专属抗辩权的享有和行使受到保证责任方式的限制。与一般抗辩权不同的是，某些保证人专属抗辩权只能在特定的保证责任方式中行使，如先诉抗辩权就只能在一般保证中行使，而对连带责任保证人来说则不存在先诉抗辩权。(2)保证人专属抗辩权的取得不以主合同债务人的抗辩权为前提，而是源于保证合同的相对独立性，只能由保证人直接享有和行使，债务人不能享有和行使。而一般抗辩权源于主合同债务人，债务人、保证人均可享有和行使。(3)一般抗辩权的行使主要是针对主合同履行中的特定事由进行，因为这些事由的存在，产生债务人可以拒绝或延缓债权人请求权行使的后果。保证人专属抗辩权还包括保证人可以根据主合同约定，得出与保证合同的联系和应否承担保证责任的抗辩意见。

保证人的专属抗辩权中，具有代表性的是一般保证人享有的先诉抗辩权。《担保法》第 17 条第 2 款、第 3 款规定，一般保证的保证人在主合同纠纷未经审判或者仲裁，并就债务人财产依法强制执行仍不能履行债务前，对债权人可以拒绝承担保证责任。有下列情形之一的，保证人不得行使前款规定的权利：(1)债务人住所变更，致使债权人要求其履行债务发生重大困难的；(2)人民法院受理债务人破产案件，中止执行程序的；(3)保证人以书面形式放弃前款规定的权利的。《民法典》第 687 条第 2 款规定，一般保证的保证人在主合同纠纷未经审判或者仲裁，就债务人的财产依法强制执行仍不能履行债务前，有权拒绝承担保证责任，但是有下列情形之一的除外:(1)债务人下落不明,且无财产可供执行;(2)人民法院受理债务人破产案件,中止执行程序;(3)债权人有证据证明债务人的财产不足以履行全部债务或者明显缺乏履行债务能力;(4)保证人明确放弃本款规定的权利。

可以看出,对于除外情况的列举,表述发生了一些变化:第1款由"债务人住所变更,致使债权人要求其履行债务发生重大困难的"变更为"债务人下落不明,且无财产可供执行"。增加第3款"债权人有证据证明债务人的财产不足以履行全部债务或者明显缺乏履行债务能力",同时最后一款的表述由"保证人以书面形式放弃前款规定的权利的"变更为"保证人明确放弃本款规定的权利"。《担保法》第17条第3款第1项除外情形的规定在实务中往往缺乏明确的裁判尺度,而《民法典》中对于债务人下落不明,且无财产可供执行更加明确具体。

另外,在混合担保中,如果对物的担保及人的担保的债权实现顺序有约定,应当尊重其约定。对于没有约定或约定不明确,债务人提供物的担保的,连带责任保证人可以请求先就债务人提供的物的担保实现债权。如果物的担保由第三人提供,则债权人可自主选择先就物的担保或者是人的担保实现债权,保证人不享有后履行抗辩权。

一般抗辩权,是指保证人基于所保证的主合同债务人抗辩权而享有的在债权人提出保证之债履行请求时予以拒绝的一种权利。其本质是属于债务人的基本的、常态型的抗辩权,鉴于保证的从属性、补充性等,决定了保证人同时享有,凡主合同债务人依法依约享有的一切抗辩权,都应为保证人享有和行使,成为保证人的抗辩权,这也是保证人负有监督债务人履行合同义务时应当获得的相应权利。其特点表现为:(1)保证人一般抗辩权的享有和行使不受保证责任方式的限制。即基于保证的从属性,保证人行使属于债务人合同抗辩权的权限与债务人完全相同。只要保证合同合法有效,无论一般保证,还是连带责任保证,保证人均可以享有和行使债务人的这些抗辩权。(2)一般抗辩权虽然源于债务人,但不为债务人专有,债务人放弃抗辩权也不影响保证人的继续享有和行使。债务人放弃抗辩权,实质是对保证人合法利益的侵犯,保证人的抗辩权不因债务人放弃而消灭。(3)一般抗辩权的行使主要是针对主合同履行中的特定事由进行,因为这些事由的存在,产生债务人可以拒绝或延缓债权人请求权行使的后果。如可撤销事由使合同不履行得以成立、时效丧失使债权人债的请求丧失胜诉权、同时履行及不安抗辩事由的出现使义务人可以拒绝先行给付以延缓对方请求权的行使。

### 三、保证责任的免除

1. 担保合同无效的,保证人部分免责。《民法典》第682条规定:“保证合同是主债权债务合同的从合同。主债权债务合同无效,保证合同无效,但是法律另有规定的除外。保证合同被确认无效后,债务人、保证人、债权人应当根据其过错各自承担相应的民事责任。”《担保法司法解释》第7条规定,主合同有效而担保合同无效,债权人无过错的,担保人与债务人对主合同债权人的经济损失,承担连带赔偿责任;债权人、担保人有过错的,担保人承担民事责任的部分,不应超过债务人不能清偿部分的1/2。《担保法司法解释》第8条规定:“主合同无效而导致担保合同无效,担保人无过错的,担保人不承担民事责任;担保人有过错的,担保人承担民事责任的部分,不应超过债务人不能清偿部分的三分之一。”《民法典》第682条第2款规定,“保证合同被确认无效后,债务人、保证人、债权人有过错的,应当根据其过错各自承担相应的民事责任”。《担保法司法解释》的规定是否继续适用,主要看是否与《民法典》的规定相冲突,如果不相冲突,应当可以继续适用。

由于保证合同的无偿性,除《民法典》中规定主合同影响合同效力的情形外,保证合同的效力还受到主体资格的影响。《民法典》第683条规定:“机关法人不得为保证人,但是经国务院批准为使用外国政府或者国际经济组织贷款进行转贷的除外。以公益为目的非营利法人、非法人组织不得为保证人。”上述主体担任保证人的,除法律规定的情形外,保证合同无效。

需要关注的是,依据最高人民法院《关于审理独立保函纠纷案件若干问题的规定》,由银行或非银行金融机构开具的独立保函,无论是用于国际商事交易还是用于国内商事交易,均不影响保函的效力。银行或非银行金融机构之外的当事人开立的独立保函,以及当事人有关排除担保从属性的约定应当认定无效。根据无效法律行为的转换原理,在否定其独立担保效力的同时,应当将其认定为从属性担保。此时如果主合同有效,则担保合同有效,担保人与主债务人承担连带保证责任。主合同无效,则该所谓的独立担保也随之无效,担保人无过错的不承担责任,担保人有过错的,其承担民事责任的部分不应超过债务人不能清偿部分的1/3。[①]

2. 未经保证人同意加重债务或者转移债务的,保证人可就加重或者转移部分债务免责。《民法典》第695条规定:“债权人和债务人未经保证人书面同意,协商

---

① 参见最高人民法院《关于印发〈全国法院民商事审判工作会议纪要〉的通知》(法〔2019〕254号)第54条。

变更主合同内容,减轻债务的,保证人仍对变更后的债务承担保证责任;加重债务的,保证人对加重的部分不承担保证责任。债权人与债务人变更主债权债务合同的履行期限,未经保证人书面同意的,保证期间不受影响。”即保证的范围需根据保证人的意思表示确定,未经保证人同意,债权人、债务人不得加重担保人的担保责任。对于超出担保人同意部分的加重债务,保证人免责。对于债务转移的问题,根据《民法典》第697条的规定,除合同有约定外,债权人在保证期间内未经保证人书面同意,允许债务人转移全部或者部分债务,保证人对未经其同意转移的债务对受让人不再承担保证责任。

3. 违反合同约定进行债权转让,保证人可以依约不承担保证责任。《民法典》第696条规定,“债权人转让全部或者部分债权,未通知保证人的,该转让对保证人不发生效力。保证人与债权人约定禁止债权转让,债权人在未经保证人书面同意转让债权的,保证人对受让人不再承担保证责任”。对于在保证合同中约定,担保仅针对特定债权人或者禁止转让债权的情形,如果债权人实施了违反担保合同约定将债务进行转让的,根据担保合同的约定,担保人可以拒绝承担保证责任。

4. 由于债权人原因导致债务人财产不能执行的,一般担保人部分免责。《民法典》第698条规定:“一般保证的保证人在主债务履行期限届满后,向债权人提供了债务人可供执行财产的真实情况,债权人放弃或者怠于行使权利致使该财产不能被执行的,保证人在其提供可供执行财产的价值范围内免除保证责任。”由于一般保证人享有先诉抗辩权,只有在债务人财产经强制执行仍不足以清偿债务时,一般保证人方承担保证责任。对于一般保证人提供的财产线索,由于债权人不正确及时行使权利的原因,导致该财产灭失的,将增加担保人的义务,损害担保人的利益。因此,在这种情况下,担保人可以在相应财产价值内免责。

5. 因债务人放弃混合担保顺序,保证人可相应免责。在混合担保合同中,对物的担保及人的担保的债权实现顺序有约定,债权人违反合同约定放弃对在先的保证行使权利,在后的保证人可以就债权人放弃部分免责。对于没有约定或约定不明确,债务人提供物的担保的,连带责任保证人可以请求先就债务人提供的物的担保实现债权。如果债权人未先就该物的担保实现债权的,连带责任保证人可就相应价值部分免责。

6. 因超过保证期限而免责。《担保法司法解释》第31条规定:“保证期间不因任何事由发生中断、中止和延长的法律后果。”这就明确了保证期间不适用诉讼时效的规定,超过了该期间,权利即归于消灭。在合同约定的保证期间或者在法定的保证期间内,债权人没有要求保证人承担保证责任的,保证人即免除了保证责任。

# 专题三　保证期间

## 一、保证期间规定的变化

保证期间作为保证责任的存续期间,关系保证人与债权人之间的债务承担能否实现。保证期间不适用诉讼时效的规定,是担保债权的存续时间,超过了该期间,权利即归于消灭。在合同约定的保证期间或者在法定的保证期间内,债权人没有要求保证人承担保证责任的,保证人即免除了保证责任。

《担保法》第 25 条规定,一般保证的保证人与债权人未约定保证期间的,保证期间为主债务履行期届满之日起 6 个月。在合同约定的保证期间和前款规定的保证期间,债权人未对债务人提起诉讼或者申请仲裁的,保证人免除保证责任。《担保法》第 26 条规定,连带责任保证的保证人与债权人未约定保证期间的,债权人有权自主债务履行期届满之日起 6 个月内要求保证人承担保证责任。在合同约定的保证期间和前款规定的保证期间,债权人未要求保证人承担保证责任的,保证人免除保证责任。《担保法司法解释》第 32 条规定,保证合同约定的保证期间早于或者等于主债务履行期限的,视为没有约定,保证期间为主债务履行期届满之日起 6 个月。保证合同约定保证人承担保证责任直至主债务本息还清为止等类似内容的,视为约定不明,保证期间为主债务履行期届满之日起 2 年。《担保法司法解释》第 31 条规定,保证期间不因任何事由发生中断、中止、延长的法律后果。

《民法典》作了较大修改,其第 692 条规定,"保证期间是保证人承担保证责任的期间,不发生中止、中断和延长。债权人与保证人可以约定保证期间,但是约定的保证期间早于主债务期限或者与主债务期限同时届满的,视为没有约定;没有约定或者约定不明确的,保证期间为主债务履行期限届满之日起六个月。债权人与债务人对主债务履行期限没有约定或者约定不明确的,保证期间自债权人要求债务人履行义务的宽限期届满之日起计算"。第 693 条规定:"一般保证的债权人未在保证期间内对债务人提起诉讼或者申请仲裁的,保证人不再承担保证责任。连带责任保证的债权人未在保证期间内对保证人主张承担保证责任的,保证人不再承担保证责任。”

不同于一般的债务,保证人对债权人的保证债务受三重时间上的限制:一是保证期间;二是保证债务诉讼时效时间;三是主债务诉讼时效时间。从时间上看,保证人有3次免于承担保证责任的机会:第一次,债权人未在保证期间内依法定方式主张权利(一般保证:未提起诉讼或者申请仲裁;连带责任保证:未对保证人主张承担保证责任),保证责任因保证期间经过而消灭。第二次,保证人对债权人之保证债务的诉讼时效期间经过。保证人获得自己的抗辩权。第三次,主债务的诉讼时效期间经过。此时,保证人有权援用债务人的抗辩权,这源于保证债务在内容和范围上的从属性。

## 二、保证期间的确定

1. 有约定的从约定。约定的保证期间早于主债务期限或者与主债务期限同时届满的,视为没有约定;没有约定或者约定不明确的,保证期间为主债务履行期限届满之日起6个月。债权人与债务人对主债务履行期限没有约定或者约定不明确的,保证期间自债权人要求债务人履行义务的宽限期届满之日起计算。

2. 未约定保证期间的,无论一般保证与连带责任保证,保证期间均为6个月。6个月的起算点是:自主债务履行期届满之日起计算;没有约定债务履行期限的,自宽限期届满之日起计算(《担保法司法解释》第33条);债务人被宣告破产的,自破产程序终结之日起计算(《担保法司法解释》第44条)。

## 三、保证期间与保证债务诉讼时效的关系

《担保法司法解释》第34条规定:“一般保证的债权人在保证期间届满前对债务人提起诉讼或者申请仲裁的,从判决或者仲裁裁决生效之日起,开始计算保证合同的诉讼时效。连带责任保证的债权人在保证期间届满前要求保证人承担保证责任的,从债权人要求保证人承担保证责任之日起,计算保证合同的诉讼时效。”根据《民法典》第694条的规定,一般保证的债权人在保证期间届满前对债务人提起诉讼或者申请仲裁的,从保证人拒绝承担保证责任的权利消灭之日起,开始计算保证债务的诉讼时效。连带责任保证的债权人在保证期间届满前要求保证人承担保证责任的,从债权人要求保证人承担保证责任之日起,开始计算保证债务的诉讼时效。

对于保证合同的诉讼时效与主合同的诉讼时效的关系问题,主合同和保证合

同各有自己独立的诉讼时效。在保证债务的诉讼时效与主债务的诉讼时效的关系问题上，在理论上及实践中有时效从属性原则及时效独立性原则两种观点：时效从属性原则的观点认为，主债务的诉讼时效中断、中止，保证债务的诉讼时效也中断、中止；时效独立原则的观点认为，主债务诉讼时效的中断、中止对保证债务诉讼时效的中断、中止没有任何影响。《担保法司法解释》采取的是以从属原则为主，以各自独立原则为补充的方法。

1. 在一般保证中，主债务的诉讼时效中断，保证债务的诉讼时效是否中断？依《民法典》第 694 条第 1 款关于"一般保证的债权人在保证期间届满前对债务人提起诉讼或者申请仲裁的，从保证人拒绝承担保证责任的权利消灭之日起，开始计算保证债务的诉讼时效"的规定，如果债权人有证据证明债务人的财产不足以履行全部债务或者丧失履行债务能力，债权人有权按照《民法典》第 687 条第 2 款的规定，要求一般保证人承担保证责任时，主债务的诉讼时效中断，但保证债务的诉讼时效却应当按照《民法典》第 694 条的规定进行计算，不必同时中断。

2. 在连带责任保证中，主债务诉讼时效中断，保证债务诉讼时效不中断。与一般保证相比，连带保证责任具有很大的独立性。当债权人直接向保证人主张权利时，主债务的诉讼时效中断，而保证债务的诉讼时效则应当进行计算。所以主合同诉讼时效的中断，并不必然导致保证债务诉讼时效中断。

## 专题四　"借新还旧"保证的效力

### 一、"借新还旧"的性质

"借新还旧"是债权人与债务人在旧的贷款尚未清偿的情况下，再次签订贷款合同，以新贷出的款项清偿部分或者全部旧的贷款。"借新还旧"必须在旧的贷款尚未清偿的情况下进行，对于债务人在履行完旧贷的还款义务后才与原债权人签订与旧贷款数额相同款项的借款合同，则不属于"借新还旧"。由于在法律规范层面，"借新还旧"及其性质等尚缺乏统一有效的规定，在实践中对如何认定"借新还旧""借新还旧"担保的法律效力及法律责任等问题存在争议，存在同案不同判的现象。

有观点认为,“借新还旧”从其本质上讲,是对原借款合同中贷款期限、利率等条款的变更,其实质内容是对借款期限法律契约上的延长。借新还旧“与贷款人用自有资金归还贷款,从而消灭原债权债务的行为有着本质的区别。虽然新贷代替了旧贷,但贷款人与借款人之间的债权债务关系并未消除,客观上只是以新贷的形式延长了旧贷的还款期限”,故借新还旧的贷款本质上是旧贷的一种特殊形式的展期。①

有观点认为,“借新还旧”是用新的贷款偿还旧贷款,尽管贷款的用途是还款,但本质上是建立新的贷款关系。贷新还旧是在旧贷款尚未清偿的情况下,借贷双方再次签订贷款合同,以新贷出的款项清偿旧的贷款。对这种安排下的法律后果,应当认为原贷款合同已经履行完毕。②

由于“借新还旧”是在债务人没有清偿旧债的情况下完成的,债务人的偿债能力由于资金周转等原因,产生一定程度的下滑。新贷款的目的是用于偿还旧贷款,贷款的发放并未增加债务人的资金实力和偿债能力,贷款不能偿还的风险要远远超出正常贷款,保证人的责任也因此增加。

## 二、“借新还旧”保证责任的认定

根据《担保法司法解释》第 39 条的规定,按照以旧贷和新贷保证人是否为同一人保证人的责任分为以下情形处理:

1. 新旧两笔贷款保证人不是同一人,新贷款的保证人如果不知道或者不应当知道以贷还贷的实情,可以认定债权人与债务人恶意串通,应当按照关于骗保的规定免除保证人的保证责任。保证人在知道骗保后要求借款人提供反担保,不能以此推定担保人追认了以贷还贷的事实,而应当认定为是对被骗保的一种自我救济途径。相反,如果新贷款的保证人知道或者应当知道新贷款是用于偿还旧贷款,仍然没有提出异议,保证人应当承担保证责任。

在举证证明责任的分配上,保证人主张不知道以贷还贷事实的,只要举出主合同未写明以贷还贷即可认定其不知。贷款人、借款人主张保证人明知主合同双方有以贷还贷的,应负主要举证证明责任,若其不能举证,则应认定保证人不知合同双方以贷还贷的事实。对于写明借款用途为“购原材料”等的借款活动,必须有其他有效证据证明保证人知道或者应当知道该贷款的实际用途为以贷还贷。

---

① 参见最高人民法院民事判决书,(2008)民二终字第 81 号。

② 参见最高人民法院执行裁定书,(2013)执监字第 67 号。

但是,如果保证人在保证合同中允许主合同当事人对主合同进行变更、修改、补充、删除,则认定保证人知道主合同的实际目的是以贷还贷。如果保证人事前已经知道债务人之前曾与债权人发生过贷款关系,而其对债权人与债务人的贷款依然提供担保,也应当推定保证人知道主合同的目的是以贷还贷。另外,从保证人与借款人是否存在夫妻关系、上下级单位关系或两个单位的法定代表人为同一人等特殊关系等事实,也可以推定保证人知道主合同以贷还贷的事实。

由于在实践中大多数以贷还贷的合同。往往都不会以书面的形式明示"以贷还贷"从而导致证明保证人是否知道或者应当知道新贷合同用于以贷还贷,成为司法实践中的难点之一。一般而言,借款合同中的借款用途写明"借款还贷""以贷还贷""转贷"等或者写明"流动资金周转",可以直接认定为保证人知道以贷还贷的事实。

2. 在旧贷与新贷均有保证人,且保证人为同一人的情况下,保证人应当承担保证责任。理由是,在旧贷和新贷是同一保证人的情况下,由于债务人用新贷款偿还了旧贷款,从而免除了保证人对旧贷的保证责任,保证人承担的风险和责任就只是针对新贷款的,较之债务人按照实际贷款用途适用新贷款产生对保证人的风险和责任要小。比如,债务人按照实际贷款用途使用新贷款,而不是以贷还贷,如租金不能收回,则旧贷未还又出新债,保证人同时为旧贷、新贷承担保证责任,由此改变贷款用途以贷还贷,并未因借款人以贷还贷而增加风险或者扩大损失,反而因此减少了风险。因此,保证人无论是否知晓债权人和债务人以贷还贷,均应承担对后一份贷款的保证责任。所以要求保证人仍然承当保证责任的规定,从公平的角度来看,对保证人也不会有什么不公平的结果。

应当注意的是,以上规定应当只适用于新旧贷款合同主体一致的情形。如果保证人为同一债务人的两笔不同的贷款提供保证,该两笔贷款的债权人不同,在债务人未经保证人同意的情况下,将新贷款用予偿还旧贷款,此时尽管保证并未增加保证人的负担,对保证人也不会有什么不公平的结果;但是,新旧两笔贷款的主合同主体不一致,便不再是债务的延续,而是在债务人之间产生的新债。因此,这种情况不适用《担保法司法解释》第39条关于以贷还贷的特殊规定,而应当适用《担保法》第24条"债权人与债务人协议变更主合同的,应当取得保证人书面同意,未经保证人书面同意的保证人不再承担保证责任"的规定。

若保证人为同一人,前一份借款合同中保证人的保证期间已届满,债权人又与借款人签订新的借款合同,并以贷还贷,保证人的责任是否适用《担保法司法解释》

第39条第2款的规定？应当认为对于前一份合同保证人因保证期间届满而免责，其只对新的借款合同承担保证责任。如果保证人对新的借款合同是以贷还贷不明知，则应当适用《担保法司法解释》第39条第1款的规定，保证人免责。

3. 借款双方连续借新还旧后几笔贷款的担保人与最初一笔贷款的担保人不是同一个人的，后两笔贷款的担保人是否承担责任，也应当根据上述不同情况，审查每相邻两笔贷款之间保证人的主观意思和客观行为。

在起初的以贷还贷中不知道主合同的目的是以贷还贷，后来又为同一笔贷款签订的以代还贷的借款合同提供担保的，在这种情况下，无论第一笔贷款的用途如何，法院只审查相邻的两笔，也就是相对的旧贷和新贷。如果最后两笔贷款的担保人为同一人，保证人就应当承担担保责任。因为保证人连续的担保行为形成连续的担保关系，事关自身的切身利益和社会经济关系的稳定。如果说，保证人对第一笔担保的借款无法控制借贷双方的使用方式，那么在签订新的借款担保合同之前，保证人应当查清第一笔贷款的使用方式，以依法主张权利或者决定是否继续担保。若保证人轻信借贷双方或放弃自己权利又再次签订担保合同，应当视为对其第一笔担保借款放弃抗辩权，不能适用《担保法司法解释》第39条第1款规定而主张免除民事责任，如果对该条作无限循环的理解，则保证人进行数次担保，甚至担保10多次后又以该条提出抗辩的，不仅不利于警示保证人在签订担保合同时审慎行使权利，也会危害社会关系的稳定，因此，用新贷偿还旧贷，新贷的担保人与原借贷双方签订的第二笔借款担保合同，借贷双方又将第二笔贷款归还上一笔贷款的，不宜以保证人不知道借贷双方将第一笔贷款是借新还旧为由免除保证人的民事责任。

# 第十三章　租赁合同

## 专题一　租赁合同登记备案问题

《民法典》第 706 条规定："当事人未依照法律、行政法规规定办理租赁合同登记备案手续的，不影响合同的效力。"该条与《合同法》规定相比系新增条款，主要规定了租赁合同登记备案手续对于合同效力的影响问题。关于此问题，1999 年 12 月 29 日起施行的《合同法司法解释(一)》第 9 条规定："依照合同法第四十四条第二款的规定，法律、行政法规规定合同应当办理批准手续，或者办理批准、登记等手续才生效，在一审法庭辩论终结前当事人仍未办理批准手续的，或者仍未办理批准、登记等手续的，人民法院应当认定该合同未生效；法律、行政法规规定合同应当办理登记手续，但未规定登记后生效的，当事人未办理登记手续不影响合同的效力，合同标的所有权及其他物权不能转移。"2009 年 9 月 1 日起施行的《房屋租赁合同司法解释》第 4 条(现已删除)规定："当事人以房屋租赁合同未按照法律、行政法规规定办理登记备案手续为由，请求确认合同无效的，人民法院不予支持。当事人约定以办理登记备案手续为房屋租赁合同生效条件的，从其约定。但当事人一方已经履行主要义务，对方接受的除外。"《民法典》第 706 条与上述规定内容的精神是一致的，是对司法实践经验的总结和吸收。

### 一、租赁合同登记备案的具体情形

租赁合同登记备案制度，是指在租赁合同签订后，合同当事人向国家有关部门办理登记备案手续的制度。租赁合同登记备案主要在房屋租赁、国有土地租赁、光船租赁等领域适用。

#### (一)房屋租赁登记备案

在我国，房屋租赁登记备案制度由来已久。1994 年制定并经 2007 年修正的

《城市房地产管理法》第54条规定,房屋租赁合同签订后应向房产管理部门登记备案,将房屋租赁登记备案制度上升到法律层面。2010年12月1日住房和城乡建设部发布《商品房屋租赁管理办法》。

从房屋租赁合同登记备案制度的产生与演变过程看,房屋租赁登记备案制度的建立,其实质是房地产管理部门对出租方与承租方已签订的房屋租赁合同是否体现"自愿、平等、互利和诚实信用、协商一致"的原则,是否明确租赁双方的权利义务的具体审查,是对房屋租赁合同合法性的事后确认。① 随着《行政许可法》的实施,房屋租赁行政审批制也通过地方法规的修改被废止,登记备案仅成为将房屋租赁行为纳入市场管理的标志,房屋租赁合同登记备案制度的最初目的已难以实现。② 而且,在实践中,除需要开具发票报销等情况外,个人出租房屋进行备案的较少。③ 因为无论登记备案与否,都不会影响房屋租赁本身的发展。当前,房屋租赁合同登记备案的首要目的已转变为对于城市流动人口的管理。④

(二)国有土地租赁登记备案

国有土地租赁是国家将国有土地出租给使用者使用,由使用者与县级以上人民政府土地行政主管部门签订一定期限的土地租赁合同,并支付租金的行为。国有土地租赁是国有土地有偿使用的一种形式,是出让方式的补充。国有土地租赁的法律依据,主要是《土地管理法实施条例》第29条规定:"国有土地有偿使用的方式包括:(一)国有土地使用权出让;(二)国有土地租赁;(三)国有土地使用权作价出资或者入股。"

国有土地租赁的登记备案制度主要源于《规范国有土地租赁若干意见》和2008年2月1日起实施的国土资源部《土地登记办法》的规定。其中,《规范国有土地租赁若干意见》第2条规定:"国有土地租赁,可以采用招标、拍卖或者双方协议的方式,有条件的,必须采取招标、拍卖方式。采用双方协议方式出租国有土地的租金,不得低于出租底价和按国家规定的最低地价折算的最低租金标准,协议出租结果要报上级土地行政主管部门备案,并向社会公开披露,接受上级土地行政主管部门和社会监督。"第6条规定:"国有土地租赁,承租人取得承租土地使用权。承租人

---

① 参见江汝南、徐步明:《论登记备案制度对房屋租赁合同效力的影响》,载《安徽纺织职业技术学院学报》2003年第1期。

② 参见李朝晖:《论房屋租赁合同登记备案制度的立法价值目标》,载《广西社会科学》2008年第2期。

③ 参见石晨谊:《房屋租赁权性质及登记研究》,载《中国国土资源经济》2019年第5期。

④ 参见房梁:《从租购并举政策反思我国房屋租赁权登记的实现》,载《安徽工业大学学报(社会科学版)》2018年第2期。

在按规定支付土地租金并完成开发建设后，经土地行政主管部门同意或根据租赁合同约定，可将承租土地使用权转租、转让或抵押。承租土地使用权转租、转让或抵押，必须依法登记。"《土地登记办法》第29条规定："依法以国有土地租赁方式取得国有建设用地使用权的，当事人应当持租赁合同和土地租金缴纳凭证等相关证明材料，申请租赁国有建设用地使用权初始登记。"

（三）光船租赁登记备案

光船租赁是我国海商法上规定的一种租赁方式。根据《海商法》第144条的规定，光船租赁合同是指船舶出租人向承租人提供不配备船员的船舶，在约定的期间内由承租人占有、使用和营运，并向出租人支付租金的合同。但是，《海商法》并未规定光船租赁登记制度，该制度源自行政法规《船舶登记条例》第6条的规定："船舶抵押权、光船租赁权的设定、转移和消灭，应当向船舶登记机关登记；未经登记的，不得对抗第三人。"

## 二、租赁合同登记备案与合同效力的关系

登记备案对于租赁合同效力的影响，在司法实践中主要有以下两种观点：一是租赁合同未办理登记备案手续的，一律认定合同无效；二是房屋租赁合同未办理登记备案手续不影响合同的效力。民法典采纳了第二种观点，其主要理由如下。

第一，关于租赁合同登记备案的规定，并非效力性强制性规定。《合同法》第52条第5项规定，违反法律、行政法规的强制性规定的，应当认定合同无效。上述规定实质是以一种概括性的抽象规范，打开了国家公权力干预当事人私法自治的通道，如果不对这种概括性规范进行必要的甄别，势必导致大量公法规范进入当事人私法自治领域，从而轻易否定合同效力，影响私法秩序的安定。[①] 因此，2009年《合同法司法解释（二）》第14条规定："合同法第五十二条第（五）项规定的'强制性规定'，是指效力性强制性规定。"《民法典》第153条第1款规定："违反法律、行政法规的强制性规定的民事法律行为无效，但是，该强制性规定不导致该民事法律行为无效的除外。"其中，前一个强制性规定指的是效力性规定，后一个强制性规定是指管理性规定。

对于效力性强制性规定的判断标准，《九民会议纪要》第30条规定，要慎重判断"强制性规定"的性质，特别是要在考量强制性规定所保护的法益类型、违法行为

---

① 参见最高人民法院民事审判第一庭编著：《最高人民法院关于审理城镇房屋租赁合同纠纷案件司法解释的理解与适用》，人民法院出版社2009年版，第59页。

的后果以及交易安全保护等因素的基础上认定其性质,应当认定为“效力性强制性规定”的情形包括交易标的禁止买卖的,如禁止人体器官、毒品、枪支等买卖;违反特许经营规定的,如场外配资合同;交易方式严重违法的,如违反招投标等竞争性缔约方式订立的合同;交易场所违法的,如在批准的交易场所外进行期货交易。关于经营范围、交易时间、交易数量等行政管理性质的强制性规定,一般应当认定为“管理性强制性规定”。

根据以上判断标准,具体到租赁合同登记备案的规定,首先,现有关于租赁合同登记备案的规定,均未规定如果违反将导致租赁合同无效;其次,前述租赁合同的登记备案,除光船租赁登记外,其余都是基于防止税费流失、加强流动人口管理等行政管理的需要而规定,而光船租赁登记虽有对抗第三人作用,但本身也不影响合同的效力。因此,相关法律、行政法规中租赁合同登记备案的规定应为管理性强制性规定,而非效力性强制性规定。

第二,在关于租赁合同登记备案的规定中,并无“合同登记后生效”的内容。《民法典》第502条规定:“依法成立的合同,自成立时生效,但是法律另有规定或者当事人另有约定的除外。依照法律、行政法规的规定,合同应当办理批准等手续的,依照其规定……”这一规定意味着,合同自成立起生效是合同生效的一般原则,法律和行政法规规定办理审批和登记手续后生效的,属于法律规定的特别情形。1999年《合同法司法解释(一)》第9条规定,“法律、行政法规规定合同应当办理登记手续,但未规定登记后生效的,当事人未办理登记手续不影响合同的效力,合同标的物所有权及其他物权不能转移”。从目前现有租赁合同登记备案规定看,均未有“合同登记后生效”的内容。因此,上述有关合同登记的规定不影响租赁合同的效力。

第三,部分租赁合同登记备案的规定并非法律、行政法规所规定,不影响合同的效力。1999年《合同法司法解释(一)》第4条规定:“合同法实施以后,人民法院确认合同无效,应当以全国人大及其常委会制定的法律和国务院制定的行政法规为依据,不得以地方性法规、行政规章为依据。”而《商品房屋租赁管理办法》《土地登记办法》等均为行政规章,《规范国有土地租赁若干意见》为国家政策文件,均非法律或行政法规,不能作为判断合同效力的依据。

### 三、租赁合同登记备案与物权法上登记的关系

物权法上的登记具有特定的含义,就不动产变动而言,采用的是登记生效主

义,即不动产物权的设立、变更、转移和消灭都应当进行依法登记,登记后始能产生物权设立和变动法律效力。对于动产变动,一般采取以交付为生效要件,但对于一部分特殊动产则采取登记对抗主义,即船舶、航空器和机动车等物权的设立、变更、转让和消灭,未经登记,不得对抗善意第三人。由上可知,租赁合同登记备案并不属于物权法上的登记。

以公示公信为目标,建立新的房屋租赁合同登记备案制度,规定登记是一种当事人可以自由选择的行为,是否登记备案不影响房屋租赁合同效力。房屋租赁合同经登记备案,才具有对抗第三人的效力;如果合同没有登记备案,合同效力仅及于合同双方当事人,对合同双方当事人之外的善意第三人不构成约束力。[①] 目前,上海市已经将房屋租赁合同登记备案制度规定为公示制度,并实行自愿登记原则。不过,《民法典》并未规定租赁登记的对抗效力,因此,在没有特别规定的情况下,不能因为未进行租赁登记而否定租赁权所享有的"买卖不破租赁"和优先权等对抗第三人的效力。

## 专题二　租赁合同书面形式问题

《民法典》第707条规定,"租赁期限六个月以上的,应当采用书面形式。当事人未采用书面形式,无法确定租赁期限的,视为不定期租赁"。该条规定了租赁合同的形式,并规定了不定期租赁的确定方式。本条在原合同法基础上新增了未采用书面形式,视为不定期租赁的补充条件,即"无法确定租赁期限"。

### 一、租赁合同的形式

所谓租赁合同的形式,是指租赁合同当事人之间确立、变更或者终止租赁关系的方式。租赁合同的形式有书面形式、口头形式和其他形式。[②]

1. 书面形式。合同的书面形式,是指当事人订立合同时以文字有形地表达和

---

① 参见李朝晖:《论房屋租赁合同登记备案制度的立法价值目标》,载《广西社会科学》2008年第2期。

② 参见吴高盛主编:《〈中华人民共和国合同法〉释义及实用指南》,中国民主法制出版社2014年版,第344页。

记载其意思表示内容及其达成的合意。依照《民法典》第 469 条的规定,书面形式包括合同书、信件等可以有形地表现所载内容的形式,而以电报、电传、传真、电子数据交换和电子邮件等方式能有形地表现所载内容,并可以随时调取查用的数据电文,视为书面形式。在《民法典》合同编中,对《合同法》所规定的数据电文形式中增加了"可以随时调取查用"这样的限制条款,应属对数据电文形式的书面合同的细化审查要求。

2. 口头形式。合同的口头形式,是指当事人采用口头对话或者电话沟通等以言语的形式进行意思表示所订立的合同。口头形式的租赁合同,是指当事人之间通过当面谈判或者电话等以言语方式订立的租赁合同。

3. 其他形式。合同的其他形式,是指合同的口头形式、书面形式以外的形式。合同一方当事人通过履行主要合同义务等方式表达订立合同意愿,另一方当事人通过民事行为能够推定认可对方当事人的订立合同意愿,合同应推定成立。①

书面形式的租赁合同的优点在于有据可寻,便于将租赁合同的名称、数量、用途、租赁期限、租金以及其支付期限和方式、租赁物维修等条款以书面形式进行确认,便于当事人正确履行合同也是发生纠纷时的核心关键证据。随着租赁合同期限在时间维度上的拉长,当事人之间可能会因为租赁物的变化、租赁情况的变化产生纠纷,在这种情况下,书面合同有利于租赁合同的双方当事人有一个明确双方权利义务关系的依据。

## 二、租赁期限 6 个月以上,未签订书面合同,双方的租赁合同法律关系的处理

《合同法》第 215 条规定,租赁期限 6 个月以上的,应当采用书面形式。当事人未采用书面形式的,视为不定期租赁。该条款与《民法典》第 707 条的区别为,第 707 条新增了未采用书面形式,"无法确定租赁期限的",视为不定期租赁的条件。

依照《合同法》的规定,6 个月以上的合同,只要未采取书面形式订立租赁合同,无论是否有证据证明双方对合同期限达成合意,均需视为不定期租赁。《民法典》第 707 条对该条规定进行了补充与完善,超过 6 个月的租赁合同,当事人未采用书面形式,不应直接认定为不定期租赁。

人民法院在审查相关案件时,应当实体审核当事人所提交的相应证据,如果当事人能够证明双方之间就租赁期限达成一致,即双方之间的租赁关系可以确定租

① 参见 2009 年《合同法司法解释(二)》第 2 条。

赁期间,则该情形不能认定为不定期租赁。在审判实务上,当事人可以通过证人证言、双方的实际履行行为等方式来对双方租赁期限进行举证。

从立法理念来看,第707条体现了立法者对当事人意思自治原则的鼓励。在司法实践中,大量租赁合同是以口头形式订立的,如全部以未采用书面形式为由认定为不定期租赁,会导致租赁关系处于随时可以解除的状态,在很大程度上影响交易安全。第707条符合鼓励交易与诚实信用的基本价值理念,应属对《合同法》条文的进一步优化与完善。

### 三、不定期租赁的任意解除问题

不定期租赁的实质是租赁期限没有约定或者约定不明,当事人无法确定租赁期限或知晓且接受租赁期限不确定。也正是由于这种租赁期限的不确定性,不定期租赁的当事人拥有随时解除合同的权利。但值得注意的是,《合同法》对不定期租赁的规定是,"当事人可以随时解除合同,但出租人解除合同应当在合理期限之前通知承租人"。《民法典》对不定期租赁的规定则为:"当事人可以随时解除合同,但是应当在合理期限之前通知对方"。合同法默认承租人一方在租赁关系中处于相对弱势的地位,一旦合同被任意解除,承租人所面临的是即时返还租赁物,在此种情况下,承租人无法及时对合同解除作出防止损失扩大的准备。因此,就出租人一方而言,如果想要行使租赁合同的任意解除权利,作为解除合同的一方,出租人需要在合理期限内作出意思表示,并将其解除租赁合同关系的通知准确传递到承租人一方处。这次民法典编纂,将合同解除权赋予双方当事人,出租人与承租人拥有同样的权利与义务是重大修改。事实上,作为不定期合同的合同双方,对不定期合同的法律后果应当有相应的心理预期,承租人一方并不当然处于合同中的弱势地位。例如,在经营性租赁合同中,如果承租人没有提前通知出租人,那么在租赁合同解除后,出租人在找到下一个合适的承租人前会出现空置期的损失,所以不区分出租人与承租人的地位是应有之义。

关于任意解除权通知的合理期限问题,原则上是按照不定期租赁合同双方当事人之间的事先约定,如果双方关于此项期限没有约定的,一般以租赁标的物返还的时间和租赁物的一般使用期限作为标准来确定合理通知期限。①

---

① 参见王利明:《合同法分则研究》(上卷),中国人民大学出版社2012年版,第285页。

# 专题三　租赁物维修责任

《民法典》第713条规定,“承租人在租赁物需要维修时可以请求出租人在合理期限内维修。出租人未履行维修义务的,承租人可以自行维修,维修费用由出租人负担。因维修租赁物影响承租人使用的,应当相应减少租金或者延长租期。因承租人的过错致使租赁物需要维修的,出租人不承担前款规定的维修义务”。该条第1款明确了出租人的维修义务,第2款在出租人维修义务的基础上增加了承租人的义务。《合同法》第221条规定:“承租人在租赁物需要维修时可以要求出租人在合理期限内维修。出租人未履行维修义务的,承租人可以自行维修,维修费用由出租人负担。因维修租赁物影响承租人使用的,应当相应减少租金或者延长租期。”从条文上看,除非双方当事人另有约定,否则在租赁期间租赁物的维修义务归于出租人,在实践中,会出现在因承租人过错导致租赁物损坏从而需要维修,此时仍将维修义务确定给出租人,对出租人过于苛责。《民法典》第713条对《合同法》第221条予以补充,排除了因承租人过错导致租赁物需要维修时出租人的维修责任,符合公平正义原则。

## 一、出租人的维修义务

在租赁合同中,出租人以收取租金为对价,将租赁物的占有、使用、收益权能转移给承租人,承租人可以对租赁物进行有效利用。在租赁期间,如果租赁物出现损坏,将影响承租人的租赁权益。此时,需要出租人通过修理和维护以保持租赁物适于使用收益状态。对于出租人不能及时维修时,法律允许承租人可以自行维修,并向承租人主张维修费用的权利。因维修而对承租人造成影响的,承租人有权通过减少租金或延长租期得到救济。出租人履行维修义务需要具备以下条件:(1)租赁物有维修的必要,即租赁物的损坏影响承租人对租赁物的使用,如不维修,不能发回租赁物应有效能。如租赁物虽有损毁,但并不影响承租人的使用收益权能时,出租人没有维修的必要,不负维修义务。必要性的认定,应根据当事人约定、合同目的、交易观念等加以判断。[①] (2)租赁物有维修的可能。租赁物在损坏后可通过出租人维修恢复到完好状态。如租赁物损毁严重，无法进行维修的或者租赁物可以维修但需要巨大经济支出，使维修所获得的效果不足以弥补维修费用的，出租人不负有维修义务。(3)当事人没有相反约定。《民法典》第712条规定了当事人可通过约定排除出租人的维修义务。因为在租赁合同履行过程中，承租人对租赁物处于持续占有状态，从效率方面来看，在租赁物损坏后，由承租人直接进行维修更方便，省去通知环节，节省维修时间。当事人可自行约定租赁物维修主体。(4)承租人及时通知。出租人将租赁物的占有权能转移给承租人，租赁物的损坏是发生在承租人占有期间，此时，对于租赁物状态出租人并不知晓，承租人应及时履行通知义务以便出租人进行维修。

## 二、承租人过错是否影响出租人维修义务的承担

法律之所以将租赁物维修义务归于出租人是为了保障承租人的使用权，保证租赁物在租赁期限内的具备适租条件。但是，在租赁期间，承租人持续占有、使用租赁物的过程中，不可避免存在因其使用不当导致租赁物的毁损情形。此时，出租人是否仍对租赁物负有维修义务？

(1)从目的上来看，出租人的维修义务，是为了保证承租人正常使用租赁物，因承租人原因导致租赁物使用受限，而让出租人承担修缮义务，有悖诚信原则。(2)让已对租赁物丧失占有的出租人承担修缮义务，在修缮完毕后出租人再向承租人主张相应费用，增加租赁物维修环节，使租赁物的维修变得烦琐，易产生纠纷。(3)无条件的将维修义务强加给出租人可能会导致承租人滥用抗辩权。承租人可在维修前，以出租人未履行维修义务为借口出而得以拒绝支付租金，损害出租人权益。(4)无论肯定说还是否定说，对于租赁物维修损失的负担，应由致害人承担，这是没有争议的。按照这一思路，因出租人原因导致租赁物损坏，出租人自然承担其维修责任；而承租人过错导致租赁物损坏时，无论维修义务是否应归为出租人，维修费用由承租人负担是无可厚非的，此时出租人不履行维修义务，承租人自然无权向出租人主张维修费用或减免租金等请求。

例如，爱生雅公司与合兴公司房屋租赁合同纠纷案。[②] 爱生雅公司与合兴公司

---

① 参见宁红丽：《租赁物维修义务的法律构造——基于对我国司法案例的分析》，载《清华法学》2013年第5期。

② 参见山东省青岛市中级人民法院民事判决书，(2019)鲁02民终1171号。

签订租赁合同,合兴公司承租爱生雅公司的工业园厂房及相关配套设施、道路、周转场地等。爱生雅公司认为,在租赁过程中,由于合兴公司的不当使用造成所承租的道路、车间地面及配套设施严重的损坏。后法院委托鉴定机构对受损租赁物是否符合使用和质量标准进行质量技术鉴定、确定形成原因并出具相关修复方案,在此基础上鉴定确认各项经济损失价值为 2,017,315.00 元,爱生雅公司要求合兴公司对上述损失予以赔偿。一审法院经审理认为:在租赁物建设竣工验收后直到合兴公司租赁前,爱生雅公司对租赁物未使用过,因此,经鉴定机构鉴定的损坏租赁厂房、物品损失,应由合兴公司承担。但对于租赁物损失中含有 209,807 元室外路面损失,因该路面损失牵涉鉴定结束前爱生雅公司自建厂房使用情况,无法区分该路面损失中爱生雅公司与合兴公司的责任,爱生雅公司亦未提供证据证实厂区外的道路损坏系合兴公司所致。故该部分不应由合兴公司负责修缮。最终法院判令合兴公司赔偿爱生雅公司损失 1,807,508 元(2,017,315 元 - 209,807 元)。

二审法院认为,出租人对涉案租赁标的物具有维护、维修义务(含因承租方正常使用引起的地面损坏,即正常磨损)。本案一审审理期间委托鉴定机构进行了鉴定,委托事项是"受损租赁物是否符合使用和质量标准进行质量技术鉴定、确定形成原因并出具相关修复方案,在此基础上鉴定确认各项经济损失价值"。鉴定结论为涉案场地"为被鉴定申请人因生产使用及生产使用维护不当造成"。一审采用的鉴定意见没有区分正常使用的损耗以及使用不当造成的损坏,租赁费用本身包含了对租赁物的正常损耗。合兴公司承担的修复责任应扣除正常使用部分。二审法院征询评估机构意见征询意见,对于属于正常使用、维护不当的价值加以区分,最终确认属于维护不当部分价值为 488,107 元,无法区分部分价值为 1,038,637 元。据此改判合兴公司支付赔偿费用 1,526,744 元。

在该案中,合兴公司在租用租赁过程中,租赁物发生损坏,其损坏原因由两方面构成,即自然损耗及合兴公司使用不当,一审法院并未对此加以区分,以租赁物在合兴公司的控制之下出现损坏,确定维修责任由合兴公司负担。二审法院对损坏原因加以区分,对于租赁物自然损耗部分的维修责任归于出租人即爱生雅公司;对合兴公司使用过程中造成租赁物损坏的维修责任归于合兴公司。本书认同二审法院的意见。

### 三、第三人过错是否影响出租人维修义务的承担

在租赁合同履行过程中,经常会出现第三人原因导致租赁物出现瑕疵,此时,

对于出租人与承租人的租赁关系中，出租人对承租人是否还具有维修义务，在第三人不履行维修义务时，承租人能否要求出租人进行维修，出租人能否以租赁物瑕疵系第三人所致而免除其维修责任？

一种观点认为，根据合同相对性原理，在租赁物出现瑕疵时，承租人向出租人主张其履行维修义务的，出租人不得拒绝，出租人应保证租赁物适于使用、收益状态，出租人作为租赁物的所有权人，可向第三人主张侵权责任。另一种观点认为，出租人将租赁物交付给承租人后，承租人即为租赁物的占有人，其当然享有占有的保护。租赁物在承租人占用期间，因第三人原因导致租赁物出现损坏，影响了承租人的使用，承租人可根据原《物权法》行使占有保护请求权或损害赔偿请求权。出租人在此过程中并不存在过错，不承担维修责任。

在司法实践中亦存在不同的认定。

在抚顺三联公司与忠英学校、生科旅行社房屋租赁合同纠纷案中，[①]抚顺三联公司作为房屋所有权人将房屋出租给忠英学校，忠英学校转租给生科旅行社。在租赁期间，由于案外人在楼顶私搭乱建导致涉案房屋出现漏水，造成生科旅行社无法使用房屋。忠英学校以此作为抗辩拒绝支付抚顺三联公司房屋租金。在另案中，抚顺三联公司曾诉中维物业公司，要求对涉案房屋屋顶进行维修，法院认定涉案房屋屋顶存在被他人占用情况，待排除妨害后中维物业公司进行维修。抚顺三联公司又诉阔达医药公司、张某、李某，要求其停止侵害、排除妨害、恢复原状、赔偿损失，后经调解，阔达医药公司、张某、李某停止对涉案房屋屋顶的侵害并赔偿抚顺三联公司损失。本案法院经审理认定，涉案房屋屋顶系物业共用部分，日常维修和养护由物业公司负责。另造成屋顶漏水损害后果系案外人私自搭建违章建筑造成的，并非出租人维修义务，故抚顺三联公司无须承担维修责任。法院判令支持了抚顺三联公司租金及延付金的诉请。

在龚某与王某房屋租赁合同纠纷案[②]中，龚某、王某于2016年3月16日签订房屋租赁合同，约定龚某将其所有的商铺租赁给王某用于红酒经营，租期约定3年。2017年2月，涉案房屋因厨房共用排污管道堵塞发生污水渗漏。王某发现后告知龚某，龚某联系物业公司前去维修。经过一周左右维修完毕，但经过维修后，屋内出现仍存在多处漏水及潮湿霉变的情况，导致王某无法经营。2017年5月后，王某未向龚某交纳租金，王某以龚某未尽到维修义务为由要求解除合同。龚某认

---

① 参见辽宁省沈阳市皇姑区人民法院民事判决书，(2018)辽0105民初757号。

② 参见江苏省宿迁市中级人民法院民事判决书，(2018)苏13民终5442号。

为,污水渗漏的原因是公共管道堵塞所导致,不属于房屋本身的瑕疵,其不应承担维修义务,物业公司应承担维修义务。一审、二审法院均认定龚某作为房屋出租人,对房屋出现的瑕疵具有维修义务,该房屋在发生渗漏霉变近一年仍未修缮,认定龚某对涉案房屋并未维修到位,导致无法实现王某租赁经营目的,支持王某解除合同的请求,并扣减部分租期内的租金。

上述两个案件均是由案外人导致房屋受损需要维修,但是认定却截然不同。在第一个案件中,法院认定维修义务由案外人承担,免除了承租人的维修义务。出租人通过起诉案外人,使租赁物得到的修复并获得了损失赔偿,但对于承租人来说,其因漏水而造成的损失无法得到救济。在第二个案件中,因公共排污管道导致污水的渗漏,维修义务人为物业公司,法院认定,即使因案外人导致房屋需要维修,出租人对承租人仍具有维修义务。

本书认为,第三人侵权并不能免除出租人的维修义务。从法律规定来看,我国《合同法》第220条规定出租人应当履行租赁物的维修义务,但当事人另有约定的除外。可以看出,租赁物的维修义务的承担分为两种:一种是由出租人承担,此为一般情形;另一种是由承租人承担,此为特殊情形,即只有在存在双方当事人约定情况下才适用。从字面上来看,除非双方当事人另有约定,租赁物的维修义务都由出租人来承担。《民法典》又增加了一种情形,即承租人过错致租赁物损坏。可见,第三人过错致租赁物损坏并不能作为出租人承担维修义务的除外条件。

在第三人致使租赁物受损时,出租人可要求第三人承担侵权责任,赔偿因租赁物受损而造成的损失或要求第三人恢复原状;也可依据《民法典》第237条要求第三人对租赁物进行修理或恢复原状。对于承租人来说,其已取得租赁物之占有权益,第三人行为的后果干扰了承租人对租赁物的正常使用,并因此产生损害。《民法典》第462条明确,占有受侵害时占有人有权请求排除妨害、消除危险,造成损害的可要求损害赔偿。此时,承租人有两种救济途径:第一,可基于占有直接向第三人主张要求恢复原状;第二,根据租赁合同要求出租人承担维修义务。此时,出租人履行合同义务,第三人承担侵权责任,出租人与第三人是基于不同原因负担同一内容给付,且各负全部履行之义务,具备了部分不真正连带责任的特性。故承租人可以选择其一行使,并于债务人之一履行后使全体债务人的相同范围内的债务归于消灭,债务人内部则形成求偿关系。[①] 若承租人向出租人主张维修义务,出租人在履行完毕后可向第三人追偿。若承租人向第三人主张维修,则出租人无权再主

① 参见朱晶晶:《第三人致害租赁物的法律关系分析》,载《晋阳学刊》2014年第3期。

张第三人进行修复,但可针对租赁物的损失主张第三人赔偿。

## 专题四　租赁物的改善和增设他物的问题

《民法典》第 715 条规定,“承租人经出租人同意,可以对租赁物进行改善或者增设他物。承租人未经出租人同意,对租赁物进行改善或者增设他物的,出租人可以请求承租人恢复原状或者赔偿损失”。这是关于租赁物改善或增设他物的规定,沿袭了《合同法》第 223 条之规定。改善,是指对租赁物并不改变其外观形状,而是对其性能进行改良。[①] 如通过修改行车电脑提升汽车的马力。增设他物也叫添附,是指在租赁物基础上增加他物使其与租赁物相结合,如在汽车上加装尾翼、在房屋中加装空调。在租赁合同中,有时为了使租赁物能够得到更好的利用,承租人需要对租赁物进行改动。但因为出租人仅将租赁物的占有、收益、使用权能让与给承租人,但处分权能还保留在出租人处,承租人无权对租赁物进行改动。一方面,租赁物的改动有可能会对租赁物本身造成侵害;另一方面,因增设他物会与租赁物形成添附,产生所有权争议。因此,承租人在改善或增设他物之前应取得出租人同意。承租人擅自对租赁物进行改动的,出租人有权要求承租人恢复原状,或者赔偿出租人损失。

### 一、承租人改善或增设他物须经出租人同意

出租人可通过明示或默示的方式作出同意的意思表示。所谓明示,是指出租人直接将同意的意思表示于外的许诺方法,具体有书面、口头、短信、微信等方式。如双方在租赁合同中明确约定承租人可对租赁物进行改善和添附。出租人可在改动之前同意,也可以在承租人改动后进行追认。默示,是指对于承租人提出要求对租赁物进行改善或增设他物的请求,出租人未用语言或者文字明确表示意见,但其行为表明已经接受,可以视为出租人同意。不作为的默示只有在法律有规定或者当事人双方有约定的情况下,才可以视为意思表示。如双方合同中约定租赁物的

① 参见胡康生主编:《中华人民共和国合同法释义》,法律出版社 1999 年版,第 182 页。

租赁用途,而要实现其租赁用途必须经过改善或添附,出租人签署合同的行为表明其默示同意承租人对租赁物进行改善或添附。但是,如果双方对租赁用途并未约定,出租人在改善或添附过程中知晓但未提出异议,出租人的不作为不能推定其默示同意。

## 二、承租人擅自改善或增设他物的法律后果

对于承租人擅自改善或增设他物的处理,在实践中存在分歧。2020 年《房屋租赁合同司法解释》第 11 条规定:"承租人未经出租人同意装饰装修或者扩建发生的费用,由承租人负担。出租人请求承租人恢复原状或者赔偿损失的,人民法院应予支持。"

对于承租人来说,未经出租人同意或者经出租人同意但超出合同约定用途的合理范围进行的改善或增设,属于恶意添附,其行为虽有可能使租赁物价值升高,但因违反了合同约定,构成违约,应承担继续履行、采取补救措施或者赔偿损失等违约责任。但同时,承租人的行为造成了对出租人租赁物的侵犯,构成侵权。承租人违法行为造成违约与侵权的竞合。出租人可选择承租人承担违约责任或侵权责任。而无论基于何种请求权,出租人可向承租人主张恢复原状、赔偿损失等责任。对于改善、增设过程中所支出的费用,因其违约或侵权行为所导致。承租人对该费用的支出行为属于违法行为,不具备向出租人请求的法律依据。[①] 此外,承租人改善、增设费用的支出是为了满足其自身需要而支出,故该费用应由其自行承担。

从权利角度来看,无论承租人对租赁物上进行改善或增设他物是否获得了出租人的同意,承租人都有取回增设物的权利。但增设物的取回不能对租赁物造成破坏。具体来说,如果增设物与租赁物未形成附合,可允许承租人收回;已形成附合的,如果出租人不同意利用,出租人可要求承租人拆除,并恢复原状。如果出租人同意利用的,可基于添附获得租赁物所有权。

从责任承担方面看,出租人能否既主张要求承租人恢复原状,又要求赔偿损失?从条文本身来看,赔偿损失与恢复原状是或然性关系,而并非补充关系,即出租人可择一选择。第 715 条中的赔偿损失是指承租人擅自对租赁物改造而对出租人造成的财产损失,是承租人无法恢复原状时的一种替代责任方式,是租赁物恢复

---

① 参见最高人民法院民事审判第一庭编著:《最高人民法院关于审理城镇房屋租赁合同纠纷案件司法解释的理解与适用》,人民法院出版社 2009 年版,第 164 页

原状已无可能或承租人自行负担恢复原状费用的损失,[①]故承租人无权同时进行主张这两种权利。

对于恢复原状及赔偿损失的具体范围,《民法典》第733条规定:“租赁期限届满,承租人应当返还租赁物。返还的租赁物应当符合按照约定或者根据租赁物的性质使用后的状态。”故不能机械地将租赁物恢复至出租之前的状态,因为租赁物在承租人的使用过程中必然会产生损耗,而被损耗掉的价值承租人已通过租金形式向出租人支付,承租人无须恢复至出租前状态,对承租人不公。赔偿损失时也应当考虑租赁物的折旧情况。比如,出租人将一辆全新小轿车租赁给承租人,租期5年,在租赁期间,承租人对小轿车进行改装。租赁期届满后,承租人对小轿车应当恢复原状,无法恢复原状,需要赔偿损失的,应参考车辆使用5年后的价值进行赔付,而不是以全新车辆价值为基础进行赔付。

## 三、经出租人同意进行改善或增设他物的法律后果

对于承租人经出租人同意对租赁物进行改善或增设他物的,需要解决承租人费用负担、增设物所有权归属问题。2020年《房屋租赁合同司法解释》第7～12条规定了关于房屋装修及改扩建处理,可予以参照。承租人经同意装饰装修,区分情况使用不同的处理原则。一是对附合和未形成附合的装饰装修物分别适用不同的处理规则。未形成附合的装饰装修物,承租人作为所有权人享有处分权;已形成附合的装修装修物区分合同无效、合同有效解除、合同履行期限届满情形,适用不同的处理规则。二是出租人是否对承租人附合的装饰装修进行补偿,如何补偿要区分不同情况。合同无效时,出租人同意利用的装饰装修,基于不当得利对承租人进行补偿;不同意利用的,装饰装修的现值损失作为无效合同的损失,由双方按照过错承担;合同解除,由导致合同解除的违约方承担装饰装修残值损失。在双方均无过错情形下,由双方依照公平原则分担装饰装修残值损失;需要注意的是,合同解除时,如果出租人同意利用承租人装饰装修的,仍需要基于不当得利对承租人予以补偿;合同履行期间届满,出租人取得附合装饰装修物无须补偿。[②]

### (一)残值损失与现值损失的区分

在处理房屋租赁合同纠纷中,不可避免地需要对装修物进行处理,而不同法院

---

① 最高人民法院民事审判第一庭编著:《最高人民法院关于审理城镇房屋租赁合同纠纷案件司法解释的理解与适用》,人民法院出版社2009年版,第173页。

② 同上书,第10页。

对于装修“残值”与“现值”的理解不同,导致在处理装修物损失时存在认定标准不统一的问题。根据《房屋租赁合同司法解释》规定,要处理装修物问题,首先需要对装修残值与现值进行区分,现值出现在合同无效中,即装修物的现存价值;残值发生在合同解除时,即解除时装修物的剩余价值。在实践中,经常会出现残值与现值混淆不清的情况。如翟某诉姜某房屋租赁合同纠纷案。[①] 2015 年 9 月 30 日,姜某将房屋出租给翟某,租期 3 年,自 2015 年 10 月 1 日至 2018 年 9 月 30 日。姜某同意翟某对房屋进行装修,双方约定装修在 3 年内折损完毕。2017 年 10 月,涉案房屋被政府拆迁,双方租赁合同无法继续履行。姜某收到拆迁装修补偿款 30, 842 元。现翟某要求姜某赔偿其装修损失。法院结合双方约定租期为 3 年,未使用期 1 年,认定姜某赔偿翟某装修补偿款 10, 281 元(30, 842 元 ÷ 3 年 × 1 年)。在本案中,翟某在房屋租赁过程中因遭遇拆迁而导致合同解除,双方应针对装修残值损失进行分担。姜某所收到的装修补偿款应为拆迁公司对装修物现价值进行的评估。法院直接以此为基础,并根据合同约定期间计算分摊费用,混淆了残值与现值的概念。最高人民法院民一庭负责人就《房屋租赁合同司法解释》答记者问时,明确了残值的概念,残值损失是合同解除时装饰装修的剩余价值,以解除时装饰装修的现价值为基础,且不能低于合同履行期间摊销的装饰装修费用。合同履行期间摊销的装饰装修费用应以造价费用为基础而非现价值,进行分摊后,再以合同未履行期未分摊费用与装修物现值进行比较,取其低者为残值。[②] 具体到本案中,应根据翟某装修时造价花费进行分摊,除以合同约定的 3 年,再乘以剩余期限 1 年,得出的数值与装修物现价值 30, 842 进行比较,较低者为残值。

(二)扩建造价费如何确定

扩建主要是针对原有房屋的基础上,通过加高加层,增加其使用面积。对于承租人经出租人同意扩建的,办理合法建设手续的,扩建造价费用由出租人负担;未办理合法建设手续的,扩建造价费用由双方按照过错分担。扩建与装修均是动产与不动产形成附合,但处理原则却不同。这是因为,装饰物会随承租人的使用而导致价值逐渐减少,而扩建是在原房屋上进行加建,并不会随承租人的适用而损毁严重。如果扩建物能够办理合法建设手续,反而有可能导致房屋的升值,根据添附原理,扩建物所有权归属出租人,势必对承租人不公,故出租人应支付承租人扩建费用。对于扩建费用,在《房屋租赁合同司法解释》制定过程中曾提出了 3 种计算方

---

① 参见新疆维吾尔自治区阿勒泰市人民法院民事判决书,(2019)新 4301 民初 1262 号。

② 参见李瑞翔主编:《人民法庭民事审判实务问答》,法律出版社 2014 年版,第 104 页。

法,即支出费用年度分摊法、工程造价费用支出法、现存价值审计鉴定法。3 种方法各有利弊,最终选择工程造价费用支出法,即以扩建时,承租人实际支付的工程造价费用作为准,鉴定基准日为扩建日而非勘验日。

未办理合法建设手续的,扩建造价费用按照双方过错分担,此时,“过错”如何理解？有观点主张此“过错”仅指未办理合法建设手续的“过错”;有观点主张“过错”也应考虑导致合同解除、撤销、无效的过错,如承租人对合同解除有过错的,可以减少出租人对建造费用的负担。本书认为,根据该条文,扩建与装修不同,在计算费用时,并未对合同解除、到期、无效进行区分,只考虑是否取得建设手续,故本条中的“过错”仅指对于扩建物未能办理合法建设手续的“过错”。合同是否解除与否、是否到期均不影响扩建费用的负担。

## 专题五　转 租 问 题

《民法典》第 716 条规定:“承租人经出租人同意,可以将租赁物转租给第三人。承租人转租的,承租人与出租人之间的租赁合同继续有效;第三人造成租赁物损失的,承租人应当赔偿损失。承租人未经出租人同意转租的,出租人可以解除合同。”该条是对租赁物转租的规定,与《合同法》第 224 条内容一致。但在《民法典》颁布后,该条款内涵发生变化,值得进行分析讨论。

### 一、转租合同效力问题

#### (一)未经出租人同意的转租合同是否有效

未经出租人同意的转租合同,是承租人对承租房屋的无权处分。目前,我国理论界的通说并未采负担行为与处分行为之划分。一般认为,无权处分就是指广义上的法律处分,不仅指处分行为。依照这种观点,擅自转租属于无权处分行为之列。无权处分行为是现代社会生活中的常见现象,在租赁法律关系中也普遍出现,对该行为的效力进行研究和认定,有重大的现实意义。

该条款未对合同法规定进行变更,未在条款中明确说明未经出租人同意的转租合同是否有效。《民法典》第 717 条规定:“承租人经出租人同意将租赁物转租给第三人,转租期限超过承租人剩余租赁期限的,超过部分的约定对出租人不具有法律约束力,但是出租人与承租人另有约定的除外。”对转租期限超过承租人剩余租赁期限的,《民法典》未采无效说,而采对出租人不具有法律约束力说。依照我国司法实务的轨迹,从 2012 年买卖合同司法解释规定以来,裁判观点日趋统一,有无处分权不再成为合同是否有效的影响因素之一,最高人民法院亦在多个裁判文书中对“物权行为”“债权行为”进行了区分。在《民法典》将《合同法》第 51 条删除后,在司法实践中,出租人如以转租合同未经其同意为由,请求人民法院判令合同无效,人民法院应不予以支持。

(二)未经其他共有人同意出租房屋,租赁合同是否有效

《民法典》第 300 条规定了共有物的管理,第 301 条则规定了共有物的处分。《民法典》颁布前,对于共有物出租究竟是属于管理行为还是处分行为,即应适用《物权法》第 96 条还是第 97 条的规定,一直存在两种观点。一种观点认为:对共有物的出租是共有人处分行为的表现形式之一。据此,部分共有人出租房屋,在按份共有的情况下,应当经占份额 2/3 以上的按份共有人同意,在共同共有的情况下,应当经全体共有人同意,反之,则租赁合同无效。另一种观点认为:对共有财产的出租,不是对共有财产的处分,而是对共有财产进行管理中的使用和收益,不应适用《物权法》第 97 条规定,而应适用《物权法》第 96 条规定,在共有人没有约定的情况下,各共有人都有管理的权利和义务,因此,部分共有人出租共有房屋的租赁合同应为有效。

依照前文对未经出租人同意的转租合同效力的分析,未经其他共有人同意出租赁物,即使如前文中第一种观点所述,属于处分行为,那么在《民法典》颁布后,无处分权不再成为合同是否有效的影响因素之一,其他共有人如以租赁合同未经其同意为由,请求人民法院判令合同无效,人民法院应不予以支持。

## 二、承租人对租赁物转租的实务处理

根据《民法典》第 716 条的规定,承租人对租赁物的转租,包括 5 个实务维度。

第一,转租条件。承租人转租给第三人的前提条件是经过出租人同意。承租人与出租人租赁关系成立后,承租人取得了租赁物的使用、收益权,但并没有取得对租赁物的处分权,而转租在法律性质上是对租赁物处分权的形式,承租人无权擅自作出。出租人同意承租人转租租赁物,意味着承租人取得了出租人的授权,承租人也就有权行使这一处分权。

第二,出租人同意的方式。第716条未规定出租人同意的方式。其一,转租之前的同意。(1)书面方式。出租人可以通过出租人与承租人之间的租赁合同明确约定承租人可以转租租赁物,也可以在租赁期间,出租人以书面方式同意承租人将租赁物转租。(2)口头或其他方式。我国未有法律规定出租人同意转租必须采用书面方式,但我国住房和城乡建设部2010年发布的《商品房屋租赁管理办法》第11条规定:"承租人转租房屋的,应当经出租人书面同意。承租人未经出租人书面同意转租的,出租人可以解除租赁合同,收回房屋并要求承租人赔偿损失。"该条规范限制了出租人同意转租的方式必须是书面同意,但本书认为该条规定未免过于苛刻。出租人对自己的房屋转租应当有完全的意思自治的权利,如承租人通过电话录音、证人证言等其他方式能够形成完整证据链,确定出租人已经同意了承租人的转租行为,则不宜因未有书面转租而直接赋予出租人解除合同的权利。该观点与《民法典》第707条的立法精神一脉相承,第707条相比《合同法》对当事人未采用书面形式增加了"无法确定租赁期限的"的限制条款,已经不再机械要求书面形式。因此,把握《民法典》第716条时,亦应当遵循该立法精神,不宜要求出租人的同意必须通过书面形式。其二,转租之后的同意。依照《民法典》第718条的规定,出租人知道或者应当知道承租人转租,但是在6个月内未提出异议的,视为出租人同意转租,该条款的本质即为权利人对无权处分行为的默示追认。

第三,原租赁合同的效力。承租人转租的,承租人与出租人之间的租赁合同继续有效。虽然转租后,租赁物上产生了新的租赁关系,但这并不影响出租人与承租人之间租赁合同的效力,二者间的租赁合同继续有效,双方应当依照租赁合同的约定履行各自的义务。

第四,承租人转租后的义务。《民法典》第716条所规定的第三人对租赁物造成损失的,承租人应当赔偿损失,在本质上并未突破合同的相对性,原因是承租人将租赁物转租后,依然应当承担对租赁物的保管义务。第三人对租赁物造成损失时,该损失也同样造成了承租人违反对租赁物的保管义务的法律后果,所以,承租人对出租人承担赔偿损失的义务是应有之义。

第五,承租人未经出租人同意转租时对出租人的救济。承租人未经出租人同意转租,出租人可以解除合同。赋予出租人解除合同的权利,是因为承租人未经出租人同意擅自将租赁物转租他人,就直接破坏了出租人与承租人之间签订租赁合同的信任基础,损害了出租人对租赁物的所有权、处分权,在本质上,已经导致双方合同目的无法实现,所以应当赋予出租人合同解除权。出租人解除与承租人的租赁合同后,有权收回租赁物。租赁物收回后,承租人与次承租人之间的转租合同是另一法律关系,应当由双方当事人另行解决。

## 三、承租人未经出租人同意擅自转租,其向次承租人收取的租金,是否构成不当得利

本书认为,该情形不属不当得利。《民法典》第 122 条规定:因他人没有法律根据,取得不当利益,受损失的人有权请求其返还不当利益。第一,在转租关系中,承租人向次承租人收取租金的行为,是承租人依照承租人与次承租人之间的租赁合同收取的,如本章前文所述,承租人与次承租人之间的租赁合同不因出租人未能同意而无效,故承租人向次承租人收取租金的行为存在法律依据,不属于不当得利;第二,出租人不属于受损失的人,既然出租人与承租人之间存在合法的租赁关系,出租人也已以租金为对价将租赁物交于他人占有、使用、收益,其收益已经确定而不能再对租赁物进行使用、收益,而至于承租人向次承租人收取的租金,只是就其使用、收益的变相形式而言,无论其收取多少,出租人的租金并不因此而受到损害,因此,不能因为承租人因转租而获益就认为损害了出租人的利益。[①] 因此,承租人向次承租人收取租金不属于不当得利的构成要件。

## 四、转租期限超过承租人剩余租赁期限问题

《民法典》第 717 条对超期转租效力问题作了规定,与《合同法》相比系新增条款,对 2009 年《房屋租赁合同司法解释》关于超期转租部分进行了修改。2009 年《房屋租赁合同司法解释》第 15 条(现已删除)规定:“承租人经出租人同意将租赁房屋转租给第三人时,转租期限超过承租人剩余租赁期限的,人民法院应当认定超过部分的约定无效。但出租人与承租人另有约定的除外。”该条将关于超期转租约定部分无效修改为对出租人不具有法律约束力,以契合立法中关于无权处分处理原则,同时,平衡了出租人与次承租人权益的保护。

### (一)第 717 条立法背景

在租赁市场,有时承租人基于其自身需求,在出租人同意的情况下,可以租赁物进行转租,此时,承租人与次承租人形成新的租赁关系,承租人将租赁物的占有使用权能转移给了次承租人。对于出租人来讲,其与次承租人并不存在直接权利

---

① 参见最高人民法院民事审判第一庭编著:《最高人民法院关于审理城镇房屋租赁合同纠纷案件司法解释的理解与适用》,人民法院出版社 2009 年版,第 220～221 页。

义务关系，出租人对于租赁物的控制力会随着转租的发生而降低，为了使出租人的租赁期限结束后能够顺利收回租赁物，需要对承租人的转租期限加以限制，即承租人对租赁物的转租期限不得超过其与出租人约定的租赁剩余期限。但是，在现实生活中，承租人超期转租现象时有发生，对于这种情况，该如何进行处理？是维护出租人权益对超期约定的效力不予认定？还是维护次承租人利益保证转租合同的顺利履行？

在《房屋租赁合同司法解释》出台前，对于超期转租存在争议。

2009 年《房屋租赁合同司法解释》出台，其中第 15 条明确了承租人与次承租人约定的转租期限超过租赁合同剩余期限的，超过部分约定无效。该观点否认了负担行为与处分行为的分离，认为我国《合同法》上的“处分行为”不同于德国法的“处分行为”，并不存在处分行为和负担行为的划分。超期转租行为也不能适用《合同法》第 51 条关于无权处分的规定。承租人将房屋转租，依据的是与出租人订立的房屋出租合同，其权源是依据租赁合同而享有的在房屋租赁期限内的占有和使用。转租合同具有一定依附性，如果转租合同约定的租赁期限超出了承租人的剩余租赁期限，而租赁合同约定的履行期限又届满，承租人就丧失了对于该房屋进行处分的合法权益，该行为当然归于无效。①

2012 年《买卖合同司法解释》第 3 条规定：“当事人一方以出卖人在缔约时对标的物没有所有权或者处分权为由主张合同无效的，人民法院不予支持。”在出卖他人之物的情形中，处分合同的效力并非未定，而是确定有效的；真正效力未定的是处分人履行合同的行为以及履行合同的结果。②

《买卖合同司法解释》出台后，按照其思路，即使承租人租赁期限届满后已经丧失了转租权利，但不影响租赁合同效力，只影响合同的履行。此时，《房屋租赁合同司法解释》中关于超期转租效力的规定，已经难以契合无权处分的立法趋势。《民法典》第 597 条规定：因出卖人未取得处分权致使标的物所有权不能转移的，买受人可以解除合同并请求出卖人承担违约责任。从文义上看，出卖人无权处分，买受人可主张解除合同，但合同解除的前提应为合同是有效的。进一步明确了无权处分不影响合同效力的认定。2020 年修改配套司法解释时，删除了 2009 年《房屋租赁合同司法解释》第 15 条、2012 年《买卖合同司法解释》第 3 条。

---

①　参见最高人民法院民事审判第一庭编著：《最高人民法院关于审理城镇房屋租赁合同纠纷案件司法解释的理解与适用》，人民法院出版社 2009 年版，第 200 页。

②　参见最高人民法院民事审判第二庭编著：《最高人民法院关于买卖合同司法解释理解与适用》，人民法院出版社 2012 年版，第 79 页。

(二)承租人转租经出租人同意

根据《民法典》第716条之规定,承租人转租房屋必须经过出租人的同意。双方可在租赁合同订立时明确约定承租人有权出租租赁物或者在租赁合同履行过程中承租人征得出租人同意对租赁物进行转租。出租人还可通过默示作出同意转租的意思表示,根据《民法典》第718条的规定,出租人知道或者应当知道承租人转租,但是在6个月内未提出异议的,视为出租人同意转租。

(三)超过剩余租赁期限的约定对出租人不发生效力

承租人与次承租人在转租合同中对于转租期限之约定,系其双方的真实意思表示,其约束力及于双方,该约定并不因超过剩余租赁期限而无效,也不能对抗租赁期满出租人收回租赁物之权利。《民法典》修改了2009年《房屋租赁合同司法解释》关于超期转租超过部分无效的规定,肯定了转租合同效力,同时也兼顾了出租人利益的保护。在租赁合同到期后,出租人可根据合同法上请求权或物上请求权要求承租人归还租赁物,或根据物上请求权要求次承租人归还租赁物。对于承租人与次承租人来说,超期转租影响的只是合同的履行,即因出租人收回房屋导致转租合同不能继续履行,而转租合同效力不受影响,次承租人可通过解除转租合同并追究承租人违约责任得到救济。在租赁期限届满后,如出租人并未收回房屋,而是对租赁期限进行展期,此时不影响转租合同的继续履行,虽然承租人在转租时存在瑕疵,但是其通过在租赁期限届满后与出租人续约,补正了该瑕疵的,次承租人可继续占用租赁物。

(四)租赁合同系不定期租赁,转租合同期限如何限定

《合同法》规定了三种不定期租赁情形,即当事人对租赁期限没有约定或者约定不明确,根据交易习惯仍不能确定的、未采用书面形式无法确定租赁期限的、租赁期限届满转为事实租赁的,均视为不定期租赁,当事人可以随时解除合同,但应在合理期限前通知对方。在出租人与承租人的租赁合同系不定期租赁,此时不存在剩余租赁期限,那么承租人转租期限是否可任意约定不受限制?在转租期限届满前,出租人能否行使任意解除权?如甲将房屋出租给乙,双方未约定租赁期限,形成不定期租赁,乙经过甲同意将房屋转租给丙,并约定租赁期限为10年,转租期限10年对甲是否形成约束力?

本书认为,承租人租赁期限为不定期,在出租人同意情况下,其有权与次承租人约定转租,但其所约定的期间对出租人不具有约束力。首先,根据文意理解,出租人应仅对租赁期限内的转租负责。不定期租赁的租赁期限是不确定状态而不是

无限长。出租人在租赁过程中可行使任意解除权,合同解除后,转租合同不能产生对抗出租人的效力。其次,超期转租对出租人不发生效力之规定,其旨在维护出租人权益。避免承租人将租赁物转租时间过长,脱离出租人控制,导致其无法收回租赁物。在不定期租赁中,如果承租人与次承租人约定的转租期限对出租人产生效力,将导致出租人无法行使任意解除权,任意解除权系法定权利,当事人无权排除。对于次承租人因此而遭受的损失,因承租人对不定期租赁系明知,在其知道出租人有可能随时解除合同的情况下仍与次承租人签订10年租赁期,对因出租人解除合同收回租赁物,导致转租合同不能履行的,承租人应承担责任。

(五)次转租合同的期限超过转租合同的剩余期限,是否适用第717条规定

在租赁市场,经常出现多手转租的情况。比如,甲作为所有权人将房屋出租给乙,租赁期限为10年,乙将房屋转租给丙,租赁期限为3年,丙再将房屋转租给丁,租赁期限为5年。对于丙来说,其将房屋转租给丁的转租期限为5年,超过其从乙处承租期限3年,超出的2年对乙是否具有法律约束力?一种观点认为:乙相对丙来说法律地位为出租方,丙的转租期限超过了其从乙处承租房屋的租赁剩余期限,丙丁超期约定对乙没有约束力。另一种观点认为:第717条之规定是为了保护作为所有权人的出租人的权益,而作为转租合同中的出租人,其只是租赁合同的承租人,享有的合同中债的利益,并非所有权利益,对其无须特别保护,在法律没有明确规定的情况下,不应对出租人进行扩大解释。本书赞同第一种观点,《民法典》第717条并未将出租人限定为所有权人,承租人作为转租合同中的出租人,其权益亦应得到保障,当然可适用该条规定。

## 五、出租人对转租合同的默示同意

《民法典》第718条规定:"出租人知道或者应当知道承租人转租,但是在六个月内未提出异议的,视为出租人同意转租。"该条与《合同法》规定相比系新增条款,在2009年《房屋租赁合同司法解释》第16条第1款(现已删除)基础上进行了修改,并删除了"因租赁合同产生的纠纷案件,人民法院可以通知次承租人作为第三人参加诉讼"规定。该条主要规定了出租人对承租人转租同意与否的除斥期间及出租人逾期未提异议时转租行为的法律后果。

(一)6个月的理解

本条中6个月期间的性质。本条中的6个月的应属除斥期间。依照《民法典》第716条第2款规定,承租人未经出租人同意转租的,出租人可以解除合同。因此,

该期间应系出租人行使合同解除权的期间,符合《民法典》第199条的规定。《民法典》第199条规定:法律规定或者当事人约定的撤销权、解除权等权利的存续期间,除法律另有规定外,自权利人知道或者应当知道权利产生之日起计算,不适用有关诉讼时效中止、中断和延长的规定,存续期间届满,撤销权、解除权等权利消灭。

在2009年《房屋租赁合同司法解释》第16条(现已删除)起草过程中,前几稿将异议的期限规定为3个月,后讨论中认为3个月的期限不利于对出租人的保护,故延长至6个月。6个月异议期的规定,能够充分做到平衡出租人与次承租人的利益,期限太短,不利于保护出租人权利,期限太长,不利于稳定转租关系及对次承租人的保护。

(二)出租人在知道转租后逾期未提出异议的合同效力及法律后果

第一,出租人知道转租后未提出异议的合同效力。2009年《房屋租赁合同司法解释》第16条第1款规定:"出租人知道或者应当知道承租人转租,但在六个月内未提出异议,其以承租人未经同意为由请求解除合同或者认定转租合同无效的,人民法院不予支持。"《民法典》第718条与之相比,将"其以承租人未经同意为由请求解除合同或者认定转租合同无效"修改为"视为出租人同意转租"。该司法解释起草时,是默认承租人未经出租人同意时,转租行为无效的。但随着立法理念的变化,如本书前文对第716条的分析梳理,《民法典》倾向于不将未经出租人同意时的转租合同认定为无效合同。据此,出租人知道转租后未提出异议的合同亦属有效合同。但值得注意的是,出租人知道转租后有没有在除斥期间内提出异议,不会对转租合同的合同效力造成影响,但会对合同的履行产生其他法律后果。

第二,出租人在知道转租后逾期未提出异议的法律后果。《民法典》第716条第2款规定,承租人未经出租人同意转租的,出租人可以解除合同。而在第718条中,除斥期间届满后的法律后果,则为"视为出租人同意转租",依照《民法典》第199条的规定,除斥期间届满,撤销权、解除权等权利消灭,而在本条中,除斥期间届满的法律后果则为,在承租人未经出租人同意转租的情形下出租人所享有的解除租赁合同的权利消灭。

值得一提的是,第718条中的"视为"是一种法律拟制,即根据相应情形,将某种事实看作另一种事实,使其与另一事实发生同一的法律效果。这里的"视为"不是事实推定,推定事实是允许当事人提出反证推翻的,而本条中的法律拟制,在拟制事实发生后,是不允许当事人提出反证来推翻的。

(三)承租人未经出租人同意转租,出租人的救济途径及法律后果

第一,出租人行使解除权时,对转租合同的影响。未经出租人同意的转租,出

租人有权在除斥期间内解除其与承租人之间的租赁合同。出租人不行使解除权的,转租合同自可以正常存续,不会受到影响,而如果出租人行使解除权,则需要从出租人及次承租人两方面来考量行使解除权的影响。

一是转租后,次承租人对租赁物实际处于支配状态,而出租人与次承租人之间没有合同关系,其可以对其依据物权请求权要求返还租赁物。二是由于原租赁合同的解除,承租人丧失租赁权,转租合同失去了赖以存在的标的物基础,其失去了继续履行的可能。此时,对于次承租人来讲,由于其与出租人之间并无直接的租赁关系,其无权请求出租人承担违约责任,其相应的救济途径则应为要求承租人承担违约责任。此时,需判断其承租行为是否为善意,如果次承租人为善意,即在其与承租人订立合同之时不知道也不应当知道承租人未经出租人同意转租,为保护善意第三人的利益,应由承租人承担无法继续履行转租合同的违约责任;如果次承租人在其与承租人订立合同之时知道或应当知道承租人未取得出租人的同意,那么其属恶意,其自然无要求承租人承担转租合同的违约责任。

第二,承租人自行转租的侵权责任。承租人在未征得出租人同意的情况下,将他人之物擅自转租,是否侵犯了出租人的所有权呢?本书认为,因为租赁行为是物之所有权人通过租赁合同将租赁物的占有、使用、收益权移转给承租人,而自己收取租金作为其他权利移转的对价,仅保留处分权。因此,当承租人自行转租时,尽管出租人与承租人之间的诚信程度受到动摇,租赁物的占有层次增加、受损可能性加大,但转租合同中的权利义务内容并不突破租赁合同约定的范围,出租人的所有权并不一定能受到侵害。如果出租人仅就转租行为,要求承租人就租赁物的损害向出租人负赔偿责任,此种侵权损害赔偿请求不宜支持。

(四)次承租人的诉讼地位

2009 年《房屋租赁合同司法解释》第 16 条第 2 款“因租赁合同产生的纠纷案件,人民法院可以通知次承租人作为第三人参加诉讼”的内容未被纳入《民法典》第 718 条内容中,且在 2020 年修改时删除,但由于出租人的出租房屋行为与承租人的转租房屋行为处分的是同一标的物,因此,为查清案件事实,考虑到判决生效后的执行问题以及保护次承租人利益的需要,本书认为,人民法院可追加次承租人作为第三人参与诉讼,但不属强制要求,人民法院应当根据案件的具体情况,确定是否追加此承租人参加诉讼。

# 专题六　次承租人的代位清偿权问题

《民法典》第719条规定:“承租人拖欠租金的,次承租人可以代承租人支付其欠付的租金和违约金,但是转租合同对出租人不具有法律约束力的除外。次承租人代为支付的租金和违约金,可以充抵次承租人应当向承租人支付的租金;超出其应付的租金数额的,可以向承租人追偿。”本条是关于次承租人代位清偿权的规定,属于新增条款。在承租人拖欠出租人租金导致出租人要求解除租赁合同时,次承租人面临转租合同不能履行的风险,由此,可能导致次承租人遭受巨大损失。此时,法律赋予次承租人可代承租人向出租人支付租金,以维持转租合同稳定。

## 一、立法背景

2009年《房屋租赁合同司法解释》第17条(现已删除)规定:“因承租人拖欠租金,出租人请求解除合同时,次承租人请求代承租人支付欠付的租金和违约金以抗辩出租人合同解除权的,人民法院应予支持。”该条出台后,引发了较大的争论。一种观点认为:根据合同相对性原理,出租人和承租人的租赁合同与承租人与次承租人的转租合同时两个独立的合同,出租人与次承租人并无合同法上的权利义务关系,法律赋予次承租人代偿请求权,突破了合同相对性,对出租人权利造成限制。另一种观点认为:租赁权从性质上来看虽仍然属于债权,但“买卖不破租赁”“优先购买权”等制度均体现出租赁权物权化的趋势。租赁权物权化理论可以突破合同的相对性,使租赁权如同物权一样具有对抗一般人的效力。[①] 次承租人以代为清偿承租人所欠付的租金及违约金的行为,对抗转租合同之外的出租人,可致使出租人解除合同的事由消灭。

按民法有关债的基本理论,除根据债之性质,必须债务人亲自履行,或者债权人与债务人事先约定必须由债务人亲自履行外,第三人可以为清偿人。盖第三人依债务之本旨,提出给付者,债务人既未因此而受不利益,债权人亦可借此满足其

---

① 参见最高人民法院民事审判第一庭编著:《最高人民法院关于审理城镇房屋租赁合同纠纷案件司法解释的理解与适用》,人民法院出版社2009年版,第228页。

希望。故第三人为清偿时,无须得债务人或债权人之同意。唯在债务人有异议时,债权人得拒绝清偿。但第三人就债之履行,有利害关系者,债权人不得拒绝。[①] 在租赁合同中,虽然次承租人没有向出租人支付租金的义务,但是出租人与承租人债的关系直接影响次承租人租赁的稳定性,为维护其自身利益,次承租人可提出代承租人清偿债务的请求,出租人无正当理由无权加以拒绝,在债务清偿后,出租人解除权因丧失基础而消灭。

从合同目的来看,出租人将租赁物出租的目的是收取租金,具体支付人是谁,并不重要。对次承租人来讲,对租赁物的占有使用是其需要。在承租人拖欠租金时,允许次承租人直接向出租人代付租金,将使出租人收取租金的权益免受损害。另外,次承租人可继续使用租赁物,避免因提前解除合同导致经济损失。从实际效果来看,出租人因承租人拖欠租金而解除合同,次承租人因租赁物被收回导致转租合同无法继续履行,其损失只能向承租人主张,但承租人拖欠出租人租金的行为表明其支付能力存在问题,次承租人的索赔面临极大风险。对于出租人来说,其追讨拖欠租金也面临无法履行的困境。允许次承租人代偿可降低执行不能的风险。

《民法典》第 719 条与 2009 年《房屋租赁合同司法解释》第 17 条规定基本一致,虽然字面上看删除"抗辩解除权"的字眼,但从立法原意上来讲,次承租人代偿行为仍可以抗辩出租人的合同解除权。

## 二、代位清偿权的行使条件

### (一)次承租人知晓租赁合同因承租人拖欠租金而将被解除

次承租人履行代位清偿权的前提,是其已知晓承租人未交纳租金而致使租赁合同可能面临解除。对承租人来讲,其作为转租合同中的出租房,因其拖欠租金导致租赁合同面临解除,租赁合同解除后,转租合同面临无法继续履行的风险,作为合同相对方,其应及时通知次承租人。对出租人来说,《民法典》第 565 条规定:"当事人一方依法主张解除合同的,应当通知对方。合同自通知到达对方时解除"。从性质来讲,解除权属于形成权,其行使不需要相对人的同意,只需要解除权人将解除的意思表示送达到相对方,就可以使合同发生解除的法律效果。在租赁合同中,解除的意思表示系出租人向承租人提出。次承租人常常不知道承租人拖欠租金而导致租赁合同解除,在其知晓时可能已经处于出租人依据物上请求权要求次承租

① 参见最高人民法院民事审判第一庭编著:《最高人民法院关于审理城镇房屋租赁合同纠纷案件司法解释的理解与适用》,人民法院出版社 2009 年版,第 231 页。

人腾退房屋之时。此时,租赁合同状态已经解除,次承租人已丧失了代为清偿租金及违约金以抗辩出租人解除权的机会,规定代偿权的意义也就丧失了。故虽然出租人与次承租人不存在合同关系,但因合同的解除涉及次承租人所占有的租赁物可能被收回,根据诚实信用原则和第三方合法利益的保护,出租人在解除合同时仍应对次承租人履行通知义务。诚实信用原则和第三方合法利益保护,不仅是合同当事人应遵守的原则,也是民事活动中所有当事人应遵循的原则。因次承租人直接占有、使用租赁物,租赁物的使用价值通过次承租人的使用而实现,出租人解除合同的行为直接影响次承租人的利益,要求出租人履行通知义务合情合理。[①]

(二)次承租人的抗辩权应在合理期限内行使

次承租人行使代位清偿权以抗辩出租人解除合同的权利,虽然使出租人收取租金的权益得到了保障,但是出租人的利益不仅包括收取租金,还包括租赁物的合理维持以及对租赁物的自由处分等。赋予次承租人代位清偿权以抗辩出租人合同解除权,必然限制了出租人的契约自由。在考虑次承租人的弱势地位对其进行保护的同时,应兼顾出租人利益的保障。在交易效率与交易稳定之间寻找一个平衡点,不能过分维护次承租人的权益而致使出租人权益受损。次承租人在知道出租人将因承租人拖欠租金而解除合同时,必须在合理期间内行使代位清偿权和合同解除抗辩权。如果让出租人无限期地等待次承租人作出决定,虽维护了交易稳定,却过分限制了所有权人的利益,影响了交易效率。因此,必须对次承租人行使代位清偿权规定一个合理期间。[②] 自次承租人知道解除事由起,在一定期限内作出代偿意思表示,否则,将视为次承租人放弃抗辩的权利。对于合理期限具体应为多长时间,法律并未明确规定,可在出租人在通知次承租人解除事由时约定,亦可在诉讼中由法官指定。

(三)次承租人代偿后的法律后果

次承租人向出租人支付租金和违约金后,次承租人享有向承租人追偿的权利。因为根据合同相对性原理,向出租人支付租金的义务由承租人负担,而因逾期缴纳租金而产生的违约责任亦应由承租人承担。次承租人在其按约定履行转租合同的情况下,其对出租人并没有支付义务。次承租人代为支付租金及违约金是为了保持合同的稳定性,能够继续利用租赁物,但并未改变租金及违约金的承担主体,故次承租人在支付后可向承租人追偿。

---

① 参见胡国运、吴玉萍:《论次承租人代位清偿权制度之完善》,载《人民司法》2015年第3期。

② 同上。

但从实务来看,承租人欠付租金的行为表明承租人的财务状况存在风险。如次承租人一方面向承租人履行支付租金的义务,另一方面代承租人支付出租人租金及违约金,在次承租人向承租人追偿时可能会发生无财产可追的情况。但是,如次承租人未按时支付承租人租金,亦可能造成转租合同违约的风险。故为了维护次承租人的权益,法律赋予了次承租人代为支付的租金和违约金,以充抵次承租人应当向承租人支付的租金的权利。此即在次承租人代承租人向出租人支付租金和违约金时起,其所支付金额即可抵扣其应向承租人支付的租金,而并不对转租合同违约。其代付的金额超过转租金额的,可继续向承租人追偿。

## 专题七 承租人的法定解除权

《民法典》第 724 条规定了承租人的法定解除权:"有下列情形之一,非因承租人原因致使租赁物无法使用的,承租人可以解除合同:(一)租赁物被司法机关或者行政机关依法查封、扣押;(二)租赁物权属有争议;(三)租赁物具有违反法律、行政法规关于使用条件的强制性规定情形。"该条系新增条款,主要规定了承租人享有合同解除权的三种具体情形,与 2009 年《房屋租赁合同司法解释》第 8 条(现已删除)规定基本一致,只是将租赁标的由房屋扩大为所有租赁物。

### 一、第 724 条项下承租人行使合同解除权的必要前提

在出现租赁物被司法机关或者行政机关依法查封、权属有争议,或者不符合法律、行政法规关于租赁物使用条件的强制性规定任何一种情形时,承租人的合同解除权并不当然产生,还必须有一个必要前提,即该情形的出现导致"租赁物无法使用"。根据《民法典》第 711 条的规定,"无法使用"可理解为无法按照租赁物的约定用途使用或者无法按照租赁房屋的性质使用。比如,虽然租赁物权属现在有争议,针对该租赁物的诉讼仍在进行,但还未影响承租人对租赁物的正常使用,承租人不得以此主张解除合同。又如,有的租赁物被司法机关或者行政机关依法查封,但该查封只是禁止该租赁物转让,并不禁止对该租赁物的正常利用。因此,在暂时不影响承租人正常使用的情况下,承租人也无权主张解除合同。

## 二、如何理解“司法机关或者行政机关依法查封”

查封,是指行政机关或司法机关强制封存当事人的财产,限制其处分的一种执行措施。[①] 查封是保全和执行中的重要手段之一,具有保证权利义务实现的重要功能,法院和有关行政机关在执行过程中均享有一定的查封财产的权力。[②]

### (一)查封的生效判断标准

以司法机关的查封为例,只有法院作出了有效的查封裁定且采取登记或封条等方式控制了财产,查封才得以发生法律效力;如果法院作出了查封裁定,尚未完成查封行为,则生效的只是查封裁定,而并不是查封。[③]

### (二)查封是否影响租赁物使用的判断

在我国民事执行实务中有俗称的“活查封”和“死查封”之分。“死查封”,是指被执行人在财产被查封后不仅其处分权受到限制,而且丧失了使用、管理权,只有妥善保管的义务。而“活查封”则相反,被执行人在财产被查封后,仍享有对该财产的使用、管理和收益权。那么,在何种情况下,被执行人才能继续对租赁物享有使用、收益权呢？这完全依靠执行法官的自由决断。《关于查封、扣押、冻结的司法解释》第 10 条规定:“查封、扣押的财产不宜由人民法院保管的,人民法院可以指定被执行人负责保管;不宜由被执行人保管的,可以委托第三人或者申请执行人保管。由人民法院指定被执行人保管的财产,如果继续使用对该财产的价值无重大影响,可以允许被执行人继续使用;由人民法院保管或者委托第三人、申请执行人保管的,保管人不得使用。”根据该规定,在租赁物被查封的情况下,出租人作为被执行人有可能在被法院指定的情况下对租赁物进行保管,且在对租赁物财产价值不产生重大影响的情况下继续使用租赁物。

另一个值得探讨的问题是,租赁物的使用管理权是否包括出租之权利？本书认为,对于查封时未出租的标的物,若行使出租权通常会影响被查封租赁物的拍卖及成交,为了保证执行的效果,被执行人一般不得擅自行使或出租。但是,对于查封前已经出租的房屋,承租人的租赁权不受影响,有权继续使用,因为根据“买卖不破租赁”原则,即使被查封的房屋被拍卖,仍不影响承租人的租赁权。《异议复议规

---

① 参见徐燕华:《民事执行中查封之效力》,载《上海政法干部管理学院学报》2001 年第 3 期。

② 参见尤波、张明军:《行政执行与民事执行的冲突与协调——以财产查封为例》,载《人民司法》2008 年第 17 期。

③ 参见刘哲玮:《论民事司法查封的效力》,载《国家检察官学院学报》2019 年第 4 期。

定》第31条第1款也规定："承租人请求在租赁期内阻止向受让人移交占有被执行的不动产，在人民法院查封之前已签订合法有效的书面租赁合同并占有使用该不动产的，人民法院应予支持。"

## 三、权属有争议时租赁合同效力

根据《民法典》第724条的规定，虽然租赁物的权属存在争议，但并未影响承租人对租赁物正常使用的，承租人不能以此为由主张解除合同。对于租赁物存在权属争议情形下，租赁合同的效力如何认定，在实践中争议很大。由于合同效力是法院依职权审查的事项，因此有观点认为，在房屋租赁中，在房屋确权前，该租赁合同是效力待定合同，因为由于租赁房屋权属存在争议，意味着出租人有可能不是房屋的真正所有权人。如果出租人最后被确认为房屋的所有权人，则房屋租赁合同有效；如果出租人最后被确认不是房屋的所有权人，则因其无权处分该房屋，导致房屋租赁合同无效。① 本书不赞同上述观点，认为权属的争议并不影响租赁合同的效力。理由如下：

首先，第724条规定在租赁物权属存在争议时，承租人有权解除合同，而解除合同的前提是合同有效。因此，该条实际上已经暗含了在租赁物权属有争议的情况下租赁合同有效的意思。实际上，《民法典》第723条的规定与此条类似。该条规定："因第三人主张权利，致使承租人不能对租赁物使用、收益的，承租人可以请求减少租金或者不支付租金。第三人主张权利的，承租人应当及时通知出租人。"根据该规定，第三人主张租赁物权利意味着租赁物权属存在争议，在此情况下，法律规定不是认定合同未生效或无效，而是让出租人承担违约责任。由于违约责任的承担是以合同有效为前提的，故可以明确，第724条隐含了租赁合同有效的规定。②

其次，即使在权属争议确定出租人构成无权处分的情况下，无权处分也不影响合同效力。《民法典》出台后，在合同编删掉了《合同法》第51条有关无权处分的规定，总则编的民事法律行为章则未对权利的处分新增任何规定，物权编保留了《物权法》第15条的规定。这意味着，无权处分的合同不再是效力待定，对于合同效力的判断，主要依据是《民法典》第143条、第146条、第153条、第154条、第497条、第506条等规定，无权处分与否不影响合同效力的认定。《民法典》第597条规定：

① 参见最高人民法院民事审判第一庭编著：《最高人民法院关于审理城镇房屋租赁合同纠纷案件司法解释的理解与适用》，人民法院出版社2009年版，第111页。

② 参见李庆峰：《无权处分租赁合同的效力》，载《杭州电子科技大学学报（社会科学版）》2018年第1期。

"因出卖人未取得处分权致使标的物所有权不能转移的,买受人可以解除合同并请求出卖人承担违约责任。法律、行政法规禁止或者限制转让的标的物,依照其规定。"根据该条规定,无权处分的买卖合同,买受人可以解除合同并主张违约责任。因此,该条规定已经暗含了无权处分的买卖合同有效的意思。虽然该条规定针对的是买卖合同,但"在出卖人无权处分订立的合同效力不受影响的情况下,根据类推逻辑中'举重以明轻'的规则,租赁合同的效力当然更不受影响,更不应当被列入效力待定的范围之内"。①

最后,如果将权属争议下的租赁合同认定为效力待定的合同,则在承租人起诉至人民法院或仲裁机构要求解除合同时,人民法院或仲裁机构将不得不中止案件诉讼,待权属争议确定后才能恢复诉讼,实际上会使承租人的解除权行使受到很大影响,其效果亦会大打折扣,与第724条的立法目的并不相符。

## 四、租赁物违反法律、行政法规关于使用条件强制性规定的具体情形

法律、行政法规中关于使用条件的强制性规定,主要有以下内容:

1.《建筑法》第61条第2款规定:"建筑工程竣工经验收合格后,方可交付使用;未经验收或者验收不合格的,不得交付使用。"

2.《消防法》第11条第1款规定:"国务院住房和城乡建设主管部门规定的特殊建设工程,建设单位应当将消防设计文件报送住房和城乡建设主管部门审查,住房和城乡建设主管部门依法对审查的结果负责"。第13条第3款规定:"依法应当进行消防验收的建设工程,未经消防验收或者消防验收不合格的,禁止投入使用;其他建设工程经依法抽查不合格的,应当停止使用。"第15条规定:"公众聚集场所在投入使用、营业前,建设单位或者使用单位应当向场所所在地的县级以上地方人民政府消防救援机构申请消防安全检查。消防救援机构应当自受理申请之日起十个工作日内,根据消防技术标准和管理规定,对该场所进行消防安全检查。未经消防安全检查或者经检查不符合消防安全要求的,不得投入使用、营业。"

另外,《商品房屋租赁管理办法》第6条规定:"有下列情形之一的房屋不得出租:(一)属于违法建筑的;(二)不符合安全、防灾等工程建设强制性标准的;(三)违反规定改变房屋使用性质的;(四)法律、法规规定禁止出租的其他情形。"《商品房屋租赁管理办法》虽是部门规章,但人民法院在审理案件时会将其作为重

---

① 李庆峰:《无权处分租赁合同的效力》,载《杭州电子科技大学学报(社会科学版)》2018年第1期。

要的参照适用依据。

### 五、未经竣工验收或消防验收的房屋租赁合同的效力

《民法典》第724条中租赁物违反法律、行政法规关于使用条件强制性规定的情形,主要就是指未经竣工验收或消防验收的租赁房屋。对于此类租赁合同的效力,根据本条的规定,由于承租人有权解除合同,而解除合同的前提是合同有效。因此,本条似乎已经暗含了未经竣工验收或消防验收租赁合同有效的意思。一些地方法院也出台了类似的指导意见,如《北京市高级人民法院关于审理房屋租赁合同纠纷案件若干疑难问题的解答》第3条规定:"当事人一方以租赁房屋未办理工程竣工或消防验收,或者经验收不合格为由,要求确认房屋租赁合同无效的,不予支持。"

但是,在实践中,对于未经消防验收的房屋租赁合同效力问题的裁判尺度也并不统一。比如,"嘉亨公司与万尚公司租赁合同纠纷案",西安市中级人民法院(2013)西民一初字第00020号民事判决和陕西高院(2015)陕民二终字第00130号民事判决均认为,依据国务院、公安部发布的《建设工程消防监督管理规定》第13条、《消防法》第11条、第13条规定,涉案的标的物属于应当进行消防验收的建设工程。由于该标的物至今未经消防验收合格,属于法律明令禁止投入使用的范畴,涉案租赁合同虽经双方协商签订,但因违反前述法律禁止性规定,符合《合同法》第52条第5项规定的法定无效情形。最高人民法院经审查后,作出(2016)最高法民申818号民事裁定,认为:案涉租赁房屋至今未经消防验收合格,违反《消防法》的相关规定,属于2009年《房屋租赁合同司法解释》第8条第3项规定的"租赁房屋具有违反法律、行政法规关于房屋使用条件强制性规定情况的,导致租赁房屋无法使用,承租人请求解除合同的,人民法院应予支持"的情形,并不导致案涉租赁合同无效。

实际上,在租赁房屋未经竣工验收或消防验收情况下判断租赁合同的效力,最终还是需要认定《建筑法》《消防法》中的上述相关规定,究竟属于效力性强制性规定,还是禁止性强制性规定。本书认为,《建筑法》《消防法》中关于竣工验收和消防验收的规定应认定为管理性强制性规定,而非效力性强制性规定。但是,并非说违反上述规定的房屋租赁合同一定有效,因为在违法建设租房合同被认定为无效的情况下,一些大型的人员密集场所、有重大影响的特殊建设工程等,如果未经消防验收合格投入使用,对公众的生命财产安全所带来的威胁,绝不亚于未经规划许可

建造的违法建设。因此,在一些特殊建筑出租可能损害社会利益或公共利益的情况下,合同仍可能被认定为无效。

# 专题八 “买卖不破租赁”问题

《民法典》第725条规定:“租赁物在承租人按照租赁合同占有期间发生所有权变动的,不影响租赁合同的效力。”该条规定的是“买卖不破租赁”规则。与《合同法》第229条相比,该条进行了修改,对所有权变动从之前的“租赁期间”变更为“承租人依据租赁合同占有期间”,其余内容则保持一致。“买卖不破租赁”即租赁权的对抗力制度,是指在租赁期间,租赁物的所有权变动并不导致租赁关系的解除,承租人可以其租赁权对抗在租赁期内受让租赁物的第三人。

一般认为,“买卖不破租赁”是近代法发展的产物。近代各国为强化对承租人的保护、促进对租赁物的有效利用,大多承认了“买卖不破租赁”的规则。虽被称为“买卖不破租赁”,但实际上所有权发生变动的原因并不限于买卖,还可以是互易、赠与、遗赠等。可以说,所有基于法律行为而发生的所有权变动,都不应影响租赁合同的效力。①

## 一、“买卖不破租赁”的正当性基础

租赁权本是合同法上的权利,是一个请求权,按照传统民法“物债二分”的原则,并不具有对抗第三人的权利。也即出租人在租赁期内将租赁物转让给买受人而造成出租人的履行不能,依据“物债二分”的原则,承租人至多只能向出租人主张损害赔偿等合同责任。但是,依据“买卖不破租赁”制度,承租人竟可以其租赁权直接对抗买受人的所有权,从而得以继续占有、使用租赁物。

“买卖不破租赁”规则是立法者为矫正物债二分和公示方式二分的僵硬体例所带来的违背私人自治现象而采取的补救性措施,承租人保护是适用该规则的客观

① 参见韩世远:《合同法学》,高等教育出版社2010年版,第456页。

结果。[1] "买卖不破租赁"的正当性在于以下方面。(1)稳定租赁关系,保护交易安全。依据"买卖不破租赁"规则,在租赁期间内,租赁物所有权发生变动的,租赁关系并不会受到影响,这对于稳定租赁关系、保护交易安全具有重要意义。当然,"买卖不破租赁"规则并没有改变租赁权的债权属性,其本质上只是一种利益冲突的实用主义解决方式,并没有使租赁权上升为一种物权,而只是通过使租赁权物权化的方式,实现稳定租赁关系、保护交易安全的立法目的。(2)实现物尽其用。采纳"买卖不破租赁"规则,有利于鼓励承租人对租赁物进行中长期投资和利用。就商业承租人而言,其商业经营场所的选址往往是基于多项因素的综合考量而予以确定的,商业业绩、利润的发展和维持也与选址具有密切关系;同时,由于顾客群和广告效应等原因,保持租赁关系的稳定有利于鼓励商业承租人对商业用房进行长期投资,以充分发挥其商业价值,实现物尽其用。[2]

当然,本书认为,对承租人利益的保护不是因为其是弱者,而是因为其在先的合同利益。在先租后移转所有权的情景中,存在三方的利益角逐:出租人之自由处分利益、承租人之在先合同利益与买受人之物权利益。一味奉行债权相对性原则的结果就是对承租人在先合同利益的牺牲。然而,承租人与出租人之间的合同既是双方当事人之间特殊的法规范,又是一种法事实。就法规范的面向而言,合同具有相对性,承租人的债权只能向出租人主张;就法事实的面向而言,这是一种既成的法秩序,任何人都负有不干涉不破坏的尊重该法事实的行为义务。并非仅有物权才对第三人有此种义务之要求,债权亦有,只是第三人的此种不干涉、不破坏的尊重义务不是绝对的,必须要满足一定的条件。就物权而言,由于登记具有很强的公示性,因此,第三人知道或者应当知道该物权的存在,物权就可以很容易地对第三人产生对抗力;就债权而言,由于债权通常隐匿于当事人内部而缺乏公示外观,第三人即无从得知债权之存在,因而一般情形下债权也就仅具有相对性。然而,债权并非本质上不可公示,其公示的手段可能为占有,甚至登记,则一旦满足一定的公示要件而令第三人知道或应当知道债权之存在,此时,第三人即负有尊重该债权的义务。就"买卖不破租赁"而言,就是在揭示租赁合同作为一个既存事实,承租人的债权作为一种在先利益,值得法律保护。当买受人通过一定的公示外观知道或应当知道该租赁关系之存在时,其仍然选择购买租赁物,则相应的必须尊重承租人

---

① 参见黄凤龙:《"买卖不破租赁"与承租人保护——以对〈合同法〉第229条的理解为中心》,载《中外法学》2013年第3期。

② 参见王利明:《论"买卖不破租赁"》,载《中州学刊》2013年第9期。

的在先合同利益。因此,出租人虽可自由处分租赁物,买受人虽可取得租赁物所有权,但是买受人负有对承租人继续享有其原有合同利益的容忍义务。①

## 二、如何理解"不影响租赁合同的效力"

《民法典》第725条规定的"不影响租赁合同的效力",从字面上理解,是指租赁合同的效力与租赁物权利归属的变动无关。对此,应该是没有疑问的。但是,需要进一步考虑的是,租赁物权利归属在租赁期间发生变动后,租赁合同的效力是在出租人与承租人之间仍得以维持呢?还是在承租人与买受人之间得以维持?它的法律效果是指整个租赁合同关系的法定转承呢?还是指承租人对租赁物之占有和请求权的维持呢?

本书认为,租赁物的权利发生变动后,买受人和承租人将成为新的合同当事人,原出租人的权利义务将概括移转给买受人。该观点被称为"法定概括移转说",目前,许多国家采取了这一模式。我国司法实践采纳这一观点。2009年《房屋租赁合同司法解释》第20条规定:"租赁房屋在租赁期间发生所有权变动,承租人请求房屋受让人继续履行原租赁合同的,人民法院应予支持",2020年《房屋租赁合同司法解释》第14条规定:"租赁房屋在承租人按照租赁合同占有期限内发生所有权变动,承租人请求房屋受让人继续履行原租赁合同的,人民法院应予支持。但租赁房屋具有下列情形或者当事人另有约定的除外:(一)房屋在出租前已设立抵押权,因抵押权人实现抵押权发生所有权变动的;(二)房屋在出租前已被人民法院依法查封的。"司法解释虽发生变动,但基本含义未发生变动,即就房屋租赁而言,房屋受让人已经成为租赁合同的当事人。正因如此,承租人才有权请求受让人继续履行原租赁合同。大量的案例实践也表明,司法实践中至少就城镇房屋的租赁采纳了法定概括移转说。②

在实践中,在"法定概括移转说"下,有两种情况下引发的纠纷应当引起注意。

### (一)出租人预先收取租金之情形

《民法典》第548条规定,债务人接到债权转让通知后,债务人对让与人的抗辩,可以向受让人主张。由于租赁合同权利义务概括移转买受人,而概括移转适用

---

① 参见黄赤橙:《动产作为"买卖不破租赁"客体的适格性分析》,载《西安电子科技大学学报(社会科学版)》2017年第1期。

② 参见周江洪:《买卖不破租赁规则的法律效果——以契约地位承受模式为前提》,载《法学研究》2014年第5期。

债权转让的规定,因此,在承租人已经预先支付租金的情况下,其可以对抗买受人租金请求权。在此情形下,买受人只能向出租人主张要求其给付预先收取的租金。在我国司法实践中,有不少判决积极肯定了受让人对于出让人预先收取租金的请求权。对于买受人向出租人主张预先收取租金请求权的,应把握以下原则:

第一,所有权变动之后的租金,应由买受人收取,如果出租人预收的,应向买受人给付。所有权发生变动后,即使标的物未曾交付,受让人亦成为新的出租人,出让人依原租赁关系的租金请求权自所有权发生变动时起消灭,承租人负有向出租人支付租金的义务,受让人据此享有租金收取权。受让人对于出让人预先收取的租金享有不当得利返还请求权,其租金收取日期以所有权变动之时开始计算。

第二,租赁物交付与所有权变动时间不一致情况的处理。如果租赁物交付在先、所有权变动在后,在存在买卖合同等有偿合同关系的情况下,依据《民法典》第321条和第630条之体系性解释,买卖标的物交付于受让人后,受让人即取得买卖合同上的孳息收取权,出让人虽然在预先收取租金时有其租赁合同基础,但因标的物的交付而丧失其对于法定孳息的收取权。受让人因标的物之交付而享有租金收取权(即使所有权未发生变动),其请求权基础在于买卖合同之效力。受让人对于标的物交付后已发生之租金(分离后的孳息),可以要求出让人返还所收取的租金及其孳息(租金的利息)。

如果所有权变动在先、标的物交付在后,根据《民法典》第630条之规定,其在交付之前得以收取的孳息应当归属于出卖人(原出租人),出卖人(原出租人)无须向买受人给付标的物交付之前已收取的相应租金。

当然,上述所有权变动时间与租赁物交付时间不一致的情形,主要适用于不动产。在标的物为动产的情况下,依《民法典》第224条的规定,除非存在所有权保留等特殊情形,所有权变动时间多与交付时间相一致,并不存在上述因标的物交付与所有权变动时点不同而产生的孳息收取权归属问题。[①]

### (二)出租人收取押租金之情形

若承租人已将押租金交给原出租人,租赁关系结束时,承租人是否有权对原出租人或新所有权人请求返还押租金?新所有权人可否有权请求原出租人将其收取的押租金交付给自己?若承租人尚未交付押租金给原出租人,新所有权人是否有权请求承租人交付押租金?

---

① 参见周江洪:《买卖不破租赁规则的法律效果——以契约地位承受模式为前提》,载《法学研究》2014年第5期。

对押租金的归属和返还关系问题,从实践来看,主要有以下几种处理方式:一是依原出租人是否向新所有权人转交了押租金,判断押租金返还关系。若原出租人向新所有权人转交了押租金的,租期届满时,由新所有权人承受原押租金关系,或用以抵扣租金等相关费用,或予以返还。承租人不得向原出租人要求返还。二是若押租金仍留存于原出租人处的,则承租人向原出租人要求返还。但若在原租赁合同中明确约定所有权变动时由受让人承受全部合同权利义务的,则由新所有权人承受押租金的返还义务,是明确肯定原出租人应当转交押租金,并由新所有权人承受押租金返还义务,即使未对押租金进行交接,亦复如此。

关于出租人地位移转时的押租金法律关系问题,历来颇有争议。有观点认为,受让人须承受押租金之返还义务,其已受押租金之转交与否,在所不问。原因在于,押租权并非质权,无须以押租金之转交为受让人负返还义务之要件,而其转交乃属押租权移转以后之问题。有观点认为,承租人与原出租人约定须交付押租金而尚未交付时,受让人得根据该项约定向承租人请求交付;承租人已将押租金交付于原出租人时,受让人可向原出租人请求转付;受让人已自承租人取得押租金,或自原出租人转受押租金者,应负返还之责;受让人未取得押租金,不负返还之责。其理由在于,上述问题所涉及者,不仅是押租金之法律性质,亦是当事人之利益衡量。

1. 押租金关系的法律性质。租赁情形押租金的性质,当然应依当事人的意思而定,但通常都是为了担保出租人租赁合同上的权利,诸如迟延租金债权、租赁终止后租赁物返还前的租赁物使用费及其他因租赁关系所生之债权等。我国现行法律对此未作规定,如何解释其性质当进一步分析。

2. 作为担保,押租金契约具有从属性。担保通常依附于被担保的主债权,两者之间具有主从关系,除非法律规定或当事人特别约定,担保合同是主债权债务合同的从合同。除非该从权利专属于债权人,主债权转让的,受让人取得与债权有关的从权利。在法定概括移转模式下,押租金担保亦同样由新所有权人承受。因此,押租金返还债务应当由买受人承受,而不是由原出租人承担。依押租金契约的从属性,原出租人因出租人地位的移转而免除其押租金返还债务。若承租人尚未交付押租金给原出租人,因承受了出租人地位而同时承受押租金法律关系的买受人当然有权请求承租人交付押租金。若原出租人已收取承租人交付之押租金,原出租人因丧失其出租人地位而同时丧失押租金法律关系之主体地位,其留存押租金并无正当依据,除非双方当事人已就此在标的物价格上作适当考量,买受人可以依押租金法律关系主体地位的承受而请求原出租人转交押租金。

3. 关于买受人是否仅就原出租人抵充后的余额承担押租金返还债务。上述主从法律关系的角度看，买受人承受的出租人地位，仅是所有权变动后的权利义务关系，对于迟延租金债权等并不发生承受关系。对于迟延租金债权，即使原出租人因契约地位承受退出原租赁关系，原出租人仍有权收取，押租金对此仍有担保功能，当发生押租金的清算问题。因此，在解释论上应当认为，已发生的迟延租金抵充，既是原出租人的权利，亦符合承租人利益保障的需要。当然，若交易实践中存在诸如全额移转于受让人之默示规则，为保障交易之顺利进行，采取全额移转于新所有权人亦未尝不可。①

### 三、"买卖不破租赁"必须以承租人占有租赁物为要件

《民法典》第 725 条将承租人占有租赁物作为适用"买卖不破租赁"的必要条件予以规定，是对《合同法》第 229 条的主要修订。之所以要作如此修改，主要是基于以下因素。

第一，有效遏制实践中出现的虚假租赁现象。近年来，实务上出现了很多涉及虚假租赁的案例。在这些案例中，债务人与第三人串通，为了规避强制执行等目的，恶意签订以租赁物为对象的租赁合同，利用法律规定的租赁权的对抗力，使租赁物的所有人无法取得对租赁物的占有使用。在虚假租赁合同没有被司法鉴定机构确认时，一旦第三人对标的物主张租赁权，法院只有中止或实际终止强制执行程序，使买受人陷入无法行使所有权的制度困境，"买卖不破租赁"原则的适用在一定程度上也就成为阻碍不动产交易利进行、扰乱交易秩序的制度障碍。为了有效地防止第三人通过虚假诉讼来谋取非法利益，法院在实践中不得不调整对租赁关系的认定标准，考察租赁合同缔结的过程以及履行情况，查明出卖人与第三人之间是否存在其他债权债务等特殊关系，分析租赁期限、租金的数额以及支付方式是否符合常理，合同内容是否违背公平原则、等价有偿原则，是否因为出租人与承租人之间的特殊关系而具备某些权利让与或让利、补偿的情形，给法院的审理工作增加了很多负担和审理难度。②

在执行程序中，为了避免某些被执行人与第三人通谋订立虚假租赁合同，并由

---

① 参见周江洪：《买卖不破租赁规则的法律效果——以契约地位承受模式为前提》，载《法学研究》2014 年第 5 期。

② 参见季金华：《买卖不破租赁原则限制适用的条件分析》，载《政法论丛》2016 年第 4 期。

该第三人以实现租赁权为由提出执行异议来损害执行申请人的利益,依《异议复议规定》第31条第1款规定,对承租人阻止向受让人移交占有的不动产,除要求在查封前签订合法有效的租赁合同外,还增加了承租人需占有使用的条件。如果案外人提供了书面租赁合同,但不能证明已经实际占有、使用该标的物,则应该裁定执行异议不成立,由案外人向法院提起执行异议之诉。如果案外人不能证明所提交的租赁契约合法有效并对执行标的物进行了实际占有使用,就不能主张对该标的物拥有租赁权,因而也不能适用"买卖不破租赁"原则。①

第二,基于租赁权具有的对抗力,需要以一定的方式予以表征。租赁权虽然属于债权,但由于其具有"买卖不破租赁"的对抗效力,已经具有一定的物权化特征。"权利对于第三人之对抗效力与权利之公示作用应相伴而生,乃法律之基本原则。"②正是基于租赁权强大的对抗效力,租赁物的受让人面临潜在的交易风险,因此,很多国家和地区同时搭配一定租赁权公示措施,要求租赁权经公示后,承租人才受到优先保护,以限制租赁权对抗效力的绝对扩张。

权利表征和公示方式具有多样性,占有、登记皆可,《民法典》物权编中规定的权利公示方式主要是登记和占有。有许多人主张租赁法律关系领域,应当一律以登记作为公示要件。不过,《民法典》合同编中并未将公示作为租赁合同的生效或对抗要件,而在我国的不动产登记制度中,也未将不动产租赁权纳入登记范围。也就是说,法律制度层面上,立法者并未选择将登记作为租赁权的公示方式。其主要原因有两点:其一,我国目前的房屋租赁,尤其是社会经济地位差别较大的住房租赁,是以不定期租赁和短期租赁为主要形式的。在这些租赁形式中,租赁关系并不稳定,承租人和出租人双方没有动机选择登记。其二,我国目前的房屋租赁登记成本较高。这里的登记成本不仅是指登记费用,还有出租人需要缴付的租赁税,大致在租金的10%~17%。③ 因此,最终《民法典》选择了占有作为租赁权具有对抗效力的表征方式。

第三,符合国际的立法惯例。不少国家的立法都有规定,适用"买卖不破租赁"规则,应以租赁物已交付给承租人并由承租人占有为要件。《德国民法典》第566条第1款规定:"所出租的住房在交给承租人后,被出租人让与给第三人的,取得人代替出租人,加入在出租人的所有权存续期间因使用租赁关系而发生的权利义务

---

① 参见季金华:《买卖不破租赁原则限制适用的条件分析》,载《政法论丛》2016年第4期。

② 参见苏永钦:《走入新世纪的私法自治》,中国政法大学出版社2002年版,第335页。

③ 参见朱志峰:《"买卖不破租赁"原则释疑》,载《河南社会科学》2013年第6期。

中。"《俄罗斯民法典》第675条也有相关规定。

"买卖不破租赁"必须以承租人占有租赁物为要件，在实践中有以下几点需要注意：

第一，占有是指租赁物在出租人与承租人之间的移转交付。如果租赁合同签订后，租赁物尚未交付承租人的，承租人不能依据《民法典》第725条规定对抗买受人，而只能向出租人主张租赁合同违约责任。

第二，承租人经出租人同意将租赁物转租，是否应认定为承租人占有租赁物？对此，本书认为应该认定。首先，《民法典》准许承租人在出租人同意后将租赁物转租，如果认为转租情况下承租人并不占有租赁物，则会导致许多承租人因为担心将来不具备"买卖不破租赁"的对抗效力，而不敢进行转租，从而影响租赁市场的发展。其次，占有要件主要强调的是租赁物从出租人向承租人的移转交付，而承租人转租的前提是其已从出租人处取得租赁物。因此，承租人转租与上述要件主旨并不冲突。最后，占有要件主要目的是将租赁关系通过占有方式表征出来，让买受人知道出卖人将租赁物出租的事实，而在承租人转租的情况下，次承租人或者次次承租人等占有租赁物，亦能让买受人知晓出卖人将租赁物出租的事实。

第三，在法律法规规定某些租赁物应当登记才具备对抗第三人效力的情况下，这些租赁物适用"买卖不破租赁规则"，除需满足第725条中规定的占有要件外，还需满足法律规定的登记要件。比如，光船租赁，《船舶登记条例》第6条规定："船舶抵押权、光船租赁权的设定、转移和消灭，应当向船舶登记机关登记；未经登记的，不得对抗第三人。"

## 四、"买卖不破租赁"是否适用动产租赁

在动产租赁是否适用"买卖不破租赁"规则这一问题上，我国现行立法采纳肯定说。但是，不少学者对此提出了批评。他们认为，"买卖不破租赁"规则的适用对象应限定于不动产租赁，动产租赁不应适用该规则。理由主要有：其一，"就买卖不破租赁规则之缘起言，其旨在于保护不动产尤其住房承租人阶层之生存利益，而动产能关乎承租人之生存利益者，殊难想象，该动产多具可替代性，承租人纵因出租人让与其物而不能维持对物之使用，转而求诸市场，多能满足其使用利益"。其二，"买卖不破租赁"规则被认为是保护处于弱势地位的承租人的一种法律手段，然而，"动产租赁之承租人，其与出租人或受让人之间，一般并无经济上之强者或弱者之关系，承租人实欠缺保护之必要"。其三，对于动产租赁，"由于其具有种类性，承租

人虽然合同被解除,但是其在市场上选择可替代物的余地较大,因此,对其影响不致太大”。[①]

本书认为,上述理由在当前情况下均不太成立。首先,如果脱离“要对承租人特别保护”而单独强调“要有利于财产的流通”,从而就不主张对动产适用“买卖不破租赁”规则,这不仅在逻辑上不尽合理,而且在实际生活中的意义也不大。因为对不动产适用“买卖不破租赁”规则不会影响财产流通,同样地,对动产适用“买卖不破租赁”规则于财产的流通也并无阻碍。从实际生活看,如果买受人的主要目的是取得租赁物,在“买卖不破租赁”规则下自然不会影响其对该物的所有权;如果买受人的主要目的不但是要取得租赁物的所有权,还要对该物实际占有和使用,其便可以舍弃租赁物而选择其他的同类物,而在一般情形下,动产以种类物居多,对种类物的选择是十分便捷的。

其次,如果以“是否涉及承租人安身立命”这一立法政策考量因素作为是否适用“买卖不破租赁”规则的标准,则需要考察这一立法政策得以产生的历史环境以及现实中是否要继续予以适用的客观环境。在当前背景下,“买卖不破租赁”对于承租人生存利益或弱势利益的保护的观点已经认同者少,之所以坚持“买卖不破租赁”,更多人认为是为了维护租赁交易秩序,保护承租人的在先合同利益等。因此,依此价值取向,对于动产租赁和不动产租赁的保护并无二致。

再次,承租人可以其租赁权对抗取得租赁物所有权或其他物权的人,以及有权对侵害租赁权的第三人请求排除妨害和损害赔偿,这主要是缘于方便承租人对租赁物的支配、使用、收益以及既要方便租赁物权利的流转,又要维持承租人对租赁物的租赁支配地位。无论租赁合同的客体是动产还是不动产,这种立法需求都是客观存在的。从实际生活看,期限较长的动产租赁的客体大多为交通运输工具、工程设备、大型机械等,承租人的这种需求丝毫不亚于不动产租赁。[②]

最后,与其他法律规定相一致的需要。《海商法》第138条规定了船舶的“买卖不破租赁”,属法律明文将这类动产纳入“买卖不破租赁”适用范围,没有理由在《民法典》“买卖不破租赁”的一般规定中将动产排除。

在实践中,不少动产适用“买卖不破租赁”的案例,涉及的动产类型主要有船舶、航空器、机动车、机器设备等。这些案例中绝大多数都适用了“买卖不破租赁”

① 周江洪:《买卖不破租赁规则的法律效果——以契约地位承受模式为前提》,载《法学研究》2014年第5期。

② 参见徐澜波:《“买卖不破租赁”规则的立法技术分析》,载《法学》2008年第3期。

规则,没有适用该规则亦并非因为动产的缘故,而是有其他不满足“买卖不破租赁”规则的事由。①

## 五、“买卖不破租赁”的例外情形

### (一)不适用于租赁物所有权的征收取得之情形

公用征收是原始取得被征收物所有权的一种方式,在国外,土地征收后果是私人土地所有权转变为国家土地所有权。在我国,土地征收权的法律后果是农民集体土地所有权转变为国家土地所有权。土地征收既产生土地所有权和他物权的变更,也导致地面附着物的所有权和他物权的改变。在一般情况下,土地征收的结果是国家取得土地所有权,而原权利人则丧失了土地所有权、土地使用权、土地承包经营权、租赁权、土地抵押权等权利。许多国家通过土地征收立法或司法解释明确规定,国家为了公共利益的需要,可以强制性征收私人土地或集体土地,一般经营性项目用地不能启动国家征地权。依据法律的规定,征收不受被征收物之上用益物权之约束,承租人不能凭借土地租赁合同或占有使用土地的事实行为对抗国家的土地征收强制权力,只能要求国家或土地出租人给予自己的损害以充分和公正的补偿。《国有土地上房屋征收与补偿条例》明确规定,公共利益征收与商业开发彻底分开、政府作为唯一的补偿主体应该对被征收人给予公正的补偿,而房屋承租人可以依据房屋租赁合同请求出租人对自己不能继续承租造成的损害给予公平的补偿。因此,“买卖不破租赁”原则不适用于通过公用征收取得租赁物所有权的情形,土地承租人、房屋承租人不能以租赁权对抗征收权。②

### (二)不适用于擅自转租之情形

《民法典》第716条规定:“承租人经出租人同意,可以将租赁物转租给第三人。承租人转租的,承租人与出租人之间的租赁合同继续有效……承租人未经出租人同意转租的,出租人可以解除租赁合同。”第717条规定:“承租人经出租人同意将租赁物转租给第三人,转租期限超过承租人剩余租赁期限的,超过部分的约定对出租人不具有法律约束力,但是出租人与承租人另有约定的除外。”从以上条文可知,擅自转租主要包括未经出租人同意的转租和超出承租人剩余租赁期限的转租。这两种情形都是法律不予支持的,其中,在前一种情形下,出租人有权解除合同;在后

---

① 参见黄赤橙:《动产作为“买卖不破租赁”客体的适格性分析》,载《西安电子科技大学学报(社会科学版)》2017年第1期。

② 参见季金华:《买卖不破租赁原则限制适用的条件分析》,载《政法论丛》2016年第4期。

一种情形下,转租合同中对于超出承租人剩余租赁期限部分的约定对出租人不具有法律约束力。因此,在上述情形下,次承租人不能凭借转租合同对抗租赁物的买受人。而且,本书认为,如果承租人未经出租人同意转租,在出租人行使租赁合同解除权的情况下,承租人亦不能再向租赁物买受人主张“买卖不破租赁”。当然,如果出租人对于承租人擅自转租的行为进行追认,或者符合《民法典》第 718 条规定:“出租人知道或者应当知道承租人转租,但是在六个月内未提出异议的,视为出租人同意转租”,可以认定出租人同意转租,次承租人可以适用“买卖不破租赁”规则对抗租赁物买受人。

(三)不适用于承租人不同意继续履行之情形

在租赁物所有权发生变动后,如果承租人不愿意继续履行,那么,“买卖不破租赁”规则是否继续适用?此即租赁合同是否继续在承租人与买受人之间发生效力?对此,有学者认为,因为出租人出卖标的物本身并不构成违约,承租人无法以违约为由请求出租人承担违约责任或解除合同,亦难以合同目的难以实现为由要求解除合同。而且,在交易实践中,特别是在一些商铺买卖中,若承租人以所有权变动为由“退租”,势必会影响标的物受让人对于将来租金收益的期待,因此,除非原租赁合同存在特别约定或承租人与新出租人达成解除之合意,承租人并不能以所有权变动为由依单方意思表示退出租赁关系。①

本书认为,“买卖不破租赁”规则是法律为了保护承租人在先的合同权利、保持租赁关系稳定、维护正常的租赁交易秩序,而强行要求买受人概括继受出卖人(原出租人)在租赁合同中的权利义务。对承租人来讲,其要求买受人继续原租赁合同,对其而言是一种利益,如果其自愿放弃这种利益,应该予以准许,法律也无必要在承租人自愿放弃其利益的情况下,再强制给予其保护而要求买受人与承租人继续原租赁合同关系。而对买受人来讲,绝大多数买受人购买租赁物都希望享有完整的所有权,包括占有、使用、收益、处分。因此,承租人不愿意继续履行原租赁合同,则买受人作为租赁物新所有权人将享受完整所有权,对其利益不会产生损害。即使买受人想将租赁物继续出租,其完全可以从承租人手中收回租赁物后另行出租,其出租权益亦不会受损。因此,只要承租人明确表示放弃继续承租的权利,出租人和买受人就不能以“买卖不破租赁”规则为由要求承租人继续履行租赁合同。

---

① 参见周江洪:《买卖不破租赁规则的法律效果——以契约地位承受模式为前提》,载《法学研究》2014 年第 5 期。

（四）不适用于在房屋出租前已设立抵押权的实现情形

《民法典》第405条规定："抵押权设立前，抵押财产已经出租并转移占有的，原租赁关系不受该抵押权的影响。"该条与《物权法》第190条相比，主要有以下变化：一是对于"先租后抵"的情形，将要求抵押财产的出租必须在"抵押合同订立前"改为"抵押权设立前"，即动产（包括特殊动产）出租应在抵押合同生效之前，不动产出租应在抵押权登记之前；同时，增加了抵押财产应转移占有的条件，这一改变也是与该条关于适用"买卖不破租赁"规则的要件一致的。二是直接删除了《物权法》第190条对"先抵后租"情形的规定："抵押权设立后抵押财产出租的，该租赁关系不得对抗已登记的抵押权。"特别是第二种变化，是否意味着《民法典》改变了2009年《房屋租赁合同司法解释》第20条（现为第14条）的规定，不再"先抵后租"作为适用"买卖不破租赁"规则的例外情形呢？

本书认为，答案是否定的。因为"买卖不破租赁"规则的设立，主要是为了保护承租人在先的租赁合同利益，而在"先抵后租"的情形下，承租人并不具有这种在先利益，而抵押权作为物权，租赁权作为债权，在承租人不具有在先利益的情况下，自然应该优先保护作为物权的抵押权。所以，在"先抵后租"的情况下，承租人不得适用"买卖不破租赁"规则对抗因实现抵押权而取得租赁物的新所有权人。我国的司法实践也早已认同上述做法。

在出租人未向承租人告知房屋已经抵押的情况下，因抵押权实现导致利益受到侵害的承租人应当如何维护自己的权益？本书认为，在租赁合同中，出租人应当承担对租赁物权利瑕疵担保义务，即出租人应当保证不因第三人主张对租赁物享有权利，而导致承租人不能对租赁物使用、收益的义务。出租人违反租赁物权利瑕疵担保义务的，应当承担违约责任，承租人可以解除合同，要求减少租金或者不支付租金。但是，如果承租人订立合同时明知租赁物具有权利瑕疵而仍愿意承租房屋，表明其自愿承担风险，因此，出租人不承担权利瑕疵担保义务。《担保法司法解释》第66条第2款亦有类似规定："抵押人将已抵押的财产出租时，如果抵押人未书面告知承租人该财产已抵押的，抵押人对出租抵押物造成承租人的损失承担赔偿责任；如果抵押人已书面告知承租人该财产已抵押的，抵押权实现造成承租人的损失，由承租人自己承担。"

（五）不适用于房屋租赁前已被法院依法查封情形

查封是人民法院依法采取的财产保全措施，其目的是在判决执行前限制查封物不动产的流转或使用，以便人民法院在被执行的当事人不执行判决确定的债务时,对查封标的物予以强制执行。即依法拍卖、变卖查封标的物,以其价款清偿被执行人应当履行的债务。出于这个原因,被人民法院依法查封后出租的房屋,其所有权变动不受租赁关系的限制。

对此,关键在于如何认识强制拍卖与“买卖不破租赁”的关系。在强制拍卖中,被拍卖的标的物被法院查封或冻结,被执行人已丧失了处分权能,法院基于法律赋予的职权强行对该标的物予以处置变现,在强制拍卖中并不能体现拍卖标的物原所有权人的意思表示。在人民法院对被执行人的责任财产采取拍卖、变卖措施时,执行标的物上经常会存在抵押权、租赁权等负担,此类物上负担在拍卖后,是否仍能有效存在于拍卖物之上,既关系抵押权人、承租人的利益,也关系拍定人的利益。人民法院实施查封措施之前设定或发生的租赁房屋抵押权,在处理方式上不同于采取查封措施之后发生的租赁房屋抵押权。由于查封是基于国家的公权力对被执行人的财产采取的强制性执行措施,具有对世的效力。对不动产或者登记的动产,法院在查封时不仅张贴封条、公告,还通知登记机关协助办理查封登记手续,具备了相当强的公示性。《城市房地产管理法》第 37 条第 2 项的规定:“司法机关和行政机关依法裁定,决定查封或者以其他形式限制房地产权利的”不得转让。对于租赁房屋被强制执行而拍卖的,同样可以适用。《关于查封、扣押、冻结的司法解释》第 24 条规定:“被执行人就已经查封、扣押、冻结的财产所作的移转、设定权利负担或者其他有碍执行的行为,不得对抗申请执行人。”这意味着,被执行人在已查封的财产上设定抵押权对于申请执行人是无效的。

对此,一般理解为,在我国的司法实践中,对于强制拍卖引起的所有权变动仍然适用了所有权变动不破租赁原则,但是这种适用是有限制的。最高人民法院《关于民事执行中拍卖、变卖财产的规定》第 28 条第 1 款规定:拍卖财产上原有的担保物权及其他优先受偿权,因拍卖而消灭,拍卖所得价款,应当优先清偿担保物权人及其他优先受偿权人的债权,但当事人另有约定的除外。第 2 款规定:拍卖财产上原有的租赁权及其他用益物权,不因拍卖而消灭,但该权利继续存在于拍卖财产上,对在先的担保物权或者其他优先受偿权的实现有影响的,人民法院应当依法将其除去后进行拍卖。该条中“拍卖财产上原有的租赁权及其他用益物权,不因拍卖而消灭”,是说拍卖引起所有权发生变动,不影响原租赁权及其他用益物权的效力。但在该规定中又规定了例外情形,即如果上述权利继续存在于拍卖的财产上,对在先设定的担保物权或其他优先受偿权的实现有影响的,应当依法将其除去后进行拍卖。该条规定的意思是,如果在拍卖财产上设定的租赁权在先,设定的抵押权在后,依物权优先的原则,租赁权应当被优先予以保护,拍卖后,租赁权应由买受人继续承受;相反,如果抵押权设定在先,租赁权设定在后,同样依据物权优先原则,设定在后的租赁权不能影响设定在先的抵押权的实现,如果租赁权继续存在于拍卖财产上,会导致拍卖的价款过低,影响抵押权实现,执行法院应当将该租赁权取消,然后再进行拍卖。此外,从《关于查封、扣押、冻结的司法解释》第 24 条"被执行人就已经查封、扣押、冻结的财产所作的移转、设定权利负担或者其他有碍执行的行为,不得对抗申请执行人"的规定中可以看出,在所有权人对财产享有的所有权能受到人民法院强制措施的限制时,所设定的租赁权在所有权变动时不再适用所有权变动不破租赁原则。当然,为保护善意第三人的利益,该司法解释第 24 条第 3 款又规定:人民法院的查封、扣押、冻结没有公示的,其效力不得对抗第三人。也就是说,如果查封、扣押、冻结没有公示,或查封、扣押、冻结在后,而租赁权设定在先的,可以适用所有权变动不破租赁原则。人民法院对被执行人财产进行查封、冻结时,如果被查封、冻结的财产上尚未设定租赁权,而是在查封、冻结后,被执行人才设定的租赁权的情形,应另当别论。查封、冻结的实质在于禁止或者限制被执行人处分其特定财产,直接影响被执行人对该财产的占有、使用和收益。被执行人的财产被查封、扣押、冻结后,其处分权已经受到了禁止或限制,如果仍然在该财产上进行移转、设定权利负担等行为,则妨碍了人民法院对该财产进行强制执行。因此,人民法院可依申请执行人的请求,直接对该财产进行执行。如果要进行拍卖,则被执行人在查封财产上设定的租赁权,将不受法律保护。而查封不动产的公示方法主要是通知有关登记机关办理登记手续,同时,在该不动产上张贴封条或者公告。因此,如果租赁权设定在先,法院查封、冻结在后,那么,该租赁权仍然应当受到法律保护,可以适用"买卖不破租赁"的原则。如果法院已经查封、冻结,且查封、冻结进行了登记及张贴公告、封条等公示,在此之后被执行人又在该财产上设定了租赁权,则属于在该财产上设定了权利负担,如果该租赁权的存在影响了拍卖活动的进行,会导致拍卖价款过低或者拍卖无法成交,则人民法院可以应申请执行人的请求,将该租赁权除去,然后委托拍卖。

# 专题九　房屋承租人的优先购买权

《民法典》第726条规定:“出租人出卖租赁房屋的,应当在出卖之前的合理期限内通知承租人,承租人享有以同等条件优先购买的权利;但是,房屋按份共有人行使优先购买权或者出租人将房屋出卖给近亲属的除外。出租人履行通知义务后,承租人在十五日内未明确表示购买的,视为承租人放弃优先购买权。”该条规定了承租人的优先购买权问题。《合同法》第230条规定:出租人出卖租赁房屋的,应当在出卖之前的合理期限内通知承租人,承租人享有以同等条件优先购买的权利。2009年《房屋租赁合同司法解释》第24条(现已删除)规定:“具有下列情形之一,承租人主张优先购买房屋的,人民法院不予支持:(一)房屋共有人行使优先购买权的;(二)出租人将房屋出卖给近亲属,包括配偶、父母、子女、兄弟姐妹、祖父母、外祖父母、孙子女、外孙子女的;(三)出租人履行通知义务后,承租人在十五日内未明确表示购买的;(四)第三人善意购买租赁房屋并已经办理登记手续的。”

与《合同法》相比,《民法典》第726条增加了关于“房屋按份共有人”和“近亲属”作为买受人以及“出租人履行通知义务后,承租人在十五日内未明确表示购买的,视为承租人放弃优先购买权”的规定。与前述司法解释相比,亦有一定修改,该条未规定“第三人善意购买并已经办理登记手续”,承租人能否主张优先购买权的情形。

## 一、共有人的优先购买权与承租人优先购买权的冲突

《民法典》第305条规定:“按份共有人可以转让其享有的共有的不动产或者动产份额。其他共有人在同等条件下享有优先购买的权利。”根据上述规定,房屋的按份共有人和属于一个整体的房屋原共有人对房屋也享有优先购买权。因此,在房屋共有人出售已经出租的房屋时,就会产生共有人的优先购买权和承租人的优先购买权相冲突的问题。

我国多数学者赞同共有人优先购买权优先于承租人的优先购买权。本书亦赞同此观点。

## 二、出租人将房屋出卖给近亲属的情形

我国自古以来就注重伦理纲常，重视血缘关系和家族利益。《唐律·户婚律》中规定："身丧户绝者，所有部曲、客女、奴婢、店宅、资财，并令近亲转易货卖。宋朝规定，应典、卖、倚当物业，先问房亲；房亲不要，次问四邻；四邻不要，他人并得交易。"清末虽没有规定近亲属优先购买权，但该制度在民间已经成为一种习惯。我国现实生活中也常常出现出租人与第三人基于法律上的身份关系，如近亲属关系、抚养关系等，出租人将房屋以低于市场价或其他优惠条件出卖房屋，而若离开这种身份关系，出租人则不愿以同等条件出售房屋。这种买卖关系掺杂了情感因素、身份利益等，带有浓厚的身份属性，不同于一般的买卖，有时无法以金钱所衡量，因此，承租人也不能要求以同等条件行使优先购买权。我国《合同法》对此情形没有规定，2009 年《房屋租赁合同司法解释》第 24 条作了相应规定，《民法典》第 726 条亦基于遵循基本国情、维护社会习俗、促进社会和谐的考量，吸收了司法解释的观点，规定出租人将房屋出卖给近亲属的情况下，承租人不享有优先购买权。

但这是否意味着，近亲属也同承租人一样享有优先购买权？本书认为，答案是否定的。《民法典》第 726 条只是规定了出租人自愿将房屋出卖给近亲属，且近亲属也愿意购买时，承租人不能行使优先购买权。也就是说，这种情形出现的前提是出租人和其近亲属就买卖房屋能够达成合意，最重要的是出租人愿意将房屋出售给其近亲属。而在社会生活中，也存在大量基于各种原因导致出租人不愿意将房屋出售给近亲属的情形，如果此时，赋予出租人的近亲属优先购买权，则可能违背了该条款的设置本意，剥夺了出租人出卖房屋的自由意志，甚至引发亲属间的矛盾，导致亲属关系破裂。因此，该条并未采用"优先购买权"的表述，只是规定了在出租人将房屋出售给近亲属时，限制承租人行使优先购买权，这是对近亲属优先购买房屋的保护，且在此种情况下，出租人并无提前通知承租人的义务，也没有将出卖条件告知承租人的义务。

## 三、出租人履行通知义务后，承租人在 15 日内未明确表示购买的法律后果

出租人通知义务的履行是承租人行使优先购买权的基础。出租人应在合理期限内通知承租人。出租人的通知义务是法定义务，但关于出租人通知承租人的合理期限，《民法典》第 726 条和《合同法》第 230 条均没有规定。国务院《城市私有房屋管理条例》（已废止）第 11 条规定："房屋所有人出卖租出房屋，须提前三个月通

知承租人,在同等条件下,承租人有优先购买权。”但从实践看,现代社会市场交易活动十分活跃,市场行情变动很快,房屋租赁或销售价格时常发生较大波动,要求出租人提前3个月通知承租人时间过长,不符合市场经济所追求的效率目标,极有可能导致出租人失去商机。但是,如果期限过短,则会使承租人缺少必要的考量和准备时间。因此,该期间不宜规定过于僵化。

而承租人接到出租人通知后,应当在合理期限内予以答复,如果未明确表示购买,视为放弃优先购买权。考虑该期限只要给承租人合理的时间考虑是否行使优先购买权即可,从保护交易安全和交易效率的角度,不宜过长,否则不利于保护出租人的利益,故将期限确定为15日。《民法典》第726条亦遵循了2009年《租赁合同司法解释》第24条之精神。

## 四、关于同等条件的认定

同等条件是优先购买权行使的实质要件,在优先购买权行使的条件中居于核心地位。关于同等条件的界定,《合同法》和2009年《房屋租赁合同司法解释》均无相关规定。北京市高级人民法院《关于审理房屋租赁合同纠纷案件若干疑难问题的解答》第28条规定,《合同法》第230条规定优先购买权的“同等条件”,主要是指房屋转让的价格、价款支付方式等。学界对何为“同等条件”主要存在三种观点:第一种观点是绝对同等说。该学说认为,承租人购买房屋的条件应当与其他买受人的购买条件完全一致,不能有丝毫差别。第二种观点是相对同等说。该学说认为,承租人购买房屋的条件,与其他买受人大致相同即可认定为同等条件。第三种观点,认为应将其理解为价格相同,即主要指承租人购买房屋的价格与其他买受人购买房屋的价格一样。第一种观点,过于严苛,在实践中并不存在绝对一样的条件,如果以绝对一致为标准,则会使制度形同虚设。第二种观点规定的大致相同,则过于宽泛,在实践中无法准确对比确定,容易导致当事人无法达成一致的情形。第三种观点,将同等条件简化为价格相同,亦存在不妥之处,在实践中,除价格外,往往存在很多其他因素影响交易的完成。承租人的优先购买权,一方面,是为了保护承租人可以稳定使用租赁物;另一方面,还要不损害出租人作为租赁物所有权人的利益。因此,承租人的优先购买权虽是为了保护承租人,但不能过度扩大其适用范围,损害出租人的利益,以同等条件来限制承租人的优先购买权是平衡出租人与承租人利益冲突的应有之义。而无论是何种学说,无非对出租人在承租人和第三人购买条件之间进行价值权衡。同等条件的判断,在一般情况下,主要考虑如下几个因素：

1.交易价格。就买卖双方而言，交易价格是最重要的交易条件。因此，交易价格相同为同等条件的核心之意。但当出卖人基于某些特殊原因，给予其他买受人较为优惠的价格，那么承租人能否主张以该价格作为同等条件。在这种情况下，如果完全忽略出租人与其他买受人之间的特殊利益关系，而以该优惠价格作为同等条件判断标准，则对出租人有失公允。因此，此时以市场价确定交易价格更适当。

2.价款支付方式。价款支付方式影响出租人利益。如果其他买受人系一次性付清的方式付款，承租人亦应采取同样的方式付款。对该项条件应采取完全相同的标准，认定是否符合同等条件。

3.价款支付期限。同价款支付方式一样，价款支付期限也应作为同等条件之一，作为客观性的一般条件，价款支付期限亦应采用完全相同的标准，认定是否符合同等条件。

## 五、承租人优先购买权在拍卖程序中的行使

《民法典》第727条规定："出租人委托拍卖人拍卖租赁房屋的，应当在拍卖五日前通知承租人。承租人未参加拍卖的，视为放弃优先购买权。"该条系新增条款，规定了在拍卖行为中对承租人优先购买权的程序性保护。

### （一）拍卖行为中优先购买权的法律性质

关于优先购买权的法律性质，学界主要在形成权与请求权上存在争议。王泽鉴先生认为，承租人的优先购买权依承租人单方意思表示，而且这种买卖关系必须在出租人向第三人出卖房屋时才能行使，属附条件形成权。[①] 王利明先生则主张，优先购买权的实质就是法律赋予承租人的、在出租人出卖房屋时优先于其他人订约的请求权，在此种权利受侵害时，承租人可以请求出租人赔偿损失。[②] 学界另外的观点则认为优先购买权是强制缔约请求权，认为如果出租人擅自出卖房屋，承租人可向人民法院诉请确认而强迫出卖人表示承诺直接形成合同法律关系，确定承租人合法得到租赁房屋。[③]

在立法者视角下，承租人的优先购买权应属附强制缔约义务的请求权。将承租人的优先购买权确定为附强制缔约义务的请求权，在立法功能上更有利于实现

---

① 参见王泽鉴：《民法学说与判例研究》（第1册），北京大学出版社2009年版，第315页。
② 参见王利明：《合同法分则研究》（上卷），中国人民大学出版社2012年版，第288页。
③ 参见易军、宁红丽：《合同法分则制度研究》，人民法院出版社2003年版，第198页。

请求权人的利益,能直接使承租人取得租赁物买受人的地位,使法律关系的稳定性增强,而且也符合维护物的使用和归属相统一的目标。同时,从权利的行使来看,由于形成权只能因一方的意思表示即可使法律关系发生变更,因此,不可能存在被侵害的问题,但出租人在不经过承租人知悉的情况下将租赁物出卖给第三人时,承租人则无法以形成权的形式实现优先购买权。

(二)租赁房屋被拍卖时如何行使优先购买权

《拍卖法》第3条规定:"拍卖是指以公开竞价的形式,将特定物品或者财产权利转让给最高应价者的买卖方式。"第51条规定:"竞买人的最高应价经拍卖师落槌或者以其他公开表示买定的方式确认后,拍卖成交。"

拍卖属于买卖的一种特殊方式,是以落槌为成交标志的诺成性合同。以最高应价确认的拍卖原则与承租人在同等条件下优先购买的权利会产生法律上的冲突。在拍卖程序中,对承租人优先购买权的保护在本质上是对优先购买权与拍卖中价高者得的拍卖原则之间的价值取舍与价值平衡。本书认为,为了平衡承租人优先购买权与保护拍卖理念之间的冲突,在租赁房屋被拍卖时,承租人行使优先购买权的方式可作如下规范:

一是出租人的通知义务。出租人负有拍卖5日前通知承租人的义务,这里的5日,是指承租人提前5日收到该拍卖通知。此处适用到达主义的法理原则,出租人必须保证承租人在拍卖行为开始的5日前收到该通知,否则,应认定通知行为无效。

二是通知内容。在出租人对承租人发起的通知中,应当包含下列要素:拍卖的时间、地点、拍卖底价、拍卖保证金数额、交纳拍卖款的期限等内容,以便优先购买权人决定是否参与竞买。出租人需在通知中限定承租人在一定时期内作出是否参加拍卖并在可能的情况下行使优先购买权的意思表示,优先购买权人明确放弃或者逾期未作表示的,不再予以保护。

三是拍卖公告。为保护其他竞买人的利益,在拍卖前的公告阶段,应当将标的物存在先期租赁的情况作为瑕疵告知竞买人。

四是承租人的程序要求。承租人也应当根据《拍卖法》的相关规定经过竞买登记、交纳竞买保证金、拍卖日到场等程序参加竞拍。未按规定登记竞买、交纳竞买保证金的,视为放弃优先购买权。另外,优先购买权人经通知未到场的,视为放弃优先购买权。

五是拍卖过程中的优先购买权。在拍卖中出现了最高应价时,承租人可以举牌或以其他形式表示以该最高价购买，如无更高应价，承租人享有以该最高价优先购买的权利；如有更高应价，承租人不作表示的，应当认定承租人放弃优先购买权。如果承租人在出现最高应价时未作出以该价格购买的意思表示，则拍卖房屋由最高应价人购买。如果有更高应价时，承租人应与更高应价者继续竞买，直至出现新的最高应价为止。

（三）对承租部分房屋的承租人的保护

关于出租人将房屋整体拍卖时，只承租部分房屋的承租人是否享有优先购买权的问题，需要从以下两个维度进行综合考虑：第一，从房屋的使用功能看，如果承租人承租的部分房屋与房屋的其他部分是可分的、使用功能可相对独立的，则承租人的优先购买权应仅及于其承租的部分房屋；如果承租人承租的部分房屋与房屋的其他部分是不可分的、使用功能整体性较明显的，则其对拍卖全部房屋享有优先购买权。第二，从承租人承租的部分房屋占全部房屋的比例看，承租人承租的部分房屋占拍卖全部房屋一半以上的，则其对拍卖房屋的全部享有优先购买权；反之，则不宜认定其对全部房屋享有优先购买权。

## 六、承租人的优先购买权的侵害责任

《民法典》第 728 条规定："出租人未通知承租人或者有其他妨害承租人行使优先购买权情形的，承租人可以请求出租人承担损害赔偿责任。但是，出租人与第三人订立的房屋买卖合同的效力不受影响。"该条规定了承租人优先购买权受到侵害时享有的赔偿请求权，为新增条款。

在现实生活中，出租人侵害承租人优先购买权的情形主要有以下几种：一是出租人未通知承租人出卖租赁房屋的相关事宜；二是出租人阻碍承租人行使优先购买权，如与第三人签订阴阳合同，通过不合理的交易内容阻碍承租人购买租赁房屋等；三是出租人的债权人主张对租赁房屋拍卖、变卖以实现其享有的债权时，侵害承租人优先购买权的情形等。

对该条的理解，应当把握以下几个方面。

（一）出租人通知义务是否有期限限制

《民法典》第 728 条规定："出租人未通知承租人"为侵害承租人优先购买权的情形之一，未对通知期限进行明确。但第 726 条第 1 款规定，出租人出卖租赁房屋的，应当在出卖之前的"合理期限"内通知承租人。因此，该条款虽未再次规定通知期限，但亦受第 726 条之约束，即第 728 条规定的"出租人未通知承租人"，应理解为“出租人未在合理期限内通知承租人”,而关于“合理期限”的认定标准亦同本法第 726 条中“合理期限”的认定标准一致。

(二)承租人优先购买权受到损害时的救济途径

根据《民法典》第 728 条的规定,承租人优先购买权受到侵害时,可以请求出租人承担损害赔偿责任。本书认为,《民法典》之所以优先将赔偿责任列出,主要是因为优先购买权是一种缔约请求权,虽具有物权的一些表征,但不是物权,不具有对抗第三人的权利,承租人在优先购买权受到损害时主张权利的方式主要表现为请求出租人承担损害赔偿责任。如在原告逄某甲、逄某乙与被告冯某、李某某房屋租赁合同纠纷案[①]中,原告逄某甲、逄某乙承租被告李某某名下的房屋,后李某某将涉案房屋出售给冯某某,原告逄某甲、逄某乙诉至法院,要求:(1)确认二被告之间签订的房屋买卖合同无效;(2)二原告对承租的涉案房屋行使优先购买权,确认二原告与李某某在与冯某同等条件性成立房屋买卖合同关系。法院认为,二被告就涉案房屋签订《存量房屋买卖合同》,且涉案房屋已登记至冯某名下,现二原告持逄某甲与李某某签订的《房屋租赁合同》及二原告与李某某签订的《房屋租赁合同补充协议书》主张优先购买权,要求确认二被告签订的《存量房屋买卖合同》无效,不符合法律及司法解释的规定,本院不予支持。法律虽赋予承租人优先购买权,但在现有情况下,即便李某某真的未在出卖涉案房屋之前的合理期限内通知二原告,二原告行使优先购买权的方式应是请求李某某承担损害赔偿责任,而不能基于优先购买权要求以同等条件与李某某成立房屋买卖合同关系,故二原告要求确认二原告与李某某在与冯某同等条件下成立房屋买卖合同关系的诉讼请求,于法无据,本院不予支持。

当然,有的观点认为,承租人可以要求按照出租人与第三人的同等条件与出租人成立买卖合同。审判实践中也有在认定出租人与第三人签订的合同无效基础上,判令承租人与出租人依照出租人与第三人约定的买卖合同主要条款形成买卖合同关系。如上海市高级人民法院《关于处理房屋租赁纠纷若干法律适用问题的解答(二)》第 20 条认为,承租人在诉讼过程中仅主张确认买卖合同无效,而未要求行使优先购买权,经过法院释明后不变更诉讼请求的,对其诉讼请求不予支持。

以前类似裁判方法在全国各地都有。出现《民法典》第 728 条规定的情形时,特别是在出现出租人与第三人订立房屋买卖合同时,该合同不能无效;如果承租人

---

① 参见北京市朝阳区人民法院民事判决书,(2015)朝民初字第 01678 号。

请求出租人承担赔偿责任,出租人应当承担赔偿责任;如果承租人要求按照与第三人合同缔约,但物权已经变动到第三人名下时,出租人只能承担赔偿责任;如果承租人要求与第三人合同缔约,而物权又尚未发生变动时,则可以按照第726条的规定处理,但涉及国家利益和社会公共利益情形的除外。

## 专题十　不定期租赁的解除问题

《民法典》第730条规定:"当事人对租赁期限没有约定或者约定不明确,依据本法第五百一十条的规定仍不能确定的,视为不定期租赁;当事人可以随时解除合同,但是应当在合理期限之前通知对方。"该条规定的是不定期租赁合同的任意解除权。与《合同法》相比,该条规定内容有一定修改。《合同法》第232条规定:"当事人对租赁期限没有约定或者约定不明确,依照本法第六十一条的规定仍不能确定的,视为不定期租赁。当事人可以随时解除合同,但出租人解除合同应当在合理期限之前通知承租人。"《合同法》第61条规定:"合同生效后,当事人就质量、价款或者报酬、履行地点等内容没有约定或者约定不明确的,可以协议补充;不能达成补充协议的,按照合同有关条款或者交易习惯确定。"由此可知,《合同法》仅要求出租人解除合同时应当在合理期限内通知承租人,未规定承租人解除合同时的通知义务。而《民法典》总结和吸收了司法实践经验,规定"当事人可以随时解除合同,但是应当在合理期限之前通知对方",即租赁双方在解除合同时均负有在合理期限内通知对方的义务,而非仅出租人解除合同时负有在合同期限内通知承租人的义务。

### 一、不定期租赁合同的认定

根据租赁合同是否有明确的租赁期限,租赁合同被划分为定期租赁和不定期租赁。定期租赁合同中有明确约定的固定租赁期限,不定期租赁合同中当事人对租赁期限没有约定或者约定不明确。[①] 定期租赁合同,是指有明确的租期的租赁合

① 参见韩世远:《合同法学》,高等教育出版社2010年版,第443页。

同或者虽然没有规定明确的租期,但是在履行时达成协议确定了租期,或者可以通过合同的相关条款、使用租赁物的目的来确定租赁期限,甚至可以用一般的交易习惯进行判断后确定租赁期限的租赁合同。[①] 而不定期租赁合同,是指租赁期限没有约定或者约定不明且无法确定租赁期限的合同。根据《民法典》第730条及第707条"租赁期限六个月以上的,应当采用书面形式。当事人未采用书面形式,无法确定租赁期限的,视为不定期租赁"与第734条"租赁期限届满,承租人继续使用租赁物,出租人没有提出异议的,原租赁合同继续有效,但是租赁期限为不定期。租赁期限届满,房屋承租人享有以同等条件优先承租的权利"的规定,我国《民法典》所规定的"不定期租赁合同"主要为:租期在6个月以上,但未采用书面形式,且无法确定租赁期限的合同;当事人未约定租期或租期约定不明的合同;租赁期满,当事人继续使用租赁物且出租人未提出异议的合同。

## 二、不定期租赁合同的任意解除权

### (一)任意解除权的界定及性质

合同解除,是指在合同有效成立后,因一方或双方当事人的意思表示,使合同关系终了,未履行的部分不必继续履行,已履行的部分依具体情形进行清算的制度,它是合同特有的终止原因。[②] 合同解除包括法定解除和约定解除。法定解除,是指法律直接规定了合同解除的条件。其中,包括适用于所有合同的条件,被称为一般法定解除,适用于特定合同的条件,被称为特别法定解除。[③] 合同任意解除权是由法律直接规定当事人享有的一种权利,属于法定解除权中的一种。它是指合同的一方当事人享有的可以随时按照自己的意愿单方解除合同的权利,不需要其他任何条件。[④] 其主要特征有:一是仅适用于法律有明确规定的情形;二是解除权的行使不以一方违约等为前提;三是双方当事人均可主张行使合同解除权。由此可知,任意解除权与法定解除权、约定解除权最主要的区别就是任意性,即解除权人可以根据自己的意志随时解除合同,无须符合法定条件,亦无须对方存在违约。因此,合同任意解除权的行使存在很大的"任意性",该权利的存在使合同处于不稳定的状态,在一定程度上与合同"严守原则"相悖。因此,任意解除权的行使应当受

---

① 参见黄立:《民法债编各论》(上册),中国政法大学出版社2003年版,第194页。

② 参见张红:《继续性合同终止制度研究》,湖南大学2011年博士学位论文,第3页。

③ 参见崔建远主编:《合同法》(第2版),法律出版社2000年版,第200页。

④ 参见郑秋阳:《论合同的任意解除权》,载《硅谷时代》2009年第11期。

到一定程度的限制。

从权利的作用看，任意解除权的性质属于形成权，在合同解除方解除合同的意思表示到达对方后，即发生合同解除的效力。

（二）任意解除权与继续性合同的关系

根据时间因素是否对合同给付义务的内容及范围发生影响，可将合同区分为一时的合同与继续性合同。一时的合同，又称一次性给付合同，指合同内容因一次给付即可实现。如买卖、互易、赠与、承揽等。[①] 继续性合同，指合同内容并非一次给付可以完结，而是继续地实现，其基本特色是，时间因素在债的履行上居于重要的地位，总给付的内容取决于应为给付时间的长度。如合伙、租赁、雇佣、保管、委托等，均属于继续性合同。[②]

任意解除权主要适用于继续性合同。其主要理由在于：在一般情况下，对于一时的合同，债务一经履行，债权关系即消灭，履行时间较短且双方当事人对履行标的、履行时间、履行方式等有明确约定，如果允许合同当事人在无约定或法定事由的情况下任意解除合同，那么将构成严重的违约行为，亦违背了合同严守原则。而继续性合同的履行处于持续状态，双方之间的债权关系并不因一次给付而立即消灭，因此，继续性合同更强调当事人之间的信赖关系。信赖基础一旦丧失，应当允许当事人解除合同，从没有期限的合同关系中解脱出来。

继续性合同当事人是否均享有任意解除权？定期租赁合同当事人是否享有任意解除权？《民法典》第 563 条第 2 款规定："以持续履行的债务为内容的不定期合同，当事人可以随时解除合同，但是应当在合理期限之前通知对方。"该条第 2 款明确规定了不定期继续性合同当事人的任意解除权，在合理期限之前通知对方后即可解除，第一次在总则中规定了不定期继续性合同的任意解除权制度，即不定期继续性合同的当事人享有合同任意解除权，在合理期限之前通知对方后即可解除合同。但该规定亦仅规定了不定期继续性合同当事人的任意解除权，对于定期继续性合同或其他类型合同当事人是否享有任意解除权，并未规定。

（三）"合理期限"的认定

《民法典》第 730 条规定："当事人可以随时解除合同，但是应当在合理期限之前通知对方。"任意解除权的行使虽然不附加任何条件，但是为了防止因一方突然

---

① 参见韩世远：《合同法总论》（第 4 版），法律出版社 2018 年版，第 86 ~ 87 页。转引自王泽鉴：《债法原理》（第 1 册），北京大学出版社 2001 年版，第 132 页。

② 参见王泽鉴：《债法原理》（第 1 册），北京政法出版社 2001 年版，第 132 页。

行使任意解除权而给对方当事人造成损失,应当赋予行使合同解除权的一方当事人相应的通知义务,这个通知义务也是预先通知程序的体现。承租人在租赁关系中一般处于相对弱势地位,《民法典》基于保护弱势一方的考虑,规定出租人在行使任意解除权时,需要在合理期限内通知承租人。如此规定,承租人在接到出租人解除通知后可以尽快寻找替代房屋,也可提前做好腾退、返还租赁房屋之准备,减少流离失所的风险。而就出租人而言,即使承租人突然要求解除合同,其受到的损害也相对较小,可较好地保护承租人的利益,也在一定程度上有利于维护社会的稳定。但随着我国住房保障制度的日益完善以及租赁市场的不断发展,特别是商业性租赁,双方当事人订立合同的目的均为实现一定的商业目的,商业租赁的租金标准也往往较高,如果承租人可以不经通知而任意解除合同,将给出租人造成较大的房屋空置损失。因此,《民法典》吸收了实践经验,将通知义务人由出租人一方扩大到承租人与出租人,可较好地保护双方当事人利益。

关于"合理期限"的认定,《民法典》第 730 条未作具体规定。在司法实践中,原则上,双方有约定的,按照约定;没有约定的,可结合租赁合同已经履行的期限、腾退房屋所需时间等因素综合考量。

### 三、不定期租赁任意解除权的赔偿

尽管任意解除权的行使不要求符合法定或约定解除条件,不以当事人违约为前提,但合同解除权的行使客观上使合同不再继续履行,可能会给合同一方利益造成损害,如果不对因此造成的损失进行赔偿,将有违诚实信用和公平原则。合同解除引起的损害赔偿的本质是间接填补当事人的损失。因此损害赔偿之债在实务上最为重要,万流归宗,民法上之问题,实以此为核心。①

关于损害赔偿范围,《民法典》第 584 条规定:"当事人一方不履行合同义务或者履行合同义务不符合约定,造成对方损失的,损失赔偿额应当相当于因违约所造成的损失,包括合同履行后可以获得的利益;但是,不得超过违约一方订立合同时预见到或者应当预见到的因违约可能造成的损失。"由此可知,因违约所造成的损害赔偿范围包括实际损失和可得利益损失。而对因行使任意解除权产生的损害赔偿范围,我国法律没有明确规定,无论在学术界还是在实务界,对该问题均存在诸多争议。

---

① 参见王泽鉴:《民法学说与判例研究》(第 1 册),1991 年台湾自版第 2 版,第 346 页。

本书认为,因行使任意解除权导致的损害赔偿范围应限于实际损失,而不应包括信赖利益和可得利益。

首先,信赖利益,是指当事人因信赖合同有效和对方将履行合同而支付的费用和代价,[①]主要适用于缔约过失责任的情形。而可行使任意解除权的租赁合同,是已经成立并生效的合同,其解除后的损害赔偿责任与缔约过失责任不同,不应考虑因信赖合同有效,在合同订立和履行过程中支出的费用,且租赁合同作为继续性合同,其解除权的行使原则上不具有溯及力。故其损害赔偿范围不应包括信赖利益损失。

其次,关于可得利益,即合同适当履行后可以获得的利益。《民法典》第584条明确规定,因违约所造成的损害赔偿范围包括实际损失和可得利益损失。而任意解除权的行使并不以发生违约为前提,且将因行使任意解除权导致的损害赔偿范围与违约损害赔偿范围等同,将架空任意解除权制度。从当事人利益的法律保护衡量角度来看,对行使任意解除权苛以实际损失和可得利益的赔偿虽然具有限制当事人行使任意解除权、稳定交易关系的功能,但是极大削弱了当事人及时从漫长的合同关系中跳脱出来的可能性,阻碍更多交易关系的建立,违反了"契约自由"和"契约正义",因此,在协调二者之间的关系后,保护契约自由,使当事人及时摆脱合同关系束缚更重要。[②]

因此,因行使任意解除权导致的损害赔偿范围应限于实际损失,而不应包括信赖利益和可得利益。

## 专题十一　房屋承租人死亡后共同使用人的租赁权

《民法典》第732条规定:"承租人在房屋租赁期限内死亡的,与其生前共同居住的人或者共同经营人可以按照原租赁合同租赁该房屋。"该条规定的是承租人死

① 参见王利明、崔建远:《合同法新论·总则》(修订版),中国政法大学出版社2000年版,第315页。
② 参见卢洋:《继续性合同的解除问题研究》,武汉大学2018年硕士学位论文,第40页。

亡后,其生前同住人和共同经营人的继续承租权。根据社会经济关系发展的现实需要,该条在《合同法》第 234 条规定的基础上,增加了对“共同经营人”继续租赁权的保护。

我国 1999 年《合同法》第 234 条规定:“承租人在房屋租赁期间死亡的,与其生前共同居住的人可以按照原租赁合同租赁该房屋。”2009 年《房屋租赁合同司法解释》第 19 条(现已删除)规定:“承租人租赁房屋用于以个体工商户或者个人合伙方式从事经营活动,承租人在租赁期间死亡、宣告失踪或者宣告死亡,其共同经营人或者其他合伙人请求按照原租赁合同租赁该房屋的,人民法院应予以支持。”2011 年 2 月 1 日起施行的《商品房屋租赁管理办法》第 12 条第 2 款规定:“承租人在房屋租赁期间死亡的,与其生前共同居住的人可以按照原租赁合同租赁该房屋。”

由此可知,该制度的立法目的:一是照顾共同居住人的生活,避免承租人死亡后,租赁合同终止导致共同居住人的生活受到很大影响。二是稳定合同关系。在一般情况下,房屋居住以“户”为单位,共同居住人虽非合同当事人,但一直与承租人一起在租赁房屋内生活,同承租人一起占有、使用涉案房屋,在承租人死亡后,赋予共同居住人继续承租权,也有利于稳定合同关系。而且,我国并不承认承租权可以继承。对于生前未与其共同生活的亲属或者法定继承人,通过优先承租权予以保护,但与共同居住人的利益相比,共同居住人保护顺位更优先。

## 一、共同居住人的继续承租权性质之辩

关于承租人死亡后,房屋租赁合同的承续问题,理论界主要有以下几种观点:

一是有条件继承说。该学说认为,继承人享有对租赁合同的继承权,同住家庭成员属于继承人的可以按照继承的规定处理,如果不属于继承人的,则可以给予继续共同居住的权利。如果租赁房屋的目的不是居住,而是开店做生意等,就不符合对承租人的共同居住人照顾法律精神,这时的租赁权不能继承。

二是事实合同说。该学说认为,共同居住人的继续承租权本身就是共同居住人的权利,共同居住人与死者生前一起使用租赁房屋,也承担相应的义务,是事实上的承租人。

三是法定让与说。该学说认为,承租人死亡的,并不影响租赁合同效力,死者其他家庭成员仍可继续使用承租的房屋至租期届满,是对原房屋租赁合同的概括继受,承租人退出租赁合同关系,将合同权利义务让与第三人。

按照《民法典》第 732 条的规定,“与其生前共同居住的人或者共同经营人可以

按照原租赁合同租赁该房屋"。这里的"可以按照原租赁合同租赁",应当为共同居住人或者共同经营人的"法定承继权"的含义。首先,共同居住人并不一定是承租人的继承人,且经营性租赁合同关系中的共同经营人无法纳入继承人范围,故"有条件的继承说"不能完整保护同住人利益。其次,共同居住人或共同经营人并非合同当事人,在承租人在世时,亦不承担合同义务,且在承租人死亡时,可自由选择是否按照原租赁合同租赁该房屋,与合同的当事人不具有相同法律地位。最后,虽从合同法理论讲,承租人死亡导致合同一方当事人主体消灭,租赁合同应当终止。但租赁合同往往是承租人与家属或其他人共同使用租赁房屋或者承租人与其他共同经营人共同使用租赁房屋,从便利共同居住人或共同经营人居住、使用,稳定租赁关系的角度看,应当对共同居住人和共同经营人的继续承租权予以保护,亦符合社会实际。在各方法律关系上,承租人退出租赁关系,共同居住人、共同经营人成为合同当事人,概括继受合同权利义务,而房屋租赁权让与的本质是承租人对租赁合同的概括转让。因此,"法定让与说"更契合制度特点和制度目的。

## 二、条文理解

### (一)"共同经营人"

合同法的立法目的是保护与承租人生前共同居住的人的居住权利,通过利益平衡的制度设计来保护租赁双方的利益,因此规定"承租人在房屋租赁期间死亡的,与其生前共同居住人可以按照原租赁合同租赁该房屋"。但随着社会经济的发展,房屋租赁不再局限于居住,出现了商业经营性租赁,承租人租赁房屋用于经营、生产需要,以获得经济目的。因此,"共同居住人"的概念无法适应新的社会经济发展需求,有必要将"共同经营人"纳入保护体系中,以维护租赁双方的经济利益。2009 年《房屋租赁合同司法解释》第 19 条将"共同经营人"的范围解释为包括个体工商户、个人合伙中的"承租人的共同经营人或其他合伙人"。"个体工商户"和"个人合伙"都是自然人从事商业活动的一种形式,《民法典》第 732 条未进一步细化,仅规定为"共同经营人",不考虑所采用的商业形式,只要是与承租人生前共同经营的人均为该条款保护范围,用语更简练、保护对象更全面。

### (二)"承租人在租赁期间死亡"

首先,民法意义上的"死亡"既包括自然死亡,也包括法律拟制的"死亡"——宣告死亡。其次,"宣告死亡"制度设置的目的即保护利害关系人的利益,维护人身关系及财产关系的稳定,租赁关系亦属该制度所保护的社会经济关系。因此,无论是从概念本身的民法上的含义看,还是从两种制度的设置目的看,承租人被宣告死亡的,亦应赋予其共同居住人或共同经营人可以按照原租赁合同租赁房屋的权利。因此,《民法典》第 732 条规定的“死亡”既包括自然死亡,也包括法律拟制的“宣告死亡”情形。

## 专题十二　承租人的房屋优先承租权问题

《民法典》第 734 条规定:“租赁期限届满,承租人继续使用租赁物,出租人没有提出异议的,原租赁合同继续有效,但是租赁期限为不定期。租赁期限届满,房屋承租人享有以同等条件优先承租的权利。”该条第 1 款为“继续租赁”的规定,是原租赁合同的延续。第 2 款是关于房屋优先承租权的规定,是在原合同期限届满后,有多个承租人希望订立租赁合同的条件下原承租人的优先缔约权,系新增条款。

### 一、优先承租权适用于房屋租赁

在租赁关系中,根据租赁物的性质,可分为动产租赁与不动产租赁,不动产租赁又分为房屋租赁与场地租赁。[①] 对于房屋租赁,《城市房地产管理法》第 53 条确定房屋租赁概念,即指房屋所有权人作为出租人将其房屋出租给承租人使用,由承租人向出租人支付租金的行为。第 55 条规定:“住宅用房的租赁,应当执行国家和房屋所在城市人民政府规定的租赁政策。租用房屋从事生产、经营活动的,由租赁双方协商议定租金和其他租赁条款。”故房屋租赁又可分为居住用房和经营性用房。在居住用房租赁中,租赁物是承租人租赁期间的活动中心,承租人已经在工作和生活中适应租赁房屋及周边环境,并与相关主体产生法律关系,若租赁期间届满后不能继续承租,将不利于承租人保障原有的权益。[②] 在经营性用房中,承租人为了生产、经营需要,其往往在租赁初期会进行前期成本投入,在后期的持续经营中不断积累客源、树立商誉。而作为经营场所的租赁物,是出租人吸收和保留客源的

---

① 参见胡莉凤:《房屋优先承租权法律问题研究》,中国政法大学 2015 年硕士学位论文,第 4 页。

② 参见罗翌:《论法定优先承租权——兼议〈民法典各分编(草案)〉第 525 条》,载《法制与经济》2018 年第 11 期。

地点,在租赁期限届满后,承租人往往有继续租用租赁物的需求,为了保障承租人的权益,应赋予承租人与第三人在同等条件下优先承租房屋的权利。

鉴于上述原因,此次《民法典》编纂在第 734 条中,在继续肯定租赁物的继续承租的规定外,专门增加第 2 款,对房屋的优先承租作出了规定。《民法典》第 734 条第 1 款规定的继续承租的合同有以下特点:一是指原租赁合同的延续,合同的当事人不变;二是当事人没有订立新的租赁合同,只是承租人继续使用租赁物,出租人没有提出异议;三是因当事人没有新的约定,该合同为不定期合同,双方当事人可以随时解除;四是合同的标的物可以是房屋、土地等不动产,也可以是动产。而第 2 款规定优先承租权,只能适用于房屋,其他不动产和动产不能适用;同时,优先承租权是在多个承租人准备与出租人缔约时,原房屋租赁合同的承租人的优先缔约权。这些都是与继续承租合同不同的特点。

## 二、房屋优先承租权行使条件

### (一)出租人与承租人之间具有合法有效的租赁关系

优先承租权的行使需要以合法有效的租赁关系为基础。如租赁合同存在重大瑕疵或者违反法律规定导致合同无效或被撤销的,则租赁权消灭。而优先承租权是基于租赁权产生的权利。在租赁权消灭的情况下,承租人自然无法享有优先承租权。对于租赁期限,本书认为,租赁期限的长短不应对优先承租权的行使产生限制。首先,在租赁关系中,承租人往往希望能够得到较长的租赁期限,以便保证租赁物的使用处于稳定状态,优先承租权设定的目的也在于此。但租赁期限的确定往往取决于出租人而非承租人。而如果仅因租赁期限短而否认承租人的优先承租权,使优先承租权形同虚设。其次,如果以长期租赁作为享有优先承租权的前提,会使强势的出租人以多份短期租赁合同替代长期租赁合同、变更名义承租人等方式,规避优先承租权的法律规定,不利于保护承租人的权益。实现"租购同权",不应当以租赁期间的长短限制承租人享有优先承租权。从条文本身上看,《民法典》并未将租赁期限作为行使优先承租权的限制,只要存在合法有效的房屋租赁关系,在租赁期限届满时,承租人在满足其他条件的基础上就有权享有优先承租权。

### (二)出租人继续出租房屋

一是在租赁期满后,只有在出租人有继续出租房屋的意愿,承租人才享有同等条件下优先承租的权利。如出租人收回房屋自用等情况,出租人没有出租意愿,优先承租权则无从谈起。二是只有存在多个承租人愿意承租房屋的条件下,才有原承租合同的承租人的优先承租权的行使问题。如果只有原承租人,没有其他承租人,出租人又愿意出租房屋,那是当事人之间协商订立新合同的问题,没有优先权的问题。

(三)同等条件

同等条件应是出租人与第三人订立的合同所约定的条件,承租人如果能够接受该条件,则享有优先承租的权利。而《民法典》并未对同等条件进行明确规定。对于同等条件认定标准,目前实践中采用"相对同等说",即认为承租人所提供的条件与第三人的条件只须大致相等,即为同等条件,也就是综合考虑租金支付方式、租赁期限、租赁用途、承租人信誉等情况大致相当即可,而不需要条款完全一致。

## 三、侵害房屋优先承租权的救济途径

在租赁关系终止后,出租人直接与第三人签订租赁合同,侵害承租人优先承租权,承租人应当寻何种途径进行的司法救济呢?

本书认为,优先承租权是基于租赁合同产生的,故该权利源于租赁权,对于租赁权,虽然其具备某种物权特性,但其本质上仍为债权。根据合同的相对性,承租人的权利并不能对抗第三人,只能对抗出租人。另外,优先承租权只是设定在租赁物上的一种负担,此种负担只是限制出租人在租赁期间届满后另行出租的权利,其占有、使用、收益、处分的权能并未受限,并无实质上的不利益。该权利设定的目的只是维护房屋租赁关系的稳定,便于承租人继续租用房屋,但并没有给予承租人额外优惠。故优先承租权应为债权,归入请求权范畴。

对于侵害承租人优先承租权的救济条件,如认可强制缔约说就意味着认可了优先承租权的物权属性,该权利可以对抗第三人的承租权,其优点在于满足了承租人的优先承租权,保护了承租人的利益,弊端在于过分限制出租人的缔约选择权,而且可能损害第三人的合法权益。故承租人的优先承租权不能对抗第三人,在权益受损时,可向出租人主张违约责任或赔偿损失。

# 第十四章 融资租赁合同

## 专题一 融资租赁合同章的修改情况

1999 年《合同法》将融资租赁合同作为一种典型的商事合同进行了明确规定。《合同法》的融资租赁合同一章,共有 14 个条文,尽管条文不多,但包括的融资租赁合同定义、融资租赁合同的内容、融资租赁合同中出租人的主要权利和义务、承租人的主要权利和义务、融资租赁交易中融资租赁合同与买卖合同的关系、融资租赁合同中租金的构成、租赁期间届满租赁物的归属等内容,构建了融资租赁交易模式的“四梁八柱”,基本可以解决融资租赁的主要问题。但是,随着融资租赁市场规模的不断扩大、交易方式的不断细化、案件数量的大量增长,《合同法》原有的 14 个条文已经无法满足司法需求。在实践中客观存在的融资租赁关系的认定和效力问题、买卖合同和融资租赁合同的关系问题、租赁物的善意取得与出租人所有权保护的冲突问题以及关于租赁物的清算问题,由于在合同法中未作明确规定,很难得到公正和高效的处理,而融资租赁合同法又未能出台,最高人民法院于 2013 年制定了《融资租赁合同司法解释》(法释〔2014〕3 号),自 2014 年 3 月 1 日起施行。该解释共 26 条,主要包括融资租赁合同的认定及效力、合同的履行和租赁物的公示、合同的解除、违约责任以及其他规定五大方面,大大弥补了合同法中融资租赁合同章规范依据的不足。

在民法典编纂过程中,有不少意见提出,建议将《融资租赁合同司法解释》中的成熟条文纳入《民法典》合同编,使融资租赁合同章的结构更丰富、内容更合理、逻辑更严密,更有利于引导市场的规范、有序和健康发展。立法机关最终采纳了上述建议,在融资租赁合同章增加了 10 个司法解释条文;同时,修改了 1 个条文以及另外根据实践需要增加了 2 个条文。因此,目前合同编的融资租赁合同章共有 26 个条文。

新增的将11条司法解释内容上升为法律的条文是《民法典》第739条、第740条、第742条、第743条、第748条、第751条、第753～756条、第760条,修改的1个条文是第745条,另外,根据实践需要增加的2个条文是第737条和第759条。

## 专题二　融资租赁合同的定义是否有必要增加售后回租内容

《民法典》第735条规定:“融资租赁合同是出租人根据承租人对出卖人、租赁物的选择,向出卖人购买租赁物,提供给承租人使用,承租人支付租金的合同。”该条的主旨是融资租赁合同的定义。《合同法》第237条规定,融资租赁合同是出租人根据承租人对出卖人、租赁物的选择,向出卖人购买租赁物,提供给承租人使用,承租人支付租金的合同。在《民法典》编纂的过程中,草案曾将司法解释中的售后回租条款增加为该条的第2款,即增加规定:“承租人将其自有物出卖给出租人,再通过融资租赁合同将租赁物从出租人处租回的,承租人和出卖人系同一人不影响融资租赁合同的成立。”所谓售后回租,是指承租人将自己所有的物件卖给出租人,同时与出租人签订一份融资租赁合同,再将该物件租回使用的一种租赁形式。在售后回租情况下,出卖人同时也是承租人,买受人同时也是出租人。但是,在征求意见过程中,对是否增加售后回租内容,形成了两种截然不同的观点。

持赞同意见者认为,在融资租赁多种业务模式中,售后回租型融资租赁因其盘活固定资产这一优点在我国享有广泛的市场需求,占比高达80%。在融资租赁业务之外的融资方式中,因银行信贷对企业资信要求高、效率慢且行业限制多等弊端,售后回租因独特的融资属性,很快成为企业替代银行信贷的重要融资方式之一。作为重要融资方式,售后回租型融资租赁对金融市场的安全与稳定存在较大影响,其特征主要有如下三方面:第一,售后回租型融资租赁具有更强的经济性。对比融资租赁业务模式以内的融资方式,特别是与直接融资相比,售后回租型融资租赁模式通过对于承租人已有所有权的设备进行购买和租赁,实现了承租人自身的存量资产变现,即盘活了承租人固定资产;而直接融资租赁模式是承租人通过出租人购置新的固定资产,扩大了资产规模;盘活存量资产、实现资产重组远远比扩大资产规模重要;故售后回租较传统的融资租赁有更强的经济性。对比融资租赁业务模式以外的融资方式,售后回租型融资租赁业务模式与银行贷款等传统融资模式相比,打破了现实当中中小企业因规模小、信用低、评级低、授信少导致的融资困局。第二,售后回租型融资租赁具有更强的便捷性。在售后回租业务模式项下,承租人对于租赁标的物的占有使用收益权并不会发生改变,承租人生产经营状态保持连续不会受融资干扰;特别是与直接融资相比,售后回租模式减少了出租人与承租人与第三方供应商的买卖行为,出租人与承租人双方之间的买卖与租赁一体化手续更便捷迅速。第三,售后回租型融资租赁具有较小的资金压力。售后回租型融资租赁的融资期保持在3~5年,相较银行贷款等短期的融资方式,售后回租业务模式有效减缓了融资方的还款压力;承租人可通过融资款扩大产能,增加产量,提升经济效益,增加现金流,减少企业负债率,提升资金的利用率;且售后回租可以享受承租人税收优惠,即按照计提折旧方式增大当期成本,承租人可享受延缓缴税等税收优惠。此外,在会计处理上属于表外融资,非企业负债,有助于承租人美化财务报表、实现资产重组、降低资产负债率。

持反对意见者认为:第一,融资租赁交易的目的是通过出租人提供"融资",实现承租人使用租赁物的"融物"。其制度背景是,承租人需要使用租赁物,但购买该租赁物价格过高,其难以承担,故通过融资租赁实现。融资租赁合同在法律性质上仍为租赁合同,正如该条的界定,是"出租人根据承租人对出卖人、租赁物的选择,向出卖人购买租赁物,提供给承租人使用,承租人支付租金"的一种特殊形式的租赁合同。第二,草案该条第2款规定的内容,行业中俗称"回租赁"。回租赁与融资租赁性质完全不同,它是承租人将自己拥有所有权的物通过一个买卖合同卖给出租人(大多是形式上的),再通过一个租赁合同租回(大多也是形式上的),从出租人处得到出卖款,用于他处,故其本质上就是抵押贷款,是以融资租赁合同为表现形式的抵押借款,其完全不具备融资租赁的法律特征。第三,融资租赁为"舶来品",故现实中相当多的企业并不知道融资租赁为何物(甚至监管机构的某些人也认为融资租赁就是飞机、汽车租赁,而事实上在国外,飞机、汽车租赁的占比相当小),他们热衷设立融资租赁公司,是认为它是很好的融资平台,也因此许多融资租赁公司热衷于"回租赁"业务。因此,有相当多的名为融资租赁公司,但实际上不构成融资租赁法律关系,其订立的融资租赁合同,其标的物在性质、价格、租金等方面,均与租赁合同的本质不符,其实质只是为了实现"融资",而不是"融物",有的甚至完全不存在租赁物或者租赁物只是个形式或借口。随着2018年4月融资租赁行业由商务部转归银保监会监管,融资租赁势必聚焦主业,回归既“融资”更“融物”的本原。第四,最高人民法院制定《融资租赁合同司法解释》时,已考虑现实中存在以融资租赁之名从事其他交易的情形,故其第1条规定,应当“结合标的物的性质、价值、租金的构成以及当事人的合同权利和义务,对是否构成融资租赁法律关系作出认定”。针对售后回租的“回租赁”问题,该司法解释第2条规定:“承租人将其自有物出卖给出租人,再通过融资租赁合同将租赁物从出租人处租回的,人民法院不应仅以承租人和出卖人系同一人为由认定不构成融资租赁法律关系。”该条规定与草案第735条第2款所规定的“承租人和出卖人系同一人不影响融资租赁合同的成立”的含义明显不同,代表了截然相反的评判态度。第五,在融资租赁公司实务中,的确存在相当量的“回租赁”业务,但不足以在法律上就将其界定为“融资租赁合同”,更不宜在《民法典》这部大法中规定。因为此与法理不同,于现实不利。

对于上述争议,考虑《民法典》作为基本法地位,需要保持长期的稳定性,而售后回租系属于特定时期的现象,不具有长期性特征。将售后回租留在司法解释中规定,更符合实际情况,因此,民法典最终没有增加售后回租的内容。

另外,需要特别指出的是,《民法典》第737条规定,当事人以虚构租赁物方式订立的融资租赁合同无效。这是对虚构租赁物进行融资租赁的规定,与《民法典》未规定售后回租的旨趣是基本一致的,即融资租赁必须有真真正正且符合融资租赁基本要求的基础交易。该条是总则编通谋虚伪表示规定的具体化,根据《民法典》第146条的规定,行为人与相对人以虚假的意思表示实施的民事法律行为无效。以虚假的意思表示隐藏的民事法律行为的效力,依照有关法律规定处理。在交易实践中,当事人可能会为了逃脱金融监管,如某些不符合金融放贷资质的金融机构以融资租赁的名义来进行金融放贷,或者贷款的利息违反了利率管制的要求,从而选择以虚构租赁物的形式进行贷款。所以,这是以虚假的意思表示实施的民事法律行为,应当否认其效力。至于具体的处理结果,由于“名为融资租赁实为借贷”不能产生融资租赁的法律效果,法院应适用借款合同的相关法律规定,依法认定借款合同的效力、借款的本金与利率,结合当事人的过错,综合予以认定。

# 专题三　关于出租人对其租赁物享有所有权的公示问题

《民法典》第 745 条规定："出租人对租赁物享有的所有权，未经登记，不得对抗善意第三人。"该条是新增条款，主旨是出租人享有租赁物所有权的登记公信力。

《合同法》第 242 条规定："出租人享有租赁物的所有权。承租人破产的，租赁物不属于破产财产。"之所以对出租人对租赁物所有权的规定作出这一修改，是因为融资租赁合同表面上是一个有关租赁的合同，但实际上承担担保的功能。按照原先规定，出租人对租赁物虽然享有名义上的所有权，但是这个名义上的所有权却产生了一个真正所有权的效果，使出租人在承租人破产的时候可以行使取回权。这种规定模式的问题是，出租人对租赁物享有的所有权并不对外公示，但享有对世效力，甚至在承租人破产时享有取回权，会给交易安全造成巨大的影响，尤其是在同一标的物上可能同时存在动产抵押、浮动抵押、融资租赁、所有权保留等各种共存的担保物权情形时。如果出租人借助未公示的所有权即可享有一个最强大、最完整的权利，就会使其他按照现有法律规范进行真正公示的权利当事人得不到保障，有违担保交易的基本原理，也会给交易中的民事主体增加调查的成本。

2020 年 1 月 1 日开始施行的《优化营商环境条例》第 47 条第 2 款规定："国家推动建立统一的动产和权利担保登记公示系统，逐步实现市场主体在一个平台上办理动产和权利担保登记。纳入统一登记公示系统的动产和权利范围另行规定。"同时，中国人民银行也相应修改了《应收账款质押登记办法》，该办法第 35 条规定："权利人在登记公示系统办理其他动产和权利担保登记的，参照本办法的规定执行。本办法所称动产和权利担保包括当事人通过约定在动产和权利上设定的、为偿付债务或以其他方式履行债务提供的、具有担保性质的各类交易形式，包括但不限于融资租赁、保证金质押、存货和仓单质押等，法律法规另有规定的除外。"上述行政法规和部门规章的颁布实施为逐步建立全国统一的动产与权利担保登记系统奠定了基础。

基于上述前提，《民法典》第 745 条规定出租人对租赁物享有的所有权未经登记不得对抗善意第三人,明确了必须登记了才能取得对抗第三人的效力,这样才真正符合公示公信的要求。同时,《民法典》第 641 条第 2 款“出卖人对标的物保留的所有权,未经登记,不得对抗善意第三人”的规定,也是同理。而且,上述规定,已经被《民法典》第 388 条第 1 款“担保合同包括抵押合同、质押合同和其他具有担保功能的合同”的规定所包括,因此,在事实上属于担保的具体形式之一。据此,在实践中发生多个权利冲突时,可以按照《民法典》第 414 条的规定处理,该条规定:“同一财产向两个以上债权人抵押的,拍卖、变卖抵押财产所得的价款依照下列规定清偿:(一)抵押权已经登记的,按照登记的时间先后确定清偿顺序;(二)抵押权已经登记的先于未登记的受偿;(三)抵押权未登记的,按照债权比例清偿。其他可以登记的担保物权,清偿顺序参照适用前款规定。”故就融资租赁而言,无论是同一标的物上存在多个融资租赁,或者出现融资租赁与抵押权的竞存,这些情形都要适用上述规定处理清偿顺序问题。

另外,《融资租赁合同司法解释》第 9 条规定:“承租人或者租赁物的实际使用人,未经出租人同意转让租赁物或者在租赁物上设立其他物权,第三人依据物权法第一百零六条的规定取得租赁物的所有权或者其他物权,出租人主张第三人物权权利不成立的,人民法院不予支持,但有下列情形之一的除外:(一)出租人已在租赁物的显著位置作出标识,第三人在与承租人交易时知道或者应当知道该物为租赁物的;(二)出租人授权承租人将租赁物抵押给出租人并在登记机关依法办理抵押权登记的;(三)第三人与承租人交易时,未按照法律、行政法规、行业或者地区主管部门的规定在相应机构进行融资租赁交易查询的;(四)出租人有证据证明第三人知道或者应当知道交易标的物为租赁物的其他情形。”由于《民法典》第 745 条所规定的登记制度,该司法解释条款的内容不仅与第 745 条规定的内容有些重复,而且存在一定程度的冲突,建议在司法解释清理的过程中删去上述司法解释的规定。

# 第十五章　保理合同

## 专题一　何为保理合同以及规定保理合同作为典型合同的必要性

保理合同是民法典新增的典型合同。《民法典》第 761 条规定："保理合同是应收账款债权人将现有的或者将有的应收账款转让给保理人，保理人提供资金融通、应收账款管理或者催收、应收账款债务人付款担保等服务的合同。"该条主旨是关于保理合同的定义。

保理合同的定义有几个版本，大多是以保理的业务内容为主，系以应收账款债权人转让其应收账款为前提，主要包括资金融通、应收账款催收、应收账款管理、应收账款债务人付款担保等业务。《国际保理公约》第 1 条第 2 款第 2 项要求保理人列举的 4 种服务中至少要提供两种，《国际保理通则》第 1 条仅要求提供一项即可，我国的《商业银行保理业务管理暂行办法》第 6 条、银行业协会的《中国银行业保理业务规范》第 4 条以及其他一些司法文件也仅要求提供一项即可。在《民法典》编纂时，最后将保理合同的定义确定为，保理合同是应收账款债权人将现有的或者将有的应收账款转让给保理人，保理人提供资金融通、应收账款管理或者催收、应收账款债务人付款担保等服务的合同。保理合同之所以采取如此定义：一是与国际上通常的保理业务内容保持一致；二是与民法典本身的内容相协调，如与权利质权的相关权利表述；三是与我国的保理实践保持连贯。

需要特别指出的是，保理合同必须具备的要素是应收账款债权的转让，没有应收账款的转让就不能构成保理合同。按照中国人民银行《应收账款质押登记办法》第 2 条的规定，应收账款是指权利人因提供一定的货物、服务或设施而获得的要求义务人付款的权利以及依法享有的其他付款请求权，包括现有的和未来的金钱债权，但不包括因票据或其他有价证券而产生的付款请求权，以及法律、行政法规禁止转让的付款请求权。应收账款主要包括下列权利:(1)销售、出租产生的债权,包括销售货物,供应水、电、气、暖,知识产权的许可使用,出租动产或不动产等;(2)提供医疗、教育、旅游等服务或劳务产生的债权;(3)能源、交通运输、水利、环境保护、市政工程等基础设施和公用事业项目收益权;(4)提供贷款或其他信用活动产生的债权;(5)其他以合同为基础的具有金钱给付内容的债权。通过当事人之间的约定,这些应收账款的转让可以是单独转让,也可以是批量集合转让。

在《民法典》编纂过程中,初次审议的《民法典》合同编典型合同并没有保理合同,之后对于合同编二审前是否增加保理合同作为典型合同,发生了较大的争议。最高人民法院建议在典型合同部分增加保理合同章,主要考虑为:一是我国保理行业发展迅猛、体量庞大。2017 年的商业保理业务量达到 1 万亿元,居全球第二位,设立专章将有利于规范发展。二是保理业务以应收账款转让为基础,为实体企业提供综合性金融服务,尤其可以为中小型民营企业拓宽融资渠道。三是法院受理的保理案件数,近年来以每年超过 50% 的速度递增,无法可依的情况比较突出,亟须高位阶的法律规定。反对者主要认为,保理合同的实质为债权转让,发生纠纷适用合同通则分编的债权转让规则即可,无须单独规定保理合同。

经研究认为,保理业务在我国发展迅猛、体量庞大,据国际保理商联合会 2018 年数据统计,保理业务总量居世界首位,占 20.3%。考虑保理业务作为企业融资的一种手段,在权利义务设置、对外效力等方面具有典型性。对保理合同作出明确规定,提供清晰的交易规则和司法裁判规则,一方面,针对保理合同的特殊问题予以规定;另一方面,补充债权转让的一般性规则。这有利于促进保理业务的发展,缓解中小企业"融资难、融资贵"的问题,也有利于对保理业务进行规范,规制保理业务当前出现的一些问题,使保理业务能够健康、有序地发展,进而促进我国实体经济发展。最终将保理合同章的内容确定为 9 条,对保理合同的概念、内容和形式、虚构应收账款的保理、保理人发出转让通知、保理后变更或者终止基础交易合同、有追索权保理、无追索权保理和多重保理等作出基本规定。

# 专题二 应收账款债权人与债务人虚构应收账款的处理规则

《民法典》第 763 条规定:“应收账款债权人与债务人虚构应收账款作为转让标的,与保理人订立保理合同的,应收账款债务人不得以应收账款不存在为由对抗保理人,但是保理人明知虚构的除外。”该条的主旨是应收账款债权人与债务人虚构应收账款作为保理转让标的的规定。

在《民法典》编纂过程中,坚持以实践问题为出发点,以解决实践问题为导向。应收账款债权人与债务人虚构应收账款作为保理转让标的,根据调研了解,是保理实践中的突出问题,以至于有些市场主体不敢尝试保理业务。典型的案例是,在保理人尽职调查过程中,保理人向债务人核实应收账款债权人应收账款的真实性,由于债权人在订立保理合同前和债务人有串通,因此,债务人在征询函或其他文书上均会确认该应收账款真实存在;在此前提下,保理人与应收账款债权人签订保理合同,并让应收账款债权人支付融资款,但在应收账款到期后保理人向债务人主张权利时,债务人通常以基础交易合同不实或应收账款虚假为由抗辩,拒绝向保理人付款。此时,保理合同的效力如何以及保理人是否可以向债务人主张应收账款,在实践中产生了不少争议。

针对此种情形,其他国家和地区的法律存在不同的规定方式。一种方式是统一规定通谋虚伪表示不得对抗善意第三人,这当然也适用于《民法典》第 763 条所针对的情形。例如,《日本民法典》第 94 条第 1 款规定,与相对人通谋而进行虚假意思表示的,该意思表示为无效。第 2 款规定,前款意思表示的无效,不得对抗善意第三人。另一种方式是对该条所针对的情形予以特别规定,如《德国民法典》第 405 条规定:“债务人出具关于债务之文书者,如于文书提出时而为债权让与,债务人不得对新债权人主张债之关系之成立或者承认系出于虚伪,或者与原债权人曾有债权不得让与之约定。但新债权人于债权让与时明知或者可得而知其情事者,不在此限。”《瑞士债法》第 18 条第 2 款也采取了类似的方式。还有一种方式是受让人有权请求债务人承担侵权的损失赔偿责任。另外,参照我国《民法典》第 597

条第1款的规定,因出卖人未取得处分权致使标的物所有权不能转移的,买受人可以解除合同并请求出卖人承担违约责任。据此意味着,应收账款债权人与债务人虚构应收账款作为保理转让标的,并不导致保理合同的无效。因此,无论采取哪一种立法方式,共识是在此种情形中,债务人应当向保理人承担责任,以对保理人的利益给予充分保护,进而维持保理市场的诚信和健康发展。

《民法典》第763条适用需要特别说明的有四点:一是作为转让标的的应收账款不存在。该不存在包括应收账款全部不存在或者部分不存在。二是应收账款不存在是因为应收账款债权人与债务人虚构,而虚构方式可以是多样。根据实践总结,虚构方式主要为应收账款债权人与债务人通谋虚假以及债务人单方向保理人虚伪确认应收账款的真实性。三是保理人对虚构的应收转款产生了合理信赖并与应收账款债权人订立了保理合同。如果未订立保理合同,自然不适用该条规定。四是保理人明知应收账款为虚构的,保理人无权适用该条规定要求应收账款债务人承担还款责任。这是因为,保理人有一定的对应收账款的审核义务。只要保理人不是明知应收账款为虚构的,保理人有权请求债务人履行如同债权存在时相对应的债务。

## 专题三　保理人的通知权利和义务

《民法典》第764条规定:"保理人向应收账款债务人发出应收账款转让通知的,应当表明保理人身份并附有必要凭证。"该条的主旨是保理人发出转让通知并提供必要凭证的规定。

《民法典》第546条第1款规定,债权人转让债权的,未经通知,该转让对债务人不发生效力。《合同法》第80条第1款规定,债权人转让权利的,应当通知债务人。未经通知,该转让对债务人不发生效力。尽管《民法典》相对于《合同法》删除了"应当通知债务人"的内容,但是就言词解释角度而言,由于条文的主语未变,故债权转让的通知仍然应当是以债权人通知为原则,以受让人通知为例外。

既然如此,《民法典》第764条为何明确规定保理人有权单独向债务人发出应收账款转让通知。对于通常的债权转让,就转让通知的发出主体,不同的立法例有不同的规定。一种是规定仅赋予债权让与人有通知权,如《日本民法典》第 467 条第 1 款规定,债权的转让只有在转让人通知债务人,或者债务人作出同意后,方可对抗债务人及其他第三人。另一种是赋予让与人或受让人均可发出债权转让通知。还有一种是应收账款让与人和受让人均可发出转让通知,但受让人发出转让通知的必须附有必要凭证,未提供必要凭证的,转让通知不发生效力。例如,《联合国国际贸易中应收账款转让公约》第 17 条第 7 款规定,债务人收到受让人发出转让通知的,债务人有权要求受让人在一段合理时间内提供关于初始转让人向初始受让人的转让和任何中间转让确已作出的充分证据;除非受让人这样做,债务人可视为未曾收到受让人的通知,通过根据本条付款而解除义务。转让的充分证据包括但不限于由转让人签发并指明转让确已发生的任何书面文件。《国际商事合同通则》第 9.1.12 条规定:(1)当转让通知由受让人发出,债务人可以要求受让人在合理时间内提供转让已发生的充分证据;(2)在提供充分证据之前,债务人可以暂停清偿;(3)在提供充分证据前,通知不产生效力;(4)充分证据包括但不限于让与人作出的并能够表明转让已作出的任何书面文件。

参考各种立法模式,《民法典》第 764 条规定允许作为应收账款受让人的保理人有权通知,主要理由如下:第一,各国或者各地区有允许受让人通知的立法模式;第二,在我国的保理实践中,大多数情形都是由保理人发出应收账款转让通知;第三,保理人是经依法登记的主体,归银监部门监管,允许保理人通知不至于发生失控状况;第四,保理人进行通知时,应当提供应收账款及其转让的必要凭证,以供应收账款债务人识别,可以有效维护保理活动的秩序。

由保理人进行通知应收账款债权的转让,真正的问题在于,何为必要凭证以及债务人对这些凭证的审核义务程度。如果债务人承担过高的审核义务,则其就会处于两难境地而遭受不利益:要么向受让人履行,但如果受让人并未取得债权,此时债务人就仍需向让与人再次履行,且增加了债务人依据不当得利要求让与人返还所可能承担的让与人资力不足的风险;要么拒绝受让人的履行请求,但如果受让人确实取得债权,此时债务人可能就会陷入违约。如果债务人承担过低的审核义务,则又会不利于对受让人利益的保障。只要允许受让人发出通知,此种价值权衡上的进退维谷无法避免。因此,保理人向应收账款债务人发出应收账款转让通知的,应当表明保理人身份并附有必要凭证。在《民法典》编纂过程中,曾试图列举必要凭证的具体内容,但担心出于市场的复杂性,列举一二可能出现挂一漏万的情况,故最终放弃了该方案。

至于究竟在实践如何判断必要凭证,原则上应当采取严格的认定标准。如果保理人仅提交了书面的债权转让合同,或者让与人签字或盖章的书面转让通知,考虑我国当前的实际信用环境,而这些凭证的伪造相对容易,故可能无法判断应收账款转让通知的真实性。本书认为,目前相对具有较高证明力的方式为,保理人可以将债权转让合同、保理合同或者转让通知进行公证,由于公证需要应收账款转让人和保理人的共同参与,债务人收到相关凭证的,可以认为具有同债权人发出转让通知同等的效力。当然,如果保理合同纠纷进入诉讼的,人民法院可以主动或者通过诉讼当事人申请,追加应收账款债权人为无独立请求权的第三人,以确定应收账款债权转让的真实性。

## 专题四　基础交易合同的变更或者终止对保理人的影响

《民法典》第 765 条规定:"应收账款债务人接到应收账款转让通知后,应收账款债权人与债务人无正当理由协商变更或者终止基础交易合同,对保理人产生不利影响的,对保理人不发生效力。"该条的主旨是保理合同的基础交易合同变更或者终止对保理人的效力。

由于保理合同中转让的应收账款包括将来的应收账款,由于具有长期性,基于主客观条件的变化,基础交易合同难免会发生变化。针对此实际情况,必须有相应的规范依据。同时,依据保理合同,为保障保理人地位,应收账款债权人负有保持该应收账款债权价值的义务,因此,不能通过与债务人协商,作出任何使转让债权价值落空或者减损的行为。当这些行为发生时,其是否对保理人发生效力,需要在法律上作出明确。因此,第 765 条对基础交易合同的变更或者终止作出规定。

综观各国立法例,为保护保理人的利益,各国主要范式如下:(1)《德国民法典》第 407 条第 1 款规定,对于债务人在债权让与后向原债权人履行的给付,以及债权让与后在债务人和原债权人之间就债权所实施的一切法律行为,新债权人必须允许它们被对他自己主张,但债务人在给付时或法律行为实施时知道债权让与的除外。(2)《联合国国际贸易中应收账款转让公约》第 20 条第 2 款规定,在发出转让通知后,转让人与债务人之间订立的涉及受让人权利的协议对受让人不具效力,除非:(a)受让人同意该协议;或(b)履约不足未挣得全部应收账款以及原始合同中写明可作修改,或根据原始合同,通情达理的受让人会同意此种修改。

对于《民法典》第765条的具体适用,在实践中应当着重注意以下几点:第一,应收账款债权人和债务人协商作出的行为发生在债务人接到债权转让通知后。如果是债务人接到债权转让通知前,根据《民法典》第546条的规定,应收账款债权转让对债务人不发生效力,保理人所取得的债权发生相应变动的,保理人仅能依法请求让与人承担违约责任,而与债务人无关。第二,应收账款债权人和债务人协商作出了变更或者终止基础合同的行为,这是适用《民法典》第765条规定的前提。该行为必须是关于转让债权的,如果不涉及转让债权,自然不会对保理人发生影响,也就不适用该条规定。同时,债权人和债务人应当是协商一致的行为,这里既包括协商变更或者终止基础交易合同的情形,如延期、和解、协议抵销、协议解除等,也包括债权人免除债务人的债务而债务人未在合理期限内拒绝的情形;但是,不应包括基于法律规定以及债务人单方行使基于法律规定享有的法定解除权等,使基础交易合同发生变更或者终止的情形。第三,应收账款债权人和债务人协商作出的行为,将对保理人产生不利影响。也就是可能使保理人获得应收账款债权的价值落空或者减损,如果债权人和债务人的行为有利于保理人,自然无须保理人同意即可对保理人发生有利的效力。第四,对保理人产生不利影响的应收账款债权人和债务人,协商做出的行为无正当理由。这里的正当理由,通常而言,要么是经过了保理人同意,要么是相关行为符合诚信原则且保理人并无合理理由反对,具体可能包括:(1)基础交易合同已约定可变更或者终止的情形;(2)政府合同和复杂的合同安排中,尤其对于数额尚未最终确定的债权。①

至于《民法典》第765条适用的法律后果是,应收账款债权人和债务人协商作出的行为对保理人不发生效力。也就是说,保理人仍然可以根据该行为成立之前的债权状况,请求债务人履行支付应收债款的债务,以充分保护保理人利益。当然,保理人可以依据《民法典》第563条的规定解除保理合同并请求债权人承担违约责任。而且,如果保理人有证据证明债权人与债务人恶意串通变更或者终止基础合同,进而损害保理人利益的,保理人可以依据《民法典》第1168条的规定,要求应收账款债权人和债务人就保理人的损失承担连带责任。②

---

① 参见黄薇主编:《中华人民共和国民法典释义》,法律出版社2020年版,第1412页。

② 同上。

# 专题五　有追索权保理和无追索权保理

《民法典》第766条规定:“当事人约定有追索权保理的,保理人可以向应收账款债权人主张返还保理融资款本息或者回购应收账款债权,也可以向应收账款债务人主张应收账款债权。保理人向应收账款债务人主张应收账款债权,在扣除保理融资款本息和相关费用后有剩余的,剩余部分应当返还给应收账款债权人。”本条主旨是有追索权保理的处理规则。《民法典》第767条规定:“当事人约定无追索权保理的,保理人应当向应收账款债务人主张应收账款债权,保理人取得超过保理融资款本息和相关费用的部分,无需向应收账款债权人返还。”该条主旨是无追索权保理的处理规则。

## 一、有追索权保理

有追索权保理,是指保理人不承担为债务人核定信用额度和提供坏账担保的义务,仅提供包括融资在内的其他金融服务,有追索权保理在应收账款到期无法从债务人处收回时,银行可以向债权人反转让应收账款,或要求债权人回购应收账款或归还融资,又称为回购型保理。[①] 在我国当前的保理业务市场中,大多属于有追索权保理模式。

在我国目前的保理交易实践中,就有追索权的保理,当事人通常会明确约定,保理人有权而非有义务同时要求应收账款债务人和债权人清偿各自所负债务,保理人并有权自主决定将已受让的应收账款转让给其他第三人,或者明确约定,债权人负有融资款到期后无条件足额偿还的义务。就上述约定,在司法实践中,形成了两种不同的做法:一种做法是,保理人必须先向应收账款债务人主张权利,在应收账款债务人经判决无法得到执行的情况下,才可以提起另一个诉讼向应收账款债权人主张权利;另一种做法是,在应收账款到期且债务人未及时还款时,准许保理人同时对应收账款债权人和债务人提起诉讼。对此,在《民法典》编纂过程中的基

① 参见黄薇主编:《中华人民共和国民法典释义》,法律出版社2020年版,第1413页。

本考虑为：基于保理业务的通常实践，避免当事人通过约定排除法定规则的交易成本以及对保理人负担越大，越需要保理人的明确同意这种解释原则，同时，基于基础交易合同关系和保理合同关系的关联性，便于查明事实、减轻当事人讼累、提高审判效率，在保理人和债权人无特别约定或者约定不明确时，《民法典》第766条规定，保理人可以向应收账款债权人主张返还保理融资款本息或者回购应收账款债权，也可以向应收账款债务人主张应收账款债权。即在有追索权保理中，在当事人无特别约定或者约定不明确时，保理人有权选择向应收账款债权人主张返还保理融资款本息或者回购应收账款债权，或者向应收账款债务人主张应收账款债权；保理人也可以同时向应收账款债权人和债务人主张权利。

另外，需要明确指出的是，在有追索权保理中，保理人向应收账款债务人主张应收账款债权并获得履行后，首先应当扣除保理融资款本息和相关费用，具体包括：保理融资款本息、保理商未受清偿的应收账款融资额度承诺费、保理手续费、保理首付款使用费及其他债权人到期未付款等。在扣除后仍有剩余的这部分保理余款的归属，首先由保理人和债权人在保理合同中约定。保理合同对此无约定或者约定不明确时，《民法典》第766条规定了一个默认规则，即保理余款应当返还给应收账款债权人。此时，保理人负有清算义务，这也与担保的规则保持一致。①

## 二、无追索权保理

无追索权保理，是指保理人根据债权人提供的债务人核准信用额度，在信用额度内承购债权人对债务人的应收账款，并提供坏账担保责任，债务人因发生信用风险未按基础合同约定按时足额支付应收账款时，保理人不能向债权人追索，又称为买断型保理。无追索权保理在性质上属于应收账款债权买卖，保理人受让债权并享有债权的全部清偿利益、负担债权不能受偿的风险，作为债权转让对价的融资款，实际上是通过买卖取得债权的价款。② 在《民法典》编纂过程中，业界普遍反映无追索权保理在实践中很少使用，建议不作规定。《民法典》第767条最终就无追索权保理作出规定，主要是从《民法典》作为基础性立法的长远考虑。尽管目前的市场环境很少采用无追索权保理模式，但并不意味着将来市场环境发生变化后也不会采用。而且，对无追索权保理模式作出规定，给市场主体多一种选择，可以适应多样性需要。

---

① 参见黄薇主编：《中华人民共和国民法典释义》，法律出版社2020年版，第1414页。

② 同上。

依据《民法典》第767条的规定,当事人约定无追索权保理的,保理人应当向应收账款债务人主张应收账款债权,而不能向应收账款债权人主张返还保理融资款本息或者回购应收账款债权。这里需要特别指出的是,保理人只能向债务人主张权利,前提是应收账款债权人转让给保理人的应收账款本身并无问题,只是债务人本身的信用发生了问题,保理人只能自行承担后果,包括债务人未按照基础交易合同约定履行债务或者履行债务不符合约定、债务人破产等。也就是说,就保理人而言,除非当事人另有约定,应收账款债权人不对债务人的履行能力负有担保责任。《联合国国际贸易中应收账款转让公约》第12条第2款规定,除非转让人与受让人之间另行议定,转让人并不表示债务人具备或将会具备付款的能力。

但就另一角度而言,无追索权保理并不意味着在任何情形下保理人对应收账款债权人均无追索权,如果债务人因不可抗力而无法支付,或者债务人依法主张基础交易合同所产生的抗辩、抵销或者依法解除基础交易合同而拒绝付款,则保理人仍有权对债权人追索,向应收账款债权人主张返还保理融资款本息或者回购应收账款债权。例如,债权人和债务人签订了货物买卖合同,债权人就其对债务人的应收账款债权与保理人签订了保理合同,在保理人向债务人主张应收账款债权时,债务人因债权人出卖的货物有严重的质量瑕疵而依法解除货物买卖合同,并拒绝保理人的履行请求。此时,由于这并非债务人的信用风险,保理人仍然有权向应收账款债权人主张返还保理融资款本息或者回购应收账款债权。

另外,需要明确指出的是,就无追索权保理,保理人通常承受了无法从债务人处获得权利时不能向应收账款债权人追索的风险。因此,针对保理人向应收账款债务人主张应收账款债权并获得履行后,对保理人的超过保理融资款本息和相关费用的这部分保理余款的归属,应当归属于保理人,无须向应收账款债权人返还,这应当是无追索权保理的应有之义。尽管保理人获得了超过保理融资款本息和相关费用之外的利益,但是该利益并非属于不当得利,而是保理人依法应当的合法权益,应当予以保护。

# 专题六　多重保理的处理规则

《民法典》第768条规定："应收账款债权人就同一应收账款订立多个保理合同，致使多个保理人主张权利的，已经登记的先于未登记的取得应收账款；均已经登记的，按照登记时间的先后顺序取得应收账款；均未登记的，由最先到达应收账款债务人的转让通知中载明的保理人取得应收账款；既未登记也未通知的，按照保理融资款或者服务报酬的比例取得应收账款。"该条主旨是保理业务中发生应收账款多重转让的规则。

在实践中，由于应收账款债权人的不诚信，时常会出现应收账款债权人将同一应收账款订立多个保理合同，致使多个保理人主张债权的情形。当发生纠纷进入诉讼领域，就必须有相应规则对此作出判决。在《民法典》之前，在立法领域没有就债权竞合的相关处理规则，而实践中又有此需要，因此，在《民法典》编纂过程中对此进行了完善。就多个作为债权受让人的保理人之间优先顺位的确定，存在不同的立法例。

我国《民法典》究竟对此问题应采取何种方式，经研究，以何种方式确定多个保理人之间的优先顺位，取决于能够使债权交易的公示成本、事先的调查成本、事中的监督防范成本、事后的债权实现成本等各种成本中，哪种方式更低以及对第三人和社会整体的外部成本也更低。在上述三种方式中，采取登记在先的方式，保理人调查成本、监督防范成本、实现债权的执行成本都是最低的，并有助于防止债权人和其他人串通损害保理人的道德风险，提高债权的流通和担保价值，最终降低债权人的融资成本。建立在电子化的通知登记程序系统上的债权转让登记，由于电子化登记簿、自助登记和登记机构的审核程度低。因此，这种方式登记成本非常低，且其他第三人对登记的查询成本也较低，是最便捷、安全、高效、可靠的公示方法，采取登记在先的方式，使整体的社会成本最低，对受让人的地位保障最为充分，有利于保护交易安全，提升营商环境，同时便利企业的融资实践。关于登记机构的问题，《优化营商环境条例》第47条第2款已经规定："国家推动建立统一的动产和权利担保登记公示系统，逐步实现市场主体在一个平台上办理动产和权利担保登记。

纳入统一登记公示系统的动产和权利范围另行规定。”修订后的《应收账款质押登记办法》第34条也规定,权利人在登记公示系统办理以融资为目的的应收账款转让登记,参照本办法的规定。同时,同一债权向多个保理人多重转让的情形,在利益衡量上类似于同一财产向两个以上债权人抵押的情形。对后一种情形,《民法典》第414条第1款规定,抵押权已登记的,按照登记的时间先后确定清偿顺序,抵押权已登记的先于未登记的受偿;同时,在第2款中规定,其他可以登记的担保物权,清偿顺序参照适用前款规定。因此,为了提升营商环境,保护交易安全,便利融资,在利益结构相似的情形中保持规则一致,提高裁判统一性,第768条首先采取了登记在先的方式,确定多个保理人之间的优先顺位,即应收账款债权人就同一应收账款订立多个保理合同,致使多个保理人主张权利的,均已登记的,按照登记的先后顺序取得应收账款;已登记的先于未登记的取得应收账款。

对于保理人都未进行债权转让登记的情形,考虑通知在先虽然较登记在先社会成本要高,但较合同成立时间仍然成本要低。因此,此时采取通知在先的顺位确定方式,最先到达债务人的转让通知中载明的受让人顺位在先。这对于暗保理的保理人可能会有所不利,但整体上仍然有助于保护交易安全,且暗保理的保理人应当承担因选择暗保理所应当承担的风险。因此,第768条首先采取了登记在先的顺位确定方式,其次采取了通知在先的顺位确定方式。

对既未登记也未通知债务人的情形,有意见认为,应采用合同成立在先的顺位确定方式。但是,基于我国的信用环境有待进一步提升,在实践中为自身利益而倒签合同的现象时常存在,采用合同成立在先的顺位确定方式,将很难操作。基于此,选择相对客观固定的顺位确定方式,不仅有利于操作,操作成本也较低,而且有利于对市场主体作出指引,故第768条规定,既未登记也未通知的,按照保理融资款或者服务报酬的比例取得应收账款。

## 专题七　债权转让规则对保理合同的补充适用

《民法典》第769条规定:“本章没有规定的,适用本编第六章债权转让的有关规定。”该条主旨是保理合同可以直接适用债权转让的规则。

保理合同的成立以应收账款债权的转让为前提,没有应收账款的转让就不能构成保理合同,而应收账款是债权的一种,应收账款债权转让属于债权转让。据此,保理合同履行的相关情况,在保理合同章没有规定时,自然可以适用《民法典》合同编第六章中债权转让的相关规则。具体而言,在涉及债权转让的范围内,适用以下规定。

第一,禁止债权转让的相关规定。《民法典》第 545 条第 1 款规定:债权人可以将债权的全部或者部分转让给第三人,但是有下列情形之一的除外:(1)根据债权性质不得转让;(2)按照当事人约定不得转让;(3)依照法律规定不得转让。第 2 款规定,当事人约定非金钱债权不得转让的,不得对抗善意第三人。当事人约定金钱债权不得转让的,不得对抗第三人。该条内容适用到保理合同中,因保理合同系以应收账款转让为前提,即原则上是以金钱债权为前提,因此,不存在根据债权性质和依照法律规定不得转让的情况。但是,如果当事人约定不得转让应收账款,倘若债权人已经转让给保理人的,该转让将对保理人发生效力;不过,应收账款债权人应当向债务人承担违约责任。

第二,债权转让的通知和撤销。《民法典》第 546 条第 1 款规定:"债权人转让债权,未通知债务人的,该转让对债务人不发生效力。"第 2 款规定:"债权转让的通知不得撤销,但是经受让人同意的除外。"该条内容原则上都可以适用于保理合同。只是就暗保理而言,出于某种目的,作为保理合同当事人的应收账款债权人和保理人约定不向债务人通知,因此,不存在应收账款债权人或保理人向债务人通知的问题。

第三,债权受让人取得与债权有关的从权利。《民法典》第 547 条第 1 款规定:"债权人转让债权的,受让人取得与债权有关的从权利,但是该从权利专属于债权人自身的除外。"第 2 款规定:"受让人取得从权利不因该从权利未办理转移登记手续或者未转移占有而受到影响。"该条内容可以适用于保理合同。需要特别说明的是,第 2 款规定是在《民法典》编纂过程中新增的内容,是针对主债权转让完成后,受让人对于从权利的享有是否需要履行特定程序,该款明确不需通过特定程序,以提高债权转让的效率和充分保护债权人的合法利益。

第四,债务人对债权让与人的抗辩可以向受让人主张。《民法典》第 548 条规定:"债务人接到债权转让通知后,债务人对让与人的抗辩,可以向受让人主张。"该条规定完全可以适用于保理合同,而且在保理合同履行过程中可能将会得到较普遍的适用。在实践中,应收账款债务人因从债权人处收到的货物存在质量问题,享有合理的减少价款或迟延付款等的抗辩理由,当保理人向债务人主张应收账款债权时,债务人可以直接向保理人提出抗辩,保理人应当受到本条规定的约束。

第五,债务人可以向债权受让人主张抵销。《民法典》第549条规定:"有下列情形之一的,债务人可以向受让人主张抵销:(一)债务人接到债权转让通知时,债务人对让与人享有债权,且债务人的债权先于转让的债权到期或者同时到期;(二)债务人的债权与转让的债权是基于同一合同产生。"该条规定可以适用于保理合同,而且第2项为《民法典》编纂过程中新增加内容,债务人对债权人享有的债权与债权人转让的应收账款债权系基于同一合同产生的,无须受到债权到期时间先后的约束,可以直接向保理人主张抵销。

第六,因债权转让而增加的履行费用负担。《民法典》第550条规定:"因债权转让增加的履行费用,由让与人负担。"该条规定表面看来与保理合同的适用无关,但结合实践情况,因保理人已经受让让与人的债权,当债务人就增加的履行费用向保理人主张时,是否应当支持。本书的意见是,因保理人受让了让与人的债权,考虑债权的相对性,保理人具有了让与人的地位,故债务人可以向保理人主张增加的履行费用。但是,当保理人负担该费用后,应当按照保理人与应收账款债权人的约定,最终决定该费用由谁负担。

# 第十六章　承揽合同

## 专题一　承揽合同的概念与特征

《民法典》第 770 条规定："承揽合同是承揽人按照定作人的要求完成工作，交付工作成果，定作人支付报酬的合同。承揽包括加工、定作、修理、复制、测试、检验等工作。"该条规定的是承揽合同的定义和种类，与《合同法》第 251 条规定一致，没有变化。该条规定了承揽合同的定义，即承揽合同是指承揽人按照定作人的要求完成工作，交付工作成果，定作人支付报酬的合同。由此可知，在承揽合同中，承揽人的合同义务是按照定作人的要求完成工作、交付工作成果。定作人的合同义务是支付报酬。

### 一、承揽合同的法律特征

一是以完成一定工作并交付工作成果为目的。承揽合同中的承揽人必须按照定作人的要求完成工作，并交付工作成果，这也是定作人订立合同的目的。而工作成果的种类，并无限制，只要不违反法律、行政法规的强制性规定，不违背公序良俗，其成果为有形的（如装修、加工、修表等）、无形的（如宣传、演戏、评估、看护、设计等），有财产价格的（如定做西装）、无财产价格的（如宣传），均无不可。其项目繁多，涉及人民生活的方方面面，但不作为不得成为承揽合同的标的。[①]

二是标的物具有特定性。承揽合同的标的物是承揽人按照定作人的要求，为了满足定作人的特定需要而完成的。

三是承揽人要独立完成承揽工作。定作人看重的是承揽人的工作技能和条件，承揽人要以自己的设备、技术、劳力等完成工作，如经定作人同意，承揽人将主

---

① 参见崔建远：《合同法》（第 3 版），北京大学出版社 2016 年版，第 546 页。

要工作交由第三人完成的,承揽人要向定作人负责。

四是承揽合同是双务、有偿、诺成、不要式合同。在承揽合同中,承揽人和定作人均负有合同义务,承揽人负有按照定作人要求完成工作,交付工作成果的合同义务,定作人负有支付报酬的合同义务,因此,承揽合同是双务合同。承揽合同为有偿合同,若定作人不支付报酬,则将成为赠与合同或无偿委托合同。承揽合同的成立以承揽人和定作人达成一致意思表示即可,亦无须采用特定形式。

## 二、承揽合同的种类

在传统民法中,承揽合同包括加工承揽合同与建设工程合同两大类,因建设工程合同具有自身的典型特点,故对其予以单独规定。第 770 条第 2 款规定了几种常见的承揽合同的种类。

1. 加工合同。加工合同,是指承揽人按照定作人的要求,以自己的技能、设备和劳力,将定作人提供的材料进行加工,并将加工后的成品交付给定作人,定作人支付报酬的合同。加工合同是实践中大量存在的一种承揽合同,企业之间都称为"来料加工"。需要注意的是,材料必须由定作人提供。

2. 定作合同。定作合同,是指承揽人以自己的技能、设备和劳力,用自己的材料,按照定作人的要求,为定作人制作特定的成品,定作人接受该成品并支付报酬的合同,如定作服装等。定作合同与加工合同的区别在于定作合同由承揽人自行准备材料,而加工是由定作人提供材料。

3. 修理合同。修理合同,是指承揽人按照定作人的要求,以自己的技能、设备和劳力,为定作人修复损坏的物品,定作人接受该工作成果并支付报酬的合同。这里既包括对动产的修理,如修理汽车,也包括对不动产的修缮,如修缮房屋。

4. 复制合同。复制合同,是指承揽人按照定作人的要求,以自己的技能、设备和劳力,将定作人提供的样本进行复制,并将复制品提供给定作人,定作人支付报酬的合同,如复制字画等。

5. 测试合同。测试合同,是指承揽人按照定作人的要求,以自己的技能、设备和劳力,为定作人指定的项目进行测试,并将测试结果提供给定作人,定作人支付报酬的合同。

6. 检验合同。检验合同,是指承揽人按照定作人的要求,以自己的技能、设备和劳力,为定作人提供的事物的性能、质量等进行检验,并将检验结果提供给定作人,定作人支付报酬的合同。

## 三、承揽合同的认定是否以“交付工作成果”为要件

《民法典》第770条规定沿用了《合同法》第251条之规定，未进行修改。但对承揽合同是否以“交付工作成果”为要件，存有不同意见。

本书认为，首先，在承揽合同中，定作人的合同目的即取得承揽人按照其要求完成的工作成果，承揽人的合同义务不仅是按照定作人的要求完成工作，还应将完成的工作成果交付给定作人，由定作人验收合格。因此，承揽人交付工作成果是其合同义务的一部分。尽管有时由于工作成果本身的特性，未必需要现实交付，但在无须交付时，可以工作完成代替交付。但这并不能否认承揽人负有交付工作成果的义务。而概念的归纳、总结应当体现其基本特征，因此，在承揽合同的概念界定上，注明“交付工作成果”能更全面地体现承揽人与定作人的权利义务。其次，即使在概念界定中不明确写明“交付工作成果”，亦无法否认在能够交付工程成果时，“向定作人交付工作成果”是承揽人重要的合同义务，且在德国、日本等国家的民法及其理论上，完成一定工作，于无须交付工作物的场合，是指单纯完成工作，于必须交付工作物的场合，是指将工作物制作完成并交付给定作人的整个过程。[①] 也就是说，“完成一定工作”这一概念本身包含“须交付工作物”和“无须交付工作物”两种情况。再次，承揽合同与雇佣合同虽确实存在难以区分之处，但并非仅因承揽合同强调“交付工作成果”所导致，亦不足以因此而消灭承揽人交付工作成果的合同义务。最后，关于风险负担问题。依据民法上关于标的物毁损、灭失风险负担的规则，结合承揽合同的自身特点以及工作成果是否需要现实交付予以处理，实则并不存在障碍。

## 四、承揽关系与雇佣关系的区分

雇佣关系与承揽关系都是在生活中比较常见的法律关系，两者最大的共同点在于以通过提供劳务来换取报酬为主要内容，在司法实践中经常出现一些交织于雇佣关系和承揽关系的边界性案件，如合同内容不明确，既有雇佣合同的特点，又有承揽合同的特点，导致合同类型难以判断。但该两种合同双方发生争议时，在权利义务关系、责任承担主体、责任承担等多方面均存在较大差异，因此，对该两种关系性质的准确界定具有重要意义。

---

① 参见崔建远：《合同法》(第3版)，北京大学出版社2016年版，第547页。

雇佣合同是指当事人约定,受雇人于一定或者不定期限内向雇佣人提供劳务,雇佣人给付报酬的协议。[①] 其法律特征主要有以下几点:(1)以提供一定的劳务为合同标的。雇员通过提供劳务获得报酬,雇主通过雇员提供的劳务获取经济利益。(2)雇主对雇员有控制、支配、监督及管理的权力。雇员需听从雇主的安排,在雇主的指挥、监督下完成工作。(3)雇员因从事雇佣活动造成他人损害的,由雇主承担替代赔偿责任。

承揽关系与雇佣关系的相似之处主要表现在:(1)二者都属于双务、不要式、诺成、有偿合同。即当事人意思表示达成一致时,合同即成立,亦不需要特殊的形式。合同双方当事人在合同中互负权利义务,定作人和承揽人均需向合同相对方支付报酬。(2)定作人和雇主合同目的的实现都依赖于合同相对方提供劳务,承揽人需要按定作人的要求完成工作,并在一定程度上接受定作人的监督、检查;雇员需要听从雇主的指挥,在雇主的管理、监督下完成工作,且有时雇员在提供劳务过程中也有相对的独立性和自主性。

承揽关系与雇佣关系的区别:(1)合同目的不同。承揽合同的目的是完成一定工作并交付工作成果,不过多关注承揽人提供的劳务,劳务只是一种手段,承揽人提供劳务需完成工作成果,才有权请求定作人支付报酬;而雇佣合同中,提供劳务即为合同目的,无论是否有工作成果,雇员均可请求支付报酬。(2)完成工作的独立性不同。在承揽合同中,承揽人与定作人之间不存在支配与服从的关系,承揽人完成工作具有独立性;在雇佣合同中,雇员要在雇主的管理、监督下完成工作,不具有独立性。(3)提供劳务专属性强弱程度不同。承揽人虽然原则上应当亲自完成主要工作,但亦可将其承揽的主要工作交由第三人完成的,并应当就该第三人完成的工作成果向定作人负责;而雇员则必须亲自提供劳务,提供劳务的专属性更强。(4)承担的法律责任不同。在承揽合同中,由于承揽人的独立性,在一般情况下,承揽合同履行中的风险由承揽人承担,后果和责任由承揽人负责,定作人仅在前期选任、定作和指示方面存在过失的,才承担相应责任;在而雇佣关系中,由于雇员的从属性,雇佣合同履行中的风险由雇主承担。

关于承揽关系与雇佣关系的认定,最高人民法院民事审判第一庭编著的《人身损害赔偿司法解释的理解与适用》中给出具体指导:当事人双方就承揽与雇佣的性质发生争议时,人民法院可以综合分析下列因素,结合案件具体情况予以认定:(1)当事人之间是否存在控制、支配和从属关系;(2)是否由一方指定工作场所、提

---

① 参见史尚宽:《债法各论》,中国政法大学出版社 2000 年版,第 291 页。

供工作工具或设备,限定工作时间;(3)是定期给付劳动报酬还是一次性结算劳动报酬;(4)是继续性提供劳务,还是一次性提供工作成果;(5)当事人一方所提供的劳动是其独立的业务或经营活动,还是构成合同相对方的业务或者经营活动的组成部分。如当事人之间存在控制、支配和从属关系,由一方指定工作场所、提供劳动工具或设备,限定工作时间,定期给付劳动报酬,所提供的劳动是接受劳务一方生产经营活动的组成部分的,可以认定为雇佣。反之,则应当认定为承揽。[①]

## 专题二　承揽人的留置权、拒绝交付权

《民法典》第783条规定:"定作人未向承揽人支付报酬或者材料费等价款的,承揽人对完成的工作成果享有留置权或者有权拒绝交付,但是当事人另有约定的除外。"该条规定的是承揽人的留置权和拒绝交付的权利。《合同法》第264条规定:"定作人未向承揽人支付报酬或者材料费等价款的,承揽人对完成的工作成果享有留置权,但当事人另有约定的除外。"该条与《合同法》第264条规定相比,增加了承揽人"有权拒绝交付"完成的工作成果。

留置权是法定担保物权。《物权法》第230条规定,债务人不履行到期债务,债权人可以留置已经合法占有的债务人的动产,并有权就该动产优先受偿。前款规定的债权人为留置权人,占有的动产为留置财产。根据该条规定,留置权的成立需要符合3个条件:(1)须债权人占有属于债务人之动产。留置权的主体为债权人,客体为债权人所有的动产。(2)须债权已届清偿期。债权人行使留置权应当以债权已届清偿期为条件,如果债权清偿期尚未届满,债务人可通过履行债务进行清偿,债权人不得留置债务人的动产。(3)须债权人合法占有债务人的动产,即债权人留置债务人的动产,须基于合法占有。

由此可知,债权人已经合法占有债务人的动产,是债权人行使留置权的前提条件。在承揽合同中,对承揽物的所有权是归属于承揽人所有还是定作人所有,存在不同意见,在承揽物所有权归承揽人所有的情况下,则可能引发承揽人占有自己所

① 参见最高人民法院民事审判第一庭编著:《最高人民法院人身损害赔偿司法解释的理解与适用》,人民法院出版社2015年版,第157页。

有的工作成果,其无法对自己所有的动产行使留置权的情况。《合同法》第264条仅规定“承揽人对完成的工作成果享有留置权”,未考虑“已完成工作成果的所有权归属问题”,存在不妥之处,亦给司法实践带来适用困境。基于此,《民法典》第783条增加了“承揽人有权拒绝交付”的权利,即在“已完成工作成果”所有权归承揽人所有,承揽人无法行使留置权的情况下,鉴于承揽合同系双务合同,其可行使同时履行抗辩权,拒绝交付工作成果。该规定在理论逻辑上更周延,也更符合司法实践之需要。

承揽合同,是指承揽人按照定作人的要求完成工作,交付工作成果,定作人支付报酬的合同。承揽包括加工、定作、修理、复制、测试、检验等工作。承揽合同涉及的工作成果为有体物时,在一般情况下,承揽人需要将完成的工作物交付给定作人,工作物自交付给定作人时,定作人取得工作物的所有权。然而,工作物在完成后,交付给定作人之前,其所有权归属于承揽人还是定作人,存在较大争议。

从几种常见的承揽合同所涉及的工作物看,承揽物所有权归属各有不同之处。如加工合同是指定作人提供材料,承揽人以自己的技能、设备和劳力进行加工。定作合同是承揽人自己准备材料,并以自己的技能、设备和劳力进行加工,将工作物交付给定作人。这两种合同因材料所有权归属不同,一个归属于定作人,另一个归属于承揽人,导致承揽物在交付前的归属存在争议。一种意见认为,无论材料由谁提供,均应归属于定作人,因定作人订立承揽合同的目的即为取得承揽物的所有权。另一种意见认为,应依据材料提供者确定承揽物交付之前的归属,材料由定作人提供,则归定作人所有;材料由承揽人提供,则归承揽人所有,在承揽人将承揽物交付给定作人后,定作人继受取得承揽物所有权。而修理则是承揽人以自己的设备、技术和劳力将定作人提供的损坏的物品修理好后归还给定作人。在修理合同中,如承揽人在修理定作人所有之物品时,进行了零部件的添附,添附物与工作物所有权的归属问题亦存在两种意见。一种意见认为,承揽所依附的基础(损坏之物)由定作人提供,定作人的合同目的即为修好该损坏之物,故所有权应归定作人所有;另一种意见认为,应依据添附内容与定作人提供的物是否形成附和,如已经形成附和,根据主物和从物的关系,应归定作人所有,如果没有形成附和,则应分开对待,添附物所有权归承揽人所有,原物所有权归定作人所有。

关于承揽物的所有权归属,我国无明确规定。加工作为承揽的一种,关于加工物的所有权归属问题,自罗马法时期便存有争议,分为两派:一是“Sabinus 派”,认为加工物应归材料所有人所有;二是“Proculus 派”,认为加工物所有权应归加工人所有。至古典法学后期,出现折中说,以加工物能否还原为原来的原材料来区分所有权人,能还原,则归材料所有人所有;不能还原,则归加工人所有。该学说对各国立法产生重要影响。当前,法国和意大利是以"Sabinus 派"为主的折中主义,即主要采取"材料主义",同时吸收"加工主义",而德国是以"Proculus 派"为主的折中主义,或者说是较为纯粹地采取了"加工主义",以加工人取得所有权为原则。日本民法规定原则属于材料所有人,无例外。

关于加工制度,《贯彻民法通则意见》第 86 条规定:"非产权人在使用他人的财产上增添附属物,财产所有人同意增添,并就财产返还时附属物如何处理有约定的,按约定办理;没有约定又协商不成,能够拆除的,可以责令拆除,不能拆除的,也可以折价归财产所有人;造成财产所有人损失的,应当负赔偿责任。"首次确定了附属物的处理原则,填补了立法的空白。2000 年《担保法司法解释》第 62 条规定,抵押物因附合、混合或者加工使抵押物的所有权为第三人所有的,抵押权的效力及于补偿金;抵押物所有人为附合物、混合物或者加工物的所有人的,抵押权的效力及于附合物、混合物或者加工物;第三人与抵押物所有人为附合物、混合物或者加工物的共有人的,抵押权的效力及于抵押人对共有物享有的份额。我国 2007 年颁布的《物权法》中未规定加工制度。《民法典》第 322 条规定:"因加工、附合、混合而产生的物的归属,有约定的,按照约定;没有约定或者约定不明确的,依照法律规定;法律没有规定的,按照充分发挥物的效用以及保护无过错当事人的原则确定。因一方当事人的过错或者确定物的归属造成另一方当事人损害的,应当给予赔偿或者补偿。"《担保制度解释》第 41 条规定:"抵押权依法设立后,抵押财产被添附,添附物归第三人所有,抵押权人主张抵押权效力及于补偿金的,人民法院应予支持。抵押权依法设立后,抵押财产被添附,抵押人对添附物享有所有权,抵押权人主张抵押权的效力及于添附物的,人民法院应予支持,但是添附导致抵押财产价值增加的,抵押权的效力不及于增加的价值部分。抵押权依法设立后,抵押人与第三人因添附成为添附物的共有人,抵押权人主张抵押权的效力及于抵押人对共有物享有的份额的,人民法院应予支持。本条所称添附,包括附合、混合与加工。"从上述关于加工物所有权归属问题的国外立法沿革及我国的立法现状,对承揽物归属的认定可得到如下启示:首先,审查当事人合同之约定,如当事人合同中明确约定了工作成果所有权的归属,应尊重当事人的意思自治,根据当事人的约定来确定所有权的归属。其次,在当事人没有约定或者约定不明确的,可按如下规则处理:(1)承揽人提供原材料的,因原材料的所有权属于承揽人,承揽人完成的工作成果所有权亦归承揽人所有,而当承揽人将承揽物交付给定作人后,所有权才转移至定作人。(2)定作人提供原材料的,则承揽物的所有权归属于定作人。(3)承揽人与定作人均提供原材料的,如承揽人提供的原材料占主要部分,则承揽物的所有权归属于承揽人,承揽人将承揽物交付给定作人时,定作人获得承揽物的所有权;如定作人提供的原材料占主要部分,则承揽物的所有权归定作人所有。

## 专题三　承揽人的瑕疵担保责任

《民法典》第 781 条规定:"承揽人交付的工作成果不符合质量要求的,定作人可以合理选择请求承揽人承担修理、重作、减少报酬、赔偿损失等违约责任。"该条是关于承揽人瑕疵担保责任的规定。瑕疵担保,是指有偿合同中的债务人,对其所提出的给付应担保其权利完整和标的物质量合格。[①] 如果债务人违反了这项规定,就应当承担瑕疵担保责任。瑕疵担保责任主要分为物的瑕疵担保责任和权利瑕疵担保责任,承揽合同中主要涉及物的瑕疵担保责任。承揽人接受定作人的委托进行工作,应按照定作人的要求保质保量完成任务,承揽人在交付工作成果时,经定作人检验,其质量不符合要求的,承揽人应当修理、重作、减少报酬、赔偿损失违约责任。

### 一、承揽人承担违约责任的条件

1. 工作成果不符合质量要求。承揽人承担违约责任的首要前提是工作成果不符合要求。对于质量要求如何判断,应参考《民法典》第 510 条、第 511 条之规定,首先应以双方合同中的约定标准进行判断;如合同没有约定,可以协议补充;不能达成补充协议的,则按照合同有关条款或者交易习惯确定;仍不能确定的,按照强制性国家标准确定;没有强制性国家标准的,按照推荐性国家标准确定;没有推荐性国家标准的,按照行业标准确定;没有国家标准、行业标准的,按照通常标准或者符合合同目的的特定标准判断。工作成果不符合质量要求,应由定作人承担举

① 参见崔建远:《合同责任研究》,吉林人民出版社 1992 年版,第 269 页。

证责。

2. 质量问题应在工作交付时存在。定作人只有在接受工作成果时才能进行验收，此时，通过检验才能发现出有无质量问题。在成果交付前，因承揽人的工作尚未完成，其有充分的机会去除工作中存在的瑕疵。在工作成果交付后，如因定作人操作不当导致定作物出现质量问题，承揽人不承担责任。如定作人在相对合理期限内正常使用情况仍出现质量问题，承揽人仍应承担修复责任，但此时承揽人所承担的责任并非瑕疵担保责任，而是质保责任。

3. 定作人在合理期限内提出质量异议。承揽人在交付工作成果后，定作人应当及时进行验收，经检验存在质量问题的，及时通知承揽人。关于验收时间，可参照买卖合同关于验收的规定，即定作人应当按照合同约定时间进行检验，没有约定验收期限的，定作人应当在发现或者应当发现承揽无质量不符合要求的合理期间内通知承揽人，该期限最长不超过两年。定作人未及时提出异议的，视为质量符合要求。在实践中，不乏因定作人未及时验收导致无法要求承揽人承担违约责任的约定。如凯德华俱乐部诉简元中心承揽合同纠纷案，①凯德华俱乐部委托简元中心进行水处理设备的供货及安装，双方对验收标准进行了约定，在简元中心完成安装后，未经验收情况下凯德华俱乐部进行了使用，后发现水质不合格，要求简元中心重作或返还预付款。法院审理认为：承揽物交付后，作为定作人的凯德华俱乐部应当在合理的期限内验收，如发现承揽物质量不符合合同约定及时通知承揽人简元创维中心。凯德华俱乐部未对承揽物质量进行验收就投入使用的行为，在其没有证据证明简元创维中心有任何阻碍验收之行为的情况下，视为承揽物质量符合合同约定，即丧失了主张质量瑕疵的实体权利。

4. 定作人不存在过错。瑕疵担保责任是为了保护承揽人所交付的工作成果符合质量要求，如果定作人在接收货物时，明示瑕疵存在未提出异议或者约定免除承揽人的瑕疵担保责任，则承揽人所交付的工作成果符合要求，承揽人不承担责任。如果工作成果不符合质量要求系因定作人的指示或其提供的材料所致，则承揽人无须承担瑕疵责任；如果承揽人明知上述情形而不告知定作人，则其仍应承担瑕疵责任。②

---

① 参见北京市第一中级人民法院民事判决书，(2006)一中民终字第01022号。

② 参见宁红丽：《论承揽人瑕疵责任的构成》，载《法学》2013年第9期。

## 二、承揽人未在规定期限内完工，定作人能否因其违约解除合同

《民法典》未对承揽人延期交付工作成果的法律后果进行规定。工作成果完成前，定作人当然可以通过行使任意解除权解除合同，但其法律后果是赔偿承揽人损失。在约定期限届满时，承揽人尚未完成工作的，是否构成根本违约，定作人能否依据《民法典》第563条解除双方之间合同，并追究定作人违约责任？

一种观点认为，根据《民法典》第563条的规定，“有下列情形之一的，当事人可以解除合同：……（三）当事人一方迟延履行主要债务，经催告后在合理期限内仍未履行；（四）当事人一方迟延履行债务或者有其他违约行为致使不能实现合同目的”。承揽人延迟完工的，定作人可在催告后或直接解除合同并追究承揽人违约责任。另一种观点认为，定作人或发包人仅催告一次，确定一个期限，待该宽限期届满时承揽人、勘查人、设计人或施工人仍未交付工作成果的，就准许他们行使解除权，将合同解除，极有可能使已经完成的大部分工作丧失其价值。因为此类工作成果基本上都是非通用的、特定用途的，难有其他用户，只好留在承揽人、勘查人、设计人或施工人之手，变成废铜烂铁。[①]

本书认为，在承揽合同中，在承揽人已完成大部工作，仅交付工作成果迟延，对于定作人的影响不大时，准许定作人行使解除权，将极有可能使承揽人已经完成的大部分工作丧失价值。对承揽人也过于苛责。故不宜直接适用《民法典》第563条第3项之规定解除合同，而应当按照第4项的规定，在不影响定作人合同目的实现的情况下，给予承揽人一定的宽限期以完成工作。工作完成后，定作人应当接受工作成果，但因承揽人延迟交付给定作人造成的损失，可要求承揽人承担相应违约责任。如果因承揽人延期交货导致定作人合同目的无法实现，定作人可依据《民法典》第563条第4项的规定解除合同。在新旭贸易公司催促金泱泱服饰公司承揽合同纠纷案中，[②]法院认为，双方均有交付“船头办”的要求及承诺，故应认定金泱泱服饰公司接受并认可“船头办必须于出货前15天交付确认”。但金泱泱服饰公司并未按照约定的期限向新旭贸易公司交付“船头办”，显属违约。但交付“船头办”并非金泱泱服饰公司履行合同的主要义务，新旭贸易公司不能举证证明金泱泱服饰公司的违约行为导致合同的目的不能实现。因此，不符合《合同法》第94条规定的可以解除合同的情形。法院依据定作人任意解除权判令合同解除，并判令新旭

---

① 参见崔建远：《合同一般法定解除条件探微》，载《法律科学（西北政法大学学报）》2011年第6期。

② 参见广东省汕头市中级人民法院民事判决书，（2015）汕中法民四终字第2号。

贸易公司赔偿金洋洋服饰公司损失。

### 三、承揽人瑕疵担保责任的承担有无顺位要求

修理、重作、减少报酬、赔偿损失均是承揽人承担违约责任的方式，在条文中以并列方式存在，在承揽人定作物出现瑕疵时，定作人能否任意选择追究定作人违约责任的方式？

从条文来看，《民法典》第781条对《合同法》第262条进行修改，在定作人要求承揽人承担违约责任时，应当合理选择责任承担方式。对于违约责任的承担，如果工作成果有轻微瑕疵，承揽人可以通过修整、修补，使工作成果符合质量标准的，可以选择修理；如果工作成果瑕疵严重的，通过修复仍不能达到质量要求的，定作人可以要求承揽人返工重新制作。对承揽人来讲，如果其本身具有较强的修复能力，在能够满足质量要求的条件下，可以选择修理。对定作人来讲，其所注重的往往只是获得无瑕疵的工作成果，至于承揽人以何种方式完成承揽工作对其利益不产生影响。故修复、重作与其他违约责任在承担上，虽属并列关系，但定作人应合理进行选择。即承揽物出现瑕疵时，定作人可要求承揽人进行修理，只有在修理无法满足要求时，定作人可要求承揽人重作。如果定作物在客观上已经不具备修复、重作的条件，坚持要求承揽人进行修复、重作会造成修复费用巨大，此时，如果定作人同意利用的，可以按质论价，相应地减少所应付的报酬。在修理、重作、减少报酬仍不能弥补定作人损失的，定作人可同时主张赔偿损失。

## 专题四　定作人的任意解除权

《民法典》第787条规定："定作人在承揽人完成工作前可以随时解除合同，造成承揽人损失的，应当赔偿损失。"该条是关于定作人任意解除权的规定。定作人在合同成立后，工作完成前，因定作人自身原因不再需要承揽人继续完成工作。此时，如果要求合同继续履行，强制定作人接受工作成果，将导致其为已不需要的成果买单。法律赋予定作人随时解除合同的权利，旨在维护定作人权益，避免损失的扩大。

定作人之所以享有任意解除权是因为定作物的特殊性,定作物是因定作人的特殊要求而产生,如若因某些原因定作物不再满足定作人的需求时还强行要求其接受履行,对定作人不利且浪费资源。[①] 另外,任意解除权给予了定作人极大自由度,打破了合同的约束力,对定作人如不加以限制,不利于交易的稳定,亦有违诚信原则。

《日本民法典》第 641 条规定:“在承揽人未完成工作期间,定作人可以通过赔偿损害而随时解除契约。”《德国民法典》第 649 条规定:“到工作完成时为止,定作人可以随时通知终止合同。”可见,各国将定作人行使任意解除权时间限定在工作完成之前。

我国《民法典》第 787 条对定作人解除权也限定在“完成工作前”,并明确规定,造成承揽人损失的,应当赔偿损失。但是,定作人在行使任意解除权后,赔偿承揽人遭受的损失,应当如何计算呢?

本书认为,定作物分为已完成部分和未完成部分。在工作未完成的情况下,定作人任意解除应当赔偿的损失主要包括:承揽人已完成的工作部分所应当获得的报酬;承揽人为完成这部分工作所支出的材料费;承揽人因合同解除而受到的其他损失等。如果定作人预先支付报酬的,在扣除已完成部分的报酬和应当支出的相关费用外,承揽人也应当将剩余价款返还定作人。具体来说,对于定作人行使任意解除权后的赔偿,不仅应包括赔偿承揽人的直接损失,还应包括履行利益损失,但是应扣除解除合同所节约的费用。之所以应当如此认识,是因为:第一,定作人的任意解除权虽为法律规定,但是其解除行为依然突破了合同严守原则,故其行为具有违约性,由此造成的履行利益损失,定作人应当赔偿。第二,法律规定定作人任意解除权,赋予了定作人极大的自由度,在完成工作前都可以行使,容易出现定作人恶意解约,损害承揽人权益的情况。对于履行利益的赔偿可以防止任意解除权的滥用。第三,对履行利益损失予以赔偿,对提前解除而避免的损失予以抵扣,符合立法原意。因为,任意解除权的规定是为了降低定作人的损失,在其已不需要定作物时及时通知承揽人,避免资源的浪费,对于所避免的损失由定作人收取,由此造成承揽人的损失由定作人赔偿。

---

① 参见朱腊梅、高蕴嶙:《合同任意解除权的任意边界刍议》,载《山西省政法管理干部学院学报》2020 年第 1 期。

# 第十七章　建设工程合同

## 专题一　建设工程施工合同的订立问题

### 一、建设工程合同应当采用书面形式

《民法典》第789条规定："建设工程合同应当采用书面形式。"书面形式，是指合同书、信件和数据电文(包括电报、电传、传真、电子数据交换和电子邮件)等可以有形地表现所载内容的形式。以书面形式订立合同的优点是有据可查，便于合同的监督、检查和管理，纠纷发生时便于举证和分清责任。建设工程合同是要式合同，必须根据法律规定的方式而成立的合同。对于一些重要的交易，法律常常要求当事人必须采取特定的方式订立合同。不要式合同，是指当事人订立的合同依法并不需要采取特定的形式，当事人可以采取口头方式，也可以采取书面形式。[①] 要式合同与不要式合同的区别在于是否以一定的形式作为合同成立的条件。法律对合同成立形式要件的要求体现了法律对当事人合同自由的干预，从这个意义上看，要式合同属于法律上的"形式强制"。[②] 建设工程通常具备交易所涉金额高、交易存续期限长、交易规则复杂等特点，建设工程合同采用书面形式，有利于当事人保存证据，也有利于人民法院在审理相关案件时分清各方的责任。

在司法实践中，对于建设工程合同，当事人一般采用书面形式，但也存在当事人不按照法律规定采用书面形式，仅以口头形式签订合同的情况。对于欠缺形式要件的要式合同，我国采取了较灵活的态度，即有条件地承认该类合同的成立，对此，学理上称为合同履行治愈规则。所谓履行治愈规则，是指欠缺法定或者约定形式要件的合同，因当事人履行的事实而弥补合同缺陷，促使本来无效的合同成为有

---

① 参见郑玉波：《民法债编总论》(第2版)，陈荣隆修订，中国政法大学出版社2004年版，第29页。

② 王利明：《合同法研究》(第1卷)，中国人民大学出版社2015年版，第30页。

效合同。[①]《民法典》第490条第2款规定:"法律、行政法规规定或者当事人约定合同应当采用书面形式订立,当事人未采用书面形式但是一方已经履行主要义务,对方接受时,该合同成立。"根据该条规定,适用履行治愈规则,承认欠缺形式要件的要式合同成立包括两个条件:一是合同一方当事人已经履行主要义务;二是对方当事人接受履行。在实践中,建设工程合同的当事人未按法律规定签订书面合同,但双方实际已经按照原先的约定履行相应的义务的,应认定双方当事人形成了事实上的建设工程合同关系。施工方应按照约定向发包方交付质量合格的工程,发包方应按约定向施工方支付工程款。

## 二、中标通知到达中标人时建设工程施工合同成立

关于建设工程合同成立的问题,在实践中争议较大的是通过招标投标程序订立的建设工程施工合同自何时成立。

第一种观点认为,《招标投标法》第46条第1款规定,招标人和中标人应当自中标通知书发出之日起30日内,按照招标文件和中标人的投标文件订立书面合同。招标人和中标人不得再行订立背离合同实质性内容的其他协议。因此,中标通知到达中标人时,建设工程施工合同并不成立,如果中标人收到中标通知后,一方当事人拒不按照《招标投标法》第46条第1款规定签订书面合同的,应当承担缔约过失责任。

第二种观点认为,虽然在中标通知到达中标人后,招标人与中标人未按《招标投标法》第46条规定签订书面合同前,建设工程施工合同并不成立,但如果一方当事人拒不履行招标文件、投标文件和中标通知书所规定的义务或者不按照《招标投标法》第46条第1款规定签订书面合同却只承担缔约过失责任,对另一方当事人明显不公平,有违诚实信用原则。根据《招标投标法》第46条第1款规定,招标人和中标人应当自中标通知书发出之日起30日内,按照招标文件和中标人的投标文件订立书面合同,因此,中标通知到达中标人时可以视为预约成立,只有当招标人和中标人按照招标文件和中标人的投标文件订立书面合同后,本约才成立。而双方当事人在招标文件、投标文件和中标通知书中所约定的违约责任属于预约中的违约责任,一方当事人如果违反该预约的约定,仍应承担相应的违约责任。这既有利于平衡双方当事人的利益、维护诚实信用原则,也有相应的法理依据。2018年

---

① 参见王洪:《合同形式欠缺与履行治愈论——兼评〈合同法〉第36条之规定》,载《现代法学》2005年第3期。

《建设工程施工合同司法解释(二)》的征求意见稿专门用一条规定了中标通知书的效力问题,并提出了两种方案,分别代表了第一种观点和第二种观点。

本书认为,根据《民法典》关于合同的规定以及合同的相关法理,招标人发布招标公告为要约邀请、投标人投标为要约、招标人向中标人发送中标通知书为承诺,中标通知书到达中标人时承诺生效,合同成立。因此,中标通知书到达中标人时,本约即成立。一方当事人不遵守招标文件、投标文件及中标通知书的约定的,应当承担违约责任,而非缔约过失责任。预约是当事人约定将来订立特定契约的契约。当事人将来要订立的契约为本约,而以订立本约为其标的的契约是预约,但是无论是招标文件、投标文件,还是中标通知书均无关于将来订立特定契约的约定,并已经约定了建设工程施工合同的主要内容,因此,不能将中标通知书理解为预约。

本书认为,这种观点符合《民法典》关于合同成立的规定和合同法法理,最终2018年《建设工程施工合同司法解释(二)》没有保留征求意见稿第1条的规定。对于中标通知书的效力问题,相关法律规定已经有明确答案,理论上也无争议,无须再作规定。既然招标文件、投标文件和中标通知书已经符合书面形式的要件,为何《招标投标法》第46条第1款还要规定,招标人和中标人应当自中标通知书发出之日起30日内,按照招标文件和中标人的投标文件订立书面合同呢?《民法典》第789条所规定的合同的“书面形式”与《招标投标法》第46条第1款规定的“书面合同”是否一致呢?这里需要特别区分书面合同和合同书这两个概念。《民法典》对合同的书面形式和合同书作了区分,但《招标投标法》却并未对二者进行区分。根据《民法典》第469条关于“书面形式是合同书、信件、电报、电传、传真等可以有形地表现所载内容的形式”的规定,合同书只是属于书面合同的一种类型,除合同书外,信件和数据电文等可以有形地表现所载内容的形式均属于书面形式。《招标投标法》第46条第1款规定的“书面合同”理解为“合同书”更合理。该款规定只是要求当事人将书面合同的一种形式(招标文件、投标文件和中标通知书)变更为另一种形式(合同书)。这只是书面合同形式的变更,并不影响合同的同一性,也不妨碍合同在中标通知书到达中标人时成立。正因如此,《招标投标法》第46条第1款规定,招标人和中标人在中标通知书发出之日起30日内所订立的书面合同必须与招标文件和中标人的投标文件一致。将体现为招标文件、投标文件和中标通知书的书面合同变更为合同书形式的书面合同,不仅更契合我们日常生活中对书面合同形式的认识,而且便于建设工程施工合同的登记备案和当事人保管。

# 专题二　建设工程招标投标行为的效力问题

有的建设工程施工合同的订立涉及国家利益、公共利益保护,必须通过招标投标的方式进行。有的发包人为获得更好的缔约条件,也会通过招标投标方式选择承包人。《民法典》第790条规定,建设工程的招标投标活动,应当依照有关法律的规定公开、公平、公正进行。《民法典》规定建设工程的招标投标活动应当公开、公平、公正进行,目的是使建设工程招标投标活动健康进行,从而使招标投标活动当事人的合法权益得到保护,经济效益得到提高,建设工程项目质量得到保证。[①] 建设工程的招标投标活动,应当按照有关法律,特别是《招标投标法》的规定进行。在司法实践中,必须招标的工程未经招标投标方式订立建设工程施工合同、先定后招、串通招标投标、低于成本中标等违反《招标投标法》等法律强制性规定的行为都会导致中标无效或者建设工程施工合同无效。

## 一、准确把握必须招标工程项目的范围

对于建设工程合同的订立,法律提倡采用招标投标形式进行,但并非所有的工程项目都必须通过招标投标方式订立合同。关于必须招标投标工程的范围,《招标投标法》第3条规定:“在中华人民共和国境内进行下列工程建设项目包括项目的勘察、设计、施工、监理以及与工程建设有关的重要设备、材料等的采购,必须进行招标:(一)大型基础设施、公用事业等关系社会公共利益、公众安全的项目;(二)全部或者部分使用国有资金投资或者国家融资的项目;(三)使用国际组织或者外国政府贷款、援助资金的项目。前款所列项目的具体范围和规模标准,由国务院发展计划部门会同国务院有关部门制订,报国务院批准。法律或者国务院对必须进行招标的其他项目的范围有规定的,依照其规定。”

依据《招标投标法》第3条的规定,国家发改委制定了《必须招标的工程项目规定》(国家发改委令第16号),报经国务院批准后自2018年6月1日起施行。与

---

① 参见吴高盛主编:《〈中华人民共和国合同法〉释义及实用指南》,中国民主法制出版社2014年版,第431页。

2000 年《工程建设项目招标范围和规模标准规定》相比,《必须招标的工程项目规定》大幅限缩了必须招标工程的范围,将原规定中民间资本投资较多的商品住宅项目、科教文卫体和旅游项目、市政工程项目、生态环境保护项目等从必须招标的工程项目范围中删除,将原规定中"其他基础设施项目""其他公用事业项目"兜底条款删除,避免造成适用中的扩大。根据新施行的《必须招标的工程项目规定》的规定,必须招标的工程范围包括以下三类:一是全部或者部分使用国有资金投资或者国家融资的项目,包括使用预算资金 200 万元人民币以上且该资金占投资额 10%以上的项目,以及使用国有企业事业单位资金且该资金占控股或者主导地位的项目。二是使用国际组织或者外国政府贷款、援助资金的项目,包括使用世界银行、亚洲开发银行等国际组织贷款、援助资金的项目,使用外国政府及其机构贷款、援助资金的项目。三是不属于前两类的其他大型基础设施、公用事业等关系社会公共利益、公众安全的项目,但此类项目的具体范围必须由国务院发展改革部门会同国务院有关部门按照确有必要、严格限定的原则制定,报国务院批准。

为明确其他大型基础设施、公用事业等关系社会公共利益、公众安全的项目的范围,国家发改委又制定了《必须招标的基础设施和公用事业项目范围规定》(发改法规规〔2018〕843 号),已经国务院批准,于 2018 年 6 月 6 日开始施行。根据《必须招标的基础设施和公用事业项目范围规定》,在上述三类建设工程之外,下列大型基础设施、公用事业等关系社会公共利益、公众安全的项目属于必须招标的基础设施和公用事业项目:(1)煤炭、石油、天然气、电力、新能源等能源基础设施项目;(2)铁路、公路、管道、水运,以及公共航空和 A1 级通用机场等交通运输基础设施项目;(3)电信枢纽、通信信息网络等通信基础设施项目;(4)防洪、灌溉、排涝、引(供)水等水利基础设施项目;(5)城市轨道交通等城建项目。属于上述三类工程范围内的工程,如果施工单项合同估算价在 400 万元人民币以上,或者重要设备、材料等货物的采购,单项合同估算价在 200 万元人民币以上,或者勘察、设计、监理等服务的采购,单项合同估算价在 100 万元人民币以上,都必须招标。如果同一项目中可以合并进行的勘察、设计、施工、监理以及与工程建设有关的重要设备、材料等的采购,合同估算价合计达到上述规定金额标准,也必须招标。

## 二、准确把握中标无效的具体情形

中标无效会直接影响通过招标投标方式订立的建设工程施工合同的效力。因此,在什么情况下中标无效是司法实践中经常遇到的问题。根据《招标投标法》的

规定,下列行为将导致中标无效:

第一,《招标投标法》第 50 条规定,招标代理机构违反《招标投标法》规定,泄露应当保密的与招标投标活动有关的情况和资料,或者与招标人、投标人串通损害国家利益、社会公共利益或者他人合法权益,影响中标结果的,中标无效。

第二,《招标投标法》第 52 条规定,依法必须进行招标的项目的招标人向他人透露已获取招标文件的潜在投标人的名称、数量或者可能影响公平竞争的有关招标投标的其他情况,或者泄露标底,影响中标结果的,中标无效。

第三,《招标投标法》第 53 条规定,投标人相互串通投标或者与招标人串通投标的,投标人以向招标人或者评标委员会成员行贿的手段谋取中标的,中标无效。

第四,《招标投标法》第 54 条规定,投标人以他人名义投标或者以其他方式弄虚作假,骗取中标的,中标无效。

第五,《招标投标法》第 55 条规定,依法必须进行招标的项目,招标人违反《招标投标法》规定,与投标人就投标价格、投标方案等实质性内容进行谈判,影响中标结果的,中标无效。

第六,《招标投标法》第 57 条规定,招标人在评标委员会依法推荐的中标候选人以外确定中标人的,依法必须进行招标的项目在所有投标被评标委员会否决后自行确定中标人的,中标无效。

## 专题三　发包、转包、分包行为的效力问题

### 一、准确理解建设工程发包承包行为的类型和效力

《民法典》第 791 条规定:“发包人可以与总承包人订立建设工程合同,也可以分别与勘察人、设计人、施工人订立勘察、设计、施工承包合同。发包人不得将应当由一个承包人完成的建设工程支解[①]成若干部分发包给数个承包人。总承包人或者勘察、设计、施工承包人经发包人同意,可以将自己承包的部分工作交由第三人完成。第三人就其完成的工作成果与总承包人或者勘察、设计、施工承包人向发包

① 《民法典》第 791 条将《合同法》第 272 条中的“肢解”修改为“支解”,二者是同义词。由于其他法律、行政法规、部门规章中多用“肢解”一词,本书对这两个词不作区分。

人承担连带责任。承包人不得将其承包的全部建设工程转包给第三人或者将其承包的全部建设工程支解以后以分包的名义分别转包给第三人。禁止承包人将工程分包给不具备相应资质条件的单位。禁止分包单位将其承包的工程再分包。建设工程主体结构的施工必须由承包人自行完成。”在实践中,建设工程有多种发包承包方式,包括总承包、转包、分包、再分包、支解发包等方式。其中转包、违法分包、支解发包等方式违反法律的强制性规定,为无效行为。

发包,是指发包人将工程的勘察、设计、施工一并交给一个工程总承包人完成或者将工程勘察、设计、施工的一项或几项交给一个承包人完成的行为。建设工程发包既可以由发包人与承包人就整个建设工程从勘察、设计到施工签订总承包协议,承包人对整个建设工程负责,也可以由发包人分别与勘察人、设计人、施工人订立勘察、设计、施工承包合同,勘察人、设计人、施工承包人分别就建设工程的勘察、设计、施工与发包方产生债权债务关系。承包人与发包人签订总承包协议的承包方式,是指发包人将建设工程的勘察、设计、施工等工程建设的全部任务一并发包给一个具备相应的总承包资质的承包人,由该承包人负责工程的全部建设工作,直至工程竣工,向发包人交付经验收合格符合发包人要求的建设工程的承包方式。《建筑法》第27条第1款规定:“大型建筑工程或者结构复杂的建筑工程,可以由两个以上的承包单位联合共同承包。共同承包的各方对承包合同的履行承担连带责任。”故建设工程的总承包人即可能是一个单位,也可能是两个以上单位。由于在总承包中,总承包人要从事勘察、设计、施工等各个方面的工作,因而总承包人通常需具有勘察、设计、施工等各个方面的资质,能够独立完成整个工程项目。① 发包人分别与勘察人、设计人、施工人订立勘察、设计、施工承包合同,属于单项工程承包。单项工程承包与总承包之间的不同主要表现在:当事人之间并不是订立一个合同,而是订立多个合同,发包人仅有一个,而承包人有多个,各承包人分别对建设工程的勘察、设计、施工,按照各阶段的质量、工期、工程造价等与发包人产生债权、债务关系。② 在实践中,发包人是采取总承包还是单项工程承包应由发包人自主决定。关于发包,《民法典》第791条规定,发包人不得将应当由一个承包人完成的建设工程支解成若干部分发包给数个承包人。因此,无论发包人是采取总承包还是单项工程承包,均不得将按其性质和技术联系应当由一个承包单位整体完成的工程,支解成若干部分,分别发包给不同的承包单位。

---

① 参见胡康生主编:《中华人民共和国合同法释义》,法律出版社1999年版,第409页。

② 参见王利明、崔建远:《合同法》,北京大学出版社2003年版,第305页。

同时,《建筑法》第 26 条规定:“承包建筑工程的单位应当持有依法取得的资质证书,并在其资质等级许可的业务范围内承揽工程。禁止建筑施工企业超越本企业资质等级许可的业务范围或者以任何形式用其他建筑施工企业的名义承揽工程。禁止建筑施工企业以任何形式允许其他单位或者个人使用本企业的资质证书、营业执照,以本企业的名义承揽工程。”因此,无论是总承包人还是单项工程承包人均应具有相应的资质等级,并在其资质等级范围内承揽工程。发包人将建设工程发包给不具有相应资质的建筑企业或者个人的,会导致发包行为无效。

分包,是指总承包人、勘察承包人、设计承包人、施工承包人承包建设工程后,将自己承包的某一部分工程或者某几部分工程,再发包给其他承包人完成。根据《民法典》第 791 条的规定,建设工程可以分包,但分包必须要满足相应的条件:一是经发包人同意;二是分承包人具有相应的资质条件;三是分包单位不得将其承包的工程再分包。在司法实践中,常见的违法分包包括:一是未经发包人同意的分包;二是分承包人不具有相应的施工资质;三是分承包人将其承包的工程再分包。对于违法分包的法律后果和责任,《建筑法》《招标投标法》等法律法规均作了具体详细规定。

转包,是指承包人承包建设工程后,不履行合同约定的责任和义务,将其承包的全部建设工程转给他人,或者将其承包的全部建设工程肢解以后,以分包的名义分别转给第三人承包的行为。转包与分包的不同点在于,转包是将承包人所承包的全部工程转包给他人施工,其本人并不履行建设工程施工合同项下的施工义务。分包,是将所承包工程中的部分工程分包给其他单位或者个人施工。区分两者的关键在于承包人是对其所承包的建设工程进行部分施工还是均不施工。如果承包人对其所承包的建设工程进行部分施工,将剩余部分分包给其他企业或个人施工,则属于分包行为。如果承包人对其所承包的建设工程均不施工,而是将全部工程转包给其他企业或个人施工,或者将工程肢解后再包给不同的人施工,则属于转包行为。所有的转包行为,无论是直接转包还是变相转包,均为法律所禁止,均系非法行为。但对于分包行为,法律所禁止的只是违法分包。对于合法的劳务分包和专业分包关系,应当依法予以保护。因此,在实践中,要注意区分分包行为与转包行为,尤其是合法分包行为与转包行为。

## 二、正确把握违法发包行为的范围

关于建设工程的违法发包,住建部《建筑工程施工转包违法分包等违法行为认定查处管理办法(试行)》第 4 条规定:“本办法所称违法发包,是指建设单位将工程发包给不具有相应资质条件的单位或个人,或者肢解发包等违反法律法规规定的行为。”该条规定了两类违法发包的行为:一是承包人不具备资质;二是肢解发包。对于承包人不具备资质,根据《建筑工程施工转包违法分包等违法行为认定查处管理办法(试行)》第 5 条的规定,又可以将其分为两小类:一是承包人为不具有相应资质条件的单位;二是承包人为个人。关于肢解发包,《建筑法》第 24 条规定:“提倡对建筑工程实行总承包,禁止将建筑工程肢解发包……不得将应当由一个承包单位完成的建筑工程肢解成若干部分发包给几个承包单位。”《建设工程质量管理条例》第 7 条规定:“建设单位应当将工程发包给具有相应资质等级的单位。建设单位不得将建设工程肢解发包。”第 78 条第 1 款规定:“本条例所称肢解发包,是指建设单位将应当由一个承包单位完成的建设工程分解成若干部分发包给不同的承包单位的行为。”哪些工程属于应当由一个承包单位完成的建设工程呢?单位工程必须由一个承包单位完成施工。根据《建设工程分类标准》(GB/T50841—2013)的规定,单位工程是指具备独立施工条件并能形成独立使用功能的建筑物或构筑物。举例而言,如果一个商品房小区由 1 号楼至 5 号楼组成,一般而言,每幢楼都属于具备独立施工条件并能形成独立使用功能的建筑物或构筑物,是单位工程。发包人可以将其中的一幢或者数幢楼发包给一个承包人,但不得将其中一幢楼的工程肢解发包给不同的承包人。《建筑工程施工转包违法分包等违法行为认定查处管理办法(试行)》第 5 条第 5 项和第 6 项规定,建设单位将一个单位工程的施工分解成若干部分发包给不同的施工总承包或专业承包单位的,或者将施工合同范围内的单位工程或分部分项工程又另行发包的,都属于违法行为。与单位工程相对应的是分部工程。所谓分部工程,是指不能独立发挥能力或效益,且不具备独立施工条件,但具有结算工程价款条件的工程。分部工程是单位工程的组成部分。在一般情况下,一个单位工程可按其工程实体的各部位划分为若干个分部工程。例如,如果单位工程是建造房屋,可按其部位划分为土石方工程、砖石工程、混凝土及钢筋混凝土工程、屋面工程、装饰工程等。除单独立项的专业工程外,建设单位不得将一个单位工程的分部工程施工发包给专业承包单位。

### 三、正确区分违法分包和合法分包行为

建设工程分包包括合法分包和违法分包两种情况。对于违法分包,《建筑工程施工转包违法分包等违法行为认定查处管理办法(试行)》第 8 条规定:“本办法所

称违法分包,是指施工单位承包工程后违反法律法规规定或者施工合同关于工程分包的约定,把单位工程或分部分项工程分包给其他单位或个人施工的行为。”根据这一定义,违法分包的主体一方是从发包人处承包工程的承包人,另一方是分包合同的承包人。违法分包行为的违法性体现为,承包人把单位工程或分部分项工程分包给其他单位或个人施工的行为,违反法律法规规定或者施工合同关于工程分包的约定。关于各类违法分包行为的具体规定,主要体现在《建筑法》《招标投标法》《建设工程质量管理条例》《建筑工程施工转包违法分包等违法行为认定查处管理办法(试行)》等法律法规和规章中。《建筑法》第 29 条规定:“建筑工程总承包单位可以将承包工程中的部分工程发包给具有相应资质条件的分包单位;但是,除总承包合同中约定的分包外,必须经建设单位认可。施工总承包的,建筑工程主体结构的施工必须由总承包单位自行完成。建筑工程总承包单位按照总承包合同的约定对建设单位负责;分包单位按照分包合同的约定对总承包单位负责。总承包单位和分包单位就分包工程对建设单位承担连带责任。禁止总承包单位将工程分包给不具备相应资质条件的单位。禁止分包单位将其承包的工程再分包。”该条规定确定了 4 种违法分包行为,即未经建设单位同意的分包、将建筑工程主体结构分包、将工程分包给不具备相应资质条件的单位、分包单位将其承包的工程再分包。《招标投标法》也对分包作了规定。该法第 48 条第 2 款规定:“中标人按照合同约定或者经招标人同意,可以将中标项目的部分非主体、非关键性工作分包给他人完成。接受分包的人应当具备相应的资格条件,并不得再次分包。”根据该款规定,中标人将中标项目的主体工作、关键性工作分包给他人完成的,也属于违法分包。《建设工程质量管理条例》第 78 条第 2 款规定:“本条例所称违法分包,是指下列行为:(一)总承包单位将建设工程分包给不具备相应资质条件的单位的;(二)建设工程总承包合同中未有约定,又未经建设单位认可,承包单位将其承包的部分建设工程交由其他单位完成的;(三)施工总承包单位将建设工程主体结构的施工分包给其他单位的;(四)分包单位将其承包的建设工程再分包的。”该条规定的违法分包行为的范围与《建筑法》第 29 条的规定一致。

《建筑工程施工转包违法分包等违法行为认定查处管理办法(试行)》第 9 条对违法分包行为作了较全面的规定:“存在下列情形之一的,属于违法分包:(一)施工单位将工程分包给个人的;(二)施工单位将工程分包给不具备相应资质或安全生产许可的单位的;(三)施工合同中没有约定,又未经建设单位认可,施工单位将其承包的部分工程交由其他单位施工的;(四)施工总承包单位将房屋建筑工程的主体结构的施工分包给其他单位的,钢结构工程除外;(五)专业分包单位将其承包的专业工程中非劳务作业部分再分包的;(六)劳务分包单位将其承包的劳务再分包的;(七)劳务分包单位除计取劳务作业费用外,还计取主要建筑材料款、周转材料款和大中型施工机械设备费用的;(八)法律法规规定的其他违法分包行为。”该条规定列举了7种违法分包行为,第8项是兜底条款。其中,第1项和第2项规定的分包行为违法,是因为分承包人缺乏资质,在我国个人均无建筑工程施工资质。第3项规定的分包行为违法,是因为分包未经发包人同意。第4项规定的分包行为违法,是因为将工程主体结构的施工分包。需要注意的是,该项增加了除外规定,即主体工程中的钢结构工程可以分包。第5项和第6项规定的分包行为违法,是因为分承包人再分包。第7项规定的是以分包之名行承包工程之实的违法分包行为。劳务分包单位提供的是劳务,其所应收取的对价一般包括劳务报酬和必要的辅材费用。如果劳务分包单位在上述费用外,还收取分包工程主要建筑材料款、周转材料款和大中型施工机械设备费用中一项或者几项的,则属于以劳务分包之名超越资质范围承接工程,在实践中也称为扩大劳务分包,属于违法分包行为。

关于合法分包,住建部《房屋建筑和市政基础设施工程施工分包管理办法》第5条规定:“房屋建筑和市政基础设施工程施工分包分为专业工程分包和劳务作业分包。本办法所称专业工程分包,是指施工总承包企业(以下简称专业分包工程发包人)将其所承包工程中的专业工程发包给具有相应资质的其他建筑业企业(以下简称专业分包工程承包人)完成的活动。本办法所称劳务作业分包,是指施工总承包企业或者专业承包企业(以下简称劳务作业发包人)将其承包工程中的劳务作业发包给劳务分包企业(以下简称劳务作业承包人)完成的活动。本办法所称分包工程发包人包括本条第二款、第三款中的专业分包工程发包人和劳务作业发包人;分包工程承包人包括本条第二款、第三款中的专业分包工程承包人和劳务作业承包人。”根据上述规定,可以总结出合法分包的条件:一是分包须经发包人同意,无论是事前在总承包合同中约定允许分包事宜还是发包人在分包时表示同意或者事后追认;二是分承包人应具有相应的资质,缺乏相应资质的个人或单位不能成为分承包人;三是分包工程限于非主体结构工程,但是主体结构是钢结构工程的除外;四是与发包人签订建设工程施工合同的承包人才能分包工程,分承包人不能再分包工程;五是分包限于劳务分包或者专业分包。

在合法分包的情况下,发包人、分包人和分承包人之间形成两个合法的合同关系:一是发包人与分包人之间的总承包合同关系;二是分包人与分承包人之间的分包合同关系。各方当事人的权利义务应当根据各自的合同约定确定。但是,由于分包人也是发包人所发包工程的施工人,其施工行为对工程质量也会产生影响。分承包人作为施工人,应向分包人主张工程款,但如果分包人怠于向发包人主张工程价款债权,分承包人的工程价款债权也可能无法实现。因此,发包人与分承包人之间虽然无直接的合同关系,但也会依据《建筑法》等法律的规定发生一定的权利义务关系,主要体现在以下两方面:第一,分包人(总承包单位)和分承包人(分包单位)就分包工程对发包人(建设单位)承担连带责任;第二,分包人可参照2020年《建设工程施工合同司法解释(一)》第43条规定请求发包人在欠付工程范围欠付工程款范围内承担责任。

### 四、正确把握非法转包行为的范围

关于转包,《建筑法》第28条规定:“禁止承包单位将其承包的全部建筑工程转包给他人,禁止承包单位将其承包的全部建筑工程肢解以后以分包的名义分别转包给他人。”《建设工程质量管理条例》第78条第3款规定:“本条例所称转包,是指承包单位承包建设工程后,不履行合同约定的责任和义务,将其承包的全部建设工程转给他人或者将其承包的全部建设工程肢解以后以分包的名义分别转给其他单位承包的行为。”《建筑工程施工转包违法分包等违法行为认定查处管理办法(试行)》第6条规定:“本办法所称转包,是指施工单位承包工程后,不履行合同约定的责任和义务,将其承包的全部工程或者将其承包的全部工程肢解后以分包的名义分别转给其他单位或个人施工的行为。”《房屋建筑和市政基础设施工程施工分包管理办法》第13条规定:“禁止将承包的工程进行转包。不履行合同约定,将其承包的全部工程发包给他人,或者将其承包的全部工程肢解后以分包的名义分别发包给他人的,属于转包行为。违反本办法第十二条规定,分包工程发包人将工程分包后,未在施工现场设立项目管理机构和派驻相应人员,并未对该工程的施工活动进行组织管理的,视同转包行为。”

从上述规定看,转包行为无合法与违法之分,所有的转包行为均为非法。转包既可以是将全部工程转包给一人,也可以是将全部工程肢解后转包给多人。除前述两种转包方式外,《房屋建筑和市政基础设施工程施工分包管理办法》第13条第2款还规定了一种视为转包的行为,即违反该办法第12条规定,分包工程发包人将工程分包后,未在施工现场设立项目管理机构和派驻相应人员,并未对该工程施工活动进行组织管理的,视同转包行为。在实践中,部分转包人为规避关于禁止转包的法律法规,以分包之名行转包之实。名义上的分包人虽然形式上有的在施工现场设立项目管理机构和派驻相应人员,但设立项目管理机构和派驻相应人员的行为仅为应付行政监管,实际上并未对该工程施工活动进行组织管理。此即分包人并未实际履行其与发包人签订的建设工程施工合同项下的主要义务。在这种情况下,虽然承包人名义上是分包工程,但实际上是转包工程,应当视为转包。转包人设立项目管理机构和派驻人员只负责收取工程管理费,未组织管理工程施工的,亦属于转包。

关于转包行为的具体类型,《建筑工程施工转包违法分包等违法行为认定查处管理办法(试行)》第 7 条规定:“存在下列情形之一的,属于转包:(一)施工单位将其承包的全部工程转给其他单位或个人施工的;(二)施工总承包单位或专业承包单位将其承包的全部工程肢解以后,以分包的名义分别转给其他单位或个人施工的;(三)施工总承包单位或专业承包单位未在施工现场设立项目管理机构或未派驻项目负责人、技术负责人、质量管理负责人、安全管理负责人等主要管理人员,不履行管理义务,未对该工程的施工活动进行组织管理的;(四)施工总承包单位或专业承包单位不履行管理义务,只向实际施工单位收取费用,主要建筑材料、构配件及工程设备的采购由其他单位或个人实施的;(五)劳务分包单位承包的范围是施工总承包单位或专业承包单位承包的全部工程,劳务分包单位计取的是除上缴给施工总承包单位或专业承包单位‘管理费’之外的全部工程价款的;(六)施工总承包单位或专业承包单位通过采取合作、联营、个人承包等形式或名义,直接或变相的将其承包的全部工程转给其他单位或个人施工的;(七)法律法规规定的其他转包行为。”该条规定列举了 6 项转包行为,第 7 项为兜底条款。第 1 项和第 2 项规定的转包行为包含在转包的定义之中。其中,第 1 项规定的是典型的转包行为,也是实践中最常见的转包行为。第 2 项规定的是以肢解分包的方式进行的转包,即承包人将其所承包的全部工程分成若干部分,再分别发包给多人施工。承包人自身并不履行其与发包人建设工程施工合同项下的义务,不参与所承包工程任何部分工程的施工。第 3 项、第 4 项、第 5 项和第 6 项从转包行为的实质特征出发,分别从主要管理负责人、履行管理义务和主要材料设备采购、劳务分包、其他形式等方面,对实践中的各类转包行为进行了概括总结。第 3 项规定的是总承包人或者专业承包人未参与其所承包工程施工管理的情形。在正常、合法的施工承包关系中,施工单位在承接工程后,应当在施工现场设立项目管理机构并派驻实际管理人员,履行合同约定的责任和义务,对工程的施工活动进行组织管理。如果施工单位未在施工现场设立项目管理机构或未派驻相应的项目负责人、技术负责人、质量管理负责人、安全管理负责人等主要管理人员,而现场施工却在进行,则系未自行履行合同约定义务,未对该工程的施工活动进行组织管理,可认定为转包。此外,即使承包人以自身名义在现场设立了项目管理机构,但项目管理机构的项目负责人、技术负责人、质量管理负责人、安全管理负责人等主要管理人员与施工单位间没有合法的劳动合同关系尤其是工资关系和社会保险关系的,对施工单位的行为可认定为转包。第 4 项规定的是承包人不履行管理义务,只向实际施工人收取费用,在实践中体现为管理费、协调费或者分包费,本质上是转包套利,但未自行购买或者委托他人购买主要建筑材料、构配件及工程设备的转包方式。在正常、合法的施工承包关系中,主要建筑材料、构配件及工程设备的采购应由施工单位或者发包人负责采购。第 5 项规定的是以劳务分包之名进行的转包行为。合法的劳务作业分包应依法受到保护。但劳务分包的对象仅为劳务,劳务分包方收取的费用也应是其提供劳务的对价,应限定在劳务报酬及必要的辅材费用。如果建筑主材、构配件、设备等都是由劳务分包单位购买,施工设备、周转材料租赁也由劳务分包单位租赁,劳务分包单位的承包范围与施工总承包或专业承包单位的范围相同,就属于以劳务分包之名行转包之实,发包人的行为应当认定为转包行为。第 6 项规定的是转包人以合作、联营、个人承包等形式或名义,直接或变相开展的转包行为。合作、联营、内部个人承包等形式本身并不被法律所禁止,均是施工单位生产经营过程中正常的经营和管理措施。

在认定某一行为是属于合作、联营行为还是转包行为,应注意以下两点:第一,承包人是否实际参与工程的组织施工与管理以及合作、联营人是否以自身身份或联合体身份参与施工;第二,合作、联营人是否具有实施该工程的资质。两者必须全部满足才能被认定为合作、联营施工,而不是转包或挂靠。如果合作、联营方没有资质,或者在项目上不是以其自身身份或联合体身份出现,仍然以承包人名义对外的,应认定合作、联营方存在挂靠行为,承包人为转包。此外,合作、联营行为与转包行为还有一个重要区别。在合作、联营的情况下,承包人与各合作方、联营方需共同承担经营风险。一方面,各方既可能盈利,也可能亏本;另一方面,各合作方或联营方需依据约定或者出资比例分享利润、分担风险,而非由一方收取固定收益。但在转包的情况下,转包人通常按工程价款的固定比例收取管理费等费用。在区分内部承包关系与转包关系时,关键要看是否组成项目管理机构以及现场主要管理人员与施工单位之间有无劳动合同、工资、社保关系,有无统一的资产、财务关系等,如果没有这些关系,对施工单位可认定为转包。

## 专题四　建设工程施工合同无效的后果

### 一、建设工程施工合同无效的法律后果

建筑领域管理性规定较多,当事人出于降低成本、违法获取市场准入、非法获利等原因,可能会作出规避相关法律和行政法规的行为。如果当事人所规避的法律和行政法规的规定属于效力性强制性规定,则会导致建设工程施工合同无效。对于民事法律行为无效的法律后果,《民法典》第157条规定:“民事法律行为无效、被撤销或者确定不发生效力后,行为人因该行为取得的财产,应当予以返还;不能返还或者没有必要返还的,应当折价补偿。有过错的一方应当赔偿对方由此所受到的损失;各方都有过错的,应当各自承担相应的责任。法律另有规定的,依照其规定。”根据该条规定,合同无效的一般法律后果有三种:返还财产、折价补偿、赔偿损失。其中,返还财产责任的构成要件有三:一是合同无效;二是当事人因合同取得财产;三是该财产能够返还且有必要返还。折价补偿的构成要件有三:一是合同无效;二是当事人因合同取得财产;三是当事人因合同取得的财产不能返还或者没有必要返还。赔偿损失的构成要件有四:一是合同无效;二是当事人有过错;三是当事人因合同无效遭受损失;四是当事人损失与对方当事人的过错存在因果关系。

建设工程施工合同与其他合同比较来讲,具有特殊性,即承包人在履行建设工程合同的过程中逐步将劳动和建筑材料等物化在建设工程中,而建设工程作为特定物,对发包人具有较大价值,但对于承包人来讲价值不高。因为承包人对建设工程施工的目的是要获得建设工程价款,而不是建设工程。同时,关于建设用地使用权以及建筑物的转让,《民法典》第356条规定:“建设用地使用权转让、互换、出资或者赠与的,附着于该土地上的建筑物、构筑物及其附属设施一并处分。”第357条规定:“建筑物、构筑物及其附属设施转让、互换、出资或者赠与的,该建筑物、构筑物及其附属设施占用范围内的建设用地使用权一并处分。”这两条法律规定体现了房地一体处分原则。在实践中,建设工程所占用的土地的使用权通常归发包人所

有。建设工程合同被确认无效后,如果要求发包人将承包人施工建设的工程返还给承包人,则会违反上述房地一体原则。因此,建设工程合同被确认无效后,对于已经履行的部分不能适用返还财产的处理方式。虽然建设工程施工合同无效,但是,如果承包人施工完成、交付给发包人的建设工程质量合格,发包人就因无效的建设工程施工合同获得了建设工程,即获得了财产。该财产是承包人施工完成的,凝聚了承包人提供的劳务,是劳务的物化。承包人所付出的劳务和建筑材料已经物化在建设工程中。由于建设工程不适于返还给承包人,而发包人又因无效的建设工程施工合同获得了承包人已施工完成的工程,在这种情况下需要发包人对承包人所付出的劳务和建筑材料等支出进行折价补偿。承包人请求发包人参照建设工程施工合同的约定折价补偿的基本前提,是其所施工的建设工程质量合格。在建设工程施工合同中,承包人的主要义务就是向发包人交付质量合格的建设工程。如果承包人向发包人交付的工程质量不合格,就会导致发包人的合同目的无法实现。如果承包人施工的工程经验收不合格,但有修复可能的,可以由承包人进行修复。建设工程经修复后验收合格的,承包人有权请求发包人支付建设工程价款,但修复费用应由承包人承担。如果修复后的建设工程经验收仍然不合格的,承包人就无权请求发包人支付工程价款。在一般情况下,承包人对工程的施工质量负责,并对此承担民事责任。但如果因发包人原因导致工程质量缺陷,按照过错责任,应当由发包人承担损失赔偿责任。

针对实践中建设工程施工合同无效的情况,结合审判经验和《合同法》相关规定,2004 年《建设工程施工合同司法解释》第 2 条规定:“建设工程施工合同无效,但建设工程经竣工验收合格,承包人请求参照合同约定支付工程价款的,应予支持。”第 3 条规定:“建设工程施工合同无效,且建设工程经竣工验收不合格的,按照以下情形分别处理:(一)修复后的建设工程经竣工验收合格,发包人请求承包人承担修复费用的,应予支持;(二)修复后的建设工程经竣工验收不合格,承包人请求支付工程价款的,不予支持。因建设工程不合格造成的损失,发包人有过错的,也应承担相应的民事责任。”以上两条司法解释在实践中取得了较好的效果。《民法典》吸纳了上述规定。《民法典》第 793 条规定:“建设工程施工合同无效,但是建设工程经验收合格的,可以参照合同关于工程价款的约定折价补偿承包人。建设工程施工合同无效,且建设工程经验收不合格的,按照以下情形处理:(一)修复后的建设工程经验收合格的,发包人可以请求承包人承担修复费用;(二)修复后的建设工程经验收不合格的,承包人无权请求参照合同关于工程价款的约定折价补偿。发包人对因建设工程不合格造成的损失有过错的,应当承担相应的责任。”

## 二、建设工程折价补偿的方式

在实践中,建设工程折价主要有两种方式:一是发包人与承包人协商折价;二是委托第三方评估鉴定折价。如果发包人与承包人因建设工程施工合同纠纷起诉至法院,说明双方当事人无法就建设工程折价或者建设工程价款数额达成一致。委托第三方评估鉴定折价在现实中也面临诸多困难:一是评估鉴定的成本很高;二是我国评估鉴定中介市场不完善,有的评估鉴定结论与客观真实价值有一定距离。当事人在建设工程施工合同中约定的建设工程价款或者建设工程价款的计算方式是双方讨价还价、磋商一致的结果。合同约定确定的建设工程价款与发包人应当折价返还的建设工程价值相近。因此,从实践的角度看,最佳的补偿办法就是由发包人参照建设工程施工合同的约定向承包人支付工程价款。

对于如何理解“参照合同关于工程价款的约定折价补偿承包人”的问题,实践中存在不同的观点。本书认为,“参照合同关于工程价款的约定折价补偿承包人”就是原则上应当参照合同约定支付全部工程款。由于建设工程竣工验收合格,合同无效的折价补偿与合同有效的工程价款支付对建设方来讲没有实质区别。其理由如下:

第一,无论建设工程合同有效还是无效,在建设工程竣工验收合格的情况下,发包人都得到了质量合格的建筑物,其签订建设工程合同的目的已经实现,在此种情况下要求发包人付出同样的对价,不违反公平原则。第二,在实践中,影响建设工程施工合同效力的因素有很多,如承包人不具备相应的建筑工程施工资质,合同不是双方真实意思表示,违法发包、转包、违法分包等,建设工程合同无效的情况也较为常见。在《民法典》第179条规定的民事主体承担民事责任的方式中,未再规定收缴非法所得这一责任形式。第三,在建设工程施工合同无效的情况下,折价补偿不同于赔偿损失,合同无效的原因及过错对于赔偿损失的确认具有意义,但与建设工程的折价并无直接关系。因此,以合同无效的原因及过错作为认定建设工程折价补偿标准的因素是不合理的。

## 三、建设工程折价补偿应当参照的合同文本

《民法典》第793条规定,建设工程施工合同无效,但是建设工程经验收合格的,可以参照合同关于工程价款的约定折价补偿承包人。在双方签订的多份建设

工程施工合同均无效的情况下,就会出现应当参照哪份合同约定确定工程价款的问题。关于这一问题,实践中的争议主要有以下四种:第一种观点认为,应当参照备案合同的约定确定建设工程价款。因为在"黑白合同"中,"白合同"一般指备案的建设工程施工合同,而"黑合同"是当事人私下签订的与备案合同不一致的建设工程施工合同。当事人签订"黑合同"的目的是规避法律法规的规定,对这样的行为法律上应予否定。因此,在"黑白合同"不一致的情况下,应当将"白合同"作为确定当事人权利义务的依据。第二种观点认为,应当参照中标合同的约定确定建设工程价款。因为对于必须招标的工程,当事人应当通过招标投标程序签订建设工程施工合同,虽然中标合同与其他合同一样都无效,但通过招标投标程序签订的建设工程施工合同相对于其他合同更具可信性。第三种观点认为,应当参照当事人实际履行合同的约定确定建设工程价款。第四种观点认为,应当参照当事人最后签订合同的约定确定建设工程价款。

对于该问题,2021 年 1 月 1 日起施行的《建设工程施工合同司法解释(一)》第 12 条规定:"因承包人的原因造成建设工程质量不符合约定,承包人拒绝修理、返工或者改建,发包人请求减少支付工程价款的,人民法院应予支持。"一方面,当事人实际履行的建设工程施工合同反映了当事人的真实意思;另一方面,其所约定的价格也最贴近真实情况。在发包人与承包人所签订的全部建设工程施工合同均无效的情况下,按当事人的真实意思表示确定双方的权利义务对当事人而言既最容易接受,也最符合客观情况。双方据此折价的数额也最真实客观。这有利于纠纷的解决。如果当事人对实际履行的合同有争议,根据意思表示的解释规则,在发包人与承包人就同一建设工程签订多份建设工程施工合同的情况下,最后签订的合同往往才是双方当事人的真实意思表示。在存在多份建设工程合同且均无效的情况下,《建设工程施工合同司法解释(二)》规定选择一份最符合客观情况的建设工程施工合同作为确定建设工程价款的参照,使折价更合理、更客观,并不是要将无效合同作为有效合同处理。

在司法实践中,适用第 793 条规定时还需注意一个问题,即建设工程施工合同无效,承包人所建设的工程也验收合格,承包人是否可以不请求参照合同约定支付工程价款,而申请人民法院委托鉴定机构对工程价款进行鉴定呢?对此,本书认为,既然该条规定并未限定承包人只能请求参照建设工程施工合同约定折价补偿,根据法无禁止即自由的民事基本原则,承包人在起诉时可以选择请求参照建设工程施工合同约定支付工程价款,也可以申请人民法院委托鉴定机构对工程价款进行鉴定。但一旦选定后,就不应再反悔,即人民法院既应注重保护承包人的选择权,也应注重维护诉讼诚信原则。

**四、建设工程价款的支付应当以建设工程质量合格为前提**

发包人与承包人订立建设工程施工合同的目的是获得质量合格的建设工程。如果承包人施工的建设工程质量不合格,发包人的合同目的就不能实现。根据《民法典》第563条第1款第4项规定,如果承包人的违约行为致使发包人不能实现合同目的,发包人可以解除合同。《民法典》第610条规定:“因标的物不符合质量要求,致使不能实现合同目的的,买受人可以拒绝接受标的物或者解除合同。买受人拒绝接受标的物或者解除合同的,标的物毁损、灭失的风险由出卖人承担。”第646条规定:“法律对其他有偿合同有规定的,依照其规定;没有规定的,参照适用买卖合同的有关规定。”因此,就有偿合同而言,履行一方提供符合合同约定的质量标准或者要求的物品或者服务,原则上都是相对人支付价款的对价。建设工程质量合格的判断标准,既可以是发包人根据施工图纸及说明书、国家颁发的施工验收规范和质量检验标准对建设工程验收合格,也可以是纠纷发生后由鉴定机构出具质量合格的鉴定意见。

无论建设工程施工合同是否有效,建设工程质量合格都是承包人请求发包人依照建设工程施工合同约定或者参照建设工程施工合同约定支付建设工程价款的前提条件。《建设工程施工合同司法解释(一)》第19条第3款规定:建设工程施工合同有效,但建设工程经竣工验收不合格的,工程价款结算参照《民法典》第577条规定处理。根据该规定,建设工程施工合同有效,发包人和承包人均应当按照合同约定履行义务。如果承包人所施工的工程经竣工验收不合格,应当依照《民法典》第577条规定,承担继续履行、采取补救措施或者赔偿损失等违约责任。这里的补救措施,包括在建设工程有修复可能的情况下,由承包人进行修复。建设工程经修复后验收合格的,承包人有权请求发包人支付建设工程价款,但应当由承包人承担修复费用。修复后的建设工程经竣工验收仍然不合格的,承包人就无权请求发包人支付工程价款。另外,《民法典》第793条第1款规定:“建设工程施工合同无效,但是建设工程经验收合格的,可以参照合同关于工程价款的约定折价补偿承包人。”因此,在建设工程施工合同无效的情况下,承包人请求发包人参照建设工程施工合同的约定支付工程价款的基本前提一定是其所施工的建设工程质量合格。

建设工程施工合同被解除后,如果承包人已经完成的全部或者部分建设工程质量合格的,承包人也有权请求发包人支付建设工程价款。对此,《民法典》第806条第3款规定:"合同解除后,已经完成的建设工程质量合格的,发包人应当按照约定支付相应的工程价款;已经完成的建设工程质量不合格的,参照本法第七百九十三条的规定处理。"

# 专题五　建设工程施工合同的内容

## 一、建设工程施工合同应当具备的主要条款

《民法典》不仅规定建设工程施工合同必须采取书面形式,而且对建设工程施工合同的内容作了规定。《民法典》第795条规定:"施工合同的内容一般包括工程范围、建设工期、中间交工工程的开工和竣工时间、工程质量、工程造价、技术资料交付时间、材料和设备供应责任、拨款和结算、竣工验收、质量保修范围和质量保证期、相互协作等条款。"

当事人通过招标投标方式签订建设工程施工合同的,《招标投标法》第46条第1款规定:"招标人和中标人应当自中标通知书发出之日起三十日内,按照招标文件和中标人的投标文件订立书面合同。招标人和中标人不得再行订立背离合同实质性内容的其他协议。"如果允许招标人和中标人在中标后变更合同实质性内容,将导致通过招标投标程序确定的中标结果失去意义,破坏招标投标市场秩序,背离《招标投标法》的立法意旨。在实践中,在理解合同实质性内容时应注意以下两点:

第一,合同实质性内容不同于合同的基本内容,不能将《民法典》第795条规定的工程范围、建设工期、中间交工工程的开工和竣工时间、工程质量、工程造价、技术资料交付时间、材料和设备供应责任、拨款和结算、竣工验收、质量保修范围和质量保证期、相互协作等合同的主要内容全部认定为合同实质性内容。合同实质性内容一般是指影响或决定合同当事人基本权利义务的条款,对当事人是否缔约、与谁缔约、如何缔约有重要影响。《民法典》第795条规定的施工合同内容中的技术资料交付时间、材料和设备供应责任、拨款和结算、竣工验收等条款一般不会对合同的基本权利义务产生实质性影响,而且对于这些条款的内容招标人也可以在中标通知书发出后与中标人进一步完善或协商变更。

第二，合同实质性内容与合同主要条款不同。合同的主要条款，是指合同成立必须具备的条款，主要条款欠缺将造成合同不成立的后果。合同的主要条款有的是由法律直接规定的，如借款合同中有关借款币种的条款；有的是由合同的性质决定的，如买卖合同标的物价款的条款。《民法典》第 795 条规定的施工合同的 11 项内容，有的是施工合同的主要条款，有的并非施工合同的主要条款。对于合同主要条款，2009 年《合同法司法解释（二）》第 1 条第 1 款明确规定："当事人对合同是否成立存在争议，人民法院能够确定当事人名称或者姓名、标的和数量的，一般应当认定合同成立。但法律另有规定或者当事人另有约定的除外。"根据该解释，除法律另有规定或者当事人另有约定外，合同的主要条款包括合同主体即当事人名称或者姓名、标的和数量三方面的条款。在通常情况下，当事人达成的任何协议只要包括这 3 方面的内容，即可认定合同成立。合同具备主要条款而欠缺其他内容的，当事人可以协商补充，也可以依照《合同法》的规定或者解释规则予以补充。①

关于建设工程施工合同实质性内容的范围，2020 年《建设工程施工合同司法解释（一）》第 2 条规定："招标人和中标人另行签订的建设工程施工合同约定的工程范围、建设工期、工程质量、工程价款等实质性内容，与中标合同不一致，一方当事人请求按照中标合同确定权利义务的，人民法院应予支持。招标人和中标人在中标合同之外就明显高于市场价格购买承建房产、无偿建设住房配套设施、让利、向建设单位捐赠财物等另行签订合同，变相降低工程价款，一方当事人以该合同背离中标合同实质性内容为由请求确认无效的，人民法院应予支持。"根据该条规定，建设工程施工合同实质性内容包括工程范围、建设工期、工程质量、工程价款等内容。《招标投标法》第 46 条第 1 款规定："招标人和中标人应当自中标通知书发出之日起三十日内，按照招标文件和中标人的投标文件订立书面合同；招标人和中标人不得再行订立背离合同实质性内容的其他协议。"因此，招标人和中标人应当按照招标文件和中标人的投标文件订立中标合同。对于当事人未按《招标投标法》第 46 条规定，按照招标文件和中标人的投标文件订立中标合同的，2004 年《建设工程施工合同司法解释》第 21 条规定："当事人就同一建设工程另行订立的建设工程施工合同与经过备案的中标合同实质性内容不一致的，应当以备案的中标合同作为结算工程价款的根据。"最高人民法院在清理司法解释时，将本条规定删除。一方面，行政主管部门不再要求进行备案；另一方面，2018 年《建设工程施工合同司法解释

① 参见最高人民法院民事审判第一庭编：《最高人民法院关于审理建设工程施工合同纠纷案件适用法律问题的解释（二）》，人民法院出版社 2019 年版，第 45 页。

(二)》第1条对该问题作了更为明确、具体的规定。2018年《建设工程施工合同司法解释(二)》第1条的规定则在清理后颁布的2020年《建设工程施工合同司法解释(一)》中保留,成为新解释的第2条。2020年《建设工程施工合同司法解释(一)》第23条规定:"发包人将依法不属于必须招标的建设工程进行招标后,与承包人另行订立的建设工程施工合同背离中标合同的实质性内容,当事人请求以中标合同作为结算建设工程价款依据的,人民法院应予支持,但发包人与承包人因客观情况发生了在招标投标时难以预见的变化而另行订立建设工程施工合同的除外。"因此,招标人和中标人在中标合同之外另行签订了背离中标合同实质性内容的建设工程施工合同的,应当以中标合同作为确定建设工程施工合同实质性内容的依据。

## 二、注意保修条款与质量保证金条款的区别

在实践中,当事人在建设工程施工合同中除约定保修期限外,一般还会约定发包人在建设工程竣工验收合格后,有权保留一定比例的建设工程价款,作为建设工程质量保证金,待缺陷责任期满后,再支付给承包人。住建部《建设工程施工合同(示范文本)》第二部分通用合同条款第1.1.4.4项约定:"缺陷责任期:是指承包人按照合同约定承担缺陷修复义务,且发包人预留质量保证金(已缴纳履约保证金的除外)的期限,自工程实际竣工日期起计算。"第1.1.4.5项约定:"保修期:是指承包人按照合同约定对工程承担保修责任的期限,从工程竣工验收合格之日起计算。"保修期对应的是承包人的保修责任,保修期届满,承包人不再承担保修义务。缺陷责任期对应的是瑕疵担保责任。缺陷责任期届满,发包人应当向承包人退还建设工程质量保证金,但如果缺陷责任期已经届满但保修期还没有届满,承包人仍需要承担保修责任。在实践中,不少人混淆了保修期与缺陷责任期。保修期与缺陷责任期是两个不同的概念,对应的是不同的责任。

在我国,保修制度先于缺陷责任期制度出现。1998年3月1日起施行的《建筑法》第62条规定:"建筑工程实行质量保修制度。建筑工程的保修范围应当包括地基基础工程、主体结构工程、屋面防水工程和其他土建工程,以及电气管线、上下水管线的安装工程,供热、供冷系统工程等项目;保修的期限应当按照保证建筑物合理寿命年限内正常使用,维护使用者合法权益的原则确定。具体的保修范围和最低保修期限由国务院规定。"该法规定了质量保修制度,但未对缺陷责任期制度作出规定。对于保修期限,《建设工程质量管理条例》第40条规定:"在正常使用条件

下，建设工程的最低保修期限为：（一）基础设施工程、房屋建筑的地基基础工程和主体结构工程，为设计文件规定的该工程的合理使用年限；（二）屋面防水工程、有防水要求的卫生间、房建和外墙面的防渗漏，为5年；（三）供热与供冷系统，为2个采暖期、供冷期；（四）电气管线、给排水管道、设备安装和装修工程，为2年。其他项目的保修期限由发包方与承包方约定。建设工程的保修期，自竣工验收合格之日起计算。"根据该条规定，同一建设工程中的不同分部工程保修期并不相同。在实践中，由于设计文件规定的基础设施工程、房屋建筑的地基基础工程和主体结构工程的合理使用年限可能长达数十年，出现了保修金长期不能返还给承包人的问题。为解决这一问题，我国借鉴国际做法，引入了缺陷责任期制度。2002年9月27日，财政部颁布的《基本建设财务管理规定》规定了建设工程质量保证金制度。该规定第34条规定："建设单位应当严格执行工程价款结算的制度规定，坚持按照规范的工程价款结算程序支付资金。建设单位与施工单位签订的施工合同中确定的工程价款结算方式要符合财政支出预算管理的有关规定。工程建设期间，建设单位与施工单位进行工程价款结算，建设单位必须按工程价款结算总额的5%预留工程质量保证金，待工程竣工验收一年后再清算。"虽然财政部颁布的《基本建设财务管理规定》规定了建设单位与施工单位进行工程价款结算时应当预留工程质量保证金，但实践中对于质量保证金与保修金的关系仍不明确。2004年10月20日，财政部和原建设部发布的《建设工程价款结算暂行办法》第7条规定，发包人和承包人应当在合同条款中对工程质量保证（保修）金的数额、预扣方式及时限进行约定。第14条规定，发包人根据确认的竣工结算报告向承包人支付工程竣工结算价款，保留5%左右的质量保证（保修）金，待工程交付使用一年质保期到期后清算（合同另有约定的，从其约定），质保期内如有返修，发生费用应在质量保证（保修）金内扣除。该办法使用了"质量保证（保修）金"的概念，并规定了1年的质保期，自工程交付使用后1年质保期届满，再进行清算。当事人对质保期有约定的，从约定。2005年1月12日，财政部和原建设部颁布了《建设工程质量保证金管理暂行办法》，其第2条规定："本办法所称建设工程质量保证金（保修金）（以下简称保证金）是指发包人与承包人在建设工程承包合同中约定，从应付的工程款中预留，用以保证承包人在缺陷责任期内对建设工程出现的缺陷进行维修的资金。缺陷是指建设工程质量不符合工程建设强制性标准、设计文件，以及承包合同的约定。缺陷责任期一般为六个月、十二个月或二十四个月，具体可由发、承包双方在合同中约定。"该暂行办法提出了缺陷责任期这一概念，虽然仍然采用了"工程质量保证金（保修金）"的表述,但与我国当前所称的建设工程质量保证金已无本质区别。2016 年 6 月 27 日,国务院下发了国务院办公厅《关于清理规范工程建设领域保证金的通知》(国办发〔2016〕49 号),该通知明确只保留投标保证金、履约保证金、工程质量保证金、农民工工资保证金,同时,也确定了“工程质量保证金”这一称谓。与此相应,2016 年 12 月 27 日,住建部、财政部颁布的《建设工程质量保证金管理办法》,也采用了工程质量保证金这一概念。2017 年 6 月 20 日,住建部、财政部对《建设工程质量保证金管理办法》进行了修订,将工程质量保证金预留比例由原来规定的不得高于工程价款结算总额的 5% 修订为不得高于工程价款结算总额 3%,进一步完善了工程质量保证金制度,目的是为建筑企业减负。住建部和原国家工商行政管理总局制定的《建设工程施工合同(示范文本)》(GF－2017－0201)也采用了质量保证金这一表述,并有针对性地设计了通用合同条款和专用合同条款。该示范文本也在建筑市场上广泛使用。至此,保修期与缺陷责任期的制度也已经较为明确。与保修期相对应的是保修责任。与缺陷责任期相对应的是瑕疵担保责任。缺陷责任期届满,建设工程无质量问题的,发包人应当向承包人返还工程质量保证金。缺陷责任期内,由承包人原因造成的质量缺陷,承包人负责维修,并承担鉴定及维修费用;如承包人未履行缺陷修复义务,则发包人可以按照合同约定扣除质量保证金,并由承包人承担相应的违约责任。缺陷责任期届满,发包人返还保证金后,承包人仍应按合同约定或者法律规定的各部分工程的保修年限承担保修责任。

对于质量保证金的返还,《建设工程质量保证金管理办法》第 2 条第 3 款规定,缺陷责任期一般为 1 年,最长不超过 2 年,由发包、承包双方在合同中约定。当事人对工程质量保证金的返还有约定的,承包人有权请求按照约定返还工程质量保证金;没有约定的,发包人返还承包人质量保证金的期限不超过两年。对于起算时点,应当自工程竣工验收时起算。工程未竣工验收的,《建设工程质量保证金管理办法》第 8 条规定,由于发包人原因导致工程无法按规定期限进行竣工验收的,在承包人提交竣工验收报告 90 日后,开始计算缺陷责任期。结合《建设工程质量保证金管理办法》的规定和司法实践情况,2020 年《建设工程施工合同司法解释(一)》第 17 条规定:有下列情形之一,承包人请求发包人返还工程质量保证金的,人民法院应予支持:(1)当事人约定的工程质量保证金返还期限届满。(2)当事人未约定工程质量保证金返还期限的,自建设工程通过竣工验收之日起满 2 年。(3)因发包人原因建设工程未按约定期限进行竣工验收的,自承包人提交工程竣工验收报告 90 日后起当事人约定的工程质量保证金返还期限届满;当事人未约定工程质量保证金返还期限的,自承包人提交工程竣工验收报告 90 日后起满 2 年。发包人返还工程质量保证金后,不影响承包人根据合同约定或者法律规定履行工程保修义务。根据该规定,当事人对缺陷责任期有约定的,从约定;没有约定的,按《建设工程质量保证金管理办法》第 2 条规定的最长期限,即 2 年计算。关于缺陷责任期的起算点,应当自建设工程通过竣工验收之日起算。如果建设工程未按约定期限进行竣工验收,系由发包人原因造成,则自承包人提交工程竣工验收报告 90 日后起算缺陷责任期。当事人约定或者法律规定缺陷责任期届满,发包人就应当返还工程质量保证金。

## 专题六　工期顺延及相应责任问题

### 一、准确把握发包人对隐蔽工程的检查义务

《民法典》第 798 条规定:"隐蔽工程在隐蔽以前,承包人应当通知发包人检查。发包人没有及时检查的,承包人可以顺延工程日期,并有权请求赔偿停工、窝工等损失。"

隐蔽工程,是指施工过程中被掩埋于其他物体或工程之下,整体工程完工后从表面上无法看到的工程。在实践中,每个单位工程一般都包含有隐蔽工程,如地基与基础工程、给排水工程、电气管线工程、地板基层、护墙基层、门窗套基层、吊顶基层、强电线缆、网络综合布线线缆、网线、电话线、监控线、电梯通话线等。关于隐蔽工程的内涵、外延,目前尚无专门规定,相关规定散见于《建设工程质量管理条例》等法律法规中。实践中,对隐蔽工程的检查验收一般要先于主体工程。因为在隐蔽工程施工完成后,其表面上往往还会被覆盖上其他工程,隐蔽工程一旦被隐蔽,双方再因工程质量发生争议,很难对隐蔽工程是否存在质量问题作出判断。但隐蔽工程的质量又直接影响着工程的整体质量。如果采用破坏性勘察的方式检查隐蔽工程的质量,往往又会对建设工程造成损害,而且如果查明隐蔽工程确实存在质量问题,采用去除隐蔽工程表面的覆盖物、掩盖物,进行修复、重装、重做等,又会给各方当事人造成巨大的损失,如发包人可能会因此无法按时得到质量合格的工程,承包人则会因重做付出额外的成本。为了避免资源的浪费和当事人双方的损失,

保证工程的质量和工程的顺利完成。

《民法典》第798条的规定平衡了发包人和施工人的利益,规定了承包人的通知义务,即在对隐蔽工程隐蔽以前,承包人应当及时通知发包人检查,以确定隐蔽工程的质量是否符合合同约定和法律法规的要求。经发包人检查确认合格的,承包人可以对隐蔽工程进行隐蔽施工。如发包人发现隐蔽工程存在质量问题的,有权要求承包人及时对隐蔽工程进行修复或重做。承包人对隐蔽工程完成修复后,应再次通知发包人进行检查,经发包人再次检查确认合格后,方可进行隐蔽。承包人没有通知发包人,就自行将隐蔽工程进行隐蔽的,发包人有权要求承包人对隐蔽工程进行剥露,以供发包人检查。在这种情况下,因检查所产生的相关费用,应由承包人自行承担。发包人在接到承包人关于检查隐蔽工程的通知后,应当及时对隐蔽工程进行检查。发包人接到通知后怠于检查的,承包人也尽量不要自行将工程隐蔽。在这种情况下,承包人可以选择暂停施工,对于由此而产生的停工、窝工等损失,承包人有权要求发包人予以赔偿,同时,也可以要求按照合同约定或法律规定顺延相应的工期。

关于隐蔽工程检查的技术标准和具体流程,我国目前尚无明确规定。《建设工程质量管理条例》第30条规定:"施工单位必须建立、健全施工质量的检验制度,严格工序管理,作好隐蔽工程的质量检查和记录。隐蔽工程在隐蔽前,施工单位应当通知建设单位和建设工程质量监督机构。"但该条也仅规定了承包人对隐蔽工程检查通知的对象。结合建设工程实践,隐蔽工程检查一般包括以下几个步骤:一是先由承包人进行自检;二是经承包人自检确认具备覆盖条件的,承包人再书面通知监理人或者发包人检查;三是监理人或者发包人按照通知到场检查。在实践中,当事人一般会在合同中约定由监理人对隐蔽工程进行检查,但如果没有约定由监理人进行检查,则承包人仍应该通知发包人进行检查。承包人通知发包人对隐蔽工程检查后,发包人不履行检查的义务,并表示由施工人自行检查出具记录即可的,应尊重当事人的真实意思。承包人自行检查将工程隐蔽后,发包人又要求对隐蔽工程质量进行检查的。由此产生的再次检查费用,则应视检查结果而定。如果检查结果符合合同约定,承包人有权要求发包人承担由此所产生的相关费用以及赔偿造成的相关损失,同时,承包人因再次检查耽误工期的,承包人可以根据所耽误工期的实际情况,要求顺延工期。但如果再次检查的结果是工程质量未达到合同约定的标准,那么,检查费用应当结合发包人、承包人各自的过错程度予以认定。如果施工人代为检查后,明知隐蔽工程存在瑕疵仍予以隐瞒并隐蔽工程的,对于检查出来的质量问题,承包人仍应当承担修复义务。因为发包人虽作出了由承包人代为履行检查义务的意思表示,但并未表示由此免除承包人作为施工方对隐蔽工程质量的责任。

## 二、正确认定发包人怠于检查隐蔽工程导致的工期顺延

在建设工程施工合同有效的情况下,承包人延误工期的,应当承担违约责任。在建设工程施工合同无效的情况下,根据 2020 年《建设工程施工合同司法解释(一)》第 6 条的规定,承包人也要赔偿发包人因工期延误造成的损失。但如果工期延误是因发包人原因造成的,承包人可以以工期顺延进行抗辩。承包人通知发包人对隐蔽工程进行检查后,如果发包人没有及时检查,承包人无法获得隐蔽工程验收合格的记录,就无法对隐蔽工程进行隐蔽,影响施工进度,造成工期延误。《民法典》第 798 条规定,发包人不及时对隐蔽工程进行检查的,承包人可以顺延工期。

在建设工程施工合同纠纷案件中,对于发包人是否及时履行了检查的义务,则应当根据当事人之间的约定或行业习惯予以认定。如果当事人之间对检查隐蔽工程的期限进行了约定,应当根据当事人之间的约定判断发包人是否存在不及时检查的情形。如果当事人之间对此没有约定,可以结合建设工程施工实践、行业习惯等作出判断。对于隐蔽工程检查的时间,住建部和国家工商总局共同制定的《建设工程施工合同(示范文本)》(GF－2017－0201)第 5.3.2 项第 3 款规定:"除专用合同条款另有约定外,监理人不能按时进行检查的,应在检查前 24 小时向承包人提交书面延期要求,但延期不能超过 48 小时,由此导致工期延误的,工期应予以顺延。"在实践中,如果当事人之间采用该示范文本,就可依据上述约定确定发包人对隐蔽工程进行检查的合理时间。如果当事人未采用该示范文本,鉴于该示范文本是由监管部门依据实践情况制定,在实践中广泛使用,也可以将上述规定视为行业习惯,作为认定发包人对隐蔽工程进行检查的合理时间的参照。

工期顺延事由发生后,应当顺延多长时间工期,也是当事人容易引发争议的问题。对此,建设工程施工合同一般会约定工期顺延的事由发生后,承包人需向发包人或者监理人提出顺延工期的申请,由发包人或者监理人以签证的方式予以确认。由于发包人在建筑市场上处于优势地位,加之实践中转包、违法分包等情形存在,导致施工人提交的工期顺延申请并不一定能得到发包人或者监理人的签证确认。对于这一问题,2020 年《建设工程施工合同司法解释(一)》第 10 条第 1 款规定:"当事人约定顺延工期应当经发包人或者监理人签证等方式确认,承包人虽未取得

工期顺延的确认,但能够证明在合同约定的期限内向发包人或者监理人申请过工期顺延且顺延事由符合合同约定,承包人以此为由主张工期顺延的,人民法院应予支持。”因此,人民法院在审查承包人提出的工期顺延的主张时,不能仅以发包人或者监理人作出的确认工期顺延的签证为依据,而是要对承包人是否在建设工程施工合同约定的期限内提出了工期顺延申请、承包人提出的工期顺延申请是否符合建设工程施工合同的约定等问题进行实质性审查。即使当事人约定顺延工期应当经发包人或者监理人签证等方式确认,而承包人提出的工期顺延申请未取得发包人或者监理人以签证等方式作出的确认,只要承包人能够证明在合同约定的期限内向发包人或者监理人提出过工期顺延的申请,而且其所提出的工期顺延事由为建设工程施工合同约定的事由,人民法院就应当支持其顺延工期的主张。

### 三、正确认定发包人违约导致的工期顺延

《民法典》第 803 条规定:“发包人未按照约定的时间和要求提供原材料、设备、场地、资金、技术资料的,承包人可以顺延工程日期,并有权请求赔偿停工、窝工等损失。”为保证建设工程合同的顺利履行,一般情况下发包人和承包人还需要承担很多协助义务,如承包人协助竣工验收,发包人协助交付工程施工的相关材料。在实践中,发包人最常见的协助义务是按照约定的时间和要求提供原材料、设备、场地、资金、技术资料。如果发包人违反约定,未及时履行上述义务,将直接影响承包人对建设工程的施工,造成工期的延误。

在建设工程施工中,原材料是指工程所需的原料和材料,工程施工所需的原材料种类繁多,如水泥、沙子、钢筋,木材、电线电缆、电气元、保温材料、防水材料、给排水材料等。设备是指承包人对工程进行施工所需要的机械、设施,常用的机械设施有:搅拌机、施工升降机、电焊机、挖土机、塔吊、推土机等。对于施工材料和设备的供应,当事人可自行作出约定。《民法典》第 795 条亦将设备和材料的供应作为施工合同的一般内容予以了规定。发包人和承包人在建设工程施工合同中,如果约定由发包人提供工程所需全部材料和设备,则属于承包人包工不包料;如果约定工程施工所需的材料和设备全部由承包人自行采购,则属于承包人包工包料;如果约定部分工程材料和设备由发包人供应,部分材料由承包人自行采购,则属于承包人包工半包料。无论承包人对建筑工程是包工半包料还是包工不包料,在这两种承包方式下,发包人均需要按照施工合同约定向承包人提供全部或部分的材料和设备。所谓场地,是指承包人对工程进行施工建设需要的地方。施工场地除了建

设工程所占用的土地，还应包括承包人施工所需要的其他场地，如施工材料的堆放场地、承包人施工所需的通道等。在某些情况下，有些施工场地上可能还涉及征收房屋的拆迁、障碍物的清除。对此，发包人应当及时完成，并按时向承包人交付场地。资金一般是指按照合同约定发包人应向承包人支付的工程款。资金是承包人对工程建设施工的经济基础，施工期间发包人应按照合同约定提供建设资金。技术资料是承包人进行工程建设的技术保障，一般包括施工图纸、勘察数据、设计文件等。发包人应当按照约定及时向承包人提供相关的技术资料，以保证工程的顺利开工和进行。如果发包人未按约定的时间和方式提供工程施工所需的原材料、设备、场地、资金、技术资料，可能直接影响承包人的施工进度，造成工期延误。对此，承包人可以根据发包人不按约履行协助义务的事实，结合工期延误的实际情况，申请顺延工期。承包人因此产生的停工、窝工等损失，亦应由发包人根据其过错承担。

**四、正确认定发包人对停工、窝工等损失的赔偿责任**

因发包人原因导致承包人不能正常施工，除工期顺延外，承包人还会遭受相应的停工、窝工损失。对于因发包原因导致的停工、窝工损失，《民法典》第 798 条、第 803 条都有明确规定。停工是指工程施工停止。窝工是指承包人所安排的工人、机械超过了实际施工需要，导致工人、机械的效用不能有效发挥。由于发包人原因造成停工、窝工，如发包人变更设计导致停工、窝工；在建设工程施工合同约定发包人提供建筑材料的情况下，发包人迟延提供建筑材料导致停工、窝工；发包人在建设项目土地征用、拆迁安置、拆迁补偿等方面的原因导致工程建设受阻，导致的停工、窝工；承包人进场后发现施工场地不符合约定的进场条件，导致的停工、窝工；承包人因执行发包人、监理人的指令，导致的停工、窝工；发包人迟延支付工程价款，导致的停工、窝工；发包人在收到承包人通知后，未及时对隐蔽工程进行检查，导致的停工、窝工；等等。

在实践中，还有因非可归责于双方当事人的原因造成停工、窝工，如不可抗力等。《民法典》第 590 条规定："当事人一方因不可抗力不能履行合同的，根据不可抗力的影响，部分或者全部免除责任，但是法律另有规定的除外。因不可抗力不能履行合同的，应当及时通知对方，以减轻可能给对方造成的损失，并应当在合理期限内提供证明。当事人迟延履行后发生不可抗力的，不免除其违约责任。"因不可抗力导致的停工、窝工，根据不可抗力影响，应当部分或者全部免除当事人的责任。

由此引起或将引起工期延误的,应当顺延工期。原则上,承包人在停工期间按照发包人要求照管、清理和修复工程的费用应由发包人承担。

关于停工、窝工的赔偿标准,如果当事人有索赔签证的,按签证办理;如果没有索赔签证,但建设工程施工合同对赔偿标准有约定的,按合同约定办理;如果既无索赔签证,建设工程施工合同也没有约定的,可按定额标准,根据停工、窝工的时间计算停工、窝工造成的人工费、机械费、管理费、材料费等费用。

## 专题七　建设工程竣工验收问题

### 一、建设工程竣工验收制度

《民法典》第799条规定:"建设工程竣工后,发包人应当根据施工图纸及说明书、国家颁发的施工验收规范和质量检验标准及时进行验收。验收合格的,发包人应当按照约定支付价款,并接收该建设工程。建设工程竣工经验收合格后,方可交付使用;未经验收或者验收不合格的,不得交付使用。"建设工程竣工验收制度正是确保建设工程质量的基本制度。原则上,只有竣工验收质量合格的工程才能交付发包人使用。此外,发包人、承包人签订施工合同的目的就是发包人获取符合合同约定的工程,承包人按照合同约定获得工程款。而发包人向承包人支付全部工程款的前提是承包人按照约定完成全部工程建设任务且确保施工工程质量合格。因此,承包人对建设工程施工完成后,向发包人交付前,应先经过验收。

竣工验收,是指建设工程竣工后,准备交付给发包人投入使用时,由发包人会同设计、施工、工程监理等有关单位及工程质量监督部门,依照国家关于建设工程竣工验收制度的规定,对该项工程是否合乎设计要求和工程质量标准所进行的检查、考核工作。建设工程的竣工验收是工程建设全过程的最后一道程序,是对工程质量实行控制的最后一个重要环节。《建筑法》第61条规定:"交付竣工验收的建筑工程,必须符合规定的建筑工程质量标准,有完整的工程技术经济资料和经签署的工程保修书,并具备国家规定的其他竣工条件。建筑工程竣工经验收合格后,方可交付使用;未经验收或者验收不合格的,不得交付使用。"根据该规定,发包人组织对工程进行竣工验收,应当依据承包人施工所依据的图纸、说明书、国家颁发的施工验收规范以及建设工程质量检验标准。需要特别说明的是,在某些情况下,承包人施工所依据的图纸与设计的图纸有时会有所出入,造成这一现象的原因是发包人与承包人施工过程中基于特殊情况协商对工程的某些部分的施工进行了变更。在施工图纸和设计图纸不一致的情况下,如果双方协商变更了图纸,发包人进行竣工验收应当根据施工时的图纸,而原来的非设计图纸。

《建设工程质量管理条例》第16条规定:"建设单位收到建设工程竣工报告后,应当组织设计、施工、工程监理等有关单位进行竣工验收。建设工程竣工验收应当具备下列条件:(一)完成建设工程设计和合同约定的各项内容;(二)有完整的技术档案和施工管理资料;(三)有工程使用的主要建筑材料、建筑构配件和设备的进场试验报告;(四)有勘察、设计、施工、工程监理等单位分别签署的质量合格文件;(五)有施工单位签署的工程保修书。建设工程经验收合格的,方可交付使用。"根据该规定,建设工程验收的主要内容包括:是否完成建设工程设计和合同约定的各项内容;是否有完整的技术档案和施工管理资料;是否有工程使用的主要建筑材料、建筑构配件和设备的进场试验报告;是否有勘察人、设计人、施工人、监理人等分别签署的质量合格文件;是否有施工人签署的工程保修书。

## 二、建设工程竣工验收条件

竣工验收是履行建设工程施工合同的重要环节,建设工程经竣工验收合格,承包人才能请求发包人支付剩余工程款。在实践中,建设工程是否竣工验收、是否具备竣工验收的条件、因哪方当事人原因导致建设工程未验收等问题都是较为常见的争议问题。根据《建设工程质量管理条例》第16条的规定,建设工程竣工验收通常需要具备以下条件:

第一,发包人收到承包人提交的建设工程竣工报告。承包人完成全部建设工程的施工任务后,应当向发包人提交建设工程竣工报告。发包人收到竣工报告后,才能组织相关单位进行竣工验收。

第二,建设工程竣工验收应当由发包人组织,并由设计单位、承包人、工程监理单位等单位参加。《建设工程质量管理条例》第37条规定:"工程监理单位应当选派具备相应资格的总监理工程师和监理工程师进驻施工现场。未经监理工程师签字,建筑材料、建筑构配件和设备不得在工程上使用或者安装,施工单位不得进行下一道工序的施工。未经总监理工程师签字,建设单位不拨付工程款,不进行竣工验收。"

第三,承包人应当按照建设工程设计和建设工程施工合同的约定完成全部分部分项工程的施工。这是竣工的当然之义。

第四,应当有完整的技术档案和施工管理资料和有工程使用的主要建筑材料、建筑构配件和设备的进场试验报告。这是司法实践中争议较多的一个问题。有的发包人以承包人未提交施工资料为由,要求承包人承担建设工程不能按时竣工的责任。有的承包人担心建设工程价款还未结算,向发包人交付施工资料后,没有结算的凭证,不向发包人提交施工资料。更常见的情况是,承包人虽向发包人提交了相关资料,但发包人认为资料不全,无法进行竣工验收,而承包人则认为,在施工过程中只有这些资料,资料不全的原因在于发包人和监理方。

第五,有勘察、设计、施工、工程监理等单位分别签署的质量合格文件。就建设工程竣工验收的程序而言,一般包括建设工程竣工预验收和验收两个阶段。发包人、监理人和承包人参加建设工程竣工预验收。建设工程竣工后,监理工程师按照承包人自检验收合格后提交的《单位工程竣工预验收申请表》,审查资料并进行现场检查。如果经检查建设工程存在问题,项目监理部就存在的问题提出书面意见,并签发《监理工程师通知书》,要求承包人限期整改。承包人整改完毕后,编制《建设工程竣工验收报告》,交监理工程师检查,由项目总监签署意见后,提交建设单位。正式的建设工程竣工验收由建设单位负责组织实施,由监理单位、勘察单位、设计单位、施工单位参加。其中,承包人需提交《建设工程竣工验收报告》、工程技术资料;监理单位需提交《工程质量评估报告》;勘察单位和设计单位需要提交质量检查报告;发包人需取得规划、公安消防、环保、燃气工程等专项验收合格文件。如果建设工程未取得这些专项验收合格证明文件,也不能进行竣工验收。如《城乡规划法》第45条第1款规定:"县级以上地方人民政府城乡规划主管部门按照国务院规定对建设工程是否符合规划条件予以核实。未经核实或者经核实不符合规划条件的,建设单位不得组织竣工验收。"

第六,承包人应当签署工程保修书。保修书是承包人就保修期内出现的建设工程质量问题进行保修的承诺。《建筑法》第61条第1款规定:"交付竣工验收的建筑工程,必须符合规定的建筑工程质量标准,有完整的工程技术经济资料和经签署的工程保修书,并具备国家规定的其他竣工条件。"《建设工程质量管理条例》第39条规定:"建设工程实行质量保修制度。建设工程承包单位在向建设单位提交工程竣工验收报告时,应当向建设单位出具质量保修书。质量保修书中应当明确建设工程的保修范围、保修期限和保修责任等。"

## 三、发包人未经竣工验收擅自使用工程后质量责任的承担

在司法实践中,建设工程施工合同纠纷案件多由承包人提起。承包人提起的建设工程施工合同纠纷案件中,主要的诉讼请求是请求发包人支付建设工程价款。个别发包人占有使用已完工建设工程长达数年甚至10年以上,却以各种理由拖延竣工验收,也不向承包人支付其欠付的工程款。承包人起诉请求发包人支付工程款后,发包人又以建设工程质量不合格为由提出抗辩。有的发包人还就建设工程质量问题申请鉴定。由于发包人在使用已完工工程时往往已经对工程进行了装饰装修,有的在使用过程中也有损毁或者改建,因此,即使存在建设工程质量不合格的情况,也很难确定是何种原因导致,应由哪方当事人承担责任。造成这一困境的主要原因是发包人在建设工程未经竣工验收的情况下擅自使用该建设工程。对此,2020年《建设工程施工合同司法解释(一)》第14条规定:"建设工程未经竣工验收,发包人擅自使用后,又以使用部分质量不符合约定为由主张权利的,人民法院不予支持;但是承包人应当在建设工程的合理使用寿命内对地基基础工程和主体结构质量承担民事责任。"在理解和适用2020年《建设工程施工合同司法解释(一)》第14条的规定时,应当注意以下问题。

第一,建设工程未经竣工验收,发包人擅自使用了建设工程,不能以使用部分质量不符合约定为由主张权利。如果不存在建设工程未经竣工验收,发包人擅自使用的事实,就不能适用该条规定。

第二,建设工程未经竣工验收,发包人擅自使用了建设工程后,只是对其所使用部分,不能以工程质量不符合约定为由主张权利。对于发包人未使用部分,不适用该条规定。

第三,发包人擅自使用建设工程前,并无证据证明建设工程存在质量问题。如果在发包人擅自使用建设工程前,就已经发现建设工程质量问题,发包人要求承包人修复,承包人未予修复,发包人另行联系第三方修复后才使用建设工程的,就不能适用该条规定。在这种情况下,发包人有权请求承包人赔偿其为修复而支出的合理费用。

第四,虽然发包人在建设工程未经竣工验收的情况下就擅自使用,但是如果建设工程的地基基础工程和主体结构质量在合理使用寿命内出现质量问题的,发包人仍然有权请求承包人承担相应的民事责任。一方面,地基基础工程和主体结构质量影响到建设工程的安全使用,承包人对此所应承担的瑕疵担保责任应当更重;

另一方面,发包人擅自使用未经验收合格的建设工程通常不会对地基基础工程和主体结构质量造成影响。导致这两项工程质量问题的责任比较容易划分。

## 专题八　勘察人、设计人的违约责任问题

《民法典》第800条规定:“勘察、设计的质量不符合要求或者未按照期限提交勘察、设计文件拖延工期,造成发包人损失的,勘察人、设计人应当继续完善勘察、设计,减收或者免收勘察、设计费并赔偿损失。”勘察人、设计人违反合同约定,迟延提交勘察、设计文件或者提交的勘察、设计文件质量不合格,导致发包人损失的,应当承担违约责任。对此,该条规定了勘察人、设计人两种违约行为:一是勘察人、设计人迟延履行;二是勘察人、设计人瑕疵履行。迟延履行较容易判断,只要勘察人、设计人未在合同约定的期限内提交勘察报告或者设计报告的,即属于违约行为。瑕疵履行则应当依据当事人合同约定和相关法律法规规章的规定作出认定。在建设工程合同纠纷立法和司法中,保护建设工程质量是首要的价值取向。如果勘察人、设计人提交的勘察报告、设计报告质量不合格,必然会影响建设工程质量。这不仅会对发包人造成损害,也会对公众以及社会公共利益造成损害。由于建设工程具有外部性、公共性,对建设工程勘察、设计的技术要求较高,因此,关于建设工程勘察、设计的强制性规定、技术规范,勘察人、设计人在作出勘察报告、设计报告时必须遵守这些规定。对此,《建设工程勘察设计管理条例》第5条第2款规定:“建设工程勘察、设计单位必须依法进行建设工程勘察、设计,严格执行工程建设强制性标准,并对建设工程勘察、设计的质量负责。”程序是建设工程勘察、设计质量的保障。勘察人、设计人在勘察、设计中应当遵守国家规定的建设工程勘察、设计程序。对此,《建设工程勘察设计管理条例》第22条规定:“建设工程勘察、设计的发包方与承包方,应当执行国家规定的建设工程勘察、设计程序。”

由于建设工程勘察、设计质量与勘察人、设计人的专业能力密切相关,国家对勘察人、设计人实现资质管理制度。《建设工程勘察设计管理条例》第8条规定:“建设工程勘察、设计单位应当在其资质等级许可的范围内承揽建设工程勘察、设计业务。禁止建设工程勘察、设计单位超越其资质等级许可的范围或者以其他建

设工程勘察、设计单位的名义承揽建设工程勘察、设计业务。禁止建设工程勘察、设计单位允许其他单位或者个人以本单位的名义承揽建设工程勘察、设计业务。”第9条规定:“国家对从事建设工程勘察、设计活动的专业技术人员,实行执业资格注册管理制度。未经注册的建设工程勘察、设计人员,不得以注册执业人员的名义从事建设工程勘察、设计活动。”第10条规定:“建设工程勘察、设计注册执业人员和其他专业技术人员只能受聘于一个建设工程勘察、设计单位;未受聘于建设工程勘察、设计单位的,不得从事建设工程的勘察、设计活动。”第21条规定:“承包方必须在建设工程勘察、设计资质证书规定的资质等级和业务范围内承揽建设工程的勘察、设计业务。”根据上述规定,勘察人、设计人承揽建设工程勘察、设计业务的,必须具备相应的资质。勘察人、设计人不具备勘察、设计资质而承揽建设工程勘察、设计业务,超越资质承揽建设工程勘察、设计业务以及自然人承揽建设工程勘察、设计业务都属于违规行为。如果勘察人、设计人伪造、借用建设工程勘察、设计资质承揽建设工程勘察、设计业务,就应当承担违约责任。实践中,存在缺乏相应资质的单位或者个人以修改勘察报告、设计报告的名义,承揽建设工程勘察、设计业务。《建设工程勘察设计管理条例》第28条第1款规定:“建设单位、施工单位、监理单位不得修改建设工程勘察、设计文件;确需修改建设工程勘察、设计文件的,应当由原建设工程勘察、设计单位修改。经原建设工程勘察、设计单位书面同意,建设单位也可以委托其他具有相应资质的建设工程勘察、设计单位修改。修改单位对修改的勘察、设计文件承担相应责任。”故勘察人、设计人修改建设工程勘察、设计报告的,也应当具备同等的资质。《建设工程勘察设计管理条例》第17条规定:“发包方不得将建设工程勘察、设计业务发包给不具有相应勘察、设计资质等级的建设工程勘察、设计单位。”如果发包人知道或者应当知道勘察人、设计人缺乏资质或者超越资质承揽建设工程勘察、设计业务,仍与其签订建设工程勘察、设计合同,由此造成的损失,发包人也应当承担相应的责任。

关于勘察人、设计人承担违约责任的方式,《民法典》第800条规定了继续完善勘察、设计,减收或者免收勘察、设计费以及赔偿损失三种方式。如果勘察人、设计人迟延履行提交勘察报告或者设计报告,发包人有权请求其勘察人、设计人继续履行,并赔偿发包人因此而受到的损失。在实践中,发包人因勘察人、设计人迟延提交勘察报告、设计报告导致的损失主要是工期延后带来的损失。《民法典》第563条规定,当事人一方迟延履行主要债务,经催告后在合理期限内仍未履行,或者当事人一方迟延履行债务导致相对人合同目的不能实现的,相对人有权解除合同。

如果勘察人、设计人提交的勘察报告或者设计报告质量不符合要求,发包人有权请求勘察人、设计人重新进行勘察、设计,重新提交质量合格的勘察报告、设计报告。勘察人、设计人提交的勘察、设计报告质量不合格导致建设工程施工延后的,应当承担赔偿责任。如果勘察人、设计人提交的勘察报告或者设计报告质量不符合要求,发包人、监理人、施工人未及时发现,导致建设工程质量不合格的,也应赔偿因此导致的拆除、维修、返工等损失以及工期延后导致的损失,有权少付或者拒付勘察费、设计费。如果勘察人、设计人提交的勘察报告或者设计报告质量不符合要求,导致工程质量安全事故或其他事故的,勘察人、设计人应当采取补救措施,通过所投工程勘察或者设计责任保险向发包人承担赔偿责任,或者根据损失大小向发包人支付赔偿金。

## 专题九　施工人质量责任问题

《民法典》第801条规定:“因施工人的原因致使建设工程质量不符合约定的,发包人有权请求施工人在合理期限内无偿修理或者返工、改建。经过修理或者返工、改建后,造成逾期交付的,施工人应当承担违约责任。”

《建筑法》第58条规定,建筑施工企业对工程的施工质量负责。在实践中,因施工人原因导致建设工程质量不合格的情形主要包括:施工人不按发包人提供的工程设计图纸和规定的施工技术标准施工,施工人缺乏相应的建筑工程施工资质,施工人施工过程中偷工减料,施工人承包工程后又将建设工程违法分包或者转包给不具有相应建筑资质的单位或个人等。对于建设工程质量问题,如果是由设计文件引起的,发包人可以要求设计人承担责任,如果是由发包人自身原因导致的,发包人应自行承担责任;如果是由施工人原因导致的,发包人可以要求施工人承担责任。

对于因施工人的原因致使建设工程质量不符合约定的违约责任,《民法典》第577条规定:“当事人一方不履行合同义务或者履行合同义务不符合约定的,应当承担继续履行、采取补救措施或者赔偿损失等违约责任。”该条规定了违约方承担违约责任的3种具体方式:一是继续履行;二是采取相应的补救措施;三是赔偿损失。

《民法典》第801条规定的施工人修理或者返工、改建就是上述第二种违约责任方式。因施工人的原因致使建设工程质量不符合约定,施工人通过修理或者返工、改建,使建设工程达到合同约定的质量标准的,对于由此所产生的费用应自行承担。此外,施工人还要承担工期延误的违约责任。施工人通过修理或者返工、改建,使建设工程符合合同约定的,发包人应支付工程款,但对于因修理或者返工、改建造成的工期延误损失,施工人仍应承担。

## 一、建设工程质量的责任主体的确定

《民法典》第801条规定仅就施工人对建设工程质量的责任作了规定。实践中的情况较复杂,存在分包、违法分包、转包、借用资质签订建设工程施工合同等情形。对于建设工程质量的责任主体,应当区分不同情形予以确定。

第一,在建设工程实行总承包的情况下,总承包单位应当对全部建设工程质量负责。对此,《建设工程质量管理条例》第26条第3款规定:"建设工程实行总承包的,总承包单位应当对全部建设工程质量负责;建设工程勘察、设计、施工、设备采购的一项或者多项实行总承包的,总承包单位应当对其承包的建设工程或者采购的设备的质量负责。"

第二,在合法分包的情况下,分包人(与发包人签订建设工程施工合同的承包人)和分承包人都应当对分包工程质量承担责任。《建筑法》第55条规定:"建筑工程实行总承包的,工程质量由工程总承包单位负责,总承包单位将建筑工程分包给其他单位的,应当对分包工程的质量与分包单位承担连带责任。分包单位应当接受总承包单位的质量管理。"即在分包的情况下,分包单位即分承包人作为施工人,应当对分包工程质量问题承担责任,而总承包单位即分包人对分承包人负有进行质量管理的义务,其对分包工程的质量应当与分承包人承担连带责任。

第三,在违法分包的情况下,分包人和分承包人都应当对分包工程质量承担责任。《建筑法》第55条只是规定,分包人应当对分包工程的质量与分承包人承担连带责任。从文义上看,该条规定未区分合法分包和违法分包。但无论如何理解,在违法分包的情况下,分包人和分承包人都应当对分包工程质量承担责任。首先,如果从广义上理解,《建筑法》第55条所规定的分包既包括合法分包,也包括违法分包,则违法分包合同的分包人和分承包人都应当对分包工程质量承担连带责任。其次,如果从狭义上理解,《建筑法》第55条所规定的分包只包括合法分包,不包括违法分包,则依据举轻以明重的原则,既然合法分包合同的分包人和分承包人都应当对分包工程质量承担连带责任,违法分包合同的分包人和分承包人更应当对分包工程质量承担连带责任。结合《建筑法》第 67 条的规定,从体系解释的角度看,《建筑法》第 55 条所规定的分包似应只包含合法分包。对于违法分包,应依据《建筑法》第 67 条规定处理。再次,无论是在合法分包的情况下,还是违法分包的情况下,分包人和分承包人都是广义上的施工人,都应当对其所施工的工程质量承担责任。最后,《建筑法》第 67 条规定,承包单位将承包的工程违反该法规定进行分包的,对因违法分包的工程不符合规定的质量标准造成的损失,与接受分包的单位承担连带赔偿责任。该条所规定的连带责任系承包人与实际施工人对建设工程质量承担连带赔偿责任的一种表现。

第四,在转包的情况下,转包人与转承包人应当对建设工程质量承担连带责任。转包人将其所承包的工程转包给第三人,不仅违反法律规定,而且会损害发包人的利益。发包人在与转包人签订建设工程施工合同时,对于其所发包的工程将由第三方施工的事实并不知情。转包人将其所承包的工程转包给第三人,既违反了法律的规定,也违反了建设工程施工合同的约定。而转包人和转承包人均知道或者应当知道其转包行为属于违法和违反约定的行为,在主观上均具有过错。《建筑法》第 67 条也规定:“承包单位将承包的工程转包的,或者违反本法规定进行分包的,责令改正,没收违法所得,并处罚款,可以责令停业整顿,降低资质等级;情节严重的,吊销资质证书。承包单位有前款规定的违法行为的,对因转包工程或者违法分包的工程不符合规定的质量标准造成的损失,与接受转包或者分包的单位承担连带赔偿责任。”

第五,在缺乏资质的单位或者个人借用资质签订建设工程施工合同的情况下,出借资质一方应当与借用资质一方对建设工程质量承担连带责任。2020 年《建设工程施工合同司法解释(一)》第 7 条规定:“缺乏资质的单位或者个人借用有资质的建筑施工企业名义签订建设工程施工合同,发包人请求出借方与借用方对建设工程质量不合格等因出借资质造成的损失承担连带赔偿责任的,人民法院应予支持。”

第六,在确定建设工程质量的责任主体时,还应当注意区分责任单位的内部责任和对外承担责任。《建设工程质量管理条例》第 26 条第 1 款和第 2 款规定:“施工单位对建设工程的施工质量负责。施工单位应当建立质量责任制,确定工程项目的项目经理、技术负责人和施工管理负责人。”在外部责任上,施工单位,无论是建设工程施工合同约定的承包人还是转承包人、分承包人、借用资质签订建设工程施工合同的单位或者个人，均应当对建设工程质量承担责任。施工单位承担责任后，如果其项目经理、技术负责人和施工管理负责人违反单位内部管理规定，应对建设工程质量不合格承担责任的，施工单位可向其追责。在转包、分包和借用资质签订建设工程施工合同的情况下，应当先由转包人和转承包人、分包人和分承包人、出借资质的建筑企业和借用资质的单位或者个人先对外承担连带责任。在对外承担责任后，根据转包人和转承包人、分包人和分承包人、出借资质的建筑企业和借用资质的单位或者个人的过错，一方对外承担的责任超出其责任范围的，可以向另一方追偿。

## 二、施工人承担建设工程质量责任的方式

根据建设工程质量责任方式的相关规定，对建设工程质量不合格的救济主要包括以下几种途径：

一是对质量不合格部分的建设工程进行修复。承包人对质量不合格的建设工程进行修复的前提是建设工程有修复的可能。如果建设工程的基础工程、主体工程存在严重质量缺陷，无修复可能的，则无须再由承包人进行修复。在这种情况下，发包人可以拒付或者少付工程款，并要求承包人赔偿损失。如果建设工程经修复后质量合格，承包人就有权请求发包人依照或者参照建设工程施工合同的约定支付建设工程价款。由于修复造成的工期延误，发包人有权请求承包人依其过错承担赔偿责任。如果承包人拒绝对质量不合格的建设工程进行修复或者建设工程经修复后质量仍不合格，发包人则有权拒付或者少付工程款，并要求承包人赔偿损失。修复的方式包括修理、返工或者改建等方式，目的是要使建设工程达到合同约定或者国家规定的质量标准。

二是发包人有权解除建设工程施工合同。通常在两种情况下发包人享有解除建设工程施工合同的权利。第一种情况是建设工程质量严重不合格，已无修复可能，发包人的合同目的确定不能实现。《民法典》第 563 条第 1 款第 4 项规定，如果当事人一方迟延履行债务或者有其他违约行为致使不能实现合同目的，相对人有权解除合同。第二种情况是承包人已经完成的建设工程质量不合格，并拒绝修复。由于承包人拒绝修复质量不合格的建设工程，根据《民法典》第 563 条规定，在这种情况下，发包人请求解除建设工程施工合同的，人民法院应予支持。

三是发包人有权拒付或者少付建设工程价款。建设工程质量不合格，应当由承包人修理、返工或者改建，使之达到约定或者法律规定的质量标准。但是，如果

建设工程存在严重质量问题,无修复可能的,发包人有权拒付建设工程价款;如果承包人明确表示拒绝修理、返工或者改建,或者经承包人修理、返工或者改建后建设工程质量仍不合格,发包人有权请求减少支付工程价款。除非建设工程存在严重质量问题,即使进行修复也不能安全使用,发包人不应拒付全部工程款。根据建设工程质量问题的严重程度和修复费用不同,发包人减少支付建设工程价款的数额也不同。发包人减少支付工程价款的数额应当相当于发包人另行委托第三人进行修复所需支付的合理价款数额。

四是发包人有权扣除建设工程质量质保金。根据《建设工程质量保证金管理办法》第 2 条的规定,建设工程质量保证金是指发包人与承包人在建设工程承包合同中约定,从应付的工程款中预留,用以保证承包人在缺陷责任期内对建设工程出现的缺陷进行维修的资金。建设工程缺陷是指建设工程质量不符合工程建设强制性标准、设计文件,以及承包合同的约定。缺陷责任期一般为 1 年,最长不超过 2 年,由发包人和承包人双方在合同中约定。有的建设工程质量问题显而易见,有的建设工程质量问题则是潜在的,在发包人使用过程中才会发现。即使建设工程经竣工验收合格,发包人在缺陷责任期内发现问题,而该问题系由承包人原因造成,则承包人应负责维修,并承担鉴定及维修费用。如承包人拒不维修或拒不承担维修费用,或者建设工程虽经维修,但质量仍不合格。发包人就有权依据合同约定从建设工程质量保证金中扣除。

五是发包人有权请求承包人承担保修责任。如果建设工程质量问题在竣工验收、缺陷责任期内都未出现或者发现,但在保修期限内发现了,承包人也应当承担保修义务。建设工程承包单位在向建设单位提交工程竣工验收报告时,应当向建设单位出具质量保修书。质量保修书中应当明确建设工程的保修范围、保修期限和保修责任等。建设工程的保修范围应当包括地基基础工程、主体结构工程、屋面防水工程和其他土建工程,以及电气管线、上下水管线的安装工程,供热、供冷系统工程等项目;保修的期限应当按照保证建筑物合理寿命年限内正常使用,维护使用者合法权益的原则确定。根据《建设工程质量管理条例》第 40 条的规定,在正常使用条件下,建设工程的最低保修期限为:基础设施工程、房屋建筑的地基基础工程和主体结构工程,为设计文件规定的该工程的合理使用年限;屋面防水工程、有防水要求的卫生间、房间和外墙面的防渗漏,为 5 年;供热与供冷系统,为 2 个采暖期、供冷期;电气管线、给排水管道、设备安装和装修工程,为 2 年。建设工程的保修期,自竣工验收合格之日起计算。建设工程在保修范围和保修期限内发生质量问题的，施工单位应当履行保修义务，并对造成的损失承担赔偿责任。

六是发包人有权请求承包人赔偿损失。在民事责任中，赔偿损失具有兜底作用。如果其他民事责任不适合或者承包人在承担其他民事责任后，发包人仍有损失的，发包人还有权请求承包人承担赔偿损失的责任。例如，在缺陷责任期内，由承包人原因造成质量缺陷，但承包人拒不维修或拒不承担维修费用，或者建设工程虽经维修但质量仍不合格，发包人所支出的维修费用超出保证金的，发包人可按合同约定向承包人进行索赔。即使承包人维修并承担相应费用后，也不免除其对发包人损失的赔偿责任。在保修期内发现建设工程存在质量问题的，承包人履行保修义务后，如果对发包人造成了损失，如因维修而导致发包人不能正常营业，承包人也应对发包人的损失承担赔偿责任。承包人不仅要为其瑕疵给付承担赔偿责任，还要为其加害给付承担赔偿责任。因承包人的原因致使建设工程质量不合格，导致建设工程在合理使用期限内造成人身和财产损害的，承包人应当承担损害赔偿责任。

七是发包人有权请求承包人承担迟延履行的违约责任。如果因施工人原因造成建设工程质量不合格，建设工程经过修理或者返工、改建后，造成建设工程逾期交付的，施工人应当承担因工期延误导致的违约责任，包括违约金责任以及损害赔偿责任等。

# 专题十 建设工程施工合同违约赔偿责任

## 一、承包人加害给付赔偿责任

《民法典》第 802 条规定："因承包人的原因致使建设工程在合理使用期限内造成人身损害和财产损失的，承包人应当承担赔偿责任。"建筑物是一种具有公共性、外部性的商品。建设工程作为建设工程施工合同的标的物，其最终使用人往往不是订立建设工程施工合同的施工人和发包人，而是广大人民群众。因此，建设工程质量直接影响的通常是广大人民群众的人身安全和财产利益。施工人在进行工程建设时，应当严格遵守法律的强制性规定以及相关技术规范，以确保建设工程质量。由于承包人未按照规定标准施工等原因导致建设工程质量不合格，在合理使用期限内造成他人人身损害和财产损失,属于加害给付,承包人应当承担赔偿责任。根据《民法典》第802条的规定,承包人损害赔偿责任的构成要件主要包括三个方面。

一是建设工程造成了人身和财产损害。即只有建设工程在合理使用期限内造成他人人身损害和财产损失时,承包人才应当承担赔偿损失责任。这里的人身损害和财产损失,不仅包括发包人的人身损害和财产损失,也包括建设工程合同之外的第三人遭受的人身损害和财产损失。建设工程交付使用后,发包人将建设工程出售或者出租,建设工程新的买受人或承租人在建设工程使用的过程中,因建设工程质量受到人身损害或者财产损失的,建设工程买受人或承租人可以请求发包人承担赔偿责任。承包人与受到损害的第三人之间虽然没有合同关系,但造成工程质量不合格的原因是由于承包人的原因,且承包人对在合理使用期限内的建设工程质量亦负有安全保障责任。因此,承包人也应当对此承担赔偿责任。

二是损失发生在建设工程合理使用期限内。无论什么样的建设工程,都有一定的使用期限。承包人只在合理使用期限内,对建设工程质量负责。如果建设工程已经超过合理使用期限的,应当予以拆除。建设工程所有权人在超过合理使用期限内仍然继续使用的,由此造成的损失不应当由承包人负责赔偿。

三是因承包人的原因造成损害。也就是说,只有建设工程造成的人身损害和财产损失是由承包人引起的,承包人才承担损害赔偿责任。这里的承包人是指广义上的承包人,包括总承包人、分承包人、勘察人、设计人和施工人。实践中,建设工程造成人身损害和财产损失除因承包人原因外,也可能是由发包人、勘察人、设计人或不可抗力引起。因发包人、勘察人、设计人或不可抗力原因致使建设工程造成他人人身损害或财产损失的,承包人不承担赔偿责任。

建设工程的合理使用期限,一般是指建设工程主体结构工程的设计使用期限。不同类型的建筑工程,其设计使用期限亦不相同。住房和城乡建设部发布的《建筑结构可靠性设计统一标准》(GB 50068－2018)第3.3.1条规定:“建筑结构的设计基准期为50年。”第3.3.2条规定:“建筑结构设计时,应规定结构的设计使用年限。”第3.3.3条规定:“建筑结构的设计使用年限,应按表3.3.3采用”,即临时性建筑设计使用年限为5年;易于替换的结构构件设计使用年限为25年;普通房屋和构筑物设计使用年限为50年;标志性建筑和特别重要的建筑结构设计使用年限为100年。根据上述规定,对建设工程合理使用期限的认定,应当根据建筑物的类别予以确定。

建设工程的合理使用期限不同于建设工程所占用土地的土地使用年限。关于建设工程用地的土地使用权,《城镇国有土地使用权出让和转让暂行条例》第 12 条规定:“土地使用权出让最高年限按下列用途确定:(一)居住用地七十年;(二)工业用地五十年;(三)教育、科技、文化、卫生、体育用地五十年;(四)商业、旅游、娱乐用地四十年;(五)综合或者其他用地五十年。”一方面,建设工程不同部分的合理使用年限并不相同;另一方面,即使建设用地使用年限届满还可以续期,建设工程的合理使用时间可以长于其所占用土地的使用期限。

关于《民法典》第 802 条规定的赔偿责任的性质,有观点认为应限于违约责任,只是关于承包人对发包人责任的规定,承包人对第三人的侵权责任应当依据《民法典》第 1252 条规定处理。如果将该条规定仅适用于承包人对发包人的责任,将会产生以下问题:一是《民法典》第 1252 条仅规定了建筑物、构筑物或者其他设施倒塌造成他人损害的侵权责任,实践中承包人的质量责任范围很广泛,如电梯质量问题、水电气线路质量问题、外立面或玻璃幕墙掉落问题等对第三人造成的损害,承包人是否应当承担责任,需要明确。二是《民法典》第 1252 条没有规定承包人承担质量责任的期限,如果建设工程已经超出了设计使用年限,发包人或者所有权人继续使用,建筑物、构筑物或者其他设施倒塌造成他人损害的,仍由建设单位与施工单位承担连带责任,缺乏法理基础。三是该条规定的责任主体是承包人,民法典规定的承包人范围较为广泛,而《民法典》第 1252 条规定的是建设单位与施工单位的责任,对勘察单位和设计单位的质量责任未作明确规定。有观点认为,《民法典》第 802 条涉及的是承包人的侵权责任,不应当放在《民法典》的合同编。本书认为,不宜将该条所规定的责任仅限定于承包人对发包人的责任,或者仅理解为侵权责任。《民法典》第 802 条规定的责任既包括承包人对发包人的违约责任,也包括承包人对第三人的侵权责任,是关于承包人对建设工程承担质量责任时间限制的规定。这样理解更有利于厘清承包人对建设工程的质量责任,也不影响民法典的逻辑体系。而且,该条规定承包人对因其原因致使建设工程在合理使用期限内造成人身损害和财产损失的,应当承担赔偿责任,并未限定只对发包人承担赔偿责任。勘察人提交的勘察材料、设计人提交的设计材料或者施工人的施工存在问题,导致建设工程在合理使用期限内造成人身损害和财产损失,既可能是对发包人一方造成损害,也可能是对第三人造成损害。如果是对发包人造成损害,承包人固然应当承担赔偿责任。如果是对第三人造成损害,发包人基于安全保护义务等原因,也可能会对第三人承担赔偿责任。在这种情况下,受害人既可以请求承包人承担赔偿责任,也可以请求发包人承担赔偿责任。发包人承担责任后,可向承包人追偿。

## 二、发包人违约赔偿责任

《民法典》第804条规定:“因发包人的原因致使工程中途停建、缓建的,发包人应当采取措施弥补或者减少损失,赔偿承包人因此造成的停工、窝工、倒运、机械设备调迁、材料和构件积压等损失和实际费用。”在建设工程施工合同中,承包人与发包人均承担有一系列的合同义务,即除支付工程价款和交付建设工程的主要义务外,发包人和承包人往往还承担有很多协助义务,如发包人提供相关施工技术资料,对隐蔽工程配合检查等义务;承包人提交竣工资料,通知发包人对隐蔽工程检查等义务。在建设工程施工的过程中,要保证工程建设的顺利进行不仅需要承包人按照合同约定履行自己的义务,进行工程建设,还需要发包人按照合同约定履行自己的义务,为承包人的建设提供必要的条件。如果在工程建设的过程中,因发包人的原因,如发包人提供的设计文件等技术资料有错误,发包人未能按照约定及时提供建设材料、设备或者工程进度款,发包人未能及时进行中间工程和隐蔽工程条件的验收并办理有关交工手续等,导致建设工程中途停建、缓建的,对于承包人由此产生的停工、窝工、倒运、机械设备调迁、材料和构件积压等损失,发包人应当予以赔偿。

对于因发包人原因致使工程中途停建、缓建的,发包人承担违约责任的方式主要有两种。一是采取措施弥补或者减少损失。发包人对因自己的原因致使工程中途停建、缓建的,应当采取必要的措施,尽量减少损失。对于因发包人未及时提供变更后的相关设计文件,导致工程停工的,发包人应当及时予以提供;对于因发包人没有及时对隐蔽工程检查,导致工程停建的,发包人应当立即对隐蔽工程进行检查验收并办理有关交工手续。二是赔偿承包人因此造成的停工、窝工、倒运、机械设备调迁、材料和构件积压等损失和实际费用。发包人由于自身原因致使工程中途停建、缓建,对于停建、缓建期间承包人所产生的人员工资等损失,以及承包人因工程停建、缓建对施工方案重新调整的机械设备调迁等费用,发包人应当予以赔偿。建设工程停建后,发包人不能克服不利因素,且双方当事人不能就复工达成一致意见的,则可能导致建设工程永久停建,进而造成建设工程合同解除。但对于建设工程合同解除之前,承包人已经完成的建设工程,质量合格的,发包人应当向承包人支付工程款。

发包人违约造成工期延误的,承包人有权请求顺延工期。在实践中,发包人和承包人通常会在建设工程施工合同中约定工期的顺延事由。建设工程施工合同一般会约定发包人原因、监理人原因、客观条件变化、不可抗力等非承包人原因为工期顺延事由。例如,因发包人原因未按开工通知上载明的时间施工;基准日期后,因法律变化造成工期延误;因发包人修改设计造成的工期延误;因不可抗力影响承包人履行合同约定的义务,引起工期延误;因监理人、发包人未及时监查、验收隐蔽工程等原因造成的工期延误;等等。在实践中,人民法院在审查承包人提出的工期顺延的主张时,不能仅以发包人或者监理人作出的确认工期顺延的签证为依据,而是要对承包人是否在建设工程施工合同约定的期限内提出了工期顺延申请、承包人提出的工期顺延申请是否符合建设工程施工合同的约定等进行实质性审查。在当事人约定顺延工期应当经发包人或者监理人签证等方式确认的情况下,承包人提出的工期顺延申请即使未取得发包人或者监理人以签证等方式作出的确认,但只要承包人能够证明在合同约定的期限内向发包人或者监理人提出过工期顺延的申请,而且其所提出的工期顺延事由为建设工程施工合同约定的事由,人民法院就应当支持其顺延工期的主张。

因发包人的原因致使工程中途停建、缓建的,承包人有权请求发包人赔偿因此造成的停工、窝工、倒运、机械设备调迁、材料和构件积压等损失。按照"谁主张,谁举证"的原则,承包人应当对其所遭受的损失承担举证责任。在实践中,认定承包人损失的方式主要有四种:一是根据建设工程施工合同中的索赔签证认定损失数额;二是由鉴定机构根据建设工程施工合同的履行情况进行鉴定;三是根据建设工程施工合同约定的标准进行计算;四是参照合同履行地的市场价格和实际损失数额进行估算。此外,如果发包人未采取合理措施弥补或者减少损失,对该部分损失也应当由发包人承担。

## 专题十一　建设工程施工合同的解除问题

### 一、建设工程施工合同解除权

关于合同解除,依据《民法典》第 562 条、第 563 条的规定,可以分为协议解除和行使解除权的解除两种情形。协议解除,是指合同当事人自愿协商解除合同的情形。行使解除权的解除,包括约定解除权和法定解除权解除两类。

关于发包人的解除权,2004 年《建设工程施工合同司法解释》第 8 条规定:“承包人具有下列情形之一,发包人请求解除建设工程施工合同的,应予支持:(一)明确表示或者以行为表明不履行合同主要义务的;(二)合同约定的期限内没有完工,且在发包人催告的合理期限内仍未完工的;(三)已经完成的建设工程质量不合格,并拒绝修复的;(四)将承包的建设工程非法转包、违法分包的。”该条第 1 项规定的是承包人拒绝履行的情况。第 2 项规定的是承包人迟延履行,且经发包人催告后在合理期限内仍未履行的情况。需要注意的是,承包人在建设工程施工合同项下负有多种义务,该项规定的是承包人迟延履行其主要义务,即完成工程施工的任务。承包人迟延履行其他义务,尤其是从义务或者附随义务的,并不当然导致发包人享有合同解除权。第 3 项规定的是不完全履行,包括瑕疵给付和加害给付两种情形。向发包人移交工程质量合格的建设工程是承包人的主要义务。如果承包人施工的建设工程质量不合格,承包人应当承担修复义务。如果承包人拒绝修复,将导致发包人在建设工程施工合同项下的目的不能实现,故发包人享有解除建设工程施工合同的权利。第 4 项规定的是承包人将建设工程非法转包、违法分包的情形。前 3 项规定在《民法典》第 563 条已经规定。第 4 项规定为《民法典》所吸纳,第 806 条第 1 款规定:“承包人将建设工程转包、违法分包的,发包人可以解除合同。”因此,根据《民法典》的规定清理后发布的 2020 年《建设工程施工合同司法解释(一)》未再保留本条规定。

在实践中,承包人将建设工程非法转包和违法分包属于严重违反法律、行政法律禁止性规定的行为。承包人将建设工程转包、违法分包不仅损害建筑市场秩序,还会影响建设工程质量安全,损害发包人的利益。而且建设工程施工合同实质性上是承揽合同的一种。对于承揽合同,《民法典》第 772 条规定:“承揽人应当以自己的设备、技术和劳力,完成主要工作,但是当事人另有约定的除外。承揽人将其承揽的主要工作交由第三人完成的,应当就该第三人完成的工作成果向定作人负责;未经定作人同意的,定作人也可以解除合同。”因此,在承包人将建设工程非法转包、违法分包的情况下,发包人应享有解除建设工程施工合同的权利。当事人在施工合同中约定由发包人提供主要建筑材料、建筑构配件和设备的,发包人不仅应及时提供,同时,还要保证其提供的材料和设备符合强制性标准。发包人提供的主要建筑材料、建筑构配件和设备不符合强制性标准的,有可能会对建设工程质量造成直接影响,在这种情况下,承包人有权要求发包人重新提供符合强制性标准的材料和设备。对于合同约定的其他应由发包人履行的协助义务，如向承包人交付技术资料、工程施工场地等，发包人未履行，导致承包人无法施工。在上述两种情况下，发包人经承包人催告后，仍未在合理期限内履行的，属于《民法典》第 563 条规定的迟延履行导致合同目的无法实现的法定解除的情形，承包人应享有解除权。

对于发包人不履行义务，承包人的解除权，2004 年《建设工程施工合同司法解释》第 9 条规定："发包人具有下列情形之一，致使承包人无法施工，且在催告的合理期限内仍未履行相应义务，承包人请求解除建设工程施工合同的，应予支持：（一）未按约定支付工程价款的；（二）提供的主要建筑材料、建筑构配件和设备不符合强制性标准的；（三）不履行合同约定的协助义务的。"《民法典》吸纳了这一规定。《民法典》第 806 条第 2 款规定："发包人提供的主要建筑材料、建筑构配件和设备不符合强制性标准或者不履行协助义务，致使承包人无法施工，经催告后在合理期限内仍未履行相应义务的，承包人可以解除合同。"因此，根据《民法典》的规定清理后发布的 2020 年《建设工程施工合同司法解释（一）》未再保留本条规定。

## 二、建设工程施工合同解除的法律后果

关于合同解除的法律后果，《民法典》第 557 条第 2 款规定："合同解除的，该合同的权利义务关系终止。"第 566 条第 1 款规定："合同解除后，尚未履行的，终止履行；已经履行的，根据履行情况和合同性质，当事人可以请求恢复原状或者采取其他补救措施，并有权请求赔偿损失。"根据上述规定，合同解除后的法律后果包括：合同的权利义务终止；尚未履行的，终止履行；已经履行的，恢复原状，采取其他补救措施，赔偿损失。相应地，建设工程施工合同解除后，如果合同尚未履行，则不再履行；如果合同已经履行，则应恢复原状，采取其他补救措施，赔偿损失。具体而言，建设工程施工合同解除后，将产生以下法律后果。

第一，建设工程施工合同权利义务终止。建设工程施工合同解除后，双方当事人不再承担合同义务，也不再享有合同权利，双方当事人均不应再依据建设工程施工合同的约定主张权利。如果当事人在建设工程施工合同外，又就建设工程保修、工程价款结算、支付时间和方式等达成协议的，此类协议的效力不因建设工程施工合同的解除而受影响，除非当事人另有约定或者之后签订的协议与建设工程施工合同是一个整体，不能独立存在。此外，建设工程施工合同解除后，并非所有的合同条款均不发生效力。《民法典》第 507 条规定："合同不生效、无效、被撤销或者终止的，不影响合同中有关解决争议方法的条款的效力。"第 567 条规定："合同的权

利义务关系终止,不影响合同中结算和清理条款的效力。”因此,建设工程施工合同解除后,虽然当事人的合同权利和义务终止,但合同中的结算和清理条款、独立存在的有关解决争议方法的条款仍然对当事人有拘束力。

第二,恢复原状。建设工程施工合同的特点在于,一旦承包人完成部分或者全部工程,恢复原状不仅在客观上很难实现,而且对双方当事人和社会利益而言均不利,因此,建设工程施工合同无效后,通常不适用恢复原状这一责任承担方式。但是,如果承包人所施工工程质量严重不合格,不能使用且无法修复,发包人仍然有权请求其恢复原状。这种情况在实践中极少见。建设工程施工合同解除后,恢复原状这一责任方式在实践中适用得较少。

第三,采取其他补救措施。建设工程施工合同解除后,当事人应采取的其他补救措施因具体情况不同而不同,较常见的是承包人已完成的工程质量不合格,承包人应当采取修复等补救措施。

第四,赔偿损失。在合同责任和合同法责任上,赔偿损失责任具有兜底性,即其他责任不足以弥补当事人损失的情况下,需要由当事人通过承担赔偿损失责任予以补足。

此外,合同被解除后还会产生一个法律后果,即合同清算。如果当事人已经履行了部分合同,无论之后合同是被认定无效、被撤销还是被解除,都涉及对已履行合同如何进行清算的问题。实际上,《民法典》第 566 条规定也可以被理解为合同清算的方式。但实践中的合同更复杂,不同类型合同之清算方式亦不相同。在建设工程施工合同中,如果建设工程已经完成部分或者全部施工任务,建设工程质量合格或者虽有质量瑕疵但可以补救,就不能适用该条规定的恢复原状的责任方式。在这种情况下,由发包人占有已经完成部分的建设工程,或者由承包人履行修复义务后将建设工程移交给发包人,对双方当事人而言都更有利。发包人占有已完成的工程后,应当向承包人支付相应的对价,即相应的建设工程价款。对此,2004 年《建设工程施工合同司法解释》第 10 条第 1 款规定:“建设工程施工合同解除后,已经完成的建设工程质量合格的,发包人应当按照约定支付相应的工程价款;已经完成的建设工程质量不合格的,参照本解释第三条规定处理。”根据该规定,建设工程施工合同解除后,将产生以下法律效果:一是承包人向发包人移交已经完成施工的建设工程。二是发包人向承包人支付相应的工程价款,即已完成工程所对应的工程价款。发包人支付工程价款的前提是其所接收的建设工程质量合格。如果建设工程质量不合格,发包人有权拒绝支付工程价款。三是承包人已完成的建设工程不合格的,应当由承包人承担修复义务,并负担修复费用。如果承包人拒不承担修复义务或者修复后的建设工程仍不合格的,承包人则无权请求发包人支付相应的工程价款。该款规定为《民法典》所吸收。《民法典》第 806 条第 3 款规定:"合同解除后,已经完成的建设工程质量合格的,发包人应当按照约定支付相应的工程价款;已经完成的建设工程质量不合格的,参照本法第七百九十三条的规定处理。"根据《民法典》的规定清理后发布的 2020 年《建设工程施工合同司法解释(一)》未再保留本款规定。

# 专题十二　建设工程价款优先受偿权问题

## 一、建设工程价款优先受偿权的性质

《合同法》确立了建设工程价款优先受偿权制度。《民法典》承继了这一制度,其第 807 条规定:"发包人未按照约定支付价款的,承包人可以催告发包人在合理期限内支付价款。发包人逾期不支付的,除根据建设工程的性质不宜折价、拍卖外,承包人可以与发包人协议将该工程折价,也可以请求人民法院将该工程依法拍卖。建设工程的价款就该工程折价或者拍卖的价款优先受偿。"建设工程价款优先受偿权制度赋予了建设工程价款债权就该工程折价或者拍卖的价款优先受偿的权利,目的是对农民工等建筑工人的工资权益予以优先保护,但此项保护并非直接指向建筑工人的工资权益,而是以保护承包人的建设工程价款债权为媒介,间接保护建筑工人的权益。关于建设工程价款优先受偿权的性质,实践和理论上存在争议,主要有以下三种观点。

第一种观点是留置权说。该说认为,建设工程价款优先受偿权为留置权。建设工程合同在性质上属于承揽合同,根据《民法典》第 808 条的规定,建设工程施工合同可适用该法关于承揽合同的规定。《民法典》第 783 条规定,定作人未向承揽人支付报酬或者材料费等价款的,承揽人对完成的工作成果享有留置权或者有权拒绝交付,但是当事人另有约定的除外。该条规定实际扩大了留置财产的范围,建设工程合同的债权人对不动产同样可以行使留置权。但留置权说存在弊端,这与留置权的行使对象为动产[①]相悖。而且,留置权的存续以留置人占有留置物为条件,在实践中,很多承包人在未取得建设工程价款的情况下已经丧失了对建设工程的占有。如果将建设工程价款优先受偿权作为留置权,在承包人失去对建设工程的占有的情况下就得不到保护,对承包人亦不公平。

第二种观点是法定抵押权说。有人认为,从合同法立法过程可知,《合同法》第286条从设计、起草、讨论、修改、审议直至最后通过,始终是指法定抵押权。法定抵押权说在理论上和实践中拥有较多支持者。这一观点的弊端在于与物权法定原则存在矛盾,而且设立于不动产之上的抵押权,于登记后才成立,但建设工程价款优先受偿权无须登记。有观点认为,建设工程价款优先受偿权作为法定抵押权,为维护交易安全和第三人利益,应当建立建设工程价款优先受偿权登记制度,但现行法律未对建设工程价款优先受偿权作出规定。

第三种观点是优先权说。该说认为,建设工程价款优先受偿权属于优先权,符合优先权特点。首先,建设工程价款优先受偿权只要符合本条规定的条件即成立,既不需要以承包人占有建设工程为要件,也不需要登记;其次,我国其他法律也规定有各种类型的优先权;最后,最高人民法院《关于建设工程价款优先受偿权问题的批复》使用了"建设工程承包人行使优先权"的表述,说明司法实践认可建设工程价款优先受偿权为一种优先权。本书认为,第三种观点具有合理性。

## 二、承包人行使建设工程价款优先受偿权的条件

《民法典》第807条规定,建设工程的价款就建设工程折价或者拍卖的价款优先受偿需要具备以下条件:一是发包人未按照建设工程施工合同约定支付建设工程价款;二是发包人经承包人催告后,在合理期限内仍未支付建设工程价款;三是建设工程依其性质,宜折价、拍卖;四是承包人与发包人协议将该工程折价,或者申请人民法院将该工程依法拍卖。在满足上述四个条件后,承包人就可以要求其对发包人享有的建设工程价款债权就该工程折价或者拍卖的价款优先受偿。在实践中,承包人并非严格按照上述程序或者条件行使建设工程价款优先受偿权,通常在请求发包人支付欠付工程款时,一并主张享有或者行使建设工程价款优先受偿权。对此,司法实践一般予以认可。

司法审判中还应注意以下问题:第一,承包人行使建设工程价款优先受偿权应

---

① 《民法典》第447条规定,债务人不履行到期债务,债权人可以留置已经合法占有的债务人的动产,并有权就该动产优先受偿。前款规定的债权人为留置权人,占有的动产为留置财产。

当以建设工程质量合格为条件。如果承包人施工完成的建设工程质量不合格,导致发包人合同目的不能实现,就无权请求发包人依照约定支付建设工程价款。而且,质量不合格的建设工程一般也不适于折价或者拍卖。第二,承包人行使建设工程价款优先受偿权无须以建设工程施工合同有效为条件。关于承包人行使建设工程价款优先受偿权是否必须以建设工程施工合同有效为前提的问题,2020 年《建设工程施工合同司法解释(一)》第 38 条规定:"建设工程质量合格,承包人请求其承建工程的价款就工程折价或者拍卖的价款优先受偿的,人民法院应予支持。"本条解释的本义是,承包人享有建设工程价款优先受偿权必须以建设工程质量合格为前提,无须以建设工程施工合同有效为前提。第三,承包人行使建设工程价款优先受偿权无须以建设工程竣工为条件。建设工程价款优先受偿权不是合同权利而是法定权利,其成立不以登记或当事人达成一致意见为条件,而是以法律规定的构成要件成就为条件。对此,2020 年《建设工程施工合同司法解释(一)》第 39 条规定:"未竣工的建设工程质量合格,承包人请求其承建工程的价款就其承建工程部分折价或者拍卖的价款优先受偿的,人民法院应予支持。"

### 三、建设工程价款优先受偿权的权利主体

从《民法典》第 807 条文义上理解,承包人享有建设工程价款优先受偿权。建设工程的承包人包括勘察人、设计人和施工人。由于我国建筑市场不规范,存在转包、违法分包、肢解发包、借用建筑工程施工资质签订建设工程施工合同等情况。因此,建筑市场存在多种施工,包括直接与发包人订立建设工程施工合同的承包人、转包合同和分包合同的承包人、借用资质和出借资质的承包人等。在实践中,对于哪些承包人享有建设工程价款优先受偿权的问题,争议较大。人民法院在把握建设工程价款优先受偿权的主体时,应当注意以下几点。

第一,建设工程的勘察人和设计人不享有建设工程价款优先受偿权。建设工程价款优先受偿权制度的初衷是保护农民工等建筑工人的工资权益。建设工程是农民工等建筑工人劳动物化的成果,因此,应当对建筑工人的物化劳动予以特别优先保护。农民工等建筑工人主要受雇于建设工程施工合同的承包人。因此,原则上建设工程的勘察人和设计人不享有建设工程价款优先受偿权。

第二,转包合同和分包合同的承包人不享有建设工程价款优先受偿权。关于建设工程价款优先受偿权的主体,2020 年《建设工程施工合同司法解释(一)》第 35 条规定:"与发包人订立建设工程施工合同的承包人,根据民法典第八百零七条规

定请求其承建工程的价款就工程折价或者拍卖的价款优先受偿的,人民法院应予支持。”该条规定的本意是,与发包人没有建设工程施工合同关系的实际施工人不享有建设工程价款优先受偿权。这是基于平衡保护农民工利益和保护交易安全及其他当事人利益的考虑。

第三,不仅实际施工人不能享有建设工程价款优先受偿权,合法分包合同的承包人与发包人之间也不存在建设工程施工合同关系,合法分包合同的承包人也不享有建设工程价款优先受偿权。因此,转包合同和分包合同的承包人均不应享有建设工程价款优先受偿权。

第四,在肢解发包的情况下,承包非主体工程的承包人不享有建设工程价款优先受偿权。在肢解发包的情况下,存在多个承包人,且承包人均与发包人签订了建设工程施工合同。在肢解发包合同中,不仅发包人有过错,承包人也有过错。在存在多个承包人的情况下,如果每个承包人都享有建设工程价款优先受偿权,将会对工程的施工、利用以及交易安全造成较大的损害,尤其是承包非主体工程的承包人,其可能因一小部分工程的价款而对全部建设工程行使建设工程价款优先受偿权,对施工秩序和交易秩序的影响都非常大。因此,综合当事人过错、各方当事人利益和建设工程施工的客观情况,在肢解发包的情况下,本书认为,应当将建设工程价款优先受偿权的权利人限定为承包主体工程的承包人。

第五,与代建人签订建设工程施工合同的承包人享有建设工程价款优先受偿权。

第六,在借用资质签订建设工程施工合同的情况下,缺乏资质的单位或者个人是否享有建设工程价款优先受偿权的问题,实践中存在争议。对这一问题,有两点需要注意:一是享有建设工程价款优先受偿权的主体原则上应当是一人而不宜为多人;二是在处理出借资质的建筑企业、借用资质的单位或者个人、发包人三方之间的关系时,应当考虑《民法典》第146条的规定,以各方当事人的真实意思为基础确定各自法律关系。

装饰装修工程承包人所享有的工程款中也包含农民工等建筑工人的工资利益,依法理也应当享有建设工程价款优先受偿权。对此,《最高人民法院关于装饰装修工程款是否享有合同法第二百八十六条规定的优先受偿权的函复》记载:“福建省高级人民法院:你院闽高法〔2004〕143号《关于福州市康辉装修工程有限公司与福州天胜房地产开发有限公司、福州绿叶房产代理有限公司装修工程承包合同纠纷一案的请示》收悉。经研究,答复如下:装饰装修工程属于建设工程,可以适用

《中华人民共和国合同法》第二百八十六条关于优先受偿权的规定,但装饰装修工程的发包人不是该建筑物的所有权人或者承包人与该建筑物的所有权人之间没有合同关系的除外。享有优先权的承包人只能在建筑物因装饰装修而增加价值的范围内优先受偿。此复。”2018 年《建设工程施工合同司法解释(二)》吸纳了上述批复的内容,该解释第 18 条规定:“装饰装修工程的承包人,请求装饰装修工程价款就该装饰装修工程折价或者拍卖的价款优先受偿的,人民法院应予支持,但装饰装修工程的发包人不是该建筑物的所有权人的除外。”这一规定也被最高人民法院清理司法解释后发布的 2020 年《建设工程施工合同司法解释(一)》所保留,现为 2020 年《建设工程施工合同司法解释(一)》第 37 条规定。

## 四、建设工程价款优先受偿权的优先效力

在实践中,围绕同一建设工程存在多种权利,涉及多个权利主体,这些权利在实现时存在冲突,某一权利实现后,其他权利的部分或者全部就可能落空。因此,在各权利中,如何确定权利效力的位阶具有重要意义。建设工程价款优先受偿权的效力层级直接决定了其在实践中实现的可能性。对于这一问题,《最高人民法院关于建设工程价款优先受偿权问题的批复》(法释〔2002〕16 号)作了规定。该批复记载:“上海市高级人民法院:你院沪高法〔2001〕14 号《关于合同法第二百八十六条理解与适用问题的请示》收悉。经研究,答复如下:一、人民法院在审理房地产纠纷案件和办理执行案件中,应当依照《中华人民共和国合同法》第二百八十六条的规定,认定建筑工程的承包人的优先受偿权优于抵押权和其他债权。二、消费者交付购买商品房的全部或者大部分款项后,承包人就该商品房享有的工程价款优先受偿权不得对抗买受人。三、建筑工程价款包括承包人为建设工程应当支付的工作人员报酬、材料款等实际支出的费用,不包括承包人因发包人违约所造成的损失。四、建设工程承包人行使优先权的期限为 6 个月,自建设工程竣工之日或者建设工程合同约定的竣工之日起计算。五、本批复第一条至第三条自公布之日起施行,第四条自公布之日起 6 个月后施行。此复。”根据这一批复,围绕同一建设工程的各项权利可作如下排序:第一位是交付购买商品房的全部或者大部分款项的消费者对建设单位(卖房人)所享有的交付房屋和转移房屋所有权的给付请求权;第二位是承包人享有的建设工程价款优先受偿权;第三位是抵押权人对建设工程所享有的抵押权;第四位是发包人其他债权人所享有的普通债权。该批复虽未写明,但还有一项权利排在第五位,即发包人对建设工程所享有的所有权。这一批复对

司法实践具有巨大影响,成为处理同一建设工程上多种权利冲突的重要依据。最高人民法院在清理司法解释的过程中,废除了这一批复,但这一批复所确立的裁判规则却被新颁布的司法解释所采纳。

## 五、建设工程价款优先受偿的范围

从《民法典》第 807 条规定的文义上理解,只要是建设工程施工合同所约定的价款,均可就建设工程折价或者拍卖的价款优先受偿。关于建设工程价款的范围,原住建部、财政部印发的《建筑安装工程费用项目组成》(按费用构成要素划分)第 1 条第 1 款规定,建筑安装工程费用项目按费用构成要素组成划分为人工费、材料费、施工机具使用费、企业管理费、利润、规费和税金。原建设部《建设工程施工发包与承包价格管理暂行规定》第 5 条规定:“工程价格由成本(直接成本、间接成本)、利润(酬金)和税金构成。”二者虽然表述不同,但内涵基本一致。在确定建设工程价款优先受偿的范围时,应当依照上述规定确定。

关于建设工程价款优先受偿的范围问题,最高人民法院已经在对下级法院的批复中作出过答复。2002 年 6 月 20 日,最高人民法院公布了《关于建设工程价款优先受偿权问题的批复》。对于建设工程价款优先受偿的范围问题,该批复第 3 条规定,建筑工程价款包括承包人为建设工程应当支付的工作人员报酬、材料款等实际支出的费用,不包括承包人因发包人违约所造成的损失。该条批复将建设工程价款限定为承包人为建设工程应当支付的工作人员报酬、材料款等实际支出的费用,目的是回归《合同法》第 286 条设立建设工程价款优先受偿权制度的本意,也有利于进一步平衡各方当事人的权益。就价值取向和法理基础而言,最高人民法院《关于建设工程价款优先受偿权问题的批复》第 3 条规定是适当的。但本条规定也存在不足,即缺乏可操作性,没有考虑诉讼成本。对此 2018 年《建设工程施工合同司法解释(二)》第 21 条规定:“承包人建设工程价款优先受偿的范围依照国务院有关行政主管部门关于建设工程价款范围的规定确定。承包人就逾期支付建设工程价款的利息、违约金、损害赔偿金等主张优先受偿的,人民法院不予支持。”该条解释将承包人利润予以优先保护,目的是减少当事人诉累,便于纠纷处理,而将利息等排除在建设工程价款优先受偿权保护外,是基于利益平衡的考虑。最高人民法院在清理司法解释的过程中,保留了这一规定。现规定在 2020 年《建设工程施工合同司法解释(一)》第 40 条。

## 六、建设工程价款优先受偿权的行使期间

最高人民法院《关于建设工程价款优先受偿权问题的批复》第4条规定，行使建设工程价款优先受偿权的期间自建设工程竣工之日或者建设工程合同约定的竣工之日起计算6个月。该条规定在实践中适用的效果并不理想，主要原因是没有考虑从建设工程竣工到验收合格再到完成建设工程价款结算需要一定时间。在实践中，建设工程竣工验收和工程价款结算都是争议较大的问题，所耗费的时间也较长。这也导致上述规定缺乏可操作性，可能会导致承包人的建设工程价款优先受偿权实质上落空。在履行建设工程合同过程中，建设工程竣工后，还需要发包人组织各方当事人进行验收，如果验收不合格，则需由承包人对不合格工程进行修复。如果建设工程经竣工验收合格或者修复后经验收合格，则需要发包人与承包人进行结算。结算的方式即可以是双方依据合同约定和实际施工情况进行对账，也可能是依合同约定由相关审计单位进行审计，或者由发包人和承包人共同委托的专业机构或者人员就建设工程价款出具咨询意见，作为双方结算的依据。只有在确定建设工程价款数额之后，承包人才能行使建设工程价款优先受偿权。对此，2018年《建设工程施工合同司法解释（二）》第22条规定："承包人行使建设工程价款优先受偿权的期限为六个月，自发包人应当给付建设工程价款之日起算。"实践中，承包人因工程验收、工程交付、工程施工资料移交、工程款结算和支付、工程维修等问题与发包人反复、长期交涉的情况较为常见。这也导致承包人在应付工程款之日起6个月内未必会向发包人主张建设工程价款优先受偿权，进而导致承包人的建设工程价款优先受偿权落空。针对这一问题，最高人民法院在清理司法解释的过程中，进一步完善了建设工程价款优先受偿权除斥期间制度，将6个月的除斥期间延长到18个月。2020年《建设工程施工合同司法解释（一）》第41条对此作了明确规定。

## 七、建设工程价款优先受偿权的行使方式

关于承包人应当以何种方式行使建设工程价款优先受偿权的问题，实践中存在争议。第一种观点认为，承包人应当通过诉讼的方式行使建设工程价款优先受偿权。主要理由是，承包人是否享有建设工程价款优先受偿权、在多大范围内行使建设工程价款优先受偿权、行使权利时是否超出了法律规定的除斥期间等问题都应当由人民法院作出认定。如果承包人不通过诉讼的方式行使建设工程价款优先

受偿权,上述争议无法解决。第二种观点认为,承包人不应当以诉讼的方式行使建设工程价款优先受偿权。根据《民法典》第 807 条的规定,承包人可以与发包人协议将该工程折价,也可以申请人民法院将该工程依法拍卖,其建设工程的价款债权可就该工程折价或者拍卖的价款优先受偿。该条所规定的申请人民法院将该工程依法拍卖不属于普通的民事诉讼,而是一种特殊救济程序,类似于申请人民法院强制执行公证债权文书一样,属于非诉程序。

本书认为,诉讼不是承包人行使建设工程价款优先受偿权的唯一方式。承包人不仅可以通过诉讼的方式行使建设工程价款优先受偿权,还可以通过与发包人协商折价的方式行使建设工程价款优先受偿权。依据《民法典》第 807 条规定,承包人行使建设工程价款优先受偿权的方式有两种:一是与发包人协议将该工程折价;二是申请人民法院将该工程依法拍卖。将承包人行使建设工程价款优先受偿权的方式限定为诉讼方式,与《民法典》第 807 条规定不符。

## 八、承包人承诺放弃建设工程价款优先受偿权行为的效力

建设工程价款优先受偿权是较特殊的民事权利。关于建设工程价款优先受偿是否可由承包人承诺放弃的问题,在实践中存在争议。一方面,依民法法理,如果不违反法律的禁止性规定和社会公序良俗,民事权利主体有权自由处分其财产权利,包括放弃财产权利或者限制该财产权利。如果民事主体放弃或者限制财产权利的行为损害第三人利益的,对第三人不发生效力。另一方面,建设工程价款优先受偿权属于法定权利,《民法典》第 807 条规定赋予承包人此项权利,目的是保护建筑工人的利益。因此,承包人对该项权利的处分不能违背《民法典》第 807 条的立法宗旨,不能损害农民工等建筑工人的权益。对此,2018 年《建设工程施工合同司法解释(二)》第 23 条规定:"发包人与承包人约定放弃或者限制建设工程价款优先受偿权,损害建筑工人利益,发包人根据该约定主张承包人不享有建设工程价款优先受偿权的,人民法院不予支持。"最高人民法院在清理司法解释的过程中,保留了这一规定。现规定在 2020 年《建设工程施工合同司法解释(一)》第 42 条。

发包人与承包人约定放弃或者限制建设工程价款优先受偿权,是否会损害建筑工人利益,应从承包人整体资产负债情况出发作出判断。建设工程价款优先受偿权制度的目的是保护建筑工人的工资权益。建筑工人与建筑施工企业存在劳动或者劳务关系。建筑工人的工资由建筑施工企业发放。如果建筑施工企业的经营和资金出现困难,建筑工人的工资权益就不能得到保障。《民法典》第 807 条是通

过赋予承包人以建设工程价款优先受偿权来达到保护建筑工人权益的目的。承包人放弃建设工程价款优先受偿权,将降低其建设工程价款债权实现的可能性,从而影响其资产负债状况。承包人的营业收入来源基本上全部来自承包建设工程的收入,都体现为建设工程价款。建设工程价款债权的实现情况,会直接决定承包人的责任财产状况。承包人的责任财产不仅是对外承担民事责任的基础,也是对内承担工资等债务的基础。如果承包人与发包人约定放弃或者限制建设工程价款优先受偿权,导致其工程价款债权不能实现,进而造成其资产负债状况恶化,以至于不能支付建筑工人的工资,则该放弃或者限制建设工程价款优先受偿权的行为就违背了《民法典》第 807 条设立建设工程价款优先受偿权制度的本意。根据 2020 年《建设工程施工合同司法解释(一)》第 42 条的规定,在这种情况下,承包人与发包人关于放弃或者限制建设工程价款优先受偿权的约定就无效。在判断承包人放弃或者限制建设工程价款优先受偿权是否损害建筑工人的利益时,要看承包人这一行为是否影响其整体的清偿能力,要将承包人整体的资产负债情况以及现金流情况是否因此恶化到影响建筑工人工资支付的程度作为主要的考虑因素。

# 第十八章　运输合同

本章内容与《合同法》相比,修改内容较少,主要针对实践中的突出问题作了补充:一是在《民法典》第 815 条增加第 2 款对实名制客票补办进行规制,即"实名制客运合同的旅客丢失客票的,可以请求承运人挂失补办,承运人不得再次收取票款和其他不合理费用"。二是在《民法典》第 819 条和第 820 条强化了对旅客权利的保障。修改内容主要集中在客运合同当事人的权利义务方面。

客运合同,是指承运人与旅客之间达成的由承运人将旅客及其行李安全送达目的地,由旅客支付运费的合同。[①] 客运合同多采用票证形式,表现为车票、船票、机票等。合同的价款、运输时间、运输路线等通常由承运人事先拟定,旅客只能在购票或不购票之间选择,没有讨价还价的余地,故多具有格式合同的性质。客运合同与老百姓的生活息息相关,《合同法》专设 11 个条文对客运合同当事人的权利义务进行规范。随着时代的发展,特别是移动互联网的发展,部分客运合同的成立、履行都发生了相应的变化。因应社会生活的发展变化,《民法典》合同编对客运合同的相关条文作出调整,客运合同当事人的权利义务亦随之发生新的变化。客运合同新条文有力回应了近年来实践中所发生的高铁"霸座"、实名制旅客补票收费、旅客抢夺方向盘、承运人晚点索赔等社会关注问题。目前,《民法典》合同编第 814 条至第 824 条规定客运合同一节,保持 11 个条文不变。这 11 个条文规定了客运合同的成立、旅客乘坐方式、行李携带规范、安全运输义务、迟延等非正常运输赔偿、物品损失赔偿等多方面的问题,并将部分条文表述进行了调整,条文结构整体更具准确性、严谨性和体系性。以下本书结合实践中一些社会关注度高的案例,重点针对发生变化的条文,就客运合同当事人权利义务的新变化进行解读。

---

① 参见马俊驹、余延满:《民法原论》,法律出版社 2010 年版,第 703 页。

# 专题一 关于乘客是否需持票按座位号乘车以及实名制旅客车票的挂失补办问题

《民法典》第 815 条规定:"旅客应当按照有效客票记载的时间、班次和座位号乘坐。旅客无票乘坐、超程乘坐、越级乘坐或者持不符合减价条件的优惠客票乘坐的,应当补交票款,承运人可以按照规定加收票款;旅客不支付票款的,承运人可以拒绝运输。实名制客运合同的旅客丢失客票的,可以请求承运人挂失补办,承运人不得再次收取票款和其他不合理费用。"这是合同编客运合同一节部分变化较大的一个条文,回应了社会高度关注的问题,如旅客是否应持票按座位号乘车以及实名制客运合同旅客车票的挂失补办等问题。

一是将《合同法》中的"旅客应当持有效客票承运"修改为"旅客应当按照有效客票记载的时间、班次和座位号乘坐"。客票作为一种书面凭证,既是旅客的乘车凭证,也是旅客支付运费的凭证。[①] 长期以来,纸质客票承载着乘车凭证、报销凭证的功能,但随着移动互联网技术的发展以及电子客票的推广,乘客购票后使用二代身份证等证件替代纸质票,"刷手机""刷身份证"进站乘车已成为新的趋势。电子客票并非有体物,其作为电子数据,实际上并不存在可以"手持"的有形票证。因此,用"持有效客票"便难以涵盖旅客按照电子客票乘车的情形,将"持"修改为"按照"体现了客票电子化的新变化,用语更为准确规范。电子客票的推广减少了纸质车票印制以及退票改签产生的废票数量,减少了污染,节约了资源,体现了绿色发展的理念。本条根据电子客票的使用情况作出适当调整亦体现了《民法典》有关"民事主体从事民事活动,应当有利于节约资源、保护生态环境"的原则。

二是明确规定旅客应当按照座位号乘坐。近年来,"霸座"现象层出不穷,引起社会广泛关注。旅客购买客票后,与承运人之间就成立了客运合同关系,承运人应当为旅客提供安全、准时的运输服务,旅客也应当按照客票记载的车次、座位等级和座位号就座。虽然按座位号乘坐属于客运合同中乘客一方的当然义务,但由于

---

① 参见崔建远:《合同法》,北京大学出版社 2012 年版,第 523 页。

之前缺乏直接禁止“霸座”行为的法律规范,导致一些人对“霸座”行为的违法性认识不足,在列车上强行“霸座”,给同行旅客带来严重困扰。为解决该问题,部分省份也以出台地方性法规的方式予以禁止,如广东省人大 2018 年制定的《广东省铁路安全管理条例》第 34 条第 3 款即规定:“旅客应当按照车票载明的座位乘车,不得强占他人座位。”《民法典》第 815 条则明确无误地规定旅客应当按照座位号乘坐,从《民法典》的高度为“霸座”行为画上了休止符,回应了社会大众关切的问题,也为司法裁判提供了可以直接援引的规范。

三是确认实名制旅客车票的挂失补办问题。虽然电子客票的使用得到有力推广,但目前客票还是以纸质形式为主,旅客持有的纸质客票丢失甚属常见,然丢失之后应当如何处理却是一个相当有争议的问题。《铁路旅客运输规程》(铁运〔1997〕101 号)第 43 条规定:“旅客丢失车票应另行购票。在列车上应自丢失站起(不能判明时从列车始发站起)补收票价,核收手续费。旅客补票后又找到原票时,列车长应编制客运记录交旅客,作为在到站出站前向到站要求退还后补票价的依据。退票核收退票费。”根据该规定,旅客丢失客票后似乎必须另行购票,还须支付手续费,司法实践中一些法院也是如此裁判。2016 年 4 月 20 日,钟某通过“12306”官网购买了 4 张从南宁东开往广州南的列车车票,票价每张 169 元。4 月 22 日,钟某换取纸质车票后检票乘坐该次列车,当列车到达广州南站下车时,钟某发现所取纸质车票丢失。广州南站出站口工作人员要求钟某补票,经双方交涉无果后,钟某支付了票款 169 元及补票费 2 元后出站。其后,钟某诉至法院请求铁路公司返还补票款及补票费,并要求赔礼道歉。法院认为,钟某未妥善保管客票构成违约,铁路公司依据《铁路旅客运输规程》收取补票款并加收手续费符合法规规定,驳回了钟某的诉讼请求。事实上,实名制旅客购买的客票丢失后,通过旅客的个人信息可以查询到其购票信息,收取实名制旅客补票款及手续费有失公允。1997 年的《铁路旅客运输规程》发布时,铁路客运并不存在实名购票的情况,该规程关于“旅客丢失车票应另行购票”的规定,也不应适用于当下实名购票的情形。并且考虑到人脸识别、大数据技术的发展,承运人完全有能力识别实名制购票旅客,继续固守 1997 年的规定已不合时宜。2017 年 1 月 1 日,铁路部门进一步完善了实名制车票挂失补办的办法,在一定程度上矫正了此前的做法,避免了旅客的损失。《民法典》第 815 条规定从民事基本法的角度彻底解决了这一困扰社会大众多年的问题。自此,无论是铁路旅客运输还是公路等其他形式的旅客运输,实名制客运合同的旅客丢失客票的,均可请求承运人挂失补办,承运人不得再次收取票款和其他不合理费用。

## 专题二　明确旅客随身携带行李的品类限制问题

《民法典》第817条规定:“旅客随身携带行李应当符合约定的限量和品类要求;超过限量或者违反品类要求携带行李的,应当办理托运手续。”

旅客运输合同中,承运人的主要义务是将旅客从起运地运到目的地,而不是为了专门运输行李。但是为了旅客乘运的方便,承运人一般允许旅客随身携带一定数量的行李。《民法典》第817条规定了旅客随身携带行李的相关要求。与《合同法》第296条相比,该条除要求旅客携带行李应当符合约定的限量要求外,还要求应当符合约定的品类要求,该变化使条文语义更为完整。如根据铁路运输规定,对于被褥、衣物、书籍等旅行物品,旅客携带时有限量要求,超过限量即须办理托运。航空运输中,通常要求超过100毫升的液体、瓶装酒类、化妆用刀和较大的指甲刀以及家庭饲养的猫、狗等宠物等不能随身携带,均需要办理托运。可见,旅客运输实践中已经存在对乘客随身携带的行李品类的限制。《合同法》仅规定旅客应按照限量携带行李,条文含义不够完整,《民法典》根据客运合同的实际情况增加了品类限制,进一步完善了旅客限量、限类随身携带行李的相关规则。

## 专题三　明确旅客禁止携带违禁物品或危险物品的规定

《民法典》第818条规定:“旅客不得随身携带或者在行李中夹带易燃、易爆、有毒、有腐蚀性、有放射性以及可能危及运输工具上人身和财产安全的危险物品或者违禁物品。旅客违反前款规定的,承运人可以将危险物品或者违禁物品卸下、销毁或者送交有关部门。旅客坚持携带或者夹带危险物品或者违禁物品的,承运人应当拒绝运输。”安全对于旅客运输有着重要意义。为保障运输安全,旅客负有不得携带、夹带危险品和违禁品的义务。《民法典》第 818 条规定了旅客不得携带、夹带的物品种类。与《合同法》第 297 条相比,该条将“其他违禁物品”中的“其他”删除,使条文语义更加明确。根据原条文的含义,旅客不得携带的物品有两类:一是易燃、易爆、有毒、有腐蚀性、有放射性以及有可能危及运输工具上人身和财产安全的危险物品;二是其他违禁物品。第 818 条所规定的旅客不得携带的物品则是易燃、易爆、有毒、有腐蚀性、有放射性以及有可能危及运输工具上人身和财产安全的危险物品或违禁物品。虽然仅删除了“其他”二字,但旅客不得携带物品的界定已经十分清晰,即不得携带的违禁物品也须是可能危及运输工具上人身和财产安全的违禁物品。

通常而言,违禁物品可以分为不同类别,如禁止出入境物品、航空违禁品、铁路违禁品、寄递违禁品等,这几类违禁品具有共性,但也具有个性。比如,根据《禁止寄递物品管理规定》规定,侵犯专利权、商标权、著作权的图书、音像制品不得寄递,这些物品属于寄递违禁品,但并不当然属于客运合同的违禁品。若某甲购买了一本盗版书籍,并将其携带至高铁上阅读消磨旅行时光,则由于携带阅读一本盗版书籍并不会危及列车上的人身和财产安全,不在客运违禁品文义射程之内,因此不宜认定为客运违禁品。《合同法》的表述采用“其他违禁品”可能过分限制旅客的行动自由,《民法典》第 818 条将“其他”删除更加符合旅客违禁品的本然含义。

值得注意的是,《铁路安全管理条例》第 66 条关于“不得违法携带、夹带管制器具,不得违法携带、托运烟花爆竹、枪支弹药等危险物品或者其他违禁物品”的规定中,“其他违禁物品”也应根据《民法典》第 818 条的规定,进行目的性限缩,将其解释为“可能危及运输工具上人身和财产安全的违禁物品”。

此外,根据《民法典》第 818 条第 2 款的规定,如果旅客坚持携带或者夹带违禁物品的,承运人应当拒绝运输。该规定不同于货运合同中类似情况下“承运人可以拒绝运输,也可以采取相应措施以避免损失的发生”的内容。其之间差异的原因主要在于,客运合同对人身安全的保护采取更为严格的要求。

# 专题四 明确承运人的安全运输义务和乘客的协助配合义务

《民法典》第819条规定："承运人应当严格履行安全运输义务，及时告知旅客安全运输应当注意的事项。旅客对承运人为安全运输所作的合理安排应当积极协助和配合。"

遇有不能正常运输的特殊情形和重要事由，承运人应当及时告知旅客并采取必要的安置措施。《合同法》客运合同一节虽从履行告知安全运输注意事项的角度，对承运人课以相应的义务，但并未明确承运人的安全运输义务；虽规定客运合同中旅客所携带的物品不得造成或增加运输的危险，但并未明确运输途中发生特定危险或为避免危险采取安全措施时旅客的相应义务。随着交通条件的飞跃发展和人民生活水平的改善，民用航空、高铁、邮轮等公共交通行业与人们的日常生活更为密切相关。社会生活的发展需要法律对人们的行为模式作出指引。《民法典》第819条根据实践的需要，不仅明确要求承运人应当严格履行安全运输义务，还对旅客课以积极协助和配合的义务。其变化详述如下：

一是明确承运人须严格履行安全运输义务。所谓安全义务，是指合同当事人一方负有顾及相对人的身体、健康、生命以及财产等法益不受侵害的义务。[①] 合同履行过程中，安全义务亦与合同目的联系在一起，在客运合同中即指承运人的安全运输义务。《合同法》第298条仅规定了承运人的告知义务，即向旅客及时告知不能正常运输的重要事由和安全运输应当注意的事项。《民法典》第819条则规定承运人需要严格履行安全运输义务。所谓严格，既体现了对承运人安全运输义务的要求程度，同时也呼应了承运人对旅客伤亡所承担的无过错责任原则。该义务既包括及时告知旅客安全运输应当注意的事项，也体现为承运人应保证运输工具处于适合营运的状态，确保客运合同履行过程中的运输安全。安全运输义务的违反，既可能是承运人自身的原因，也可能是承运人自身以外的原因。

① 参见姚志明：《债务不履行——不完全给付之研究》，中国政法大学出版社2003年版，第72页。

二是承运人应当采取必要的措施。《民法典》起草过程中本条曾规定:“遇有不能正常运输的特殊情形和重要事由,承运人应当及时告知旅客并采取必要的安置措施。”后相关内容虽调整到第 820 条中,但承运人采取必要安置措施亦是其承担“安全运输义务”的当然之义。据此,承运人的义务不仅仅停留在口头上,还须体现在行动上。相关安置措施既包括对旅客作出妥善安置,也包括制止不法行为。近年来,承运人采取必要安置措施的案例较多,如 2018 年 4 月 2 日,客车司机包师傅正常驾驶长途大巴行驶时,一名女性乘客忽然提出要在路边下车,包师傅拒绝后,该女乘客突然抢夺方向盘来回转动,导致车身左右晃动,为了避免发生意外,包师傅在保持方向盘稳定的同时,靠边停车后报警。本案例中客车司机保持方向盘稳定、临时停车及报警的行为即属于为履行安全运输义务所必需的措施。

三是旅客负有积极协助和配合的义务。近年来发生的“东方之星”客轮翻沉等重大客运事故,每每引起社会普遍关注。客运合同中旅客既是合同的一方当事人,也是运输的对象。因飞机、船舶、车辆等运输工具在运输途中处于相对封闭的状态,承运人和旅客实际成为一个安全共同体,如何避免安全运输风险,或在发生危险时快速有效地组织脱险和使用救助资源,成为最大限度减小损失的关键。旅客对安全事项的协助和配合程度与其个体自身乃至其他旅客和运输工具的共同安全都至关重要。协助配合义务的规定,体现了同舟共济、共克难关的理念,有利于推动客运合同的安全运输。

## 专题五　明确承运人迟延等非正常运输时的告知和赔偿义务

《民法典》第 820 条规定:“承运人应当按照有效客票记载的时间、班次和座位号运输旅客。承运人迟延运输或者有其他不能正常运输情形的,应当及时告知和提醒旅客,采取必要的安置措施,并根据旅客的要求安排改乘其他班次或者退票;由此造成旅客损失的,承运人应当承担赔偿责任,但是不可归责于承运人的除外。”该条新增了承运人迟延等非正常运输时的告知提醒义务,并明确承运人因此给旅客造成损失时的赔偿责任。实务之中对于承运人迟延等非正常运输的告知提醒义务较少有争议，争议较大的是迟延等非正常运输给旅客造成损失时，承运人应如何承担责任的问题。

实践中，旅客因承运人迟延等非正常运输提起诉讼的并不鲜见。如 2013 年 3 月，卢某购买了从北京站到石家庄站的 T145 次列车车票，车票载明北京站开车时间为 12 时 9 分，而实际该列车从北京站发车时间为 14 时 8 分。卢某因此诉至法院，要求北京铁路局赔偿因列车晚点造成的经济损失。一审法院认为，我国法律没有规定承运人迟延等非正常运输时的赔偿责任，另外卢某也未能举证自己因列车晚点产生的损失，故而驳回了卢某的诉讼请求。卢某不服一审判决提起上诉，二审法院亦没有支持其请求。[①] 该案例中，法院未支持旅客对承运人索赔的一个重要理由便是于法无据。《铁路法》第 10 条规定："铁路运输企业应当保证旅客和货物运输的安全，做到列车正点到达。"该法虽规定了铁路须正点发车到达的义务，但并没有规定晚点时如何赔偿。虽然诉诸合同法的一般原理，迟延履行即属于当事人履行义务不符合约定的情形，应当承担继续履行、采取补救措施或赔偿损失等违约责任，但就运输合同而言实践中仍会存在法律适用的困惑。

《民法典》第 820 条则彻底解决了客运合同承运人迟延等非正常运输时承担赔偿责任的"找法"问题，从法律的层面明确了迟延等非正常运输损害赔偿的请求权基础；确立了承运人迟延等非正常运输时以赔偿为原则、不赔偿为例外的规定，此例外情形即不可归责于承运人的事由。所谓不可归责于承运人的事由，主要包括两个方面的情况：一是不可抗力、意外事件等客观原因导致的损失。不可抗力，即客运合同履行过程中发生了不能预见、不能避免、不能克服的情形，比如地震、海啸、泥石流、疫情、战争等，此为法定免责事由。二是旅客自身的原因导致的损失。因旅客自身原因导致迟延等非正常运输不可归责于承运人，承运人亦不应承担损害赔偿责任。

承运人迟延等非正常运输时的赔偿数额与一般合同迟延履行时的损失赔偿并无本质差异。从合同法的基本原理来看，损失包括直接损失和间接损失，直接损失主要包括旅客在合同约定的到达时间和实际到达时间之间所支出的必要费用（如餐饮费、住宿费等），间接损失是指承运人未能履行按时运输义务为旅客带来的期待利益损失。原则上，承运人因迟延等非正常运输所赔偿的范围限于直接损失，除非承运人在签订合同时对旅客的期待利益有所预见，否则一般不应支持旅客主张的间接损失。如铁路运输，承运人每天运送大量的旅客，不可能了解每名旅客的出

---

① 参见北京市第四中级人民法院民事判决书，（2016）京 04 民终 62 号。

行目的,也不可能对旅客的期待利益有所预见,自不应要求铁路承运人赔偿旅客的间接损失。但对于可能了解旅客出行期待利益的承运人,如单独向旅客特定旅程提供服务的承运人,其明确知悉旅客出行的目的,发生迟延等非正常运输的,则应当赔偿旅客因此产生的间接损失。

## 专题六　从“自带物品”到“随身携带物品”

《民法典》第 824 条规定:“在运输过程中旅客随身携带物品毁损、灭失,承运人有过错的,应当承担赔偿责任。”与《合同法》第 303 条相比,该条将原条文中的“自带物品”修改为“随身携带物品”,此修改使条文语义表达更为准确。从文义来看,旅客自带物品似包括旅客随身携带物品和办理托运的物品,而办理托运物品毁损、灭失的,适用货运合同的有关规定,即以承运人承担无过错赔偿责任为原则,以不可抗力、货物本身的自然性质或合理损耗以及托运人、收货人的过错为免责事由。而第 824 条规定的旅客随身携带物品毁损、灭失的,则由承运人承担过错赔偿责任。

旅客随身携带物品和办理托运物品毁损、灭失归责原则区别的主要原因在于,旅客对于其随身携带物品没有丧失直接占有,仍须履行监管义务,其毁损、灭失的责任原则上仍应由旅客自身承担。承运人没有直接控制旅客随身携带的物品,自然无须承担无过错责任。[①] 而旅客已经办理托运的物品,其直接占有已经转移给了承运人,承运人须根据货运合同对托运物品履行监管义务,自然应当对托运过程物品的毁损、灭失承担无过错损失赔偿责任。该条修改之后,准确传达二者的区别,在体系上更为严谨、合理。

---

① 参见马俊驹、余延满:《民法原论》,法律出版社 2010 年版,第 706 页。

# 第十九章　技术合同

## 专题一　技术合同的一般规定

### 一、技术合同的含义

《民法典》第843条规定："技术合同是当事人就技术开发、转让、许可、咨询或者服务订立的确立相互之间权利和义务的合同。"该条对《合同法》第322条进行了修改，增加了技术许可合同类型。

技术合同是当事人就技术开发、转让、许可、咨询或者服务订立确立相互之间权利和义务的合同，是一种有名合同。根据技术合同标的不同，技术合同分为技术开发合同、技术转让合同、技术许可合同、技术咨询合同和技术服务合同五类。

根据《民法典》第843条的规定，技术合同的主体没有特别限制，自然人、法人以及非法人组织都可以成为技术合同的主体。无论是企业法人、机关法人、事业单位法人、社会团体法人或非法人组织，只要具有科研能力或拥有科技成果，都可以订立技术合同。同样，公民不受其职业、职务、年龄等限制，只要具备履行技术合同的能力，都可以订立技术合同。在审理技术合同纠纷案件时，只要合同当事人具备履约能力，就不能以合同主体不适格而认定合同无效。

在技术合同的具体认定上，还有一些特殊情形需要注意。例如，法人或者非法人组织设立的从事技术研究开发、转让等活动的不具有民事主体资格的科研组织（包括课题组、工作室等）订立的技术合同，经法人或者非法人组织授权或者认可的，应视为法人或者非法人组织订立的合同，由法人或者非法人组织承担责任；未经法人或者非法人组织授权或者认可的，由该科研组织成员共同承担责任，但法人或者非法人组织因该合同受益的，应当在其受益范围内承担相应的责任。

技术合同的标的是技术成果。《民法典》以及《合同法》对于技术成果的定义并未明确。根据《技术合同司法解释》第1条的规定，技术成果是指利用科学技术知识、信息和经验作出的涉及产品、工艺、材料及其改进等的技术方案,包括专利、专利申请、技术秘密、计算机软件、集成电路布图设计和植物新品种等。技术成果应当不具有公开性,如果已经公开,属于社会公知的技术,就不应作为技术合同的标的。

实践中,技术合同往往与联营合同、经销合同、包销合同或者其他合同混合在一起。对于当事人将技术合同和其他合同内容合订为一个合同,或者将不同类型的技术合同内容合订在一个合同中的,应当根据当事人争议的权利义务内容,确定案件的性质和案由,适用相应的法律法规。技术合同名称与合同约定的权利义务关系不一致的,应当按照合同约定的权利义务内容,确定合同的类型和案由,适用相应的法律法规。

关于技术合同相关法律适用的顺位问题,《技术合同司法解释》第 46 条规定,集成电路布图设计、植物新品种许可使用和转让等合同争议,相关行政法规另有规定的,适用其规定;没有规定的,适用合同法总则的规定,并可以参照《合同法》第十八章和本解释的有关规定处理。《民法典》第 876 条规定,集成电路布图设计专有权、植物新品种权、计算机软件著作权等其他知识产权的转让和许可,参照适用《民法典》合同编第二十章第三节技术转让合同和技术许可合同的规定。相对于《合同法》的技术合同章,该条是新增条文,对技术合同的法律适用顺位予以规定。《民法典》第 877 条规定,对于技术进出口合同或者专利、专利申请合同,法律、行政法规另有规定的,依照其规定。没有规定的,参照适用《民法典》的相关规定。也就是说,集成电路布图设计专有权、植物新品种权、计算机软件著作权等其他知识产权使用和转让等合同争议,著作权法以及其他法律、行政法规另有规定的,依照其规定;没有规定的,适用《民法典》合同编一般规定的条文,并可以参照《民法典》合同编技术合同章的有关规定处理。

## 二、订立技术合同的目的

《民法典》第 844 条规定:“订立技术合同,应当有利于知识产权的保护和科学技术的进步,促进科学技术成果的研发、转化、应用和推广。”

当事人订立技术合同,作为一项民事法律活动,首先,应当遵循《民法典》总则规定的平等、自愿、公平、诚实信用、遵守法律的基本原则。同时,依据技术合同的特点,当事人订立技术合同,还应当符合有利于知识产权的保护和科学技术的进步,促进科学技术成果的研发、转化、应用和推广的目的。

技术合同是技术成果商品化的法律形式，实施技术合同的目的，是将技术成果推向市场，创造更大的经济效益和社会效益。因此，当事人在订立技术合同时，应当从推动科学技术进步，促进科技与经济发展的角度出发，确定权利义务，努力研究开发新技术、新产品、新工艺、新材料及其系统，促进先进的科技成果在生产实践中获得应用，使科学技术更好地为社会主义现代化建设服务。规定这一合同目的，在于鼓励和引导当事人正确运用技术合同这一有效的法律形式，在科研和生产之间架起一座桥梁，促使技术成果尽快向生产领域转移，形成新的生产力。

## 三、技术合同的条款内容

《民法典》第 845 条规定了 3 款内容："技术合同的内容一般包括项目的名称，标的的内容、范围和要求，履行的计划、地点和方式，技术信息和资料的保密，技术成果的归属和收益的分配办法，验收标准和方法，名词和术语的解释等条款。与履行合同有关的技术背景资料、可行性论证和技术评价报告、项目任务书和计划书、技术标准、技术规范、原始设计和工艺文件，以及其他技术文档，按照当事人的约定可以作为合同的组成部分。技术合同涉及专利的，应当注明发明创造的名称、专利申请人和专利权人、申请日期、申请号、专利号以及专利权的有效期限。"

订立技术合同的当事人应当在平等、自愿的基础上，协商确定合同内容。技术合同的内容即合同条款，是当事人权利和义务的体现，也是当事人履行合同、判明违约责任的主要依据。技术合同条款一般由合同双方当事人协商约定，不需要由法律作出具体规定。《民法典》该条旨在提示和引导当事人规范地签订技术合同。该条对技术合同一般应具备的条款作出规定，以便当事人双方具体、明确地约定合同内容。根据该条规定，技术合同的条款一般应当包括：

1. 项目名称。一般指技术合同标的涉及项目的名称，当事人应当准确约定。

2. 标的的内容、范围和要求。合同标的，是合同法律关系的客体，是合同当事人双方权利和义务共同指向的对象。不同的技术合同标的，有着不同的技术范围和技术指标要求。因此，当事人在订立技术合同时，不仅要明确技术合同标的，而且还要根据不同标的的要求，明确该标的的技术范围和技术指标要求。

3. 履行的地点和方式。履行的地点是指合同的履行地。履行地是指履行技术合同所涉及的区域范围。如利用受让的技术生产商品销售的范围。履行方式是指当事人采用什么样的方式和手段履行合同规定的义务。履行方式根据合同的内容不同而有所不同。对履行方式的具体要求应当在合同中明确规定。

4.技术信息和资料的保密。有些技术合同的内容涉及国家安全或者当事人的重大利益,需要对技术信息和资料加以保密,对此,双方当事人应当在合同中对保密事项、保密范围、保密期限以及违反保密的责任等加以规定。

5.技术成果的归属和收益的分配办法。技术合同履行的结果可能创造出一项或几项技术成果,为避免成果归属或者分享产生纠纷,当事人应当在合同中约定其所有权和使用权的归属、分享以及由此产生的利益分成办法。在没有约定或者约定不明确的情况下,当事人可以协商,协商不成的根据法律有关规定确定。

6.验收标准和方法。技术合同的履行是否符合合同的约定,需要验收后予以确定。因此,当事人应当在合同中载明技术合同的验收项目、验收标准以及验收办法等。

7.名词和术语的解释。技术合同的内容具有很强的专业性,在合同文本中要使用一些专业名词术语和简化符号,为防止因理解不同而发生争议,对关键性术语和简化符号,需经双方协商作出明确无疑义的解释。

上述技术合同条款是指导性条款,不要求订立技术合同的当事人必须采用,也不限制当事人在合同中约定其他权利义务,如当事人可以约定对技术合同的担保等。与履行合同有关的技术背景资料、可行性论证和技术评价报告、项目任务书和计划书、技术标准、技术规范、原始设计和工艺文件,以及其他技术文档,按照当事人的约定可以作为合同的组成部分。技术合同涉及专利的,还应当遵守专利法的有关规定,合同中应当注明发明创造的名称、专利申请人和专利权人、申请日期、申请号、专利号以及专利权的有效期限。

## 四、职务技术成果与非职务技术成果的财产权权属

《民法典》第847条规定了职务技术成果的财产权权属,第848条规定了非职务技术成果的财产权权属。《民法典》第847条对《合同法》第326条进行了相应的修改,删除了《合同法》第326条中"法人或者其他组织应当从使用和转让该项职务技术成果所取得的收益中提取一定比例,对完成该项职务技术成果的个人给予奖励或者报酬"。

### (一)职务技术成果的财产权权属

《民法典》第847条明确了职务技术成果的使用权、转让权属于法人或者非法人组织。法人或者非法人组织转让职务技术成果时,职务技术成果的完成人享有优先受让权。我国现有的相关法律规定有:《专利法》第6条第1款规定,执行本单

位的任务或者主要是利用本单位的物质技术条件所完成的发明创造为职务发明创造。职务发明创造申请专利的权利属于该单位；申请被批准后，该单位为专利权人。该条第 3 款规定，利用本单位的物质技术条件所完成的发明创造，单位与发明人或者设计人订有合同，对申请专利的权利和专利权的归属作出约定的，从其约定。《技术合同司法解释》第 2 条第 2 款规定，法人或者其他组织与其职工就职工在职期间或者离职以后所完成的技术成果的权益有约定的，人民法院应当依约定确认。

对于雇主与雇员就“执行法人或者非法人组织的工作任务”完成的技术成果约定权利归属条款的效力，实践中一直有不同的认识。一种观点认为，2000 年修订的《专利法》第 6 条第 1 款规定，执行本单位的任务或者主要是利用本单位的物质技术条件所完成的发明创造为职务发明创造，该条第 3 款规定允许当事人对利用本单位物质技术条件作出约定，未规定是否允许当事人对执行本单位任务作出约定，《专利法》未明确允许就是禁止作出这种约定。另一种观点认为，雇主与雇员对技术成果权益的约定只是合同自由原则的体现，《专利法》第 6 条属于针对私权所作的私法性法律规范，而不涉及行政管理的公法性内容，根据私法中法无明文禁止即为允许的规则和私权自治原则，不能将《专利法》该条的立法本意理解为禁止对执行本单位任务完成的职务技术成果权益的归属作出约定。

对职务技术权益归属的界定，《技术合同司法解释》体现了当事人意思自治原则，以当事人约定优先。该司法解释第 2 条第 2 款的规定充分体现了合同自由原则。雇主与雇员不管以何种形式约定技术成果的权益，只要该约定本身不能依据合同法被认定为无效或者可撤销或可变更，即应当从其约定判定权利归属。即使是职务技术成果，也应当尊重当事人对于权属的有效约定。

（二）职务技术成果的奖励与报酬

关于职务技术成果的奖励与报酬问题，《专利法》第 16 条规定，被授予专利权的单位应当对职务发明创造的发明人或者设计人给予奖励；发明创造专利实施后，根据其推广应用的范围和取得的经济效益，对发明人或者设计人给予合理的报酬。《专利法实施细则》（2010 年修订）第 76 条规定，被授予专利权的单位可以与发明人、设计人约定或者在其依法制定的规章制度中规定《专利法》第 16 条规定的奖励、报酬的方式和数额。企业、事业单位给予发明人或者设计人的奖励、报酬，按照国家有关财务、会计制度的规定进行处理。第 77 条规定，被授予专利权的单位未与发明人、设计人约定也未在其依法制定的规章制度中规定《专利法》第 16 条规定的奖励的方式和数额的,应当自专利权公告之日起3个月内发给发明人或者设计人奖金。一项发明专利的奖金最低不少于3000元;一项实用新型专利或者外观设计专利的奖金最低不少于1000元。由于发明人或者设计人的建议被其所属单位采纳而完成的发明创造,被授予专利权的单位应当从优发给奖金。第78条规定,被授予专利权的单位未与发明人、设计人约定也未在其依法制定的规章制度中规定《专利法》第16条规定的报酬的方式和数额的,在专利权有效期限内,实施发明创造专利后,每年应当从实施该项发明或者实用新型专利的营业利润中提取不低于2%或者从实施该项外观设计专利的营业利润中提取不低于0.2%,作为报酬给予发明人或者设计人,或者参照上述比例,给予发明人或者设计人一次性报酬;被授予专利权的单位许可其他单位或者个人实施其专利的,应当从收取的使用费中提取不低于10%,作为报酬给予发明人或者设计人。有观点认为,《专利法》及其实施细则等现行法律法规对职务发明制度已经作出了较为完善的规定,实践中需要进一步理解与适用现有法律,合理确立企业职务发明创造的奖励和报酬制度,维护企业正当利益,鼓励职工技术创新,帮助企业防范经营风险。也有观点认为,需要通过职务发明条例的制定,对职务发明制度进一步细化,完善科技成果知识产权归属和利益分享机制,保护科技成果创造者的合法权益,明确职务发明人权益,提高主要发明人受益比例,充分激发发明人的创新积极性。还有观点认为《合同法》第326条的不足在于未区分奖励和报酬予以分别规定,此外关于报酬规定的方式过于单一。《民法典》第847条对职务技术成果的奖励和报酬的内容予以删除。

### (三)职务技术成果的定义

《民法典》该条与《合同法》相关规定相比,并无实质性变化。仅将《合同法》第326条第2款中的"其他组织"改为"非法人组织",以和《民法典》总则部分保持一致。技术合同的标的为技术成果。技术成果可以划分为职务技术成果和非职务技术成果。《民法典》第847条就是关于职务技术成果及其转让使用权的规定。该条第2款规定,职务技术成果是执行法人或者非法人组织的工作任务,或者主要是利用法人或者非法人组织的物质技术条件所完成的技术成果。依据这一规定,确认职务技术成果的标准有两条:一是执行法人或者非法人组织的工作任务;二是主要利用法人或者非法人组织的物质技术条件。确认技术成果是否是职务技术成果,并不要求同时具备上述两个条件,只要具备一个条件就可以认定是职务技术成果。

执行法人或者非法人组织的工作任务是指:(1)职工履行本岗位职责或者承担法人或者非法人组织交付的其他科学研究和技术开发任务。(2)离职、退职、退休后一年内继续从事与其原所在法人或者非法人组织的岗位职责或者交付的任务有关的科学研究和技术开发，但法律、行政法规另有规定或者当事人另有约定的除外。所谓岗位职责，是指根据法人或者非法人组织的规定，职工所在岗位的工作任务和责任范围。主要利用法人或者非法人组织的物质技术条件，是指职工在完成技术成果的研究开发过程中，全部或者大部分利用了法人或者非法人组织的资金、设备、器材或者原材料，或者该技术成果的实质性内容是在该法人或者非法人组织尚未公开的技术成果、阶段性技术成果或者关键技术的基础上完成的。但对利用法人或者非法人组织提供的物质技术条件，约定返还资金或者交纳使用费的除外。在研究开发过程中利用法人或者非法人组织已对外公开或者已为本领域普通技术人员公知的技术信息，或者在技术成果完成后利用法人或者非法人组织的物质条件对技术方案进行验证、测试的，不属于主要利用法人或者非法人组织的物质技术条件。

完成技术成果的个人既执行了原所在法人或者非法人组织的工作任务，又就同一科学研究或者技术开发课题主要利用了现所在法人或者非法人组织的物质技术条件所完成的技术成果的权益，由其原所在法人或者非法人组织和现所在法人或者非法人组织协议确定，不能达成协议的，根据对完成该项技术成果的贡献大小由双方合理分享。职工于本岗位职责或者其所在法人或者非法人组织交付的任务之外从事兼职活动或者与他人合作完成的技术成果的权益，按照其与聘用人（兼职单位）或者合作人的约定确认。没有约定或者约定不明确，依照《民法典》第510条的规定不能达成补充协议的，按照《民法典》第847条和第848条的规定确认。

（四）非职务技术成果的财产权权属

非职务技术成果，是指完成技术成果的个人自行研究开发的，不属于执行法人或者非法人组织的工作任务，也未利用法人或者非法人组织的物质技术条件所完成的技术成果。该技术成果不是完成人在所在单位或者非法人组织承担的科学研究和技术开发课题，也不是该完成人的岗位职责，需要注意的是，不以是否在业务时间进行科学研究作为区分职务与非职务技术成果的标准。完成技术成果的资料、材料、设备等物质条件主要不是法人或者非法人组织提供，也没有采用该法人或者非法人组织尚未公开的技术成果、技术资料。虽然利用了法人或者非法人组织的物质技术条件，但与实际所需相比，占有的比例较小；或者按照事先约定，返还资金或者交纳使用费的，都应当认定为非职务技术成果。

非职务技术成果的财产权即使用权、转让权属于完成技术成果的个人。完成技术成果的个人有权就该项非职务技术成果订立技术合同,有权获得因使用或者转让该项技术成果所取得的收益。法人或者非法人组织擅自以生产经营为目的使用或者转让属于个人的非职务技术成果,是侵犯个人合法权益的行为。

# 专题二　技术开发合同

## 一、技术开发合同的定义、分类及合同形式

《民法典》第851条规定,技术开发合同是当事人之间就新技术、新产品、新工艺、新品种或者新材料及其系统的研究开发所订立的合同。技术开发合同包括委托开发合同和合作开发合同。技术开发合同应当采用书面形式。当事人之间就具有实用价值的科技成果实施转化订立的合同,参照适用技术开发合同的有关规定。

### (一)技术开发合同定义及合同形式

根据第851条第1款的规定,技术开发合同,是当事人之间就新技术、新产品、新工艺、新品种和新材料及其系统的研究开发所订立的合同。新技术、新产品、新工艺或者新材料及其系统,包括当事人在订立技术合同时尚未掌握的产品、工艺、材料及其系统等技术方案,但在技术上没有创新的现有产品改型、工艺变更、材料配方调整以及技术成果的检验、测试和使用的除外。《技术合同司法解释》第17条的规定对技术开发合同作了进一步的解释。

如何理解技术开发合同标的的"新",这里是指在技术上具有技术创新成分和技术进步特征。但并不要求其标的必须都达到专利所要求的新颖性、创造性、实用性的标准,也并不要求必须是世界新颖、国内首创或者本行业、本地区第一等。合同的一方当事人根据生产实践的需求提出研究开发课题,另一方当事人根据其科技水平和能力决定是否承接该项课题,双方之间达成协议成交,应认为是一份技术开发合同。研究开发成果的新颖性、创造性不是判断技术开发合同是否有效的标准。研究开发成果的技术水平高低不影响技术开发合同的合法、有效。

1. 新技术开发。新技术开发是在一定时间和区域内首次利用新的科学研究成果所进行的产品、工艺、材料及其系统等技术方案的开发,包括对原有技术的改进、创新。这里的新技术开发要求,当事人各方对技术的知晓程度必须是未完全掌握

或者根本未知的状态,否则,不能成为技术开发合同的标的。

2. 新产品开发。新产品开发是在技术原理、结构、物理性能、化学成分、材料、功能和用途等某一方面或者几方面与原有产品比较,有显著不同或者新的改进的产品开发,具有明显的技术特征和工业化、商品化特征。

3. 新工艺开发。新工艺开发是采用新的原理和方法制造零部件及其成品的研究开发,包括对原有工艺的显著改进与创新。

4. 新材料开发。新材料开发是运用科学理论,采用新的方法,开发新型物质和材料,包括增加材料品种,改进材料性能,以提高产品性能和综合经济效益。

5. 新技术系统开发。新技术系统开发是对产品、工艺、材料等多种技术之间的新的有机组合或者配套使用的研究开发。

技术开发合同具有以下特点:一是技术开发合同的标的物是具有创造性的技术成果,在订立合同时,这种技术成果是当事人还没有掌握的;二是技术开发合同是双务合同、有偿合同、要式合同;三是技术开发合同的当事人共同承担研究开发失败的风险;四是技术开发合同是研究开发用于生产、可作为商品流转的技术成果,要具有实用性和可操作性。如果只是进行基础理论研究,则不属于技术开发合同。订立技术开发合同,应当有必要的研究开发经费、基础设施、技术情报资料等物质条件。当事人在订立合同前应当进行可行性论证,收集有关的技术信息,选择适当的研究开发方案。对列入国家计划的科技项目订立技术开发合同,应当符合国家计划和项目任务的要求;其他技术开发合同,应当符合国家有关技术政策。

技术开发合同是一种特殊的民事合同,其合同内容由双方当事人在平等、自愿的基础上协商确定。合同的内容一般应当具备下列条款:(1)项目名称;(2)标的技术的内容、形式和要求;(3)研究开发计划;(4)研究开发经费或者项目投资的数额及其支付、结算方式;(5)利用研究开发经费购置的设备、器材、资料的财产权属;(6)履行的期限、地点和方式;(7)风险责任的承担;(8)技术成果的归属和分享;(9)验收的标准和方法;(10)报酬的计算和支付方式;(11)违约金或者损失赔偿额的计算方法;(12)技术协作和技术指导的内容;(13)争议的解决办法;(14)名词和术语的解释。与其他合同相比,技术开发合同的内容较多、履行期长、涉及风险责任较大。因此,《民法典》第 851 条第 3 款规定当事人订立技术开发合同应当采用书面形式。

合同约定对产品进行复杂技术性研发的,是技术开发合同。在深圳市某实业公司诉某电子(北京)有限公司技术合同纠纷案中,双方当事人对于签订的技术合同的性质存在争议,一方当事人认为属于技术咨询服务合同,不属于技术委托开发合同。法院认为,双方合同约定的SCMC管理系统虽然在签约前已由某电子公司研发完成,不存在根据合同约定由某电子公司从零开发的问题,但将该系统应用于深圳某公司的日常现代化管理仍须根据该公司的需求特点进行相当程度的修改、增补、完善等复杂技术工作。双方履行合同的过程证明这种修改、增补、完善等复杂技术工作需要某电子公司在SCMC管理系统的基础上,根据深圳某公司的需求编制方案、开发软件并进行技术支持,明显具有委托开发性质,因此双方合同应属委托开发合同。

(二)技术开发合同的种类

根据《民法典》第851条第2款的规定,技术开发合同包括委托开发合同和合作开发合同两种类型。

委托开发合同,是指当事人一方委托另一方进行研究开发所订立的合同。即委托人向研究开发人提供研究开发经费和报酬,研究开发人完成研究开发工作并向委托人交付研究成果。委托开发合同的特征是研究开发人以自己的名义、技术和劳务独立完成研究开发工作,委托人不得非法干涉。

合作开发合同,是指当事人各方共同进行研究开发所订立的合同。即当事人各方共同投资、共同参与研究开发活动、共同承担研究开发风险、共享研究开发成果。合作开发合同的各方以共同参加研究开发中的工作为前提,可以共同进行全部研究开发工作,也可以约定分工,分别承担相应的部分。这里需要注意的是,当事人一方仅提供资金、设备、材料等物质条件或者承担辅助协作事项,由另一方进行研究开发工作的合同,是委托开发合同,而不属于合作开发合同。

实践中当事人就科技成果转化订立的合同逐渐增多,为适应技术创新和科技产业化的需要,《民法典》第851条第4款规定"当事人之间就具有实用价值的科技成果实施转化订立的合同,参照适用技术开发合同的有关规定"。"当事人之间就具有实用价值的科技成果实施转化订立的"技术转化合同,是指当事人之间就具有实用价值但尚未实现工业化应用的科技成果包括阶段性技术成果,以实现该科技成果工业化应用为目标,约定后续试验、开发和应用等内容的合同。

## 二、委托开发合同的效力以及技术成果权益的归属

(一)委托开发合同的效力

1. 委托方的义务

依照《民法典》第852条的规定,委托方具有以下义务:

(1)按照合同约定支付研究开发费用和报酬。研究开发费用是指完成研究开发工作所必需的成本。除合同另有约定外,委托方应当提供全部研究开发费用。研究开发报酬是指研究开发成果的使用费和研究开发人员的科研补贴。委托方应按合同约定按时支付报酬。

(2)按照约定完成协作事项。委托方应依合同约定,向研究开发方提供研究开发所需要的技术资料、原始数据,并完成其他协作事项。在研究开发中,应研究开发方的要求,委托人应补充必要的背景材料和数据,但只以研究开发方为履行合同所必需的范围为限。

(3)提出研究开发需求并接受研究开发成果。委托方要提出明确的研究开发需求,研究开发完成时,应当按期接受研究开发方完成的研究开发成果。委托方不及时接受研究开发方交付的已完成的成果时,应承担违约责任并支付保管费用。

2. 研究开发方的义务

依照《民法典》第853条的规定,研究开发方具有以下义务:

(1)依约制订和实施研究开发计划。研究开发方应尽快制订研究开发计划。研究开发方应当按照合同的约定,亲自履行研究开发的合同义务,制订和实施研究开发计划。研究开发方不亲自履行研究开发义务的,由他人代为履行研究开发义务的,委托方有权解除合同,并请求返还研究开发经费和赔偿损失。

(2)合理使用研究开发费用。研究开发方在完成研究开发工作中应当依合同的约定合理使用研究开发费用。研究开发方将研究开发费用用于履行合同以外的目的的,委托方有权制止并要求其退还。

(3)按期完成研究开发工作并交付成果。研究开发方应当按照合同约定的时间节点,按期完成研究开发工作,及时组织验收并将工作成果交付给委托方。研究开发方在完成研究开发工作中不得擅自变更标的内容、形式和要求。由于研究开发方的过错,致使研究开发成果不符合合同约定条件的,研究开发方应当支付违约金或者赔偿损失;致使研究开发工作失败的,应当返还部分或全部研究开发费用,支付违约金或赔偿损失。

(4)研究开发方的后续义务。研究开发方还应当提供有关的技术资料,并给予必要的技术指导,对委托方人员进行技术培训,帮助委托方掌握该项技术成果。研究开发方不得向第三人泄露技术开发成果的技术秘密,不得向第三人提供该项技术成果,但当事人另有约定或法律另有规定的除外。

实践中要判断技术开发合同是合作开发合同还是委托开发合同,应当根据合同约定的权利义务关系确定。当事人一方仅提供设备与资料，对技术成果的开发无创造性贡献的，该技术开发合同应为委托开发合同。在吴某某与上海市机电局等技术委托开发合同纠纷上诉案中，合同中虽然写明双方为合作关系，但当事人一方仅提供设备与资料，根据该合同的约定，是吴某某受于某委托单独完成 X 射线源高压发生装置的国产化设计与国产化制造，而非由吴某某与于某共同完成 X 射线源高压发生装置的国产化设计与国产化制造，故该合同是委托开发合同，而非合作开发合同。

（二）委托开发合同的技术成果权益的归属

依照《民法典》第 859 条的规定，委托开发所完成的技术成果如可以申请专利，一般情况下，申请专利的权利属于研究开发人。但当事人约定申请专利的权利归委托人或由双方当事人共同行使的，从其约定。委托开发所完成的技术成果如不能申请专利，或虽可以申请专利但当事人不欲申请专利的，对于此项技术秘密成果，当事人各方都有使用、转让和收益的权利；当事人就此另有约定的，从其约定。委托开发合同中，研究开发人取得专利权的，委托人有权依法实施该项专利。研究开发人员转让专利权的，委托人有优先购买权，此项优先购买权的享有和行使以同等条件为前提。对于履行委托开发合同所取得的技术秘密成果，委托开发的研究开发人不得在向委托人交付研究开发成果之前，将研究开发成果转让给第三人，违反此项义务研究开发人员应承担违约责任。

## 三、合作开发合同的效力以及技术成果权益的归属

（一）合作开发合同的效力

《民法典》第 855 条规定，合作开发合同的当事人应当按照约定进行投资，包括以技术进行投资，分工参与研究开发工作，协作配合研究开发工作。

1. 合作开发合同的双方当事人应负担的义务

（1）合作各方应当依照合同约定投资。合作开发合同当事人各方应依合同的约定投资。以资金以外的形式投资的，应当折算成相应的金额，明确当事人在投资中所占的比例。

（2）合作各方应依约定的分工参与研究开发工作并相互协作配合。合作开发合同的各方有共同进行研究开发工作的权利和义务。合作开发合同的当事人可以由双方代表组成指导机构，对研究开发工作中的重大问题进行决策，协调和组织研究开发工作。当事人各方均应按照合同中约定的分工参与研究开发工作，并在工

作中相互协作、相互配合。

(3)合作开发合同的当事人各方应保守技术情报、资料和技术成果的秘密。

2. 合作开发合同的违约责任

《民法典》第856条规定,合作开发合同的任何一方违反合同,造成研究开发工作停滞、延误或者失败的,应当承担违约责任。合作开发合同当事人的违约行为主要表现为:(1)不按照合同约定进行投资(包括以技术进行投资);(2)不按照合同约定的分工参与研究开发工作;(3)不按照合同约定与其他各方完成协作配合任务。若合作开发合同当事人在约定的期限内不履行义务的,另一方或其他各方有权解除合同。违约方应当支付违约金,或者赔偿因解除合同而给另一方或其他各方所造成的损失。

(二)合作开发合同的技术成果的归属

依照《民法典》第860条的规定,合作开发所完成的技术成果,如可以申请发明等专利的,申请专利的权利属于合作开发的当事人共有。但当事人约定归其中一方或几方当事人所有的,从其约定。如不能申请专利,或虽可申请专利但当事人不欲申请专利的,对于此项技术秘密成果,合作开发的各方当事人均有使用和转让、收益的权利。当事人就此另有约定的,从其约定。当事人一方转让专利申请权的,其他各方当事人在同等条件下享有优先购买权,其他各方当事人都行使优先购买权的,得按原有份额共同受让。此项优先购买权的行使在本质上系属准共有关系中共有人所享有的优先购买权。合作开发的当事人一方声明放弃其共有的专利申请权的,可以由另一方单独申请或者由其他各方共同申请。申请人取得专利权的,放弃专利申请权的一方可以免费实施该专利。

《民法典》第861条规定,委托开发或者合作开发完成的技术秘密成果的使用权、转让权以及收益的分配办法,由当事人约定;没有约定或者约定不明确,依据本法第510条的规定仍不能确定的,在没有相同技术方案被授予专利权前,当事人均有使用和转让的权利。但是,委托开发的研究开发人不得在向委托人交付研究开发成果之前,将研究开发成果转让给第三人。

## 四、技术开发合同风险负担及通知义务

技术开发合同的风险,是指在研究开发过程中,虽经当事人一方或者双方主观努力,但受现有科技知识、认识水平和试验条件的限制,出现无法预见、无法防止和无法克服的技术困难,导致研究开发失败或者部分失败所发生的损失分担。《民法

典》第858条规定，技术开发合同履行过程中，因出现无法克服的技术困难，致使研究开发失败或者部分失败的，该风险由当事人约定；没有约定或者约定不明确，依据本法第510条规定的补充性规则仍不能确定的，风险由当事人合理分担。但是，当事人一方发现可能致使研究开发失败或部分失败的情形时，应当及时通知另一方并采取适当措施减少损失；没有及时通知并采取适当措施，致使损失扩大的，应当就扩大的损失承担责任。

技术开发是一项探索性活动，蕴藏着开发不成功的风险。在研究开发过程中，如果当事人一方或者双方已尽了最大努力，但仍因科技知识、认识水平或试验条件等客观因素的限制，出现无法克服的技术困难，致使研究开发全部或者部分失败，未能达到合同约定的预期目的，即产生技术开发合同的风险责任承担问题。

实践中应注意把握技术开发合同的风险判定标准。一项技术开发的失败或者部分失败属于风险，应当具备以下各项条件：(1)课题本身在国际和国内现有技术水平下具有足够的难度；(2)研究开发方已经尽其主观努力；(3)该技术领域的专家认为研究开发失败属于合理的失败。技术开发存在的风险一旦出现，将使技术开发合同无法履行，给当事人造成损失。因此，当事人应当在订立合同时明确约定风险责任的承担。如果当事人没有约定或者约定不明确，风险发生后，当事人可以协议补充风险责任。不能达成补充协议的，可以按照合同的有关条款或者交易习惯确定；仍不能确定，风险责任由当事人合理分担。

在某仪器厂诉某汽车厂技术开发合同纠纷案中，该案合同标的的汽车厂专用自控电焊机不属现有的技术成果，而是有待研究开发的技术成果。本案主要问题在于由于仪器厂技术水平的限制而开发失败能否构成技术开发合同的风险。研究开发风险不同于技术开发合同的违约和不可抗力。违约是当事人因故意或过失不履行约定的义务或者履行义务不符合约定的条件。不可抗力是指因当事人不能预见、不能避免并不能克服的客观情况。研究开发风险与不可抗力有一些相同之处，二者都是由于当事人主观以外的客观因素导致研究开发工作失败或部分失败。但不可抗力是指战争、动乱、灾害等社会因素或自然因素，而风险是指在一定时期的科技水平下由于人们主观能力和客观条件的限制未能履行合同。在该案中，仪器厂成立了由副厂长挂帅的课题组，耗时半年，分析参考了国外同类产品，在已有生产技术的基础上试制了一套样机。仪器厂已经尽了最大努力，但该项开发工作存在无法克服的技术困难，导致开发失败。因此，该案的情形构成了技术开发风险。当事人对此风险责任并未作出约定，从合同条款内容看也难以确定，依法只能由当事人合理分担,即造成的5万元损失可以由汽车厂和仪器厂分担,但汽车厂支付的20万元研究开发经费已经使用的不能请求返还。

## 专题三　技术转让合同

### 一、技术转让合同概述

根据《民法典》第862条的规定,技术转让合同,是指合法拥有技术的权利人,将现有特定的专利、专利申请、技术秘密的相关权利让与他人所订立的合同。合法拥有技术的权利人既包括技术的所有人,也包括其他有权对外转让技术的人(权利人特别授权的人)。由于专利、专利申请或者技术秘密都可以成为被转让的对象,相应地,也就衍生出专利权转让合同、专利申请权转让合同以及技术秘密转让合同等合同类型,《民法典》第863条对此予以相应的规定。

专利权转让合同,是指专利权人作为让与人将其发明创造专利的所有权转让给受让人,受让人支付约定价款所订立的合同。专利权是发明人或其权利受让人对其发明成果在一定年限内享有的独占权或专用权。根据《专利法》第10条的规定,专利权可以转让,转让专利权的,当事人应当订立书面合同,并向国务院专利行政部门登记,由国务院专利行政部门予以公告,专利权的转让自登记之日起生效。

专利申请权转让合同,是指让与人将其发明创造的专利申请权转让给受让人,受让人支付约定价款所订立的合同。专利申请权是发明人对其专利技术享有的专属权利。根据《专利法》第10条的规定,专利申请权也可以转让,转让专利申请权的,当事人应当订立书面合同,并向国务院专利行政部门登记,由国务院专利行政部门予以公告,专利申请权的转让自登记之日起生效。

在德阳市机电配套厂诉四川省星河建材总公司技术转让合同纠纷一案[①]中,一审法院认为,星河建材公司是以其未取得国务院专利行政部门批准的科技发明技术假冒专利技术转让给德阳机电厂,此行为具有一定的欺诈性,故该合同应为无效。二审法院则认为,星河建材公司以通过有关部门鉴定并经生产实践证明是成

① 参见德阳机电厂诉星河建材公司以已经申请专利尚未授予专利权的技术签订的非专利技术转让合同违约赔偿案。

熟可靠的非专利技术与德阳机电厂签订的合同,符合有关法律规定,应为有效合同。从上述案例可以看出,一审、二审法院之间的分歧,在于对一方以已经申请专利尚未获得专利权的技术订立名为专利技术转让合同,是属欺诈行为,还是属合法行为的认定上。涉案合同名为专利权转让合同,实为专利申请权转让合同,双方签订转让合同时该技术属于已经申请专利但尚未被授予专利权的技术,受让人实际获得的是专利申请权的转让,如果该技术最终未被授予专利,则受让该技术的一方可以主张解除合同关系并要求另一方承担违约责任。

技术秘密转让合同,是指技术秘密的持有人或者其授权的人作为让与人将技术秘密提供给受让人,明确相互之间技术秘密成果使用权、转让权,受让人支付价款或者使用费所订立的合同。这里的使用权,是指以生产经营为目的使用技术秘密的权利。转让权,是指通过合同向他人提供和转让技术秘密的权利。

技术转让合同的内容复杂,涉及转让技术的范围(包括专利申请号、专利号和专利权的有效期限,或者技术秘密的范围)、转让费的支付以及后续技术成果的归属和使用等,因此,为避免各方当事人日后产生争议,法律规定此类合同应当采用书面形式订立。

司法实践中,还需要注意区分技术转让合同与其他几种合同之间的区别:

1. 技术转化合同。技术转化一般是对阶段性技术成果等约定由研究开发人继续参与后续开发并实现工业化应用,其合同目的在于实现该技术的工业化应用,主要内容是约定有关后续试验、开发和应用等。而技术转让中让与人一般不再参加后续研究开发,但不排除负有提供后续技术指导和服务的义务。

2. 技术服务合同。技术转让合同中转让的通常是完整的产品技术和工艺技术,且局限于专利技术和技术秘密。而技术服务合同所利用的技术是一般的不受专利法保护和不需要加以保密的公知技术。如在申某某诉贵阳黔峰生物制品有限责任公司技术转让合同纠纷案①中,最高人民法院指出,判断涉案合同应当定性为技术转让合同还是技术服务合同,主要看诉争技术是否属于公有领域的技术。从涉案合同约定以及当事人的实际履行情况看,合同标的符合不为公众知悉、具有实用性、经权利人采取保密措施等技术秘密的构成要素,故涉案合同属于技术秘密转让合同。

由于技术转让合同的履行中,通常会附带有部分技术咨询、技术服务工作,合同各方可以在订立技术转让合同的同时,就与之相关的技术服务工作单独订立技

① 参见最高人民法院民事判决书,(2007)民三提字第2号。

术咨询合同、技术服务合同,也可以将两者合并订立成一项技术转让合同。在技术转让合同中关于提供技术咨询、技术服务的约定,属于合同的组成部分。在海南葫芦娃药业集团股份有限公司、广西科伦制药有限公司确认合同效力纠纷案[①]中,广西壮族自治区高级人民法院认为,技术指导是技术转让合同让与人的法定附随义务,若不能证明其未履行会导致所转让技术根本无法实施的,让与人不构成根本性违约。

## 二、技术竞争和技术发展的限制

在技术转让合同或者技术许可合同中,当事人可以约定转让、实施专利技术或者使用技术秘密的范围。但是,当事人不得以合同条款限制技术竞争和技术发展,这种限制一般表现为:(1)限制当事人一方在合同标的技术基础上进行新的研究开发或者限制其使用所改进的技术,或者双方交换改进技术的条件不对等,包括要求一方将其自行改进的技术无偿提供给对方、非互惠性转让给对方、无偿独占或者共享该改进技术的知识产权。(2)限制当事人一方从其他来源获取与技术让与人类似技术或者与其竞争的技术。(3)限制技术受让人对依法获得的技术进行再转让。(4)要求技术受让人或者被许可人接受并非合同所需的其他附带条件,如购买非必需的技术、原材料、产品、设备、服务以及接收非必需的人员等。在黄河公司诉大洋公司专利实施许可合同纠纷案[②]中,大洋公司以黄河公司实施专利许可的目的是强制并高价销售并非实施该专利必不可少的设备,属于“非法垄断技术、妨碍技术进步”的行为为由,据此主张涉案合同无效。最高人民法院审理后认为,涉案专利实施许可合同涉及的石材成型机是包含专利技术的专用设备,大洋公司实施该技术,购买该机器设备是必需的。依据专利实施许可合同的约定,实施该专利技术所使用的设备包括主机、特种模具及传送带,以建立造价为 500 万元的生产线。大洋公司从黄河公司处约定获得的专利实施许可,并不是制造专利产品(石材切压成型机),而是通过使用该专利产品生产、销售最终产品石材。因此,在专利实施许可合同中约定由技术许可人提供履行合同所需要的专用设备并不违反法律、法规的规定。大洋公司以“非法垄断技术、妨碍技术进步”的理由确认合同无效不能成立。由此可见,由许可人向被许可人提供履行合同所需要的专用设备并不构成《民法典》第 864 条所指的限制技术竞争和技术发展之行为。(5)不合理地限制技术被许

① 参见广西壮族自治区高级人民法院民事判决书,(2018)桂民终 134 号。
② 参见最高人民法院民事判决书,(2003)民三终字第 8 号。

可人或者受让人购买原材料、零部件、产品或者设备等的渠道或者方式等。(6)阻碍当事人一方根据市场需求以合理方式充分实施合同标的技术,包括明显不合理地限制被许可人实施专利技术或者使用技术秘密生产产品或者提供服务的数量、品种、价格、销售渠道和出口市场。(7)禁止技术被许可人对合同标的技术的知识产权的有效性提出异议或者对提出异议附加条件等。

### 三、让与人的权利瑕疵、质量瑕疵担保义务

技术转让合同的让与人应保证合同标的在法律上和客观上没有瑕疵,这是订立技术转让合同的前提。首先,让与人应保证所提供的技术是自己合法拥有的,而不能是剽窃、冒充、仿造的。其次,让与人还应保证转让的技术在客观上是完整、无误和有效的,能够达到合同约定的目的。具体来说,技术转让合同的让与人对其转让的技术负有权利瑕疵、质量瑕疵担保义务:

1. 权利瑕疵担保义务。让与人应当保证该技术上没有妨碍技术转让的权利负担,包括所有权、知识产权以及他物权等权利负担。当然,在不同性质的技术转让合同中,让与人的保证程度是不同的。受让人使用让与人转让的技术生产或者销售产品,如果被他人指控侵权,应当由让与人承担相应的侵权责任,但是当事人另有约定的除外。

2. 质量瑕疵担保义务。对于专利权转让合同,让与人应当保证专利真实有效,专利说明书可视为让与人对技术性能和技术指标的担保。在技术秘密转让合同中,让与人应当保证技术成熟、实用、可靠,能够在合同约定的领域内应用,同时还要保证该技术秘密处于事实上的独占状态。如在扬子江药业集团有限公司诉陕西西大科技园发展有限公司技术转让合同纠纷案[①]中,江苏省高级人民法院认为,转让方提供的技术被证明为不成熟技术,自合同开始时起即不能有效实现合同之目的,转让方的行为构成根本违约,受让人有权主张解除合同。但是需要注意的是,受让人仅以未能在一定时间内生产出专利产品来主张专利缺乏实用性并要求解除合同的,并不能得到法院的支持。

技术秘密转让合同的让与人,还应按照合同约定提供技术资料,进行技术指导,以使受让人能有效利用相关技术。如在济川药业集团股份有限公司诉北京福瑞康正医药技术研究所技术转让合同纠纷一案[②]中,最高人民法院认为,在新药申

---

① 参见江苏省高级人民法院民事判决书,(2014)苏知民终字第0023号。

② 参见最高人民法院民事裁定书,(2013)民申字第718号。

报中，申报生产时的稳定性数据是临床申报时稳定性数据的一种延续，保证申报资料数据的真实可靠属于技术让与人所应当负有的责任。药品研发和药品生产企业均有保证公众用药安全的义务和责任。药品研发中的技术让与人提供真实可靠的技术资料，对申报资料内容的真实性负责，不仅是合同义务，也是其作为药品注册申请人的法定义务。

技术转让合同的受让人在合同的履行过程中，也负有一定的义务，表现在：一是按照合同约定的范围和期限使用技术；二是按照约定支付使用费；三是按照合同约定承担保密义务，或者对尚未公开的技术秘密承担保密义务。

## 四、技术转让合同中让与人、受让人承担违约责任的具体情形

实践中，与技术转让合同相关的民事纠纷不少，违约责任的承担往往成为法庭内外双方争议的焦点，因此，有必要厘清和明确让与人、受让人承担违约责任的具体情形。一般来说，技术转让合同让与人承担违约责任的具体情形包括：

1. 违反专利权转让合同的责任。让与人不履行合同义务、迟延办理专利权移交手续、未提供有关的技术资料、转让的专利不是让与人合法拥有的专利或者违反保密义务的，应当返还部分或者全部使用费，并且应当承担违约责任。

2. 违反专利申请权转让合同的责任。让与人不履行合同，迟延提供技术情报和资料的，或者所提供的技术情报和资料没有达到使该领域技术人员能够实施发明创造的程度的，应当承担违约责任。违反保密义务的，应当承担违约责任。

3. 违反技术秘密转让合同的责任。让与人未按照合同约定转让技术秘密的，应当返还部分或者全部使用费，并且承担违约责任；使用技术秘密超越合同约定的范围，或者违反约定擅自许可第三人使用该项技术秘密的，应当停止违约行为，并承担违约责任；违反保密义务，泄露技术秘密，使受让人遭受损失的，承担违约责任。但需要注意的是，除合同另有约定让与人不得申请专利的外，技术秘密转让合同让与人承担的保密义务并不包括限制其申请专利。技术秘密成果达不到合同约定的技术指标，承担违约责任。如在江苏济川制药有限公司诉成都华诚信息产业有限公司技术转让合同纠纷案①中，江苏省高级人民法院认为，涉案合同中违约责任条款明确约定，产品因技术原因未能取得国家药监局临床批件的，责任由让与人承担。国家药监局审批结论证明技术产品因存在技术缺陷而不符合要求的，让与

① 参见江苏省高级人民法院民事判决书，(2010)苏知民终字第111号。

人应依约承担违约责任,赔偿对方损失。但是,如果事实证明技术秘密让与人切实履行了合同应尽的义务,那么对受让人的技术产品未获批准是无须承担违约责任的。如在重庆赛诺生物药业股份有限公司诉天津泰普药品科技发展有限公司技术秘密让与合同纠纷案①中,重庆市高级人民法院指出,药品技术受让人能否取得新药证书和药品生产批准文号,不仅有赖于当事人双方的相互协作,还受制于国家药品监督管理部门的意志和行为。让与人提供的技术符合国家规定,且提供了相应的技术资料,已准备了充分的形式申报条件,故其对于受让人新药注册申请未被受理一事并无违约之处。受让人关于让与人构成根本违约的主张不成立。

技术转让合同受让人承担违约责任的具体情形包括:(1)违反专利权转让合同的责任。受让人未按照约定支付合同价款,应当补交并按照约定支付违约金;不补交合同价款或者支付违约金的,应当返还专利权,交还技术资料,并承担违约责任;违反保密义务的,承担违约责任。(2)违反专利申请权转让合同的责任。受让人不履行合同,迟延支付合同价款的,应当补交并按照约定支付违约金;不补交合同价款或者不支付违约金的,应当返还专利申请权,交还技术资料,并承担违约责任。如在黄某诉乔某等专利申请权转让合同纠纷案②中,盐城市中级人民法院认为,在专利申请权已实际变更、受让人也没有反证证明转让技术存在重大瑕疵的情况下,应当按照承诺履行付款责任。违反保密义务的,承担违约责任。(3)违反技术秘密转让合同的责任。受让人不按照合同约定支付使用费的,应当补交使用费并按照约定支付违约金;不补交使用费或者支付违约金的,应当停止使用技术秘密,交还技术资料,并承担违约责任;使用技术秘密超越合同约定的范围的,未经让与人同意,擅自许可第三人使用该技术秘密的,应当立即停止违约行为,承担违约责任;违反保密义务,泄露技术秘密,给让与人造成损失的,应当承担违约责任。

## 五、技术进出口合同

技术进出口合同,是指我国境内的自然人、法人或者其他组织从国外引进或者向国外输出技术,与技术输出国或者技术引进国的当事人订立的合同。近年来,随着我国对外科学技术交流的发展,我国企事业单位和其他经济组织不仅从国外引进技术,也向国外输出技术,其所借助的法律形式就是技术进出口合同。技术进出口实质上是技术转让,当事人在订立技术进出口合同时,对涉及技术转让的问题,

---

① 参见重庆市高级人民法院民事判决书,(2008)渝高法民终字第168号。

② 参见江苏省盐城市中级人民法院民事判决书,(2008)盐民三初字第36号。

可以依据《民法典》中的技术转让合同的有关规定办理。技术进出口的情况比较复杂,为加强技术进出口的管理,国家制定了一些相关的法律法规,如《对外贸易法》《技术进出口管理条例》等,当事人签订和履行技术进出口合同,也应当遵守这些法律、行政法规的规定。

# 专题四　技术许可合同

## 一、技术许可合同概述

根据《民法典》第 862 条第 2 款的规定,技术许可合同,是指合法拥有技术的权利人,将现有特定的专利、专利申请、技术秘密的相关权利许可他人实施、使用所订立的合同。根据许可标的的不同,技术许可合同可以分为专利实施许可合同、技术秘密使用许可合同等类型。

在《合同法》中,专利实施许可合同作为技术转让合同的一种类型被规定在“技术转让合同”一节中。在《民法典》起草过程中,有部门建议技术转让和技术许可具有不同的法律含义,建议区分技术转让合同和技术许可合同。立法机关在综合各方意见的基础上,在二次审议稿中将第 20 章第 3 节的名称修改为“技术转让合同和技术许可合同”,并在第 647 条中增加规定技术许可合同的定义,有关规定也作了相应修改。

### (一)专利实施许可合同

专利实施许可合同,是指专利权人或者其授权的人作为许可人许可他人在约定的范围内实施(制造、使用、许诺销售、进口)专利,并由被许可人支付约定使用费所订立的合同。专利实施许可合同是双务合同、有偿合同、合意合同、连续履行合同和有名合同,同时也是要式合同。专利实施许可合同许可的是专利实施权,被许可人可以在合同约定的范围内实施专利,无权允许合同约定以外的任何单位或者个人实施该专利。从这个意义上说,在专利实施许可合同中,专利权人并不转让专利权,而是有条件地许可他人使用专利技术。相应地,被许可人只能在合同的有效期和有效范围内实施使用专利。

根据《技术合同司法解释》第 29 条第 2 款的规定,当事人之间就申请专利的技术成果所订立的许可使用合同,专利申请公开以前,适用技术秘密转让合同的有关规定;发明专利申请公开以后、授权以前,参照适用专利实施许可合同的有关规定;授权以后,原合同即为专利实施许可合同,适用专利实施许可合同的有关规定。

专利实施许可合同按照许可方式的不同,可以分为独占实施许可合同、排他实施许可合同和普通实施许可合同等类型。(1)独占实施许可合同。独占实施许可合同是指被许可人在合同范围内对专利技术享有独占的使用权。许可人不得在许可合同规定的期限和范围内,自己实施或者以其他方式利用专利,也不得再与第三方签订任何其他形式的许可合同,否则即构成违约,承担相应的违约责任。(2)排他实施许可合同。排他实施许可合同是指被许可人在合同规定的地域、期限等范围内享有对专利技术的排他使用权。许可人不得在已经许可的范围内,就同一专利与第三人订立专利实施许可合同。但是,许可人保留了自己在该范围内实施专利的权利。但如果该许可人不具备独立实施专利的条件,根据《技术合同司法解释》第 27 条的规定,该许可人可以以普通许可的方式许可他人实施专利,他人的实施视为许可人自己实施,但当事人另有约定的除外。因此,排他实施许可合同是许可人与被许可人分享专利使用权的协议。(3)普通实施许可合同。普通实施许可合同是最常见的专利实施许可方式。普通实施许可合同的许可人允许被许可人在合同规定的范围内使用其专利技术,同时保留自己实施和允许任何第三方在该范围内实施专利技术的权利。如果当事人在合同中对专利实施许可方式未约定或者约定不明确的,应当认定为普通实施许可。

(二)技术秘密使用许可合同

技术秘密使用许可合同,是指技术秘密的持有人作为许可人许可被许可人在约定的范围内使用技术秘密成果,并由被许可人支付约定的使用费所订立的合同。技术秘密使用许可合同的被许可人应当按照合同约定的范围使用技术秘密,并承担保密义务,无权允许合同规定以外的任何单位或者个人使用该技术。技术秘密许可合同的内容复杂,涉及被许可的技术秘密的范围、许可费的支付、被许可人的保密义务等,因此,为避免各方当事人日后产生争议,《民法典》规定此类合同应当采用书面形式订立。实践中,技术秘密的许可使用方式可以参照专利实施许可方式进行约定,分为独占使用许可、排他使用许可和普通使用许可。

## 二、技术许可合同的限制

当事人可以在技术许可合同中约定实施专利或者使用技术秘密的期限、地域、方式以及接触技术秘密的人员等限制。具体而言：

(一)许可性质的限制

专利实施许可合同或技术秘密使用许可合同按照许可方式的不同，可以分为独占型、排他型和普通型。许可方式不同，被许可人使用技术范围的限制也不同。

(二)期限限制

技术秘密使用许可合同可以约定使用技术秘密的期限，或者签订保密协议约定保密的期限。但是，在当事人对实施专利或者使用技术秘密的期限没有约定或者约定不明确的情况下，被许可人实施专利或者使用技术秘密不受期限限制。专利实施许可的期限不得超过专利权的存续期。除当事人另有约定外，专利实施许可合同的许可人应当在合同有效期内维持专利权有效。在专利权有效期限终止或者专利权宣布无效后，专利权人不再享有专利权，因而不得就该项专利与他人订立专利实施许可合同，即使订立，该合同也是无效合同。

在实践中，需要注意以下问题：(1)专利实施许可合同的许可人应当在合同有效期内维持专利的有效性。如果专利实施许可合同期限超过该专利权的存续期间，专利权存续期间届满后，专利实施许可合同自动终止。(2)在合同有效期内，专利权被终止的，合同同时终止，许可人应当支付违约金或者赔偿损失。专利权被宣布无效的，许可人应当赔偿由此给被许可人造成的损失。宣告专利权无效的决定，对已经履行的专利实施许可合同不具有追溯力。但是因专利权人的恶意给他人造成的损失，应当给予赔偿。如果专利权人不返还专利使用费明显违反公平原则，则应当全部或者部分返还专利使用费。这是因为，有的专利权人在收取专利实施许可费之后，怠于维持专利权的有效性，特别是不依法缴纳专利年费或不积极应对他人提出的宣告专利权无效的请求，甚至有的专利权人恶意放弃专利权，这对被许可人的合同利益造成重大或者根本影响。(3)由于专利权的取得一般会经过申请、初步公开、实质审查、公告等程序，在这些程序的进程中，必然经过一定的时间。而技术成果的时效性又是特别明显的，可以说机遇转瞬即逝，可能很有潜力的技术成果在经过相当长的程序取得专利权后其经济价值会大打折扣。因此，为促进科技成果尽快形成生产力，充分发挥其效能，体现科技立法的宗旨，结合专利实施许可合同的具体情况，给予特殊情形下的专利实施许可合同以效力期限方面的宽松规定，即“人民法院不以当事人就已经申请专利但尚未授权的技术订立专利实施许可合同为由,认定合同无效”。[①] 作为许可实施的技术,如果已经申请专利,那么就会有两种结果,即取得专利权或者被驳回申请。如果许可人顺利取得专利权,这种期待因素变为现实,许可人隐瞒真相的情节将被现实消除,该合同认定继续有效应该没有问题。而对最后没有能够取得专利权的实施许可合同如何处理,这就应从当事人签订许可合同的真实意思表示来考虑。在该类实施许可合同中,实际上被许可人真正希望通过合同取得的是作为标的技术的使用权,至于该技术是否为专利技术,应该是第二位的问题。在技术未能取得专利权的情况下,根据当事人的上述意思表示,可以不急于认定合同无效,而给予当事人自主决定合同命运的权利。如被许可人认为技术虽未取得专利权,但仍有相应的实施价值,当事人可以通过对技术合同的有关内容予以适当变更完善即可继续履行;如被许可人认为其追求的就是技术,必须是专利技术,双方可以将有关合同予以解除即可,不必通过无效认定解决该问题。

(三)地域限制

技术许可合同可以约定实施专利或者使用技术秘密的地理范围,包括与实施专利或者使用技术秘密相联系的产品制造、使用和销售的地区。

(四)实施方式的限制

当事人可以在合同中对实施专利或者使用技术秘密的方法或者用途加以约定。专利权人可以对被许可人实施专利的行为予以限制,如限制为仅是制造或者销售;如果被许可人超越这些限制实施其他行为,即构成对专利权人权利的侵犯。如果是可以用于多个领域或有多种用途的方法发明专利,双方可以约定一种实施许可和限定用于某一个或几个领域或者用途的特定实施许可。

## 三、技术许可合同中许可人、被许可人的义务

(一)技术许可合同许可人的义务

技术许可合同的许可人应当按照约定的期限、地域及实施方式许可被许可人实施专利技术或者技术秘密,交付相关的技术资料,并为被许可人实施专利或者使用技术秘密提供必要的技术指导,保证技术的实用性和可靠性,并承担保密义务。但需要注意的是,在技术秘密使用许可合同中,许可人虽然应承担保密义务,并不意味着其不能对技术秘密申请专利,毕竟技术成果是作为专利技术保护还是技术

① 参见《技术合同司法解释》第29条第3款。

秘密保护,权利人拥有判断权和决定权,但当事人另有约定的除外。

具体来说,在专利实施许可合同中,许可人负有下列义务:第一,保证自己是专利技术的合法拥有人,保证专利技术完整、无误、有效,能够达到合同约定目的。在订立专利实施许可合同时,许可方应向被许可方如实指明该专利的真实性和完整程度。如是否存在先用权,该专利权是否受物权或抵押权的约束,是否存在指定许可实施情况等。第二,按照约定许可被许可人实施专利。如前所述,按照许可方式的不同,专利实施许可分为独占实施许可、排他实施许可、普通实施许可等方式。如果是独占实施许可合同,许可人在已经许可被许可人实施专利的范围内无权就同一专利再许可他人实施或者自己实施;如果是排他实施许可合同,许可人在已经许可被许可人实施专利的范围内无权就同一专利再许可他人实施,但自己仍然可以实施;如果是普通实施许可合同,许可人在已经许可被许可人实施专利的范围内仍可以就同一专利再许可他人实施。第三,交付实施专利有关的技术资料,提供必要的技术指导。即使当事人在合同中未约定此义务,许可人也负有此项义务。许可人应当向被许可人如实说明专利权保护的范围,指出该专利权的真实情况和完整程度。如果当事人对专利技术的性能作出约定,许可人应当保证专利技术在实施过程中达到约定的技术性能。当相关技术资料涉及技术秘密时,当事人还可以订立技术秘密转让合同,或者订立专利技术和技术秘密混合的技术转让合同。所谓提供必要的技术指导,是指许可人应依合同约定协助被许可人实施被转让的专利技术,帮助被许可人解决专利技术实施过程中出现的问题,为被许可人培训人员,协助进行设备安装、调试等。

此外,当专利权人与其他非专利权人共同作为专利实施许可合同的一方,特别是合同对其他非专利权人也约定了权利义务的情况下,专利权人行使专利权应当受到合同的约束。不经过其他非专利权人的同意,专利权人无权独自解除所签订的专利实施许可合同,否则,就会损害合同其他当事人的合法权益。在王某华、王某中、吕某某、梅某某与黑龙江无线电一厂专利实施许可合同纠纷案[①]中,最高人民法院就明确指出,作为合同一方当事人代表的专利权人应依照合法成立的合同履行其义务,在未经本方其他当事人同意的情况下,擅自解除与对方的合同违背了依合同履行义务原则和诚实信用原则,损害了其他当事人的合法权益。

### (二)技术许可合同被许可人的义务

技术许可合同的被许可人应当按照约定的期限、地域及实施方式实施专利技

① 参见最高人民法院民事判决书,(2006)民三提字第2号。

术或者技术秘密,交付约定的使用费,并对合同约定的技术成果承担保密义务。

具体来说,专利实施许可合同的被许可人承担下列义务:第一,按照合同约定支付使用费。使用费是被许可人取得专利使用权所付出的代价,也是许可人转让其专利使用权应获得的报酬。在不同的许可方式下,使用费的金额确定方式不同。在约定许可的情形下,由合同约定金额;在强制许可的情形下,有约定则按照约定,约定不成则按照国务院专利行政部门的裁决;在指定许可的情况下,由国家规定。当然,专利权人有权放弃其收取专利使用费的权利。由于支付使用费是被许可人的法定义务,所以专利权人放弃权利应当是明示的才能有效。第二,在合同约定的范围内实施专利,并不得许可合同约定以外的第三方实施该专利。无论被许可人以何种方式获得专利实施许可,都没有超越合同的权利,都无权允许合同规定以外的任何单位或者个人实施该专利。这一规定目的在于充分保护专利权人的权利,使合同约定以外的专利权的其他权利依然保留在专利权人手中。被许可人只能依据实施许可合同取得专利的实施权,不得行使合同没有明确约定的任何权利。

另需注意的是,被许可人以下几方面的权利和义务。

一是被许可人未经专利权人许可,不能将其根据许可合同所获得的实施权转让给第三人,也不能对第三人授予分许可。也就是说,只有经过专利权人许可,在合同中明文规定,被许可人才可以授予分许可。

二是专利权人虽然签订了许可合同,允许被许可人实施该专利,但其仍然可以将该专利权转让与第三人,不影响被许可人与其签订的专利实施许可合同的效力;专利实施许可合同约定的原专利权人的权利和义务由专利转让合同的受让人承受,但合同另有约定的除外。如果因专利权转让而使被许可人受到损失(如停止许可合同的实施),被许可人可以根据专利实施许可合同要求原专利权人赔偿损失。

三是被许可人实施的专利受到侵犯时,一般不能以自己的名义单独提起侵权诉讼,除非法律另有规定。根据《专利法》的规定,只有专利权人或者利害关系人才可以提起侵权诉讼。这里所说的利害关系人,主要是指独占实施许可和排他实施许可的被许可人。

### 四、技术许可合同中许可人承担违约责任的具体情形

在技术许可合同中,许可人违反技术许可合同的违约责任的情形包括:

第一,违反专利实施许可合同的责任。许可人未按照约定许可专利技术的,应当返还部分或者全部使用费,并且承担违约责任;实施专利技术超越约定的范围,

或者违反约定擅自许可第三人使用该项专利技术的，应当停止违约行为，承担违约责任；违反约定的保密义务的，承担违约责任；被许可人按照约定实施专利技术构成侵权的，应由许可人承担相应的侵权责任，但合同另有约定的除外。

许可人未尽到维持专利有效性的义务的，应当返还部分或者全部使用费，并且承担违约责任。在杭州华兴印染有限公司诉钟某某实用新型专利实施许可合同纠纷案①中，浙江省高级人民法院认为，宣告专利权无效的决定，对已经履行的专利实施许可合同不具有追溯力。涉案专利权被宣告无效的部分，对合同已经履行的部分不具有追溯力，故被许可人无权要求专利权人全部返还使用费。鉴于专利权人在无效宣告程序中主动删除权利要求，未尽到维持专利有效的义务，对此导致的专利权保护范围缩小应承担相应的违约责任。

许可人未按照约定交付专利技术资料、专用设备等导致合同目的无法实现的，承担违约责任。在名山电力有限责任公司诉威格尔国际合作发展公司等专利实施许可合同纠纷案②中，四川省高级人民法院指出，本案专利实施许可合同签订后，被许可人名山公司按约履行了自己的义务，许可人周某某也按约向名山公司交付了专利设备、相关的技术情报、资料，并完成设备的安装、调试。试车后，该套专利设备生产出汽油、柴油 40 吨。经检测，转化率略低于合同约定的 70%，油品符合国家质量标准。然而，该套设备在运行中多次发生故障并引发火灾，一直没有达到合同约定的连续、安全生产的标准。虽经多次调试、整改，仍不能正常运行。周某某不能在名山公司提出的期限内再试机，根据该设备现在的实际情况，双方已无继续合作的可能性。周某某履行合同义务不符合约定，应当承担违约责任，除应当返还名山公司为履行合同支付的款项外，还应当赔偿因设备在期限内不能连续、安全生产给名山公司造成的直接经济损失。该案系由于专利权人交付不合格的专利设备导致合同目的无法实现，构成违约，被许可人依法可以主张解除合同，并要求专利权人承担相应的违约责任。

第二，违反技术秘密使用许可合同的责任。许可人未按照合同约定许可技术秘密的，应当返还部分或者全部使用费，并且承担违约责任；使用技术秘密超越合同约定的范围，或者违反约定擅自许可第三人使用该项技术秘密的，应当停止违约行为，承担违约责任；技术秘密成果达不到合同约定的技术指标，承担违约责任；违反保密义务，泄露技术秘密，使被许可人遭受损失的，承担违约责任；被许可人按照

① 参见浙江省高级人民法院民事判决书，(2010)浙知终字第 110 号。

② 参见《最高人民法院公报》2002 年第 2 期，第 69～72 页。

约定使用技术秘密构成侵权的,应由许可人承担相应的侵权责任,但合同另有约定的除外。

## 五、技术许可合同中后续改进技术成果的分享问题

后续改进,是指在技术许可合同有效期内,一方或双方对作为合同标的的专利技术或者技术秘密成果所作的革新或者改良。新技术的创新总是建立在已有技术的基础上,是对已有技术的吸收与改进。因此,现有技术是技术创新的来源,也是推动科技发展的基础。但由于现有技术与改进技术两者存在交织,司法实践中往往纠缠不清,因此,本着互利互惠的原则,当事人可以在合同中约定实施专利、使用技术秘密后续改进的技术成果的分享办法。在理解和把握上,应当注意以下几点:

1. 原则上,实施专利、使用技术秘密后续改进的技术成果属于完成该项后续改进的人。技术合同无效或者被撤销后,因履行合同所完成的新的技术成果或者在他人技术成果的基础上完成的后续改进部分的技术成果的权利归属和利益分享,当事人不能重新协议确定的,由完成技术成果的一方当事人享有。

2. 技术许可合同的当事人双方可以按照互利的原则,在合同中约定实施专利、使用技术秘密后续改进的技术成果的分享办法。需要注意的是,当事人双方约定分享办法时,应防范一方利用优势地位提出显失公平的条款。例如,主张被许可人有义务将其实施、使用技术过程中取得的改进成果无偿提供给许可人,而许可人没有同等义务等。

3. 没有约定或者约定不明确,当事人可以协议补充;不能达成补充协议的,按照合同有关条款、合同性质或者交易习惯确定。按照合同有关条款、合同性质或者交易习惯仍不能确定,后续改进技术的技术成果由完成该项后续改进的一方享有,其他各方无权分享。

4. 分享后续改进的技术成果应当遵循公平、竞争的原则。技术转让合同当事人对后续改进的技术成果的归属、提供与分享的约定必须是相互的,即应约定双方都有义务在同样条件下向对方提供后续改进的情报、信息和技术细则,在同等条件下优先给予对方实施或使用。单方行为不符合平等互利的原则,也有碍于技术的竞争和发展,是法律所不提倡的。

## 六、专利实施许可合同无效的认定问题

《民法典》关于民事法律行为的效力的一般规定适用于专利实施许可合同。除

此之外,基于专利实施许可合同的特性,以下情形亦可认定合同或合同的部分条款无效。

1. 专利权有效期限届满、专利权终止或被宣告无效后订立的专利实施许可合同无效。《民法典》第 865 条规定:“专利实施许可合同仅在该专利权的存续期限内有效。专利权有效期限届满或者专利权被宣告无效的,专利权人不得就该专利与他人订立专利实施许可合同。”根据这一规定,专利实施许可合同以订立时存在有效的专利权为前提。若专利权终止、被宣告无效或者期限届满,所涉及技术进入公有领域。他人实施该技术无须获得专利权人许可,此时所订立的专利实施许可合同因违反法律强制性规定而无效。

2. 侵害他人技术成果的专利实施许可合同无效。《民法典》第 850 条规定“侵害他人技术成果的技术合同无效”。该条规范意在调适技术合同双方与第三人权益之关系,具有重要的价值功能。依据《全国法院知识产权审判工作会议关于审理技术合同纠纷案件若干问题的纪要》,“侵害他人技术成果”包括以下情形:侵害他人专利权、专利申请权、专利实施权;侵害他人技术秘密成果使用权、转让权的;侵害他人植物新品种权、植物新品种申请权、植物新品种实施权的;侵害他人计算机软件著作权、集成电路布图设计权、新药成果权等技术成果权的;侵害他人发明权、发现权以及其他科技成果权的。

3. 专利实施许可合同中非法垄断技术、妨碍技术进步的条款无效。根据《技术合同司法解释》第 10 条的规定,有六种情形属于“非法垄断技术、妨碍技术进步”情形:(1)限制当事人一方在合同标的技术基础上进行新的研究开发或者限制其使用所改进的技术,或者双方交换改进技术的条件不对等,包括要求一方将其自行改进的技术无偿提供给对方、非互惠性转让给对方、无偿独占或者共享该改进技术的知识产权。(2)限制当事人一方从其他来源获得与技术提供方类似技术或者与其竞争的技术。(3)阻碍当事人一方根据市场需求,按照合理方式充分实施合同标的技术,包括明显不合理地限制技术接受方实施合同标的技术生产产品或者提供服务的数量、品种、价格、销售渠道和出口市场。(4)要求技术接受方接受并非实施技术必不可少的附带条件,包括购买非必需的技术、原材料、产品、设备、服务以及接收非必需的人员等。(5)不合理地限制技术接受方购买原材料、零部件、产品或者设备等的渠道或者来源。(6)禁止技术接受方对合同标的技术知识产权的有效性提出异议或者对提出异议附加条件。

# 专题五　技术咨询合同

## 一、技术咨询合同概述

《民法典》第878条规定,技术咨询合同是当事人一方以技术知识为对方就特定技术项目提供可行性论证、技术预测、专题技术调查、分析评价报告等所订立的合同。根据该规定,技术咨询合同包括就特定技术项目提供可行性论证、技术预测、专题技术调查、分析评价报告等合同。所谓特定技术项目,包括有关科学技术与经济社会协调发展的软科学研究项目,促进科技进步和管理现代化、提高经济效益和社会效益等运用科学知识和技术手段进行调查、分析、论证、评价、预测的专业性技术项目。技术项目的范围比较宽泛,主要分为三类:(1)有关科学技术与经济、社会协调发展的软科学研究项目;(2)促进科技进步和管理现代化、提高经济效益和社会效益等运用科学知识和技术手段进行的调查、分析、论证、评价、预测的专业性技术项目;(3)其他专业性技术项目。如果咨询的内容不涉及特定的技术项目,比如,对经济、法律、社会等非技术的项目进行的分析、论证、评价和调查所订立的合同,就不属于技术咨询合同。

技术咨询合同具有以下法律特征:一是技术咨询合同的标的是特定技术项目;二是受托人提供的是智力劳动,即以自己的技术知识、信息和经验为依托为委托人服务,提供分析、论证、评价和预测;三是受托人的工作成果是供决策参考的建议和方案,而不去具体解决特定问题;四是受托人不是决策者和具体实施者,除合同另有约定外,一般只对合同约定的咨询报告的质量负责,而对委托人依咨询报告或意见实施后的风险不承担责任。

需要注意的是,下列合同不属于技术咨询合同:一是就经济分析、法律咨询、社会发展项目的论证、评价和调查所订立的合同;二是就购买设备、仪器、原材料、配套产品等提供商业信息所订立的合同。

司法实践中,还需要注意区别技术咨询合同与其他几种合同之间的区别:

1. 与技术服务合同的区别。技术咨询和技术服务尽管都表现为受托人一方,为委托人一方提供与技术项目有关的服务,但二者之间存在明显的差别。首先,技术咨询合同是受托人为委托人提供决策参考所订立的合同,其中相当大一部分属于软科学研究。它主要发生在研究开发、成果转让和项目实施之前,而技术服务合同是受托人为委托人解决生产建设中具体技术问题,促使科学技术转化为生产力所订立的合同,它主要发生在科技成果进入经济建设之后。其次,技术咨询属于决策服务。除了合同另有规定之外,委托人将受托人提出的咨询报告或者意见付诸实施所发生的损失,受托人不承担责任;而技术服务是实施服务,受托人必须保证工作质量并对实施的结果负责。就解决特定技术项目提出实施方案,进行技术服务和实施指导所订立的合同,不属于技术咨询合同;符合技术服务合同条件的,可认定为技术服务合同。

2. 与技术开发合同的区别。技术咨询合同是就科技决策服务而订立的合同,是反复运用所掌握和储备的科学知识和技术手段提供决策服务,完成的工作成果是可供参考、选择的建议和意见。而技术开发合同则是以当事人尚未掌握的新技术方案为目标,是科学技术的创新,完成的是可供实施的技术成果。判断技术咨询合同与技术开发合同区别的难点在于咨询方提供的咨询成果在什么情况下可被视为"参与研究开发工作"。实践中常常有这种情况:新产品研制单位委托某专业研究机构就其新产品的设计方案给予可行性论证,而研究机构在进行咨询工作中常常对原设计方案加以修改,甚至提供出重新设计的方案。在这种情况下,当事人之间一旦发生权利归属争议,委托人一般坚持认为双方的关系是技术咨询合同关系,成果是自己独立开发,当然归己所有。因为当初双方订合同的目的很清楚,是"技术咨询"。而受托人则坚持认为,虽然形式上是咨询或开始的时候是为了咨询,但实质上或后来的发展都是参与了新的设计,如果没有双方共同的创造性研究,一方独立搞是不会成功的。因此,双方关系应视为合作开方,成果归双方共有。判断是否属于合作开发合同,应以"合作开发合同的当事人应当按照约定进行投资,包括以技术进行投资;分工参与研究开发工作;协作配合研究开发工作"作为判断标准,根据该规定严格审查合同当事人是否"按照约定""分工参与""协作配合",来进行区分。如果当事人共同参与了研究开发工作,并在开发工作中协作配合,则双方关系应视为合作开发。反之,则应视为技术咨询。

## 二、技术咨询合同委托人和受托人的义务

由于技术咨询存在不确定性和风险性,为了避免日后发生纠纷,有必要明确委托人和受托人的相应义务。技术咨询合同的委托人应当按照约定阐明咨询的问

题,提供技术背景材料及有关技术资料,接受委托人的工作成果,支付报酬。具体包括:(1)按照合同约定阐明咨询的问题;(2)为受托人提供技术背景材料及有关技术资料;(3)按时接受受托人的工作成果;(4)及时支付报酬;(5)对受托人提出的咨询报告和意见保密。技术咨询合同的受托人应当按照约定的期限完成咨询报告或者解答问题;提出的咨询报告应当达到约定的要求。具体而言:受托人要做到:(1)依约提交咨询报告或解答委托人的问题;(2)提交的咨询报告应当达到合同约定的要求;(3)合同履行中或者履行结束后对委托人的技术秘密和商业秘密承担保密义务;(4)负担费用;(5)发现委托人提供的资料等有明显错误或者缺陷的,应当及时通知和补正。

### 三、委托人、受托人违反技术咨询合同的违约责任

技术咨询合同的当事人违反合同约定,应当依照合同约定的违约条款以及《民法典》有关违约责任的规定,承担违约责任。

#### (一)委托人违反技术咨询合同的违约责任

技术咨询合同的委托人不按合同约定履行义务的,应承担相应违约责任。具体而言,委托人的违约责任主要有:

第一,委托人未按照约定提供必要的资料,影响工作进度和质量,造成合同履行迟延和中止问题,按过错责任原则,受托人不承担责任。委托人未按约提供必要的资料,主要包括迟延提供、提供的资料有严重缺陷等情形。一是委托人迟延提供背景材料、技术资料,影响了工作的进度和质量的,已经给付受托人的报酬不得追回,未给付的报酬要如数支付,如果给受托人造成损失,应当向受托人承担支付违约金或者赔偿损失等违约责任。如果委托人经催告后在合理期限内仍不提供或不补充有关技术资料和工作条件,使受托人无法开展工作的,受托人有权解除合同,委托人要向受托人承担支付违约金或赔偿委托人的损失等违约责任。二是委托人提供的资料有严重缺陷,影响受托人工作进展和质量的,应当如数支付报酬,给受托人造成损失的,应当支付违约金或赔偿损失。根据《技术合同司法解释》第 32 条的规定,受托人有权在合理的期限内通知要求委托人补充、修改,委托人接到受托人的补正通知后未在合理期限内答复并予补正的,发生的损失由委托人承担。

第二,委托人未按合同约定支付报酬。有两种情形,即委托人迟延支付和不支付。委托人迟延支付报酬的,应当支付违约金。不支付报酬的,应当退还咨询报告和意见、补交报酬、并支付违约金或者赔偿损失。

第三,委托人不接受或不按时接受受托人的工作成果。及时接受工作成果是委托人的义务。不接受或不按时接受受托人的工作成果,组织评估和鉴定,是违反合同的行为,应当承担违约责任,即已经支付的报酬不得追回,未支付的报酬应当支付。

(二)受托人违反技术咨询合同的违约责任

技术咨询合同的受托人不按合同约定履行义务的,应承担相应的违约责任。具体而言,受托人应承担的违约责任主要有:

第一,受托人未按期提交咨询报告和意见。受托人不提交咨询报告和意见是严重违反合同的行为,不仅无权收取报酬,而且应当支付违约金或者赔偿损失。即合同约定了违约金的,应支付违约金;合同没有约定违约金的,应赔偿由此给委托人所造成的损失。受托人迟延提交咨询报告和意见的,也应当承担减收或免收报酬等违约责任。

第二,迟延履行合同约定的义务。受托人在接到委托人提交的技术咨询后,不进行分析、论证、评价等履行合同的工作,委托人有权要求其履行并采取适当补救措施,包括加快进度、弥补迟延履行的损失等。受托人在接到委托人所提交的技术资料之日起超过约定期限不进行调查论证的,委托人有权解除合同,受托人应当返还已付的报酬,并支付违约金或者赔偿损失。但是,合同另有约定的除外。

第三,咨询报告不符合合同约定的条件。依合同约定组织的专家评估或成果鉴定认定受托人所提交的咨询报告不符合合同约定的验收条件的,受托人应当免收报酬,支付违约金并赔偿给委托人造成的损失。如果咨询报告和意见的基本部分或主要部分符合合同要求,但也存在明显缺陷的,受托人应减收报酬,已收取全部报酬的,应返回部分报酬。但是,如果合同对于咨询报告需经专家评估或成果鉴定认定没有约定的,委托人不能以此为由主张受托人构成违约。如在代某某诉钟某技术咨询合同纠纷案①中,四川省高级人民法院认为,当事人对于咨询报告是否要通过评审没有进行约定,且委托人也未能举证证明存在国家或行业强制性规定,故“通过评审”不是必须在合同中约定的内容,也不是这类合同必需的条款,委托人不能以咨询报告未通过评审为由主张受托人违约。

第四,受托人违反保密义务。在合同履行过程中,受托人违反双方约定的保密义务的行为,是违约行为,应当承担违约责任,即减收或免收咨询报酬。在合同履

① 参见四川省高级人民法院民事判决书,(2011)川民终字第130号。

行之后,受托人违反法定的保密义务的,要向委托人承担赔偿责任。

第五,对于发现委托人提供的资料等有明显错误、缺陷未尽通知的责任。根据《技术合同司法解释》第 32 条的规定,"技术咨询合同受托人发现委托人提供的资料、数据等有明显错误或者缺陷,未在合理期限内通知委托人的,视为其对委托人提供的技术资料、数据等予以认可",相应的责任由受托人承担。

## 四、技术咨询合同决策风险责任的承担

技术咨询是一项复杂并具有探索性的工作,技术咨询报告和意见本身受各种因素影响,具有一定的不确定性,实施技术咨询报告和意见,具有可能无法达到预期目标并出现损失的风险。技术咨询合同受托人依合同约定作出符合要求的咨询报告和意见后,委托人采纳受托人作出的咨询报告或者意见,如果出现损失,应当由谁承担?这就是技术咨询合同涉及的决策风险责任。根据《民法典》第 881 条第 3 款的规定,技术咨询合同的委托人按照受托人符合约定要求的咨询报告和意见作出决策所造成的损失,由委托人承担,但当事人另有约定的除外。这是因为:

第一,技术咨询合同的受托人为委托人完成的咨询建议、设计方案、分析调查结论以及可行性报告等,是受托人根据自己掌握的技术知识、信息和经验对技术项目进行的分析、论证和预测,只供委托人决策时选择参考,不是直接可以付诸实践的技术研究成果。委托人应对这一参考意见进行评价分析,自行决策。委托人是否采纳受托人的意见或者建议,并不构成委托人是否应当支付咨询费的必要条件。

第二,技术咨询报告或者意见的实施具有滞后性,而社会客观情况是复杂多变的,实施时咨询报告或意见是否还能适应实际情况,起到指导实践的作用,存在一定的不确定性。即使咨询报告或者意见仍然适用,委托人也需要根据实际情况进行鉴别和取舍,有时还需要采取必要的修改和补充,而受托人一般不参加委托人的决策和实施,因此,受托人对委托人按照咨询报告和意见作出决策并付诸实施所发生的损失不承担责任。但是,合同另有约定除外。如在顺峰科技开发公司诉某咨询小组技术咨询合同纠纷案[①]中,法院认为,对于技术咨询合同而言,咨询报告经验收合格后,技术咨询合同即宣告终止,受托人对委托人的责任亦宣告终止,对委托人按照咨询报告和意见作出决策付诸实施所发生的损失不承担责任,除非合同约定受托人对咨询报告的实施结果负有责任。故技术咨询合同的委托人按照受托人

---

① 参见黄富:《顾问方对咨询意见实施后果承担什么责任?——顺风科技开发公司诉某顾问小组技术咨询合同纠纷案》,载《电子知识产权》1997 年第 1 期。

符合要求的咨询报告和意见作出决策所造成的损失，除另有约定外应由委托人承担。

之所以明确决策风险责任，是为了鼓励受托人积极向委托人提供咨询意见。但是，需要注意的是，在受托人参与决策和实施等情况下，当事人也可以在技术咨询合同中约定，委托人按照受托人符合约定要求的咨询报告和意见作出决策所造成的损失，由受托人承担。另外，如果受托人对委托人委托的技术项目未按约定进行调查研究，对咨询报告和意见不负责，提供的咨询报告和意见没有科学依据，或者有明显的缺陷甚至错误的，受托人应当承担违约责任。

### 五、技术咨询合同和技术服务合同中新技术成果的归属

技术咨询合同和技术服务合同既不是新技术成果的研究开发，也不是现有的、特定的、权利化的技术成果的转移。一般情况下，技术咨询合同和技术服务合同的内容并不涉及专利权或者技术秘密成果权的权属，合同也不约定技术成果的归属和分享。在履行合同过程中所传递的资料、情报和信息，任何一方都可以自由利用，也可以向社会提供、传递。

但是，在技术服务合同和技术咨询合同中，当事人可能利用对方提供的资料、数据、样品、材料和场所或相关的技术成果，进一步开发出新的技术成果。这既包括受托人利用委托人提供的技术资料和工作条件完成的新的技术成果，也包括委托人利用受托人既有的工作成果完成的新的技术成果。在产生了新的技术成果的情形下，由于双方对于新技术成果的产生都有贡献，实践中关于新技术成果的权利归属易产生争议。《民法典》第 885 条规定："技术咨询合同、技术服务合同履行过程中，受托人利用委托人提供的技术资料和工作条件完成的新的技术成果，属于受托人。委托人利用受托人的工作成果完成的新的技术成果，属于委托人。当事人另有约定的，按照其约定。"依据这一规定，首先，新技术成果的归属由双方当事人进行约定，有约定的按照约定处理。尊重当事人的约定既有利于避免发生纠纷，也方便新技术成果的利用。其次，双方当事人无约定的，则依据"谁完成，谁拥有"的规则确定新技术成果的权属。这既是为了防止不必要的纠纷，尊重新技术成果完成人所投入的智力劳动和创造，同时也有利于新技术成果的利用。具体而言：

1. 技术咨询合同、技术服务合同履行过程中，受托人利用委托人提供的技术资料和工作条件完成的新的技术成果，除合同另有约定外，属于受托人。委托人利用受托人的工作成果完成的新的技术成果，除合同另有约定外，属于委托人。对新的

技术成果享有所有权的一方当事人,可就该技术成果依法享有精神性权利和财产性权利。

2. 当事人也可以在合同中另行约定新技术成果的归属和享有。当事人对履行技术咨询合同、技术服务合同所产生的新的技术成果的归属和分享办法的特别约定,优于法律的一般原则规定。当事人约定通常有以下情形:(1)技术咨询合同、技术服务合同履行过程中,受托人利用委托人提供的技术资料和工作条件完成的新的技术成果,属于委托人或者由双方共有;委托人利用受托人的工作成果完成的新的技术成果,属于受托人或者由双方共有。(2)当事人可以约定新的技术成果的分享办法。例如,受托人利用委托人提供的技术资料和工作条件完成的新的技术成果,归受托人所有,但委托人享有免费使用权。当事人在作出约定时,应当遵循平等互利的原则。

## 专题六　技术服务合同

### 一、技术服务合同概述

《民法典》第 878 条第 2 款规定:"技术服务合同是当事人一方以技术知识为对方解决特定技术问题所订立的合同,不包括承揽合同和建设工程合同。"技术服务合同中所称的"特定技术问题",是指需要运用科学技术知识解决专业技术工作中有关改进产品结构、改良工艺流程、提高产品质量、降低产品成本、节约资源能耗、保护资源环境、实现安全操作、提高经济效益和社会效益等专业技术问题。作为技术服务合同标的的"特定技术问题",是需要运用专业技术知识、经验和信息解决的专业技术问题。就不涉及专业技术问题的服务订立的合同,不属于技术服务合同。技术服务合同可以分为一般技术服务合同、辅助服务合同、技术培训合同和技术中介合同。

技术服务合同的法律特点如下:第一,技术服务合同的标的,是受托人运用自己的专业技术知识、经验和信息为委托人提供的智力劳动,解决特定的技术问题。第二,技术服务合同的内容是解决特定的技术问题,如改进产品结构、改良工艺流程、提高产品质量、降低产品成本、节约资源能耗、保护资源环境、实现安全操作、提高经济效益和社会效益等专业技术工作。第三,技术服务合同是一种特殊的劳务关系。技术服务一般不具有创造性,通常表现为科技人员在其熟悉的专业范围内,对自己现有知识、技术、经验、信息的重复运用,因而技术服务合同标的带有简单的技术传授和技术协助的性质,合同当事人的权利、义务关系不是存在于有风险的需探索的未知技术的领域之中,其成果不具有比较复杂的研究开发的性质。第四,技术服务合同履行后所完成的技术成果具有具体的数量和质量的指标。第五,技术服务合同履行过程中,仅仅涉及技术知识的传递,不涉及专利权和技术秘密等技术成果的权属问题。第六,技术服务合同是不要式合同。这与技术开发合同、技术转让合同不同,而与技术咨询合同相同。因此,是否采用书面形式并不影响技术服务合同的成立。

需要注意的是,下列合同不属于技术服务合同:(1)以常规手段或者为生产经营目的进行一般加工、定作、修理、修缮、广告、印刷、测绘、标准化测试等订立的加工承揽合同和建设工程的勘察、设计、安装、施工合同。但以非常规技术手段,解决复杂、特殊技术问题而单独订立的合同除外。(2)就复印图纸、翻译资料、摄影摄像等所订立的合同。(3)计量检定单位就强制性计量检定所订立的合同。(4)理化测试分析单位就仪器设备的购销、租赁及用户服务所订立的合同。

## 二、技术转让合同与技术服务合同的转换问题

实践中,由于当事人对合同内容理解与法律认知的不同,经常存在合同名称与合同约定内容不符,或者当事人理解不一致的情形。由于技术服务合同与其他技术合同有着易于混淆的内容,不可避免存在这些情况。对此,《技术合同司法解释》第 34 条规定:"当事人一方以技术转让的名义提供已进入公有领域的技术,或者在技术转让合同履行过程中合同标的技术进入公有领域,但是技术提供方进行技术指导、传授技术知识,为对方解决特定技术问题符合约定条件的,按照技术服务合同处理,约定的技术转让费可以视为提供技术服务的报酬和费用,但是法律、行政法规另有规定的除外。依照前款规定,技术转让费视为提供技术服务的报酬和费用明显不合理的,人民法院可以根据当事人的请求合理确定。"根据这一规定,司法实践中,应当把握以下规则:

1. 当事人双方签订的合同是技术转让合同,但是,对于让与人所提供的技术,如受让人对该让与技术的状况提出异议,认为是已经进入公有领域的技术;该技术的状况一经查实确为公知技术,则该技术合同应定性为技术服务合同,并且按照技

术服务合同的规定处理有关的纠纷。在申某某诉贵阳黔峰生物制品有限责任公司技术转让合同纠纷案[1]中,最高人民法院认为,判断涉案合同属于技术转让合同还是技术服务合同,主要是看诉争技术是否属于公有领域的技术。从涉案合同约定以及当事人的实际履行情况看,合同标的符合不为公众知悉、具有实用性、经权利人采取保密措施等技术秘密的构成要素,故涉案合同应属于技术秘密转让合同。

2. 当事人签订技术秘密转让合同后,在合同履行过程中,作为合同标的的技术秘密被公开,成为进入公有领域的技术。但是技术提供方进行技术指导、传授技术知识,为对方解决特定技术问题符合约定条件的,该合同应定性为技术服务合同,按照民法典关于技术服务合同的有关规定处理。

3. 当事人在合同中约定的有关转让费应当按照合同当事人意思自治的原则,视为技术服务合同的报酬,不能因合同性质的认定发生变化而随意改变当事人的约定。

4. 在技术转让合同因存在以上情形而被定性为技术服务合同后,由于技术转让费用明显会高于技术服务合同的报酬,如仍按照技术转让费用由委托人承担,明显不公平。根据公平原则,应给予委托人请求适当调整的权利。

上述规则无疑对解决技术服务合同定性以及相关问题起到一定的指导作用。

## 三、技术服务合同委托人和受托人的主要义务

技术服务合同是受托人运用专业技术知识、经验和信息为委托人提供智力劳动,解决特定技术问题的合同。具体来说,技术服务合同的委托人应当按照约定提供工作条件,完成配合事项,接受工作成果并支付报酬。此外,委托人还应按合同约定提供工作条件、完成配合事项或在接到受托人的通知后及时补正、及时答复,并承担保密义务。受托人的义务是按照约定完成服务项目,解决技术问题,保证工作质量,并传授解决技术问题的知识,妥善保管和使用委托人交给的样品、材料和技术资料,负担费用,承担及时通知和保密等义务。

## 四、技术服务合同的当事人违反合同约定应当承担的违约责任

在技术服务合同中,当事人违反合同约定的,应当承担相应违约责任,具体来说:

---

① 参见最高人民法院民事判决书,(2007)民三提字第2号。

(一)委托人违反技术服务合同的违约责任

委托人不履行合同义务或者履行合同义务不符合约定,影响工作进度和质量,不接受或者逾期接受工作成果的,支付的报酬不得追回,未支付的报酬应当支付。具体而言:

第一,委托人不履行合同义务或者履行合同义务不符合约定。委托人未按照合同约定提供有关技术资料、数据、样品和工作条件,影响工作质量和进度的,已支付的报酬不得追回,仍然应当如数支付报酬。委托人逾期不提供约定的物质技术条件的,受托人有权解除合同,委托人应当支付违约金或者赔偿由此给受托人造成的损失。

第二,逾期不支付报酬。支付报酬是委托人的基本义务。委托人不支付报酬的,应当补交报酬,支付违约金。委托人迟延支付报酬的,应当支付违约金,逾期一定期限不支付报酬或者违约金的,应当交还工作成果、补交报酬、支付违约金或者赔偿损失。

第三,迟延接受工作成果。接受受托人的工作成果是委托人的权利,也是其义务,委托人不按合同规定的期限接受工作成果,给受托人增加了保管工作成果的负担,委托人不接受或者迟延接受工作成果的,应当支付违约金,受托人有权要求委托人支付保管费。其中委托人逾期一定期限不领取工作成果的,受托人有权处分工作成果,从所获得的利益中扣除报酬、违约金和保管费后,剩余部分返还委托人;受托人所获得的收益不能抵偿报酬、违约金和保管费的。有权要求委托人赔偿损失。

第四,有关通知义务的责任。委托人应当承担在接到受托人关于提供的技术资料、数据、样品、材料或者工作条件不符合合同约定的通知后,未能在约定的期限内补充、修改、更换或者不按期作出答复的责任;承担在履行合同期间,接到受托人因发现继续工作将对材料、样品或者设备等发生损坏危险而中止工作或者处理建议的通知后,未在约定的期限内作出答复的责任。

第五,违反保密义务的责任。委托人承担违反保密义务,泄露受托人完成的需要保密的工作成果的,应当支付违约金或者赔偿损失。

(二)受托人违反技术服务合同的违约责任

技术服务合同的受托人未按照约定完成服务工作的,应当承担免收报酬等违约责任。具体而言:

第一,受托人迟延交付工作成果的,应当支付违约金。受托人逾期不交付工作成果的,委托人有权解除合同,受托人应当交还技术资料和样品,返还已付的报酬,支付违约金或者赔偿损失。

第二,工作成果不符合合同约定条件的,应当根据不同情况承担违约责任。一般可以分为两种情况:一是工作成果存在一般缺陷,如果委托人同意利用,受托人应减收报酬,并采取补救措施;如果委托人不同意利用,受托人应向委托人支付违约金或赔偿损失。二是工作成果有严重缺陷,受托人应免收报酬,并向委托人支付违约金或赔偿损失。在浙江新明华特种水泥有限公司诉洛阳水泥工程设计研究院技术服务合同纠纷案①中,浙江省高级人民法院认为,受托人在提供的技术服务未使项目达到考核验收要求的情况下,拒绝继续履行合同义务,已构成违约,且严重影响服务合同目的的实现,委托人可据此主张解除合同,并要求受托人支付违约金、赔偿损失。

第三,受托人对委托人交付的样品、技术资料保管不善,造成灭失、缺少、变质、污染或者损坏的,应当支付违约金或者赔偿损失。

第四,未尽有关通知义务的责任。受托人应当承担发现委托人提供的技术资料、数据、样品、材料或者工作条件不符合合同约定,未能及时通知委托人的相应责任;承担在履行合同期间,发现继续工作会对材料、样品或者设备等有损坏危险而中止工作后,不及时通知委托人并未采取适当措施的相应责任。

第五,违反保密义务的责任。受托人违反保密义务,泄露委托人提供的需要保密的技术资料、数据、样品的,应当支付违约金或者赔偿损失。

在实际生活中,有些技术服务合同的工作成果、服务质量,在短期内难以发现缺陷,需要经过较长时期的实践检验,对此,技术服务合同的当事人可以在合同中约定保证期。在保证期内发现服务质量缺陷的,受托人应当负责返工或者采取补救措施。但因委托人使用、保管不当引起的问题除外。如在卫辉市双龙铜业有限公司诉张家港市联旺机械有限公司买卖合同及技术服务合同纠纷案②中,河南省高级人民法院认为,受托人完成的技术项目经验收后在质量保证期内出现问题,受托人应承担委托人自行维修所支出的费用。但是,对于依合同验收合格的项目,委托人仍应当支付相应的款项。

---

① 参见浙江省高级人民法院民事判决书,(2014)浙知终字第51号。

② 参见河南省高级人民法院民事判决书,(2014)豫法民一终字第21号。

# 第二十章　保管合同

本章与《合同法》保管合同的内容相比，主要变化体现在两个方面：一是吸收了法定保管合同制度；二是赔偿责任更加明确。对于无偿保管，保管人须对故意或重大过失承担赔偿责任。

## 专题一　保管合同的概念和特征

保管合同，又称为寄托合同、寄存合同，是指保管人有偿或无偿保管寄存人交付的保管物，并在约定期限内返还或应寄存人的请求返还该保管物的合同。保管物品的一方称为保管人或者受寄托人，其所保管的物品为保管物，将物品交付给他人保管的一方为寄存人、寄托人。

保管合同具有以下特征：

第一，保管合同为实践合同，寄存人交付保管物是保管合同成立的要件。保管合同的成立，不仅须有当事人双方的意思表示一致，而且须有寄存人将保管物交付于保管人的行为。也就是说，寄存人交付保管物是保管合同成立的要件。因此，保管合同为实践合同，自寄存人交付保管物时成立。但是，如果当事人另有约定的，则从其约定。

第二，保管合同原则上为无偿合同，以有偿为补充。保管合同是社会成员之间相互提供帮助或者社会服务部门为公众提供服务的一种形式。所以，保管合同原则上为无偿合同。但当事人也可以约定为保管而给付报酬。约定有报酬的，寄存人应当按照约定向保管人支付保管费。如果当事人对保管费没有约定或者约定不明确，依照《民法典》第 510 条的规定仍不能确定的，则保管是无偿的。

第三,保管合同以物品的保管为目的。保管人对寄托交给的财产有保管的权利和义务,即以保管物品为目的,而非以获得保管物品的所有权或使用权为目的,或以消灭债权债务关系,对物品进行改良、加工为目的。因此,保管合同的标的不是保管的物品,而是保管人的保管行为,保管人的主要义务是保管寄存人交给其保管的物品。保管合同的这一特征,使之与借用、租赁、提存、承揽、运输等合同区分开来。

第四,保管合同须转移保管物的占有。保管合同是实践合同,以保管物移交给保管人为成立条件。但因保管合同不以保管人获得保管物的所有权或使用权为目的,所以保管合同不转移保管物品的所有权或使用权。一般情况下,未经寄存人的同意,保管人不得使用或处分保管物。但因保管合同的意义在于保管人为寄存人保管物品,故保管人须取得对保管物的占有。不转移保管物品的占有,保管人无法履行保管义务。正是因为保管合同的这一特征,为了保护寄存人的合法权益,《民法典》第 891 条规定:“寄存人向保管人交付保管物的,保管人应当出具保管凭证,但是另有交易习惯的除外。”

## 专题二　法定保管合同问题

《民法典》第 888 条第 2 款规定:“寄存人到保管人处从事购物、就餐、住宿等活动,将物品存放在指定场所的,视为保管,但是当事人另有约定或者另有交易习惯的除外。”该款是以合同成立的条件为标准,在《合同法》第 365 条的基础上对法定保管合同作出的新规定。法定保管合同是指依照法律规定而直接成立的保管合同。当事人之间只要具备法定条件,便形成保管合同关系。其中一方即负保管人的义务,而无须双方当事人另行约定。法定保管合同的保管人通常为旅店、餐饮店和法定的经营者,寄存人则为顾客。保管合同一般适用于电影院、商场、车站、码头等公共场所为个人寄存物品的场合。保管合同是实践性合同,虽然保管合同的成立不仅需要当事人意思表示一致,而且须有寄存人将保管物交付于保管人的行为。但是,在实践中,存在大量事实保管合同。比如,去超市购物,在自助柜存寄物品,或将车子停放在无人工收费的停车场,这些都无须保管人作出明确意思表示而成立合同关系,只要将物品存放到指定场所或将车辆停放在停车场,合同即告成立。对于这类合同本身,是因事实过程而成立,其主要特点就在于,成立的要件事实并非要求当事人的合意,而是另有独特的要件事实。① 现实生活中所形成事实的合同关系,已经超越意思自治范畴,根本无法依意思理论作出解释,按照“事实的合同关系”的理论,可以比较灵活地解决新的现实问题。也正基于此,对于此类事实合同关系,采取法律拟制的方式,只要将物品存放在指定场所,即视为成立保管合同关系。比如,小区业主在物业公司收费停车的小区公共道路边有偿停放车辆,物业公司向业主收取了停车费用,视为双方建立了车辆保管合同,当事人将车辆驶入物业公司管理的区域内,视为交付保管物,保管合同成立。②

## 专题三　保管合同标的物问题

保管合同是保管人保管寄存人交付的保管物,并返还该物的合同。民法上的物,依据不同的标准,可以划分为动产与不动产、特定物与不特定物、消费物与非消费物等。

### 一、不动产

对于保管合同的标的物,《民法典》未予以明确是否仅限于动产。世界各国立法主要有两种模式:一种是以德国、法国、瑞士、意大利等国为代表的,在民法典中明确规定寄托物以动产为限。另一种是以日本为代表,在民法典中对寄托合同的定义,仅以物来指称,未明确寄托物是动产或不动产。从我国《民法典》第 888 条对保管合同的定义中可知,我国法律未规定保管物以动产为限。准此以言,像果园、池塘、鱼塘等不动产也可以成为保管对象。因委托他人保管不动产而形成的权利义务关系也可属保管合同的调整范畴。

---

① 参见韩世远:《合同法总论》(第 3 版),法律出版社 2011 年版,第 110 页。

② 参见云南省昆明市中级人民法院民事判决书,(2010)昆民四终字第 328 号。

## 二、货币和各类物

从保管合同的规定看,货币也可以成为保管对象,但是,货币属于动产、种类物,会产生占有即所有的问题。《民法典》第901条规定:"保管人保管货币的,可以返还相同种类、数量的货币;保管其他可替代物的,可以按照约定返还相同种类、品质、数量的物品。"从该条规定内容看,货币保管本质上属于消费保管,也称无规则保管,是指保管物为种类物,当事人双方约定保管人取得保管物的所有权,而仅负以种类、品质、数量相同的物返还寄存人的义务。消费保管合同具有一般保管合同的共同法律特征,但其与一般保管合同相比较具有以下不同点:(1)消费保管合同须转移保管物的所有权与保管人;(2)消费保管合同的保管物须为种类物;(3)消费保管合同的保管人仅负有偿还种类、品质、数量相同的物的义务;(4)消费保管合同的保管物的利益及危险均由保管人享受和负担;(5)当保管人破产时,寄存人无权取回保管物,在消费保管合同中,合同终止时,寄存人不能要求保管人返还原物。[①] 但并非所有的种类物的寄存都属于消费保管合同。如《民法典》第898条规定的寄存人寄存货币的情形,就属于返还原货币的保管合同,而不属于消费保管合同。一般而言,寄存人只转移保管物的占有给保管人,而不转移使用权和收益权,即保管人只有权占有保管物,而不能使用保管物,这也是保管合同的一般原则。但在消费保管中,保管人享有对保管货币或其他可替代物的使用权、收益权和处分权,而只须以同种类、品质、数量的物返还即可。那么,在有偿保管货币合同中,既要支付保管费,又无偿由保管人使用货币,在保管人使用后还无须支付利息,是否有违公平?《德国民法典》第698条规定:"受寄人为自己的利益而使用受寄的金钱的,有义务自使用时起支付该金钱的利息。"第700条第1项规定:"代替物被以这样的方式寄托,即所有权应转移给受寄人,且受寄人应有义务将种类、品质和数量相同的物予以返还的,在金钱的情形下,适用关于贷款合同的规定,在其他物的情形下,适用关于物的消费借贷合同的规定。寄托人许可受寄人消费所寄托的代替物的,自受寄人领有物时起,在金钱的情形下,适用关于贷款合同的规定;在其他物的情形下,适用关于物的消费借贷合同的规定。"寄存货币的消费保管合同与储蓄合同非常相似,但消费保管合同的目的侧重于为寄存人保管货币,一般不向寄存人支付利息,而储蓄合同中存款人的目的除了保管货币外,还有获取利息的目的。保管合同的

---

① 参见谢怀栻等:《合同法原理》,法律出版社2000年版,第568~569页。

本质在于保管义务和原物返还义务,《民法典》第901条规定允许保管人保管货币的同时,并未禁止当事人对消费保管合同作出另行约定。随着众多网络平台第三方支付的兴起,支付中产生的沉淀资金,特别是在货款交付至第三方支付机构,如与第三方支付机构之间形成保管合同关系时,此时当事人不仅完全可以对资金沉淀产生的利息归属进行约定,而且也可以约定第三方支付机构使用保管资金需要支付利息,从而规范第三方支付机构的资金管理,防止挪用、截留等侵害消费者的事件发生。因此,在货币保管合同纠纷中,要面对现实社会发展,充分尊重当事人意思自治,体现合同自由。

### 三、盗赃物

通常寄存保管的物品为寄存人所有之物,但不限于寄存人所有之物,第三人之物也可以作为保管标的物,如寄存人将捡拾的物品交给保管人保管,甚至保管人所有的物在特殊情形下也可以成为保管的标的物。如承租人将租赁物临时交给出租人保管,此时出租人作为保管人系保管自己之物。如果保管物为盗赃物,也可以成立保管合同,但该合同能否有效,则应区分不同情形而定。保管合同关涉双务或单务民事法律行为,民事法律行为生效需要主体适格,意思表示真实,标的确定、合法,[①]当保管人明知保管物为盗赃物,主观为恶意时,该保管合同标的违法,应属无效;当保管人为善意时,该保管合同应为有效,但保管人嗣后发现保管物为盗赃物的,该保管人可以错误或欺诈为由撤销保管合同,并拒绝继续保管。[②]

## 专题四　保管合同的损害赔偿问题

保管期内,因保管人保管不善造成保管物毁损、灭失的,保管人应当承担赔偿责任。

---

① 参见梁慧星:《民法总论》(第5版),法律出版社2017年版,第174页。

② 参见宁红丽:《论我国保管合同制度的法律适用》,载《暨南学报(哲学社会科学版)》2008年第6期。

## 一、财产损害赔偿

妥善保管保管物是保管人依保管合同应负的主要义务。也就是说,保管人对保管物的保管应尽相当的注意义务。而保管人应尽何种注意义务,与寄存人所负有的义务以及保管合同的有偿或无偿密切相关。

首先,寄存人对标的物情况的告知义务。依据《民法典》第 893 条的规定,寄存人交付的标的物有瑕疵或者按照保管物的性质,如易燃、易爆、有腐蚀性、放射性等危险物品或易变质物品,需要采取特殊保管措施的,寄存人应当将有关情况告知保管人;寄存人未告知,致使保管物受到损失的,保管人不承担损害赔偿责任;保管人因此受损失的,除保管人知道或者应当知道且未采取补救措施外,寄存人应当承担损害赔偿责任。寄存人于交付保管物时未告知有关情况,不仅应自己负担保管物的损失,而且对保管物因此受到的损失应负赔偿责任。其中,"保管人知道或者应当知道且未采取补救措施外",是指保管人在接受寄存人交付的保管物时或者在保管期间,尽管寄存人违反了告知义务而没有告知,但保管人已经发现了保管物存在瑕疵、不合理的危险或者易变质等情况,没有将发现的情况及时通知寄存人并要求寄存人取回,或者主动采取一些特殊的保管措施,以避免损失的发生或扩大,法律规定在这种情况下,保管人无权要求寄存人承担损害赔偿责任。因保管物的性质或瑕疵而给第三人造成损害的,寄存人也应赔偿责任,只不过该责任为侵权责任。

其次,寄存货币等贵重物品的声明义务。寄存人寄存货币、有价证券或者其他贵重物品的,应当事先向保管人声明,由保管人验收或者封存。寄存人未声明的,该物品毁损、灭失后,保管人可以按照一般物品予以赔偿。

再次,保管人有亲自保管的义务。保管人不得将保管物转交给第三人保管,但当事人另有约定的除外。保管人擅自将保管物转交第三人保管,对保管物造成损失的,应当承担损害赔偿责任。对保管物造成的损害强调的是基于保管人转保管的过错造成的损害。当事人如果没有在合同中预先约定保管人可以使用保管物,或者保管人未经寄存人同意,擅自使用或许可第三人使用保管物,造成保管物损坏的,保管人应当承担损害赔偿责任。

最后,保管人责任大小与保管合同是否有偿密切相关。确定保管合同的有偿与无偿,是保管合同的重要问题。在有偿保管合同中,寄存人应当按照约定向保管人支付保管费。保管人只能按照约定要求寄存人支付保管费,而不能无依据地要求寄存人支付保管费。保管合同中关于保管费用支付的约定,就是寄存人支付费用和保管人收取费用的依据。无偿保管合同,是寄存人无须支付保管费的保管合同。无偿保管合同是单务合同。无偿的认定,主要看当事人的约定,但当事人对保管费没有约定或者约定不明确,依据《民法典》第 510 条的规定仍不能确定的,推定为无偿。有偿保管属于商业行为,从商业道德和权利义务平衡角度出发,对保管人的要求应当更高,保管人的责任也应当更重。所以,在保管期间因保管不善造成毁损、灭失的风险,应由保管人承担赔偿责任,保管人须尽善良管理人的注意义务,保管他人财物应比保管自己的财物给予更多的注意。而无偿保管多属互助性质,保管人能够证明自己没有故意或者重大过失的,不承担赔偿责任,即对于无偿保管,保管人应当尽与保管自己的物品同样的注意,负具体轻过失的责任。比如,消费者入住酒店或在饭店就餐,基于酒店消费取得酒店派发的停车券,将车辆停放于规定的收费停车场内,虽然酒店并未直接保管车辆,但应当认定消费者与酒店之间存在车辆的保管合同关系。此时,如果消费者需要在酒店消费才能取得收费停车场的停车券,应认定消费金额中已包含停车费金额,由此成立的保管合同为有偿保管合同。[①] 需要注意的是,在保管期间,凡是因不可归责于保管人的事由造成保管物毁损、灭失的,保管人都不负损害赔偿责任。

## 二、精神损害赔偿

《民法典》第 996 条规定:“因当事人一方的违约行为,损害对方人格权并造成严重精神损害,受损害方选择请求其承担违约责任的,不影响受损害方请求精神损害赔偿。”该条确立了因加害履行等违约行为造成合同一方当事人人格权被侵害,当事人在主张违约责任的同时,还可以请求赔偿精神损害,即违约责任和精神损害赔偿责任相竞合,请求权并行。需要注意的是,该条适用的精神损害必须是因违约行为而致人格权遭受到侵害引起。此前最高人民法院 2001 年《精神损害司法解释》第 4 条规定:“具有人格象征意义的特定纪念物品,因侵权行为而永久性灭失或者毁损,物品所有人以侵权为由,向人民法院起诉请求赔偿精神损害的,人民法院应当依法予以受理。”该司法解释仅规定当事人可以侵权为由提起诉讼,进行主张。该条被《民法典》第 1183 条第 2 款吸收,2020 年《精神损害司法解释》删除了该规定。《民法典》第 1183 条第 2 款规定:“因故意或者重大过失侵害自然人具有人身意义的特定物造成严重精神损害的,被侵权人有权请求精神损害赔偿。”该条仅针

① 参见广东省中山市中级人民法院民事判决书,(2016)粤 20 民终 4266 号。

对侵权行为产生的精神损害赔偿。也就是说,据此条违约损害赔偿责任是不包括精神损害赔偿的。在全国首例原告寄存人与被告殡仪馆之间的骨灰盒保管合同纠纷中,法院认为,“原告未举证要求赔偿两只骨灰盒以及赔偿精神损失一万元的相关证据,尤其是精神赔偿请求,不属于最高院有关解释中的赔偿范围,故判决被告殡仪馆返还原告保管费 160 元,赔偿原告路费、住宿费损失 460 元,案件受理费 520 元、邮寄费 20 元由被告承担”。[①] 实际上,骨灰属于具有人格象征意义的特定纪念物品,其灭失从公序良俗角度来看,应当包括在因殡仪服务公司违约而给他人造成的精神损害的范围内,受害人可主张精神损害赔偿。因此,在保管合同的履行过程中,因保管人的违约行为造成具有特定纪念意义的物品毁损或灭失,侵害到人格权的,寄存人请求保管人承担违约责任的同时,可以请求精神损害赔偿。

### 三、赔偿的诉讼时效

《民法典》第 188 条第 1 款规定:“向人民法院请求保护民事权利的诉讼时效期间为三年。法律另有规定的,依照其规定。”在《民法总则》颁布后,最高人民法院已依据《民法总则》制定了关于诉讼时效问题的司法解释。最高人民法院《关于适用〈中华人民共和国民法总则〉诉讼时效制度若干问题的解释》第 1 条规定:“民法总则施行后诉讼时效期间开始计算的,应当适用民法总则第一百八十八条关于三年诉讼时效期间的规定。当事人主张适用民法通则关于二年或者一年诉讼时效期间规定的,人民法院不予支持。”因此,寄存财物丢失或毁损而引发的保管合同纠纷的诉讼时效期间应当按照 3 年来计算。

---

① 几凡:《全国首例骨灰盒保管合同纠纷》,载《检察风云》2002 年第 10 期。

# 第二十一章 仓储合同

本章与合同法规定相比较，除了个别词语修改之外，仓储合同的规定内容并没有发生变化。

## 专题一 仓单转让

《民法典》第910条规定，“仓单是提取仓储物的凭证。存货人或者仓单持有人在仓单上背书并经保管人签名或者盖章的，可以转让提取仓储物的权利”。

仓单是经济生活中经常使用的一种有价证券。仓单持有人凭仓单可以提取仓储物，也可以依法设立质权，这表明仓单是具有物权表征性的凭证。在仓单签发之后，持有人可以在仓单上背书并经保管人签名或者盖章转让，也可以以仓单设定质权，可见仓单具有很强的流通性。虽然《民法典》第910条规定的内容并不复杂，但是其内涵却极为丰富。该条所涉及仓单转让规则的解释适用不仅对仓储业的发展具有重要的意义，对促进企业的资金融通和国家经济的发展也具有重要的意义。

### 一、仓单的属性

《民法典》第910条首先规定，仓单是提取仓储物的凭证，这说明仓单作为一种有价证券，[①]具有表征特定仓储物的权利。

（一）物权证券特性

我国理论界对于仓单系属物权性有价证券还是债权性有价证券，有不同观

---

① 参见胡康生主编：《中华人民共和国合同法释义》，法律出版社2013年版，第607页。

点。[①] 物权性有价证券说认为,仓单的证券权利内容系属物权性质,“仓单是提取仓储物的凭证”,“存货人取得仓单后,就意味着存货人取得了仓储物的所有权。转移仓单即意味着仓储物的所有权亦随之转移”。[②] 债权性有价证券说认为,仓单的证券权利内容系属债权性质,存货人与保管人根据仓单上所记载的权利义务内容行事,存货人凭仓单具有对于仓储物的提货请求权,而保管人只认单不认人,完全凭仓单上记载内容履行义务。“双方的权利均依照仓单上的文义记载,仓单这种文义性的效力即属于债权性效力。”[③]随着讨论的不断深入,学界对于仓单性质,还有“债权性物权证券”说和“物权性债权证券”说。甚至有学者还指出,仓单既是物权证券,又是债权证券,“其物权凭证性质与债权凭证性质归根结底宜论作法政策上的考量”。[④] 也有观点认为,仓单背书转让需要保管人签名或者盖章这一规定阻断了仓单的完全物权证券效力,阻碍了仓单的高效流通,使仓单最终只能属于“不完全的物权证券”。[⑤]

(二)仓单属性的现实规定

(1)仓单是提取仓储物的物权性有价证券。存货人取得仓单后,就意味着取得了代表仓储物所有权的凭证;存货人转移仓单,该仓单代表的仓储物所有权也随之转移;受让人取得了仓单,即意味着取得了仓储物的所有权。[⑥] 而以仓单出质,即以仓单所代表的仓储物出质。(2)仓单流通上的特殊要求。《民法典》第 910 条规定,仓单的转让规定有别于其他物权性有价证券,除需在仓单上背书以外,还需要经保管人签名或者盖章。按照立法精神,法律之所以如此限制,是为了防止仓单持有人通过非法途径获得仓单,侵犯存货人的所有权。这是因为仓储物交付给保管人后,所有权依然属于存货人,此时所有和占有已经分离,保管人只认仓单不认人,仓单才是唯一提取仓储物的凭证。[⑦] 此规定同时亦有使保管人免于承担不应负的责任的意义。

(三)仓单的其他证券特性

第一,记名指示证券。在比较法上,仓单区分为以下几种:(1)记名仓单,要求

---

① 参见胡铁红、杨巍:《仓单物权凭证与债权凭证的双重效力分析》,载《人民司法》2009 年第 18 期;吴才毓:《仓单凭证性质考》,载《福建法学》2014 年第 4 期。

② 房绍坤:《仓单若干问题探讨》,载《求是学刊》2002 年第 1 期。

③ 刘琳琳、王越:《论提单、仓单的“债权证券”性质》,载《求索》2012 年第 1 期。

④ 吴才毓:《仓单凭证性质考》,载《福建法学》2014 年第 4 期。

⑤ 刘琳琳、王越:《论提单、仓单的“债权证券”性质》,载《求索》2012 年第 1 期。

⑥ 参见吴才毓:《仓单凭证性质考》,载《福建法学》2014 年第 4 期;房绍坤、赵志毅:《论仓单质押》,载《法制与社会发展》2001 年第 4 期;霍冰:《仓单质押法律问题浅析》,载《金融理论与实践》2005 年第 11 期。

⑦ 参见胡康生主编:《中华人民共和国合同法释义》,法律出版社 2013 年版,第 608 页。

保管人将货物“交付给特定人”;(2)不记名仓单,要求保管人将货物“交付给持票人”;(3)指示仓单,要求保管人将货物“交付给特定人或其指定人”。《民法典》关于仓单记载事项的内容并未明确所“包括”事项的性质。但是,就该条所规定的“仓单上背书并经保管人签名或者盖章”的要求来看,我国仓单则具有记名指示证券的特性。[①]

第二,背书证券。背书证券是指有价证券可以通过背书这种方式达到转让的目的。本条规定“存货人或者仓单持有人在仓单上背书并经保管人签名或者盖章的,可以转让提取仓储物的权利。”由此可知,仓单的背书证券性质是无可非议的。但与其他背书证券不同的是,《民法典》第910条还要求“经保管人签名或者盖章”。而对于有合法背书,但未经保管人签名或者盖章的仓单的效力,需要进一步深入探讨。

第三,文义证券。仓单为文义证券,一经填发而流通,其善意受让人之利益,应受保障,此乃交易安全之基本原则。[②] 故仓单的正当持有人和仓库营业人之间的法律关系,以仓单为准。[③] 当然,对于并未产生交易信赖的保管人与存货人之间的权利义务,需要依据双方当事人之间的证据加以证明。

第四,无因证券。有因证券是指作成证券的原因是证券所记载权利存在及行使的要件;反之,作成证券的原因并非证券所记载权利存在及行使的要件,即无因证券。学界对于仓单属于有因证券还是无因证券观点不一。仓单究竟系有因证券,还是无因证券,需要结合立法精神进一步考量。比较法上理论多认为,在仓单涉及交易安全保护时,应强调仓单的无因性;即使保管人开具空单,出于交易安全保障的考虑,保管人不能以空单为由对仓单持有人提出抗辩。[④] 如果仓单持有人以该仓单出质,并交付了该仓单,在债务人不履行义务时,债权人可以对该仓单之物权主张优先受偿权;而由于系空单,在此情况下,保管人需要在该仓单对应的物权价值范围内承担责任。

第五,缴回证券。缴回证券又称交回证券,是指当证券权利人凭证券行使权利时,必须将证券交还给义务人,否则证券义务人有权拒绝履行证券所记载的义务。《民法典》第910条规定,仓单是提取仓储物的凭证,故当存货人或其他仓单持有人

---

① 参见胡康生主编:《中华人民共和国合同法释义》,法律出版社2013年版,第606页。

② 参见林诚二:《民法债编各论》(中),中国人民大学出版社2002年版,第283页。

③ 参见《德国商法典》,杜景林、卢谌译,中国政法大学出版社2000年版,第4编第6章仓库营业中的第475d条第1款。

④ 参见林诚二:《民法债编各论》(中),中国人民大学出版社2002年版,第283页。

持有仓单,向开具仓单的保管人提出提取货物的物上请求权时,保管人必须收回该仓单,或者在该仓单上标注作废或批注注销,才能将仓储物返还仓单持有人。虽然本法并未对仓单的性质加以规定,但是出于交易安全的考虑,应作此当然解释。

## 二、仓单转让方式

仓单的转让发生提取仓储物权利的转让,实际上发生物权变动的效力。因此,物权变动,需要符合一定的要件。《民法典》第 910 条规定,存货人或者仓单持有人在仓单上背书并经保管人签名或者盖章的,可以转让提取仓储物的权利。因此,就仓单的转让而言,除了必须就仓单转让达成合意外,还应当满足以下要件:

### (一)仓单已签发

《民法典》第 908 条规定,存货人交付仓储物的,保管人应当出具仓单、入货单等凭证。仓单未签发或未交付存货人,自然不能转让。而就已经签发的仓单来说,对仓单效力会产生以下两方面影响:一是欠缺相关记载事项的仓单效力问题。《民法典》仅规定仓单的包括事项,而对于仓单的应记载事项及缺乏相关事项的效力则欠缺规定。虽然 2013 年 12 月 31 日国家标准委批准的《仓单要素与格式规范》(GB/T 30332—2013)目前已经实施,该规范也提供了不可转让的普通仓单和可流转的仓单应该记载的要素,但该标准对于所签发仓单的效力能否发挥作用,还有待有关部门从仓储行业出发的角度进一步明确。二是未收到仓储物而签发空单的效力问题,则需要深入研究。

### (二)仓单的转让背书

仓单转让中的背书,让与仓单权利的人为背书人;受让仓单权利的人为被背书人。关于仓单转让背书的记载事项、方式、效力等,《民法典》以及之前的《合同法》均无明确规定,有待相关部门进一步予以规范。鉴于关于仓单的背书方式,目前我国法律无明文规定,也可考虑借鉴《票据法》关于汇票背书的要求。

首先,在仓单背书的格式上,可以类推适用我国《票据法》第 27 条、第 28 条及相关法规的规定,即背书的记载和签章应当记载于仓单背面,当仓单背面不能满足背书人记载事项的需要时,背书人可以加附粘单,粘附于仓单上,并于粘单上背书,但粘单上的第一记载人,应当在仓单和粘单的粘接处签章。

其次,应要求背书连续。我国《票据法》第 31 条第 1 款规定:"以背书转让的汇票,背书应当连续,持票人以背书的连续,证明其汇票权利";第 2 款规定:"前款所称背书连续,是指在票据转让中,转让汇票的背书人与受让汇票的被背书人在汇票上的签章依次前后衔接。”依据该规定，持票人持有背书连续即保管人签章连续的票据，不仅具有合法持票人资格，而且享有票据权利。除非票据上其他绝对记载事项不符合法定要求，或者持票人存在恶意和重大过失，都应当承认持票人可以持票行使票据权利，而无须提供另外的证明。

（三）保管人的签名或者盖章

仓单转让时，除了让与人的背书外，还需要保管人的签名或者盖章。仓单代表仓储物，持有仓单即代表了具有仓单项下仓储物的所有权，转让仓单代表了仓单项下仓储物的所有权的转让。所以，转让仓单即是转让了仓单所体现的物上请求权。就返还请求权的让与而言，原则上并不需要返还义务人同意为条件。当然，在现行法律明确规定要求签章的情况下，此种返还请求权的让与需要遵守法律的规定。在要求背书连续的同时，还要求保管人签名或者盖章的连续。

（四）仓单的交付

仓单转让的交付，不同于仓单制作后的交付，是指仓单转让时，仓单持有人将仓单交给受让人，以实现仓单转移占有的行为。有效的仓单转让行为，除需要仓单持有人背书转让之外，还应将仓单交付给相对持有人。虽然我国法律对此无明文规定，但仓单的交付乃仓单转让的应有之义。

（五）仓单转让的效力

仓单转让发生提取仓储物权利的转移。这实际上发生《民法典》第227条指示交付的效力，即“动产物权设立和转让前，第三人占有该动产的，负有交付义务的人可以通过转让请求第三人返还原物的权利代替交付”。通过仓单的转让，还赋予仓单在物权上的排他性，即只有通过转让仓单才可处分仓储物，不以仓单转让的方式转让物权则构成无权处分，不可以对抗仓单持有人。也就是说，仓储物物权变动的效力与仓单转让的效力保持一致，即由仓储物的直接交付转化成仓单背书转让。

对于未经保管人签名或盖章，究竟对仓单转让的效力产生何种影响，尚需要结合实践中的纠纷进一步深入思考。本书倾向于认为，考虑到对于保管人利益的保护，未经保管人签章的仓单转让自然可以在转让人与受让人之间发生转让的效力，但是保管人对于存货人基于仓储合同所享有的抗辩可以对抗仓单的受让人。如果仓单转让经过保管人的签章，则存货人所享有的抗辩应该受到切断，不能对抗之后的仓单受让人，即使该后手转让并未获得保管人的签章。

## 三、空单转让的纠纷处理

《民法典》第910条的规定在实务中的解释空间很大，也容易引发纠纷，这涉及对仓单背书转让的理解。在保管人签发空单时,保管人和所谓的“存货人”很难不知晓,二者往往有共同的意思。对于保管人签发的空单,仓单持有人背书转让给受让人的,受让人在持有仓单请求提取仓储物时,保管人能否以仓单系空单,保管人与“存货人”之间并无真实的交易关系对抗仓单受让人呢?

对此,从交易安全的角度考虑,如果仓单受让人系善意且无过失,则签发空单的保管人不能以此对抗仓单受让人。对于仓单受让人的善意无过失的判断,在仓单受让时已经保管人签名或盖章,则可以推定受让人系善意无过失。进一步需要由保管人或者仓单持有人提供证据推翻仓单受让人系“善意无过失”的推定。

## 四、质权设立时空单的对抗问题

与仓单转让的要求不同,以仓单出质的质权设立要件则不同。《民法典》规定,当事人以仓单出质的,应当订立书面质权合同,质权自权利凭证交付质权人时设立。因此,在质权设立时并不需要保管人的签章。由此,在判断质权人设立质权时的善意时,并不需要考察质权人是否有审查保管人签章的义务。由此,为了保护交易安全,在仓单设立后,即使仓单系空单,保管人亦不能以此对抗质权人的权利行使。这也是比较法上对于仓单流通性的通行做法,《民法典》涉及质权行使时自然也需要作此解释。例如,乙欲向丙银行借款1000万元。为担保该借款,甲保管人与乙“存货人”通过签发空单的方式向乙交付仓单。该仓单载明乙在甲处仓储4万吨玉米。事实上,该玉米并未交付甲保管人保管。乙以该仓单为其向丙银行借款设立质权。在乙未偿还借款时,丙银行起诉以在甲处的仓单所代表的玉米所有权拍卖款优先受偿。此种情况,甲仓储人不能以该仓单系空单为由提出抗辩,主张免责。

当然,上述对质权人的保护,实质上系贯彻仓单的流通证券属性。由此,当事人完全可以仓单出质的方式来实现仓单的高效流通,促进交易,因此引发仓单出质取代仓单转让的做法,进而导致保管人在签发空单时需要承担更高的责任。对此,这恰恰系发挥仓单在促进资金融通中的功能要求,有利于促进仓储业的健康发展,从而能够起到禁止保管人签发空单的不当行为。

# 专题二　保管人的违约责任问题

《民法典》第 917 条规定,“储存期内,因保管不善造成仓储物毁损、灭失的,保管人应当承担赔偿责任。因仓储物本身的自然性质、包装不符合约定或者超过有效储存期造成仓储物变质、损坏的,保管人不承担赔偿责任”。该条与《合同法》第 394 条相比较,有两点修改:一是将“因仓储物的性质、包装不符合约定或者超过有效储存期造成仓储物变质、损坏的”修改为“因仓储物本身的自然性质、包装不符合约定或者超过有效储存期造成仓储物变质、损坏的”;二是将“储存期间”修改为“储存期内”。这两处修改并未改变该条规定的实质含义。

第 917 条规定的保管人因违约应承担的损失赔偿责任,要件有三个方面:第一,保管人有保管不善的行为。所谓保管不善,就是指保管人没有尽到善良管理人应尽的义务来保管仓储物。例如,保管人没有提供相应的保管设备,保管人没有针对特殊保管物采取特殊的保管措施等。第二,因保管不善造成仓储物毁损、灭失。保管人保管不善的行为直接导致了仓储物的毁损、灭失,两者之间存在因果联系。如果仓储物的毁损、灭失是因为其他原因造成的,则保管人不负责任;如仓储物超过有效储存期,仓储物的包装不符合约定。第三,保管人不具有法定或约定的免责事由。因此,理解保管人的损失赔偿责任,首先,需要明确保管人妥善保管保管物的义务,这是保管人承担责任的关键问题。只有在保管人违反该义务造成保管物毁损、灭失时,保管人才需要承担损害赔偿责任;其次,进一步说,如果因仓储物本身的自然性质、包装不符合约定或者超过有效储存期造成仓储物变质、损坏的,保管人不承担损害赔偿责任,这是法定的免责事由。

## 一、仓储人的保管义务

《民法典》第 917 条规定“储存期内,因保管不善造成仓储物毁损、灭失的”,蕴含的前提为保管人违反了妥善保管义务造成仓储物毁损、灭失。虽然仓储合同章并未规定保管人负有妥善保管仓储物的义务,但是依据第 918 条“本章没有规定的,适用保管合同的有关规定”的规定,则能够得出保管人需要负担该义务结论。

在适用“保管人应当妥善保管保管物”时,首先需要研究保管人妥善保管保管物的义务的内涵。

(一)保管人具备必要的仓储条件

具备法定的资格和保管条件,是保管人履行其妥善保管义务的前提。仓储合同和保管合同的区别在于,在仓储合同中,保管人必须是具备仓储设备,并专门从事保管业务的人;其不仅需要具备从事仓储业务的资格,而且要有一定的仓储场所和仓储设备,适合于保管仓储物。在大陆法系的一些国家中,仓储人提供的场所如果不适合标的物的存放,则被认为具有过错。对于储存有特殊要求的物品的,则需要具备储存该特殊物品的条件。如《民法典》第906条第3款规定:“保管人储存易燃、易爆、有毒、有腐蚀性、有放射性等危险物品的,应当具备相应的保管条件。”这就要求,对于危险物品的保管,法律规定了特别的保管条件,应当符合法律规定的条件。

(二)亲自实施保管行为

在一般的保管合同中,法律都要求保管人亲自保管,不得擅自将保管物交给第三人。在仓储合同中,存货人之所以选择特定的仓储人进行保管,是基于对仓储人的设备、技能和专业经验的信赖,因此应更加注重仓储人的主体情况,更加需要仓储人亲自保管。[①] 将仓储物交由第三人保管,可能会加大仓储物毁损、灭失的风险,同时也可能导致保险公司拒绝赔付,从而不利于维护存货人的利益。

鉴于仓储人所签发的仓单还具有物权凭证的属性,故在以仓储营业的仓库中存储的动产物品,往往不能基于占有即所有的原则推定为保管人所有,对此,交易相对人原则上应知悉。一旦仓储人将仓储物交由非仓库保管,则可能发生动产占有即所有的权利外观,从而对存货人产生重大的权利失去风险。因此,未经存货人的同意,保管人不得将仓储物转交他人保管。任意更换保管人,就有可能使存货人的信赖落空,从而有损存货人的利益。

(三)善良管理人的妥善保管义务

在仓储合同中,对仓储物的保管的方式、方法、人员等,大多由法律法规规定或合同约定,这构成了对其营业资格的特定要求。因此,虽然原则上保管人需要负担善良管理人的注意义务,但是此种注意义务应与其营业所需要的注意义务保持一致。对此,需要专门加以探讨。

---

① 参见林诚二:《民法债编各论》(中),中国人民大学出版社2002年版,第291~293页。

## 二、仓储营业人的善良管理人注意义务

债务人所应尽的注意义务,民法理论根据程度的不同确立了三种:一为普通人的注意义务。欠缺普通人的注意,构成重大过失。二为与处理自己事务为同一的注意义务。违反此种注意义务,即为具体轻过失,也称主观的轻过失。三为善良管理人的注意义务。违反此种义务即为抽象的轻过失,也称客观的轻过失。近代民法倾向以债务人对抽象的轻过失负责为原则。对此,虽然依据本法规定,可以准用保管合同的规定,要求保管人负担善良管理人的注意义务,而当其违反善良管理人的注意义务时,则需要承担违反妥善管理义务的责任。但需要注意的是,由于仓储人系以保管物品为职业,故相对于保管合同的保管人而言,其所负担的注意义务应更高,而不能等同于保管人的注意义务。对此,最高人民法院(2017)最高法民再112号民事判决书认为,根据当事人约定的动产质押监管协议,质押监管人除一般监管义务外,还应对质物负有谨慎、妥善管理的义务,应尽最大可能性确保质物安全、完好。监管人未履行义务导致质物丢失的,应承担质物损失的赔偿责任。

考察仓储营业人的善良管理义务,需要根据仓储行业的管理水平来确定,一定程度上,该管理水平更类似于专业管理的义务。比如,《粮油仓储管理办法》第10条规定:“粮油仓储单位应当及时对入库粮油进行整理,使其达到储存安全的要求,并按照不同品种、性质、生产年份、等级、安全水分、食用和非食用等进行分类存放。粮油入库(仓)应当准确计量,并制作计量凭证。”显然,这种要求与一般保管有明显区别,更加强调仓储的专业性。因此,储存油类,需要防止油品泄漏;储存粮食,需要确保仓库具有通风、防潮湿的条件。而根据《粮油仓储管理办法》第7条的规定,在仓储营业人储存粮油时,不具备相应储存场所和条件时,则应认为其违反了善良管理人的义务。

## 三、保管人承担责任的归责原则

我国合同法体系对违约责任采纳以严格责任为主的归责原则。对于本条规定的“因保管不善”造成保管物毁损、灭失的,究竟属于严格责任,还是属于过错责任,不无探讨余地。

本书认为,鉴于《民法典》第917条规定保管人承担赔偿责任的要件之一为“保管人因保管不善”,则对于该保管不善应定位于过错责任。主要理由有以下几个方面:

其一,从《民法典》第917条的文义来看,只有保管人在履行保管义务时存在保管不善导致标的物毁损、灭失时,才需要承担损害赔偿责任。而未规定在保管人保管期内,只要发生保管物毁损、灭失,保管人即需要承担责任的严格责任原则。

其二,《民法典》第917条还规定,因仓储物本身的自然性质、包装不符合约定或者超过有效储存期造成仓储物变质、损坏的,保管人不承担赔偿责任,从反面说明如果仓储物变质、损坏的原因非保管人的原因造成的,则保管人不需要负担责任,佐证了本条保管人的过错责任性质。

其三,《民法典》第917条规定的责任规范为损失赔偿责任,而按照损害赔偿以"过错"为责任基础的原则,则除非法律特别规定损害赔偿为严格责任的情形外,其他的损害赔偿责任原则上应为过错责任原则。

其四,与比较法上的仓储业实践保持一致。比较法上,对于仓储营业人,多要求其履行善良管理人的义务;当然,需要由仓库营业人证明其履行了善良管理人的义务。例如,日本《仓库寄托法》要求,仓库营业人必须以善良管理者的注意来保管接受寄托的物品,如果仓库营业人不能证明自己或自己的雇佣人对寄托物的保管履行了必要的注意义务,就必须对寄托物的灭失或毁损负损害赔偿责任。

其五,我国实践中对于仓储人的损失赔偿责任也多认同为过错责任。在作为人民法院典型案例的扬州市燃料总公司诉江苏省邳州市汽车运输公司偿还结欠的中转、仓储的煤炭纠纷案中,法院认为:"储存期间,因保管人保管不善造成仓储物毁损、灭失的,保管人应当承担损害赔偿责任。仓储合同关系合法有效,仓储合同双方当事人明确,确定保管人过错导致仓储物毁损灭失的,存货人要求保管人承担赔偿责任的,人民法院应予支持。"

## 四、保管人的免责事由

《民法典》第917条确立了法定的免责事由,主要包括两种具体的情形:一是因仓储物本身的自然性质、包装不符合约定造成仓储物变质、损坏。例如,存货人交付的货物本身是不符合约定的、腐烂变质的货物,即使采取了必要的、合理的措施,也无法避免其变质。因此,对于该批货物在保管期内由于自身性质原因导致的腐烂变质,保管人不应当承担责任。二是保管物超过有效储存期造成仓储物变质、损坏。货物本身可能有其特定的储存期,如果存货人超过该期限储存货物,则应当自行承受货物超过储存期的损失。此外,如果发生不可抗力(如地震、海啸等)导致仓储物的毁损灭失,以及因存货人的行为导致仓储物毁损灭失(如存货人未告知保管货物的特殊性而导致损失）等，保管人也不承担责任。

### 五、保管人承担违约责任的证明责任

虽然《民法典》第 917 条将仓储人的损害赔偿责任定位于过错责任。但是，鉴于仓储人以保管物为营业，故相较于保管合同的保管人而言，应更强调其保管物上的专业要求。因此，根据《民事诉讼法》第 64 条和《民诉法司法解释》第 91 条的规定，在出现保管物毁损、灭失情形时，则已经说明保管人在履行仓储合同上存在"违约"行为，在此情况下推定保管人存在保管上的过错，进一步应由保管人提供证据证明，其履行了妥善保管义务，仍然不能避免发生毁损、灭失的免责情形；或者由其提供证据证明存在第 917 条由于仓储物本身的自然性质、包装不符合约定或者超过有效储存期造成仓储物变质、损坏的抗辩。

### 六、保管人的减损义务

在任何情况下，保管物遭受损害之后，无论引发损害的原因是保管人或是第三人，保管人都应当尽量避免损害的扩大。即保管人应采取合理措施避免和减少各种不必要的损害，无论此种损害是由保管人或保管人的雇员，或是第三人还是其他外在的原因所造成。保管人未履行减损义务的，应承担相应的责任。

# 第二十二章　委托合同

随着我国市场经济的发展,委托业务在经济生活中发挥越来越重要的作用。与此相对应,围绕委托合同产生的纠纷数量也居高不下。委托合同审判纠纷中的热点难点问题,也多困扰着审判人员。《民法典》结合我国市场经济发展对委托合同的影响,对《合同法》委托合同章的内容进行了相应修订和完善。与《合同法》的规定相比较,《民法典》对委托合同制度进行了较大程度的修订。

## 专题一　委托合同的立法变化

《民法典》基本延续了《合同法》委托合同章的规定结构,条文上仍然保持了 18 条规定内容。但是,在具体内容上进行修改的有 12 条之多。这些修改内容主要涉及以下三个方面。

### 一、重要制度内容的修改

《民法典》第 933 条对《合同法》第 410 条委托合同的任意解除权进行了重大修改。针对理论界和实务界关于委托合同任意解除权的讨论,第 933 条在坚持任意合同解除权的原则基础上,又基于诚实信用原则,突出对有偿合同中当事人利益的保护,强调对交易安全的维护。该条通过对有偿委托合同解除方应赔偿的损失范围进行重大补充,既强调委托合同注重当事人之间信任关系的属性,又强调对合同当事人合法利益的保护。

### 二、制度的完善

其一,《民法典》第 923 条将《合同法》第 400 条规定的“转委托经同意的,委托人可以就委托事务直接指示转委托的第三人,受托人仅就第三人的选任及其对第三人的指示承担责任”,修改为“转委托经同意或者追认的,委托人可以就委托事务直接指示转委托的第三人,受托人仅就第三人的选任及其对第三人的指示承担责任”,增加了委托人对受托人转委托的追认规则,从而完善了转委托中委托人和次受托人的规则。

其二,《民法典》第935条对《合同法》第412条关于受托人继续处理委托事务的规定进行了完善,将“因委托人死亡、丧失民事行为能力或者破产,致使委托合同终止将损害委托人利益的,在委托人的继承人、法定代理人或者清算组织承受委托事务之前,受托人应当继续处理委托事务”,修改为“因委托人死亡或者被宣告破产、解散,致使委托合同终止将损害委托人利益的,在委托人的继承人、遗产管理人或者清算人承受委托事务之前,受托人应当继续处理委托事务”。

其三,《民法典》第936条对《合同法》第413条关于受托人的继承人等的义务规定进行了完善,将“因受托人死亡、丧失民事行为能力或者破产,致使委托合同终止的,受托人的继承人、法定代理人或者清算组织应当及时通知委托人。因委托合同终止将损害委托人利益的,在委托人作出善后处理之前,受托人的继承人、法定代理人或者清算组织应当采取必要措施”,修改为“因受托人死亡、丧失民事行为能力或者被宣告破产、解散,致使委托合同终止的,受托人的继承人、遗产管理人、法定代理人或者清算人应当及时通知委托人。因委托合同终止将损害委托人利益的,在委托人作出善后处理之前,受托人的继承人、遗产管理人、法定代理人或者清算人应当采取必要措施”。

### 三、表述和用语的修改和完善

《民法典》第921条、第925条、第926条、第928条、第929条、第930条、第931条、第934条等作了文字修改,内容并未改变。

## 专题二　委托合同的定义和特征

《民法典》第919条规定:“委托合同是委托人和受托人约定,由受托人处理委托人事务的合同。”委托合同,又称委任合同,指合同双方当事人即委托人和受托人经协商一致约定,由受托人处理委托人事务的合同。其特征主要有以下几个方面:

## 一、委托合同的标的是劳务

委托合同是以劳务给付为债务人主给付义务的合同。① 具体而言,受托人根据委托人的指示处理完毕委托事务,即履行了委托合同约定的义务。委托合同与以工作成果的交付为主给付义务的承揽合同不同,委托合同中受托人是提供劳务处理委托事务,承揽合同承揽人的劳动则需要物化到工作成果中,由承揽人向定作人交付工作成果。委托合同虽然不以交付工作成果作为合同要件,但受托人有向委托人报告委托事务处理情况的义务,以便委托人了解委托事务处理进展或结果。《民法典》第924条明确规定:“受托人应当按照委托人的要求,报告委托事务的处理情况。委托合同终止时,受托人应当报告委托事务的结果。”

## 二、委托合同可以是有偿或无偿

最初,委托合同是以无偿为原则的。随着社会经济发展,现在的委托合同更多的是有偿合同,无偿的反而较少。委托合同有偿和无偿是以委托人是否向受托人支付报酬为区分标准,约定委托人向受托人支付报酬的是有偿的委托合同,反之则是无偿的委托合同,无偿和有偿委托合同在受托人注意义务、任意解除权行使上存在不同的处理要求。

1. 在有偿和无偿委托合同中,受托人的注意义务不同。《民法典》第929条第1款规定:“有偿的委托合同,因受托人的过错造成委托人损失的,委托人可以请求赔偿损失。无偿的委托合同,因受托人的故意或者重大过失造成委托人损失的,委托人可以请求赔偿损失。”因此,根据本条规定,对于有偿的委托合同,受托人应当尽到善良管理人的注意义务,即有偿受托人需要负担抽象轻过失责任,这与比较法上的规定是一致的;如果受托人违反该注意义务而给委托人造成损失的,委托人可以要求受托人赔偿损失。对于无偿的委托合同,本法规定因受托人故意或重大过失给委托人造成损失的,委托人可以要求赔偿损失。

需要注意的是,比较法上认为,对于无偿委托合同,受托人需要负担与处理自己事务同一的注意义务,这是具体轻过失责任。此种过错责任较之于抽象轻过失

---

① 参见李淑明:《债法各论》,台北,元照出版有限公司2005年版,第113页。

责任为轻。对于实务中涉及受托人违反与处理自己事务同一注意义务的,应否承担赔偿损失责任,则需要由审判实践根据案件具体情况加以判定。当然,有时具体轻过失和重大过失的界限是模糊的,审判人员可以基于诚实信用原则考虑,对当事人的过失程度加以判断。

2. 无偿和有偿委托合同,在不可归责于解除权人一方的情况下,任意解除权行使的后果不一样。对此将在下文关于任意解除权部分详细阐述,在此略过。

3. 委托合同中委托人向受托人支付的报酬和委托人向受托人支付的费用有明显的区别。《民法典》第 921 条规定,委托人在委托受托人处理委托事务时,应当预付处理委托事务的费用,如受托人在处理委托事务时垫付必要费用,委托人应当偿还该费用并支付利息。报酬是委托人支付给受托人的对价,是受托人处理委托事务劳务的对价,与受托人的劳务相关;而费用是完成委托事务需要的,是受托人处理委托事务时产生的费用,与委托事务相关。如法律事务委托合同,当事人向律师支付的律师费是律师处理委托事务的报酬,而鉴定机构、评估机构等其他第三方机构收取的费用,是处理委托事务需要支付的费用,和律师收取的律师费并不一样。因此,从内涵上看,报酬并不能涵盖费用。如果双方签订委托合同仅仅约定委托人向受托人支付报酬,而没有对费用作出约定的,受托人可以根据《民法典》第 921 条的规定,要求委托人偿还垫付的必要费用及利息。同时,报酬是委托人支付的对价,是委托合同约定的委托人应当承担的主要义务,如果委托人拒绝支付的,受托人可以行使抗辩权拒绝处理委托事务;而费用并非委托合同约定的主给付义务,因此委托人不支付费用或者不预付费用,受托人不能因此拒绝处理委托事务。

4. 委托事务符合法律和公序良俗。根据《民法典》第 919 条的规定,委托合同是受托人替委托人处理委托事务的合同。该条规定,委托合同的标的为处理事务。该条并未限制委托事务的范围,理论上通说认为委托事务应当包括法律行为和事实行为,前者如会计师之查账、出具审计意见;后者如律师出庭之诉讼行为、保证人之保证行为等。①

但是,委托事务的范围也并不是没有任何限制。在我国审判实务中,委托事务违反法律规定或者违反公序良俗的亦多发、频发,由此导致审判实践中对于委托合同效力问题,也困扰审判人员。委托事务需要受到以下情形的限制:

第一,委托事务不得违反法律或者违背公序良俗。《民法典》第 8 条规定:“民事主体从事民事活动,不得违反法律,不得违背公序良俗。”第 10 条规定:“处理民

① 参见林诚二:《民法债编各论》(中),中国人民大学出版社 2007 年版,第 162 页。

事纠纷,应当依照法律;法律没有规定的,可以适用习惯,但是不得违背公序良俗。”因此,委托合同的签订,不得违反法律和不得违背公序良俗。即使委托合同章没有规定,但是法院在处理纠纷时,应当看民事法律行为是否符合法律和公序良俗。《民法典》第153条规定:“违反法律、行政法规的强制性规定的民事法律行为无效。但是,该强制性规定不导致该民事法律行为无效的除外。违背公序良俗的民事法律行为无效。”因此,如果委托合同违反法律或者违背公序良俗的,则该委托合同无效。委托事务违反法律或者违背公序良俗,则该事务不得履行。实务中施工企业委托某人斡旋某评标委员会的评标事项,该行为人可能违反《招标投标法》第50条规定,招标代理机构违反本法规定,泄露应当保密的与招标投标活动有关的情况和资料的,或者与招标人、投标人串通损害国家利益、社会公共利益或者他人合法权益的,由此导致中标无效。与中标无效相对应,则该委托合同也为无效。

当然,对于具体委托事务违反法律和违背公序良俗的认定,需要法官根据案件具体情况加以判断。

第二,由委托人自己从事的行为,不属委托事务的范围。如果委托事务在性质上需要由他人为之或者处分的,须委托人亲自为之,则不得成为委托合同的标的。例如,结婚、离婚等纯身份行为,不得委托行使。

### 三、委托合同是诺成合同

根据合同成立除意思表示一致以外,是否还需要交付标的物或者完成其他给付为标准,可以将合同分为诺成合同与实践合同两种类型。所谓诺成合同,即合同的成立只需双方当事人协商一致即可成立;而实践合同,又称为“要物合同”,是指合同的成立,除当事人双方意思表示一致外,还需要交付标的物或完成其他现实给付。委托合同是以“劳务之提供为主要目的之契约形态”,[①]受托人向委托人提供处理事务的“劳务”,因此委托合同并不需要交付标的物或者完成其他现实给付,故委托合同是诺成合同。

### 四、委托合同是不要式合同

根据合同的成立是否需要具备一定的形式,合同分为要式合同和不要式合同。要式合同是需要采取一定的形式才能成立的合同,而不要式合同是指合同的成立

---

① 李淑明:《债法各论》,台北,元照出版有限公司2005年版,第114页。

不需要采取特定的形式,可以是口头形式,也可以是其他形式。《民法典》委托合同章并未要求委托合同必须采取特定的形式签订,因此委托合同是不要式合同。

# 专题三　转委托问题

《民法典》第 923 条规定:"受托人应当亲自处理委托事务。经委托人同意,受托人可以转委托。转委托经同意或者追认的,委托人可以就委托事务直接指示转委托的第三人,受托人仅就第三人的选任及其对第三人的指示承担责任。转委托未经同意或者追认的,受托人应当对转委托的第三人的行为承担责任;但是,在紧急情况下受托人为了维护委托人的利益需要转委托第三人的除外。"委托合同产生的基础是委托人对受托人的信任,由受托人提供劳务处理委托事务,因此原则上委托事务应当由受托人亲自为之,受托人不得转委托。而在法律有规定的情形,受托人可以转委托。

## 一、可以转委托的情形

### (一)经委托人同意或追认,受托人可以转委托

《民法典》第 923 条对于受托人转委托规定了"追认"的法律效果。追认,是指权利人事后同意或者承认。其理论基础是行为人事后追认在法律效果上视同于行为人事前同意,立法目的在于使既存法律关系的不确定状态及时稳定下来,以减少讼争,维护市场交易的动态安全。就追认行为而言,追认通知是单方意思表示,无须相对人同意,仅凭权利人的单方意思表示即可完成,但追认的意思表示需要相对人收到,即需要为相对人所了解或者达到相对人方可生效。追认的方式,依据《民法典》第 140 条的规定:"行为人可以明示或者默示作出意思表示。沉默只有在有法律规定、当事人约定或者符合当事人之间的交易习惯时,才可以视为意思表示。"委托人同意或追认转委托可以采取明示的方式作出,也可以采取默示的方式作出。如果委托人采取了一定的作为行为认可了转委托,如直接指示次受托人处理委托事务,则应当认为是默示同意或追认。沉默是委托人完全不作为,如果委托人不作任何表示,也不采取任何行为,即使委托人明知受托人转委托,也不能直接认定为

委托人同意转委托,应当根据是否有法律规定、是否有当事人约定或者是否符合当事人之间的交易习惯进行认定,只有在有法律规定或者当事人约定或者符合当事人之间交易习惯的情况下才能将沉默视为同意或追认转委托。

(二)在紧急情况下受托人为维护委托人的利益可以转委托

《民法典》第923条规定,在紧急情况下受托人为了维护委托人的利益,受托人可以转委托。紧急情况,如受托人生病住院,又联系不上委托人,如果不处理委托事务,委托人的利益可能受损,此时为了维护委托人的利益,必须进行转委托,否则不仅会影响委托事务的完成还会损害委托人的利益,因此法律规定受托人在紧急情况下,可以转委托。

(三)商业习惯允许的转委托

比较法上,还允许受托人基于习惯的转委托,这多适用于商业习惯允许的转委托情形。例如,有价证券的买卖,由经纪人对于另一交易所的再委托或者由一银行再委托另一交易所所在地之银行;财产管理人将债权收取的事务处理委托律师或者银行行使,在实务中亦存在。

## 二、委托人、受托人、次受托人之间的法律关系

在实务中,对于审判实务具有重大影响的是经委托人同意的转委托和未经委托人同意的转委托的区别,二者在法律效果上是有重大区分的。

(一)经委托人同意的转委托当事人权利

受托人合法转委托后,委托人和受托人之间仍然存在委托法律关系,受托人仍然要向委托人承担责任。但经委托人同意或追认的转委托,受托人仅对次受托人的选任和对次受托人的指示向委托人承担责任。

1.次受托人无权向委托人主张报酬和费用

对于委托人同意或追认的转委托,委托人可以直接向次受托人指示委托事务,委托人直接指示委托事务的行为,并不导致委托人和次受托人之间形成直接的委托合同关系,也不导致委托人与受托人之间的委托关系消灭。但是,次委托人能否直接向委托人主张支付委托报酬,或者请求返还支出的费用呢?本书认为,此类转委托,在次受托人与委托人之间并不存在直接的合同关系。次受托人因处理转委托事务产生费用或报酬时,可以基于其与受托人之间形成的转委托法律关系,要求受托人支付;受托人支付后,可以基于其与委托人之间的委托合同,要求委托人支付。

2. 委托人对次受托人有主张委托事务的直接请求权

在委托人同意的转委托关系中，委托人可以直接要求次受托人承担责任。在转委托中，委托人对于次受托人关于委托事务的履行，有直接请求权。理由是在转委托中，真正处理委托事务的是次受托人，如果不赋予委托人直接请求权，相当于委托人对自己的事务完全失去了控制，这会严重损害委托人的利益。该种处理方式，系基于保护委托人利益，谋求便利而使委托人可向次受托人直接请求。[①] 虽然《民法典》第923条没有明确规定，委托人对次受托人有直接的请求权，但是该条规定了受托人在合法转委托下，仅仅对次受托人的选任和向次受托人的指示承担责任，对于前述情形以外的次受托人给委托人造成损失的，委托人可以向次受托人主张，否则委托人如因次受托人的行为遭受损失时，就无法获得救济。

委托人可以向次受托人主张权利，但是该种请求权限于受托人基于转委托合同对次受托人的权利；如果次受托人基于转委托合同，对于受托人可以拒绝给付的范围，也可以向委托人行使。[②] 比如，次受托人的留置权，对于委托人也发生效力。但是，次受托人对于受托人债权的抵销权，不得对抗委托人。

（二）未经委托人同意的转委托

此类转委托，是指受托人转委托事先未取得委托人同意，事后也未取得委托人追认，同时也不符合紧急情况下为了委托人利益转委托的情形。未经委托人同意的转委托，并非不会产生任何法律后果，对于受托人而言，不能免除其向委托人承担责任。

1. 转委托合同的效力

此类转委托合同，除非存在委托事务违反法律或者违背公序良俗的情形，受托人和转委托人之间的转委托应是合法有效的。受托人和次受托人之间，产生委托法律关系。基于该委托合同，次受托人可以基于委托合同关系要求受托人支付报酬或费用；受托人对次受托人的行为，向委托人承担责任后，可以基于转委托法律关系向次受托人追偿；如次受托人的行为给受托人造成损失的，受托人可以基于合同相对性要求次受托人承担责任。

2. 次受托人对委托人不享有直接请求权

在此类委托法律关系中，委托人往往并不知悉次委托人的存在，因此委托人与次受托人之间并不存在合同关系，故次受托人对委托人并不享有直接的合同请

---

① 参见林诚二：《民法债编各论》（中），中国人民大学出版社2007年版，第176页。

② 参见史尚宽：《债法各论》，中国政法大学出版社2000年版，第394页。

求权。

3. 委托人对次受托人履行委托事务有直接的请求权

转委托合同虽未经委托人同意,委托人对次委托人仍享有直接的请求权,原因是转委托合同无论是否经委托人同意,其委托的事务均是委托人的同一事务,事关委托人的利益。如果委托人不能直接行使请求权,委托人将对自己利益的维护完全失控。因此,委托人基于同一委托事务,可以向次受托人直接请求,而受托人也可以直接基于合同关系向次受托人直接请求,此时委托人与受托人对于次受托人,形成类似连带债权关系。①

4. 受托人对委托人需要负担违约责任

受托人转委托在未经委托人同意的情况下,受托人需要就次受托人的行为负担完全责任。例如,次受托人处理事务有过失,受托人即使没有过失,也需要对委托人负担债务不履行的责任。该责任与次受托人之侵权行为之责任关系,为不真正连带债务。② 受托人代次受托人向委托人赔偿后,其有权请求委托人让与其对次受托人的损害赔偿请求权。

# 专题四　委托合同的任意解除权

《民法典》第 933 条规定:"委托人或者受托人可以随时解除委托合同。因解除合同造成对方损失的,除不可归责于该当事人的事由外,无偿委托合同的解除方应当赔偿因解除时间不当造成的直接损失,有偿委托合同的解除方应当赔偿对方的直接损失和合同履行后可以获得的利益。"该条规定了委托人和受托人有任意解除权,且对有偿委托和无偿委托合同区分了解除后的赔偿范围。该条修改了《合同法》第 410 条"委托人或者受托人可以随时解除委托合同。因解除合同给对方造成损失的,除不可归责于该当事人的事由以外,应当赔偿损失"的规定,该修改是对有偿委托合同任意解除权的限制。

---

① 参见史尚宽:《债法各论》,中国政法大学出版社 2000 年版,第 394 页;林诚二:《民法债编各论》(中),中国人民大学出版社 2007 年版,第 176 页。

② 参见林诚二:《民法债编各论》(中),中国人民大学出版社 2007 年版,第 176 页。

## 一、任意解除权的限制

从委托合同的发展来看,委托合同最初以无偿为原则。无偿的委托关系通常基于委托人和受托人之间的信任而建立,受托人处理委托人的事务不收取任何报酬,因此委托合同并不能给受托人带来收益。委托人基于信任,相信受托人在无偿的情况下可以认真处理委托事务。但当信任关系不复存在时,赋予合同各方任意解除权,使各方都可以从不受信任的关系中解脱出来,符合无偿委托合同的特点。随着有偿委托合同的出现,尤其是商事活动中有偿委托合同的出现,合同双方更多是希望通过合同获得一定的收益,信任虽然也是签订有偿委托合同的基础,但合同各方对取得合同履行利益有一定的期待;即便信任关系受到影响,合同各方特别是受托人可能会考虑到继续履行可以获得的利益而选择继续履行合同,因此有偿委托合同应当限制任意解除权的行使。同时立法也需要从维护交易稳定的角度考虑,限制有偿委托合同中任意解除权的行使。

《合同法》第410条规定委托合同各方可以行使合同解除权,并没有区分有偿还是无偿。因此,该条赋予了有偿委托合同各方和无偿委托合同各方相同的任意解除权。在探讨委托合同的任意解除权时,人们均认为该权利的范围过大,尤其是在有偿委托合同中,委托人任意解除合同后,赔偿范围可能远远少于合同继续履行给受托人带来的收益,同时从诚实信用原则出发,也应当限制有偿委托合同中任意解除权的行使。《民法典》第933条赋予有偿委托合同各方任意解除权,并通过赔偿范围间接限制了各方行使解除权的可能性。因为行使任意解除合同的一方,要赔偿相对方直接损失和可得利益损失;赔偿范围的扩大,可能导致解除合同的成本高于继续履行合同的成本,因此各方解除合同的意愿会降低,从而达到限制有偿委托合同任意解除权行使的目的。

关于任意解除权行使的效果,合同解除仅向将来发生效力,不具有溯及既往的效力。故合同解除之前已经成立的法律关系,不受影响,如受托人所取得的利益交付义务。如果委托事务已经履行完毕,则也不能解除。①

## 二、任意解除权行使的赔偿范围

### (一)《民法典》关于赔偿范围的区别

《民法典》出台之前,对于解除人的损害赔偿范围,在理论和实践中一直存在较

① 参见黄立主编:《民法债编各论》(下),中国政法大学出版社2003年版,第526页。

大争议,赔偿履行利益还是信赖利益是该问题的焦点。为解决上述问题,《民法典》第933条规定,在赋予当事人任意解除权的情况下,又区分委托合同的有偿、无偿而规定了不同的损害赔偿范围。

1. 无偿委托合同,一方解除合同造成对方损失的,除不可归责于解除合同一方的事由外,解除合同方应当赔偿相对方因解除时间不适当造成的直接损失。因此对于无偿委托合同解除后,赔偿范围仅仅限于直接损失。

2. 有偿委托合同,解除合同造成对方损失的,除不可归责于该当事人的事由外,有偿委托合同的解除方应当赔偿对方的直接损失和可以获得的利益。

(二)有偿委托合同任意解除权行使的赔偿范围再探讨

对有偿委托合同任意解除权行使的损害赔偿问题,需要进一步深入探讨。

第一,关于《民法典》第933条规定的赔偿损失责任的性质。笔者认为,鉴于第933条规定当事人已经享有委托合同任意解除权,解除权人行使法律赋予的权利具有正当性,解除合同并不构成违约。在此基础上,则该条规定的当事人承担损失赔偿责任的性质自然非违约责任。当然,该种损失系履行合同所发生的损失,且其并不具有侵权行为的构成要件,故也非侵权责任。当然,也很难将之归入不当得利和无因管理之债务。在该损失的赔偿责任非前述责任性质的情况下,该损失赔偿的性质应界定为法定的损失赔偿责任。

第二,对"除不可归责于该当事人的事由外",有两种解释的路径:一种路径是解除可归责说;另一种路径则是损失可归责说。解除可归责说认为,"不可归责于该当事人的事由"主要限定当事人的解除权,即只要当事人行使任意解除权系由于不可归责于其的事由,则应对损失赔偿产生影响。损失可归责说认为,"不可归责于该当事人的事由"主要限定损失赔偿范围,如果损失系可归责于解除权人的解除行为,则才有赔偿的适用。二者的区别在以下案件中可以明确加以区别。甲委托乙律师事务所代理其一审、二审案件诉讼事务,一审、二审阶段委托诉讼报酬分别为10万元。在一审诉讼结束后,甲解除对乙律师事务所的委托。如果根据解除可归责说,则在该案例中,甲解除合同系行使任意解除权,并非基于"不可归责于该当事人的事由",则甲仍然需要支付二审案件委托报酬。如果根据损失可归责说,则由于二审案件并未由乙律师事务所提供法律服务,则甲解除委托后,乙律师事务所由于并未提供法律服务而未产生基于劳务应收取报酬的损失;如果有所谓的损失,也只是其信赖二审会提供服务而受到的信赖利益损失,而非当事人所约定的二审报酬。故乙律师事务所原则上无权请求其支付报酬。这在《民法典》施行后必然是司法实践所面对的问题。鉴于该问题的处理,涉及对于第933条规定的文义解释和立法精神解释,尚需要在出现争议后由最高人民法院在总结经验基础上明确处理意见。当然,对该问题的处理,可以由当事人在合同中加以约定,以避免纠纷发生时法院法律适用的困难。

第三,关于当事人是否可以通过约定对赔偿范围予以限制。就损失赔偿范围的约定而言,原则上无排斥当事人约定的理由存在,当事人通过约定予以限制的,如无其他约定无效的因素,则不能依据《民法典》第933条认定该约定无效。

## 专题五 破产程序中善意受托人利益的特别保护

《企业破产法》第54条规定:"债务人是委托合同的委托人,被裁定适用本法规定的程序,受托人不知该事实,继续处理委托事务的,受托人以由此产生的请求权申报债权。"在委托人破产的情况下,要根据《企业破产法》第54条的规定,对受托人加以保护。该规定从保护善意受托人的角度出发,在委托合同因破产程序开始而终止后,对受托人处理委托事务的利益保护,作出了相关规定。因此,受托人不知委托人进入破产程序的事实而继续处理委托事务的,因此所产生的债权虽然产生在破产案件受理以后,不符合《企业破产法》第44条关于可申报债权的规定,但仍然可以进行债权申报。

# 第二十三章　物业服务合同

## 专题一　物业服务概况

随着城镇化进程的加速及房地产业的蓬勃发展,物业管理行业呈现需求不断增强、覆盖面不断扩大的发展态势。物业服务良性运转对发挥住宅小区及建筑物的整体功能、保障群众最根本的生产生活需求、提升社会管理的专业化水平起到了不可或缺的重要作用。物业服务合同纠纷是人民法院审理案件类型中数量一直居高不下的民事案件,但物业服务合同在《民法典》之前却并未获得法律层面上典型合同的地位。

1999 年 10 月 1 日起施行的《合同法》中规定了 15 种典型合同,其中并没有物业服务合同。2011 年 4 月 1 日起施行并于 2020 年修正的《民事案件案由规定》里明确规定了"物业服务合同纠纷"这一案由,并且作为 3 级案由放在了"服务合同纠纷"项下。《民法典》正式将物业服务合同写进去,回应了司法实践中此类纠纷数量不断增长的现实,也是直面物业服务领域中突出问题的表现。此外,之所以将物业服务合同正式确立为典型合同,也与不同类型合同的规则有关。如果是非典型合同规则和混合合同规则足以解决的新类型合同,就没有必要再以典型合同加以规定。但物业服务合同并非如此,其兼具了委托、承揽、劳务等诸多合同类型中的部分给付的性质,还由于其重要的合同主体——业主,而涉及《民法典》物权编中建筑物区分所有权里的重要内容,包括业主之间、业主大会、业主委员会以及物业服务人之间的关系等。因此,《民法典》最终将物业服务合同作为典型合同专章予以规定。

《民法典》第二十四章用了 14 个条文明确了物业服务合同的定义、物业服务合同的内容和形式、合同主体、前期物业服务合同的效力、物业服务人的权利和义务、业主的权利和义务、物业服务合同的解除和终止等内容,涵盖了物业服务的整个过程和参与物业服务的各个主体,并就实践中突出的前期物业服务问题、物业服务交接问题、物业费的收取问题等给予了重点关注。

从《民法典》颁布前的司法实践来看,物业服务合同纠纷的审理面临很多问题和困难。比如,在很多涉及请求支付物业费的案件中,同一住宅区不同业主被先后起诉请求支付同一时段物业费的,因诉讼时间不同或办案法官不同,相类似的案件中法院判决的物业费数额有所区别。表面上看,这属于请求支付物业费案件中裁判尺度不统一的问题,但更深层次的原因是物业纠纷既有"私权"的特性,又有"共治"的色彩,二者难免存在冲突和矛盾。

物业服务合同的性质较为复杂。正确理解物业服务合同的性质,也是正确适用相关法条的前提和基础。物业服务合同的特殊性质,主要体现在以下几个方面:

首先,物业服务合同不是典型的委托合同。委托合同是委托人和受托人约定,由受托人处理委托人事务的合同。从外观上看,物业服务人接受业主的委托,处理小区相关事务,这似乎符合委托合同关系的特征。但实际上,物业服务合同的委托人与普通委托合同的委托人存在根本区别。物业服务合同的委托人并非单个物业服务合同中所记载的某个业主,其实质上是业主的集合体,是物业服务所涉小区全部业主共同意志的体现。也正因如此,单个物业服务合同的双方当事人,都不能随时解除这一合同(《民法典》第 946 条),而随时解除权是委托合同的一个显著特征。

其次,物业服务合同具有承揽合同的某些特征,但又显著区别于承揽合同。物业服务合同的部分内容,如为业主提供建筑物及其附属设施的维修养护、管理小区环境、管理小区停车等,都具有承揽的特征,并且根据《民法典》的规定,物业服务人可以将物业服务区域内的部分专项服务事项委托给专业性服务组织或者其他第三人,并就该部分专项服务事项向业主负责(《民法典》第 941 条),这也与承揽合同的相关规则相一致。但物业服务又有明显不同于承揽的自我意志体现,主要表现为物业服务人可以经营物业服务区域内的业主共有部分,这显然是承揽人无法拥有的权利。

再次,物业服务合同显然不是简单的劳务合同。劳务合同的劳务提供者是自然人,其通过自己的技能和经验完成雇主要求的任务,而物业服务人一般为依法设立的专业企业,它依靠自身的资金实力、专业人员的配备以及综合性的管理服务能力提供物业服务,并且在完成物业服务的过程中具有很强的独立性,具体事务上不必完全接受业主的指示。

最后,物业服务合同的订立、履行、终止等整个过程都涉及业主的建筑物区分所有权也就是业主共治的内容,并且还带有一定的行政色彩。小区内的很多重大事项,包括物业服务人的选聘和解聘,在决定前都需要履行业主共治的法定程序,满足法定条件,这使物业服务合同的履行面临很多不确定因素,进而具有不确定性。此外,根据《民法典》的规定,地方人民政府有关部门、居民委员会应当对设立业主大会和选举业主委员会给予指导和协助。而县级以上地方人民政府房地产行政主管部门对于物业服务企业的违规行为,包括将一个物业管理区域内的全部物业管理一并委托给他人,挪用专项维修资金,未经业主大会同意擅自改变物业管理用房的用途等,可以依法予以行政处罚。这些都体现出物业服务合同具有一定的行政色彩。

综上,基于物业服务合同的上述复杂性,将其归于某一类典型合同或者混合合同,不能解决其特殊性和复杂性带来的实践困惑。独立成章的设计,体现了《民法典》对这一涉及国计民生的重要领域的重视和前瞻性。

由于历史原因,我国城市的住房结构非常复杂,在国家把住房推向市场的短短20多年时间里,先后出现了普通商品房、高档商品房、房改房、经济适用房、比照经济适用房管理的住房、限价商品房、共有产权房、公租房等多种类型的住宅房屋。不同类型的住房有不同的物业需求,最直接的体现就是物业服务费的不同。目前,相关行政管理部门区分不同物业的性质和特点分别实行政府指导价和市场调节价。① 以北京为例,对于经济适用住房住宅区、危改回迁住宅区,在成立业主大会之前,物业服务收费实行政府指导价,执行经济适用住房住宅区物业服务收费政府指导价标准。② 对于其他商品房,则实行市场调节价的物业服务收费,收费标准由业主与物业服务企业在物业服务合同中约定。③ 这一情况有着独特的社会历史背景,立法时很多具体问题难以整齐划一地作出统一规定。

我国物业服务制度发展历史仅30余年,虽然不少地区正在不断探索物业服务质量的管理和评估工作,但就全国范围而言,物业服务评估规范尚未完全构建。并且,即便建立了评估规范,距离有效落实也尚存差距。而物业服务评估体系的建立对于提高物业服务质量、顺利交割物业服务等都具有重要意义。司法实践中,很多物业纠纷的诉讼一旦进入评估程序就难以推进,这是因为市场上尚无足够权威的

---

① 我国《物业服务收费管理办法》第6条规定:“物业服务收费应当区分不同物业的性质和特点分别实行政府指导价和市场调节价。具体定价形式由省、自治区、直辖市人民政府价格主管部门会同房地产行政主管部门确定。”

② 参见《北京市物业服务收费管理办法(试行)》第5条、第6条。

③ 参见《北京市物业服务收费管理办法(试行)》第5条第2款。

物业评估系统和物业评估机构,法院作为裁判机构又无法仅凭一己之力查清物业工作的方方面面,如果将物业服务内容切割、细分为工程、财务、劳务等各项内容分别加以评估、审计,无疑又会大大增加当事人的时间、金钱等诉讼成本。此外,物业服务企业市场信用监管机制也有待健全。长期以来对资质监管的高度依赖难以在短时间内摆脱,全国层面针对物业服务市场信用监管的顶层设计尚未完成,各地以信用监管为核心的物业服务市场监管体制也未形成,市场监管出现"真空"。基于这样的现状,《民法典》并未就物业服务的评估问题加以规定,也未就更换物业服务人的具体操作作出明确规定,这些都有待司法实践的进一步探索和完善。

## 专题二　物业服务合同的订立与主体

### 一、物业服务合同的订立

物业服务合同的一般内容以书面约定为准。《民法典》第 937 条和第 938 条分别以定义的方式和集中规定的方式,明确了物业服务合同的内容。根据第 937 条的规定,物业服务合同的内容包括物业服务人在物业服务区域内,为业主提供建筑物及其附属设施的维修养护、环境卫生和相关秩序的管理维护等物业服务。第 938 条规定,物业服务合同的内容一般包括服务事项、服务质量、服务费用的标准和收取办法、维修资金的使用、服务用房的管理和使用、服务期限、服务交接等条款。这些规定应当理解为物业服务合同中的基本条款,并不排斥双方当事人在这些内容的基础之上,通过协商增加或变更服务内容。我国《物业管理条例》第 34 条第 2 款规定:"物业服务合同应当对物业管理事项、服务质量、服务费用、双方的权利义务、专项维修资金的管理与使用、物业管理用房、合同期限、违约责任等内容进行约定。"《民法典》第 938 条的规定基本上吸收了《物业管理条例》的内容。

需要注意的是,《民法典》第 938 条第 2 款"物业服务人公开作出的有利于业主的服务承诺,为物业服务合同的组成部分"的规定。物业服务人的单方承诺,应当有条件地成为物业服务合同的组成部分。这是因为根据《物业管理条例》第 24 条的规定,国家提倡建设单位按照房地产开发与物业管理相分离的原则,通过招投标的方式选聘物业服务企业。也就是说,绝大部分前期物业服务合同的订立都是通过招投标方式实现的,如果竞标的物业服务企业在竞标过程中公开作出有利于业主的服务承诺,但由于建设单位并非物业服务的直接享受者,那么服务承诺就有可能并未落实在前期物业服务合同中,这对业主是明显不利的。第938条明确了物业服务企业单方承诺的法律效力,也显示出我国构筑物业服务诚信体系的态度。此外,还有一种情况是,业主大会成立后,业主大会和业委会依法选聘物业服务企业时,也会面临多家物业服务企业的选择,物业服务企业在小区内公开作出承诺以获取缔结合同机会的行为,应当视为向全体业主发出的要约邀请;将具体承诺内容视为合同的组成部分,也符合我国《合同法》的立法本意。

## 二、物业服务合同的主体

### (一)从"物业服务企业"到"物业服务人"

《物业管理条例》对提供物业服务的一方称为"物业服务企业",但是《民法典》使用的是"物业服务人"的表述,并在第937条第2款明确"物业服务人包括物业服务企业和其他管理人"。这主要是立法为了周延,考虑到实践中有些涉纠纷的主体并非物业服务企业,如决定自行管理的业主、业主大会和业委会未成立之前作为过渡性存在的物业管理委员会。[①] 这些主体在提供物业服务期间,虽然不具备物业服务企业的法人主体资格,但事实上却提供了物业服务,也应享有相应的权利,承担相应的义务。此外,实践中还有一些提供物业服务的当事人,并不具备法人主体的资格。

### (二)"业主"的内涵

从物业服务合同在实践中的签订主体来看,对于《民法典》第937条的"业主",应当作扩大理解。这主要包括三种情况:一是建设单位依法签订的前期物业服务合同对业主有效。这时,合同显示的表面主体是建设单位,但实际主体是业主。当然,实践中很多建设单位在办理入住时会要求业主单独签署《前期物业服务合同》,以便于物业服务合同形式上的完善。二是业主委员会依法与选聘的物业服务人签订的物业服务合同,对物业服务区域内的全体业主有效。在司法实践中,部分业主

---

① 《北京市物业管理条例》第52条规定:"街道办事处、乡镇人民政府负责组建物业管理委员会。物业管理委员会作为临时机构,依照本条例承担相关职责,组织业主共同决定物业管理事项,并推动符合条件的物业管理区域成立业主大会、选举产生业主委员会。"第54条规定:"物业管理委员会由居民委员会、村民委员会、业主、物业使用人代表等七人以上单数组成,其中业主代表不少于物业管理委员会委员人数的二分之一。物业管理委员会主任由居民委员会、村民委员会代表担任,副主任由居民委员会、村民委员会指定一名业主代表担任。物业管理委员会委员名单应当在物业管理区域内显著位置公示。"

以选聘物业服务人未经自己同意、自己并非物业服务合同一方当事人为由,拒绝履行合同义务。根据《民法典》第 280 条的规定,业主大会或者业主委员会的决定,对业主具有法律约束力。因此业主委员会依法选聘和签订的物业服务合同对全体业主有效。三是业主大会依法选聘的物业服务人,有可能存在部分业主签订了物业服务合同,部分业主没有签订合同。在这种情况下,只要选聘程序合法,未签订书面合同的业主也要受到依法选聘结果的约束。

需要注意的是,《民法典》对于业主大会选聘和解聘物业服务企业或者其他管理人的规则进行了重大修改。《物权法》第 76 条规定,业主共同决定选聘和解聘物业服务企业或者其他管理人,应当经专有部分占建筑物总面积过半数的业主且占总人数过半数的业主同意。"双半数"的要求看似不高,但实践中操作难度很大,尤其是在我国很多小区房屋所有权人与实际使用人相分离,业主本人难以实际参与小区管理的现状下。对此,《民法典》作出重大修改,在第 278 条中规定,业主共同决定选聘和解聘物业服务企业或者其他管理人,应当经参与表决专有部分面积过半数的业主且参与表决人数过半数的业主同意。增加了"参与表决"这个限定条件,使小区共治的难度切实降低,决议更易达成。

## 三、事实物业服务合同的效力

根据《民法典》的规定,在物业服务合同关系中,业主不仅要被自己所签署的物业服务合同约束,还会受到建设单位所签前期物业服务合同以及业主大会、业委会依法选聘并签订的物业服务合同的约束。但《民法典》没有穷尽实践中可能的情况。

比如,司法实践中常常遇到的回迁安置小区物业公司诉请物业费的纠纷,这些小区的物业服务企业具有一定的行政色彩,有些是由当地的行政主管部门指定的,业主们被安置前有的居住在农村,压根就没有支付物业服务费的意识,回迁后也排斥和拒绝交纳物业服务费,即使收费标准已经很低,物业服务企业也难以完成每年的收缴工作。这类案件诉至法院后,有的法院认为根据我国《合同法》第 36 条的规定,这类合同是成立且有效的,属于事实合同。物业服务企业提供了事实上的服务,业主事实上也接受了服务,双方的合同已经履行,故而应当判决业主交纳物业费。但在物业费的交纳金额方面,法院一般会视业主的具体情况(如生活是否十分困难),来决定减免部分物业费或者未按时缴费的滞纳金。

再如,未上市房改房物业费应当由谁负担的问题。房改售房,又称已购公房,是指在国家住房制度改革过程中享受房改优惠政策,以标准价或成本价扣除工龄等因素折算后购买的公房。房改售房后,房屋产权人由单位变更为个人。按房改规定购买公有住宅楼房的住户将购买的房屋上市交易后,该房屋的产权性质转变为商品房产权,新购买并取得该房屋所有权的人应负担全部物业管理交费项目。而对于未上市的房改房物业费负担的主体问题,审判实践中存在不同的观点。一种观点认为,应当由个人负担,因为个人是物业服务的实际受益人。另一种观点则认为,应当以《关于在京中央和国家机关职工住宅区物业管理和供热采暖改革的意见》的实施时间为分界点。2015 年 1 月 1 日之前的物业费,由单位和个人各自承担相应的物业服务费用缴纳义务,如果单位和个人对物业服务费用缴纳责任主体另有约定的,按照约定执行。2015 年 1 月 1 日以后的物业费,单位不再负担,全部由个人负担。上述两种观点,无论是哪种观点,认为由个人负担的依据都是以事实物业服务合同来认定业主与物业服务企业之间的关系。

## 专题三　物业服务人的权利与义务

《民法典》第 941 条、第 942 条、第 943 条、第 949 条、第 950 条是关于物业服务人在合同履行中、合同终止后应当承担的义务的规定。

### 一、物业服务人的管理义务

物业服务的内容多且庞杂,进而造成了物业服务合同的复合性。而业主选择某家物业服务企业为其提供服务,看中的肯定不仅是其在某个专业领域具有专业的服务能力,更看重的应该是这个企业的综合管理能力和应急处置能力。事实上,绝大部分物业服务企业对于物业区域内的各项事务无法做到事必躬亲,一般的做法是将物业服务中的一些具体、专门的事项委托出去,由该领域的专业人士来完成相关的工作。比如,小区的保安工作往往会聘请专门的保安公司进行管理;小区的某处公共设施需要修缮维护,可能会承包给专业的建设工程施工企业完成。对于专业事项的委托,法律是允许的,因为这对于业主权益是更好的保护和实现。但如果允许物业服务人将全部物业服务一并委托或分解后分别委托给其他组织,实际就使业主丧失了按照自己意愿选择物业服务人的权利。因此,《民法典》第 941 条禁止物业服务人将物业服务全部转委托给第三人,或者将全部物业服务分解后分别转委托给第三人的行为。

## 二、物业服务人的“安全保障义务”

《民法典》第 942 条还规定了物业服务人的安全保障义务。关于物业服务人的安全保障义务是存在争议的,因为我国《侵权责任法》关于安全保障义务的规定中,并没有涉及物业服务的安全保障责任,但实务中涉及物业服务企业的财产损害赔偿纠纷和生命权、健康权、身体权纠纷近年来呈现上升态势。在涉物业服务纠纷中,经常有以下情形实质上涉及物业安全保障义务:

一是物业区域的设施布置、设施状况不符合安全要求。[①] 实践中常见的情形有:物业区域内的消防通道堆放杂物、堵塞,甚至搭建临时建筑导致出现火灾等紧急情况影响居民逃生;没有对电梯尽到维修养护义务导致电梯运行失常;公共路灯、安全摄像头配备不足,损坏后未及时维修等导致小区内侵权事实无法查清;小区健身设施及其他设施有重大安全隐患而未能及时拆除或及时修理导致居民受损等。

二是未能及时警告、制止相关危险。小区内的各种设施损坏后、维修前,未能向业主作出真实且明确的说明和警示。对于本身具有危险因素的设施,未能向业主说明其正确的使用方法和防止危险发生的方法。危险发生时,未能及时采取措施保护业主,导致损失进一步扩大。

三是未能及时履行救济义务。物业区域内的业主或其他人员发生意外事故时,未能及时将伤者护送到医院。在物业区域内,第三人侵犯业主时,未能及时制止或采取报警措施、提供侵害事件的录像等。

在涉物业的财产损害赔偿纠纷和生命权、身体权、健康权纠纷中,很多争议都涉及以上 3 种情形中的一种或几种,其实质都是物业安全保障义务没有履行到位。然而,对于物业服务人应该承担什么样的安全保障义务,以及在多大程度上承担安全保障义务,《民法典》之前的法律并未作出明确规定。实践中,有人主张,应合理运用法学方法论中的法律解释方法,扩张解释《侵权责任法》第 37 条第 1 款中“公共场所的管理人”,认定物业服务人具有安全保障义务。比如,在马某某与北京鲁

---

① 参见柳经纬、刘智慧主编:《房地产法制专题研究》,中国法制出版社 2011 年版,第 298 页。

能物业服务有限责任公司顺义物业服务中心生命权、健康权、身体权纠纷一案[①]中,法院根据《侵权责任法》第37条认为,被告作为物业服务单位,未采取有效的安全措施对住宅区垃圾池大门进行固定,造成原告被大门刮倒受伤致残,故被告应对由此给原告造成的损失承担赔偿责任。还有人主张,理论上可以将物业服务人的安全保障义务解释为合同法上的附随义务。《民法典》解决了这一问题,明确规定了物业服务人的安全保障义务,打破了"法无明文规定"的旧况。

## 三、物业服务人的报告义务

### (一)物业服务人对物业区域内违法行为的报告义务

《民法典》第942条第2款规定:"对物业服务区域内违反有关治安、环保、消防等法律法规的行为,物业服务人应当及时采取合理措施制止、向有关行政主管部门报告并协助处理。"强化了物业服务人的管理责任,有利于行政主管部门与物业管理人之间建立起物业区域内社会管理的联防联控机制,促进城市精细化管理。

实践中,该条在适用时主要是指物业服务人在物业区域内履行物业服务工作时对其发现但没有执法权的违法行为,应当在知情或合理知情的情况下尽到必要的通知、劝阻义务,并应及时向相关行政主管部门进行报告。对于可能危及业主人身、财产安全的,物业服务人还应采取必要的防范措施避免危害事件的发生。

### (二)物业服务人对服务区域管理情况的信息披露报告义务

《民法典》第943条规定,"物业服务人应当定期将服务的事项、负责人员、质量要求、收费项目、收费标准、履行情况,以及维修资金使用情况、业主共有部分的经营与收益情况等以合理方式向业主公开并向业主大会、业主委员会报告"。《建筑物区分所有权解释》第13条就业主知情权的具体内容进行了列举,但作为知情权对象的信息披露是需要业主主动要求和争取的。《民法典》将这些信息披露的义务赋予物业服务人,对于业主的权利保护更加周到和积极,也便于业主后续行使自己的权利。

目前的司法实践中,很多业主关于知情权的诉讼并非业主诉诸法律手段的目的,知情权诉讼是为了获取物业服务人在提供服务过程中所掌握的信息,以便后续行使业主撤销权时掌握相应的证据。但业主知情权的行使往往会因为司法解释的兜底条款"其他应当向业主公开的情况和资料"这一模糊规定变得盲目且容易越

① 参见北京市顺义区人民法院民事判决书,(2017)京0113民初9120号。

界。比如,有的诉讼中,业主要求公开其他业主的个人隐私信息,有的笼统要求公开所有的物业服务资料,前者容易侵犯到其他业主的隐私权,后者则可能影响物业服务人正常的工作秩序,进而影响其物业服务的质量。《民法典》采用列举但不穷尽的方式明确物业服务人的公开披露范围,对实践具有重要的指导意义,也是引导物业服务人规范服务、业主理性维权的重要条款。

需要注意的是,该条用“定期”和“合理方式”给了物业服务合同双方当事人足够的自治空间和协商余地,也结合中国区域发展不平衡的特点给了各地因地制宜的操作空间。

## 四、物业服务人的权利及其限制

物业服务人的权利和权力,源于全体业主对其管理物业服务区域的授权,因此,无论其内容为何,目的和宗旨都应该是为全体业主的共同利益。

### (一)收取物业费的权利及限制

《民法典》第 944 条规定:“业主应当按照约定向物业服务人支付物业费。物业服务人已经按照约定和有关规定提供服务的,业主不得以未接受或者无需接受相关物业服务为由拒绝支付物业费。业主违反约定逾期不支付物业费的,物业服务人可以催告其在合理期限内支付;合理期限届满仍不支付的,物业服务人可以提起诉讼或者申请仲裁。”物业费对于物业服务人的经营和管理的重要性不言自明,而物业服务人的正常运转和正常工作又关系每一位业主的生活品质。《物业服务司法解释》5 个条文中,有 2 个条文涉及物业费问题(第 2 条和第 3 条),第 2 条规定:“物业服务人违反物业服务合同约定或者法律、法规、部门规章规定,擅自扩大收费范围、提高收费标准或者重复收费,业主以违规收费为由提出抗辩的,人民法院应予支持。业主请求物业服务人退还其已经收取的违规费用的,人民法院应予支持。”第 3 条规定:“物业服务合同的权利义务终止后,业主请求物业服务人退还已经预收,但尚未提供物业服务期间的物业费的,人民法院应予支持。”《物业管理条例》第 41 条第 1 款规定:“业主应当根据物业服务合同的约定交纳物业服务费用。业主与物业使用人约定由物业使用人交纳物业服务费用的,从其约定,业主负连带交纳责任。”第 65 条规定:“违反物业服务合同约定,业主逾期不交纳物业服务费用的,业主委员会应当督促其限期交纳;逾期仍不交纳的,物业服务企业可以向人民法院起诉。”

《民法典》第944条对物业费的规定进行了完善:

一是进一步明确了物业费的支付主体。《物业管理条例》第7条规定,业主与物业实际使用人约定由实际使用人交纳物业服务费的,从其约定,业主负连带交纳责任。《民法典》明确了物业费的支付义务主体为业主,这更加符合物业服务合同的本质和合同相对性原则。物业服务人服务的对象不仅是单个的业主,更是服务区域内包括业主、公共区域、建筑物私有部分在内组成的整体。一旦物业服务人按合同要求提供了服务,就应视为对所有业主都履行了义务,而不论该业主是否实际需要或是否已经享受了相应的服务。由于我国住房商品化改革后业主与房屋实际使用人分离的现象比较普遍,如果让物业服务人核实房屋实际使用人的情况,或者核实业主与实际使用人,显然不现实,也大大增加了物业服务人不必要的成本,而这些成本最终还是会加诸业主身上。此外,物业服务合同的双方当事人一般都是业主和物业服务人,根据合同相对性的原则,由物业服务人向业主主张物业服务费更加合理。至于业主与实际使用人之间的约定,仅在这二者之间有效,其效力不能约束物业服务人。

二是丰富了物业费纠纷的解决途径,由旧法向人民法院起诉,变更为可以提起诉讼或者申请仲裁,充分体现了民法中当事人的意思自治原则。

三是对催交的方式作出限制性规定,要求不能对业主的基本生活造成严重影响。这也是《民法典》保障基本民生的体现。需要注意的是,由于我国经济发展不平衡、住宅种类繁多且历史成因复杂,物业费收取难的现状还是比较严峻的。对此,应当采取积极的应对措施。目前,不少省份已将欠缴物业费等公共费用的公民纳入失信被执行人名单,且设置了相对严格的前置条件,即被执法机关或司法机关依法确认后仍拒不履行。① 这种规定与最高人民法院《关于公布失信被执行人名单信息的若干规定》确立的失信被执行人制度的精神不谋而合。此外,对于多次(3次及以上)被起诉支付物业费且均已败诉的业主,也可考虑将其纳入个人信用档案,并通过公共信用信息共享平台,作为多部门联合实施信用惩戒措施的参考。

(二)获取与物业管理相关信息的权利

《民法典》第945条规定:"业主装饰装修房屋的,应当事先告知物业服务人,遵守物业服务人提示的合理注意事项,并配合其进行必要的现场检查。业主转让、出

---

① 如《南京市住宅物业管理条例》第51条第2款规定:"业主欠交物业服务费用、公共水电分摊费用的,业主委员会、物业服务企业可以通过上门催交、在物业管理区域内显著位置公示等形式,督促其限期交纳;逾期不交纳的,物业服务企业可以依法申请仲裁或者提起诉讼。经仲裁裁决或者司法判决确认后仍不履行的,按照个人信用信息管理有关规定录入个人信用档案。"

租物业专有部分、设立居住权或者依法改变共有部分用途的，应当及时将相关情况告知物业服务人。”这也是物业服务人依法获取相关信息的权利。

物业服务兼具服务和公共管理双重属性。物业服务人在行使权利时必须要考虑物业管理区域整体公共利益的需要，因此该规定是物业管理性质的内在要求。根据该条规定，物业服务人有权获取的信息包括：(1)业主对建筑物专有部分的装饰装修计划，物业服务人可以要求业主配合必要的现场检查；(2)业主转让物业专有部分的情况；(3)业主出租物业专有部分的情况；(4)业主为专有部分设立居住权的情况；(5)业主依法改变共有部分用途的情况。其中第(2)~(5)项内容是《民法典》新增的内容，此前《合同法》《物权法》等均未对此作出规定，仅在《物业管理条例》第49条“物业管理区域内按照规划建设的公共建筑和共用设施，不得改变用途。业主依法确需改变公共建筑和共用设施用途的，应当在依法办理有关手续后告知物业服务企业；物业服务企业确需改变公共建筑和共用设施用途的，应当提请业主大会讨论决定同意后，由业主依法办理有关手续”，对改变公共用途部分有类似规定。增加这些内容也是为适应我国房地产交易频繁的现状，通过明确权利责任主体来便利服务、管理。

业主的权利与义务，主要规定在物权编的建筑物区分所有权部分，此处不再赘述。

## 专题四　物业服务合同的终止

《民法典》第946条至第950条对物业服务合同终止的相关问题作出了安排。从条文数量上来看，整个物业服务合同章一共14个条文，而关于物业服务合同终止就用了5个条文，占1/3，可谓相当重视。这也与实践中因物业服务人退出物业服务区域引发纠纷多的情况密切相关。

### 一、物业服务合同的解除与续订

#### (一)业主的单方解除权

《民法典》第946条规定：“业主依照法定程序共同决定解聘物业服务人的，可以解除物业服务合同。决定解聘的,应当提前六十日书面通知物业服务人,但是合同对通知期限另有约定的除外。依照前款规定解除合同造成物业服务人损失的,除不可归责于业主的事由外,业主应当赔偿损失。”

前期物业服务公司是由开发商聘用的,因此这类纠纷又掺杂了很多开发商与业主之间的纠纷,主要集中于开发商遗留的问题。开发商遗留的问题主要包括擅自变更住宅区规划、房屋质量问题、配套建筑及设施设备不健全、开发商承诺的售后维修服务和物业服务不兑现等。这些问题的存在,在很大程度上直接导致了物业纠纷的产生,很多业主以这些问题为由拒付物业服务费,引发了后期物业管理中的诸多矛盾。

因物业服务合同的签订旨在确定物业服务人,为全体业主提供服务,其基础是出于信赖,如信赖性消失,继续履行合同对双方都无意义,且徒增损失。从实务操作上看,物业服务人与业主的生活环境关系密切,可谓业主的“管家”。如果业主对物业服务人失去了信任,不愿由其继续提供服务,物业服务合同实际上也很难继续履行,物业服务人开展服务困难重重,结果必然是矛盾激化。实践中,有相当一部分关于物业服务合同解除的纠纷是由于业主对前期物业服务人不满而引起的。因此,《民法典》保留了《物权法》规定的业主单方解除权。为了防止随意解聘损害物业服务人权益的情形,在具体操作上,业主解聘物业服务人的决定必须依照《民法典》第278条对“双过半”的具体要求和程序作出决定。根据《民法典》第946条的规定,业主依照法定程序共同决定解聘物业服务人的,可以解除物业服务合同。决定解聘的,应当提前60日书面通知物业服务人,但是合同对通知期限另有约定的除外。

(二)物业服务人的续聘拒绝权

《民法典》第947条规定:“物业服务期限届满前,业主依法共同决定续聘的,应当与原物业服务人在合同期限届满前续订物业服务合同。物业服务期限届满前,物业服务人不同意续聘的,应当在合同期限届满前九十日书面通知业主或者业主委员会,但是合同对通知期限另有约定的除外。”第948条规定:“物业服务期限届满后,业主没有依法作出续聘或者另聘物业服务人的决定,物业服务人继续提供物业服务的,原物业服务合同继续有效,但是服务期限为不定期。当事人可以随时解除不定期物业服务合同,但是应当提前六十日书面通知对方。”物业服务人不同意续聘,提前通知的期限为90日,长于业主的60日。这是因为业主行使单方解除权后,双方对于合同解除后的后续事宜处理主要就是物业服务的交割问题,而物业服务人行使单方解除权后不仅要与业主交割，还要留出足够的时间让业主们依照法定程序选出新的物业服务人，避免物业服务出现“真空”阶段，影响业主的基本生活。

（三）业主行使单方解除权的后果

《民法典》第566条对合同解除的法律后果进行了规定：“合同解除后，尚未履行的，终止履行；已经履行的，根据履行情况和合同性质，当事人可以请求恢复原状或者采取其他补救措施，并有权请求赔偿损失。合同因违约解除的，解除权人可以请求违约方承担违约责任，但是当事人另有约定的除外。”《民法典》第946条第2款“解除合同造成物业服务人损失的，业主应当赔偿损失”的规定是与上述第566条的精神相契合的。但该条设置了一个例外条件，那就是对于“不可归责于业主的事由”造成的损失，物业服务人不得要求业主赔偿，究竟哪些属于“不可归责于业主的事由”，还有待于司法实践予以明确。

## 二、物业服务合同终止后的交接

物业服务合同解除或到期终止后，因物业服务人拒绝退出或物业交接不顺利而引发的纠纷实践中不在少数。此类诉讼多见于以下主体之间：前期物业服务人与新选聘的物业服务人（这类诉讼还经常会牵扯到建设单位）、即将退出的物业服务人与作出解聘决定的业主大会或业主委员会。当事人诉讼请求移交的内容头绪众多，除了移交物业服务用房、相关配套设施等硬件设施之外，还包括物业服务过程中的财务账目、外包合同等资料。这些硬件和资料的移交，双方如果无法达成一致，就会给法庭调查增加很大难度，也为案件的后续处理提出难题。此外，在这类纠纷中，还伴随着损害赔偿的诉求，受移交人在接收硬件设施设备时往往会提出移交人未尽到合理的维护养护义务，造成物业设施损坏，请求判决修复或者赔偿，这类诉讼请求往往需要借助于第三方评估机构的专业知识来完成举证。这过程涉及会计、工程、评估、审计等各种专业，但现阶段我国还缺乏统一的评估标准和足够专业、全面的评估公司。尽管有些地区如北京已经在逐步摸索和建立相应的配套制度，[①]但

① 《北京市物业管理条例》第12条规定：“本市支持物业管理、专业评估机构等行业协会依法制定和组织实施自律性规范，实行自律管理，编制团体标准、调解行业纠纷，组织业务培训，维护企业合法权益，推动行业健康有序发展。支持、鼓励物业服务企业加入行业协会。”第13条规定：“本市支持法律、会计、工程、评估、咨询等专业服务机构和人员参与物业管理和服务活动，为物业管理相关主体提供公正、专业的咨询、培训、评价、检验、监督和审计等服务。支持非营利性社会组织参与物业服务活动。业主、物业使用人、物业服务人因物业管理事项需要法律咨询的，可以向公共法律服务机构咨询；符合法律援助条件的，可以依法申请法律援助。”

相关制度成熟尚需时日。

基于上述原因,对于物业交接的整体事宜和一般交接事项作出明确规定是十分必要的,这也是第949条的良苦用心,但具体操作流程和规范还有待各地进行积极的探索后再行明确。此外,为了防止物业交接期间出现物业管理的真空期,影响业主的正常生活,《民法典》第950条明确规定了原物业服务人的继续服务义务和收取相应物业费的权利。

# 第二十四章　中介合同

## 专题一　立法修改与完善

与《合同法》的规定相比较，中介合同也是《民法典》进行了较大幅度修订的有名合同。随着我国市场经济的发展，中介组织和中介业务获得迅猛发展，对于提高交易效率、活跃经济发挥着重要的作用。与此相对应，围绕中介业务产生的纠纷数量也居高不下。中介合同纠纷审判中的热点难点问题，也困扰着审判人员。因此，在《民法典》对中介合同进行较大幅度修订的情况下，对该章修改的重要内容进行深入研究。

中介合同章基本源于《合同法》居间合同章。鉴于居间的术语较难被人民群众理解，实践中人民群众对从事促成合同订立行为的更直接认识是中介，《民法典》修改为"中介合同"。"中介合同"章全部吸收了《合同法》"居间合同"章的4条内容。除此之外，还增加了两条规定：一是对委托人跳单行为的处理。第965条规定："委托人在接受中介人的服务后，利用中介人提供的交易机会或者媒介服务，绕开中介人直接订立合同的，应当向中介人支付报酬。"二是中介合同参照适用委托合同有关规定的内容。第966条规定："本章没有规定的，参照适用委托合同的有关规定。"同时第965条的规定还与中介业务中的报告中介和媒介中介这两种形式相一致，既体现法律逻辑的完整性，又体现对于中介人权利的保护。

《民法典》中介合同对《合同法》居间合同用语的修改完善，实质上并不构成新的内容，并不改变过去《合同法》相关条文的解释和适用。因此，我们重点解读新增加的两条内容。

# 专题二　中介合同当事人的权利义务

《民法典》第 961 条规定:“中介合同是中介人向委托人报告订立合同的机会或者提供订立合同的媒介服务,委托人支付报酬的合同。”该概念基于中介人受托内容的不同区分了两类中介行为:报告中介和媒介中介。二者的差异在于媒介中介系受合同当事人双方之委托,在双方当事人之间予以斡旋,促使合同成立;而报告中介则仅向一方报告订约的机会。二者区别的意义在于,中介报酬的义务人有所不同,[①]即在合同没有约定的情况下,如果因为中介人提供订立合同的媒介服务而促成合同成立的,由该合同当事人平均负担中介人的报酬(《民法典》第 963 条)。报告中介,则不以订约时斡旋于他人之间为必要,仅仅为他方报告订立合同的机会即可;对于报告中介的报酬,在双方当事人因为中介而订立合同时,应允许当事人有请求权。对于自始约定为媒介中介的情况下,如果仅仅基于报告机会而订立合同,也应该允许中介人请求支付报酬。[②]

中介合同就性质而言,系诺成、双务、有偿、不要式的有名合同。中介合同的标的为报告行为或者媒介行为,因此该合同标的为劳务的一种。就此而言,在中介人提供了符合合同约定的劳务的情况下,原则上委托人即负担支付报酬的义务。但是,中介人提供的劳务却以促成合同订立为结果,并以合同订立为报酬请求权的前提。而是否订约,往往取决于委托人的意思决定范畴;因此,在中介人提供服务符合委托人订立合同条件情况下,如果委托人违反诚信原则不予缔约或者跳过中介人自行缔约的,如何对二者进行平衡,则是中介合同制度设计的重点。因此,为了保护中介人所提供劳务价值的报酬请求权,同时是对委托人不诚信行为的遏制,比较法上多对委托人跳单行为或者其他违反不诚信的行为加以规制。《民法典》第 965 条即针对跳单行为进行规制的规定。

---

① 参见林诚二:《民法债编各论》(中),中国人民大学出版社 2007 年版,第 210 页。

② 同上。

## 一、中介人的报告义务和媒介义务

《民法典》第962条规定:"中介人应当就有关订立合同的事项向委托人如实报告。中介人故意隐瞒与订立合同有关的重要事实或者提供虚假情况,损害委托人利益的,不得请求支付报酬并应当承担赔偿责任。"中介人的主要义务为报告义务或媒介义务。报告义务为向委托人报告订立合同的机会,即受委托人委托,寻找和发现愿意按照委托人提供的条件与委托人订约的人。所谓媒介义务,是指居间人在订约的当事人之间进行斡旋、协商、游说,促使双方当事人最终达成交易。

在提供中介服务过程中,中介人应向委托人负担如实报告义务。鉴于中介合同系有偿合同,中介人应以善良管理人的注意为之,[1]应包括合同相对人的各方面情况,如相对人的身份信息、资产状况、经营状况、履行能力等方面的信息都属于对合同订立较为重要的信息。对于以中介为营业的,中介人除负担如实报告义务之外,还要求中介人负担调查义务,即针对订约事项及当事人之履约能力或订立该合同的能力,进行调查。此种中介人的调查义务,主要是为了保护当事人权利和维护交易安全。《民法典》虽未规定中介人的调查义务,但该义务应当被涵盖在中介人的如实报告义务之中,否则中介行业难有发展前途。

## 二、中介人的权利:报酬请求权

中介合同为有偿合同。中介人促成合同成立的,委托人应该支付报酬。基于契约自由原则,中介报酬可以由当事人约定。基于该合同为有偿合同,如果当事人未约定报酬,不能推定为无偿,需要根据相关的合同解释原则确定委托人应支付的报酬。

### (一)未约定报酬或约定不明时的解释原则

《民法典》第963条规定:"对中介人的报酬没有约定或者约定不明确,依据本法第五百一十条的规定仍不能确定的,根据中介人的劳务合理确定。"此处是基于中介合同为有偿合同的合同法定补充解释原则。根据《民法典》第510条规定:"合同生效后,当事人就质量、价款或者报酬、履行地点等内容没有约定或者约定不明确的,可以协议补充;不能达成补充协议的,按照合同相关条款或者交易习惯确定。"《民法典》第511条还规定:"当事人就有关合同内容约定不明确,依据前条规

---

① 参见林诚二:《民法债编各论》(中),中国人民大学出版社2007年版,第214页。

定仍不能确定的,适用下列规定:……(二)价款或者报酬不明确的,按照订立合同时履行地的市场价格履行;依法应当执行政府定价或者政府指导价的,依照规定履行……"根据上述规定,对于没有约定报酬或者约定报酬不明确的,则应遵循以下合同补充解释规则:首先,推定为当事人之间需要支付报酬。其次,在报酬没有约定或者约定不明确的情况下,可以协议补充;不能达成补充协议的,按照合同相关条款或者交易习惯确定。比如,基于房产中介的中介行为而订立房屋买卖合同,则可以以房产中介收费价目表作为报酬支付依据;但是,在习惯上该价目表并非实际支付价额,而有折扣额的,则应查明实际中执行的折扣额予以支付。再次,根据《民法典》第510条仍然不能确定报酬支付依据的,则应按照订立合同时履行地的市场价格履行;有政府定价或者政府指导价的,则依照规定履行。最后,如果订立合同时履行地的市场价格不存在或者没有政府定价或者政府指导价的,则"根据中介人的劳务合理确定报酬"。

(二)报酬支付义务人

基于中介行为区分为报告中介和媒介中介,报酬支付义务人亦有所区别。在报告中介中,中介人仅向委托人报告订约机会,不与相对人发生法律关系,故需要由委托人给付报酬,相对人则不负担给付义务;媒介中介,因中介人充当媒介作用,与双方当事人均有合同存在,故《民法典》第963条规定,由合同当事人平均负担中介人的报酬。需要注意的是,该条规定应为指引性规范,而非强制性规范。如果当事人另有约定的,则应该以当事人的约定为准。对此,《民法典》第963条亦应作此解释。比如,在房屋租赁中介实务中,中介实质上履行的义务系媒介义务,但是在支付报酬问题上通常存在由一方支付的情形。故在当事人约定由一方支付的,则应依据当事人的约定处理。

## 专题三　中介报酬支付的几个特殊问题

如果中介人没有促成合同成立,根据《民法典》第964条的规定,中介人无权要求支付报酬;但是,可以按照约定,请求委托人支付相关费用。对此,请求支付相关费用,以有合同约定为条件;如果合同未有约定,则应由委托人自行负担相关费用。

但在中介报酬支付问题上，尚有以下几个特殊问题需要加以研究。

## 一、中介行为不得违反法律和违背公序良俗

实务中，经常存在一些游离于违法犯罪之间的中介行为，这就涉及中介行为不得违反法律和违背公序良俗的问题。在我国审判实务中，中介行为违反法律规定或者违反公序良俗的多发、频发，由此导致审判实践中中介合同效力的问题。

《民法典》中介合同章并未规定报告中介或媒介中介不得违反法律或者违背公序良俗。但是，根据《民法典》的适用原则，合同编没有规定的，则应该适用总则编规定；合同分编有名合同章没有规定的，适用合同编通则的规定。《民法典》第 8 条规定："民事主体从事民事活动，不得违反法律，不得违背公序良俗。"因此，中介合同的签订，不得违反法律，不得违背公序良俗。即使中介合同章没有规定，法院在处理纠纷时，也应要求民事行为符合法律和公序良俗。而第 153 条规定"违反法律、行政法规的强制性规定的民事法律行为无效。但是，该强制性规定不导致该民事法律行为无效的除外。违背公序良俗的民事法律行为无效"。因此，如果中介合同违反法律或者违背公序良俗的，则该中介合同无效。比如，介绍行贿，以取得某个项目的中标。此种"介绍行贿"的媒介中介，因为其违反我国刑事法律，不能认定为合法的中介合同标的。当事人以此行为委托的，则该中介合同应为无效合同。因此，即使由于该"中介行为"而发生委托人与相对人订约的结果，即使所中介的合同不因此无效，但是鉴于该中介行为系违法行为，原则上中介人也不能请求该违法行为之报酬。

## 二、中介之附条件合同的报酬请求权

《民法典》第 158 条规定："民事法律行为可以附条件，但是根据其性质不得附条件的除外。附生效条件的民事法律行为，自条件成就时生效。附解除条件的民事法律行为，自条件成就时失效。"由此条可知，中介订立之合同可以附条件。

### （一）附生效条件的报酬支付请求权

就中介合同的附生效条件而言，虽然中介之合同已经成立，但是该合同是否生效则系于条件成就与否。在此情况下，依据《民法典》第 963 条的规定，合同已经成立，中介人是否即有权请求报酬？对此，虽然此种情况下合同已经成立，鉴于合同是否生效尚未确定，中介人尚不得请求报酬。只有在条件成就、合同生效之后，中

介人才能请求委托人支付报酬。①

(二)附解除条件的报酬支付请求权

如果中介之合同附有解除条件,则中介人的报酬请求权是否因条件成就而受影响?比较法上对此有不同的处理意见。一种意见为影响说,认为此种情况下,影响中介人报酬请求权,故在合同解除条件成就的情况下,中介之合同自始失去效力,故中介人收取该报酬构成不当得利。另一种意见为不影响说,认为合同基于中介行为已经订立,故中介人收取报酬有法律依据;即使合同解除条件成就,中介人亦无须返还该报酬。对此,我们认为,鉴于合同订立,解除条件尚未成就,故此种情况下中介人有权请求支付报酬。但是,在解除条件成就时,则该合同为自始不生效力,故委托人可以请求返还已经向中介人支付的报酬。当然,如果对于附解除条件的合同,委托人恶意促成合同成就的,则不能请求返还报酬。

## 三、中介之合同无效、被撤销或者解除的报酬请求权

中介合同还存在无效、被撤销或者解除的情形,对此,应区分以下情形处理。

(一)中介之合同无效的情形

鉴于中介之合同无效,则在合同当事人之间无法律约束力,故委托人之合同目的无法达到。在此情况下,中介人自然无权请求支付报酬。至于中介人对于中介之合同无效有过错的,则应承担相应的责任,这属于不同的法律关系。

(二)中介之合同被撤销的情形

如果中介之合同被撤销,则视为自始无效,故中介人丧失其请求权;如果中介人已经收取报酬,则应依据不当得利的规定予以返还。

(三)中介之合同被解除的情形

如果中介之合同被解除,则对于中介人的报酬是否有影响,比较法上有认为委托人不得请求返还报酬的意见。本书认为,为避免中介人的道德风险而损害委托人利益的情形,则应区别情况加以处理。原则上,如果委托人对于合同解除没有过错的,则其有权请求返还所支付的报酬。例如,甲委托中介人乙购买房屋,乙媒介丙与甲签订房屋买卖合同。甲支付购房款后,由于丙欠付他人债务导致该房屋被查封。甲请求解除与丙之间的房屋买卖合同。在此情况下,甲虽然基于乙的中介行为而与丙订立合同,但是其通过订立合同欲达到的目的并没有实现。如果此种

---

① 参见林诚二:《民法债编各论》(中),中国人民大学出版社 2007 年版,第 219 页。

情况认为甲仍然需要负担支付报酬义务,则容易引发乙的道德风险。由此,则可能出现营业中介人为了收取中介报酬,而与无承担违约责任能力的第三人串通损害委托人利益的情形;且此种道德风险,对于甲来说,其很难加以防范。在此情况下,则应允许甲有权请求乙返还已经收取的报酬。再如,丁委托戊寻求某批钢材购买方,戊向丁报告戊有购买意向,基于该报告中介,丁与戊签订钢材买卖合同。后由于钢材价格大幅上涨,丁不向戊履约导致戊与丁解除合同。此种情况下,则丁不能免除支付报酬的义务。

## 专题四 跳单问题

《民法典》第965条针对实务中经常出现的中介纠纷中的跳单行为,进行了规制,“委托人在接受中介人的服务后,利用中介人提供的交易机会或者媒介服务,绕开中介人直接订立合同的,应当向中介人支付报酬”。此系《民法典》新增加的条文。

对于第965条的法理基础,比较法上存在不同的认识。一种观点认为,委托人跳单行为系违反诚实信用原则,故为保护中介人的合法权益,应依据诚实信用原则,要求委托人支付报酬。另一种观点认为,中介合同之义务完成系不确定的事实,如果当事人基于中介媒介或者报告而订立合同,则就中介合同的当事人权利义务而言,中介人已经履行了合同义务,委托人已经实现了合同目的,故虽然委托人绕过中介签订合同,但是其合同已经履行完毕,故其应按照中介合同约定支付报酬。当然,无论该法理基础何在,都属于进一步的解释问题。《民法典》已经将该义务上升为一种法定义务,故依据该法律规定加以适用即可。本书认为,就该条规定的规范基础而言,在委托人跳单的情况下,根据本条的要件,应属于中介人已经履行了合同的义务,且委托人基于中介人提供的合同义务而实现了合同目的,故在其实现合同目的的情况下,应承担合同上的支付报酬的义务。

### 一、《民法典》第965条适用的构成要件

《民法典》第965条规定的“跳单行为”的法律要件有以下几个方面:

1. 委托人与中介人之间存在委托合同。第965条规定的"委托人接受中介人的服务"的前提即为委托人与中介人之间存在中介合同。由于中介合同为不要式合同,只要有双方当事人的要约、承诺即告成立,无论是否存在书面形式。对于存在中介合同,在产生纠纷时需要有中介人负担证明义务。比如,中介人提供其带委托人看房的看房单,即可证明二者存在中介合同的关系。

2. 中介人已经履行了中介义务。中介义务包括报告义务和媒介义务。无论中介合同约定的受托人的义务系何种义务,只要中介人履行了该义务即可。上文已经提及,在中介人已经履行了其义务的情况下,且委托人与相对人已经订立合同的情况下,则委托人原则上应支付报酬。

3. 委托人利用中介人提供的交易机会或者媒介服务,与相对人订立合同。也就是说,如果没有中介人提供的交易机会或者媒介服务,则委托人不可能与相对人订立合同。例如,出卖人丁将其房屋在两家房屋中介公司对外出售,购房人甲在委托乙中介公司带看房后,又到丙中介公司进行委托,后在丙中介公司媒介之下与出卖人丁订立房屋买卖合同。此种情况下,则难以认定系利用乙中介人的交易机会或者媒介服务订立合同。

4. 委托人绕开中介人,即规避中介人的服务,而径行与对方当事人缔约。从形式上看,委托人与相对人的订约系自行订立,而非由于中介人的中介行为。但是,实质上是由于中介人的中介行为,委托人与相对人有了订约的条件。

## 二、"应当向中介人支付报酬"的请求权性质

中介人请求支付报酬的请求权基础为中介合同约定的给付义务请求权。在委托人拒绝支付报酬的情况下,中介人有权请求其支付该报酬,并有权要求其承担违约责任。比如,甲委托乙中介购买房屋,约定合同订立后7日内,甲支付购房款2.5%的报酬;如果甲违反约定不支付报酬,每迟延一日支付应付报酬0.02%违约金;乙为甲介绍了丙出卖人,但甲绕开乙直接与丙订立房屋买卖合同。在本案中,如果能够认定甲为跳单,则自甲与丙订立合同之日7日后,甲应支付购房款的2.5%中介报酬;同时鉴于甲构成违约,迟延支付该报酬,则甲还应自与丙签订合同7日之后按照应付报酬0.02%支付违约金。

关于支付报酬的数额,《民法典》第965条规定,在委托人跳单情况下,"应当向中介人支付报酬"。委托人支付报酬的事实基础在于:中介人已经履行了报告或者媒介义务,履行了合同所约定的主给付义务。因此,如果中介合同有约定的,则应

该根据该合同约定支付报酬。没有约定的,则有《民法典》第 963 条解释适用的空间。当然,委托人利用中介人提供的交易机会或者媒介服务,绕开中介人直接订立合同的,这种情况下属于中介人履行了合同主给付义务;如果合同尚有约定从给付义务的,且中介人并未履行该从给付义务的,则鉴于中介人未履行该义务,应节省一定的支出,在支付报酬时,应扣除该部分未履行义务所对应的支出。

至于支付报酬的时间,也应依据《民法典》第 963 条的规定,将“中介人促成合同成立”作为支付报酬的时限,即以报酬后付为原则。

### 三、跳单行为与最高人民法院 1 号指导案例的适用关系

最高人民法院发布的指导案例 1 号上海中原物业顾问有限公司诉陶德华居间合同纠纷案,裁判要点为:“房屋买卖居间合同中关于禁止买方利用中介公司提供的房源信息却绕开该中介公司与卖方签订房屋买卖合同的约定合法有效。但是,当卖方将同一房屋通过多个中介公司挂牌出售时,买方通过其他公众可以获知的正当途径获得相同房源信息的,买方有权选择报价低、服务好的中介公司促成房屋买卖合同成立,其行为并没有利用先前与之签约中介公司的房源信息,故不构成违约。”该指导案例针对的情形为委托人不构成跳单的情形,即虽然委托人接受了中介人的中介服务,但是其与相对人订立合同并非基于该中介服务,则并不构成跳单行为。就上述指导案例所确定的规则,与第 965 条的关系及衔接问题,在《民法典》施行后,需要审判人员在实务中加以区别适用。

#### (一)跳单行为规范与指导案例 1 号的关系

上述指导案例对于审判实践的适用而言,亦属于参照效力。在其构成事实上,该类推适用需要存在法律漏洞为前提。《民法典》规定委托人利用中介人提供的交易机会或者媒介服务,绕开中介人直接与相对人订立合同的,委托人需要支付报酬。从该条规定的反面解释来看,能够解释指导案例 1 号的结论。因此,就第 965 条规定和指导案例 1 号的关系而言,二者是一个问题的两个方面,并不冲突。就第 965 条规定的适用条件而言,在于委托人利用中介人提供的交易机会或者媒介服务,绕开中介人直接与相对人订立合同。上述 1 号指导案例确定的条件则为“没有利用先前与之签约中介公司的房源信息”。也就是说,不符合《民法典》第 965 条规定的“利用中介人提供的交易机会或者媒介服务”,因此二者并不存在适用上的交叉问题。

#### (二)二者证明责任的区别

根据前述阐释,适用第 965 条规定,中介人除需要证明其与委托人之间存在中

介合同之外,还需要提供证据证明委托人利用其提供的交易机会或者媒介服务与对方订立合同。在中介人提供证据证明上述事实之后,则应由委托人提供证据反证。因此,委托人需要提供证据证明其并未利用“中介人提供的交易机会或者媒介服务”。而就签署跳单案例而言,按照 1 号指导案例的要求,则需要由委托人证明以下事实:(1)该房屋销售信息并非委托人所独家授权出售,而系通过多家中介机构挂牌出售;(2)其他中介机构为其与相对人签订房屋买卖合同提供了交易机会或者媒介服务。如果委托人能够证明上述两个方面事实,则可以起到反证作用。

(三)是报酬请求权,还是违约责任?

根据第 965 条的规定,如果委托人构成跳单,则需要向中介人支付报酬。此种“支付报酬”并非违约损失赔偿的范围,而是在中介人履行合同义务情况下,其有权请求委托人履行合同义务。这与 1 号指导案例所确定的“违约责任”定位有所区别。故在反面适用指导案例的情况下,即如果能够认定委托人“利用先前与之签约中介公司的房源信息”,则符合《民法典》第 965 条规定的构成要件,需要依据该规定支付报酬;如果合同约定迟延支付报酬之外尚有违约金约定的,还应承担相应的违约责任。

## 专题五　参照适用委托合同的理解

《民法典》第 960 条规定:“本章没有规定的,参照适用委托合同的有关规定。”中介合同和委托合同之间存在密切的关系,一方面,二者均为以劳务为标的,委托合同的受托人与中介合同的中介人在履行合同中,都要向委托人提供一定的劳务,都必须履行一定的义务,因此可以说,中介合同与委托合同具有一定的共性。另一方面,委托合同的受托人与中介合同的中介人均是为了委托人的利益而提供服务,二者都是建立在委托人对受托人的信任基础之上。适用该条需要注意以下几点:

### 一、参照适用的基本问题

参照适用作为一种法律解释适用的方法,也可以称为“准用”。“‘比照’或‘参照'是准用性法条的关键词或'律眼',是准用性法条的外观识别标志。"[①]在参照适用的法律适用方法上,其有两个层面的含义:一个层面是予以适用;另一个层面是不予以适用。在予以适用的层面上,在参照适用的事实要素符合被参照适用的规范构成要件时,得出与适用被参照规范相同的法律效果,[②]这是参照适用事实的积极确定。而在强调不予适用这一层含义上,则应该将关注点集中在某一事实与另一事实的区别上,需要基于被调整的生活关系本身的差别而不予适用。[③]"参照适用"建立在既类似又不同的两层含义之上,因此"须加以变通而为适用,性质上可用之部分则用,不可用之部分则不用;而适用则径行适用,不必有所变通也"。[④]"如其事件有差异时,于性质许可之限度,应基于其差异,加以取舍变更,以变通适用,此点与适用应完全适用者不同。"[⑤]

## 二、审判实践中"参照适用"的具体情形

中介合同可能参照委托合同的具体规则,需要在审判实践中总结经验基础上深入研究。参照适用应建立在中介合同和委托合同的受托人(中介人)均为提供劳务这个基础上,并依此作为参照适用的出发点。因此,考虑到二者提供劳务的性质,则有以下几种可能的参照适用情形:

一是中介人违反善良管理人义务的损失赔偿责任。《民法典》第929条规定:"有偿的委托合同,因受托人的过错造成委托人损失的,委托人可以请求赔偿损失。"至于受托人的过错,则应要求有偿委托合同的受托人在处理委托事务时负善良管理人的注意义务。如果受托人违反善良管理人义务,则构成过错;由此,给委托人造成损失的,则应承担损失赔偿责任。这对于中介合同来说也应参照适用,即在中介人违反了该善良管理人义务的情况下,则应对委托人承担损失赔偿责任。至于该善良管理人的义务,则需要结合具体案件情况加以判断。

二是中介人违反委托人指示的损失赔偿责任。委托合同规定,受托人应当按照委托人的指示处理委托事务。对于中介合同来说,如果委托人对于中介人有特殊委托指示的,则中介人应按照委托人的指示提供中介服务。否则,则引起损失赔偿责任。比如,甲委托乙中介购买学区房,乙媒介丙与甲签订购房合同。房屋办理

① 刘风景:《准用性法条设置的理据与方法》,载《法商研究》2015年第5期。
② 参见[德]卡尔·拉伦茨:《法学方法论》,陈爱娥译,商务印书馆2003年版,第141页。
③ 同上。
④ 郑玉波:《法谚》(一),法律出版社2007年版,第238页。
⑤ 史尚宽:《民法总论》,中国政法大学出版社2000年版,第52页。

完过户手续后,甲发现该房屋的入学指标刚刚用完,无法实现甲购买学区房为其子女入学的目的。对此,则在乙中介知悉甲委托目的的情况下,其应基于善良管理人的注意义务查明该房屋的入学指标是否有效。乙未尽该义务,则应承担损失赔偿责任。

三是中介合同的任意解除权。由于以提供劳务为标的的合同,多建立在双方当事人的人身信赖属性上,在二者的信赖基础丧失时,应允许合同当事人从该合同拘束中解脱出来。由此,雇佣合同、委托合同、承揽合同这些以劳务为标的的合同,多规定了当事人的任意解除权。《民法典》第 933 条规定:“委托人或者受托人可以随时解除委托合同。因解除合同造成对方损失的,除不可归责于该当事人的事由外,无偿委托合同的解除方应当赔偿因解除时间不当造成的直接损失,有偿委托合同的解除方应当赔偿对方的直接损失和合同履行后可以获得的利益。”因此,委托合同的任意解除权则可以适用于中介合同的当事人。

在参照适用的法学方法上,除了上述在方法上积极确定可以适用的情形之外,还需要消极确定不得适用的情形。这也需要法院在裁判时加以注意,也是参照适用的法律解释方法的重要方面。至于何种规范不得参照适用,也需要在个案中加以裁量。《民法典》第 928 条规定,因不可归责于受托人的事由,委托合同解除或者委托事务不能完成的,委托人应当向受托人支付相应的报酬。当事人另有约定的,按照其约定。就中介合同而言,支付报酬以基于中介行为而订立合同为条件,即使因不可归责于中介人的事由导致中介合同解除,委托人也无须向中介人支付相应的报酬。故在此中介合同的解除事实上,不能参照适用上述第 928 条的规定。

# 第二十五章　合伙合同

## 专题一　《民法典》对民事合伙的调整

### 一、合伙合同的性质和特征

合伙协议是民事合伙存在的基础，民事合伙的各合伙人之间是契约关系。合伙协议通常是合伙人之间就共同出资、共同经营、共担风险而形成的合意，在性质上属于民事合同，应受合同法的调整。合伙合同的订立、履行及相应责任的承担应遵循合同法的基本原则。虽然《合伙企业法》对商事合伙作出了特别法上的具体规范，但在民商法体系中，对于民事合伙仍缺乏体系性的规范，《民法典》颁布之前，《合同法》并未将合伙合同作为有名合同加以单独规定。尽管从理论上讲，合同的订立适用“契约自由”的原则，但因合伙合同的特殊性，特别是合伙人对第三人的关系应当通过法律作出特别的规定加以规范，《合同法》总则部分无法找到可以完整调整民事合伙相关事宜的法律规范。因此可以说，《民法典》施行之前，我国法律关于民事合伙的规范体系存在漏洞。《民法典》首次设立专门章节对合伙合同作出规定，弥补了民事合伙相关规则缺失的法律漏洞，推进了我国合伙法律制度的发展和完善。

《民法典》“合伙合同”，明确了民事合伙本质上属于民事合同的一种，合伙合同的订立应遵循自由平等、诚实信用等合同法的基本原则，且《民法典》合同通则部分关于合同的订立、履行、变更等一般性规定，大多可以适用于合伙合同。此外，将合伙合同作为有名合同而加以单独规定，是基于合伙合同所具有的协议性和人合性的特征，以及民事合伙关系中合伙之间的内部关系和对外责任承担方面的特殊性。《民法典》“合伙合同”一章共规定了 12 个条文，内容上主要围绕合伙合同的性质、合伙合同具有的“共同目的性”以及“人合性”等特征，对合伙合同的内容以及合伙人的权利义务和责任承担等内容作出了规定。

第一,《民法典》"合同合伙"一章明确了合伙合同具有民事合同的性质,突出了合同自由原则对合伙合同的构造意义,第 967 条规定"合伙合同是两个以上合伙人为了共同的事业目的,订立的共享利益、共担风险的协议",明确了合伙合同的协议性。作为民事合同的一种,合伙合同的订立应遵循合同自由原则,在不违反法律和行政法规的效力性强制性规定或公序良俗的情况下,合伙人可以据其所需自行确立合伙目的、约定各合伙人应承担的出资份额和损益分配规则、制定合伙事务的实施方案,确定合伙事务执行权和决策机制,限定合伙份额的转让和继承规则等。《民法典》第 968 条规定"合伙人应当按照约定的出资方式、数额和缴付期限,履行出资义务";第 970 条规定"合伙人就合伙事务作出决定的,除合伙合同另有约定外,应当经全体合伙人一致同意";第 972 条规定"合伙的利润分配和亏损分担,按照合伙合同的约定办理";第 974 条规定"除合伙合同另有约定外,合伙人向合伙人以外的人转让其全部或者部分财产份额的,须经其他合伙人一致同意"等,均体现了合同自由原则对合伙合同的构造意义。

第二,强调了合伙合同具有"共同目的性"。《民法典》第 967 条规定"合伙合同是两个以上合伙人为了共同的事业目的,订立的共享利益、共担风险的协议"。从语义上看,该条使用了"共同的事业目的"一语,突出了合伙合同是合伙人之间为实现此项目的而形成的契约性联合。并且该条突出强调了合伙人之间的法律关系是一种互负义务,以促成"共同目的"得以实现的继续性债务关系,而非彼此间旨在实现交换目的而形成的利益对立关系。就此而言,合伙合同不同于以交换目的与利益对立为基础建构的双务合同。合伙合同的当事人之间并未产生诸如买卖合同、租赁合同当事人间的相互牵连的双务合同关系,也不产生一方意在以尽可能低的价格买进,而另一方意在以尽可能高的价格卖出的利益对立关系,而是在追求一个共同目的上,所有当事人负有协力合作义务。

第三,强调了合伙具有"人身信赖属性"的特征。合伙协议本质上是一种共同行为,合伙人订立合伙合同的目的,旨在经营某项合伙事业,实现共同的事业目的。而为了实现共同目的,各合伙人之间需要相互信任、协同合作。合伙关系的"人身信赖性"体现在:一是全体合伙人对合伙事务的执行权。《民法典》"合伙合同"一章的内容亦体现出合伙关系的"人身信赖性",第 970 条规定:"合伙人就合伙事务作出决定的,除合伙合同另有约定外,应当经全体合伙人一致同意。合伙事务由全体合伙人共同执行……"该规定明确了除合伙合同另有约定外,合伙事务的表决和执行应遵循全体一致决定原则和共同执行原则。而该条第 2 款规定:"按照合伙合同的约定或者全体合伙人的决定,可以委托一个或者数个合伙人执行合伙事务;其他合伙人不再执行合伙事务,但是有权监督执行情况。”据此可知,即使在合伙人将其对合伙事务的执行权委托给其他合伙人,而将自己排除在合伙事务的具体执行之外,该合伙人对合伙事务的执行仍享有一定程度的控制权,如监督权。二是合伙关系的“人身信赖性”要求合伙人之间保持一定的稳定性,从而一定程度上限制了合伙成员的流动性。《民法典》“合伙合同”规定的相关内容亦体现出对合伙关系内合伙成员应保持一定程度的稳定性的要求。第974条规定“除合伙合同另有约定外,合伙人向合伙人以外的人转让其全部或者部分财产份额的,须经其他合伙人一致同意”,第977条规定“合伙人死亡、丧失民事行为能力或者终止的,合伙合同终止;但是,合伙合同另有约定或者根据合伙事务的性质不宜终止的除外”,均体现了对合伙成员稳定性的要求。

## 二、合伙人的权利与义务

### (一)合伙人的主要权利

一是对合伙财产的共有权。合伙财产指合伙关系存续中,因经营合伙事业所拥有和取得的一切财产,包括合伙人的出资及其通过经营取得的一切合伙财产。在民事合伙关系中,因合伙组织不具有独立的民事主体资格,合伙财产属于全体合伙人共有。合伙人对合伙财产的共有权,源于其对合伙的出资。在该共同共有关系中,各合伙人对于合伙财产之全部存在一个潜在的份额,该份额不同于分别共有制之下某物或权利之应有部分。在共有关系消灭之前,各合伙人不得请求分割共有物。此一合伙财产之共有权,应是将其对物之占有、使用权能让渡于合伙人全体,而将处分权能冻结,仅保留对物的收益权,而此收益权又潜藏于对合伙盈利的请求权。当然,这些权能上的让渡,更多的是基于合伙人之共同目的。共有关系消灭之后,转化为出资返还请求权和剩余财产分配请求权。

二是合伙利润分配请求权。共同出资、共同经营、共享收益、共担风险是合伙制度的基本原则。合伙人对于合伙事业经营获得之盈利享有利润分配请求权,是合伙制度应有之义。合伙利润分配的比例,一般依照合伙合同的约定;在无特别约定的情况下,应以各合伙人出资额作为确定该分配比例的依据,唯应符合合伙人之间的利益平衡。进行合伙事务决算与利润分配,一般而言应该于每届事务年度终了时进行,合伙人自该结算结束后可为请求。至于该分配方法,可以采取合伙合同约定的方法,或经合伙决议或全体合伙人同意的办法。

三是合伙事务执行权、决定权与监督权。合伙人享有参与合伙事务执行的权利,对于合伙事务具有决定权。合伙合同成立生效之时,全体合伙人即因具有合伙人身份而取得合伙事务执行权和决定权,该种取得方式可以称为身份取得。此外,全体合伙人也可以另行约定由合伙人中的一人或者数人为事务执行人。在该种情况下的取得方式为约定取得。合伙人可以约定对于合伙事业经营之通常事务,可以由事务执行人一人或数人决定;而对于涉及合伙的非通常事务,需要全体合伙人共同执行的,则由全体合伙人共同执行。事务执行权和决定权尊重当事人的意思自治。未担任事务执行人之合伙人及未参与事务决定之执行人,对合伙事业经营状况及事务决定作出等情况具有监督权。至于针对合伙事务执行权、决定权及监督权的具体操作制度,由合伙人根据实际情况进行约定。

(二)合伙人的主要义务

一是出资义务。合伙的目的在于经营共同事业,而事业的推动以有相当的资产作为前提条件。所谓出资,就是合伙人为筹集合伙的资本所作出的一定比例的财产上或者是非财产上的给付。根据意思自治原则,合伙人可以自行约定该出资比例和数额。

二是对合伙债务承担连带责任。就民事合伙而言,其性质为民事合同的一种,民事合伙本身不具有民事主体资格,无法独立承担民事责任。因此,合伙经营期间产生的债务由全体合伙人共同负担,是全体合伙人的共同共有债务,合伙人对合伙债务承担连带清偿责任。用合伙财产清偿合伙债务后,对不足部分,部分合伙人履行清偿义务后,可以向其他合伙人追偿,此为合伙人内部就债务分担比例约定的问题。

三是忠诚义务。忠诚义务是合伙人的主要义务之一,合伙人之间订立合伙协议,旨在通过共同行为以实现共同的事业目的,因此,合伙人负有诚实信用地履行合伙人的权利和义务以促进合伙目的实现的基本义务。合伙人的忠诚义务一般呈现为消极义务的形态,即合伙人不得为有碍合伙之共同事业经营的行为。

# 专题二 同时履行抗辩权在合伙合同中的适用限制

《民法典》第968条规定,“合伙人应当按照约定的出资方式、数额和缴付期限,履行出资义务。”那么,合伙人的出资义务,能否适用同时履行抗辩权,是值得研究的一个问题。

对于同时履行抗辩权能否在合伙合同中适用,应明确合伙合同在性质上是否属于双务合同,合伙人出资义务的履行是否构成对待给付、是否具有牵连性。

对于合伙合同的性质,理论上有“双务合同说”和“共同行为说”。其中,“双务合同说”认为合伙合同在性质上属于双务合同,“合伙人各负为出资之债务,其债务在于相互为对价的关系,故合伙为双务契约。在合伙人之出资虽非互为交换,然苟为对价而给付,尚不妨为双务契约,从而为有偿契约”。[①] “共同行为说”认为合伙合同并非传统意义上的双务合同,而是多个当事人平行的意思表示一致而成立的法律行为。“同时履行抗辩权与风险负担的规定,乃是一作为各自的利益而交换给付为前提、并确保此间公平为目的的规定,因此并不适用于合伙合同”。[②] 因“合伙人订立合伙的目的不在于财产交换,而旨在经营合伙事业,某一合伙人履行其出资义务不是为了换取另一方的对价,而是为了形成合伙财产,所以合伙在本质上不属于一般以财产交换为目的的双务合同”。[③]

从《民法典》“合伙合同”一章中相关条款规定的内容来看,第967条关于合伙合同的定义,突出强调了合伙合同具有“共同的事业目的”,具有区别于一般双务合同的特殊性。与一般买卖合同、租赁合同等不同,合伙合同不具有互负债务的交易性或者对价交换的特点,而具有为共同事业的意思表示。就双务合同而言,双务当事人基于合同的约定具有相互给付的义务,而且给付具有“对待”之意,具有相互交

---

① 史尚宽:《债法各论》,中国政法大学出版社2000年版,第684页。

② [日]我妻荣:《我妻荣民法讲义——债权各论(中卷二)》,周江洪译,中国法制出版社2008年版,第226页。

③ 王利明:《违约责任论》,中国政法大学出版社1996年版,第224页。

换性,如买卖、互易等。但合伙合同本身并没有这种特性——合伙人根据合伙合同履行出资义务,但该给付与其他合伙人的给付并不构成“对待关系”。因此,将合伙合同定性为共同行为更加符合合伙关系的特征。

民事合伙主要是一种合同关系,当事人之间主要通过合伙合同来调整合伙人之间的法律关系。合伙合同本质上是一种共同行为,合伙人订立合伙合同的目的旨在经营某项合伙事业,实现某种共同目的。合伙协议是全体合伙人意思表示一致的产物,是合伙人之间基于共同的利益,就共同出资、共同经营、共担风险而达成的合意。从内容上看,合伙合同是各个合伙人有关经营收益和经营风险的一种安排,不同于一般的双务合同,在内容上各个合伙人的权利义务并不具有相对性,而是指向同一方向。传统上人们常称其为“合”与“同”行为,不无道理。例如,二人约定共同出资购买房屋,合同约定每人居住其中一间,并共同维护,共同交纳有关费用,此种情形即不属于合伙的范畴,而只是一般的合同关系。但如果二人共同出资购买房屋用于出租,共享收益,共担风险,则应当构成合伙。在合伙协议中,各个合伙人并非互负对待给付义务,其是为了追求共同的利益而订立协议,一方负担义务并非构成另一方的权利。某一合伙人履行其出资义务不是为了换取另一方的对待给付,或使另一方履行出资义务,而是为了形成合伙财产、从事合伙经营。因此,在一方不履行其出资义务时,其他合伙人不能主张双务合同的同时履行抗辩权;如果其他合伙人可行使同时履行抗辩权,拒绝履行自己的出资义务,将难以形成合伙财产,合伙事业和合伙目的因此而难以实现。当然,在一合伙人未按照合伙协议履行出资义务时,其他合伙人可以依据合伙协议的约定向其主张违约责任。

## 专题三　民事合伙的债务承担

### 一、合伙人的连带责任

《民法典》第 973 条规定:“合伙人对合伙债务承担连带责任。清偿合伙债务超过自己应当承担份额的合伙人,有权向其他合伙人追偿。”该条确定了民事合伙关系中,合伙人对合伙债务承担连带责任。

#### (一)合伙债务的性质

就民事合伙而言,合伙债务具有连带性,全体合伙人对合伙债务承担连带责任。所谓连带债务,是指“数人负同一债务,依其明示或者法律之规定,对于债权人各负全部给付之责任的多数主体的债的形态。连带债务一经成立,债务人的给付虽为可分,各债务人均独立负担全部给付责任,故债务人中一人或者数人为全部给付,其他债务人所负之债务,因给付目的已经失去其存在,亦随之消灭”。[①]

此外,就连带责任的分类角度而言,合伙人对合伙债务的连带责任属于真正的连带责任。就合伙债务而言,因合伙合同是各合伙人基于共同的事业目的,共同投资、共享收益、共担风险而订立,所以对于因经营合伙事务而对第三人产生的债务,各合伙人是基于共同的法律关系而对合伙债务承担连带责任。且从合伙人之间的内部关系上看,因合伙协议中通常对合伙人的责任份额作出了约定,结合我国《民法典》第973条关于“清偿合伙债务超过自己应当承担份额的合伙人,有权向其他合伙人追偿”的规定来看,合伙人在承担责任后,享有就其承担的超出其责任份额的部分向其他合伙人追偿的权利。据此可知,合伙人对合伙债务承担的连带责任属于真正的连带责任。

(二)合伙人连带责任的基础

从《民法典》第967条关于合伙合同的定义以及合伙人的权利和义务等方面来看,民事合伙,是各合伙人间基于相互信赖,为了共同的事业目的订立合伙协议而成立的“契约共同体”。合伙事业有赖于合伙财产而得以存续和发展,合伙人的出资以及合伙事务经营期间产生的收益,共同构成合伙财产。基于合伙人之间的共同关系,全体合伙人对合伙财产构成共同共有关系。《民法典》第969条第2款规定:“合伙合同终止前,合伙人不得请求分割合伙财产。”据此,在民事合伙关系中,各合伙人基于共有关系对合伙事务共同享有管理权,同时也共同享有收益权,但在合伙关系结束前,各合伙人不得请求分割合伙财产。因此,在对合伙财产进行分割前,合伙财产为合伙人共同共有。

根据法律规定,共有人应对外承担连带责任。《民法典》第307条规定“因共有的不动产或者动产产生的债权债务,在对外关系上,共有人享有连带债权、承担连带债务,但是法律另有规定或者第三人知道共有人不具有连带债权债务关系的除外”,据此,民事合伙人基于对合伙财产的共有关系,应当对合伙债务承担连带责任。

(三)合伙人对合伙债务的连带责任

合伙人对合伙债务的连带责任分为对外责任和对内责任。合伙人在对外清偿

---

① 林诚二:《民法债编总论》,中国人民大学出版社2003年版,第477页。

债务时,应当首先用合伙人共同共有的合伙财产进行清偿;合伙财产不足以清偿合伙债务的,全体合伙人对不足部分均有清偿义务,即合伙人对合伙债务承担连带责任;部分合伙人对不足部分向债权人履行了清偿义务后,有权就超过自己应当承担份额的部分向其他合伙人追偿。在审判实践中,即使有债权人向部分合伙人提起诉讼,要求偿还债务,人民法院也应当考虑先用合伙财产偿还债务,不应当抛开合伙财产,直接先用该合伙人的非合伙财产进行清偿。只有在合伙财产不足以清偿债务时,才可以用合伙人的其他财产进行清偿。

## 二、合伙人的追偿权

《民法典》第973条明确了合伙人的追偿权。连带责任制度要求合伙人作为整体对外负全部赔偿义务,而追偿权是为了兼顾对债权人的保护和债务人的内部利益平衡,在内部寻求利益平衡的工具。合伙人追偿权的成立应满足三方面的条件:一是合伙人履行了债务,只有合伙人履行了债务并导致全体合伙人共同免责,履行债务的合伙人方能取得追偿权。二是其他合伙人因该合伙人的清偿行为而共同免责,这里的共同免责包括其他合伙人因该清偿行为而全部免责以及部分免除责任。三是该合伙人清偿债务超过其应当承担的份额。关于合伙人对合伙债务应当承担的债务份额,《民法典》第972条规定:"合伙的利润分配和亏损分担,按照合伙合同的约定办理;合伙合同没有约定或者约定不明确的,由合伙人协商决定;协商不成的,由合伙人按照实缴出资比例分配、分担;无法确定出资比例的,由合伙人平均分配、分担。"据此,应当根据上述法律规定确定合伙人承担合伙债务的份额,对于履行责任超过自己应承担比例的合伙人,有权向其他合伙人追偿。

# 第二十六章　无因管理

准合同的概念发源于罗马法，本指非合同、非侵权行为引起的债权。罗马法学家盖尤斯在《法学阶梯》中描述说，某些债务的渊源并非来自合同，但是却和合同所生之债类似，债务人承担一种类似来自合同的义务。大约在公元 6 世纪时，查士丁尼根据市民法和执政官法把债进行了初步分类：合同、准合同、侵权、准侵权，准合同概念正式被提出。在近代私法法典化进程中，法国民法在继受罗马法学说汇纂体系的基础上，采纳了准合同的概念。

我国民法体系建设过程中，无论是《民法通则》，还是之后的《合同法》《民法总则》，以及将施行的《民法典》，均采取提取公因式的立法技术，将一些共性的规则提炼出来规定在总则之中。在我国《民法典》之前的立法中，无论是《民法通则》，还是《民法总则》，均未从准合同角度去界定无因管理和不当得利。《民法典》重新采用准合同概念，主要理由在于，我国民法并无债法总则的规定，在《民法典》中合同通则部分承担了债法总则的功能，因此在合同编体系之下无法容纳无因管理和不当得利这两种独立于合同的债。为了无因管理和不当得利之债能够在《民法典》中找到合适的位置，采用准合同方式将其放在合同编中，不失为一种好的立法方法。

虽然这两种法定之债均被放在准合同之下，但就二者的制度特殊性，与合同还是有区别的。就无因管理制度而言，其在制度构造上与委托合同具有很大的相似性，因此，《民法典》第 984 条规定“管理人管理事务经受益人事后追认的，从管理事务开始时起，适用委托合同的有关规定……”。故将之界定为类似合同的制度，并无问题。作为《民法典》准合同项下的不当得利制度，应当主要解决给付型的不当得利。至于非给付型的不当得利，随着社会实践的不断发展，再从理论和实践相结合的角度，有针对性地提出应对之策。

# 专题一　无因管理在《民法典》中的体例安排和变化概述

无因管理作为债发生的原因,是与合同、侵权行为、不当得利相并列的债法上的基本制度。无因管理请求权与物权请求权、合同请求权、不当得利请求权、人身权请求权共同构成完整的、不可分割的民法请求权体系。此次《民法典》编纂,我国的无因管理制度得到重大发展,在第118条、第121条及第183条规定了无因管理的相关内容以外,在合同编中的第三分编准合同中,单独规定第二十八章无因管理,下设6条,对无因管理制度进行了丰富和完善,形成了体系较为完整的无因管理制度,弥补了我国此前立法关于无因管理制度的规定过于简略的不足。

# 专题二　无因管理的概念及构成要件

无因管理,指没有法律规定或约定的义务,为避免他人利益受损而为其管理事务或者服务。《民法典》第121条规定:"没有法定的或者约定的义务,为避免他人利益受损失而进行管理的人,有权请求受益人偿还由此支出的必要费用。"无因管理制度起源于罗马法,无因管理行为源于特定情形下对他人私人领域的介入需要,对于介入者,即管理人而言,源于朴素的利他情感;对于被介入者,即被管理人或受益人而言,源于无法掌控自己财产时对他人的求助。进而,为了从法政策上平衡"禁止干预他人事务"这一基本法律原则,与"鼓励互帮互助"这一人类共同生活的社会利益所需,逐步产生了调整无因管理行为的法律规定。

无因管理受到法律保护的原因,在于管理人"原来对于他人事务,并无加以干涉之权利或义务。然吾人相倚互助,以防止他人之损害或增进他人之利益,自社会连带之理想,为应奖励之事。管理事务之制度,即基于此理想而建立,于保护本人利益之中，寓有适合社会利益之意”。[1] 可见，无因管理不仅具有私法维护权益的意义，更兼具鼓励形成相互帮助良好社会风尚的公益功能。

《民法典》第979条规定：“管理人没有法定的或者约定的义务，为避免他人利益受损失而管理他人事务的，可以请求受益人偿还因管理事务而支出的必要费用；管理人因管理事务受到损失的，可以请求受益人给予适当补偿。管理事务不符合受益人真实意思的，管理人不享有前款规定的权利；但是，受益人的真实意思违反法律或者违背公序良俗的除外。”据此，无因管理的构成要件主要有以下三个方面：

## 一、管理他人事务

管理他人事务，即为他人进行管理。一是对于“事务”的理解。事务是指与人的生活利益相关、满足人的生活需要并能成为债务目的的一切事项。既可以是经济事务，也可以是非经济事务；既可以是有关财产的事务，也可以是有关人身的事务；既可以是一时性事务，也可以是继续性事务；既可以是事实行为，也可以是法律行为；既可以是单一事务，也可以是复合事务。事务应符合以下条件：须是合法事务，违法或违反公序良俗的事务不得管理；须不属于本人专属或非经授权不得办理的事务；须适合作为债的目的的事务，纯粹的宗教、道德、习俗和社会公益性质的事务不属于无因管理的事务；事务须为私人事务，不包括公共事务。这里的“事务”不包括下列事务：单纯之不作为；不发生债权债务关系的事项，如为了生病的人而祈祷神明保佑的宗教行为；本身就违法的行为，如帮盗窃团伙寄存赃物。

二是对于“管理”的理解。管理应是积极的作为，单纯的不作为不构成无因管理中的“管理”。管理的目的是避免他人利益受到损失，表现为保存、利用、改良行为，一般不包括为他人取得权利或负担义务的行为，否则有过度干涉他人事务之嫌；只要有管理事务的行为即可，管理行为是否成功，不影响无因管理的成立；管理行为属于事实行为，故不要求管理人具有行为能力。

三是对于“他人事务”的理解。“他人事务”可以理解为，凡是能成为债务目的的一切事项均可成为无因管理中的事务。他人事务有客观上的他人事务和主观上的他人事务之分。客观上的他人事务是指依事务性质，当然属于他人的事务。主观上的他人事务是指依事务性质与特定人并无当然的结合关系，应结合管理人主观上的意思和行为事实上或法律上的结果归属加以确定。如管理人将自己事务主

---

① 史尚宽：《债法总论》，中国政法大学出版社2000年版，第57～58页。

观上误认为是他人事务进行管理,不能构成无因管理。对他人事务,管理人就他人(本人)是谁,并无认识的必要。即使对本人认识错误,也可就真正的本人成立无因管理。管理他人事务是成立无因管理的首要条件。

四是为他人管理事务意思的判断。为他人管理事务的意思系内心的意思表示,不需要一定有对外的意思表达行为。这时的意思表示是一种事实。值得注意的是,为他人管理事务的意思不是法律行为中的效果意思,因此限制行为能力人或无行为能力人均可实施无因管理行为。

### 二、管理人没有法定或约定的义务

无因管理中的"无因",是指管理人没有法定或者约定的义务。法定义务既包括私法上的义务,也包括公法上的义务。如连带债务人超出自己的份额偿还债务不构成无因管理。管理人是否有法律上的义务,应依客观判断。如客观上本无义务,管理人误以为有义务而管理,仍可成立无因管理;如客观上有义务,管理人误以为无义务而管理,则不成立无因管理。

无因管理属于事实行为,"事实行为是指行为人主观上并无产生民事法律关系的意思,而是依照法律的规定引起民事法律关系后果的行为"。① 如果无因管理人与受益人之间因约定义务或法定义务而为管理事务,例如管理人基于仓储合同对被保管人的货物进行管理,或父母基于监护关系照顾子女,均不构成无因管理。无因管理作为事实行为的法律效果与管理人的意志无关,直接根据法律规定而产生。

判断管理人有无义务,应当按照客观标准。管理人原没有义务,而在管理时有义务的,不能成立无因管理;原有义务,而至管理时没有义务的,自没有义务之时即可成立无因管理;本有义务而误认为自己没有义务的,不为无因管理;本无义务,而误认为自己有义务的,则仍可成立无因管理。②

### 三、避免他人利益受损失

从主观上看,管理人须是出于避免他人利益损失而进行管理的主观动机而实施管理行为;从行为后果上看,由管理行为所取得的利益最终归受益人所有,而非由管理人享有。如果管理人在维护自己利益的同时,具有为他人利益的意思,仍可成立无因管理。即为他人事务管理的意思,不是专为本人利益的意思。

---

① 江平主编:《民法学》,中国政法大学出版社 1999 年版,第 178 页。

② 参见郭明瑞主编:《关于无因管理的几个问题》,载《法学研究》1988 年第 2 期。

审判实践中应注意,关于管理人的管理行为同时有利于自己和他人是否构成无因管理的问题。本书认为,无因管理的构成要件只要求管理人的管理行为有利于他人,至于是否有利于自己在所不问。帮助他人,同时有利于自己的行为,并不违反无因管理制度的立法目的。例如,在郑某诉润兴公司案中,郑某为润兴公司代缴了税款和滞纳金后向法院起诉,请求润兴公司承担责任。润兴公司抗辩称郑某代缴上述款项的目的是为自己妻子减刑。法院最终认定郑某的行为构成无因管理。①

## 专题三 无因管理人费用支付请求权

《民法典》第 979 条区分无因管理是否符合受益人真实意思而规定了两种情形。一是无因管理符合受益人真实意思,则无因管理人有权请求受益人支付必要的费用,对于管理人因管理事务受到损失的,可以请求适当的补偿;二是无因管理不符合受益人真实意思的,管理人不享有费用支付请求权,但是受益人的真实意思违背公序良俗的除外。

《民法典》第 979 条第 1 款规定了符合受益人真实意思的无因管理,无因管理人享有费用支付请求权。虽然条文中没有明确规定该款的请求权适用于符合受益人真实意思的无因管理情形,但从该条第 2 款可以推断出第 1 款隐含着符合受益人真实意思的要件。关于“符合受益人真实意思”的理解,应当是在照顾本人真实或可推知的意思的情况下,以本人的利益所要求的方式管理该事务,或者说是以受益人明示或者可推知的意思为标准进行判断。

### 一、直接支出的必要费用

根据《民法典》第 979 条第 1 款的规定,无因管理,符合受益人真实意思的,无因管理人可以请求受益人偿还因管理他人事务而支出的必要费用。从立法过程演变来看,该条沿袭了《民法通则》第 93 条的规定:“没有法定的或者约定的义务,为

① 参见浙江省宁波市中级人民法院民事判决书,(2009)浙甬商终字第 1054 号。

避免他人利益受损失进行管理或者服务的,有权要求受益人偿付由此而支付的必要费用”,并略有修改。《贯彻民法通则意见》第132条规定,“民法通则第九十三条规定的管理人或者服务人可以要求受益人偿付的必要费用,包括在管理或者服务活动中直接支出的费用,以及在该活动中受到的实际损失”。

该部分费用主要包括管理事务的必要支出及利息。对于“必要”的判断标准,应当按照支出时的客观情况。“得请求返还之费用,以必要或有益为限,是否必要或有益,依支出时的客观标准加以认定。”①也就是说,如当时支出该费用是必要的,即使事后为不必要,亦仍应视为必要费用。如果当时该费用不是必要的,事后即使为必要,仍不属于必要费用。

### 二、实际损失的适当补偿

首先,这里采用适当补偿并非赔偿责任。也就是说,不能采用赔偿的填平原则确定补偿数额。《民法典》第183条规定:“因保护他人民事权益使自己受到损害的,由侵权人承担民事责任,受益人可以给予适当补偿。没有侵权人、侵权人逃逸或者无力承担民事责任,受害人请求补偿的,受益人应当给予适当补偿。”一般认为,无因管理的实际损失仅指因特定管理行为造成的损失,既不包括管理人自己的过错所导致的损失,也不包括管理人在不管理该事务时也可能遭受的不特定的损失。例如,为管理他人事务乘车发生交通事故造成损失。由于该损失并非管理行为造成的特定损失,故不属于无因管理的损失。而为帮助救火而被烧伤则是管理行为造成的特定损失,属于无因管理的损失。其次,当受益人的收益小于管理人的损失时,只要管理人进行了适当管理行为,受益人应给予适当的补偿。理由在于,管理的结果及双方的损益情况不是无因管理的构成要件,不影响受益人承担偿付责任。例如,甲发现乙宅着火后及时帮助救火,但因火势过大房屋仍然被烧毁。此时乙虽未获益,但仍应就甲的损失承担补偿责任。此外,管理人原则上不得请求受益人支付报酬,除非该报酬可以计入必要支出或损失。

《民法典》第979条第2款规定了不符合受益人真实意思的无因管理,无因管理人不享有费用支付请求权,但是受益人的真实意思违背公序良俗的除外。违反受益人或称本人意思的事务管理,学理上称为不适法无因管理。“唯此情形,衡量社会利益及本人利益对管理人无特别予以优惠之必要,故不应使其管理事务行为

---

① 王泽鉴主编:《债法原理》(第1册),中国政法大学出版社2001年版,第349~350页。

具有阻却违法之法律效果。”[①]在大多数情况下,无因管理人并不知道他人的意思,此时如何判断管理行为是否违反受益人明示或可推知的意思?本书认为,只要管理人的行为符合常识常情常理,不低于一般人的判断标准,即应当认为符合受益人的真实意思。需要指出的是,在特定情形下,出于维护社会公共利益和公序良俗的需要,管理人即便违反受益人的真实意思管理事务,仍可以构成无因管理。如将因迷信不愿进医院的患者强行送往医院救治的行为,虽违反本人意思,仍构成无因管理。再如,邻居将其高龄父母遗弃,邻居不忍对被遗弃老人的生活进行照料构成无因管理,该管理虽不符合受益人要遗弃其父母的真实意思,但由于遗弃的不法行为本身违反公序良俗,因此,管理人进行管理支出的必要费用受益人仍应偿还。

### 三、不属于真正的无因管理的费用支付请求权

《民法典》第980条规定:“管理人管理事务不属于前条规定的情形,但是受益人享有管理利益的,受益人应当在其获得的利益范围内向管理人承担前条第一款规定的义务。”对不符合《民法典》第979条规定的无因管理要件的,在学理上称为不真正无因管理。根据管理人是否具有为他人管理事务的意思为标准,分为真正无因管理和不真正无因管理。真正无因管理是指管理人具有为他人管理事务的意思,没有法定或约定的义务而为本人管理事务。不真正无因管理又称不法管理,是指管理人明知系他人事务,却故意作为自己事务或误信他人事务为自己事务或误信自己事务为他人事务而加以管理的行为。不真正的无因管理是指管理人为自己管理事务,而不是为他人管理事务。

不真正无因管理不具备无因管理的构成要件,不发生无因管理的法律效果,应根据不同情况确定相应的法律后果:

1. 管理人误将他人事务作为自己事务管理的,根据管理人或受益人的过错,在管理人和受益人之间可产生不当得利或侵权关系。误将他人事务作为自己事务是受益人过错造成的,或双方都有过错,或双方都无过错,成立不当得利关系。误信是管理人的过错造成的,可成立不当得利或侵权关系。依据《民法典》第980条的规定,受益人享有管理利益的,受益人在其获得利益范围内向管理人承担必要费用的偿还以及损失的适当补偿的责任。

2. 管理人误将自己的事务当作他人的事务进行管理,可成立不当得利或侵权

---

① 王泽鉴主编:《民法学说与判例研究》,中国政法大学出版社1998年版,第90页。

关系。

3. 管理人明知为他人事务,仍作为自己事务管理,本不应成立无因管理,而构成不当得利或侵权行为,但若依据不当得利和侵权关系救济,未必妥当保护受益人的利益。因此,对管理人明知为他人事务,仍作为自己事务管理的,受益人可主张成立无因管理,从而得以请求管理人返还全部利益。

# 专题四　无因管理的管理人义务

《民法典》第 981 条至第 983 条规定了无因管理中管理人的义务。

## 一、适当管理的义务

管理人一旦介入本人事务,应依本人明示或可推知的意思以有利于本人的方法进行管理,并且管理行为具有继续性和不可间断性。"有利于本人"的判断标准,应以处理自己事务的注意义务为标准,在收取报酬时,应负善良管理人的注意义务。在特殊情况下,适当减轻管理人的注意义务。特殊情况是指在紧急情况下,为救助本人的生命、身体或财产,除非管理人有恶意或重大过失,才使其承担没有尽适当管理义务的责任。作为管理人,一般情况下应根据事务的性质,以一般公众对此事务处理的惯常做法进行管理,但管理人已知悉本人意思或可以推知本人意思的,应依本人意思进行管理。如本人意思与其真正利益有冲突的,虽违反本人意思,但符合其真正利益的,也是适当管理。如管理人尽了适当管理的义务,仍给本人造成损失的,除非有故意或重大过失,管理人应依债务不履行负损害赔偿责任,而不宜认定为侵权行为。

## 二、通知义务

管理开始后,客观上能通知的,应立即通知本人,等待本人指示,根据本人的指示继续管理或停止管理。如果管理人因过失未为通知或迟延通知导致损害的,应负债务不履行责任。

### 三、继续管理义务

在客观上不能通知本人或紧急情况下，管理人一旦开始管理应负继续管理义务，但如果继续管理违反本人意思或不利于本人的，应停止管理。

### 四、报告及交付义务

管理人应在管理终止时，将管理事务的情况报告本人，并将因管理事务所收取的金钱、物品、孳息及取得的权利交付或移转于本人。

审判实践中应注意把握管理人注意义务的标准。关于管理人应尽何种注意义务，目前存在两种观点。第一种观点认为，管理人应尽善良人之管理注意义务。“无因管理人无法律上义务而干预他人事务，依其事件之特性，原则上应负善良管理人之注意义务。其未尽此项义务，致本人遭受损害时，应依债务不履行规定，负损害赔偿责任。”①该观点的依据为，无因管理属于对他人事务的积极介入，其注意义务的要求应该较为严格，不能因为管理人自己的能力不足而为本人招致损失。第二种观点则认为，应尽到管理人自己处理同一事务的注意义务。“在管理人的管理知识水平低于本人的管理要求或社会常识的情况下，那么只要管理人尽其所能地进行管理，就应认定为适当管理。”②理由在于“无因管理人是为公益或他人的利益而予以管理，承担与处理自己的事务为同一注意义务即可，不应承担善良管理人的注意义务”。③ 本书倾向于认为，鉴于无因管理有鼓励社会成员互助之功能，且管理人系无偿管理，不应要求其承担过高的注意义务。故第二种观点较为可取。从实践看，由于无因管理一般为日常事务，无论是善良人注意义务，还是处理自己事务的同一注意义务，并不会有多大差别。但在特定情况下，如果管理人的管理能力过低造成损失的，管理人还是应当承担责任。这是因为，管理人在不具备管理能力的情况下管理他人事务，并不符合本人利益，违背了本人可推知的意思。例如，甲发现乙家中电器着火后未及时关闭电源反而用水灭火导致重大损失，甲的行为不能成立无因管理。

---

① 王泽鉴主编：《债法原理》（第1册），中国政法大学出版社2001年版，第347页。

② 马俊驹、余延满：《民法原论》，法律出版社2005年版，第779页。

③ 王利明主编：《中国民法案例与学理研究》（债权篇），法律出版社2004年版，第27页。

# 第二十七章　不当得利

## 专题一　作为准合同的不当得利

不当得利作为一种重要的债的发生原因,在调整平等民事主体之间无正当原因的财产归属与转移上发挥着重要作用。无论英美法系,还是大陆法系,不当得利均系产生债或者义务的重要原因,均受到理论界和实务界的高度重视。

1986 年出台的《民法通则》第 92 条,将不当得利制度规定为一种独立的债的发生原因。之后最高人民法院出台的《贯彻民法通则意见》(《民法典》施行后业已废除)第 131 条对不当得利的法律后果作了补充解释规定:“返还的不当利益,应当包括原物和原物所生的孳息。利用不当得利所取得的其他利益,扣除劳务管理费用后,应当予以收缴。”至于善意、恶意不当得利人返还范围的区别、排除不当得利返还的原因等问题,并未涉及。

《民法典》先在第 118 条列举了产生债权的各种原因,然后在第 122 条规定了不当得利的一般条款:“因他人没有法律根据,取得不当利益,受损失的人有权请求其返还不当利益。”

《民法典》将不当得利放在合同编第三分编第二十九章,进一步细化和明确了不当得利的法律后果,规定善意不当得利人和恶意不当得利人的不同返还义务、特定情况下第三人的返还义务,对不当得利制度进行了较为系统的规定。与之前的不当得利法律制度相比较,《民法典》合同编第三分编不当得利制度系全新增加规定的内容,主要包括了以下几个方面的新内容:一是不当得利的构成要件和法律后果(第 985 条);二是排除不当得利返还义务的情形(第 985 条但书);三是善意不当得利人的返还范围(第 986 条);四是恶意不当得利人的返还范围(第 987 条);五是第三人的不当得利返还义务及其范围(第 988 条)。

准合同制度可以概括给付型不当得利的特点,但是对于非给付型不当得利而言,合同的相关规范则很难适用。《民法典》并未在“给付型”和“非给付型”不当得利之间进行区分,特别是其规范的基础仍然更多关注于给付型不当得利,由此在下一步《民法典》施行后,司法解释需要进一步积累非给付型不当得利的特点,填补相应规则的缺失。《民法典》对于返还利益的范围以及“没有法律根据”的判断标准,亦均未涉及,使合同无效、合同撤销等双务合同的不当得利返还请求权的法律适用问题,仍然需要结合其他法律规定,通过审判实践加以解决。

# 专题二　不当得利的构成要件与法律后果

《民法典》第 122 条规定:“因他人没有法律根据,取得不当利益,受损失的人有权请求其返还不当利益。”第 985 条规定:“得利人没有法律根据取得不当利益的,受损失的人可以请求得利人返还取得的利益。”二者均规定了不当得利的构成要件和法律后果,仅仅在术语上存在区别,其内涵是一致的。

## 一、不当得利的构成要件

### (一)一方取得利益

不当得利中的利益,包括财产性权利和利益,不包括人身利益。一般而言,取得财产利益主要表现为以下形式:一是财产权利的取得,如所有权、用益物权、担保物权、知识产权、债权等取得。二是财产利益的取得,如占有利益的取得。三是财产权的扩张,财产权利人在原有权利的基础上扩张了行使权利的范围。例如,因为添附而扩展原有所有权或者用益物权等担保物权的范围等。四是财产利益上负担的消灭。对于财产利益限制的消除或者撤销,使权利人可以不受限制地行使权利。例如,附加于所有权之上的用益物权的消灭,使所有权恢复到完全所有权的状态。五是债务消灭。债务人负担的债务归于消灭,使债务人的财产负担减轻。六是其他法律义务的消灭,导致消极财产的增加。例如,错误扶养而支出一定的费用,导致真正负担法律扶养义务人免除了扶养义务。

需要注意的是,现代不当得利法作为矫正无法律根据财产变动中发生的失衡利益的一种重要制度工具,在其功能发挥过程中,其调整范围不仅是变动的,而且在现代法律发展中具有扩张的趋势。因此,上述情形并非封闭的。至于具体不当得利的形态,则需要司法实践在总结经验基础上加以裁量,且应保持开放的态度。比如,侵害权利型不当得利,侵权人因为侵权而获利,对于受损失的人而言,可以请求侵权损害赔偿,也可以请求不当得利返还。

(二)一方获益无法律根据

无法律根据,是指缺乏受益的法律上的原因,而不是指权利或者财产的取得没有法律上的直接依据。关于这一问题,理论上存在统一说与区分说的观点。统一说认为,无法律根据应当具有统一的意义,对于任何情形下的不当得利的构成,均应作统一的解释和说明。有学者认为,违反公平即为无法律根据,"公平观念为近现代法理和立法对不当得利返还请求权均附加'不当'或者'无法律上的原因'要件的理由。总之,不当得利以调节财产变动发生的不公平现象为目的"。①

主张区分说的观点则认为,应当区别各种不当得利的具体类型,分别说明无法律上的原因,才可以满足不当得利制度的需要。区分说将不当得利区分为给付型不当得利及非给付型不当得利两种类型。前者是指因给付目的欠缺而发生的不当得利情形,包括合同无效、不成立、被撤销以及解除等情形。后者是指基于给付以外的事由而发生的不当得利,包括侵权行为、误信管理(误将他人事务当成自己事务管理)、准无因管理、自然事件以及法律的直接规定等。

现代民法学不当得利理论和实务的发展,基本沿着区分说的路径发展。不当得利"不仅贯穿于民法典,而且也贯穿于商法、民事诉讼法、经济法等与财货转移有关的各个领域中"。②

(三)一方获利与另一方损失之间存在因果关系

因果关系的判断标准,决定了获利方的求偿范围。不当得利的因果关系不同于侵权责任中行为与损害结果之间的直接因果关系,属于非直接的因果关系,即牵连关系。两者的区别在于,直接因果关系要求一方获益与他人受损必须基于同一事实;而在不当得利判断上应遵循相当因果关系的标准,"若没有取得利益的事实,他人不至有损失发生,应当认定取得利益和他人损失之间存在因果关系"。③

---

① 孙森焱:《民法债编总论》(上册),法律出版社2006年版,第99页。
② 洪学军:《不当得利制度研究》,中国检察出版社2004年版,第43页。
③ 史尚宽:《债法总论》,中国政法大学出版社2000年版,第72页。

## 二、不当得利的法律后果

《民法典》第 122 条和第 985 条所规定的返还所取得的“利益”，系不当得利请求权的客体。[①] 要注意区分不当得利请求权客体和不当得利受损人可以请求返还的范围。以下述双务合同被撤销后的法律后果为例。甲乙签订房屋买卖合同，甲支付了购房款，乙交付了房屋，并办理了房屋权属变更登记手续。后丙向法院请求撤销该房屋买卖合同，经法院审理并判决，撤销甲乙之间的房屋买卖合同。因此，在该合同被撤销之后，甲继续保有该房屋构成不当得利，[②]甲需要返还已经取得的乙的房屋，则乙对甲有一个对该房屋的不当得利返还请求权；同样，乙保有甲所交纳的购房款构成不当得利，乙需要返还给甲该购房款，则甲取得对乙的该购房款的不当得利请求权。由此，在该纠纷中，产生两个不当得利请求权，即有两个不当得利请求权的客体。就不当得利请求权客体，应遵循以下解释思路：

第一，返还原物。如果受益人基于不当得利取得物，则应返还原物；如果原物毁损、灭失，则基于该毁损、灭失所得之赔偿金、保险金等可以替代为应返还之诉；如果基于该原物尚有所得，则还应返还该所得。《民法典》施行后业已废除的《贯彻民法通则意见》第 131 条规定：“返还的不当利益，应当包括原物和原物所生的孳息。”这里的孳息，实际上就属于另有所得的范畴。当然，鉴于对此问题，目前尚无新的司法解释进行明确，但是在未来的司法解释中也应定为返还原物及另有所得。例如，甲乙签订买卖木材合同，甲向乙交付了木材，乙尚未支付购买价款。后乙基于欺诈行使撤销权，解除了合同。因此，乙取得木材则没有合同依据，构成不当得利。在此情况下，乙应向甲返还该木材。但是，如果乙已经转手出售此批木材，则乙应向甲返还该批木材的出售款；如果出售款比原购买款要多，则也应将该多出款项返还。

第二，偿还价额。如果在性质上不能返还原物或者受益人基于其他理由不能返还原物的，则应偿还其价额。例如，建筑材料附合在建筑物上，且建筑物所有权人取得附合该建筑材料的所有权，此种情况并非原物遭受毁损、灭失的替代给付，

---

① 参见黄立：《民法债编总论》，中国政法大学出版社 2002 年版，第 219 页。

② 对于合同撤销之后，当事人所享有的请求权系原物返还请求权还是不当得利请求权，需要实践中进一步厘清。王利明教授认为，对于受损人来说，有两种请求权，即原物返还请求权和不当得利返还请求权，且二者构成请求权竞合。参见王利明：《债法总则研究》（第 2 版），中国人民大学出版社 2018 年版，第 404 ~ 406 页。本书认为，对于双务合同无效、撤销、解除之后双方返还义务的性质的认定，决定该权利系物权请求权还是债权请求权。但是，无论该请求权是否构成物权返还请求权，其可以构成不当得利返还请求权，则并无异议。

而是所有权人保有原物价值之后的返还对应价额。

### 三、不当得利返还义务的排除

《民法典》第985条规定,“得利人没有法律根据取得不当利益的,受损失的人可以请求得利人返还取得的利益,但是有下列情形之一的除外:(一)为履行道德义务进行的给付;(二)债务到期之前的清偿;(三)明知无给付义务而进行的债务清偿”。但书规定了三种排除不当得利返还的例外情形。

不当得利返还义务的排除,是指获利人的获利不构成不当得利,或者虽然构成不当得利,但依据法定的原因无须负担返还义务的情形。就本条规定的排除不当得利返还义务的情形,并非完全排除受损人的不当得利返还请求权,而只是赋予受益人一种抗辩权。此时,受益人拒绝返还不当得利实际上属于提出抗辩。排除不当得利返还义务的情形包括:

第一,为履行道德义务进行的给付。道德义务并非法律所规定的法定义务,但该义务符合社会的一般道德观念,故使其发生法律上的效力,受损人不得请求返还其利益。如在我国传统习俗中,亲戚朋友之间结婚、生子均具有送交贺礼的习俗,该种习俗所产生的给付即应界定为一种道德义务。

道德义务系一不确定性概念,需要由司法机关在实务中根据案件纠纷情况进行认定。在实践中如何判断系履行道德义务,应当依照社会观念和当事人之间的关系,以及给付标的物的价值等确定。比如,对于救助其生命的人给付报酬,虽然对于给付人来说并无义务,但是从实际生活来看,此种给付带有一种道德义务性质,故得到该报酬的人并不构成不当得利。

还应当区别基于道德义务的给付与赠与的界限。赠与就是明知自己无义务而为无偿的财产给付,赠与人原则上并无义务。而道德义务对于受损人而言系负担义务,只不过该种义务为道德义务。

第二,债务到期之前的清偿。定有清偿期的债务,债务人于未到期之前而为清偿给付的,是期前清偿。期限系为债务人的利益而设,清偿期未届至,债务人并无清偿义务。如果债务人并非为了提前清偿的目的而为给付,属于欠缺给付目的的清偿。此时,受领人受领并非无法律根据,但是这种清偿也发生债务消灭的后果,所以,清偿人不得以不当得利为由请求返还。

当然,对于给付人在给付时至清偿期届至前期间的中间利息利益或期前利益是否可以请求返还,需要进一步研究。我们倾向于支持请求返还的观点。

第三,明知无给付义务而进行的债务清偿。非债清偿是不当得利的最典型形式。但在明知的非债清偿情形下,比较法上许多国家和地区的法律均规定,给付人无权向对方当事人请求返还。关于明知无债务仍然清偿不得请求返还不当得利的原因,有不同观点。自我国民法体系角度出发,则应认为该种出尔反尔的行为违反诚信原则,故对其返还的请求,不应予以保护。①

### 四、不法原因给付的处理

比较法上还有基于不法原因之给付不能请求不当得利返还的法律规定,《民法典》并未采纳比较法上的做法。对此,应自文义解释角度出发,解释出来法律不支持此种处理的态度。至于涉及不法原因给付的具体案件纠纷处理,则需要结合案件具体情况加以处理。例如,民间借贷中债务人支付的超限利息问题,在实务中应允许其自然抵扣尚欠付的本金。这种处理方式已经内含了允许不当得利返还的请求。②

### 五、双务合同不当得利请求权的处理

双务合同所产生的返还请求权,其具有的准合同特性是比较明显的。其中比较典型的是,双务合同履行请求权对于给付型双务合同不当得利返还请求权的准用。

以下述案例为切入点:出卖人甲将某奔驰牌机动车作价 50 万元与乙的某批钢材互易。双方均已经交付。后乙基于该机动车系泡水车受欺诈为由请求撤销该合同,经法院判决认定,该泡水车价值仅值 30 万元,故支持乙行使撤销权的请求。根据该撤销结果,则乙保有甲机动车构成不当得利,乙应向甲返还该机动车;而甲要向乙返还某批钢材。鉴于甲已经将该批钢材对外出售,取得价款60 万元,故甲应向乙返还该另有所得的60 万元价款。此时,假如甲进入破产程序。对乙的权利如何保障?

上述双务合同上的不当得利请求权,实务上缺乏相关判例。就案涉情形而言,乙需要向甲返还机动车,该请求既可以系物权返还请求权,也可以构成不当得利返

---

① 参见王泽鉴:《债法原理(第二册):不当得利》,中国政法大学出版社 2002 年版,第 114 页;王利明:《债法总则研究》(第 2 版),中国人民大学出版社 2018 年版,第 478 页。

② 参见仲伟珩:《民间借贷超限利息的抵扣》,载《最高人民法院第二巡回法庭法官会议纪要》,人民法院出版社 2019 年版,第 63 页。

还请求权,二者形成竞合。[①] 无论甲向乙主张何种请求权,乙均需要向甲返还该机动车。但是,对于甲需要向乙返还的钢材而言,鉴于该钢材已经出售并有所得,则应该基于返还原物之另有所得原则,返还所得价款 60 万元。在负担返还义务的双方均具有偿还能力的情况下,往往不会产生纠纷。但是,在甲进入破产程序之后,显然乙对其请求返还 60 万元的不当得利请求权属于破产债权。如此,则乙向甲返还价值"30 万元"的机动车,而乙对甲的债权则纳入破产债权参与破产财产分配。如果二者均据此处理,而不允许乙对此提出同时履行抗辩,这对于乙来说是明显不公平的。

对于上述双务合同不当得利请求权的关系,我国现行法律并未规定。而德国判例学说历经 100 多年的发展,创设若干基本理论和思考方法,值得借鉴。

第一,不当得利请求权对立说。该说认为当事人各有独立的不当得利请求权。从上述案例来说,乙对甲有返还钢材销售款60 万元的请求权,甲对乙有返还机动车的请求权,这两种请求权可以主张同时履行抗辩。如果应返还的标的种类相同,可以相互抵销。但是,在非由于当事人原因导致标的物毁损灭失的情形,该说认为在所受利益不存在时,则免负返还或偿还价额的责任,而他方仍然可以向对方请求返还。显然,这样的处理对于一方当事人而言是不公平的。

第二,差额说。为克服上述不当得利请求权对立说的缺点,德国法理论和实务上还有差额说,认为双务合同上不当得利请求权自始存在于一个基于双方对待给付的计算之上,故以差额的返还为其内容。该说强调双务合同双方的给付基于经济上的交换目的而构成一个整体,故对合同无效、被撤销的情形,给付与对待给付应一并观察计算。例如,在上述案例,甲应向乙返还钢材销售款 60 万元,乙要向甲返还机动车。鉴于本案机动车并不值 50 万元,故应根据实际市价折算 30 万元,由此在甲进入破产程序之后,乙可主张抵销权,故甲在以该机动车实际价值 30 万元"抵销"30 万元之后,甲应向乙返还钢材销售款 30 万元。则该 30 万元在甲进入破产程序后,可作为乙的破产债权请求参与分配。德国法上还针对标的物毁损灭失的个案情况,强调对未成年人的特殊保护及对欺诈一方当事人的制裁等。

差额说多受德国学术界批评。[②] 但是,德国实务界仍然秉持差额说的处理方式。德国法的上述处理思路均具有一定参考价值。经过近 100 年的争辩,目前德国

---

① 参见王利明:《债法总则研究》(第 2 版),中国人民大学出版社 2018 年版,第 404 页。

② 比较法上的学说参见王泽鉴:《债法原理(第二册):不当得利》,中国政法大学出版社 2002 年版,第 223 ~226 页。

实务中主流的处理方法仍然是差额说。

本书认为，就我国类似问题的处理而言，应明确以下几个方面的问题：

首先，与双务合同的履行一样，在双务合同被撤销或被认定无效之后，所产生的不当得利请求权也具有对立性。基于该对立性，所产生的双方不当得利请求权人能够主张同时履行抗辩，这是对此问题思考的起点。对此，《民法典》第 525 条规定的同时履行抗辩权在此情况下应有适用的空间。就引入案例而言，甲需要返还乙钢材款，乙需要返还甲机动车，这两种请求权在合同当事人之间是对立的，基于此对立则应强调二者的同时履行抗辩权。

其次，差额说是实务中终局解决纠纷的进一步措施。就引入案例而言，如果允许乙返还甲机动车，而乙对甲的债权转化为普通债权，这显然将风险完全交由乙承担，是不公平的。由此，则应允许乙以机动车的现有价款抵销甲应返还的 60 万元，之后再将剩余款项 30 万元纳入破产债权。事实上，差额说的解决机理类似于当事人抵销权的行使。而根据《民法典》第 569 条的规定，当事人互负债务的标的物种类、品质不相同的，需要经协商一致才能主张抵销。但是，在双务合同不当得利返还请求权成为对立状态的情况下，如何才能适用该抵销，则需要进一步深入探讨。另外，如果合同被确认无效、撤销后，一方享有的物权返还请求权，而另一方享有的仅系不当得利返还请求权，此种情况下，如何才能适用差额说，亦需要进一步深入研究。上述问题，均需要司法裁判在个案中加以探索。

最后，对于双务合同履行之后，标的物毁损灭失的风险负担问题，及由此能否影响到上述差额方法的适用，又或者是否对于特定当事人需要给予特殊保护，需要在审判实践中针对具体问题再行深入研究。比如，某未成年人盗刷父母信用卡购买一非常喜爱的古董，未成年人之父母自然可以未成年不具有民事行为能力为由主张撤销该合同。但是，在该古董被未成年人不小心摔碎。而在未成年父母撤销合同后，未成年人需要返还该古董，古董商需要返还支付的价款。鉴于该古董已经灭失，故古董商是否得基于同时履行抗辩权而拒绝返还价款？德国司法实务在此情况下，对于未成年人予以特别保护，即未成年人所受领的标的物虽然已经灭失，但其仍然有权请求古董商返还价款。上述系基于对未成年人特殊保护而设计的规则，是否在我国司法实务中具有参考价值，需要进一步研究。如果对于没有特殊保护的市场主体而言，又当如何处理，也需要在审判实践中进一步深入研究。

# 专题三　不当得利返还范围的区别

《民法典》在不当得利返还范围上,区分得利人系善意还是恶意,规定了不同的返还范围。第986条、第987条分别规定了善意不当得利人和恶意不当得利人的返还义务;第988条规定了第三人的不当得利返还义务。

## 一、善意不当得利人的返还范围

《民法典》第986条规定:"得利人不知道且不应当知道取得的利益没有法律根据,取得的利益已经不存在的,不承担返还该利益的义务。"根据该条规定,如果受益人在取得利益时并不知道其取得利益无法律上原因,其返还范围应以现存利益为限;如果该利益已不存在,则无须进行返还。该规定的立法目的在于使善意得利人的财产状态不致因发生不当得利责任而受不利影响,从而损害到得利人的利益。现存利益应从以下几个方面把握:

其一,现存利益是指受益人被请求返还之日起还存在的利益。如果该利益在被请求返还之日已经不存在,则受益人不负返还义务。下列情形则不属于利益不存在:(1)种类物被消费。比如,甲将向乙交付的大米错误给付给丙。丙将该大米消费,此种消费不能作为所受利益不存在,丙不能以该大米已经被消费对抗乙的不当得利返还请求。(2)受领款项用于自身经营用途。比如,收取的错误汇款用于偿还其对外负债。(3)因毁损、灭失但取得赔偿金或者补偿金的,此种情况返还利益则及于所受的赔偿金、补偿金。

由于得利人故意、重大过失导致所得利益不存在,能否免除得利人的返还责任,则不无疑问。对此,本书认为,基于诚实信用原则,在得利人对于所得利益失去具有故意和重大过失的,仍然需要负担返还责任。至于具体的利益不存在的判断,在比较法上多通过具体案件来进行处理。

其二,现存利益不存在,还应当考虑受益人财产总额的整体情况。例如,得利人将得利转售取得增值利益的,则属于使受益人财产总数增加的情形,增加的部分应当属于现存利益。但是,如果受领利益完全丧失,而没有增加受益人财产,则不属于现存利益。因此,判断现存利益时,应当考察受益人的财产总额的情况。

其三,应当扣除受益人因信赖能够取得该利益而遭受的损失。受益人在利用其获利或者在返还获利的过程中遭受损失时,如果该损失是因该获利本身导致的,而非因受益人的原因引起,则受益人有权扣除该部分损失,将剩余的利益返还给受损人。例如,甲将超过保质期的粮食以100万元出售给乙;乙为减少损失,将该批粮食以40万元出售给某饲料企业用于制造动物饲料。为此,乙支付仓储费用2万元。在乙后来基于欺诈撤销该买卖合同,进而应负担返还获利40万元义务的情况下,则其有权主张返还利益中扣除该仓储费用2万元。

## 二、恶意不当得利人的返还范围

《民法典》第987条规定:“得利人知道或者应当知道取得的利益没有法律根据的,受损失的人可以请求得利人返还其取得的利益并依法赔偿损失。”该条规定了恶意不当得利人的返还范围。

### (一)受益人恶意的判断时点

关于受益人恶意判断的时点,学理上常常区分两种情形。一是自始恶意,即受益人在取得利益时即知道其取得利益欠缺法律上的原因。受益人自始恶意的,其应该将从受领开始所取得的全部利益返还,且不论该利益在被请求返还时是否仍然存在。如果返还全部利益后仍有损失的,恶意受益人还应承担损害赔偿责任。[①] 此外,受益人因处分该利益或其他原因受到损害的,其仍然应对所取得之全部利益进行返还。二是嗣后恶意,即受益人在受领时并不知道其无受领原因,而受领后的一段时间才知道其取得利益欠缺法律上的原因。受益人嗣后恶意的,如果在知道无受领原因前,所取得利益已经不存在,则受领人不再负担返还义务;如果其知道无受领原因后,其所取得利益仍存在的,则应向受损人返还自其知道其取得利益欠缺法律上原因之时起的现存利益;从受益人知道其取得利益欠缺法律上的原因之日起,如果造成受损人损失的,受益人还应承担赔偿责任。

### (二)恶意受益人的返还范围

在受益人是恶意的情况下,不当得利的返还范围应当是其所取得的全部利益。受益人返还的利益既包括受领时所获之利益,也包括该利益所生孳息。孳息包括天然孳息和法定孳息,孳息可以移转的,应当直接返还给受损人。恶意受益人不得

---

① 参见王利明:《债法总则研究》(第2版),中国人民大学出版社2018年版,第470页。

以利益不存在主张免除返还义务。例如,甲明知乙的机动车非自己所有,趁该机动车钥匙未拔出而偷开运送自己的货物。该机动车复被盗窃,甲仍然应偿还该车的价值。较之于善意受益人,恶意受益人的返还义务更重。

(三)恶意受益人的损失赔偿义务

如果恶意受益人所返还的利益不足以弥补受损人的损失,则应根据该损失确定恶意受益人的赔偿范围。在受益人为恶意的情形下,即使对方当事人没有遭受损失的,恶意受益人也仍应当负担返还义务,这也体现了法律对恶意受益人行为的否定。当然,在确定返还范围时,也应当考虑受益人所支出的成本,正确评价行为人自身行为在其获利中的作用。例如,乙公司申请一专利多年未生产。甲公司未经乙公司专利授权,生产乙公司专利产品,销售额 200 万元。本案自可产生侵权损害赔偿请求权与不当得利返还请求权的竞合。但是,从侵权角度来看,乙需要证明其损失,而由于未投入生产,乙很难证明具体损失数额。而在甲需要返还乙公司不当得利的情况下,则可以以甲公司销售额来主张不当得利收益,由此则需要由甲举证证明其所支出的相应成本和费用,并主张扣除。

需要注意的是,《民法典》第 987 条规定的“赔偿损失”并非侵权责任的赔偿损失,而系不当得利返还之债中独立的损失赔偿请求权基础。该损失赔偿不以得利人具有故意或过失为要件,仅需对不当得利获利本身具有恶意即可。①

# 专题四　第三人的不当得利返还义务

## 一、第三人的不当得利返还义务

《民法典》第 988 条规定:“得利人已经将取得的利益无偿转让给第三人的,受损失的人可以请求第三人在相应范围内承担返还义务。”这就是第三人的不当得利返还义务。

根据该条规定,如果受益人将其取得的利益,无偿让与给第三人,如赠与,第三人则应在相应范围内负担不当得利返还义务。

---

① 参见王泽鉴:《债法原理(第二册):不当得利》,中国政法大学出版社 2002 年版,第 233 页。

第三人主要是指因受益人的行为而间接取得利益的人。在受益人将其所获利益无偿让与第三人的情形下，由于第三人取得利益并没有支付对价，因而，课以其返还义务并不会加重其负担。

第三人的返还义务，以其无偿取得的现存利益为限。对于此种返还义务的确定，其理论基础仍然在不当得利之本质，即得利人无法律根据取得利益，负返还得利之责任。[①]

第三人负担不当得利返还义务的法理基础仍然是不当得利，因此首先需要第三人取得利益"构成不当得利"的事实，即需要第三人基于"无偿转让"而符合《民法典》第122条规定或第985条前段规定要件。除此之外，尚需要符合第988条规定的要件。

## 二、第三人返还义务是否以原得利人免除返还义务为前提

就第三人返还义务，有学者认为，原则上需要在免除受利人返还义务的情况下始得适用。[②] 对此，《民法典》未作规定，不无探讨空间。

笔者倾向认为，该条规定并不局限于原得利人因无偿让与而免返还义务的善意不当得利情形，对于原得利人负担返还义务的情形，受损失当事人也可以请求第三得利人在无偿转让范围内承担返还责任。具体理由如下：

首先，从体系解释来看，《民法典》并未要求第三人负担返还义务以原得利人免除返还义务为前提。第987条规定："得利人知道或者应当知道取得的利益没有法律根据的，受损失的人可以请求得利人返还其取得的利益并依法赔偿损失。"由此，在得利人对于取得利益系恶意的情况下，自然需要根据本条规定承担返还责任，并需要赔偿损失。第988条规定："得利人已经将取得的利益无偿转让给第三人的，受损失的人可以请求第三人在相应范围内承担返还义务"，该条规定得利人无偿转让得利情形下，第三人在相应范围内承担返还义务。因此，在上述两条适用的体系解释上，并未排斥第987条与第988条的同时适用。故就现有法律规定的体系解释来看，则应允许当事人同时提出请求。

其次，从第三得利人返还义务的法律基础来看，其保护的本质在于"经济上之得利人负返还得利之责任"，[③]与善意保护并无关系。因此，就第三人返还义务来

① 参见黄立：《民法债编总论》，中国政法大学出版社2002年版，第231页。

② 参见王泽鉴：《债法原理（第二册）：不当得利》，中国政法大学出版社2002年版，第235页。

③ 王泽鉴：《债法原理（第二册）：不当得利》，中国政法大学出版社2002年版，第235页；黄立：《民法债编总论》，中国政法大学出版社2002年版，第231页。

说,在于其无偿受让利益,与得利人应否负担责任应无关联。而恶意不当得利之返还基础在于对恶意行为的纠正;即使该不当得利并不存在,也不能免除其返还义务,这是立法之本意。如果将第三得利人返还义务局限于得利人善意且已不负担返还义务的前提,则无异于将该适用空间局限于善意得利人的情形,这不符合该制度的立法目的。

最后,要求得利人与第三得利人共同承担责任,有利于避免道德风险。如果将第三得利人承担责任限于得利人善意的情形,则在恶意得利人需要承担责任,进而免除无偿受让之第三人的返还义务的情况,会给得利人留下规避返还义务的制度空间。